インドネシア

地球の歩き方 編集室

COVER STORY

2023年秋に世界文化遺産に登録された古都ジョグジャカルタの王宮クラトン。イスラム朝のマタラム王国から派生し、オランダの統治下で育まれた文化には、ジャワ島独自の宇宙観が感じられます。君主「スルタン」に代々仕える従僕の「アブディ・ダラム」は2000人ほど。伝統衣装を身にまとって、クラトンの警護、スルタンへの給茶、演奏や舞踊などそれぞれの役割に勤しみます。

INDONESIA

INDONESIA CONTENTS

出発前に必ずお読みください!
旅のトラブルと安全情報　11、498～502
緊急時の医療会話 ………………… 497

インドネシア
旅のキーワード

絶対に覚えておきたい旅のキーワード。
これだけ覚えれば、旅がスムーズに！

Travel Key Word

パサール Pasar
市場。どこでも町の中心部にあり、人々の生活ぶりを知ることができる。

ジャラン Jalan
通り。本書の住所データでは「Jl.」と略してある。ちなみにJalan-Jalanは散歩の意味。

ベモ Bemo
公共のミニバス。地方によりアンコタやミクロレッなどと呼ばれている。

ワルン Warung
小さな店。食事を提供したり雑貨を扱ったりする庶民の社交場となっている。

マンディ Mandi
水浴び。シャワーがない安宿では、水槽の水を桶でくんで浴びる。

ベチャ Becak
自転車タクシー。ジャワ島では今も活躍しており、旅行者にも人気。

453 旅の準備と技術

Column & Information

歩き方の使い方

本書で用いられる記号・略号

各島で詳しい場所を見つけやすいよう、紹介都市のおよその位置を★で示してあります

基本データです。人口、市外局番、空港コードなどを掲載しています。高度は紹介都市の中心部のものを目安として表示しています

見どころへのアクセス情報です。所要時間は状況によって変わりますので、目安としてください

寺院遺跡にも恵まれた高原都市

マラン

Malang

ジャカルタ
マラン

人口	89万人
高度	450m
市外局番	0271
空港コード	MLG

マランへの飛行機
ジャカルタからガルーダ航空、バティック航空、シティリンクが1日計2～3便運航(所要1.5時間、Rp.133万～146万)。
Abdul Rachman Saleh空港からマラン中心部へはタクシーで所要40～50分、Rp.10万ほど。
市内～空港間は配車サービス(→P.179側注)も利用できる。

マランのバスターミナル
アルジョサリ・バスターミナルに隣接して、マラン中心部やシンゴサリへ向かうアンコタ・ターミナルがある。5km北西にあるランドゥンサリ・バスターミナル Landungsari Termial は、温泉のあるバトゥ Batu 方面へのバスが発着。5km南にあるガダン・バスターミナル Gadang Terminal は、ブリタル Blitar など南方面のバスが発着している。

東にブロモ山を望む高原都市マラン。オランダ植民地時代に発展したこの町は、ほかの都市が発展と引き換えに古い町並みを失っていくなか、歴史を感じさせるコロニアル調の建物が今も数多く残っている。

マランの中心となる広場アルン・アルン

町に見どころらしい見どころはないが、のどかな情緒を楽しみながら、のんびり町歩きするのもいいだろう。周辺にはマジャパイト王国やシンガサリ王国時代の遺跡も点在している。近年はブロモ山など東ジャワ観光の拠点としても、旅行者が立ち寄っている。

アクセス

鉄道▶マラン駅は町の中心部近くにある。ジョグジャカルタやスラバヤからは出発が深夜～早朝になる電車が多いので利用しにくい。

市街地に近いマラン駅

マランへの鉄道

ジャカルタから　ガンビル駅とパサール・スネン駅より1日計5本(10:45～19:20発)、所要12～16時間、Rp.22万～79万

ジャラン Jalanは「通り」のこと。本書の住所データでは「Jl.」と略してある。
ガン Gang は「路地」のこと。本書の住所データでは「Gg.」と略してある。

見どころ重要度を、★マークで表しました。あくまでも編集室の独断ですが、観光の際の目安として参考にしてください。
★★★＝絶対に見逃せない!!
★★＝時間に余裕があればぜひ！
★＝興味のある人向き

TEL	電話番号
[MAP]	参照地図ページ
営業	営業時間
入場	入場・開館時間
料金	入場料・拝観料
URL	ホームページアドレス (http:// は省略)

ジャカルタ北部

バタビア時代を彷彿させる歴史遺産

ジャカルタ歴史博物館 ★★

Museum Sejarah Jakarta [MAP] P.65-B1

ファタヒラ広場 [MAP] P.65-B1
コタ駅の北側にあるファタヒラ広場 Taman Fatahillah は旧バタビアの中心地。周囲に点在する博物館巡りの起点となっている。
バスウエイ1号線終点"Kota"で下車(ジャカルタ中心部から所要20～30分)。

ジャカルタ歴史博物館
TEL (021)692-9101

コロニアル建築物に取り囲まれたファタヒラ広場のランドマークとなる、観光スポットとして人気の博物館(ファタヒラ博物館とも呼ばれる)。1707年にバタビア市庁舎と

見どころへの詳細なマップ位置を示しています

大きな都市の場合、見どころがいくつかのエリアに分かれています

投稿 ✉ 読者の皆さんからいただいた投稿記事を紹介しています

ナイトライフ　レストラン　ショップ　ホテル

ビーチを眺めて1日のんびり過ごせる
アズール・ビーチクラブ
Azul Beach Club
住所 Jl. Padma No.2, L
TEL (0361)765-759
営業 毎日 7:00～23:00
カード [A][J][M][V]
バリ・マンディラ・ビ
ビーチからも直接入
ト。洗練されたバン
上／オンザビーチの立地でロマンティックな時間を楽しめる 下／店い

アラビアンナイトの世界が待つ
シーシャ・カフェ
Shisha Cafe
住所 Jl. Sunset Road No.99
TEL (0361)759-445 URL
営業 毎日 10:00～24:00
税&サ 込み カード [A][J][M]
天井からアンティークな
装姿のスタッフが出迎えて
一風変わったバリの異空間

問屋風の雑多な品揃え
ルーシーズ・バティック
Lucy's Batik
住所 Jl. Raya Taman N
TEL (0361)736-098
営業 毎日 9:30～21:00
バティックのサロン
店。バティックは安
きまで豊富な品揃え
トンバティックはRp.
生地から小物までカラフルに展示

便利な立地に2023年オープン
グランド・メルキュール・スミニャック
Grand Mercure Seminyak [MAP] P.220-C2
住所 Jl. Arjuna No.40, Seminyak
TEL (0361) 934-2900
URL all.accor.com/hotel/9823/index.ja.shtml
税&サ +21% カード [M][V] [Wi-Fi] OK
料金 [AC][Mini][TV] デラックスⓈⒹ Rp.188万～
[AC][Mini][TV] ジュニアスイート Rp.238万～
[AC][Mini][TV] エグゼクティブスイート Rp.278万～
熱帯の樹木に包まれた全269室の大型ホテル。ダブル・シックス・ビーチまで徒歩1分の立地に巨大プールや、フィットネスセンターなどを完備している。モダンなデザインの客室はデラックスでも36m²と快適な広さ。バスタブ付きのバスルームもゆったりした作り[POOL][レストラン][朝食]
バルコニーも広々としたデラックスの客室

施設やサービスの有無を示します
[POOL] [レストラン] [朝食]
あり　なし　条件によるor有料

ホテルの部屋の種類　Ⓢ…シングルベッドルーム　Ⓓ…ダブルベッドルーム

ホテルの室内設備アイコン　料金 [AC][Mini][TV] スタンダードⓈⒹ Rp.80万～
[AC][Mini][TV] デラックスⓈⒹ Rp.120万～

エアコンの有無　冷蔵庫(ミニバー)の有無　テレビの有無

※料金は基本的に室料(定員までの1室当たりの料金)

地　図

H	ホテル
R	レストラン
N	ナイトスポット
S	ショップ
E	エステ
A	ツアー会社
@	インターネットカフェ
i	観光案内所
🚌	バスターミナル
🚏	バス乗り場
銀	銀　行
両	両替所
C	コンビニ
Y	ヨガ施設
G	絵画ギャラリー
⛽	ガソリンスタンド
✚	病院
✕	警察
☎	電話局
✉	郵便局
🏯	寺院＆王宮
♨	芸能スポット
☪	モスク
∴	遺跡
🎡	テーマパーク
◥	ダイビングスポット
🏄	サーフスポット
📚	文化教室

住所	住所
TEL	電話番号
WA	WhatsApp 番号（携帯電話の番号としても利用可）
FAX	ファクス番号
FD	フリーダイヤル
MAP	参照地図ページ
営業	営業時間
税&サ	税金＆サービス料
カード	クレジットカード
URL	ホームページアドレス
Wi-Fi	ワイファイ

クレジットカード
- A アメリカン・エキスプレス
- D ダイナース
- J JCB
- M マスターカード
- V ビザ

■本書の特徴

本書は、インドネシアを旅行される方を対象に個人旅行者が現地でいろいろな旅行を楽しめるように、各都市のアクセス、ホテル、レストラン、ショップなどの情報を掲載しています。もちろんツアー旅行される際にも十分活用できるようになっています。

■掲載情報のご利用に当たって

編集部では、できるだけ最新で正確な情報を掲載するように努めていますが、現地の規則や手続きなどがしばしば変更されたり、またその解釈に見解の相違が生じることもあります。このような理由に基づく場合、または弊社に重大な過失がない場合は、本書を利用して生じた損失や不都合について、弊社は責任を負いかねますのでご了承ください。また、本書をお使いいただく際は、掲載されている情報やアドバイスがご自身の状況や立場に適しているか、すべてご自身の責任でご判断のうえでご利用ください。

■現地取材および調査期間

本書は、2023 年 10 月～2024 年 1 月の取材調査データを基に編集されています。また、追跡調査を 2024 年 3 月まで行いました。しかしながら時間の経過とともにデータの変更が生じることがあります。特にホテルやレストランなどの料金は、旅行時点では変更されていることも多くあります。また**各交通機関の所要時間も道路状況により変わってきます。**したがって、**本書のデータはひとつの目安としてお考えいただき、**現地ではできるだけ新しい情報を入手してご旅行ください。

■発行後の情報の更新と訂正情報について

発行後に変更された掲載情報や訂正箇所は、『地球の歩き方』ホームページ「更新・訂正情報」で可能なかぎり案内しています（ホテル、レストラン料金の変更などは除く）。ご旅行の前にお役立てください。
URL www.arukikata.co.jp/travel-support

■投稿記事について

投稿記事は、多少主観的になっても原文にできるだけ忠実に掲載してありますが、データに関しては編集部で追跡調査を行っています。投稿記事のあとに（○○　東京都 '24）とあるのは、寄稿者と旅行年度を表しています。旅行年度のないものは 2020 年以前の投稿で、2023 年 10 月から 2024 年 1 月にデータの再確認を行ったものには、寄稿者データのあとに調査年度を入れ［'24］としています。
投稿募集の詳細→ P.452

ジェネラル インフォメーション

インドネシアの基本情報

▶ 旅の言葉→ P.494

国 旗
紅白旗

正式国名
インドネシア共和国
Republic of Indonesia

国 歌
インドネシア・ラヤ Indonesia Raya

面 積
約 190 万 4569km²（日本の約 5 倍）

人 口
約 2 億 7577 万人（'22）

首 都
ジャカルタ Jakarta。人口約 1056 万人

元 首
ジョコ・ウィドド大統領

政 体
立憲共和制。代議制の選出により大

統領が統治を行う（大統領は 2004 年より国民の直接選出制となっている）。

民族構成
ジャワ人、スンダ人、バタッ人、マドゥラ人など大多数がマレー系住民。そのほか中国系やパプア系住民などが居住している。

宗 教
イスラム教 87%、プロテスタント 7%、カトリック 3%、ヒンドゥー教約 1.7%、仏教 0.7%など。

言 語
公用語はインドネシア語。国内各地ではジャワ語やバリ語など、独自の言葉も使われている。ジャカルタやバリ島リゾートエリアなどでは、英語が通じる場合も多い。

通貨と為替レート

Rp.

▶ 旅の予算→ P.456
▶ ATM 利用方法
　→ P.457
▶ 現地での両替事情
　→ P.458

通貨単位はルピア Rupiah（一般的に Rp.と表記される）。1円≒ Rp.105（2024年 3 月 1 日現在）。

　流通している紙幣は 1000、2000、5000、1 万、2 万、5 万、10 万ルピアの 7種類。硬貨は 100、200、500、1000 ルピアの 4 種類。

1000 ルピア

2000 ルピア

100 ルピア

5000 ルピア

1 万ルピア

200 ルピア

2 万ルピア

5 万ルピア

500 ルピア

10 万ルピア

1000 ルピア

※ 2022 年 8 月 17 日から新紙幣が導入された。絵柄やデザインはほぼ変更なしだが、サイズが小ぶりとなり、偽装対策も施されている

電話のかけ方

▶ 電話・インターネット
　→ P.484

日本からインドネシアへかける場合

国際電話会社の番号 0033（NTTコミュニケーションズ） 0061（ソフトバンク） 携帯電話の場合は不要	＋	国際電話 識別番号 **010**	＋	インドネシア 国番号 **62**	＋	市外局番 （頭の0は取る） **××**	＋	相手先の 電話番号 **123-4567**

※携帯電話の場合は 010 の代わりに「0」を長押しして「＋」を表示させると、国番号からかけられる。
※ NTT ドコモ（携帯電話）は事前に WORLD CALL の登録が必要。

ビザ

日本国籍のパスポート所持者はインドネシア到着後に空港で到着ビザ(VOA)の取得が可能(観光や商用等での訪問が対象)。到着ビザの代金はRp.50万で、滞在日数は最長30日以内(30日間の延長も1回のみ可)。

パスポート

パスポートの有効残存期間は、入国時点で6ヵ月以上必要。

入出国

▶ ビザ→ P.464
▶ 輸入禁制品 → P.467

日本からインドネシアへは直行便で約7時間。直行便はガルーダ・インドネシア航空がデンパサール(成田発着)とジャカルタ(羽田発着)を運航。ジャカルタへは全日空(成田、羽田発着)や日本航空(成田発着)も運航している。

日本からのフライト時間

▶ インドネシアへの道 → P.460

E-Visaのオンライン申請 → P.470
　2022年より観光や商用などが目的の30日以内の滞在は「E-Visa 申請専用サイト」でのビザ取得も可能となった。

インドネシアは赤道直下の熱帯性気候のため、乾季と雨季のふたつの季節がある。おおむね5〜10月が乾季で、11〜4月が雨季となる。乾季は湿度があまり高くならずに過ごしやすい。雨季は午後になるとスコールのような大雨が降り、湿度も高くなる。

気候

▶ 旅のシーズナリティ → P.455

ジャカルタと東京の気温と降水量

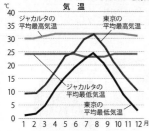

気温
40℃ ジャカルタの平均最高気温／東京の平均最高気温／ジャカルタの平均最低気温／東京の平均最低気温
1 2 3 4 5 6 7 8 9 10 11 12月

降水量
mm 500 ■ジャカルタ ■東京
1 2 3 4 5 6 7 8 9 10 11 12月

観光地には傘貸しもいる

インドネシアには西部(ジャワ島、スマトラ島、カリマンタン西中部)、中央部(バリ島、ヌサ・トゥンガラ諸島、スラウェシ島、カリマンタン東南部)、東部(パプア)の3つの時間帯がある。首都ジャカルタは日本より2時間遅れ(GMT＋7)、バリ島は日本より1時間遅れ(GMT＋8)。サマータイムは実施していない。

時差とサマータイム

▶ 時差MAP →折込表

以下は一般的な営業時間の目安。ショップやレストランなどは店やエリアによって異なる。

銀行

月〜金曜9:00〜16:00、土曜9:00〜12:00。日曜、祝日休。

ショップ

都市や観光地では、毎日10:00〜21:00くらいが一般的。コンビニは24時間営業が多い。

レストラン

都市や観光地では、毎日10:00〜22:00くらいが一般的。閉店時間の30分から1時間前にオーダーストップとなる。大都市では深夜営業や24時間営業の店もある。

ビジネスアワー

▶ インターネット事情 → P.485

インドネシアから日本へかける場合

国際電話会社番号		日本の国番号		市外局番(頭の0は取る)		相手先の電話番号
001,007 ※1	＋	81	＋	××※2	＋	1234-5678

※1 公衆電話から日本にかける場合は上記のとおり。ホテルの部屋からは、外線につながる番号を頭につける。
※2 携帯電話などへかける場合も、「090」「080」など最初の0を省く。

▶ インドネシア国内通話
市内へかける場合は市外局番は不要。市外へかける場合は市外局番からダイヤルする。
▶ 日本からスマホ／携帯電話を持ち込んだ場合
国際ローミングサービスを利用しての通話手順や課金条件は、事前によく確認すること。
● 持ち込んだ携帯電話で日本へかける
「＋」＋国番号＋相手先の電話番号(頭の0を取る)
● 持ち込んだ携帯電話同士の通話
「＋」＋国番号＋相手先の電話番号(頭の0を取る)
※「＋」のキーは機種により「0」や「#」の長押しすると「＋」となる。

祝祭日（おもな祝祭日）

ニュピの前日はバリ各地でオゴオゴの神輿が出る

ほとんどの祝日は各宗教の暦に従っている。新年、メーデー、パンチャシラの日、独立記念日、クリスマス以外は、年ごとに異なる移動祝祭日（※印）なので注意。

またバリ島のみの慣例休日だが、ガルンガンの日（2024年は2月28日と9月25日）の前後数日間は多くの店が休みとなる。

1月1日		新年 Tahun Baru Masehi
2月8日（'24）	※	ムハンマド昇天祭 Isra Miraj Nabi Muhammad SAW
2月10日（'24）	※	イムレック Tahun Baru Imlek（中国暦新年）
3月11日（'24）	※	ニュピ Hari Raya Nyepi（サコ暦新年）
3月29日（'24）	※	聖金曜日 Wafat Yesus Kristus
4月10～11日（'24）	※	イドゥル・フィトリ Idul Fitri（断食明け大祭）
5月1日		メーデー Hari Buruh Internasional
5月9日（'24）	※	キリスト昇天祭 Kenaikan Yesus Kristus
5月23日（'24）	※	ワイサック Hari Raya Waisak（仏教大祭）
5月24日（'24）	※	政令指定休日 Cuti Bersama
6月1日		パンチャシラの日 Hari Lahir Pancasila
6月17日（'24）	※	イドゥル・アドハ Idul Adha（犠牲祭）
6月18日（'24）	※	政令指定休日 Cuti Bersama
7月7日（'24）	※	イスラム暦新年 Tahun Baru Hijriyah
8月17日		インドネシア共和国独立記念日 Hari Kemerdekaan RI
9月16日（'24）	※	ムハンマド降誕祭 Maulid Nabi Muhammad SAW
12月25日		クリスマス Hari Raya Natal
12月26日（'24）	※	政令指定休日 Cuti Bersama

電圧とプラグ

電圧は220Vで、周波数は50Hz。プラグは丸ピン2本足のCタイプが一般的。日本国内の電化製品を使用する場合には、変圧器とアダプターが必要。

アダプターがあれば日本の電化製品で使用できるものもある

Wi-Fi対応のカフェも一般的

放送&映像方式

インドネシアの放送方式（PAL）は、日本（NTSC）とは異なるので、一般的な日本国内用プレーヤーでは再生できない。ブルーレイのリージョンコードは日本と同じAだが、DVDソフトはリージョンコードが日本と異なっている（日本は2、インドネシアは3）。バリ島などで売られている海賊版DVDはリージョンフリーも多いが、日本への持ち込みは違法となるので注意。

チップ

レストランやホテルの料金にサービス料が含まれている場合、基本的には不要。ただし、気持ちのいいサービスを受けたときや、無理なお願いをしたときには気持ちで渡そう。額は個人の満足度によっても異なるが、以下の相場を参考に。

レストラン

店の格にもよるが、5～10%ぐらいの額を、支払い時にきりのいい金額に切り上げて渡すか、おつりの小銭をテーブルに残す。

ホテル&スパ

ホテルのポーターやマッサージの担当者にはRp.2万程度。

タクシー

小額のおつりは要求しないのが慣例となっている。

飲料水

インドネシアは軟水地域が多いが、バリの水道水は硬水。いずれにせよ生水は絶対に飲まずに、スーパーやコンビニなどでミネラルウオーターを購入すること（500mℓはコンビニでRp.5000程度）。煮沸した飲料水を出すレストランもあるが、氷は殺菌処理されていないケースが多い。おなかに自信のない人は冷えたミネラルウオーターを頼もう。

※本項目のデータはインドネシア観光局、ガルーダ・インドネシア航空、外務省などの資料を基にしています。

郵　便

インドネシアの郵便局は「ポス・インドネシア POS INDONESIA」という。EMS便なら、サイトで追跡調査も可能だ（**URL** ems.posindonesia.co.id）。

一般的な営業時間は、月〜土曜8:00〜18:00。また、切手の購入は雑貨屋でも可。高級ホテルではフロントに投函を頼むこともできる。

郵便料金

日本までの各種郵便料金ははがきが

Rp.1万、封書は重量によりRp.1万〜、EMS便は500gまでRp.31万〜。日本までは通常4〜10日で届く。

インドネシアのポスト

町なかの小さな
郵便局

税金＆
サービス料

TAX

▶ 税金還付（リファンド）について
→ P.490

中級以上のほとんどのホテルでは、税金（5〜11％）とサービス料（5〜10％）が宿泊料に加算される。旅行者がよく利用する高級レストランやエステサロンでも、料金にサービス料を加算する場合が多い。

2010年から付加価値税（VAT）の還付制度がジャカルタとバリで実施されている。対象となるのは外国のパスポートを持つ個人（滞在期間が2ヵ月以内）。還付には指定ショップで1回の買い物の合計額が、500万ルピア（税抜き）以上であることなどが条件。指定ショップはまだ少数のみ。

安全とトラブル

▶ 旅のトラブルと
安全情報→ P.498

スリ

ジャカルタやジョグジャカルタの繁華街、市内バス、駅構内などでは被害が多い。旅行者が集まるエリアでは周囲に注意を配り、貴重品はホテルの金庫へ。

バイクの引ったくり

バリ島のクタ＆レギャンなど、旅行者が多い道路で被害が多発している。貴重品は持ち歩かず、バッグは体の前、路肩側に。

両替トラブル

バリ島の観光エリアの両替商で、お金を少なく渡されるケースが頻発している。一度立ち去るとクレームは受け付けてもらえないので、金を受け取ったらすぐに確認すること。なるべく銀行や専門のマネーチェンジャーを利用しよう。

両替したらその場で金銭を確認しよう

年齢制限

観光スポットなどの入場料には、12歳以下の子供料金を設定している場合もある。飲酒や喫煙の年齢制限は法律では規制していない。慣例として17歳前後からたしなむ人が多い。

度量衡

日本の度量衡と同じで、距離はメートル法。重さはグラム、キロ、温度は摂氏、液体はリットルで表示。ただし、洋服や靴のサイズ表示は、日本とは異なるのでショッピングのときに注意。

その他

多様な文化が各地に残っている

トイレ

トイレはカマル・クチル Kamar Kecil、またはトイレッ Toilet で通じる。町なかに公衆トイレはないので、レストランやファストフード店を見つけて利用しよう。観光スポットには公衆トイレもあるが、あまり掃除が行き届いていない場合もある。

タブー＆マナー

バリ島では新年のニュピに、外出や火を使用することは一切禁じられている。緊急時でもないのにホテルの敷地を出ると、旅行者でも警察に逮捕される。また不浄の手とされている左手で、食べ物を持ったり、握手を求めないこと。また頭は精霊が宿る神聖な場所なので、相手が子供でも頭をなでてはいけない。また、国民の多くはイスラム教徒のため、アルコールや豚肉を口にしない人も多い。

多彩な文化遺産と自然が待っている！

インドネシア魅惑の島々へ

赤道にまたがり東西5110kmに延びる、世界最多の島嶼をもつ国インドネシア。
1万数千もの島々によって構成され、地域ごとに独自の文化や美しい自然に出会うことができる。
本書では8つの島とエリアに分けて、多様な民族が住むこの国を紹介している。

スマトラ島
Sumatera
→P.361

山岳民族などのユニークな文化が残る島。熱帯雨林が広がる3つの国立公園は、世界自然遺産に登録されている

パダン料理も味わおう

カリマンタン
Kalimantan
→P.421

オランウータンなど野生動物たちが生息する熱帯雨林が広がっている。川沿いに栄えた活気ある古都も旅行者を魅了する

ジャカルタから首都が移転！

sumatera

kalimantan

sulawesi

スマトラの
熱帯雨林遺産

サワルントの
オンビリン炭鉱遺産

jawa

プランバナン寺院遺跡群

ウジュン・クロン国立公園

bali　nusa tenggara

lombok

ボロブドゥール
寺院遺跡群

ジャワ島 Jawa
→P.47

古来から王国文化が栄えた政治・経済の中心地。ボロブドゥールなどの世界文化遺産はジョグジャカルタ周辺に集中している

世界最大の
仏教遺跡

バリ島 Bali
→P.195

ビーチや渓谷など豊かな自然に恵まれた「神々の島」。人気のウブド村で伝統舞踊や宗教儀式も体験したい

楽園の島で
心身を浄化

サンギラン初期
人類遺跡

スラウェシ島
Sulawesi
→P.393

ダイブスポットとして注目を集める赤道直下の島。独自の風習が残るタナトラジャでは舟形家屋や岩窟墓が見どころ

透明度が高くまるで竜宮城

パパア Papua
→P.441

世界で2番目に大きい島、ニューギニアの西半分（旧称イリアン・ジャヤ）。バリエム渓谷には太古の暮らしぶりが残る

現代に残る秘境エリア

ヌサ・トゥンガラ諸島
Nusa Tenggara
→P.337

大小1000もの多彩な文化の島々（ヌサ・トゥンガラは南東の島々という意味）が連なる。独自のモチーフで描かれた織物イカットでも有名

織物を訪ねる旅もおすすめ

 世界自然遺産
世界文化遺産

世界遺産リスト

1991年
- ボロブドゥール寺院遺跡群 ▶P.142
- ウジュン・クロン国立公園 ▶P.92
- コモド国立公園 ▶P.342
- プランバナン寺院遺跡群 ▶P.152

1996年
- サンギラン初期人類遺跡 ▶P.169

1999年
- ロレンツ国立公園 Map P.443-B3

2004年
- スマトラの熱帯雨林遺産 ▶P.370

2012年
- バリ州の文化的景観 ▶P.290&293

田園、湖、寺院が点在する1万9500ヘクタールに及ぶ4つのエリアが対象。バリの調和の哲学が息づく景観は「トリヒタカラナ哲学の現れとしてのスパック体系」と補足されている。

美しい棚田が島中に広がる

2019年
- サワルントのオンビリン炭鉱遺産
Map P.363-B2

オランダ統治時代に開発された炭鉱の町。登録地域はスマトラ島のサワルントを含む7つの県と市にまたがり、石炭運搬の鉄道跡や貯蔵施設があるパダンのトゥルックパユル港も含まれる。

20世紀アジア最大規模の炭鉱

2023年 NEW
- ジョグジャカルタの世界観を表す軸線と歴史的建造物群 ▶P.118

ジョグジャカルタは王宮を中心として南北（南のインド洋に面したパンタイ・パランクスモ海岸と北のムラピ山を結ぶ軸）に連なるように、独自の哲学と宇宙観に則った建造物が残る。

クラトンが世界遺産に！

papua

ロレンツ国立公園

コモド国立公園

ロンボク島
Lombok
→P.309

「第2のバリ島」として注目されるナチュラルアイランド。特に北西部の沖合に浮かぶギリ3島は長期旅行者に人気

静かな時間を過ごせる楽園

13

インドネシアの最新旅行事情

最旬のHot Topicsをお届け!

現地で話題を集める新スポットが続々と登場している。ポストコロナ時代の旅のニュースタンダードも要チェック!

★2023年9月登録★
王宮クラトン&歴史地区、ジョグジャカルタが世界遺産へ

→P.118

　クラトンを中心とするジョグジャカルタの歴史地区が世界遺産に登録された。クラトンから2kmほど南にある方形の建造物パングン・クラピャッPanggung Krapyak、2.5kmほど北のトゥグの塔Tugu Pal Putihが主要な構成要素となっている。

ジャワの哲学と宇宙観を体感!

「ジョグジャカルタの宇宙論的枢軸とその歴史的建造物群」が正式な登録名

★2023年10月開業★
ジャカルタ～バンドン間をインドネシア初の高速鉄道が運行

　首都ジャカルタ～バンドンまでの約140kmを1時間弱で結ぶ、高速鉄道の商用運転がスタート。平均乗車率が9割を超える人気ぶりで、わずか2ヵ月で総利用者数が100万人を突破している。今後はジャワ東部の大都市スラバヤまで延伸の計画もある。

正規運賃は片道Rp.30万～だが、プロモ料金も設定されている

駅舎内のフードコートは中国風

★2023年10月オープン★
人気ブランドの超高級ヴィラがジョグジャカルタ郊外にお目見え

　バンヤンツリー・ホテルズ&リゾーツの新ブランド「ギャリア」が、ジョグジャカルタ郊外に24棟の極上ヴィラをオープン。中心部から10kmほど北、川沿いの静かな集落にあり、ボロブドゥール遺跡にも近くて観光に便利なロケーションだ。

ギャリア・ビアンティ・ジョグジャカルタ
- Garrya Bianti Yogyakarta　**MAP P.139-A1**
- TEL (0274)288-8888
- URL www.garrya.com

京都のギャリア・二条城と同系列!

緑豊かな環境に囲まれたリゾートは寺院から着想を得たという

★2023年8月オープン★
東南アジア最大級のカフェがバリ島キンタマーニに登場

　バトゥール湖を見渡せるキンタマーニ高原にはおしゃれなカフェが急増している。特にパディ・スペシャリティ・コーヒーは約500人を収容できる大型展望カフェで、テラスや店内から大自然のパノラマを満喫できる。ホテルの建築も予定されている。

パディ・スペシャリティ・コーヒー
- Pahdi Specialty Coffee　**MAP P.303-B1**
- URL pahdispecialtycoffee.com
- 営業 毎日5:30～19:00(金土日～20:00)

大きな窓越しに絶景を楽しめる!

テラス席からキンタマーニの風景が騙し絵のように広がる

インドネシア旅の新常識

事前に知っておきたいインドネシアの最新入国事情

　日本人旅行者のインドネシア入国には到着ビザ(VOA)が必要となっている。入国前にe-VOA(URL molina.imigrasi.go.id)での事前取得が可能。また以前は機内で配られていた税関申告書も前もってURL ecd.beacukai.go.idにアクセスし、電子税関フォーム(E-CD)に記入してQRコードが取得できる(登録は入国の2日前から当日まで)。

　なお、到着ビザや電子税関の申請はどちらも現地空港に到着してから各カウンターでの手続きでもOK。

オンライン申請では詐欺サイトも出回っているので注意

旅行をグッと便利にするWhatsAppはマストアプリ

　WhatsAppはスマホで利用できる無料のメッセージ&通話アプリ。日本国内のLINEに相当する存在で、インドネシアではWA(ウェーアー)と呼ばれ、個人はもちろん、多くのレストランやホテル、ツアー会社も利用している。基本的に個人や店の携帯番号はすべてWAで連絡できるほどの浸透ぶりなので、旅行前に日本でダウンロードしておこう(DLすればすぐにチャットで現地に細かい問い合わせや予約もOK)。インターネット回線を使っての通信となるので、アプリ使用にはWi-Fi環境が必要となる。

「インドネシア人は200%使っている」ともいわれる必須アプリ

📄 **Memo**
2023年6月よりインドネシア全土で、ワクチン接種証明の提示など新型コロナウイルス関連の入国規制が撤廃されている。

カリマンタンへの首都移転がスタート

→P.438

2024年、ジャカルタからカリマンタンへの首都移転計画が始まり、新大統領府などの建設が進行している。「ヌサンタラ国家首都」への移転完了は2045年の予定。

ゼロポイントは新首都の中心地

1.現在の首都ジャカルタから約2000km、バリクパパンの空港が玄関口　**2.**ジョコ大統領は2024年の独立記念日の式典をヌサンタラで開くと公言

ボロブドゥール登壇は事前予約がマストに！

→P.144

2023年より遺跡に登壇しての見学は公式サイトで予約必須となっている（希望日の7日前から受付）。1日1200人に制限され、ガイド同行での見学となる。

公式サイトから予約を入れよう

登壇は火～木8:30～15:30のみで、希望日の7日前から公式サイト（URL ticketcandi.borobudurpark.com）で予約可能

ジャカルタ湾のPIKにモールやホテルが続々登場

→P.75
→P.90

ジャカルタのお台場と称される人工島のPIKに、注目のショッピングモールや行楽スポットが誕生している。スカルノ・ハッタ国際空港から近く、宿泊エリアとしても注目を集める。

マングローブ公園を散策しよう

アムステルダムの町並みを彷彿させるラ・リビエラPIK2など、話題のスポットがめじろ押し

2024年2月14日からバリ島で観光税を導入

バリ州政府は、バリ島を訪れる外国人旅行者から観光税（ひとりRp.15万）の徴収を開始。自然や伝統文化の保護などの財源となる予定だ。到着後に空港内の専用カウンターで支払える。

ルピアの現金やクレカで払えます

1.観光税は専用ウェブサイト（Love Bali）でも払えるがシステム障害も多い　**2.**専用カウンターは到着ロビーの出口付近にある

LRTジャボデベック軽量高架鉄道が開通

→P.480

ジャカルタ渋滞解消の切り札と期待されるLRTジャボデベックが2023年10月に開通した。ジャカルタ市内交通の巨大ハブとなるDukuh Atas駅を起点に、ボゴールなど南方面へ運行している。

高速鉄道の始発駅Halim駅へも便利

ジャカルタ中心部から南方面へ2路線運行

旅行者の市内移動は配車サービスが主流に

→P.478

GrabやGojekなど、オンラインタクシーが対応エリアを各地で拡大中。現地在住者はもちろん、スマホ世代の外国人旅行者たちも上手に使いこなしている。

スマホを使って簡単に呼び出せる

アプリで車を手配して、白タクとして利用できるサービス。運賃が安いバイクは短距離移動に便利

QRコード決済アプリの利用手順

インドネシアでも電子マネーが急速に浸透中。特にジャカルタでは公共交通の乗車にも必須アイテムとなっている。Grab系列のOVO（URL ovo.id）と、Gojek系列のGoPay（URL gopay.com）が2大勢力。現地で使えるスマホにアプリをインストールし、電話番号やメールアドレスなどを入力して登録するIndomaret系のコンビニでのチャージは、旅行者にも便利な入金（Top Up）方法だ。OVOではGrabのドライバーに頼んでも入金でき、もちろん配車サービスの支払いにも使える（OVOの入金手順は右記参照）。

❶ ❷ ❸ ❹ ❺

❶コンビニIndomaretの実店舗に行き、初期画面のTOP UPをタップ　❷支払方法の中からIndomaretを選ぶ　❸入金する金額を入力する　❹支払方法や入金する金額を確認してConfirmをタップ　❺この番号をもってレジへ（手数料が追加される）

📄 **Memo**
OVOのチャージは自分で入力するのが基本（信用できればコンビニの店員に操作してもらうのもあり）。クレジットカードでの決済は、現地発行のカード以外では現状登録ができない。

15

ジャワ島のハイライト

3泊5日 モデルプラン

1億5000万人が住む世界一人口の多い島ジャワへ。周囲に世界遺産が点在する古都ジョグジャカルタとコロニアル建築の残る首都ジャカルタを駆け巡ろう。

1日目 ジャカルタ経由でジョグジャカルタへ

20:15 ジョグジャカルタ国際空港に到着

羽田空港からジャカルタ乗り継ぎでジョグジャカルタに同日イン。10時間ほどのフライトだ。

▶インドネシアへの道→P.460　　国内線で移動

↓ 約50分

21:20 空港からジョグジャカルタ市内へ

市内の宿泊ホテルへ移動する。空港鉄道の終電(21:24発)を逃したらタクシーを利用しよう。

2023年に開通したYIA Xpress

↓ 約50分

22:30 ホテル到着

トゥグ駅周辺やプラウィロタマン地区が便利。事前にチェックインの時間を伝えておこう。

深夜まで営業する屋台もあるので安心

2日目 ボロブドゥール遺跡を体感し、王宮クラトンを散策する世界遺産巡り

4:00 遺跡を見渡すストゥンブの丘へ

事前予約しておいたツアーで、まずはボロブドゥールを眺める丘へ。荘厳な朝焼けで1日の始まり。

↓ 約5分

▶ストゥンブの丘→P.151　　ボロブドゥールが雲海に浮かぶ

7:00 ボロブドゥール史跡公園を探訪

世界最大の仏教遺跡を心ゆくまで満喫。遺跡上部への登壇は公式サイトで予約をしておくこと。

↓ 約90分

▶ボロブドゥール→P.142　　遺跡上部の円壇にストゥーパが並ぶ

12:00 クラトンの近くでランチタイム

ジョグジャカルタ市内へと移動。王族の自宅を利用したレストランでジャワの伝統料理を味わう。

↓ 約1分

▶ガトリ・レスト→P.129　　クラトンに隣接していて便利

13:30 クラトン王宮を見学

王様スルタンが今も住む古都の象徴を訪問。南国ならではの開放感たっぷりの王宮だ。

↓ 約5分

▶クラトン→P.118　　古来からの行事が脈々と続く

14:30 水の離宮タマン・サリ

昔ながらの旅情あふれるエリアをのんびり歩いてタマン・サリへ。18世紀の建造物に歴史を感じる。

↓ 約20分

▶タマン・サリ→P.120　　1758年に建てられた離宮

15:30 もうひとつの古都コタグデへ

マタラム朝時代に王宮があったコタグデへ。初めてなのに懐かしいアジアの原風景を歩いてみよう。

↓ 約10〜20分

▶コタグデ時間旅行→P.26　　クラトンから6kmほど東にある

18:00 庭園に面した人気店でディナー

150年前に建てられた邸宅を改装したコロニアルなレストランに到着。開放的なテラス席がおすすめ。

↓ 約20分

滋味たっぷりの郷土料理を味わえる

▶オマ・ドゥウール→P.26

20:00 ミュージアムで芸能鑑賞

ソノブドヨ博物館内のステージで伝統芸能を楽しむ。影絵芝居など曜日によって演目は異なる。

▶ソノブドヨ博物館→P.123　　水曜はワヤン・クリッを上演

🕐 ジョグジャカルタへの空路
東京からジョグジャカルタへは羽田発のGA875(11:45発)や成田発のGA9153(11:15発)を利用すれば、どちらもジャカルタでGA206に乗り継いでジョグジャカルタに20:15に到着する。

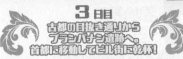

3日目
古都の目抜き通りから
プランバナン遺跡へ。
首都に移動してビル街に乾杯！

10:00 マリオボロ通りで買い物

バティック店、市場、モールが並ぶジョグジャカルタが誇るショッピングストリートを散策。観光用の馬車も待機している

約15分
▶ジョグジャカルタの歩き方→P.116

11:00 名物料理グドゥッにトライ

ナシ・グドゥッの専門店が並ぶジャラン・ウィジランで早めのランチ。独特の甘い味付けだ。

約40分
作りおきの料理を盛り付ける
▶ナシ・グドゥッの専門店街→P.130

12:20 世界遺産プランバナン遺跡

多くの遺跡が点在する巨大な寺院群へ。中心寺院のロロ・ジョングランのシルエットが圧巻だ。

約60分
▶プランバナン→P.152
月曜はロロ・ジョングランの敷地に入場不可なので注意

14:50 車で移動してトゥグ駅へ

ジョグジャカルタの中央駅に戻り、空港へのYIA Xpressに乗り込もう。鉄道なら渋滞の心配不要。

約40分
▶トゥグ駅→P.112
国の文化財に登録された駅舎も必見

15:30 ジョグジャカルタから首都へ

飛行機でジャカルタへと移動。国内線でも出発の1時間以上前にはチェックインを済ませておこう。

約70分＋約60分
▶ジョグジャカルタ国際空港→P.113
鉄道駅から空港ロビーへは徒歩5分

20:00 眺望とカクテルに酔いしれる

スカルノ・ハッタ国際空港から空港鉄道で市内へ。地元で大人気のルーフトップバーで夜景を満喫。

▶クラウド・ラウンジ→P.21
カクテルや食事が楽しめる

4日目
バタビア情緒が漂う
コタ地区を歩き、
ジャカルタのランドマークを訪問

10:00 ファタヒラ広場の歴史散歩

旧バタビア市庁舎を使ったジャカルタ歴史博物館など、歴史的な建造物が並ぶ広場周辺をのんびり歩く。

約10分
▶ファタヒラ広場→P.70
バタビア時代の建造物が点在

12:00 コロニアル建築のカフェへ

18世紀に建てられた郵便局を使ったカフェでランチタイム。エアコン完備で居心地も抜群。

約40分
▶ニュー・バタビア・カフェ→P.22
天井が高いオランダの建築様式

14:00 独立記念塔"モナス"を観光

首都のシンボルとなっている高さ132mの独立記念塔へ。展望台へ上れば大都会を一望できる。

約15分
▶モナス→P.68
ジャカルタ随一の観光名所

16:00 東南アジア最大規模のモスク

世界最大のイスラム国家が誇る巨大モスクを訪問。外国人のための無料ツアーで内部が見学できる。

約90分
▶イスティクラル・モスク→P.69
金曜は見学ツアーが休止となり旅行者は入場不可

21:00 スカルノ・ハッタ国際空港へ

4日間のジャワ島旅行もいよいよフィニッシュ。夕方は大渋滞となるので電車移動がおすすめだ。ジャカルタ発の深夜便に乗り、帰国は翌日。

空港内は食事スポットも充実

ジャワ島観光のヒント

●配車サービス
GrabやGojekなど配車サービス（→P.478）を利用しての市内移動が一般的になっている。地図アプリに連動しているので、行きたい場所へスムーズに到着する。

オンラインタクシーと呼ばれる配車サービスは生活に根付いている

2都市のローカル空港の利用
プランバナン遺跡の近くにあるアディスチプト空港（JOG）からジャカルタ南部にあるハリム空港（HLP）へは、シティリンクが1日3便運航。西外れのジョグジャカルタ国際空港へ行くよりも時短となる。

ふたつの楽園で感動体験！
バリ島&ロンボク島

3泊5日 モデルプラン

独自のバリ・ヒンドゥー文化で知られる神々の島バリと、世界中のリゾーターたちから注目を集めるロンボク島へ。エキゾチックなふたつの楽園を一気に楽しむプラン！

1日目
新鮮シーフードと夜のビーチを楽しむ

17:30 グララィ国際空港に到着

成田空港からバリ島に直行便が運航。所要7時間ほどでグララィ国際空港に到着する。

約10〜60分

▶インドネシアへの道→P.460

飛行機を降りたらイミグレーションへ

19:00 到着ロビーからホテルへ

各エリアの宿泊ホテルへ移動する。宿泊先やツアー会社に空港送迎を頼んでおくと安心。ツアーなら空港に出迎えが待っている

約10〜30分

20:00 ジンバランの浜辺で夕食♪

30軒以上のビーチレストランが並ぶ浜辺で、バリ情緒と海鮮BBQを心ゆくまで楽しもう。

▶シーフードBBQ→P.238

海の先に空港の灯りが広がっている

2日目
世界遺産の寺院で沐浴を体験。ウブドで田園歩きに芸能鑑賞！

10:00 ティルタ・ウンプルで聖なる沐浴

聖水が湧き出る世界遺産の寺院で沐浴ムルカッを体験。決まった作法があるのでバリ人と訪問すること。

約5分

▶ティルタ・ウンプル寺院→P.291

沐浴はバリ人にとって大切な文化

11:00 バリ最大の石窟遺跡へ

王家の陵墓と推察される岩山に掘られた11世紀の遺跡。パクリサン川のほとりに立っている。

約20分

▶グヌン・カウィ→P.291

インド文化の影響を感じる世界遺産の遺跡

12:00 テガララランの棚田を望む

バリ島随一の美しさで知られるライステラスを観賞。人気のブランコ施設も点在している。

約30分

▶テガラララン→P.291

緑の景観に包まれるビューポイント

13:00 絶景スポットでランチタイム

アユン川と美しい棚田を望むカフェでランチ。風が心地いいテラス席で絵画のような景観も大満喫。

約15分

▶サヤン・ポイント→P.265

ウブドエリア有数の眺望が広がる

15:00 ジャラン・カジェンから田園散歩

露店でにぎわうジャラン・カジェンから歩き始め、一面に田園が広がる農道をのんびり散歩しよう。

約90分

▶ウブド郊外で田園散歩→P.289

もしも道に迷ったら来た道を戻ればOK

16:30 プリ・ルキサン美術館を訪問

ウブド中心部に戻り、バリ絵画の殿堂でアート鑑賞。作品には日本語の解説もあり理解しやすい。

約15分

▶プリ・ルキサン美術館→P.275

バリ人画家の作品を年代順に展示

18:00 家庭的なワルンで早めの夕食

伝統的なレシピと香辛料で作られたバリ料理の食堂へ。オーナーの自宅が店舗になっている。

約10分

▶サンサン・ワルン→P.281

母から娘へと受け継がれてきた家庭料理

19:30 伝統舞踊の聖地、ウブド王宮へ

ウブド王宮では毎晩定期公演を行っている。開演時間より早めに到着し、良席を確保して鑑賞しよう。

▶ウブドのおすすめ芸能公演→P.276

きらびやかで荘厳なオープンステージ

⚠バリ島の渋滞に注意
バリ島の南部リゾートエリアは慢性的に渋滞となるので、早めの移動を心がけること。ウルワツ寺院やチャングーが渋滞の名所となっているほか、ウブドでも王宮周辺など中心部は道が混み合う。

3日目
スピードボートでギリへ渡り、スノーケリングで水中世界を楽しむ

10:30 パダンバイからボートでギリへ

宿泊ホテルからバリ東部のパダンバイ港へと移動。ギリ・トラワンガンへのボートに乗船する。

▶パダンバイ→P.295　南部エリアから港までは車で1.5〜2時間ほど

約90分

12:00 ギリ・トラワンガン到着

ロンボク島の北西に浮かぶギリ・トラワンガンに到着。外周7kmの小島は旅行者に大人気だ。

▶ギリ・トラワンガン→P.315　バックパッカーにも人気の楽園

約1分

12:30 ワルン・ササッでランチ

船着場のすぐ西にある食堂へ。地元のスパイスを使ったナシチャンプルを味わってみよう。

▶ワルン・ササッ→P.318　ロンボク島のお袋の味!

約5〜10分

14:00 珊瑚礁の海でスノーケリング

船着場周辺のビーチもスノーケリングポイントが点在!ボートツアーに参加するのもいい。

▶スノーケリング→P.316　美しいコーラルの海が待っている

約20分

17:00 ヒルトップから夕景を眺める

島の南側の小高い丘は絶好のビューポイント。バリ島の先に沈むサンセットを心ゆくまで観賞。

▶トラワンガンの丘→P.317　夕焼けの中にアグン山が望めることも!

約20分

18:30 夕食はナイトマーケットで

船着場へと戻り、屋台が並ぶナイトマーケットでシーフードを大満喫。BBQで豪快に味わおう。

▶ナイトマーケット→P.321　新鮮な海の幸は量り売り

4日目
最終日は朝ヨガで心身をリセット。ロンボク島へ渡り南部に足を延ばす

7:30 早起きしてモーニング・ヨガへ

潮風が心地よく流れるヨガ施設で、レッスンに参加しよう。各国からのヨギーニたちとも交流できる。

▶ギリ・ヨガ→P.316　海に近いオープンな施設

約30分

9:00 ボートでロンボク島に移動

ギリ・トラワンガンからバンサル港へ。ロンボク島各地はチャーター車での周遊がおすすめだ。

▶Karya Bahari社→P.314　バンサル港でも車の手配が可能

約100分

10:40 ササッ人の伝統家屋を見学

ロンボク南部の伝統村を訪問。数十軒並ぶ高床式の住居やイカット作りなど、文化を垣間見る。

▶サデ&ルンビタン→P.335　南の島の素朴な文化が今も残る

約15分

12:00 クタの浜辺を散策&ランチ

MotoGPの開催地として一気に知名度を上げたクタを訪問。ビーチ沿いにはカフェや食堂も多い。

▶クタ→P.332　海沿いの遊歩道は公園になっている

約30分

16:00 ロンボクからバリ、そして帰国

急なスケジュール変更もあるので、国内線での移動には時間の余裕を。デンパサール発の深夜便に乗り、帰国は翌日。

国際空港はプラヤ地区にある

バリ島&ロンボク島観光のヒント

●チャーター車

ドライバー付きの車をチャーターすれば、行きたい場所を自分のペースで訪問できる。バリ島やロンボク島の各旅行会社やオンライン予約サイトのほか、宿泊先でも簡単に手配できる。

チャーター車は遠出をして1日US$70程度が相場

---

①ロンボク島〜バリ島の空路
ロンボク〜バリ間は、スピードボートに押されて空路便は減少傾向。最終フライトはシティリンクQG1673（ロンボク17:15発、デンパサール18:00）だが、安全第一なら昼過ぎにはバリへ戻っておこう。

ジャカルタを五感で味わう
話題沸騰のグルメスポットへ

絶対に訪れたい店をエリア別にPickUp

ジャカルタ
(JKT)
コタ地区
モナス
ジャラン・タムリン★
スナヤン地区★　★ベンヒル地区
ブロックM

ローカル食堂、コロニアルダイニング、ルーフトップバー…。
ジャカルタ(JKT)をDeepに楽しむ在住者の推しスポットはこちら！

好きな料理を
ご飯プレートに
盛りつけます

Gourmet in Jakarta

ブロックM
夜になると活気づくJKTきっての繁華街。
日系の居酒屋やカラオケ店も点在している。

お座敷席でジャワご飯！
ワルン・ブ・グンドゥ
● Warung Bu Gendut　MAP P.77

ブロックMスクエアの東側にはグルメ屋台の夜市が毎晩立つ。特にワルン・ブ・グンドゥはずらりと並ぶ50ほどの総菜で評判。ショッピングモール入口の特等席で、都会の風を感じながら郷土料理を味わおう。

住所 Jl. Melawai Raya
営業 毎日18:30〜24:00

1.屋根があるので天気の心配も不要
2.ご飯は白米と赤米が選べる

JKT在住者より

濃いめ&辛めの味付けでごはんが進みます。指差しで5〜6品の総菜を選んでひと皿Rp.5万ほど。陽気な地元客に混じって、座敷席やテーブル席で味わえます。(M.O)

ジャラン・タムリン

高級ホテルやデパートが並ぶ目抜き通りはJKTの丸の内！
多彩なグルメスポットはビジネスマンからも愛されています。

コーヒー農園の邸宅を再現
カウィサリ・カフェ
● Kawisari Cafe **MAP P.64-A1**

ルアック・コーヒーがおすすめです

ジャワ最古のコーヒー産地カウィ山に自社農園があり、伝統的なメソッドで焙煎・抽出した最高級のコーヒーを提供している。素材の味を生かしたインドネシア家庭料理はヘルシーな味付けが特徴。

住所 Jl. Kebon Sirih No.77 **WA** 0878-8319-5051 **営業** 毎日8:00～23:00

1.改装されたコロニアル邸宅はフォトスポットがめじろ押し **2.**チキンや総菜が彩りよく盛られたナシ・ジャグン・トンポ・カウィサリ(Rp.6万)

JKT在住者より
モナスから徒歩10分で雰囲気も味も◎ 料理の盛りつけも美しく、ジャカルタへ来た友人に一番におすすめしたいお店です。(T.T)

JKTで一番人気のナシゴレン！
ナシゴレン・カンビン・クボン・シリ
● Nasi Goreng Kambing Kebon Sirih **MAP P.64-A1**

大鍋で豪快に調理される様子が通りからも目を引く名物屋台。ヤギ肉のナシゴレンはうま味たっぷりのクセになるおいしさで、ジャカルタっ子の元気の源だ。

住所 Jl. Kebon Sirih No.3
TEL 081-186-4011 携帯
URL nasgorkambonsir.com
営業 毎日17:00～24:00(金土～翌1:00)

ヤギ肉を使ったナシゴレン・カンビンRp.5万8000

専用の大鍋で一気に作るのがうまさの秘訣！

JKT在住者より
見た目のわりに優しい味付けで辛くはないです。ハーフや2人前も注文できます。(A.M)

眺望はジャカルタ随一
クラウド・ラウンジ
● Cloud Lounge **MAP P.64-B1**

サンセットタイムは感動的！

高層オフィスビルの49階から摩天楼を見渡すルーフトップバー。周辺に勤務するエリートたちのアフターファイブにも使われている。オリジナルカクテルも豊富。

住所 The Plaza, Jl. M.H. Thamrin No.28-30 Office Tower 49th flr, **TEL** 0812-8250-4949 携帯 **営業** 毎日18:00～翌2:00

テキーラベースのストロベリーカクテル、イチミ・サワーRp.18万

JKT在住者より
洗練されたJKTの六本木的な雰囲気です。ドレスコードはスマートカジュアルなのでオシャレして出かけると気分も上がります。(Y.S)

Deep Info
ローカルスイーツを体験するなら
サリサリSari Sari(**MAP** P.64-A1 **TEL** 0813-8685-6662 **営業** 毎日9:00～22:00) は、インドネシアの伝統的な菓子が100種類ほど並ぶスイーツ専門店。ひとつRp.2000～4000ほどで、見た目も味も大満足。

気になるものはすべて試してみて

サリナ・デパートの地下1階にある

コタ地区

オランダ統治時代の街並みが残る旧バタビア地区。観光客向けの気の利いた店も多い。

ジャムウで健康に美しく！
アチャラキ・ジャムウ
●Acaraki Jamu　**MAP** P.65-B1

「ジャムウ」は古来からジャワ島で愛飲されるハーブドリンク。ファタヒラ広場近くのこの店では効能をスタッフがていねいに説明してくれ、体調に合った一杯が提供される。

住所 Gedung Kerta Niaga 3, Kota Tua
TEL (021) 2269-3354　**URL** acaraki.com
営業 毎日8:00〜20:00

自然治癒力や
美容効果を
高めます

1. カフェ風のジャムウ専門店
2. 定番のクニット・アサムRp.2万5000

> **JKT在住者より**
> ジャムウの濃さはお好みで。Lightはペーパードリップ、Mediumはフレンチプレス、いちばん濃いBoldはエスプレッソマシンで淹れてくれます。(N.Y)

ジャカルタっ子のソウルフード
ナシ・ティム・アヤウ
●Nasi Tim Ayauw　**MAP** P.65-B1

卵黄を混ぜて
召し上がれ！

雑居ビルの一画にある食堂で提供されるのは名物のナシ・ティム（Rp.5万）のみ。醤油ベースの甘辛い鶏そぼろは日本人も大好きな味！

住所 Lt. 2, Ps. Jaya Pagi,
Jl. Pasar Pagi Raya No.22
TEL (021) 690-2665
営業 毎日6:00〜14:00

中華系の雑貨店が並ぶビルの2階にある

> **JKT在住者より**
> 現地の友人に連れて行ってもらいました。100%ローカル向けですが朝食やブランチにぴったりです。(N.Y)

バタビア時代へと迷い込む
ニュー・バタビア・カフェ
●New Batavia Cafe　**MAP** P.65-B1

18世紀に建てられた郵便局の一画を使ったカフェ＆レストラン。熱帯気候に対応した天井の高い建築様式は、コタ散歩の休憩場所にピッタリ。ランチメニューも豊富でオランダの郷土菓子も提供している。

まるで映画の
セットのような
空間です

住所 Taman Fatahillah No.3
TEL (021) 691-5534
営業 月〜金9:00〜22:00、
土日7:00〜23:00

1. 骨つきチキンがのったアヤム・クレム・バスンダンRp.8万6000
2. ファタヒラ広場に面している

> **JKT在住者より**
> 暑いコタ地区の散策でエアコン完備はありがたい。デザートも欧州っぽい一品からローカル菓子まで多彩で、値段もお手頃です。(T.T)

Deep Info

重要文化財でコーヒータイム
ロデ・ウィンクルRode Winkel　**MAP** P.65-B1　**TEL** 0811-2724-411　**営業** 毎日10:00〜22:00）は2023年11月にオープンした瀟洒なダイニング。1730年に建てられたオランダ総督の邸宅は、新たな観光スポットとしても注目されている。

トコ・メラの愛称で知られる赤レンガの邸宅

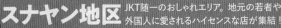

スナヤン地区
JKT随一のおしゃれエリア。地元の若者や外国人に愛されるハイセンスな店が集結！

1.14〜18時のティータイム・セットメニューRp.13万5000〜
2.紅茶ソースで味わうノルウェーサーモンRp.18万5000

おすすめのお茶を教えます

オリジナルカクテルのヴィバ・ラ・フリーダRp.15万、ティラミスRp.7万5000

大都会の色彩と摩天楼に乾杯♪

最先端エリアの人気スポット
TWG ティーサロン
●TWG Tea Salon MAP P.63-A1

シンガポール発の紅茶ブランドTWGの直営店。ティーリストは紅茶、緑茶、中国茶など約450種もの充実ぶり。お茶も料理も感動的なおいしさだ。

住所 Plaza Senayan, Level 1, Unit 109A TEL (021) 572-5276 URL www.twgtea.com 営業 毎日10:00〜22:00

JKT在住者より
周辺エリアは恵比寿ガーデンプレイス的な雰囲気。優雅にアフターヌーンティーを満喫しましょう♪ (F.Y)

ビル街を抜ける風が心地いい
ルーシー・イン・ザ・スカイ・スパーク
●Lucy In The Sky Spark MAP P.63-A1

インテリアや音楽のセンスがよく、感度の高いZ世代でにぎわうルーフトップバー。開放的なテラス席やガラス張り天井の屋内席で、オリジナルカクテルを味わおう。

住所 Rooftop Floor Senayan Par TEL 0812-8898-5253 営業 毎日16:00〜翌3:00

JKT在住者より
低層ビルのルーフトップから摩天楼を見上げるスタイルが斬新。天井もガラス張りで天気を気にせず夜景を楽しめます。(H.K)

ベンヒル地区
インドネシア人の国民食、パダン料理の名店が密集するグルメストリートがこちら！

インドネシアのタパス料理なんです

パダン料理店が並ぶベンドゥンガン・ヒラー通り

ナシチャンプルのように味わって

ローカルでいつも大盛況
ボペッ・ミニ・ベンヒル
●Bopet Mini Benhil MAP P.63-A1

地元の人で賑わうベンヒル地区の人気店のひとつ。カウンターに並ぶ20種ほどの総菜から好みのものを皿にのせてもらう。一品一品が丁寧に作られている。

住所 Jl. Bendungan Hilir Gg.2 TEL 0815-8677-6685 営業 毎日7:00〜19:00

おいしくて楽しいパダン食堂
スドゥルハナ
●Sederhana MAP P.63-A1

パダン料理をジャカルタで味わうならこちら！肉や魚などの小皿はRp.1万5000〜3万ほど。牛肉をココナッツミルクと香辛料で煮込んだルンダン・サピは「世界で一番おいしい料理」ともいわれている。

住所 Jl. Bendungan Hilir No.1 TEL (021)570-5049 URL restoransederhana.id 営業 毎日8:00〜22:00

JKT在住者より
野菜料理は見た目よりもスパイシーなので、辛さが苦手な方はスタッフに聞きながら選びましょう。ルンダンやココナッツカレー系は深みのある味わいで絶品です！(H.K)

Deep Info
パダン料理ってなに？
スマトラ島パダン地方の郷土料理は、インドネシア各地に食堂がある国民食。テーブルに並べられた小皿の中から好みの料理を選び、食べた分のみ代金を払うシステムで、トウガラシを使った辛い料理やココナッツミルクで煮込んだ料理が多い。
小皿でテーブルが埋め尽くされる

古都ジョグジャカルタ探訪

ボロブドゥールやプランバナンなど古代遺跡に囲まれた古都ジョグジャカルタ。新たに世界遺産に登録された王宮クラトン周辺には懐かしい情景があふれている。

王宮文化に触れる

クラトンのんびり散歩

1.「儀式の間」でのパフォーマンスは水土9:00〜、月火木金10:00〜、日11:00〜。曜日によって演目は異なる　2.「謁見の間」に装飾された蛇は再生のシンボル

世界遺産の王宮からスタート

1 クラトン　Kraton

ジョグジャカルタの初代スルタン、ハメンクブオノ1世により構築された王宮。見学できる建物の多くはハメンクブオノ8世の時代に完成したもので、今も10世が敷地内で暮らしている。2000人ほどのアブディ・ダラムが警護や奉納などそれぞれの役割でスルタンに仕えている。

徒歩15分

魔除けの神カーラはヒンドゥー教と土着信仰が混じったモチーフです

郷土スナックを食べ歩き

2 ガスム市場　Pasar Ngasem

こぢんまりとした規模なので回りやすく、売り子たちもフレンドリーなローカル市場。伝統的な菓子を売る店が人気で、さまざまな種類のスナックがずらりと並んでいる。

人気の品は昼には売り切れ

徒歩7分

涼しげな水の王宮

徒歩10分

3 タマン・サリ　Taman Sari

18世紀中頃に建てられた離宮。裏手に広がるプロ・クナンガと呼ばれるエリアは、かつて王宮と水浴場を結んでいた地下道や洞窟モスクが残るフォトスポットだ。

洞窟モスクも散策しよう

古都歩きを楽しくする移動手段

古都の風情を存分に感じるなら、ベチャや馬車に乗ってみるのもいい。ベチャは自転車のベチャ・ガユンとバイクのベチャ・モトルの2種類。クラトン周辺ならベチャ・ガユンでも十分だ。時間に余裕がない場合はベチャ・モトル、3名以上の場合は馬車もおすすめ。

1.ベチャは距離に応じてRp.3万〜
2.馬車はRp.15万〜

女官たちが水浴びをした沐浴場跡

王宮に伝わる宮廷料理

4 バレ・ラオス・クラトン
Bale Raos Kraton

王宮の敷地内にあり、歴代のスルタンが愛した料理も提供している。ミニアートギャラリーも併設されているので、料理を待つ時間にもジャワ文化に触れてみよう。

1
1.宮殿の風情も味わえるレストラン **2.**現スルタンがパーティで振る舞う料理も味わえる

2

健康の秘訣はジャムウ！

5 ジャムウ・ルグ・ムルニ
Jamu Lugu Murni

ジョグジャカルタは薬草を使ったジャムウの本場。店内には薬草やスパイス類が並び、喉の痛みや肌荒れといった症状を伝えるとぴったりの処方をしてくれる。

王族も愛飲する健康ドリンクです

ベチャ15分

ローカル雑貨が大集合

7 テラス・マリオボロ
Teras Marioboro

マリオボロ通りにひしめいていた露天商が集う商業施設。バティックや雑貨など見て回るだけでも楽しめる。屋台スナックや食事が味わえるフードコートもおすすめ。

徒歩30分

建物内はアートマーケットのよう

徒歩5分

ジャワの歴史と文化を学ぶ

6 ソノブドヨ博物館
Museum Sonobudoyo

歴史から文化、伝統芸能まで多岐にわたった展示を楽しめる。2019年には聖剣クリスや銀細工、仮面、バティックなどを所蔵する新館もオープンしている。

ワークショップも体験できるよ

徒歩とベチャで約6〜7時間。クラトンがオープンする8:30頃に入場すると混雑が避けられる

路地裏でアートに出会う

クラトン周辺では王宮関係者が暮らすレトロな邸宅や、壁に描かれたグラフィティアートも巡れる。タマン・サリの路地にはバティックや影絵人形を制作している職人の家が点在し、王宮とともに歴史を紡いできた物作り文化を肌で感じられる。

画家の住居兼アトリエも見かけるタマン・サリ周辺

Keraton

テラス・マリオボロ 7

徒歩 ●●●●●●
ベチャ ●●●●●●

6 ソノブドヨ博物館

郷土料理グドゥッの店がひしめき合う

0　200m

1 クラトン

ガスム市場 2

4 バレ・ラオス・クラトン

3 タマン・サリ

ジャムウ・ルグ・ムルニ 5

路地に迷い込んで懐かしい情景を満喫

古都ジョグジャカルタ探訪

クラトン王宮から7kmほど東のコタグデは、16〜17世紀に古代国家マタラムの王朝がおかれていた町。市場や路地を彷徨い、「アジアで一番美しい」と称される古都を気ままに歩いてみよう。

PASAR LEGI KOTAGEDE

地元の味を試してみてね

マタラム王国の都 コタグデへ時間旅行

1.市場前にはベチャが常駐している　2.もち米の粉やヤシ砂糖を使ったキポ。パンダンリーフで緑色に色づけされている　3.片言でもインドネシア語が話せると交渉が楽しい

Start!　ベチャ10分

早朝からにぎわう伝統市場へ

1 コタグデ市場 Pasar Kotagede

野菜、果物、日用品が所狭しと並んでいる。コタグデ名物のキポやレゴモロなどの郷土菓子はひとつから購入OK（Rp.2000程度）。営業時間は早朝〜品切れまで。

徒歩5分

伝統的な建物でブランチ

3 オマ・ドゥウール Omah Dhuwur

150年ほど前に建てられたルマ・カランを利用したレストラン。インドア席もあるが、庭園を望む開放的なテラス席が気持ちがいい。

TEL (0274)374-952　**URL** www.omahdhuwur.co.id　営業 毎日10:00〜21:00

バティック体験教室もあります

店のおすすめはサテ・コタグデRp.7万5000

町の文化を体感できる

2 コタグデ博物館 Museum Kotagede

現地のツアー会社で入場予約を

1930年代に建てられた金細工商人の邸宅を利用した博物館。ルマ・カランと呼ばれる様式の建物内を巡りながら、コタグデの文化や歴史を学べる。

営業 火水木8:00〜16:00、金8:00〜14:30、土日8:30〜20:00（要予約）　料金 無料

徒歩15分

ジャワ様式の邸宅を訪問

4 オマ・ウーゲーエム Omah UGM

1800年代に建てられたバティックや銀細工で財をなした商人の邸宅。2006年にガジャマダ大学（UGM）に寄贈され、文化芸術のコミュニティスペースとなっている。

営業 毎日9:00〜17:00
料金 Rp.3〜5万の寄進

徒歩5分

オマOmahはジャワ語で「家」の意味です

現地ツアーで時短訪問

陽気なガイドさんが同行するツアーは半日でRp.50万〜

まずは配車サービスでコタグデ市場を目指し、路地をのんびり歩いてみよう。効率よく巡るならガイド同行のバイクツアーやサイクリングツアーもおすすめ。**Bagus Bintang Tour&Travel**（→P.141）では、主要スポットを巡るツアーを開催している。

ローカルの生活を肌で感じよう

徒歩2分

ジャワ伝統の意匠で描かれた壁絵

写真映えする散策エリア

5 ビトウィーン・ツー・ゲーツ Between Two Gates

狭い路地の両側に古い建物が並び、のどかな生活風景も垣間見られるフォトスポット。路地の入口からコタグデ墓地の通り沿いではウオールペインティングも見逃せない。

徒歩10分

緑色の外観はフォトスポットとして人気

徒歩3分

路地と建物が織りなす壮麗な景観

7 ルマ・プシッ Rumah Pesik

ジャワ様式とヨーロッパの建築様式を組み合わせた華麗な外観が目を引く。内部は現在のオーナーのアートコレクションで彩られており、宿泊施設も併設している。

TEL 0823-2843-3362 携帯 **営業** 毎日9:00～17:00

Goal!

伝統技術で仕上げます

銀細工のワークショップを体験

9 ハーエス・シルバー HS Silver

銀細工の制作工程を見学できるシルバーショップ。フィリグリー技術を使ったペンダント（またはリング）が制作できる体験教室は旅の思い出作りにぴったり!

TEL (0274)375-107
URL hssilver.co.id
営業 毎日9:00～17:00
料金 制作体験は2時間Rp.30万

自分で制作した銀製品は持ち帰りOK

王都コタグデと邸宅ルマ・カラン

コタグデは16世紀後半から17世紀まで栄えたマタラム王国の都。マタラム王国はジョグジャカルタ王家の祖先であり、遷都するまではこの地が首都だった。

今も路地にはカラン人（銀細工やバティックで財をなした人々の総称）の邸宅「ルマ・カラン」が残りフォトジェニックな観光スポットとなっている。2019年にはCNNインターナショナルで「アジアでもっとも美しい町」のひとつにコタグデが選出された。

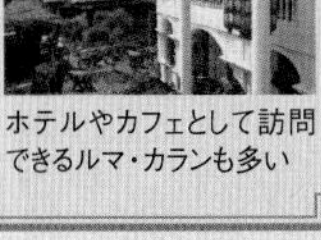

ホテルやカフェとして訪問できるルマ・カランも多い

400年以上の歴史をもつ聖地

6 コタグデ墓地 Makam Kotagede

伝統的な葬儀の風景も見学できる

マタラム王国の初代と2代目の王が眠っている墓地で、伝統衣装を着用し裸足になれば内部の見学も可。敷地内にはジョグジャカルタ最古のモスクもある。

営業 毎日6:00～18:00（墓内部は日10:00～17:00、月・木10:00～13:00、金13:00～16:00のみ開放）

リマサンと呼ばれるジャワ伝統様式のモスク

修復により17世紀の姿を再現

カフェでゆったりひと休み

8 ナタン・ロイヤル・ヘリテージ Natan Royal Heritage

徒歩1分

1857年に建てられたカラン人の邸宅。美しい意匠が凝らされた建物内にはカフェやブックショップ、宿泊施設を併設している。

TEL (0274)284-0240 **営業** 毎日8:00～19:00 **料金** 内部見学はRp.5万

徒歩とベチャで約6～7時間。コタグデ市場が賑わう早朝にスタートすれば日中の暑さも多少しのげる

市場前にはベチャのドライバーが常駐

コタグデ博物館 ②
ハーエス・シルバー ⑨ ⑧ ナタン・ロイヤル・ヘリテージ
オマ・ドゥウール
⑦ ルマ・プシッ
① コタグデ市場
オマ・ウーゲーエム ④
コタグデ墓地 ⑥
ジャワ島の原風景のような町並みが続く
ビトウィーン・ツー・ゲーツ ⑤
N
0 200m
Kotagede

徒歩 ●●●●●●
ベチャ ━━━

27

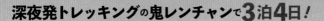

カメラ女子、東ジャワを歩く

色彩の町マランから旅はスタートし、絶景が待つ活火山の2大パワースポットへ。カメラ女子が徹夜続きの"ガチモード"で初めての東ジャワを駆け抜けました！

旅人／土屋朋代（ライター＆フォトグラファー）

極彩色の
フォトスポットが
お待ちかね！

MAGICAL Photogenic TOUR

スラバヤ

プロボリンゴ

マラン ① ②

プロモ山 ③ バニュワンギ

イジェン火口湖 ④

バリ島

East Jawa

0　　　100km

N

グラフィティアート巡りも楽しい
カンプン・ワルナ・ワルニ

28

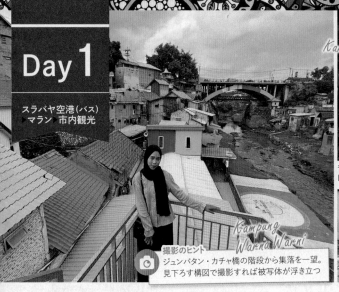

Day 1

スラバヤ空港（バス）
▶マラン 市内観光

撮影のヒント
ジュンバタン・カチャ橋の階段から集落を一望。
見下ろす構図で撮影すれば被写体が浮き立つ

青い壁は光に映えるので
日向と日陰を意識しよう

人物の撮影では笑顔でひと声かける

虹色の町マランをジャランジャラン

Malang ➡本文 P.180～181

高原都市から東ジャワの旅が始まる

　東ジャワの交通起点となるスラバヤ空港からバスで約2時間。オランダ植民地時代に発展した高原都市マランは、今も町のあちこちにコロニアル建築物が残る歴史の町だ。近年この地をさらに有名にしているのが、3つのカラフルな村（＝カンプン）。世界的にも類を見ないユニークな景観はインフルエンサーによって国内外に拡散され、感度の高い若者たちの間で注目を集めている。

　ホテルに荷物を置いて、まず訪れたのは**カンプン・カユタンガン**Kampung Kayutangan。曲がりくねった路地に色とりどりの建物が軒を連ね、まるで絵本の世界に迷い込んだかのよう。商店で駄菓子を買う子供たちや、井戸端会議に花を咲かせる女性たちなど、ジャワ人の素顔も垣間見える。カフェやショップも多く、ひと休みしながら気ままに散策を楽しんだ。

　マラン駅方面へ20分ほど歩いて、**カンプン・ワルナ・ワルニ**Kampung Warna Warniへ。もともと貧困地域だ

ったが、地元大学生が発案したプロジェクトにより観光地化されている。力技だがかなりおもしろい試みだ。エリア全体を見下ろす展望台やフォトスポットも多く、仲良くなったローカル観光客たちとワイワイ写真を撮り合った。彼女たちは写真の構図づくりやポージングがとても上手。自撮り棒や三脚を持って本格的に撮影する人も少なくない。

　陸橋の対岸は、**カンプン・ビル・アルマ**Kampung Biru Arema。こちらはがらりと趣が変わり町は青一色。入り組んだ路地をネコやニワトリが闊歩し、のんびりとした空気が流れている。ネコを追いかけながら歩いて迷子になるが、それもまたよし。この町は時間を決めずに散策するのがよさそうだ。

　このほかにもマランには鳥市場やモスクなどフォトスポットが盛りだくさん。歩いて回れる町のスケールや、観光ずれしていない素朴な雰囲気もカメラ女子には魅力的。ローカルグルメの食べ歩きも楽しく、心ホクホクな東ジャワ旅行の初日となった。

1.壁絵は地元アーティストが描いている **2.**仮面をつけてハイポーズ！ **3.**黄昏時に浮かび上がるマランのモスク

マランの必食グルメ

味は大統領のお墨付き！

スリウィジャヤ・クリナリー（→P.180）はローカル系のフードコートだが、ジョコウィ大統領もマラン訪問時には食事に立ち寄るグルメスポット。肉団子スープのバッソや牛肉スープのラウォンなど、郷土料理が気軽に楽しめる。

見ためのわりにさっぱりの味ラウォン

カメラ女子MEMO

スラバヤのジュアンダ空港からマランへ向かう場合、鉄道よりもバス移動のほうが時短となります。空港からブングラッシー・バスターミナルまでタクシーや配車アプリを使って30分ほどです。

Day 2

マラン（深夜発ツアー）
▶ブナンジャカン山
ブロモ山
マラン（鉄道）
バニュワンギ

MAGICAL Photogenic TOUR

撮影のヒント
風景主体で撮るなら展望台の柵沿いを確保しよう。
柵から離れて人物を入れ込むとスケール感が出る

Gunung Penajakan

ブナンジャカン山の展望台から
刻々と色彩を変える空を望む

地球の息吹を感じる**ブロモ山**トレッキング

Gunung Bromo ➡本文 P.187〜188

2日目はマラン発のブロモ山トレッキングツアーに参加。2日目といっても出発は前日の真夜中なので、初日は早めに宿に戻って仮眠をとった。深夜1時、迎えに来たワゴン車に乗り込むと、2時間ほどでブロモ山への起点となる集落に到着。当然まだ周囲は真っ暗で、南国とはいえ、吐く息が白いほど冷え込んでいる。長袖シャツとパーカー、さらにレインウエアの上下を着重ね、首にはストールを巻き付けてもまだ心細いくらい。ツアー参加者全員の準備が整ったらクロカン車に乗り換え、いざ、国立公園エリアへ。

まず向かうのはブロモ山を見渡すビューポイント、ブナンジャカン山Gunung Penajakan。道の途中で車を降ろされ、満天の星空の下、舗装路を15分ほど上った場所に展望台はある。日の出時刻は5時前後なので、道中に並ぶワルンで温かいコーヒーを飲みながら小1時間を過ごした。4時頃に展望台へ向かうと、多くの人が場所取りをしながら今か今かとご来光を待っている。夜明け前の空の変化もきれいなので早めに待機しよう。周囲が少しずつ明るくなり、うっすらと山のフォ

1.深夜の駐車スペースにクロカン車が並ぶ 2.旅行者でにぎわうワルンで夜明けを待つ

Gunung Batok
月世界のような
砂漠の先に幻想的な
絶景が広がります!
1

Gunung Bromo
2

1.馬上の目線で山に登るのも貴重な体験。バトッ山を背景にパチリ
2.火口に祀られたガネーシャ像を写り込ませるとスケールが伝わる

自然派ホテルが国立公園内に登場

2023年11月に3つ星ホテルがオープン。広大な敷地に点在するキャビンに宿泊でき、大きな窓から周囲の山々が見渡せる。景色のよいカフェスペースのみの利用もOK。

アートテル・キャビン・ブロモ
Artotel Cabin Bromo [MAP] **P.187**
住所 Ngadisari **TEL** 0812-9240-8969
URL artotelgroup.com/hotels/artotel-cabin/bromo **料金** スーペリアⒹRp.140万〜

アウトドア派
におすすめ
です!

周囲の自然に溶け込む
全30棟のキャビン

ルムが現れ始める。美しいグラデーションが空を染め上げたかと思うと、ついに太陽が顔を出した。人々は歓声とともに一斉にカメラやスマホを朝日に向ける。手前には緑の陰影が美しい**バトッ山**Gunung Batok、その左にモクモクと煙をあげるブロモ山、さらに奥には3676mの標高を誇るスメル山がそびえ、その周囲を雲海が包み込む絶景は思わず手を合わせたくなる神々しさ!

壮大な景色を目に焼き付けたら車に戻り、今度は**ブロモ山**Gunung Bromoへ。途中の展望スポットに立ち寄りつつ車を走らせること約1時間。ブロモ山の麓の駐車場から徒歩で30分ほどかけて山の頂を目指す。道は比較的歩きやすく難易度の高いコースではないが、とにかく上りが続くので覚悟は必要。体力に自信がない人は馬に乗って散策もできる（料金は交渉次第だが片道Rp.10万ほど）。いずれにせよ、最後の250段ほどの長い階段は自力で上らなくてはいけない。休み休みなんとか階段を上りきると、疲れも吹き飛ぶダイナミックな光景が広がっていた。想像以上に巨大で深くえぐられた火口からモクモクと立ち昇る噴煙は、地球そのものが生命体だと実感させてくれる。古くから火の神がすむといわれ、ヒンドゥー教の聖地と崇められるのも納得だ。山頂の尾根にはガネーシャが祀られており、花束を供物として火口に投げ入れるローカルも多い。

心ゆくまで散策して8時すぎに車に戻り、マランのホテルに着いたのは昼の12時頃だった。チェックアウトを済ませてランチとおみやげ探しをしてから、マラン駅16:46発のTawang Alun号でジャワ最東部の町バニュワンギへ向かう。

火口周辺では供物の花束が売られている

カメラ女子MEMO

マランからブロモ山へのツアーは、各国からの旅行者が多くて女子ひとり旅でも安心でした。雨季などオフシーズンで同行者が見つからない場合はチャーター利用となります。早めに予約手配を!

Day3-4

MAGICAL Photogenic TOUR

バニュワンギ（深夜発ツアー）
イジェン火口湖
バニュワンギ（バス&フェリー）
バリ島

Blue Fire

液状化した硫黄ガスに近づけると触ると火傷するので注意

📷 **撮影のヒント**
ブルーファイアの光は繊細なうえ周囲は暗黒の世界。本格的に撮影したいなら三脚の持ち込みがおすすめ

神秘のブルーファイア、イジェン火口湖へ

Kawah Ijen ➡本文 P.193

マランからバニュワンギまでは7時間ほどの鉄道の旅。昨晩はバニュワンギ・シティ駅に23:25に到着し、トレッキングの疲労でホテルに着いたらあっという間に寝落ちしてしまった。3日目の深夜もイジェン火口湖へのツアーに参加するので、夕方まではバニュワンギBanyuwangiの中心部でのんびりタイム。不思議と懐かしい小さな港町は、海辺を散策したり、ローカル市場をのぞいて名物料理を楽しんだりと、ゆっくり過ごすのにいい町だ。

深夜0時頃にホテルに迎えにきた車に乗ると、1時間ほどでトレッキングの起点となる公園管理事務所に到着する。ここでガイドと合流し、まずは装備のチェック。ブロモ山と同様、夜の山歩きは冷えるので防寒対策は必

須だ。崖道を歩くので靴はスニーカーでなくトレッキングシューズを。懐中電灯は貸してもらえるが、ヘッドライトがあると両手が使えて安心だ。そして重要なのはガスマスク。ツアーで貸し出されるものは隙間だらけの低級品なので、撮影に集中したいなら日本から用意していくといいだろう（ネット通販で購入すれば2000円ほど）。その後、ガイドからツアーの流れや注意事項などの説明を受け、さっそく出発！

火口湖までの登山時間はトータル1時間半ほど。最初の1時間は歩きやすいトレッキングコースをひたすら上る。同じグループの欧米人たちは歩幅が大きくなかなかのハイペースだ。クレーターの外輪山まで上りきったらここからは火口底部に下っていく。「DANGEROUS」の看板にドキドキしながら、真っ暗で足場の悪い急勾配を一歩ずつ慎重に進む。ガスマスクを装着して火口底部に近づくと、そこには神秘的な青い炎が！山肌から流れるこの不思議な

1.バニュワンギを歩けば南国の情景に出会える　**2.**往路は真っ暗だが焦らず自分のペースで歩こう

標高2160mにある最大幅722mもの巨大なカルデラ湖は神秘的な色合い

Kawah Ijen

撮影のヒント
復路の外輪山を上りきった火口湖を見下ろす場所が撮影スポット。陰影を意識して立体感を強調しよう

ガスマスク必須。ゴーグルもあるとなおよい

ブルーファイアBlue Fireの正体は、硫黄ガスの燃焼。美しいビジュアルとは裏腹に周辺に有毒ガスが蔓延しているので注意が必要。かくいう私も、夢中で写真を撮っていたらガスを思い切り吸い込んでしまった。呼吸も苦しく目も痛い。軽くパニックになりながら走って炎のそばを離れた。

5時過ぎに東の空が明るくなると、目の前にイジェン火口湖Kawah Ijenが姿を現す。朝日で輝くターコイズブルーの湖面は幻想的だが、湖の水は衣服や金属までも溶かしてしまうという。硫黄発掘所にもなっているイジェン山は活火山で、2018年には有毒ガスが大量に噴出して

クレーターが数ヵ月も閉鎖され、周辺住民は避難を余儀なくされている。明るくなったらガイドとともに深夜に歩いたルートを戻る。真っ暗な往路では気づかなかったが、この道中の見晴らしがとてもよく、緩やかな下りのハイキングが気持ちよかった。

極彩色のコロニアルシティと山のパワースポットをひたすら歩いた4日間。連日の深夜発ツアーはハードだったけれど、感動の連続で不思議なほど疲れや眠気を感じていない。クタパン港からバリ島へと出航し、海風が心地いいフェリーの甲板から振り返ると、東ジャワの山々が騙し絵のように浮かび上がっていた。

70〜90kgもの硫黄岩を運ぶポーター。約5kmの山道を毎日2往復するという

ジャワ東端からバリ島への船旅

バニュワンギ近郊のクタパン港からバリ島西部のギリマヌッへはわずか30分の船旅。車体ごとフェリーに乗り込むバス（所要5〜6時間、Rp.20万〜）を利用して、バリ島中心部を目指すルートも楽しい。チケットは予約サイトやフェリー乗り場の周辺にあるツアー会社で手配できる。

東ジャワの山々に見守られてバリ島へ

カメラ女子MEMO
私は日本からジャカルタin&デンパサールoutの航空券を購入し、ジャワ東端から船でバリ島へ移動してウブド滞在も楽しみました。ジャワ島とバリ島では1時間の時差があるので注意しましょう。

赤道直下の弾丸アドベンチャー

秘境トラベル
To Do List

ジャカルタ&バリから直行便で最強アクセス!

1700もの島々を擁する世界最大の群島国家で数日間の探検に出かけよう。大航海時代の秘境イメージを彷彿とさせる赤道直下の風景は地球の宝物だ。

お役立ちINFO

水上市場へのツアーは早朝5:00〜6:00に現地ガイドが迎えに来て、ライトを灯したモーター付きボートでバンジャルマシンを出発する。風除けのウインドブレーカーや帽子は必須。市場でフルーツや菓子、コーヒーを買えば船上で朝食が楽しめる。

Kalimantan
カリマンタンの"水の都" ➡ P.426
バンジャルマシン

水上家屋での生活風景をパチリ♪

感動Point ★★★★★
クンバン島

バンジャルマシン中心部から5kmほど西、バリト川に浮かぶマングローブの島。300匹ほどのサルがすみ、5分ほどで1周できる遊歩道も整備されている。

遊歩道にもサルが現れる

ジャカルタ発 1泊2日

1日目
飛行機
ジャカルタ13:15→
バンジャルマシン16:00
(GA532)

2日目
ボート
水上マーケットを訪問
ボート
クンバン島を訪問
飛行機
バンジャルマシン
16:45→ジャカルタ
17:35(GA537)

カリマンタン
バンジャルマシン
ジャカルタ

感動Point ★★★★★
ロクバインタン
水上市場

ひしめき合うように行き来する小舟で季節の果物が売られる

100を超えるボートが毎朝のように集う水上市場。小舟の塗装、売り子たちの衣服、商品のフルーツや唐辛子が南国の日差しを浴びて輝く。アジアの原風景を見るようだ。

¥ 予算の見積もり
飛行機代（往復3万4000円）、ロクバインタン水上市場&クンバン島ツアー（半日4000円）。そのほかホテル代や食費など別途。※現地発ツアーは宿泊ホテルや旅行予約サイトで申し込める。

ヌサ・トゥンガラ諸島の恐竜王国 **→ P.342**
コモド国立公園
Nusa Tenggara

全長3m、体重100kgにも及ぶオオトカゲ。時速18キロで走ることもできる!

地面と同化して保護色になる

お役立ちINFO

大小100ほどの島で構成されるコモド諸島の中心となるコモド島には約1300頭のコモドオオトカゲが生息。島内のジャングルを歩くにはレンジャーの同行が必須で、公園管理事務所のあるLoh Liangを起点に3つのトレッキングコースが用意されている。

感動Point ★★★★★
コモドオオトカゲに遭遇
世界自然遺産に登録されている国立公園はコモドオオトカゲの生息地。乾燥したサバンナの森に棲む伝説のドラゴンは、まるで太古から生き続ける恐竜のようだ。

濃い緑の岬は恐竜の首のようにも見える

感動Point ★★★★☆
パダール島
ミステリアスな奇観でインスタグラマーから注目の的。船着場からサバンナの草原を歩き、丘の上にある眺望ポイントまで2〜3時間ほど。コモド島の東に浮かんでいる。

感動Point ★★★☆☆
パンタイ・メラ
コモド周辺にはパンタイ・メラと呼ばれるピンク色のビーチが点在。幻想的な海辺は絶好のスノーケリングスポットとなり、透明度の高い海でカラフルな魚と出会える。

白サンゴと赤サンゴの破片が混じってピンク色に!

コモド空港がゲートウェイ

デンパサール発 **1泊2日**

1日目
飛行機
デンパサール7:15→ラブアンバジョー8:25
(QZ644)
船
コモド国立公園を周遊
2日目
徒歩
ラブアンバジョーを観光
飛行機
ラブアンバジョー17:30→デンパサール18:40
(QZ647)

ヌサ・トゥンガラ諸島
デンパサール
コモド島
ラブアンバジョー

¥ 予算の見積もり
飛行機代（往復1万6000円）、コモド国立公園ツアー（1日1万2000円）。そのほかホテル代や食費など別途。
※島々を巡るツアーは、空港のあるラブアンバジョーの旅行会社が催行している。

Sumatera
スマトラ島の熱帯雨林 → P.370
ブキッ・ラワン

→ P.370

お役立ちINFO

ジャングルの地面はぬかるみ、ヒルがいるのでサンダルは不向き。蚊も多いので通気性のよい長袖長ズボンを用意しよう。1日ツアーで3つのアクティビティを体験できるが、リバーチュービングがオプションになっている場合もある。

> ジャングルで植生も学べる

樹上でくつろぐオランウータンの親子。開発によりスマトラ熱帯雨林は危機遺産となっている

感動Point ★★★★

オランウータンに出会う

世界自然遺産のグヌン・ルセル国立公園には約7000頭のオランウータンが生息する。間近で観察するにはツアー参加がマスト。果実が実る7〜8月は遭遇率が高まる。

直径が1mを超える巨大な花が見られることも

感動Point ★★★★

ラフレシアを見る

世界最大級の花ラフレシアは33種あるが、そのうち11種がスマトラ島の固有種。ジャングルの奥で約10ヵ月かけて成長するが開花後3〜7日で枯れてしまう幻の花だ。

> 至近距離に現れることも!

感動Point ★★★★

リバーチュービングを体験

その名のとおり巨大なタイヤチューブに乗って清流を下るアクティビティ。1日かけて歩いたバホロク川の上流から、15分ほどの川下りでツアーの開始地点へと戻れる。

> 森歩きでほてった体もクールダウン

ジャカルタ発　2泊3日

1日目
- 飛行機　ジャカルタ7:30→メダン9:30（GA182）
- 車　メダン→ブキッ・ラワン

2日目
- 徒歩　国立公園をトレッキング

3日目
- 車　ブキッ・ラワン→メダン
- 徒歩　メダンを観光
- 飛行機　メダン16:50→ジャカルタ19:15（GA121）

ブキッ・ラワン
メダン
スマトラ島
ジャカルタ

¥ 予算の見積もり
飛行機代（往復3万7000円）、車送迎（往復1万2000円）、ジャングルツアー（1日9000円）。そのほかホテル代や食費など別途。※短期旅行者は空港〜ホテル間の送迎をリクエストするとベター。

Sulawesi
スラウェシ島の隠れ里 → P.408
タナ・トラジャ

伝統家屋トンコナンが建ち並ぶパラワ村。祖先たちは天界から船でやって来たという伝説も残る

→ P.408

感動Point ★★★★★

伝統家屋
トンコナン訪問

古来からの言い伝えをもつ舟形家屋はタナ・トラジャ文化の象徴。特にパラワ（→P.413）は水牛の角が重なるように柱を飾り、壁面の木彫りも見とれてしまうほど芸術的。

（→P.413）

故人をかたどったタウタウ人形が並ぶレモ村。撮影は東から陽光が差し込む朝がベストだ

貴族階級の葬儀は数ヵ月続くことも

感動Point ★★★★★

葬祭儀礼に遭遇

タナ・トラジャでは今も水牛を生け贄にする葬祭儀式ランブ・ソロが行われている。水牛は死者の魂を来世（プヤ）へ導く案内役で、その数が多いほど早く魂の地に到達できるという。

お役立ちINFO

盛大な葬祭儀礼は6〜12月に行われることが多い。タイミングが合えば旅行者でも見学可能で、香典がわりにタバコ（1カートン）などを渡すのが慣例。タナ・トラジャでは「死ぬために生きている」ともいわれるほど葬儀が盛大で、富の象徴である水牛や豚が何十頭も生け贄にされる。

水牛の赤い血が大地に捧げられる

感動Point ★★★★★

死者人形が
見下ろす岩窟墓

独特の死生観をもつ伝統村では墓の形態にも驚かされる。レモ（→P.411）には切り立った岩壁に死者人形タウタウと遺骨を納めた石室が子孫たちを見下ろしている。

（→P.411）

デンパサール発 3泊4日

1日目
[飛行機] デンパサール7:00→マカッサル8:25（JT746）
[バス] マカッサル→タナ・トラジャ

2日目
[車] 北部の集落を訪問

3日目
[車] 南部の集落を訪問
[バス] タナ・トラジャ→マカッサル

4日目
[徒歩] マカッサルを観光
[飛行機] マカッサル16:40→デンパサール18:10（JT3741）

タナ・トラジャ
スラウェシ島
マカッサル
デンパサール

¥ 予算の見積もり

飛行機代（往復2万6000円）、バス代（往復3000円）、車チャーター（2日1万5000円）。そのほかホテル代や食費など別途。※復路は夜行バス利用。タナ・トラジャ巡りは車チャーターが便利。

インドネシアおみやげ図鑑

オレオレは
「おみやげ」
のことです

WELCOME

インドネシアではショッピングでも豊かな民族色を実感できる。
ジャカルタ、ジョグジャカルタ、バリ島のおすすめショップへ！

※商品の値段は2024年1月時点のもの。

バティック

ジャワ更紗と呼ばれる伝統工芸品。
地域ごとの伝統的な模様が楽しい

ピテカントロプス

バリ島サヌール ▶P.256

バティック生地のエコバッグ
Rp.15万、長袖のバティック
シャツRp.125万

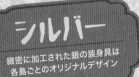

ワンピースRp.40万〜、貝殻チャ
ーム付きの布地Rp.23万〜、半袖
シャツRp.50万〜

バティック・クリス・メンテン

ジャカルタ ▶P.74

バティックは
ユネスコ登録の
無形文化遺産！

デウィ・タラ

ジョグジャカルタ ▶P.124

伝統柄のオールドバティック
各Rp.50万。旅行中はサロ
ンとしても重宝する

シルバー

緻密に加工された銀の装身具は
各島ごとのオリジナルデザイン

ジャワの男性は
鳥好きなのよ

ハーエス・シルバー

ジョグジャカルタ ▶P.27

鳥のブローチはRp.20万
〜、ペンダントトップやリン
グはRp.15万〜

サヤン

バリ島サヌール ▶P.257

ガムランボールのブレスレットRp.48万、
フランジパニの ピア スRp.48万
9000、ハート形のガムランボール
Rp.28万5000

ジャカルタ・ジェムズ・センター

ジャカルタ ▶P.75

ヒスイやメノウなど貴石を使ったリングRp.50万〜
（品質や交渉能力により異なる）

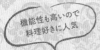

機能性も高いので
料理好きに人気

生活雑貨

アジアの風合いが楽しめる食器や
リビング雑貨は定番のおみやげ!

ディア・ロ・グエ
ジャカルタ　▶P.76

南国の風物詩が描かれたマグカップ各Rp.23万、普段使いできるパスケース各Rp.34万

クダウン・ホーム・メンテン
ジャカルタ　▶P.74

レトロなホーローの手鍋Rp.3万3000、カップ&ソーサーRp.8万、カラフルなマグカップ各Rp.3万3000

ドワ
ジョグジャカルタ　▶P.126

インテリアのアクセントにもなる南国的な編みバッグ各Rp.45万

ジェンガラ・ケラミック
バリ島ジンバラン　▶P.243

和風のティーポットRp.67万、バナナリーフをモチーフにした深皿Rp.19万、イチョウ形のプレートRp.15万

バリゼン
バリ島スミニャック　▶P.224

クッションカバーRp.16万
5000、サラダサーバーRp.17万5000、傘のオブジェRp.34万

木彫りオレオレ博覧会

熱帯雨林が広がるインドネシアは世界有数の木材輸出国。木工芸品も島ごとの文化がある

木彫りに歴史あり!

BALI

バリ舞踊の仮面トペンはハンドメイド

JAWA

魅惑の鍵盤楽器ガムランのミニチュア

PAPUA

先住民をモチーフにした手作り工芸品

KALIMANTAN

首狩の風習もあったダヤッ人の武具

SUMATERA

スマトラ島のバタッ家屋の木彫り

SULAWESI

水牛などを模したトラジャ家屋の装飾

グルメみやげ

嗜好品や調味料からアルコール
まで味なおみやげをお持ち帰り

スマトラ島やフローレス島など国内産地のコーヒー
豆は200gでRp.8万8000〜

> パッケージも
> ジャワ推しです

文化の町で作られる
チョコレートはチリやロ
ンデ（ショウガ湯）など
フレーバーもいろいろ。
各Rp.1万7000

7種類のドリップパックのセットRp.13万

オッテン・コーヒー
ジャカルタ　▶P.75

バラマキみやげにお
すすめのホワイトチョ
コ各Rp.1万3000

チョクラッ・ダラム
ジョグジャカルタ　▶P.125

> チョコレート味や
> チーズ味などが人気

ジョグジャカルタのいたるところで購入できる
銘菓バッピアは5個入りでRp.2万3000〜

ジャワラ・カルチャー
ジャカルタ　▶P.76

シーズニング5万2000（左）、サン
バル各8万5000（中）、マカロニ
&チーズのスナックRp.3万（右）

🫖 **タバナン地方のオーガニック紅茶**

ブリューミーティーはバリ島サヌールに
ある紅茶専門店。農園はタバナン地
方の高台にあり、バリ島の火山土壌で
育まれる茶葉は独特の甘味と風味が
特徴。ティールームも併設されているの
でゆっくりお気に入りを見つけよう。

ブリューミーティー
Brew Me Tea
MAP　P.254-C2
住所 Jl. Bypass Ngurah Rai No.482, Sanur
TEL 0812-3902-0985
URL www.brewmetea.com
営業 月〜土10:00〜18:00

ロイヤル・アールグレイ
（50g）Rp.11万

トロピカルマン
ゴー（ティーバ
ッグ15個入り）
Rp.5万1750

左からアガ・ホワイトRp.20万3000、ジュブン・
スパークリング・ロゼRp.28万6000、スイート・
シラーRp.24万2500

ハッテン・ワインズ
バリ島サヌール　▶P.257

スーパーマーケットは プチプラみやげの宝庫

ローカル色たっぷりのコスメや食料品は定番のおみやげ。
職場や友達に配れば、旅の思い出話も盛り上がるはず。

※商品の値段は2024年1月時点のもの。

COSME

インドネシア女性御用達コスメです

各Rp.9000

ヘア・クリームバス
シャンプー後に使って傷んだ髪をサラサラ
に。バリ島のヘッドスパを気軽に体験！

Rp.3万4900

ローズウォーター
髪から肌まで全身に使える化粧水。華やかな香りにはリラックス効果も

Rp.6700

きゅうり化粧水
天然エキスも配合されたさっぱりした化粧水。手頃価格でたっぷり使える

Rp.2万9100

シャンプー
バリ発の自然派ブランド「ハーボリスト」のシャンプージェル。アロエベラを配合

Rp.6万7900

ヘアオイル
アルガンオイルなど100％天然由来で髪だけでなく頭皮のケアにも効果的

Rp.2万5700

パパイヤ石けん
国民的ブランド「ムスティカ・ラトゥ」の製品。パパイヤ酵素でツルツル肌に

FOOD

インドネシア人の大好物だよ

Rp.1万3900

ココナッツ・ラテ
伝統的なスパイシー飲料のバジグル。独特の風味で体を温める効果も

Rp.1万1200

ミックスナッツ
スパイスが効いているのでおやつにもビールのお供にもピッタリ

Rp.7400

テンペチップス
大豆発酵食品テンペを使ったヘルシースナック。塩味や唐辛子味など

Rp.1万4300

サンバル
インドネシアの味を再現できる調味料サンバルの小分けタイプ

Rp.6475

ジャスミンティー
影絵人形ワヤンが描かれた紙包装。アジア好きにはレトロ感がたまらない！

Rp.4万0400

カシューナッツ
特産品のカシューナッツをスイートチリフレーバーでバリ風味に

 ジャワ島＆バリ島のおすすめスーパーはこちら！

グランド・ラッキー
Grand Lucky
ジャカルタ **MAP** P.63-A1
住所 Jl. Jenderal Sudirman LOT-12, Senayan
TEL (021) 515-3832
営業 毎日8:00～22:00

ジャカルタで5店舗、バリ島で3店舗を展開し、インドネシア在住日本人にも人気。食料品の鮮度や品揃えに定評あり。

ラマイ・モール
Ramai Mall
ジョグジャカルタ **MAP** P.115-A1
住所 Jl. Beskalan, Ngupasan, Yogyakarta
TEL (0274) 562-482
営業 毎日9:30～21:00

マリオボロ通り沿いの大型モール内（地下フロア）に同名のスーパーが入っている。コスメ類や食料品など豊富な品揃え。

ビンタン・スーパーマーケット
Bintang Super Market
バリ島スミニャック **MAP** P.221-B3
住所 Jl.Raya Seminyak No.17, Seminyak
TEL (0361) 730-552
営業 毎日7:30～22:00

1階は食料品や日用品、2階は家庭用品をメインに扱っている。コスメやバリ雑貨などおみやげ品の品揃えも充実。

インドネシアの料理メニュー

ご飯 & 肉料理

ナシチャンプル
Nasi Campur

チャンプルは混ぜるという意味で、ご飯とさまざまな総菜を一度に味わえるインドネシアの代表料理

ナシゴレン
Nasi Goreng

おなじみインドネシアのチャーハン。目玉焼き、クルプッ（エビせんべい）、アチャール（漬け物）なども付く

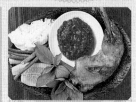

アヤム・ゴレン
Ayam Goreng

味つけした鶏肉を適度に煮込み、最後に油でカラリと揚げる中部ジャワの料理。BBQのような味わいでおいしい

サテ・アヤム
Sate Ayam

インドネシア版ヤキトリ。甘いピーナッツソースと辛いサンバルを好みで使う。ヤギ（カンビン）のサテも美味

ブブール・アヤム
Bubur Ayam

鶏のスープで軟らかく炊いたお粥。ゆでた鶏肉や揚げたタマネギなどをのせて食べ、おなかにも優しい

フーユンハイ
Fu Yun Hai

卵をふわりと揚げたオムレツ。スイート＆サワーソースで味わうインドネシア中華の定番料理

ルンダン・サピ
Rendang Sapi

牛肉をココナッツミルクとさまざまなスパイスでじっくり煮込んだスマトラの「パダン料理」を代表するメニュー

カリ・アヤム
Kari Ayam

さまざまなスパイスの辛味とココナッツミルクの甘味がハーモニーを奏でるマイルドなチキンカレー

イカン・バカール
Ikan Bakar

新鮮な魚を炭火でシンプルに焼き上げた料理。カカッ（フエダイ）など魚もソースもさまざま

ウダン・バカール
Udang Bakar

炭火で焼いたエビ料理。通常は辛いサンバルソースが付いてくるが、塩とライムで味わうのもいい

ソト・アヤム
Soto Ayam

たっぷりの香辛料を使ったインドネシアで定番の鶏スープ。ご飯とスープだけで食事をする人もいる

ソプ・ブントゥッ
Sop Buntu

牛の尻尾（オックステール）の肉を使ったスープ。コッテリとした濃厚な味は一度食べるとやみつきになる

インドネシアは食の大国でもある。各島ではさまざまな食材やスパイスを使った、独特の食文化を楽しむことができる。各民族の郷土料理を味わってみよう！

Masakan Indonesia!

麺類・野菜料理

ミーゴレン
Mie Goreng
軽くおなかがすいたときにちょうどいいインドネシア風の焼きそば。路上の屋台でも味わえる

ミーバッソ
Mie Bakso
肉団子（牛肉や魚肉から作られる）や豆腐が入った汁ソバ。夕方になるとミーバッソの屋台が立つ

ミーアヤム
Mie Ayam
鶏肉の醤油煮とゆでた青菜の具をのせたインドネシア風ラーメン。味つけはサンバルソースを好みで混ぜる

ミークワ
Mie Kuah
濃厚なスープが味わえる汁ソバ。具は店によって異なり、鶏肉と野菜のほか、エビなどを入れる店もある

ミーアヤム・パンシッ
Mie Ayam Pangsit
鶏肉がのった味つき麺とワンタンスープの組み合わせ。スープを麺にかけても、別々に食べてもいい

イーフーミー
I Fu Mie
カリカリに揚げた麺にとろみをつけた野菜と肉がかけられたインドネシア風のあんかけソバ

ガドガド
Gado-Gado
湯がいたジャガイモやキャベツにゆで卵や揚げ豆腐を加えてピーナッツソースをかけた野菜サラダ

カンクン・チャ
Kangkung Ca
たっぷりのカンクン（空芯菜）を鶏肉やマッシュルームとともに炒める中華風の野菜炒め

チャプチャイ
Cap Cai
中華風の野菜炒め。中華料理の名称がそのままインドネシアで一般化したもので、各地で食べられる

サユール・アサム
Sayur Asam
「サユール」は野菜で「アサム」は酸味という意味。タマリンドを使って酸っぱい味つけになった野菜料理

ラワール・サユール
Lawar Sayur
カチャン・パンジャンなどの野菜を細かく刻み、香辛料やココナッツフレークなどとあえたバリ料理

タフ・ゴレン
Tahu Goreng
揚げたアツアツの豆腐にゆでた豆モヤシとエビせんべいをのせ、ピーナッツソースをかけたヘルシー料理

インドネシア各地の郷土料理

ベベ・ベトゥトゥ
Bebek Betutu

アヒルの肉（ベベ）にレモングラスを詰め込み、バナナの葉で包み込んで焼き上げるバリ島の名物料理

バビグリン
Babi Guling

お祭りの際にバリ島の各家庭でごちそうとして作られる子豚の丸焼き。焼きたてのパリパリした皮は絶品

シオバッ
Siobak

バリ島の北部で多く見かける、豚肉のさまざまな部位を用いて作るチャーシューのような料理

ナシ・グドゥッ
Nasi Gudek

砂糖と香辛料でナンカ（ジャックフルーツ）や鶏肉を軟らかく煮込んだジョグジャカルタの定番料理

ペペス・イカン
Pepes Ikan

魚をバナナの葉で包んで焼き上げたもの。もともとはジャワ島の郷土料理だがバリ島でも食べられる

タフ・テンペ・バチャン
Tahu Tempe Bacam

豆腐とテンペを甘辛く煮た中部ジャワの郷土料理。日本の煮物と似たような懐かしいおふくろの味だ

アヤム・プルチン
Ayam Pelecing

地鶏にスパイシーなサンバルソースをつけて焼き上げる。ロンボク島に行ったら、絶対に味わいたい

イカン・バカール・チョロチョロ
Ikan Bakar Corocoro

塩とライムで味つけして魚を焼き上げ、トマトサンバルをのせて食べるスラウェシ島の名物料理

アヤム・リチャリチャ
Ayam Rica Rica

鶏肉をさまざまな香辛料で煮込んだスラウェシ島マナドの名物料理。スパイスの饗宴が味わい深い

ソト・バンジャール
Soto Banjar

ロントン（米の練り物）、麺、鶏肉が入ったコクのあるスープ料理。カリマンタンの郷土料理のひとつ

ソプ・サウダラ
Sop Saudara

「兄弟スープ」という意味の、水牛の肉を使った辛いスープ。マカッサルの北にある漁港周辺が本場

ソプ・キキル
Sop Kikil

水牛の骨の髄を煮込んだマカッサルの名物スープ。水牛の内臓を使った「チョト・マカッサル」も有名だ

デザート＆スイーツ

クレポン
Kelepon

もち米粉の団子の中にとけたヤシ砂糖（グラ・メラ）が入っている、バリ島でポピュラーな郷土菓子

ブブール・インジン
Bubur Injin

ココナッツミルクで炊かれたほんのり甘い黒米のお粥。ブラックライス・プディングとも呼ばれる

ダダール・グルン
Dadar Gulung

米粉のクレープでヤシ砂糖に漬けたココナッツフレークを巻いた、バリの伝統菓子。懐かしい甘味だ

オンデ・オンデ
Onde Onde

もちもちした食感のゴマ団子。大福を小さくしたような感じで、ほんのり香ばしいゴマの風味が美味

ロティ・ククス
Roti Kukus

インドネシアの蒸しケーキ。バリ島ではジャジョー・ククスと呼ばれ、儀式の供物を彩ることもある

バンタル
Bantal

もち米とアズキをヤシやバナナの葉でくるんで蒸したわまきのような甘い菓子。お茶請けにもピッタリ

クエ・ラピス
Kue Lapis

きれいな層（ラピス）になった、米粉から作られたお菓子。日本のういろうを思わせる食感が楽しい

ワジッ
Wajik

もち米をヤシ砂糖で味つけした、優しい甘味のインドネシアの一般的な菓子。わりと腹持ちがいい

エス・ブア
Es Buah

果物やアガールアガール（寒天の一種）、ココナッツの果肉が入ったインドネシア版かき氷

エス・チェンドル
Es Cendol

色鮮やかなチェンドル（米粉の団子風のもの）が入った、ココナッツミルク風味の甘いかき氷

スラビ
Srabi

米粉のパンケーキ。ココナッツミルクの甘味と微かな塩味がマッチし、焼きたてはとろけるおいしさ。ソロの名菓

マルタバ
Martabak

卵やネギを小麦粉の生地で包み揚げたインドネシア各地で味わえるスナック。小腹がすいたらトライしよう

地球の歩き方 関連書籍のご案内

インドネシアとその周辺諸国をめぐる東南アジアの旅を「地球の歩き方」が応援します!

地球の歩き方　ガイドブック

- **D09** 香港　マカオ ¥2,420
- **D16** 東南アジア ¥1,870
- **D17** タイ ¥2,200
- **D18** バンコク ¥1,980
- **D19** マレーシア　ブルネイ ¥2,090
- **D20** シンガポール ¥1,980
- **D21** ベトナム ¥2,090
- **D22** アンコール・ワットとカンボジア ¥2,200
- **D23** ラオス ¥2,420
- **D24** ミャンマー（ビルマ） ¥2,090
- **D25** インドネシア ¥2,420
- **D26** バリ島 ¥2,200
- **D27** フィリピン　マニラ ¥2,200
- **D33** マカオ ¥1,760

地球の歩き方　aruco

- **07** aruco 香港 ¥1,320
- **10** aruco ホーチミン ¥1,650
- **12** aruco バリ島 ¥1,650
- **22** aruco シンガポール ¥1,650
- **23** aruco バンコク ¥1,650
- **27** aruco アンコール・ワット ¥1,430
- **29** aruco ハノイ ¥1,650
- **34** aruco セブ　ボホール ¥1,320
- **38** aruco ダナン　ホイアン ¥1,430

地球の歩き方　Plat

- **07** Plat ホーチミン　ハノイ ¥1,320
- **10** Plat シンガポール ¥1,100
- **16** Plat クアラルンプール ¥1,650
- **20** Plat 香港 ¥1,100
- **22** Plat ブルネイ ¥1,430

地球の歩き方　リゾートスタイル

- **R12** プーケット ¥1,650
- **R13** ペナン　ランカウイ ¥1,650
- **R14** バリ島 ¥1,430
- **R15** セブ&ボラカイ ¥1,650
- **R20** ダナン　ホイアン ¥1,650

地球の歩き方　BOOKS

ダナン&ホイアン　PHOTO TRAVEL GUIDE ¥1,650
マレーシア　地元で愛される名物食堂 ¥1,430
香港　地元で愛される名物食堂 ¥1,540

地球の歩き方　aruco　国内版

aruco 東京で楽しむアジアの国々 ¥1,480

※表示価格は定価（税込）です。改訂時に価格が変更になる場合があります。

ジャワ島
Jawa

古くから仏教文化やヒンドゥー教文化が栄えたジャワ島。特に王宮文化が色濃く感じられる中部の古都ジョグジャカルタ周辺には、ボロブドゥールやプランバナン寺院、ジャワ原人の頭骨が発見されたサンギランなど、世界遺産に登録されている遺跡が残っている。ガムラン音楽やワヤン・クリッに代表される宮廷芸能、バティックをはじめとする手工芸も民族性に富んだ美しさを見せてくれる。またウジュン・クロン国立公園やブロモ山など自然遺産も豊富だ。

スマトラ島

セパ島 P.Sepa
ブトゥリ島 P.Putri

ブロウ・スリブ
Pulau Seribu

アイェール島 P.Ayer
カヤガン島 P.Kahyangan

バカウヘニ
Bakauheni

ムラッ
Merak

Cilegcn

Mauk

Tangerang

Batujaya

ジャカルタ湾
Teluk
Jakarta

A

P.Sertung

P.Rakata Kecil

P.Krakatau

クラカタウ諸島
Krakatau

Anyer

Serang

ジャカルタ
Jakarta ▶P.56

Bekasi

Karawang

Purwaka

スンダ海峡
Selat Sunda

Carita

Fandeglang

ジャカルタ・バンドン高速鉄道
(WHOOSH)

ラブアン
Labuan

Rangskasbitung

タマン・サファリ
Taman Safari

Plered

P.Panaitan

ウジュン・クロン国立公園
T.N.Ujung Kulon ▶P.92

Sumur

▶P.94 ボゴール
Bogor

プンチャッ峠
Puncak Pass

Lemb

Tanjung
Cangkuang

タマン・ジャヤ
Taman Jaya

Muarabinangeun

▲2211m
Gn.Salak

▲2958m
Gn.Gede

Cianjur

Padalarang

P.Deli

P.Tinjin

Bayan

▲1929m
Gn.Halimun

▶P.96 バンド
Bandu

Pelabuhanratu

Sukabumi

▶P.103

Teluk
Pelabuhanratu

カウ・プティ
Kawah Putih

B

Ujunggenteng

Sindangbarang

C

ジャカルタ

バンドン

ソロ

スラバヤ

ジョグジャカルタ

48

①

②

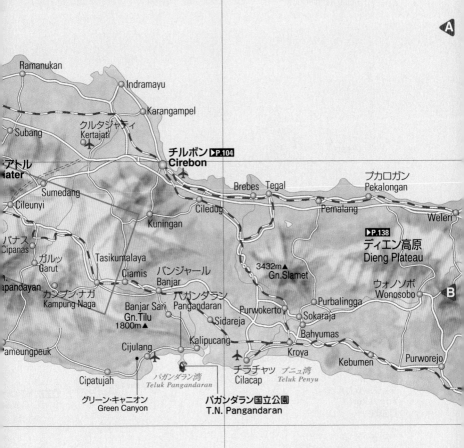

ジャワ海
Laut Jawa

Ramanukan

Indramayu

Karangampel

クルタジャティ
Kertajati

Subang

·アトル
ater

Sumedang

·Cileunyi

チルボン ▶P.104
Cirebon

Brebes Tegal

プカロンガン
Pekalongan

Pemalang

Weleri

Kuningan

Ciledug

▶P.138
ディエン高原
Dieng Plateau

パナス
Cipanas

ガルッ
Garut

Tasikumalaya

Ciamis

バンジャール
Banjar

3432m▲
Gn.Slamet

ウォノソボ
Wonosobo

B

pandayan

カンプン・ナガ
Kampung Naga

Banjar Sari

パガンダラン
Pangandaran

Gn.Tilu
1800m▲

Sidareja

Purwokerto

Purbalingga

Sokaraja

ameungpeuk

Cijulang

Kalipucang

Bahyumas

Kroya

Kebumen

Purworejo

Cipatujah

グリーン・キャニオン
Green Canyon

パガンダラン湾
Teluk Pangandaran

チラチャツ
Cilacap

プニュ湾
Teluk Penyu

パガンダラン国立公園
T.N. Pangandaran

インド洋
Samudera Hindia

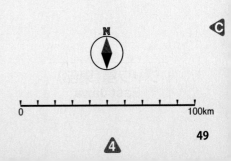

N

0 _____ 100km

A

C

③

④

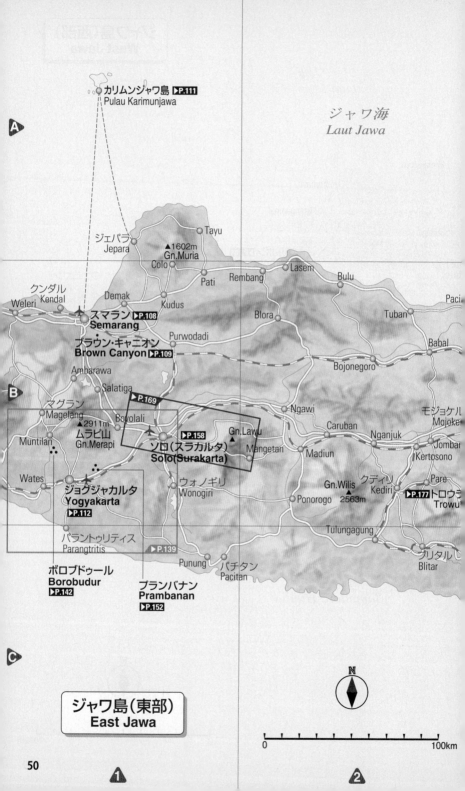

カリムンジャワ島 **▶P.111**
Pulau Karimunjawa

ジャワ海
Laut Jawa

ジェパラ
Jepara

▲1602m
Gn.Muria
Colo

Tayu

Pati
Rembang
Lasem
Bulu
Paci

クンダル
Kendal
Demak
Kudus
Blora
Tuban
Babal

Weleri

スマラン **▶P.108**
Semarang

ブラウン・キャニオン
Brown Canyon **▶P.109**

Purwodadi

Bojonegoro

Ambarawa

Salatiga

P.169

マグラン
Magelang
Boyolali

Ngawi

Caruban
Nganjuk

モジョケル
Mojoke

▲2911m
ムラピ山
Gn.Merapi

P.158
Gn.Lawu
▲

ソロ（スラカルタ）
Solo(Surakarta)
Mangetan
Madiun

Kertosono
Jombar

Muntilan

ジョグジャカルタ
Yogyakarta
▶P.112

ウォノギリ
Wonogiri

Gn.Wilis
▲
2563m

クディリ
Kediri
Pare

▶P.177 トロウラ
Trowu

Wates

Ponorogo

Tulungagung

パラントゥリティス
Parangtritis
▶P.139

Punung
パチタン
Pacitan

ブリタル
Blitar

ボロブドゥール
Borobudur
▶P.142

プランバナン
Prambanan
▶P.152

ジャワ島（東部）
East Jawa

N

0   100km

ジャカルタ
バンドン
ソロ　　スラバヤ
ジョグジャカルタ

A

Sedayu
Arosbaya
Ketapang
Ambunten

バンカラン
Bangkalan
マドゥーラ島 ▶P.177
Pulau Madura
スメネッ
Sumenep
Kalianget
Gili Iyang

Gresik
Kamal
P.Sapudi

スラバヤ
Surabaya ▶P.170
サンパン
Sampang
パメカサン
Pamekasan
P.Puteran
Gili Genteng
P.Raas

amongan
Sidoarjo
Gili Raja

Bangli
マドゥーラ海峡
Selat Madura

ゥ　Pasuruan
プロボリンゴ
Probolinggo
Pasir Putih
Situbondo
バルラン国立公園 ▶P.193
T.N. Baluran

atu
▶P.186
ブロモ山
Gn.Bromo
ガディサリ
Ngadisari
▲2392m
Bondowoso
イジェン・リゾート＆ヴィラス ▶P.192
Ijen Resort & Villas

awi
51m
Lawang
▲3088m
Gn.Argopuro
Sempol
Gn.Merapi
▲2800m
ジェン火口湖 ▶P.193
Kawah Ijen

▶P.185
3676m
スメル山
Gn.Semeru
Lumajang
Jember
Gn.Raung
3332m
バニュワンギ ▶P.190
Banyuwangi
クタパン Ketapang
ギリマヌッ
Gilimanuk

njen
マラン ▶P.178
Malang
ブロモ・トゥングル・スメル国立公園
T.N. Bromo-Tengger-Semeru
バリ島

P.Sembu
メル・ブティリ国立公園
T.N. Meru Betiri
バリ海峡
Selat Bali

Watu Ulo
P.Barung
Sukamade
Grajagan

インド洋
Samudera Hindia
Teluk Grajagan
G ランド
G-Land

アラス・ブルウォ国立公園
T.N. Alas Purwo

B

C

3

4

ジャワ島 エリアインフォメーション

ジャワ島基本データ

バタビア時代の建築物が残るジャカルタ

地理 & 人口▶インドネシアの中西部に位置し、東西に細長く火山が連なっている。国土の7%(13.2万km²)に約6割(1億5160万人)の人口が集中。首都ジャカルタや古都ジョグジャカルタを擁する政治・経済の中心地。

民族 & 宗教▶マレー系のジャワ人(9000万人)が人口のほぼ6割を占める。バンドン周辺にはスンダ人(3260万人)、マドゥーラ島にはマドゥーラ人が暮らす。信仰はイスラム教が大半だが、ブロモ山のテングル人は古来のヒンドゥー教の教えを守っている。

文化 & 歴史▶ジャカルタはオランダ植民地時代にはバタビアと呼ばれ、ここに住む人たちはブタウィと呼ばれた。スンダ、ジャワ、マレーなど古くからこの地に来ていた民族と、ヨーロッパ、中国文化との融合が独特のブタウィ文化をつくり上げた。音楽や舞踊(レノンなど)に大きな影響が残っている。ジョグジャカルタ、ソロなどの中部ジャワは華やかな宮廷文化が花開いたところ。その名残を王宮などに見ることができる。また、バンドンを中心にした地方にも、独自のスンダ文化がある。

ジャワの歴史は、100万年前のジャワ原人に始まる。大陸からの民族の移動が続き、紀元前後からヒンドゥー系民族が移住し、稲作を伝える。8～9世紀には中部ジャワで仏教国のシャイレンドラ朝やヒンドゥー教国の古マタラム朝が栄え、後世に残る大寺院を創建した。14世紀半ばにはマジャパイト王国が最盛期を迎えジャワ・ヒンドゥー文化も成熟するが、この頃からイスラム教が商人を通して伝播。17世紀初めに、オランダ東インド会社が設立されて植民地支配を受け、この頃からジャワ島のイスラム化が加速する。第2次世界大戦時には日本軍が侵攻したが、戦後には独立を果たした。

オランダ統治時代の面影はジャカルタの旧市街で感じられる

世界文化遺産にも登録されているボロブドゥール遺跡

▶ ハイライト

最大のハイライトは、ジョグジャカルタ周辺の遺跡探訪。世界最大級の仏教遺跡ボロブドゥール、そしてジャワ・ヒンドゥーの成熟ぶりを伝えるプランバナン寺院など、世界文化遺産にも登録されている大遺跡が並んでいる。起点となる古都ジョグジャカルタは、ホテルも充実し、ジャワ島の文化・芸能に触れる機会も豊富だ。独特ののどかな風情が残る王宮のある町ソロにも、ジョグジャカルタから足を延ばしてみたい。首都ジャカルタではインドネシアの最先端に触れるとともに、バタビア時代の面影が残る旧市街も訪ねてみよう。

ジャワには豊かな自然も残っている。世界自然遺産に登録されている西部のウジュン・クロン国立公園や、東部のバルラン国立公園はエコツアーのスポットとして注目を集めている。山好きの人には、ブロモ山やムラピ山でのトレッキングもおすすめだ。

王宮の町ジョグジャカルタがジャワ観光の起点

▶ 旅のヒント

両替と物価▶都市や観光地には、銀行、ショッピングモール、コンビニなどにATMがあり、ルピア現金の引き出しも簡単。逆に両替所は年々減っていく傾向にある。ジャワ島では地方都市でも日本円の両替が可能なケースも多い。ジャカルタのベストレートを提示する店には及ばないが、地方でも優良な両替店なら、あまり遜色ないレートで換金できる。

物価はインドネシアでは比較的高めで、特にジャカルタなど都市部のホテルは割高。

旅の難易度▶飛行機、鉄道、バスなど各交通網がよく整備されている。ジャカルタやジョグジャカルタなどからは市内観光や郊外へのツアーも充実しているし、家族やグループでの観光には、車をチャーターしての観光もおすすめ。

都市部、観光地とも各クラスのホテルが充実している（ただし、バンドンやスラバヤなどの大都市では、バックパッカー向けの安宿が極端に少ない）。空港にあるホテル案内所 KAHA で予約すると、高級〜中級ホテルで直接交渉するよりも安くなるので要チェック。

おみやげ▶ジョグジャカルタやソロはバティックの名産地。専門店や市場などの品揃えも豊富だ。また、人形劇の人形をはじめとする革製品や木彫り、銀製品などもいいものが手に入る。大都市のデパートなどで、そのバリエーションや、およその値段を把握してから、専門店を訪ねるようにするといい。

ジャワ名産のアートバティックを入手したい

🔺 安全情報

観光客の多い大都市では、市バス内や繁華街などでスリがよく出没するので注意。荷物を持って市内バスに乗るのは避け、長距離の移動もシャトルバスを利用すれば、スリや置き引きなどに遭う確率は格段に減る。

ジャカルタなど大都市ではスリなどのトラブルに注意

ジャカルタではタクシー強盗の被害報告も増えている。深夜に流しのタクシーを利用するのは避けること。

➡ジャカルタでの安全確保→ P.66

ラマダンとレバラン

インドネシアは世界最多のイスラム教徒を抱える国。普段はビールを飲んでいる人もいるが、1 年に一度のラマダン（断食月）では、神に感謝するためにプアサ（断食）を行う。病人や乳幼児などを除き、この 1 ヵ月間は日の出ている時間には、食事のほか水を飲むことも許されない（水を口にした人は、そのぶん日にちが延ばされる）。

ラマダンの間はおなかがすいてイライラしているため全体的に仕事の作業効率が下がり、ドライバーの運転も自然と荒くなる（暑いジャカルタなどで水を飲まずに過ごす苦労はわかるのだが）。飲み屋やマッサージ店も営業を自粛したり、営業時間が変わり、店によっては旅行者に対してもアルコールが出なくなる。

そして、イスラム教徒にとっての長い 1 ヵ月間が終わると、ラマダン明けを祝う「レバラン（イドゥリ・フィトリ）」が盛大に行われる。中心街ではトラックや車に乗った若者が、鳴り物入りで夜遅くまで走り回り、それから 1 週間〜 10 日前後は会社も学校も休みとなる。都会に働きに出ている人も故郷へ帰り、家族や親戚と一緒に過ごしたり、みんなで旅行に出かけるので、交通機関やホテルはどこも大混雑だ。

イスラム暦は 1 年が 354 日なので、太陽暦より 11 日早く動くため、毎年ラマダンの時期は少しずつ早まる。

レバランでは夜の町を練り歩く

🔺 気候とシーズナリティ

海洋性熱帯気候で、11 〜 3 月が雨季、それ以外は乾季だが、その変化は比較的なだらか。近年の雨季には朝晩に梅雨のように降雨が続くこともあるので、観光には乾季がベター。年間降水量は平地で 2000mm、高地で 3000mm 程度。気温は海抜により大きく異なる。西部はモンスーンの影響で湿度が高い。

ジャカルタの年間気候表

月別	1月	2月	3月	4月	5月	6月	7月	8月	9月	10月	11月	12月	年間
平均気温 (℃)	26.3	26.5	26.9	27.5	27.7	27.3	27.1	27.1	27.5	27.7	27.4	26.8	27.2
相対湿度 (%)	86	84	83	82	80	78	75	74	73	75	78	82	77
降水量 (㎜)	461.3	269.4	249.8	144.7	112.1	93.6	46.8	75.8	53.2	78.0	109.1	233.7	1927.5

🔰 島内の交通

飛行機▶ジャワ島内の空路はジャカルタ、ジョグジャカルタ、スラバヤを中心に発達している。近年は民間航空会社が路線を広げて、都市間は過当競争状態。特にジャカルタ〜ジョグジャカルタ間などは、航空会社や時期により鉄道の1等よりも運賃が安くなるケースもある。ただし、実際には安い航空券の販売数や販売期間が限定されていたり、搭乗便がキャンセルされたりすることもあるので注意。

バス▶ジャワ島内は道路状況がよく、路線・本数が豊富で料金も安い。ただし、大都市のバスターミナルは郊外にありアクセスが不便。置き引きや窃盗などの犯罪も多いので注意が必要だ。長距離バスの場合は会社、バスのグレード（エアコン、トイレ、リクライニングシートなど）によって値段が変わってくる。最安のエコノミーだと、定員以上の客であふれ返ることもあって、スリが仕事をしやすくなるのでおすすめはできない。荷物があるときは、安心料としてエクセクティフ（＝エグゼクティブ）バスを利用しよう。

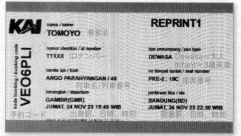

ジャカルタには方面別に5つの主要バスターミナルがある

ツーリストバス▶ジャワ島の旅行者が多い都市の間には、ミニバスやワゴン車で、自社のターミナル間などを結ぶ「シャトル」や、滞在ホテルから目的地のホテルまでをドア・トゥ・ドアで結ぶ「ト

ラベル」というサービスもある。中級〜格安ホテルのフロントや旅行会社で予約でき、安全性も比較的高い。ただし、路線によっては旅行者が減少し、運行しない路線もある。

鉄道▶国営鉄道会社である**PT. Kereta Api Indonesia**（URL kai.id）がジャワ島内を網羅している。大都市間以外の便数はあまり多くないが、鉄道駅は町の中心部にあるため、アクセスの利便性は高い。等級は基本的に1等に相当するスペシャル Special やエクセクティフ Kelas Eksekutif、2等のビジネス Bisnis、3等のエコノミー Ekonomi に分かれる。2018年よりジャカルタ〜スラバヤ間にラグジュアリークラス、ジャカルタ〜バンドン間にプライオリティクラ

ドリンクや軽食サービスもあるプライオリティクラス

スも登場。いずれも各座席に設置された車内エンターテインメント用のモニターで映画が観られ、スマホなどの充電ができる端子もある（Wi-Fi設備はまだない）。

　ジャワ島の鉄道駅は各都市に複数あるが、**チケットドットコム**（URL tiket.com）では、列車情報を都市名で一括検索できるので便利（ただし国際クレジットカードには対応していない）。

交通機関の予約購入▶旅行予約サイトのトラベロカ（URL www.traveloka.com）では、飛行機や鉄道、一部公共バスやツーリストバスのチケットも、国際クレジットカードでネット予約＆購入

鉄道チケットの買い方

　長距離列車の場合、チケットは出発の1ヵ月前から駅の専用窓口（たいてい隣接した別の建物にある）、旅行会社のサイトやコンビニなどで購入できる。週末や連休時には売り切れになる区間も多いので、日程が決まったら早めに予約をしよう（予約は無料）。

　駅窓口のほか、発券端末のあるコンビニでもチケット購入が可能（手数料はRp.7500）。インドネシア語では、購入者名（Nama）、列車名（Nama Kereta Api）、出発駅（Dari〜）、目的駅（Ke〜）、出発日（Tanggal）、時刻（Jam）、クラス（Kelas）、枚数（Banyaknya）、大人か子供（Dewasa/Anak）となる。インターネットやコンビニで購入した場合は、予約番号（Booking Kode）のバウチャーを受け取り、出発の1時間前までに駅にある発券機で乗車券を入手する（72時間前から発券可）。利用の仕方がわからなかったら、駅構内のカスタマーセンターやチケット窓口へ。また、窓口では

チケットのキャンセル（手数料25％）や、ジャワ島内のほかの駅から出発する列車のチケットを購入することもできる。出発当日に購入する場合、窓口は方面別に分かれており、長い列ができて入手まで30分以上かかることもある。近距離のエコノミークラスは、通常出発の1時間前からチケットを販売し始める。

KAI nama / name TOMOYO 乗客名	**REPRINT1**
nomor identitas / id number TTXXX IDナンバー	tipe penumpang / pax type DEWASA Dewasa＝大人 Infant＝3歳未満
kereta api / train ARGO PARAHYANGAN / 46 列車名/列車番号	no tempat duduk / seat number PRE-2 ; 18C 座席番号
berangkat / departure GAMBIR(GMR) JUMAT, 24 NOV 23 19:45 WIB 出発駅・日時・時刻	perkiraan tiba / eta BANDUNG(BD) JUMAT, 24 NOV 23 22:30 WIB 到着駅・日時・時刻
kode booking / booking code VE06PLI 予約コード	

できることが多い（不可の場合もある）。英語可。

配車サービス▶ジャワ島のほとんどのエリアで Grab や Gojek の配車サービス（→ P.478）が利用できる。すでに現地での生活に欠かせない交通手段として定着しており、海外からの旅行者にも積極的に使われている。特に渋滞が深刻なジャカルタ中心部では、車よりもバイクを呼び出すと移動がスムーズだ（まるでレーサーのような運転をするドライバーもいるので事故のリスクもあるが）。なお、Grab のアプリで選択できた「RENT」という車チャーターのサービスは 2024 年 3 月の時点では利用できなくなっている。郊外や長距離移動では旅行会社やホテルで手配したほうが安くなるケースが多い。

▷ ジャワ島へのアクセス

空路▶ジャカルタのスカルノ・ハッタ国際空港は、インドネシア空路の中心地。国内線がここから放射線状に発達しているほか、各国からの国際線も頻繁に発着。

ジャカルタへの直行便は全日空や日本航空、ガルーダ・インドネシア航空が羽田・成田から運航している。また、東南アジアを旅行中の長期旅行者には、シンガポール〜ジャカルタ間などの空路が便利なルートだ（詳細→ P.462 〜 465）。

陸路▶バリ島やスマトラ島からは、フェリーでの移動も含めた直行の長距離バスが運行。

航路▶バリ島（ギリマヌッ〜クタパン間）やスマトラ島（バカウヘニ〜ムラッ間）からジャワ島へは、毎日 24 時間運航する大型フェリーによって結ばれている。

バリ島とジャワ島を結ぶフェリーは毎時 4 便運航している

ジャワ島鉄道 主要路線の時刻表

		列車名	駅名	出発時間	到着時間	クラス	運賃
ジャカルタ発	スラバヤ行き	Argo Bromo Anggrek 2	Gambir-Pasar Turi	8:20	16:25	Eksekutif	Rp.59万5000〜
		Dharmawanga 132	Pasar Senen-Pasar Turi	8:40	19:43	Ekonomi	Rp.21万〜
		Sembrani 62	Gambir-Pasar Turi	9:50	18:20	Eksekutif	Rp.51万〜
		Airlangga 236	Pasar Senen-Pasar Turi	11:20	23:05	Ekonomi	Rp.10万4000〜
		Pandalungan 78F	Gambir-Pasar Turi	20:05	6:41	Eksekutif	Rp.49万5000〜
	ジョグジャカルタ行き	Argo Semeru 18	Gambir-Yogyakarta	6:20	12:54	Eksekutif	Rp.43万5000〜
		Argo Dwipangga 10	Gambir-Yogyakarta	8:50	14:58	Eksekutif	Rp.48万5000〜
		Bangunkarta 124	Pasar Senen-Yogyakarta	12:25	19:59	Ekonomi	Rp.29万〜
		Bima 60	Gambir-Yogyakarta	17:00	23:28	Eksekutif	Rp.44万〜
ジョグジャカルタ発	ジャカルタ行き	Fajar Utama Yk 141	Yogyakarta-Pasar Senen	7:00	14:40	Ekonomi	Rp.26万〜
		Taksaka 67	Yogyakarta-Gambir	8:45	15:09	Eksekutif	Rp.48万〜
		Bangunkarta 123	Yogyakarta-Pasar Senen	9:00	16:53	Ekonomi	Rp.29万〜
		Argo Law 7	Yogyakarta-Gambir	9:18	15:30	Eksekutif	Rp.44万〜
		Mataram 89	Yogyakarta-Pasar Senen	9:41	17:02	Ekonomi	Rp.26万〜
		Bogowonto 135	Yogyakarta-Pasar Senen	10:09	18:12	Ekonomi	Rp.24万〜
		Argo Semeru 17	Yogyakarta-Gambir	12:58	19:40	Eksekutif	Rp.46万5000〜
	スラバヤ行き	Sancaka 98	Yogyakarta-Gubeng	6:45	10:45	Ekonomi	Rp.21万〜
						Eksekutif	Rp.27万〜
		Sancaka 96	Yogyakarta-Gubeng	11:30	15:30	Ekonomi	Rp.20万〜
						Eksekutif	Rp.28万〜
		Argo Semeru 18	Yogyakarta-Gubeng	12:59	16:50	Eksekutif	Rp.31万5000〜
		Argo Wills 6	Yogyakarta-Gubeng	13:38	17:35	Eksekutif	Rp.38万5000〜
		Sancaka 100	Yogyakarta-Gubeng	17:15	21:15	Ekonomi	Rp.20万〜
						Eksekutif	Rp.27万〜
スラバヤ発	ジャカルタ行き	Sembrani 61	PasarTuri-Gambir	8:00	16:34	Eksekutif	Rp.56万〜
		Argo Bromo Anggrek 1	PasarTuri-Gambir	9:10	17:15	Eksekutif	Rp.65万5000〜
		Airlangga 235	PasarTuri-Pasar Senen	10:35	22:41	Ekonomi	Rp.10万4000〜
		Argo Bromo Anggrek 3	PasarTuri-Gambir	21:15	5:20	Eksekutif	Rp.59万5000〜
		Dharmawangsa 131	PasarTuri-Pasar Senen	22:30	9:01	Ekonomi	Rp.21万〜
						Eksekutif	Rp.43万〜
	ジョグジャカルタ行き	Argo Wills 5	Gubeng-Yogyakarta	8:15	11:57	Eksekutif	Rp.39万5000〜
		Argo Semeru 17	Gubeng-Yogyakarta	9:05	12:53	Eksekutif	Rp.32万5000〜
		Ranggajati 115	Gubeng-Yogyakarta	9:25	14:01	Bisnis	Rp.20万〜
						Eksekutif	Rp.26万5000〜
		Sancaka 99	Gubeng-Yogyakarta	11:15	15:15	Ekonomi	Rp.20万〜
						Eksekutif	Rp.27万〜
		Sancaka 97	Gubeng-Yogyakarta	16:40	20:50	Ekonomi	Rp.20万〜
						Eksekutif	Rp.28万〜

■時刻表のデータは 2024 年 2 月現在。最新のスケジュールや料金は URL tiket.com/train や kai.id、www.traveloka.com/ en-id/kereta-api などで確認を。

さまざまな文化が混在するインドネシア共和国の首都

ジャカルタ

Jakarta

ジャカルタ
★

人口	1056万人
高度	10m未満
市外局番	021
空港コード	CGK

イベント情報

●6～7月
　6月22日のジャカルタ市政記念日に合わせ、ジャカルタ祭が行われる。クマヨラン地区などでイベントがある。
URL www.instagram.com/jakartafairid/

●8月17日
　インドネシア独立記念日にはパレードや文化祭りが催される。

現地発の日本語情報サイト

●じゃかナビ
URL www.jakanavi.com
● JKT LIFE COM
URL jktlife.com
●トラベロコ
URL traveloco.jp/jakarta/
●ジャカルタ飯
URL jakameshi.com

オランダ統治時代のコロニアル建築が並ぶコタ地区

インドネシア共和国の首都ジャカルタは、経済・政治の中心地。日本人をはじめ世界中のビジネスマンが在住しており、国内交通の起点や大都市ならではの観光スポットを見るために立ち寄る旅行者も多い。

　もともとこの地はスンダ・クラパと呼ばれる小さな港だった。マラッカ（マレーシア）に交易で栄えたイスラム王国が誕生すると、それに影響されてインドネシアの沿岸部はしだいにイスラム教に改宗されていく。そして、イスラム教勢力がこの港を手に入れるとジャヤカルタ（偉大な勝利）と改称された。その後、オランダが東インド会社の拠点を現在のコタ地区におくと、ジャヤカルタはバタビアと改称され、インドネシア植民地の中心となり急速に発展した。日本軍の占領によってジャヤカルタに近い名のジャカルタに改称され、現在は東南アジア最大の都市に発展している。北部のコタ地区周辺では、オランダ東インド会社が繁栄した名残を、歴史的な建物や運河で今も見ることができる。

キャッシュレス化が都市部で進行中

Information

　インドネシアの都市部ではスマホを使ったQRコード決済アプリ（→ P.15）の利用が広がっている。日本のPayPayや楽天ペイなどと同様に、QRコードを読み込んで決済するシステムで、旅行者でも使いやすいのは配車サービスのGrab系列のOVO（URL ovo.id）やGojek系列のGoPay（URL gopay.co.id）。各社の配車サービス精算に使えるほか、カフェや屋台、さらにモスクの寄付金箱まで支払い可能な場所が増加中。キャッシュレスで食事や買い物ができるだけでなく、釣り銭を持ち合わせていない店やドライバーと揉めることも少なくなった。

　QRコード決済（e-wallet）の一般化により、ジャカルタでは「現金払いNG」のカフェやショップも増えている。屋台のような店舗がないところは現金を扱うよりも安全なので、店側にもメリットがあるようだ。ただしOVOでの支払いを系列であるGrabのドライバーに断られるケースもよくある話（アプリに対応しているドライバーとそうでない人がいる模様）。また、市内交通では電子マネーカード（→ P.59）の使い勝手がいいので併せて用意しておこう。博物館など観光スポットへの入場も電子マネーカードの利用がスムーズだ。

QR決済アプリや電子マネーカードを上手に使って安全に旅しよう

　投稿　配車サービスの一般乗り場は空港出口から1本先の道路沿いです。出口すぐのGrab Premiumのカウンターから配車を依頼すると高級車のみマッチングされるので要注意。（東京都　ちいママ　'24）

アクセス

飛行機▶ ジャカルタ中心部から25kmほど北西にある**スカルノ・ハッタ国際空港** Pelabuhan Udara Internasional Soekarno-Hatta は、インドネシア最大の空港。国際線も国内線も頻繁に発着。

スカイトレインがターミナル間を結んでいる

エアポートタクシー事情

　ターミナル3の国際線到着ロビーにあるタクシーカウンターはハイヤーのみ（Rp.28万〜）。メータータクシーの乗り場は、出口を出て左側にある。市内までは通常30〜60分ほどだが、平日の朝夕や金曜夜の渋滞時には片道2〜3時間かかるので注意。料金の目安は、コタ駅へRp.10万〜、ガンビル駅へRp.13万〜、ブロックMへRp.15万〜で、高速道路の利用料込み。市内〜空港間はオンラインの配車サービス（→ P.66 側注）も利用できる。

渋滞を回避するなら「空港鉄道」がおすすめ

　空港ターミナル1と2の間にある空港駅Stasiun Bandara Soekarno Hatta (Stasiun Kereta)から市内のマンガライ駅Manggaraiへ、**エアポートレールウエイ**Soekarno-Hatta Airport Railwayが運行している。空港駅から6:15〜22:45発（空港へは5:00〜21:30発）で、毎時1〜2本運行（所要1時間、Rp.5万〜6万）。チケットは駅の券売機のほか、公式サイト（**URL** www.railink.co.id）でも予約できる（支払いはクレジットカードや電子マネーカードのみで、キャッシュ払いは不可）。

ジャカルタへの飛行機 （ジャカルタ発 → P.475）

ジョグジャカルタから	ガルーダ航空、バティック航空、プリタ航空、シティリンクなどが 1日計13〜16便、所要1〜1.5時間、Rp.62万〜111万
スラバヤから	ガルーダ航空、バティック航空、シティリンクなどが 1日計35〜37便、所要1.5時間、Rp.102万〜139万
デンパサールから	ガルーダ航空、スーパーエアジェット、エアアジアなどが 1日計57〜60便、所要2時間、Rp.86万〜170万
ロンボク島から	ガルーダ航空、スーパーエアジェット、ライオン航空などが 1日計9〜11便、所要2時間、Rp.120万〜166万
メダンから	ガルーダ航空、スーパーエアジェット、ライオン航空などが 1日計37〜39便、所要2時間、Rp.147万〜222万
パダンから	ガルーダ航空、スーパーエアジェット、シティリンクなどが 1日計15便、所要2時間、Rp.138万〜187万
マナドから	ガルーダ航空、バティック航空、ライオン航空、シティリンクなどが 1日計8〜10便、所要3.5時間、Rp.250万〜318万
マカッサルから	ガルーダ航空、バティック航空、ライオン航空、シティリンクなどが 1日計35〜39便、所要2.5時間、Rp.160万〜228万
バンジャルマシンから	ガルーダ航空、バティック航空、ライオン航空、シティリンクなどが 1日計14〜15便、所要2時間、Rp.118万〜181万
バリクパパンから	ガルーダ航空、バティック航空、ライオン航空、シティリンクなどが 1日計18便、所要2時間、Rp.100万〜189万
ジャヤプラから	ガルーダ航空、バティック航空、ライオン航空が 1日計5〜6便、所要5〜7時間、Rp.367万〜574万

空港の発着案内
WA 0811-984-138
URL soekarnohatta-airport.co.id

スカルノ・ハッタ空港

　空港はターミナル1、2、3があり、さらに入口が航空会社別にA〜Uまでに分かれている。タクシーやエアポートバスを利用して空港へ行く場合には注意。

　各ターミナル間は無料シャトルバスで結ばれている（5〜15分間隔で24時間運行）。乗り場は2階の各出発ロビー前から。

● **ターミナル1 (A・B・C)**
ライオン航空、バティック航空などの国内線
● **ターミナル2 (D)**
マレーシア航空、キャセイパシフィックなどの国際線
● **ターミナル2 (E)**
エアアジア、フィリピン・エアアジアなどの国際線
● **ターミナル2 (F)**
エアアジア、スリウィジャヤ航空などの国内線
● **ターミナル3 (U)**
ガルーダ航空や海外キャリアの国内線と国際線
※ターミナルが変更されることもあるので事前に確認すること

2018年に開通したエアポートレールウエイ

エアポートバス

　ダムリDamriとビッグバードBig Birdが、空港とガンビル駅やブロックM（各所要70分）などを結ぶエアポートバスを運行している（ダムリRp.8万、ビッグバードRp.7万5000）。

　ダムリは空港から市内へ5:05〜24:00頃（ガンビル駅から空港へは3:00〜21:00発）まで15〜30分間隔で、ビッグバードは9:00〜22:00まで1日6〜30本運行（ルートにより本数は異なる）。

　ターミナル3の国際線到着ロビーからは、両社とも約400m離れた国内線到着ロビーの5番出口近くから発着している。

● **ダムリ Damri**
URL damri.co.id
● **ビッグバード Big Bird**
URL www.bluebirdgroup.com

ハミダシ　スカルノ・ハッタ空港からバンドンへも、Xtrans 社、Primajasa 社、Jackal Holidays 社など数社のバスが運行。6:30〜23:30まで毎時計1〜5本、所要4〜5時間、料金はRp.14万〜23万。

57

市内の主要駅

●ガンビル駅 Gambir (GMR)
MAP P.62-C2
おもにエクセクティブクラス (1等) の列車が、ジャワ各地へ発着する。

●パサール・スネン駅
Pasar Senen MAP P.62-B2
おもにビジネスクラス (2等) やエコノミークラス (3等) の列車が、ジャワ各地へ発着する。

●コタ駅 Jakarta Kota (JAK)
MAP P.65-B1
ジャカルタ郊外電車コミューターの主要ターミナルで、ボゴール方面などへ発着。ジャワ各地への長距離列車は発着していない。

バスのチケット予約サイト
●トラベロカ Traveloka
URL www.traveloka.com
● RedBus
URL www.redbus.id
● Bosbis
URL www.bosbis.com

市内の主要バスターミナル

●プログバン Pulogebang
MAP P.61-B4
町の中心部から東へ約18km。ジョグジャカルタ、バンドン、チルボン、スラバヤ、バリ島など各地を結ぶバスが発着する。

●ラワマグン Rawamangun
MAP P.61-B4
町の中心部から東へ約10km。中規模のターミナルで、スマトラ、バンドン、ジョグジャカルタへのバスが発着する。

●カンプン・ランブータン
Kampung Rambutan
MAP P.61-C3
町の中心部から南東へ約24km。ボゴールやバンドンなど南方面のバスが発着する。本数は多くないが、ジョグジャカルタ、ソロ、パガンダランへも発着。

●ルバッ・ブルス Lebak Bulus
MAP P.60-C2
町の中心部から南西へ約18km。ジョグジャカルタやスラバヤへのデラックスバスが発着。

●カリデレス Kalideres
MAP P.60-A1
町の中心部から西へ約15km。バンテン、ムラッなど西部ジャワからやジョグジャカルタへのバスが発着する。

鉄　道▶主要な鉄道駅Stasiun Kereta Apiはコタ駅、ガンビル駅、パサール・スネン駅など。長距離路線は、列車によって終着駅が違うので切符購入時に確認を。

予約チケットは各駅で発券する

ジャカルタへの鉄道

ボゴールから	ボゴール駅より郊外列車コミューターが毎時2〜9本 (4:00〜23:09発)、所要1.5時間、Rp.3000 ※コタ駅やゴンダンディア駅に停車
バンドンから	バンドン駅より1日10本 (5:00〜18:50発)、所要2.5〜4時間、Rp.4万5000〜25万
チルボンから	チルボン駅より毎時1〜5本 (5:05〜翌3:26発)、所要2.5〜3時間、Rp.14万〜69万
ジョグジャカルタから	トゥグ駅より1日13本 (7:00〜23:13発)、所要6〜8時間、Rp.26万〜65万
ソロから	バラバン駅より1日9本 (8:06〜22:27発)、所要7〜8.5時間、Rp.28万〜79万
スラバヤから	グブン駅より1日6本 (9:05〜19:20発)、所要10〜13時間、Rp.30万〜72万

バ　ス▶ジャワ島内各地への長距離バスが発着する公共バスターミナル Terminal Bis はおおむね方面別に分かれている。規模の大きい順にプログバン、カンプン・ランブータン、ラワマグン、

東郊外にあるラワマグン・バスターミナル

カリデレス、ルバッ・ブルスがあり、すべて中心部から離れているのでアクセスは不便。ツーリストバス(→ P.54)の自社ターミナルも市内に複数ある。

バスターミナルと市内を結ぶ新交通システム

　各バスターミナルと市内は、**トランスジャカルタ・バスウエイ** (→P.67)で結ばれている。ラワマグンからは、バスウエイ2号線でガンビル駅やモナスへ。カンプン・ランブータンからは7号線、5号線と乗り継ぎ中心部へ。プログバンからは11号線、ルバッ・ブルスからは8号線で中心部へ。カリデレスからは3号線を利用し、1号線のHarmoni停留所へ。バスウエイの乗り換えは、改札を出なければ料金は変わらない。

ジャカルタへのバス

バンドン (ルウィ・バンジャン) から	各バスターミナルへ毎時数本 (0:45〜23:00発)、所要2〜4時間、AC付きRp.8万〜23万
チルボン (ハルジャムティ) から	プログバン、カンプン・ランブータンなどへ1日計10本 (7:43〜翌2:30発)、所要7〜8時間、AC付きRp.15万〜30万
スマラン (テルボヨ) から	プログバン、カンプン・ランブータンへ1日6〜9本 (10:00〜22:00発)、所要6〜14時間、AC付きRp.22万〜35万
ジョグジャカルタ (ギワガン) から	プログバン、カンプン・ランブータンへ1日各4〜6本 (6:10〜18:55発)、所要8.5〜14.5時間、AC付きRp.18万〜37万
ソロ (ティルトナディ) から	プログバン・ターミナルへは1日10本 (8:15〜20:45発)、所要7〜10時間、AC付きRp.22万〜44万
スラバヤ (ブングラシー) から	プログバン・ターミナルへ1日22本 (7:30〜21:00発)、所要9.5〜13.5時間、AC付きRp.30万〜66万
バリ島 (ムングウィ) から	プログバン、ランブータンへ1日各1〜4本 (7:00〜14:20発)、所要20〜26時間、AC付きRp.56万〜59万

ハミダシ バスは鉄道より運行本数が多く運賃も安いが、バスターミナルは中心部から遠くて不便。特にコタ駅から30kmほど離れたカンプン・ランブータンは、バスウエイやタクシーでも1〜2時間以上かかることもある。

Information

ジャカルタ発ツアー

ジャカルタからは各種ツアーが出ている。個人でガイドを雇うより安く、市内バスでの移動よりも安全で手軽だ。英語ガイドのツアーが一般的だが、日本語ガイドが同行するツアーもある（ツアーの料金はアップする）。以下、代表的な現地発ツアーを紹介する（訪問地、時間、料金、食事は主催会社により異なる）。宿泊ホテルなど市内の希望場所から送迎サービスがある。すべて最少催行2名。

●ジャカルタ1日ツアー
時間 9:00～17:00　**料金** US$130～
国立博物館、モナス、スンダ・クラパ港、タマン・ミニ・インドネシア・インダーなどを巡る。

ジャカルタの象徴モナス

●ジャカルタ半日ツアー
時間 8:00～12:30　**料金** US$80～
国立博物館、モナス、大統領官邸、スンダ・クラパ港など市内の主要観光地を訪ねる。

●ボゴール＆ジャカルタ1日ツアー
時間 8:00～17:00　**料金** US$140～
国立博物館やモナスなど訪問後にカフェ・バタビアでランチ。午後にボゴールの植物園へ。

ハス池も美しいボゴール植物園

●プロウ・スリブ1泊2日
期間 2日間　**料金** US$270～
ジャカルタの沖に浮かぶ小さな島々プロウ・スリブへ。料金は訪問する島によって異なる。宿泊やボート代も含まれる。

「千の島」の名前どおりにたくさんの小島が浮かぶ

■主要ツアー会社
●パノラマ JTB　　　MAP P.64-B1
TEL (021)2556-5151　**WA** 0815-1030-5555
URL www.panorama-jtb.com
ジャカルタ市内のホテルや旅行会社でも申し込みOK。予約は前日までに。

● BEWISH ツアー　MAP P.60-B2
WA 0812-8718-9325
URL www.jakartabewishinternational.com
ジャカルタ、ジョグジャカルタ、バリ島にオフィスがあり、インドネシア各地へのツアーを催行している。

●ウェンディーツアー　　MAP P.60-B2
TEL (021)2933-7024　**WA** 0819-1921-1125
URL www.wendytour.com/indonesia
ジャカルタとバリ島にオフィスがあり、日本語での問い合わせOK。現地発着ツアーのほか空港送迎なども用意。

● H.I.S. ジャカルタ支店　MAP P.63-A2
TEL 021-570-6262　**WA** 0812-1000-4606
URL his-travel.co.id
ジャカルタ市内やボゴールなどへの日本語ツアーも催行している。

公共交通でも使用できる電子マネーカード

インドネシアの大手銀行が発行し、提携先のコンビニで入手できるプリペイド式の電子マネーカードは旅行ツールとして便利。各コンビニでの支払いのほか、市内交通や高速道路などにも利用できる。最大手コンビニのインドマレットではマンディリ銀行発行の E-Money カードを扱っており、発行料は Rp.2万7500ルピア（利用者登録は不要）。利用方法は日本の Suica と同様に改札でカードをかざし、残高がなくなったらコンビニや駅の窓口などでチャージする。

DKI 銀行が発行する Jakcard は、ジャカルタの MRT やバスウエイのほか、博物館や観光スポットの入場でも利用 OK。ジャカルタの主要観光スポット（モナスやラグナン動物園など）で入場チケットを購入するときに、入場料をプリペイドカードの発行料（Rp.2万5000）込みで支払って入手する。インドネシア各地の観光地で、銀行系の電子カードを使った入場システムが広がりつつある。

インドマレットで入手できる E-Money カード

ジャカルタでの観光や移動などいろいろ便利な Jakcard

ジャカルタ全体図
Jakarta

エリア地図 ▶P.48-A2

ジャカルタ湾

ブロウ・スリブへ
タンジュン・プリオッ湾
Tanjung Priok

ラ・クラバ湾
la Kelapa

Marunda

Cilincing

Tanjung Priok
Tj. Priok
Enggano

Koja

ジャカルタ中心部▶P.62

アンチョール・タマン・インピアン
Ancol Taman Impian

Jl. Tol Pelabuhan
Permai Koja

Plumpang Pertamina

Ancor
Jl.R.E. Martadinata

アンチョール駅
Ancol

Sukapura

Sunter

Tg. Priok IC

Kampung
Bandan
Pademangan

SMP 140

Sunter Kelapa Gading

Taman Sari

Arena Pekan Raya

Mangga Besar

Kemayoran

ジャカルタ中央イミグレーション
Kantor Imigrasi Jakarta Pusat
(ビザ延長)

Jl. Cakung Cilincing Raya

イオンモール・
ジャカルタ・
ガーデンシティ
Aeon Mall
Jakarta Garden City

Sawah Besar

Kelapa Gading

Harmoni

Senen

Cpk. Timur

Asmi

Cakung

パサール・スネン駅
Pasar Senen

Ps.Cpk.Putih

Pulo Mas

独立記念塔
(モナス)
Gambir
Gambir

Cempaka Putih

バスウェイ(Koridor 11)
Pulo Gadung

Cakung United Tractors

Pasar Tanah Abang
Tanah Abang
daran HI

ゴンダンディア駅
Gondangdia

Johar Baru

バスウェイ(Koridor 4)
Pemuda
Rawamangun
Ps.P.Gadung
Tu Gas

Pulo Gadung

Pulo Gebang

Terminal
Pulogebang

Menteng
Cikini

Matraman

Utan Kayu
Kramat

Sunan Giri

Layur

ラワマングンバスターミナル

BNI City
Jukuh Atas

Halim

Gramedia
Pd.Jati

Rawamangun Golf Course

ジャカルタ・ジェムズ・センター
Jakarta Gems Centre ▶P.75

Kampung
Sumur

Jl. Amalia

Walikota
Jakarta
Timur

プロガドン・
バスターミナル

Karet
Setiabudi Astra

Manggarai

マンガライ駅
Manggarai

ST.Jatinegara駅

Jatinegara
Cipinang
Klender

Penggilingan

Buaran

Cakung

Rawabebek

チルボンへ

Jl. Polda Metro
Jaya

GOR
Sumanfri

Jatinegara
RS. Premier

Duren Sawit

Klender

Klender
Baru

イミグレーション

Kota Kasablanka

Tebet

Kampung
Melayu

Malaka

Pondok Kelapa

Kuningan
Timur

Kuningan

Tebet

Cawang

Gelanggang
Remaja

マルタバ・クバン・ハユダ ▶P.81
Martabak Kubang Hayuda

Jatinegara

ジャカルタ首都特別州

Mampang
Prapatan

Tendean

Jl. Letjen Haryono

Cawang IC

ハリム駅
Halim

Cikunir Jct

Pancoran

Setia Budi

Duren Tiga

Duren Kalibata

Cawang

Cawang Otista

BNN

Jl. Tol Jakarta-Cikampek

ジャカルタ・バンドン高速鉄道(WHOOSH)

Imigrasi

地区
nang

Cawang UKI

Cililitan

Cililitan

Jl. Tol Jagorawi

Halim

ハリム・プルダナ・クスマ国際空港
Halim Perdana Kusuma Airport

Jatiwaringin

Jatiasih

チック・マート
Chic Mart

Ps.Minggu Baru

Warung Jati

Pasar Kramat Jati

Makasar

Royale Jakarta
Golf Club

Pondok Gede

Pejaten

Condet

Pasar Minggu

Kramat Jati

Pasar Minggu

Pinang
Ranti

ブルマイ蘭園
Taman Anggrek Permai

ジャカルタ南部▶P.63

r Ring Road
artemen
ertanian

RS Harapan Bunda

Ciracas

Fly Over
Raya Bogor

TMII

Ragunan

Graha Wisata
Ragunan

Tanjung Barat

タマン・ミニ・インドネシアインダー ▶P.73
Taman Mini Indonesia Indah

ラグナン動物園 ▶P.73
Kebun Binatang Ragunan

Kampung Rambutan

カンプン・ランブータン・
バスターミナル

Cipayung

Jagakarsa

Pasar Rebo

Lenteng Agung

Universitas Pancasila

anjur ボゴールへ
3
ボゴールへ
4

A

B

C

ジャカルタ中心部
Central Jakarta

エリア地図 ▶P.61-A〜B3

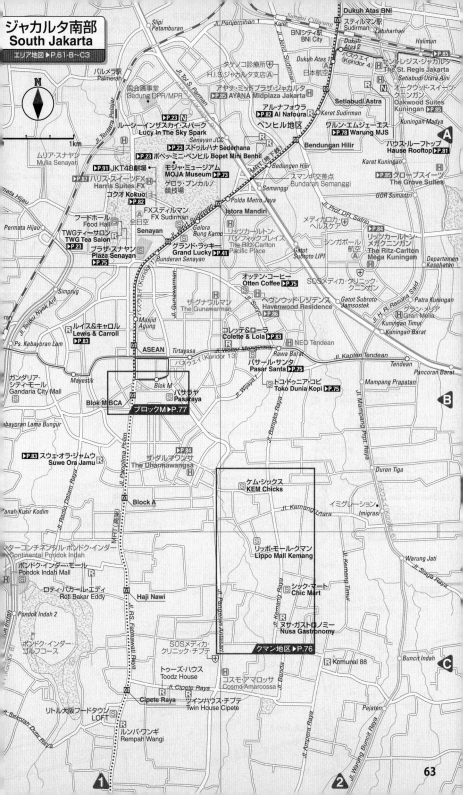

ジャカルタ南部
South Jakarta

エリア地図 ▶P.61-B〜C3

1km

N

Slipi Petamburan

Dukuh Atas BNI
スティルマン駅 Sudirman 駅
Latuharhari
Halimun

Jl. Penjernihan I
Karet

BNIシティ内 BNI City
Dukuh Atas 2
バスウェイ (Koridor 4)

セント・レジス・ジャカルタ The St. Regis Jakarta ▶P.85
Setiabudi Utara Aini

パルメラ駅 Palmerah

Jl. Tol S.Parman
Jl. Jend. Sudirman

タケノコ診療所 H.I.S.ジャカルタ支店A
日本航空
Dukuh Atas A

オークウッド・スイーツ・クニンガン Oakwood Suites Kuningan ▶P.85

Jl. Tentara Pelajar

国会議事堂 Gedung DPR/MPR

アヤナ・ミッドプラザ・ジャカルタ ▶P.85 AYANA Midplaza Jakarta
アル・ナフォウラ ▶P.82 Al Nafoura

Setiabudi/Astra

ワルン・エムジェーエス ▶P.78 Warung MJS

ハウス・ルーフトップ Hause Rooftop ▶P.81

▶P.23 N
ルーシー・イン・ザ・スカイ・スパーク ▶P.23 Lucy in The Sky Spark

Senayan JCC
ベンヒル地区

Kuningan Madya

ムリア・スナヤン Mulia Senayan

▶P.23 スドゥルハナ Sederhana
▶P.23 ボペッ・ミニ・ベンヒル Bopet Mini Benhil

Bendungan Hilir
Bendungan Hilir

スマラン交差点 Bundaran Semanggi

Karet Kuningan

▶P.91 JKT48劇場
ハリス・スイーツFX ▶P.87 Harris Suites FX
コクオ Kokuo ▶P.82

モジャ・ミュージアム MOJA Museum ▶P.73
ゲロラ・ブンカルノ競技場

Semanggi

▶P.85 グローブ・スイーツ The Grove Suites

Permata Hijau

フードホール Food Hall
TWGティーサロン TWG Tea Salon ▶P.23
プラザ・スナヤン Plaza Senayan ▶P.75

FXスディルマン FX Sudirman
全日空

Istora Mandiri
Polda Metro Jaya

Jl. Prof. DR. Satrio

メディカロカ・ヘルスケア

SOSメディカ・クリニック・クニンガン

Gatot Subroto LIPI

シンガポール航空 A

Gatot Subroto Jamsostek

▶P.84 リッツカールトン・メガクニンガン The Ritz-Carlton Mega Kuningan

Departemen Kesehatan

Permata Hijau

Jl. Teuku Nyak Arif

Simprug

Ps. Kebayoran Lam

ルイス&キャロル Lewis & Carroll ▶P.83

グランド・ラッキー Grand Lucky ▶P.41
ゲロラ・ブンカルノ Gelora Bung Karno
リッツ・カールトン・パシフィック・プレイス The Ritz-Carlton Pacific Place
Bunderan Senayan

Senayan
S

ザ・グナワルマン The Gunawarman H

ヘブンウッド・レジデンス Havenwood Residence ▶P.86

Jl. Supra

オッテン・コーヒー Otten Coffee ▶P.75

Gatot Subroto

Jl. H. R. Rasuna Said

グラン・メリア Gran Melia H
Kuningan Timur Kuningan Barat

Patra Kuningan

Masjid Agung

ASEAN
Tirtayasa

コレッテ&ローラ Colette & Lola ▶P.83
NEO Tendean
Jl. Walter Manginsidi
Rawa Barat

Jl. Kapten Tendean

ガンダリア・シティ・モール Gandaria City Mall

Mayestik

バスウェイ (Koridor 13)

パサール・サンタ Pasar Santa
トコ・ドゥニア・コピ Toko Dunia Kopi ▶P.75

Tendean
Pancoran Barat

Jl. Panglima Polim
Jl. Gunawarman

Blok M
バサラヤ Pasaraya

Jl. Bangka Raya

Mampang Prapatan

B

Blok M BCA
ブロックM ▶P.77

Kebayoran Lama Bungur

▶P.83 スウェ・オラ・ジャムウ Suwe Ora Jamu

▶P.84
ザ・ダルマワンサ The Dharmawangsa

ケム・シックス KEM Chicks

Duren Tiga

Block A

イミグレーション・ Imigrasi

Tanah Kusir Kodim

インターコンチネンタル・ポンドック・インダー InterContinental Pondok Indah

ポンドック・インダー・モール Pondok Indah Mall

リッポ・モール・クマン Lippo Mall Kemang

Jl. Kemang Timur

Jl. Siaga Raya

Warung Jati

ロティ・バカール・エディ Roti Bakar Eddy

Haji Nawi

シック・マート Chic Mart

Jl. Kemang Raya

Jl. Radio Dalam Raya

Pondok Indah 2

ポンドック・インダー・ゴルフコース Pondok Indah Golf Course

ヌサ・ガストロノミー Nusa Gastronomy
クマン地区 ▶P.76

Jl. Pangeran Antasari
Jl. RS. Fatmawati Raya

SOSメディカ・クリニック・チプテ

Komunal 88

Buncit Indah

C

MRT

トゥーズ・ハウス Toodz House
Jl. Cipete Raya

コスモ・アマロッサ Cosmo Amaroossa

Jl. Ampera Raya

Pejaten

Jl. Sekolah Duta Raya

リトル大阪フードタウン LOFT
Cipete Raya

ルンパ・ワンギ Rempah Wangi

ツインハウス・チプテ Twin House Cipete

Jl. Benda

Jl. Warung Buncit Raya

1
2

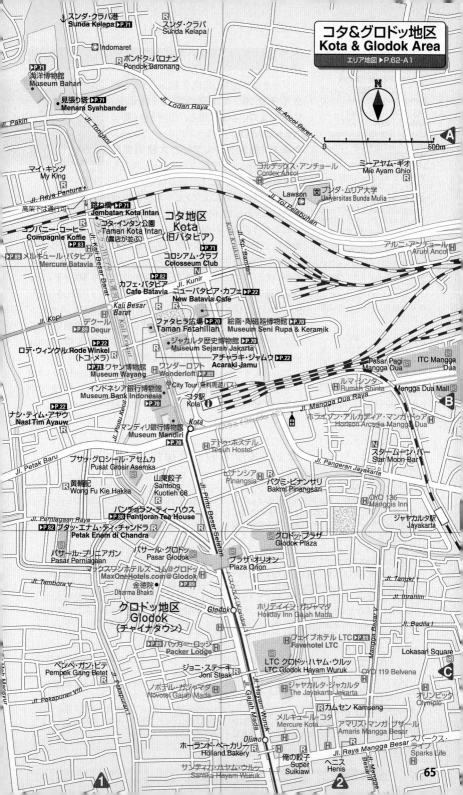

スンダ・クラバ港
Sunda Kelapa ▶P.71

スンダ・クラバ
Sunda Kelapa

Ⓒ Indomaret

ポンドク・バロナン
Pondok Baronang

▶P.71
海洋博物館
Museum Bahari

見張り塔 ▶P.71
Menara Syahbandar

Jl. Lodan Raya

Jl. Pakin

Jl. Tongkol

Jl. Ancol Barat I

ゴルデックス・アンチョール
Cordex Ancol

ミー・アヤム・ギオ
Mie Ayam Ghio

マイ・キング
My King

Jl. Raya Pantura I

高架下は通行可

跳ね橋 ▶P.71
Jembatan Kota Intan

コンバニー・コーヒー
Compagnie Koffie

コタ・インタン公園 ▶P.83
Taman Kota Intan

▶P.89 メルキュール・バタビア
Mercure Batavia

Jl. Kali Besar Barat

Jl. Kopi

Kali Besar Barat

デクール ▶P.89
Dequr

ロデ・ウィンクル Rode Winkel
(トコ・メラ) ▶P.22

▶P.71 ワヤン博物館
Museum Wayang

インドネシア銀行博物館 ▶P.70
Museum Bank Indonesia

ナシ・ティム・アヤウ
Nasi Tim Ayauw ▶P.22

Lawson

Jl. Tol Pelabuhan

図 ブンダ・ムリア大学
Universitas Bunda Mulia

コタ地区
Kota
(旧バタビア)

▶P.71
コロシアム・クラブ
Colosseum Club

カフェ・バタビア ▶P.82
Cafe Batavia

Jl. Kunir

ニュー・バタビア・カフェ ▶P.22
New Batavia Cafe

ファタヒラ広場 ▶P.70
Taman Fatahillah

絵画・陶磁器博物館 ▶P.70
Museum Seni Rupa & Keramik

ジャカルタ歴史博物館 ▶P.70
Museum Sejarah Jakarta

アチャラキ・ジャムウ ▶P.22
Acaraki Jamu

ワンダーロフト
Wonderloft ▶P.89

🚏 City Tour (無料周遊バス)

コタ駅
Kota 🄸

マンディリ銀行博物館 ▶P.70
Museum Mandiri

Kota

Jl. Kali Krukut

Jl. Kp. Bandan

アルニ・アンチョール
Aruni Ancol

Pasar Pagi
Mangga Dua

ITC Mangga
Dua

ルマ・シンタ
Rumah Shinta

Mangga Dua Mall

Jl. Mangga Dua Raya

ホライゾン・アルカディア・マンガ・ドゥア
Horison Arcadia Mangga Dua

Jl. Petak Baru

プサッ・グロシール・アセムカ
Pusat Grosir Asemka

黄輔記
Wong Fu Kie Hakka

山東餃子
Santong
Kuotieh 68

パンチョラン・ティーハウス
Pantjoran Tea House ▶P.80

▶P.82 ブタッ・エナム・ティ・チャンドラ
Petak Enam di Chandra

パサール・プルニアガアン
Pasar Perniagaan

Jl. Perniagaan Raya

パサール・グロドッ
Pasar Glodok

マックスワンホテルズ・コム@グロドッ
MaxOneHotels.com@Glodok ▶P.89

金徳院
Dharma Bhakti

Jl. Tambora V

クロドッ地区
Glodok
(チャイナタウン)

▶P.89 パッカー・ロッジ
Packer Lodge

ペンペッ・ガン・ビテ
Pempek Gang Betet

Jl. Pakapuran VIII

Jl. Pintu Besar Selatan

テドゥ・ホステル
Teduh Hostel

ピナンシア
Pinangsia

バクミ・ピナンサリ
Bakmi Pinangsari

Jl. Pangeran Jayakarta

スター・ムーン・バー
Star/Moon Bar

OYO 136
Manggis Inn

ジャヤカルタ駅
Jayakarta

グロドッ・プラザ
Glodok Plaza

プラザ・オリオン
Plaza Orion

Glodok 🄾

Jl. Tangki

Jl. Ibrahim

Jl. Badila

Jl. Gajah Mada

ホリデイイン・ガジャマダ
Holiday Inn Gajah Mada

ジョニ・ステーキ
Joni Steak

ノボテル・ガジャマダ
Novotel Gajah Mada

フェイブホテル LTC ▶P.89
Favehotel LTC

LTC クロドッ・ハヤム・ウルッ
LTC Glodok Hayam Wuruk

OYO 119 Belvena

ジャヤカルタ・ジャカルタ
The Jayakarta Jakarta

Lokasari Square

オリンピック
Olympic

Jl. Hayam Wuruk

カムセン Kamseng

メルキュール・コタ
Mercure Kota

アマリス・マンガ・ブサール
Amaris Mangga Besar

スパークス・ライフ
Sparks Life

ホーランド・ベーカリー
Holland Bakery

Olimo

サンティカ・ハヤム・ウルッ
Santika Hayam Wuruk

Jl. Raya Mangga Besar

Super
Suikiaw

ヘニス
Henis

俺の餃子

Jl. Tambora Mangga Besar

N

0   500m

Ⓐ

Ⓑ

Ⓒ

❶   ❷   **65**

ジャカルタでの情報収集

●ジャカルタ市観光案内所

MAP P.64-A1

住所 Jl. M. H. Thamrin No.9
TEL (021)316-1293
営業 毎日 8:00 ～ 18:00
URL jakarta-tourism.go.id

●ジャカルタ市観光案内所

住所 スカルノ・ハッタ空港内
TEL (021)550-7088
営業 毎日 8:00 ～ 18:00

配車サービスの利用状況

　GrabやGojekの配車サービス(→P.478)が市内各所で利用できる。国際空港にはGrabドライバーとの待ち合わせポイントも設置されており、市内～空港間の移動にもユースフル。空港からコタ駅へRp.13万～、ガンビル駅へRp.14万～、ブロックMへRp.15万～が運賃の目安(高速代Rp.2万～別途)。

両替事情

　町なかの銀行、両替所、高級ホテル内の旅行会社で、米ドルや日本円の現金が両替可。ジャカルタでベストレートの両替所は下記サイトで検索可。
URL get4x.com/en/indonesia/jakarta

高級ホテルが並ぶジャラン・タムリン

　ジャカルタの中心は高さ132mの独立記念塔モナス。ムルデカ広場 Lapangan Merdeka の中心部に建ち、周囲を歩く際に大まかな方向がわかるランドマークだ。故スカルノ大統領が住んでいた**大統領官邸** Istana Negara も広場の北にあり、現在も国賓をもてなす会場として使われている。ムルデカ広場の東側にはガンビル駅があり、移動の起点として旅行者でにぎわっている。

　ムルデカ広場の西側ジャラン・メダン・ムルデカ・バラッは、南下してジャラン・タムリンと名を変える。この通りがジャカルタの目抜き通りで、ショッピングセンターや高級ホテルが並んでいる。さらに南に行くと、繁華街の**ブロックM**(→ P.77)や**クマン地区**(→P.76)へと着く。逆にムルデカ・バラッ通りを北上していくとジャラン・ガジャ・マダと名を変えて、やがてジャカルタのオランダ統治時代の名残が見られる**コタ地区** Kota に到達する。その中心部となる**ファタヒラ広場** Taman Fatahillah 周辺は博物館が集まる観光エリアだ。

　ジャカルタでは、乗り物を使わないと観光スポットやバスターミナルへの動きが取れない。MRTやバスウエイなど公共交通に、配車サービスを組み合わせての移動がおすすめ。

---

for your Safety

ジャカルタでの安全確保

　近年ジャカルタでは、旅行者がスリ、引ったくり、タクシー強盗に遭う事件が目立つ。特にバスターミナルでの被害報告が多いので、市バスやバス停には近寄らないことが、危険回避の第一歩。ジャカルタとスラバヤの最新治安情報は、日本大使館のホームページで得られるので要チェック。URL www.id.emb-japan.go.jp

●市バス内でのスリ

　市バスには外国人旅行者を狙ったスリグループが出没するので、基本的に利用しないほうがいい(特に安宿が集まるジャラン・ジャクサ地区からの乗車は危険だ)。6～7人がグルになり、狙われた旅行者の周囲だけが「満員バス状態」に取り囲まれてしまうので、注意していてもやられる。ひとりの人間が親切そうに話しかけてくるが、それが旅行者の注意を散漫にするための手段。気を取られている間に、ウエストバッグなどをナイフで切られ、貴重品袋や現金を抜き取られてしまう。

●バスターミナルは要注意

　バスターミナルや鉄道駅にもスリ、置き引きが待ち受けているので、安全面に十分注意を払うこと。夜行バスに乗ってきてボーッとしていたら荷物はどこかへいってしまったという被害も多い。特に各バスターミナルは中心部から遠く離れているので、多少割高でも市内の旅行会社でバスターミナルへの送迎付きのチケットを買うといい。

●町なかや観光スポットで

　日本大使館周辺など中心部の大通りでも、引ったくりや強盗が出没する。町歩きの際にはひとり歩きを避け、常に周囲に気を配ろう。また、サリナ・デパートのおみやげ物売り場や博物館などの観光スポットで、日本語や英語で愛想よくしつこく話しかけてくる輩を絶対に相手にしないこと。

●タクシー強盗

　深夜にブロックMなどの繁華町で、身元のはっきりしないタクシーに乗車し、目的地と関係ない場所に連れていかれて刃物で脅されるのがパターン。日本人などの駐在員がターゲットとなっているので注意。ブルーバード・タクシーやシルバーバード・タクシーは、比較的安全だといわれている。

 グーグルマップ(URL www.google.co.jp/maps)のルート・乗換情報では、ジャカルタのバスウエイ、市バス、MRT、配車サービスでの所要時間と料金、道路の混雑状況などがオンタイムでわかる。

交通案内

タクシー▶ 市内のいたるところをメータータクシーが流している。メーターを小細工する運転手もいるので、乗車時にメーターを戻して出発

ワゴンタイプのタクシーが増えている

するか必ずチェックすること。各社の初乗り1kmはRp.8500〜で、その後は1km走るごとに、Rp.5400が加算される（時間のメーターも併用）。近距離だとメーターを使ってくれない場合もある（要事前交渉）。

バスウエイ（トランスジャカルタ）▶ 首都のメインストリートを走る快適なエアコンバス。各バスターミナル間のほか、モナス、コタ地区、ラグナン動物園などをつないでいるので、旅行者にとっても便利な移動手段だ。専用車線を走るので、渋滞の心配もあまりない。専用ホームは中央分離帯にあり、デポジット式のICカードを買って入場する。定員内の乗客しか一度に乗れず、また途中の乗降もできない。

バスの進行方向側が女性車両になっている

MRT（都市高速鉄道）▶ 2019年よりNortth-South Lineが運行を開始した高速交通システム。ジャカルタ中心部のBundaran HI駅からスナヤンやブロックMを通り、南部のルバッ・ブルスまでの全長15.7kmを約30分で結んでいる。2028年にはBundaran HI駅から北部コタ駅までの6km、7駅が開通予定。さらにジャカルタ中心部を経由して東西87kmを結ぶEast-West Lineの計画もある。

中心部では地下を、スナヤン地区から南部までは地上を運行

バジャイ▶ バジャイは近・中距離の移動に準タクシーとして使える乗り物。料金は交渉制で、行き先までの距離に道路の混み具合が加味されるが、実際には運転手によって極端に言い値は異なる（料金の目安は、タクシー運賃とほぼ同額）。

コミューターライン▶ ジャカルタ市内と近郊の区間を、郊外電車コミューターライン Commuter Line が運行している。朝夕の通勤タイムは混んでいるが昼間はすいているので、利用区間によっては便利な交通手段だ。コタ駅やタナ・アバン駅を起点に、南方面のボゴールや東方面のタンジュン・プリオッ港など5路線が運行している。

コミューターの路線図

ブルーバードのタクシー
TEL (021)797-1245
WA 0811-1794-1234
URL www.bluebirdgroup.com
　水色で普通車のブルーバードと黒塗りでひと回り大きなシルバーバードがあり、24時間営業している。実際につかまえたかったら、ホテルのタクシーカウンターで呼んでもらおう。

トランスジャカルタ・バスウエイ
Transjakarta-Busway
URL transjakarta.co.id
　各路線はコリドー Koridor と呼ばれ14のメインルートが、いくつもの支線に分かれている。運行時間は5:30〜22:00（日中は3分おき、早朝と夜は5〜6分おきに運行）。料金は1回の乗車でRp.3500（5:30〜7:00はRp.2000）。最初に利用する際にRp.4万でプリペイドカードを購入する（Rp.2万が運賃分で、Rp.2万はカード購入代）。
　各路線を結ぶ乗り換えホームは、行き先別に乗車口が異なるので注意。ホームの外に出なければ、路線をいくつ乗り継いでも料金は変わらない。

MRT（都市高速鉄道）
URL www.jakartamrt.co.id
　5:30頃から22:00頃まで約10分ごとに運行。初乗り運賃はRp.3000で、駅を通過するごとにRp.1000加算される（最長区間でRp.1万4000）。電子マネーカードやQRコード決済のほか、駅の窓口でプリペイドカード「Jelajah」を購入しての乗車も可（シングルトリップ、マルチトリップの2種類。デポジット各Rp.1万5000）。

バジャイの標準料金
　料金は Rp.5000 〜。歩いて10分ほどの距離で Rp.2 万ほど。

オート三輪車のバジャイ

コミューターライン
URL commuterline.id
　運賃は最初の25kmまでRp.3000、以降10kmごとにRp.1000加算。電子マネーカードやQRコード決済のほか、駅の窓口でプリペイドカード「KMT」をRp.5万で購入しての乗車も可（Rp.3万が運賃分で、Rp.2万はカード購入代）。

独立記念塔（モナス）

TEL (021)385-3040
入場 火～日 8:00～22:00（最終入場は21:00）
料金 Rp.5000（展望台への入場は Rp.1万 5000 別途）
　バスウエイの1号線や2号線の"Monas"停留所で下車。

タマン・イスマイル・マルスキ
Taman Ismail Marzuki
MAP P.62-C2

　ジャカルタの「文化・芸術の殿堂」にふさわしく、敷地内には多目的ホール、野外劇場、各種展覧会場、図書館、プラネタリウムのほか、映画館やレストランもある。ジャカルタなどの演劇グループが公演を続けているので、インドネシアの現代文化・芸術に興味をもつ人は訪ねてみたい。

TEL (021)2305-147
入場 火～土 8:00～23:00

多彩な施設が入っているタマン・イスマイル・マルスキ

国立博物館

TEL (021)386-8172
URL www.museumnasional.or.id
入場 毎日 8:00～17:00
※2024年2月現在、改修工事のため休業中
料金 Rp.2万 5000

　日本語の無料ガイドツアーは毎週火曜と第1土曜の10:30～。国立博物館で日本語無料ガイドツアーを行うインドネシア・ヘリテイジ・ソサエティ（**URL** heritagejkt.org）は、国立博物館の日本語ガイドブックも発行している。

ヒンドゥー教や仏教の石像がたくさん展示されている

おもな見どころ

◈ ジャカルタ中心部

◈ ジャカルタ中心部のシンボル ★★

独立記念塔（モナス）
MONAS-Monumen Nasional
MAP P.62-B2

市内観光の際にもランドマークとなる

　高さ132mの独立記念塔は、モナス（Monumen Nasionalの短縮形）と呼ばれる首都のシンボル。頂上部には50kgの純金で燃え盛る炎をかたどり、ジャカルタ中心部にある約1km四方のムルデカ広場の真ん中に建っている。

　台座内にある独立広間の中央壁面では正時ごとに数分ほど大扉が開き、「お国のために Bagimu Negeri」という愛国歌とともにスカルノ初代大統領が署名した独立宣言文が現れ、それを読み上げる肉声テープが流れる。また、地下の博物館にあるインドネシア史のジオラマ展示も必見。ジャワ原人の誕生、大航海時代、独立宣言など、まるで長大な歴史物語を見ているかのようだ。街を見渡せるモナスの展望台も人気が高く、日中はエレベーターの列が混み合うので、なるべく朝早く訪れよう。

スカルノ大統領の署名の入った独立宣言文

◈ インドネシアの文化遺産が詰め込まれた ★★

国立博物館
Museum Nasional
MAP P.62-C1

　ムルデカ広場の西側にある歴史民族博物館。新館では1階にソロ郊外で1891年に発掘された50万年前のジャワ原人の頭蓋骨のレプリカ、2～3階には4世紀に東カリマンタンで栄えたクタイ王国の石碑、国内各地の家屋や船の模型などを展示している。4階の宝物室（写真撮影禁止）には金製品や陶器のコレクションがあり、ジャワ中部のウォノボヨ村で発見された古代マタラム朝の金の器や、装飾品の数々が必見。ゆったりとしたレイアウトの旧館も併設され、ジャワ島のヒンドゥー教時代の石像や西スマトラ島の仏像を中庭などに展示している。

中庭に面した旧館の彫像の展示室

投稿　モナス頂上の展望台はローカルに人気の高い観光スポット。特に週末は2時間以上の待ち時間も当たり前なので、なるべく平日の朝一番に訪問するのがオススメです。（ミシャミシャ　東京都）['24]

東南アジア最大規模の巨大モスク ★★
イスティクラル・モスク
Mesjid Istiqlal
`MAP` P.62-B2

　東南アジアで最大規模のイスラム教礼拝堂。故スカルノ初代大統領時代の1961年に建設が始まり、完成したのは1978年。実に17年の歳月をかけて造られた巨大建築物だ。イスラム信者が礼拝する2階(1F)には立ち入れないが、それ以外は自由に見て回れる。毎週金曜には、無数のイスラム教信者が礼拝と導師の説教を聴きに集まり、信仰心のあつさを肌で感じられる。

インドネシアの
イスラム教聖地

美しいたたずまいのカトリック教会 ★
カテドラル
Gereja Cathedral
`MAP` P.62-B2

　インドネシア国民の約90%がイスラム教の信者だが、これに次いで多いのがカトリック信者。その信仰の中心がこのカテドラル。イスティクラル・モスクと道ひとつ挟んで建ち、この国の宗教政策を理解するうえでは極めて象徴的な取り合わせだ。

美術と時代の変化を感じる ★
インドネシア国立ギャラリー
Galeri Nasional Indonesia
`MAP` P.62-C2

　インドネシアの近代以降の絵画を集めた美術館。中央の建物が企画展会場、脇にある建物が常設展会場になっている。オランダ植民地時代から、独立を経て、現代アートにいたるまでのインドネシア美術の流れを俯瞰できる。ウェブサイトにはコレクションの説明(インドネシア語、英語)も記載されている。

入口の大きなオブジェが目印

貴重なアンティーク布を展示 ★★
テキスタイル博物館
Museum Tekstil
`MAP` P.62-C1

　バティック、イカット、ソンケットなどインドネシア内外の芸術的な布地を3000点ほど所蔵する博物館。産地によってモチーフや色合いが異なるバティックや、各地の伝統的な織物の展示が圧巻。19世紀初頭にフランス人の邸宅として建てられた建物も歴史的な価値が高く、バティック体験のワークショップも開催している。

本館の展示は2週間ごとに入れ替わる

イスティクラル・モスク
入場 毎日4:00〜21:00
※外国人旅行者は土〜木10:00〜16:30に30分間隔で催行される無料ツアー(12:00、12:30、15:30の回は休憩)への参加で内部見学が可能(金曜は終日入場不可)。所要約30分。ゲートと建物の間にある入口のオフィスセンターでグループの代表者が名前や国籍を入力する。内部では靴を脱ぎ、タンクトップや短パンの人はコートやサロンを貸してもらえる。
　ツアーで回るエリアでは写真撮影も自由。

カテドラル
　ガンビル駅より北に徒歩15分。敷地の奥にある**カテドラル博物館** Museum Katedral の入館時間は火〜土 10:00〜16:00、日 12:00〜16:00。入館無料。

しょう洒な装飾のカテドラル

インドネシア国立ギャラリー
TEL (021)381-3021
WA 0858-9444-3839
URL gni.kemdikbud.go.id
入場 毎日 10:00〜20:00
料金 無料
　館内はフラッシュ撮影禁止。バッグなどの荷物は受付のクロークに預ける。

テキスタイル博物館
TEL (021)560-6613
URL museumtekstiljakarta.org
入場 火〜日 9:00〜16:00
料金 Rp.5000
　バティック作りのワークショップは1.5時間ほどでRp.5万(材料費込み)。

ハミダシ　首都の新交通システム「バスウェイ」は優先路線を走り、車内もエアコンが効いて快適。ただし、混み過ぎないように乗車制限があり、時間帯によってはなかなか乗れないこともある。

69

ジャカルタ北部

ファタヒラ広場　MAP P.65-B1
　コタ駅の北側にある**ファタヒラ広場 Taman Fatahillah** は旧バタビアの中心地。周囲に点在する博物館巡りの起点となっている。
　バスウエイ1号線終点"Kota"で下車（ジャカルタ中心部から所要20〜30分）。

ジャカルタ歴史博物館
TEL (021)692-9101
入場 火〜日 8:00〜16:00
料金 Rp.5000

インドネシア銀行博物館
TEL (021)260-0158
入場 火〜日 9:00〜15:00
　　　（金・土〜 13:00）
料金 Rp.5000
※金曜 11:35〜13:00は閉館

大航海時代の港湾労働シーンの展示

絵画・陶磁器博物館
TEL (021)690-7062
入場 火〜日 9:00〜15:00
料金 Rp.5000

陶磁器のコレクションが圧巻

バタビア時代を彷彿させる歴史遺産 ★★
ジャカルタ歴史博物館
Museum Sejarah Jakarta　MAP P.65-B1

博物館前のファタヒラ広場はコタ地区の中心

コロニアル建築物に取り囲まれた**ファタヒラ広場**のランドマークとなる、観光スポットとして人気の博物館（ファタヒラ博物館とも呼ばれる）。1707年にバタビア市庁舎として建てられた建物を利用しており、2019年に改装された2階の展示室には、オランダ総督が使っていた家具や日用品のほか、ジャカルタの歴史を感じられる絵画、古地図、馬車などを展示している。

東インド会社の銀行として使われた ★
インドネシア銀行博物館
Museum Bank Indonesia　MAP P.65-B1

　オランダ植民地時代には東インド会社の銀行De Javasche Bank としても使用されていた、壮麗なデザインの建築が圧巻。古いインテリアが残されている内部では、国の歴史と財政との関係を東インド会社と絡めて展示している。建物の歴史をストーリーと映像で紹介する映画も1日2回ほど上映。

インドネシアの歴史をアートで知る ★
絵画・陶磁器博物館
Museum Seni Rupa & Keramik　MAP P.65-B1

　1870年にバタビアの高等裁判所として作られ、インドネシア独立戦争時には軍人の宿泊施設でもあった建物を使っている。内部にはアダム・マリク副大統領のコレクションをはじめとする世界中の陶磁器、ラデン・サレーやアファンディなどインドネシアを代表する画家の作品を展示している。

無料周遊バス City Tour

Information

　ジャカルタの観光スポットをCity Tour（別名Bus Wisata）という無料周遊バスが毎time数本運行している。毎日運行する5ルート（BW1、BW2、BW4、BW5、BW7）と、週末の午後のみ運行する2ルート（土曜BW3、土・日曜BW6）がある。下記の2ルートは毎日10:00〜18:00（日12:00〜19:00）まで運行しているので旅行者にも使いやすい。
● **BW1 Sejarah Jakarta (History of Jakarta)**
モナス→国立博物館→インドネシア銀行博物館→BNI46（コタ駅の北側）→パサール・バル→ジュアンダ（イスティクラル・モスク）
● **BW2 Jakarta Baru (Jakarta Modern)**
モナス→サリナ（デパート）→プラザ・インドネシア→サリナ→国立博物館→パサール・バル→ジュアンダ（イスティクラル・モスク）

バスの停留所は City Tour の看板が目印

ハミダシ　マンディリ銀行博物館Museum Mandiri（MAP P.65-B1 入場 火〜金9:00〜15:00）は1933年に創業した銀行の建物で、当時の仕事風景や事務機器を展示。入館料Rp.5000。

インドネシア各地のワヤン人形が集結 ★★
ワヤン博物館
◇ Museum Wayang　　　　　　　MAP P.65-B1

　プロテスタント教会だった建物内に、ジャワ文化を代表するワヤン人形や、その関連作品を展示している。影絵芝居のワヤン・クリッや人形劇のワヤン・ゴレッをはじめ、草で編まれたワヤン・ルンプッなど約5000種類ものコレクションが見られる。

海外の影絵人形も展示されている

インドネシア海運の歴史が学べる ★★
海洋博物館
◇ Museum Bahari　　　　　　　MAP P.65-A1

　建物は東インド会社のスパイス倉庫として1718年に建てられたもの。船の模型や航海図、ヴァスコ・ダ・ガマなどの等身大人形を使ってインドネシアの歴史を解説している。旧日本軍の占領時には武器保管庫としても使われ、当時の陸軍大将であった今村均の展示もある。通りを挟んで南東にある見張り塔 Menara Syahbandar もあわせて訪ねよう（海洋博物館の入場チケットで見学できる）。1839年に建てられた塔の最上部まで上れば、港町の風景が広がっている。

大航海時代の船の模型やボートの実物を展示

中心部から南部への無料バス Layanan Bus Gratis という無料バスが市内を運行している。路線番号 GR1 はモナス～南部の Bunderan Senayan 間を5:00～20:00まで毎時数本運行。バス停は Google Map にも掲載されている。

ワヤン博物館
TEL (021)692-9560
入場 火～日 9:00～15:00
料金 Rp.5000
※日曜 10:00～14:00 には、人形劇が鑑賞できる。

海洋博物館
TEL (021)669-3406
入場 火～日 9:00～16:30
料金 Rp.5000

見張り塔からはスンダ・クラパ港が見渡せる

Column
コタ地区で時間旅行を楽しむ

　オランダ植民地時代の建物が今も残るコタ地区（特集→ P.24）は、さながら町そのものが時代博物館のよう。再開発プロジェクトが進むクルクッ川（プサール運河）に架かる跳ね橋 Drawbridge（MAP P.65-A1）は、オランダ文化の象徴。この橋を起点に、ジャラン・カリ・ブサールをファタヒラ広場へと南下すると、道沿いには古いコロニアル建築がひしめいている。赤みを帯びたトコ・メラ Toko Merah（MAP P.65-B1）と呼ばれる建物は、1730年に建てられた東インド会社の高官の家で「ロデ・ウィンケル」というカフェとして営業中。

ゴッホの絵画を彷彿とさせる跳ね橋

　コタ地区の北端にあるスンダ・クラパ港 Sunda Kelapa（MAP P.65-A1）は、バタビア時代には交易品を満載した船でにぎわった港。今では大型の木造船が停泊し、独特のひなびた雰囲気に包まれている。ボートをチャーターして港湾内を周遊することもできる（料金は交渉次第）。

カフェとして内部見学ができるトコ・メラ

ピシニ船が並ぶスンダ・クラパ港

グロドッ地区へのアクセス
コタ地区に隣接し、コタ駅より徒歩 10 分。またはバスウエイ 1 号線の "Glodok" 下車。

チャイナタウンの漢方薬局
ジャカルタ北部の中華街「グロドッ地区」には漢方薬局も点在している。本格的な店はカウンターで生薬の調合を行い、処方箋を手にした地元民でにぎわっている。この地区では、どの薬局でも錠剤の市販漢方薬を豊富に扱っており、店頭で症状を言えば合いそうな漢方薬を見つくろってくれる。便秘や美肌、ダイエットにいいお茶などもあり、女性にはうれしいところだ。

カラフルな「中国グッズ」がめじろ押し！ ★
グロドッ地区（チャイナタウン）
Glodok
`MAP P.65-C1`

中華料理の屋台がひしめき合って独特の活気があり、中華街ならではのムードが楽しめるエリアだ。最もにぎわっているのは、ジャラン・ガジャ・マダから西に入ったジャラン・パンチョラン Jl. Pancoran 周辺。漢方薬（→側注）をはじめ、中国の食材や菓子、漢字の書籍、カラフルな生地や衣類などを売る店が軒を連ねている。雑然とした商業ビル内にあるチャンドラ・ビルディング（→ P.82）内のフードコートで、中華料理やストリートフードを味わってみるのもいい。ジャラン・クマナガン Jl. Kemenangan の青空市場の路地を 300m ほど南に歩くと、金徳院 Dharma Bhakti という中国寺院もあり、地元の在住者や中国人旅行者で賑わっている。

右／独特の活気が感じられるグロドッ地区
左／さまざまな漢方薬がカウンターに並ぶ

アンチョール・タマン・インピアン
TEL (021)2922-2222
料金 入園料は Rp.2 万 5000（各アトラクションへの入場は別料金）。

ドゥニア・ファンタジー遊園地
TEL (021)2922-2222
営業 月〜金 10:00 〜 18:00
土・日 10:00 〜 20:00
料金 入場料 Rp.25 万（平日）、Rp.27 万 5000（土日）
※インドネシアのスクール・ホリデイと新学期前の 6 月中旬から約 40 日間は、10:00 〜 20:00 まで開園。

シーワールド・アンチョール
営業 毎日 9:00 〜 16:30（土日祝〜 17:00）
料金 Rp.8 万 5000（平日）、Rp.10 万 5000 〜（土日祝）
※ドゥニア・ファンタジー遊園地やサムドラ入場とのセット割引もある。餌づけの時間などは公式サイトでチェック可。

ジャカルタ最大のテーマパーク ★★
アンチョール・タマン・インピアン
Ancol Taman Impian
`MAP P.62-A2`

シーワールド・アンチョール水族館

子供から大人まで楽しめるアミューズメントパークだ。552 ヘクタールと広大な敷地内では、ドゥニア・ファンタジー遊園地 Dunia Fantasi や、ウオータースライダー付きプールがあるアトランティス・ウオーター・アドベンチャー Atlantis Water Adventures などが人気。そのほか、イルカやアシカのショーが観られるサムドゥラ Samudra、水族館のシーワールド・アンチョール Seaworld Ancol、芸術市場のパサール・スニ Pasar Seni、人気のビーチレストランなどもある。1 日では遊びきれないほどなので、敷地内のインダー海岸 Pantai Indah に面したホテルに滞在するのもおすすめ。

入江でマリンスポーツも楽しめる

ハミダシ アート 1 ニューミュージアム（`MAP P.62-A2` TEL 021-6470-0168）は、インドネシア気鋭作家の作品を展示する現代美術館。入場は火〜日 10:00 〜 18:00（日〜 16:00）、料金 Rp.7 万 5000 〜。

ジャワ島

ジャカルタ

ジャカルタ南部

緑豊かな動物園で過ごす ★
ラグナン動物園
Kebun Binatang Ragunan　**MAP** P.61-C3

ジャカルタの南郊外にあり、インドネシア固有の動物を自然に
近い状態で観察できる。ス
マトラゾウ、オランウータン
など、国内各地からいろい
ろな動物が集められてい
る。成長すると体長が3m、
体重100kgにも及ぶ、巨大
なコモドオオトカゲも必見。

人気者のスマトラゾウ

インドネシアの多様性が実感できる公園 ★★
タマン・ミニ・インドネシア・インダー
Taman Mini Indonesia Indah(TMII)　**MAP** P.61-C4

多様な民族が住むインドネシア各地の文化を、100ヘクタール
を超える広い敷地に再現したテーマパーク。中央の人造湖に
は国土をかたどった小さな島々があり、その周囲にインドネシア
を構成する全州のパビリオンが並んでいる。内部には衣装や生
活用具、パネルなどが展示され、各民族の生活様式を知ること
ができる。また民芸品などの
物産の販売や、日曜には民族
芸能のパフォーマンスが催さ
れることもある。敷地内には、
水族館や各テーマの博物館、
バードパークといった数多く
のアミューズメント施設があ
り、1日中いても飽きない。

ミナンカバウ地方の伝統的な家屋を再現したスマトラ館

若者に人気の映えスポット ★
モジャ・ミュージアム
MOJA Museum　**MAP** P.63-A1

ポップな内観がフォトジェニックな体験型ミュージアム。ペイ
ンティングが体験できる「MoPAINT」、ローラースケートが楽
しめる「ROJA by MOJA」、
パターゴルフの「Golf by
MOJA」の3つのプログラム
が用意されている。

館内のいたるところに今風のフォトスポットがある

ラグナン動物園
TEL (021)7884-7114
URL ragunanzoo.jakarta.go.id
営業 火〜日 7:00〜16:00
料金 大人 Rp.4000、子供 Rp.3000
※入場時にはプリペイドカード（Rp.4万5000）を購入する。カードは有料プログラムやフードパークでも使用可。
　中心部から16kmほど南。バスウエイ6号線の南の終点"Ragunan"で下車。徒歩1分。ブロックMからミニバスも利用できる。

タマン・ミニ・インドネシア・インダー
TEL (021)2937-8595
URL www.tamanmini.com
営業 毎日 6:00〜20:00、園内の博物館 8:00〜17:00
料金 入園料 Rp.2万5000。博物館やバードパークは別途入場料が必要（Rp.5000〜6万）
　中心部から南東へ20km。タクシーで約30分、Rp.6万〜7万。カンプン・ランブータン・バスターミナルから、タマン・ミニ行き40番のミニバスも運行している。
　園内はレンタサイクル（1時間 Rp.2万5000）、園内専用車（2時間 Rp.35万）を借りて回ることもできる。

モジャ・ミュージアム
WA 0822-7300-0730
URL mojamuseum.com
入場 毎日 11:00〜19:30
料金 各プログラム Rp.12万5000（平日）、Rp.13万5000（金土日）、2〜3プログラムのセット料金あり。
　ゲロラ・ブンカルノ競技場の建物内にある。バスウエイ1号線の"Gelora Bung Karno"下車。徒歩15分。入口はスタジアムの建物の北側にある。

ハミダシ ヌサンタラ近現代美術館 MACAN（**MAP** P.60-B2　URL museummacan.org　入場 火〜日 10:00〜18:00）では、インドネシアと世界各国の近現代美術を展示している。入館料 Rp.7万（土日は Rp.9万）。

ショッピング Shopping

ジャカルタのショッピングモールは、巨大なエンターテインメント施設だ。ショッピングのほか、シネマコンプレックスやレストラン&食堂街も充実し、地元のデートスポットとなっている。特に内容が充実しているのは、プラザ・インドネシアやプラザ・スナヤンなどの大型ショッピングモール。さまざまなブランド品が並び、高級感が漂っている。

ジャカルタ中心部

品のよい伝統工芸品が揃う
サリナ・デパート
Sarinah Department　**MAP P.64-A1**

住所 Jl. M. H. Thamrin No.11　TEL (021)3192-3008
営業 毎日 8:00 ～ 22:00　カード 店舗により異なる

インドネシアで最初に創業した大型デパートが2023年3月にリニューアルされ吹き抜けの開放的な空間へ。インドネシア各地から集められた上質な伝統工芸品やアパレル、インテリア雑貨などがセンスよく並んでいる。地下にはローカルフード有

名店が集結したフードコートもある。

ジャラン・タムリンに面している

高級志向のショッピングモール
グランド・インドネシア・モール
Grand Indonesia Mall　**MAP P.64-B1**

住所 Jl. M.H. Thamrin No.1　TEL (021)2358-0001
営業 毎日 10:00 ～ 22:00　カード 店舗により異なる

インドネシア最大規模を誇る超巨大モール。西館と東館に分かれた広い建物内にはシャネル、グッチ、アルマーニなど高級ブランドが軒を連ね、西武デパートや紀伊國屋書店も出店している。お

みやげ用の工芸品や衣服を探すなら3階のアルンアルンがおすすめ。おなかがすいたら5階部分にあるフードコート「Food Print」へ。

日本の西武デパートも入っている

テーブルウエアメーカーの直営店
クダウン・ホーム・メンテン
Kedaung Home Menteng　**MAP P.62-C2**

住所 Jl. Menteng Raya No.29
TEL (021)390-5275　WA 0811-160-0082
営業 毎日 9:00 ～ 17:00　カード A J M V

店内にはガラスやホーロー、陶器の食器がずらりと並び、色や柄、サイズも豊富に揃う。小ぶりのおしゃれなホーローカップ(Rp.2万500)やレトロな絵柄のホーロー鍋(Rp.6万2500)など値段も手頃なので、同じ商品を色

日常使いにぴったりなテーブルウエアが並ぶ

違いで購入するのもおすすめ。スタッキング可能なタッパーやガラス製のキャニスター、カトラリー、ランチョンマットなどもあるので、掘り出し物を見つけよう。

お気に入りのバティックを探すなら
バティック・クリス・メンテン
Batik Keris Menteng　**MAP P.64-C2**

住所 Jl. HOS. Cokroaminoto No.87-89
TEL (021)3192-6908　URL batikkeris.co.id
営業 毎日 10:00 ～ 20:00　カード A J M V

インドネシア各地で展開する、バティック製品の最大手ブランド。ジャワ島中部の古都ソロを発祥とし、自社工場を構えて高品質な作品を手頃な値段で

ワンピースは Rp.55 万～、子供用は Rp.35 万～

人気ブランドのフラッグシップ店。色やデザインが多彩な作品が揃う

販売している。ジャカルタ随一の品揃えを誇るメンテン支店は、5フロアにメンズ、レディース、キッズのアパレルから、小物や雑貨も豊富で見応えも十分。メンズの半袖シャツはRp.50万前後～。貝殻のチャームが付いた布地(Rp.23万～)はストールやパレオとしても使ってみたい。

ハミダシ　S タマン・アングレック Taman Anggrek(**MAP P.60-B2** TEL 021-564-3777　営業 毎日 10:00 ～ 22:00)は国際空港と中心部の間にある巨大ショッピングセンター。ジャカルタ唯一のスケートリンクも完備。

ジャカルタ南部

✈ スナヤン地区のランドマーク
プラザ・スナヤン
✈ Plaza Senayan　　MAP P.63-A1

住所 Jl. Asia Afrika No.8, Gelora Bung Karno
TEL (021) 572-5555
営業 毎日 10:00 ～ 22:00　**カード** 店舗により異なる

　日本人在住者も多いスナヤン地区を代表するショッピングモール。フェンディやティファニーなどの高級ブランド店をはじめ、女性にアピールするブティックやカフェが充実し、デパートの SOGO も出店している。

おみやげ用の食料雑貨も購入できる

✈ 広大なフロアに多彩な宝石がずらり
ジャカルタ・ジェムズ・センター
✈ Jakarta Gems Center　　MAP P.61-B3

住所 Jl. Bekasi Barat No.4　**営業** 土～木 10:00 ～ 16:00、金 14:00 ～ 17:00（店舗により異なる）
カード 店舗により異なる

　宝石、金、アクセサリーの専門店が軒を連ねる巨大マーケット。指輪やブレスレットなどは、別に購入した石と土台を組み合わせてもらうことも可能なので、気軽に相談してみよう。目利きできれば破格で入手できる。

宝石を財産として身につける男性たちの熱気がすごい

✈ 現地の若者が立ち上げた個性派店が集う
パサール・サンタ
✈ Pasar Santa　　MAP P.63-B2

住所 Jl. Cisanggiri II No.RT.5　**TEL** なし
営業 毎日 7:00 ～ 19:00（店舗により異なる）
カード 店舗により異なる

　1 階や地階に生鮮食品や日用品が並ぶローカル市場。2 階には若者向けのミニマルな雑貨＆ファッション店も集まっているが、平日の日中は休業する店が多い（週末や遅い時間帯の利用がおすすめ）。

半地下にあるトコ・ドゥニア・コピ（→下段ハミダシ）

✈ セノパティ地区のコーヒー専門店
オッテン・コーヒー
✈ Otten Coffee　　MAP P.63-B2

住所 Jl. Senopati No.77　**WA** 0822-7699-9666
営業 毎日 9:00 ～ 20:00　**カード** J M V

　センスのいいパッケージで在住外国人にも愛されるコーヒー機器＆焙煎豆のショップ。アチェ・ガヨなど売れ筋のコーヒーは 200 g で Rp.8 万 8000 ～ 12 万 8000。2 階にはカフェも併設されている。

コーヒー豆は500gでRp.11万9000～

Column 「ジャカルタのお台場」で最新トレンドをチェック！

　ジャカルタ湾にある人工島の PIK（＝ Pantai Indah Kapuk）は高級住宅地として開発が進められ、ホテルや大型商業施設が急増している。なかでも 2022 年にオープンした **S** バイザシー・ショッピングモール PIK は最新の流行発信基地として注目の的だ。心地よく潮風が吹き抜ける開放的な敷地にアパレルや雑貨などの話題のショップが点在。写真映えを意識したおしゃれなカフェも多く、感度の高い若者たちや富裕層でにぎわっている。

現地カルチャーを発信する店に立ち寄ってみよう

●バイザシー・ショッピングモール PIK
By The Sea Shopping Mall PIK
MAP P.60-A2
URL amantara-asg.com/lifestyle/by-the-sea-2
営業 毎日 10:00 ～ 22:00（金土日～ 23:00）

エリートエリアと呼ばれる高級住宅地にハイセンスなショップが集まる

✖ オーガニック食品の専門店
✖ ジャワラ・カルチャー
✖ Javara Culture　　　MAP P.76

住所 Graha BS 1st Floor, Jl. Kemang Utara A No.3
TEL (021)718-3550　URL javara.co.id
営業 毎日9:00〜18:00　カード AMV

インドネシアの農業を守るため、農家からフェアトレードで仕入れた農作物を使った製品が並んでいる。米や塩、オイルからスナック菓子まで種類は豊富。おすすめは上質なスパイスを調合したオリジナルシーズニング(Rp.5万2000)や辛味調味料のサンバル(Rp.8万5000)など。カフェも併設されている。

テンペチップスやキャッサバのスナックはおみやげにもおすすめ

スタッフは商品に精通し、店内のパネル展示で国内の農作物についても発信

✖ 個性的なバティック作品が揃う
✖ ルーシーズ・バティック
✖ Lucy' s Batik　　　MAP P.76

住所 Jl. Kemang Raya No.30
WA 0815-8909-778　URL lucysbatik.com
営業 毎日10:00〜17:00　カード AJMV

バティックを中心に国内各地の伝統工芸品を使ったオリジナルアイテムが充実。洋服から雑貨、アクセサリーまで種類豊富で、日本人好みの洗練されたデザインなのもうれしい。バティック生地のテディベア(Rp.17万5000)やバリ島のアタ編みバッグ(Rp.59万8000)などはプレゼントにも喜ばれそう。

ラタンを使ったエコバッグは Rp.29万 5000

色や形、サイズも豊富なのでお気に入りの一品が見つかる

✖ アート作品のセレクトショップ
✖ ディア・ロ・グエ
✖ Dia.lo.gue　　　MAP P.76

住所 Jl. Kemang Selatan No.99a
TEL (021)719-9671　URL dialogue-artspace.com
営業 毎日11:00〜20:00　カード ADJMV

ギャラリー&カフェという複合空間の入口にあるセレクトショップ。店名はジャカルタ方言で「彼/彼女・あなた・私」という意味で、アーティストや来場者に創造的なス

インドネシアの木材を使った腕時計は Rp.800 万前後〜

ペースを提供するのがコンセプト。ポップな柄のバッグ(Rp.22万5000 〜)やポスター(Rp.25万〜)など商品は随時入れ替わる。併設のカフェは在住外国人の隠れ家スポットにもなっている。

店舗の奥にあるカフェでのんびり過ごすのもおすすめ

ケム・シックス
KEM Chicks ▶P.76
ジャワラ・カルチャー
Javara Culture
Colony S
Jl. Kemang Raya
クマン・アイコン・バイ・アリラ
Kemang Icon by Alila
Fave H　H Amaris
ラ・モリンガ La Moringa ▶P.83
S Shisha Cafe
グランド・クマン
Grand Kemang ▶P.84
Jl. Kemang Utara
マクドナルド McDonalds
スターバックス
Starbucks
Kampung Kemang
ルーシーズ・バティック ▶P.76
Lucy's Batik
エフジェイ・
ビストロ&デリ
FJ Bistro & Deli
リッポ・モール・クマン
Lippo Mall Kemang ▶P.76
1/15 Coffee
Jl. Kemang V

クマン地区
Kemang Area
エリア地図 ▶P.63-C2

ランチ・マーケット
Ranch Market
S Papilion
Jl. Kemang Selatan
シック・マート ▶P.77
Chic Mart
アノマリ・コーヒー
Anomali Coffee
Indomaret
ピザ・ハット
Pizza Hut ▶P.79
ヌサ・ガストロノミー
Nusa Gastronomy
プラザ・クマン88
Plaza Kemang 88
ディア・ロ・グエ
Dia.lo.gue ▶P.76
Jl. Kemang Selatan
Jl. Pangeran Antasari
500m

ハミダシ　S リッポ・モール・クマン Lippo Mall Kemang (MAP P.76　URL www.lippomallkemang.com
営業 毎日10:00〜22:00)は厳選されたブティックやショップが出店するモール。小規模で歩きやすい。

ジャワ島

ブロックMエリア周辺

ブロックMの巨大デパート
パサラヤ
Pasaraya **MAP P.77**

住所 Jl. Iskandarsyah, Blok M　TEL (021) 722-8470
営業 毎日 10:00 ～ 22:00　カード 店舗により異なる

　繁華街としてにぎわうブロックMにある大型デパート。売り場面積が広く、商品の陳列がゆったりしているので見やすい。おしゃれなグッズも豊富なので、ジャカルタでおみやげ物を探すなら、まずここへ来てみるといい。A館とB館があり、

おみやげ品も充実している

ともにグランドフロアから、UG、M、2階（1F）までが、バッグ、化粧品、衣料品などのフロア。A・B両館とも3階（2F）がバティック、4階（3F）が木彫りから影絵人形、銀製品、コーヒー豆まで、インドネシアのあらゆるおみやげ品が揃うフロアになっている。B館6階（5F）はおもちゃと子供服のフロア。

ジャカルタ

高級バティックのブランド店
ダナル・ハディ
Danar Hadi **MAP P.77**

住所 Jl. Melawai Raya No.69-70　TEL (021) 723-7659
営業 毎日 9:00 ～ 20:00（日 10:00 ～ 17:00）
カード A J M V

　ブロックMに近いジャラン・ムラワイ・ラヤにある、白い外観が目印のバティックショップ。インドネシア有数のブランド店なので、センスのいい品物がいっぱい並んでいる。1～3階が

バティックを使った小物も豊富

売り場で、スカーフ Rp.27万5000 ～、シャツ Rp.33万5000 ～、テーブルクロス Rp.39万～。バッグやポシェットの小物 Rp.2万7000 ～など。コットンのキャミソールも手頃な値段で人気。シーズンによりセールや在庫処分品もある。

日本スタイルのケーキやパンが評判
ラ・モエット
La Mouette **MAP P.77**

住所 Jl. Melawai Raya No.189B　WA 0831-1385-9400
営業 毎日 9:00 ～ 21:00　カード J M V

　日本人パティシエが腕を振るうベーカリー＆カフェ。なめらかプリン（Rp.2万5000）、レーズンマフィン（Rp.1万2000）、もちパン（Rp.1万9000）などが人気。誕生日ケーキにも対応している。店頭や鎌倉カフェでイートインもOK。
30 種ほどの無添加パンが並ぶ

日本人駐在者の御用達
パパイヤ・フレッシュ・ギャラリー
Papaya Fresh Gallery **MAP P.77**

住所 Jl. Melawai Raya No.28, Blok M
TEL (021) 7279-3777　営業 毎日 9:00 ～ 21:00
カード J M V

　日本食材が充実しているスーパーのブロックM店。値段は高めだが日本製の調味料や新鮮な刺身、総菜、弁当もあり、在住者には便利な存在。2階には日本でおなじみ「ダイソー」も入っている。

コスメなどのおみやげ品も充実

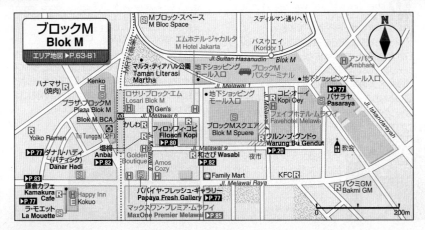

レストラン

Restaurant

インドネシアのあらゆる民族が住むジャカルタでは、スマトラ島のパダン料理、ジャワ料理、バリ料理など各地の料理が食べられる。また、世界各国からの旅行者・在住者が多いため、レベルの高いインターナショナル料理や日本料理のレストランも多い。

インドネシア＆中華料理

インドネシア情緒を楽しもう
ララ・ジョングラン
Lara Djongrang　　MAP **P.62-C2**

住所 Jl.Cik Di Tiro No.4　TEL (021) 315-3252
WA 0811-9108-966　営業 毎日 11:00 ～ 23:00
税＆サ +15%　カード A J M V　Wi-Fi OK

アンティーク収集家で有名なオーナーが経営する、ジャカルタを代表するレストラン。店内はそれぞれテーマをもつ部屋に分かれ、仏像や骨董品などミュージアム級の芸術品が並んでいる。メニューはインドネシア王宮料理で、

王宮料理を堪能したい

種類も豊富。インドネシア各地のごちそうが揃っており、どの料理も本格的な味つけだ。盛りつけも美しく、ジャカルタ旅行のハイライトとして訪れてみたい。メインコースは Rp.8 万 8000 ～。

スタイリッシュな空間で極上の料理体験
スリブ・ラサ
Seribu Rasa　　MAP **P.64-B1**

住所 Jl. H. Agus Salim No.128, Menteng
TEL (021) 392-8892　URL arenacorp.com/seribu-rasa/　営業 毎日 11:00 ～ 22:00
税＆サ +17.7%
カード A J M V　Wi-Fi OK

郷土料理を洗練された空間で楽しめ、インドネシア料理が初めてという人でも絶対にハマるはず。おすすめはスナッパーと野菜をココナッツミルクとスパイスを使ったソースで味つけしたグライ・フィッシュヘッド・タシッ（Rp.21万）。ロ

雰囲気がよくカップルにも大人気

ーカルデザートも種類豊富で、ジャックフルーツやココナッツなどがたっぷり盛られたエス・チャンプル・スリブ・ラサ（Rp.6万）は、盛りつけも美しく目にも鮮やか。

有名人も訪れる郷土料理店
ソト・マドゥーラ・ジュアンダ
Soto Madura Juanda　　MAP **P.62-B2**

住所 Jl. IR. H. Juanda No.16　WA 0859-2100-1967
営業 毎日 9:00 ～ 21:00
税＆サ 込み　カード 不可　Wi-Fi OK

ジュアンダ鉄道駅の西側にあるレストラン。入口は地味だが、内部は広々としており、レトロなインテリアがいい雰囲気だ。壁一面に、100 枚ほどの有名人の写真とコメントが貼られている。店名のとおりスープ（＝ソト）が名物で、牛のテールスープであるソト・ブントッ（Rp.8 万）や、鶏肉スープのソト・アヤム（Rp.9 万）がおすすめメニュー。ご飯（ナシ）は各テーブルの上に葉に包まれて置かれており、自分で取って食べる（Rp.8000）。

店内には有名人の写真が張られている

本物のローカル料理を体験！
ワルン・エムジェーエス
Warung MJS　　MAP **P.63-A2**

住所 Jl. Setiabudi Tengah No.11, Setiabudi, Jakarta Selatan
TEL (021) 525-2605　URL www.warungmjs.com
営業 毎日 11:00 ～ 21:00（金土 ～ 22:00）
税＆サ 込み　カード J M V　Wi-Fi OK

ジャワ料理が一堂に会する庶民派レストラン。ミー・ゴドッ（Rp.3 万 8900）やアヤム・ランブッ・セタン（Rp.3 万 4700）など郷土料理はどれもスパイシーで本格的な味つけ。店の奥には緑豊かなガーデン席も用意されている。

店頭に並ぶ総菜を指さしで選ぶのも OK

ハミダシ　R ナトラブ Natrabu　MAP P.64-A1　TEL 021-3193-5668　営業 毎日 9:00 ～ 21:30 は人気のパダン料理店。席に着くとひと皿 Rp.2 万前後の料理がテーブルに並べられる。食べたぶんだけ支払う。

ジャカルタを代表する優雅なダイニング
トゥグ・クンスクリン・パレス
Tugu Kunstkring Paleis 　MAP P.64-B2
住所 Jl. Teuku Umar No.1, Menteng
TEL (021)390-0899　URL www.tuguhotels.com
営業 毎日11:00〜24:00　税&サ +15%
カード A J M V　Wi-Fi OK

　1914年のオランダ統治時代の建物を使い芸術品で彩られた店内はまるでアートギャラリーのよう。アジア&インドネシア料理のクオリティも、スタッフの優雅なサービスもすばらしい。多彩な郷土料理をセットで楽しむリスタフェル・ブタウィは1名分Rp.39万8000〜。気軽

郷土料理が楽しめるリスタフェル・ブタウィは要予約

に味わいたいならナシチャンプル・メニュー（Rp.12万8000）がおすすめ。

実験的なインドネシア料理が話題
ヌサ・ガストロノミー
Nusa Gastronomy　MAP P.76
住所 Jl. Kemang Raya No.81　TEL (021)719-3954
WA 0819-1100-4996　URL nusagastronomy.com
営業 金〜日18:00〜21:00　税&サ +18%
カード A D J M V

　1920年代のバタビア副市長の邸宅を使ったコロニアルダイニング。インドネシア各地の食材を駆使し、有名シェフのラギル氏が、イノベーティブな創作料理を提供する（グルメ

日中は明るく夜は落ち着いた雰囲気の店内

誌で多くの賞も受賞している）。4品のディナーセットRp.125万、5品のディナーセットRp.14万5000。事前予約が必須。

絶対に味わいたい名物メニュー
ボゴール・カフェ
Bogor Cafe　MAP P.62-B2
住所 Jl. Lapangan Banteng Selatan, Jakarta Pusat
TEL (021)380-5555　URL www.hotelborobudur.com
営業 6:00〜23:00　税&サ +21%
カード A D J M V　Wi-Fi OK

　H ボロブドゥール・ジャカルタ内の1階にあるダイニング。名物料理のソプ・ブントゥッ、オックステール・スープ（Rp.27万8000）は口の中でとろける肉と味わい深いスープのコン

ソプ・ブントゥッはジャカルタっ子の大好物

ビネーションが絶妙。新鮮なフルーツを贅沢に使ったフレッシュジュース（Rp.5万8000）やナシバカール・スペシャル（Rp.8万8000）などもおすすめだ。

独立記念塔モナスに隣接する集合屋台

　ムルデカ広場の敷地内にある**ルンガン・ジャカルタ**は、100を超える屋台が集まる食堂街。ソト・ブタウィ（ジャカルタ発祥の牛肉スープ）Rp.2万5000〜、ナシゴレンRp.2万〜、ココナッツ・ジュースRp.1万5000など、店ごとに特徴的なメニューを提供している。看板やメニューには写真や金額も明示されているので、旅行者にもわかりやすい。Tシャツなどみやげ物の露店も多いので立ち寄ってみよう。

ローカル料理を味わおう

●**ルンガン・ジャカルタ・モナス**
Lenggang Jakarta Monas
MAP P.64-A1　営業 毎日9:00〜22:00
税&サ込み
カード不可

日中から深夜まで現地の人たちでにぎわっている

アンティーク情緒たっぷり
ダプール・ババ・エリッ
Dapur Babah Elite　　MAP P.62-B2

住所 Jl. Veteran I No.18-19, Gambir
TEL (021)385-5653　WA 0851-0060-2256
営業 毎日11:00〜21:00(金土〜24:00)
税&サ +15%　カード AJMV　Wi-Fi OK

　店内の装飾や調度品を見るだけでも価値がある、美術館のような雰囲気のインドネシア料理店。高級店の趣だが、ナシチャンプル・

日本人にもなじみやすい
味つけが評判！

ババ(Rp.9万2000)や白身魚フライのマリネ(Rp.12万8000)などメニューはお手頃。5つの屋内ダイニングのほか、屋外にも席がある。

ジャカルタのカフェ文化を垣間見る！
コピ・オーイ・サバン
Kopi Oey Sabang　　MAP P.64-A1

住所 Jl. H. Agus Salim No.20, Kebon Sirih
TEL (021)3193-4438
WA 0812-8044-7305
営業 毎日7:00〜23:00
税&サ +10%　カード AJMV　Wi-Fi OK

　オランダ植民地時代の建物をイメージした、レトロな雰囲気で評判のカフェチェーン。トラジャやフローレスなど国内各地の豆を使った

古風な中華調
のインテリア

シングル・コーヒーはRp.3万5000。野菜入り春巻きのルンピア(Rp.3万)やタピオカ芋を揚げたシンコン・サンバル・ロア(Rp.3万5000)など、ローカルスナックも揃っている。

大鍋で仕込まれる絶品スープ
ソト・ブタウィ・グローブ・ハ・オジ
Soto Betawi Globe H.Oji　　MAP P.62-B2

住所 Jl. Samanhudi No.4
WA 0813-8225-5505
営業 毎日8:00〜21:00　税&サ 込み　カード 不可

　屋根付きの屋台のような店舗で、ジャカルタの先住民ブタウィの名物料理が味わえる。この店の看板メニューはうま味たっぷりのスープ、ソト・ブタウィ(Rp.3万)。ココナッツと生トマトがベースのあっさり味で、具は牛

ソト・ブタウィは朝食
や軽めのランチにも
ぴったり

肉、すじ、モツ、豚、鶏などから選べる(ミックスもOK)。一緒に添えられたライムをぎゅっと絞り、卓上のチリで好みの辛さに調整して白飯(Rp.5000)と一緒にいただこう。地元の人がひっきりなしに訪れている。

海の幸をダイナミックに満喫
バンダル・ジャカルタ
Bandar Djakarta　　MAP P.62-A2

住所 Pintu Timur Taman Impian Jaya Ancol
TEL (021)645-5472　URL www.bandar-djakarta.com
営業 毎日 11:00〜23:00(土日祝 10:00〜23:00)
税&サ +10%　カード AJMV　Wi-Fi OK

　アンチョールの海岸にあるシーフードレストラン。広い店内も夕食時には、地元の家族連れやグループなどで大にぎわい。入口にある生けすから魚やエビ、貝などを選んで量ってもらい注文する(通常1名Rp.8万〜10万)。肉(Rp.4万5000〜)や野菜(Rp.2万8000〜)のメニューもある。できれば大人数で訪れたい。

オーシャンビューの
人気レストラン

中華街のランドマーク的な存在
パンチョラン・ティーハウス
Pantjoran Tea House　　MAP P.65-B1

住所 Jl. Pancoran No.4-6　TEL (021)690-5904
WA 0812-5000-1276　URL pantjoranteahouse.com
営業 毎日 8:00〜20:00(土日祝 7:00〜21:00)
税&サ +15%　カード AJMV　Wi-Fi OK

　17世紀に建てられたコロニアルな建物をオシャレに改装した飲茶レストラン。ジャスミン・ティー(Rp.12万)、チリクラブ(Rp.12万5000)、フィッシュマウ・スープ Sup Fishmaw(Rp.4万5000)といった、豊富な点心メニューが楽しめる。

味つけはジャカルタ
華人のお墨つき

ハミダシ Ⓡフィロソフィ・コピ Filosofi Kopi (MAP P.77　WA 0817-0737-125　営業 毎日 7:00〜22:00)はインドネシア映画の舞台として開業したカフェ。コーヒーRp.2万4000〜。

ジャワ島

優しい味わいのお粥が大評判
ブブール・クワン・トン
Bubur Kwang Tung MAP P.62-B2
住所 Jl. Pecenongan No.67I　TEL (021) 386-5688
WA 0878-8555-4463
営業 毎日24時間(月火 6:00～23:00)
税&サ +15%　カード JMV

米粒がとろけた広東風ブブールが絶品

夜になると海鮮屋台が並ぶジャラン・ペチェノンガンの北端付近にある中華料理店。店名になっているブブール(お粥)が評判で、有名

人たちも足しげく通うほどだ(来店時の写真が壁にたくさん飾ってある)。鶏肉のブブール・アヤム(Rp.5万5000)、魚入りのブブール・グラメ(Rp.5万5000)。いずれもたっぷりふたり分はあり、カニ、エビ、イカなどの海鮮料理の種類も多い。

ジャカルタ

地元で愛されるマルタバが絶品
マルタバ・クバン・ハユダ
Martabak Kubang Hayuda MAP P.61-B3
住所 Jl. Dr. Saharjo No.98　TEL (021)829-5328
営業 毎日11:00～24:00(金13:00～)
税&サ 込み　カード 不可

各種インドネシア料理を提供しているが、一番人気は店名にもなっているマルタバ。インドネシアを代表するスナックで、クレープのようなスイーツ系と総菜系が味わえる。マルタバ・マ

ボリュームが多いのでシェアして楽しもう

ニスはチョコレートやココナッツなど具材が選べてRp.3万5000～。薄い生地にネギや肉を挟んだインドネシア版お好み焼きのマルタバ・クバンはRp.4万3000～。

ジャカルタっ子に人気のスポット
ディーコスト・メンテン・フイス
D'Cost Menteng Huis MAP P.62-C2
住所 Menteng Huis Lt.2, Jl. Cikini Raya No.2-4, Menteng
WA 0812-2927-7777　URL dcostseafood.id
営業 毎日10:30～21:00　税&サ +10%
カード MV　Wi-Fi OK

安くておいしいシーフードが楽しめる

ジャカルタ市内で60店舗ほど展開しているシーフードレストランのチェーン店。漁師と直接契約しており、仕入れる魚介はどれも新鮮だ。おすすめはパダン風ソースで味わうシー

フード・プラッター(Rp.5万8364)や、魚を揚げたイカン・グラミゴレン(Rp.9万2727)。ご飯はRp.1万、サンバルはRp.7000ほどでお代わりOKなので、おなかいっぱい楽しめる(お茶は無料サービス)。

インドネシア料理のワルン食堂
ワルン・ガラム
Warung Ngalam MAP P.64-A2
住所 Jl. KH. Wahid Hasyim No.106
TEL (021)391-2483
営業 毎日10:00～21:00　税&サ +10%　カード MV

S サリナ・デパートとジャラン・ジャクサの間にある、気軽に楽しめる安食堂。フライドチキンやテンペ、ゆで玉子などの総菜がのったナシ・ラメス(Rp.5万)やジャワ風かき氷のアンスレ(Rp.2万5000)など写真付きのメニューから選べる。扇風機はあるがエアコンはなく、ランチタイムは混み合う。

各種料理が味わえるナシ・ラメス(左)

港を望むシーフードレストラン
バタビア・マリーナ
Batavia Marina MAP P.62-A1
住所 Jl. Raya Baruna No.9　TEL (021)691-5599
WA 0813-2220-0987　URL bataviamarina.com
営業 毎日10:00～22:00　税&サ +21%
カード JMV　Wi-Fi OK

スンダ・クラパ港が見渡せるビルの5階にある展望レストラン。広々したテラス席と、エアコンの効いた室内席が用意されている。おすすめ料理は、取れたての地魚を使ったナシゴレン・マリーナ(Rp.8万5000)。ビンタンビールはRp.4万～。ファミリーで利用するならパッケージメニューがおすすめ。

感動的な夕景が楽しめる

和食&各国料理

コタ地区ならではのノスタルジックカフェ
カフェ・バタビア
Cafe Batavia　**MAP P.65-B1**

住所 Jl. Pintu Besar Utara No.14　TEL (021)691-5531
営業 毎日 9:00 ～ 24:00（金・土 ～翌 1:00）
税&サ +21%　カード AMV　Wi-Fi OK

2階部分がレストランで1階には雰囲気のいいバーもある

コタ地区のファタヒラ広場にある、小粋なカフェ&レストラン。1805 年に建てられたコロニアル様式の建物がアンティークな雰囲気を醸し出している。メニューはビーフステーキ(Rp.16万8000)などのインターナショナル料理のほか、ナシゴレン・イスティメワ(Rp.10 万 3000)といったインドネシア料理もある。料理とともに各界の有名人も訪れるおしゃれな空間を楽しんでみよう。1 階のバーラウンジでは、夜にジャズやピアノ演奏のライブも聴ける。生ビールは Rp.8 万～。

レバノン料理の高級ダイニング
アル・ナフォウラ
Al Nafoura　**MAP P.63-A2**

住所 Jl. Jend Sudirman Kav.18-20
TEL (021) 251-3131 (ext.3788)
URL www.lemeridienjakarta.com
営業 毎日 12:00 ～ 15:00、18:00 ～ 22:00
税&サ +21%　カード AMV　Wi-Fi OK

レバノンの風習に則ってコーヒーとデーツが振る舞われる

ル・メリディアン・ジャカルタのロビー階にあるエスニック料理の店。ケバブ料理メインのレバニーズセットメニュー (Rp.37万5000～)、5種類のフレイバーが選べる水タバコ(Rp.15万)。水～土の夜には演奏やベリーダンスが披露され、土曜にはアラビアンナイトディナー (Rp.69万5000 ～)も楽しめる。

中華スナックをフードコートで満喫
プタッ・エナム・ディ・チャンドラ
Petak Enam di Chandra　**MAP P.65-B1**

住所 Jl. Pancoran No.43　TEL 店舗により異なる
営業 毎日 10:00 ～ 21:00（土日 7:30 ～）
税&サ 店舗により異なる　カード 店舗により異なる

吹き抜けで広々とした2階建てのフードコート

ジャカルタの中華街、グロドッ地区のチャンドラ・ビルディング内にあるフードコート。中華系スナックやスイーツの店が30軒ほど並び、週末にはライブも催される。餃子や焼きそば各Rp.3万～、ヤシ砂糖のボバミルクRp.4万～。

フレンドリーな店員さんが接客する
和さび
Wasabi　**MAP P.77**

住所 Jl. Melawai 9 No.5　TEL (021)722-3419
WA 0812-1214-4544　営業 毎日 17:00 ～ 22:00
税&サ +21%　カード JMV　Wi-Fi OK

ブロックM地区にある日本食のレストラン。炉端焼と鍋料理が売りで、カウンター席では食材を見ながら注文できる。串焼き盛り合わせ(Rp.9 万 4000)、おでんの盛り合わせ (Rp.6 万8000)、鍋セット（2名分 Rp.34 万～）などが人気。すし盛り合わせ (Rp.22万) も味わえる。

鍋のメニューはスタッフが準備

ブロックMの繁華街にある和食店
塩梅
Anbai　**MAP P.77**

住所 Ambai Building, Jl. Melawai VIII No.4
TEL (021)7279-8463　WA 0877-1853-5388
営業 毎日 12:00 ～ 21:30（日 11:30 ～22:00）
税&サ +15.5%　カード JMV

若いスタッフがテキパキと働くレストラン。豊富なメニューから3種の総菜とご飯物または麺類が選べるランチ和膳(Rp.12万1000)が評判。とり唐揚げ(Rp.4万8000)やねぎとこ奴(Rp.4万2000)などの居酒屋メニューも豊富で、日本人駐在員にも利用されている。

ランチタイムの選べる和膳がリーズナブル

ハミダシ ■コクオKokuo **MAP** P.63-A1　TEL 021-2911-0300　URL www.kokuo.co.id/ja　営業 毎日10:00 ～22:00)はジャカルタで展開するマッサージ店。リフレクソロジーは60分でRp.14万～。

カフェ

ジャワ島

ジャカルタ

光差し込む店内でのんびり過ごす
ルイス＆キャロル
Lewis & Carroll　　MAP P.63-B1
住所 Jl. Bumi No.4, Kebayoran Baru
WA 0895-2927-6799　URL www.lewisandcarrolltea.com
営業 毎日8:00 〜 22:00　税&サ +15%
カード J M V　Wi-Fi OK

　自慢のオリジナルブレンドが楽しめるティールーム。48種類のリーフティーは1ポットRp.4万〜で、気に入った紅茶は併設のショップで購

マスカルボーネケーキ
Rp.6万5000

入もOK。ケーキなどのスイーツは甘さと酸味が絶妙で、在住欧米人のファンも多い。各種パスタ(Rp.8万5000 〜)やパンナコッタ(Rp.4万2000〜)など軽食も豊富に用意している。

居心地抜群のヘルシーカフェ
ラ・モリンガ
La Moringa　　MAP P.76
住所 Jl. Kemang Raya No.6
WA 0813-8822-8835　営業 毎日7:00 〜 23:00
税&サ 込み　カード A J M V　Wi-Fi OK

　スーパーフードのモリンガを使った創作料理が健康意識の高い若者たちに評判。モリンガスパークリング(Rp.3万8000)やモリンガジェラート(シングルRp.5万2000)など、手

広い店内にゆったりと席が配置されている

軽においしく栄養がチャージできる。店内にはモリンガを使った菓子やドリンクを販売するショップも併設されているのでチェックしてみよう。

うわさのジャムウが味わえるヘルシーカフェ
スウェ・オラ・ジャムウ
Suwe Ora Jamu　　MAP P.63-B1
住所 Jl. Petogogan1 No.25, Gandaria Utara
TEL (021)7279-0590　URL www.suweorajamu28.com
営業 毎日8:00 〜 17:00　税&サ +12.5%
カード J M V　Wi-Fi OK

　伝統的なハーブドリンク「ジャムウ」の専門店。オーナーのノファさんの家に代々伝わるレシピで作られたジャムウは飲みやすいと大評判だ。

ジャムウボトル は
Rp.3万5000 〜

血行を促進してくれるトゥム・クンチ(Rp.3万8500)のほか、今風なモクテル(Rp.3万5000 〜)も扱っている。ジャムウ作りを学べるワークショップも開催中(詳細はウェブサイトで確認を)。

日本人在住者の隠れ家スポット
鎌倉カフェ
Kamakura Cafe　　MAP P.77
住所 Kamome Building GF, Daerah Khusus
TEL (021)7235-634　WA 0821-2382-7858
営業 毎日10:00 〜 23:00　税&サ +15%
カード J M V　Wi-Fi OK

　ブロックMにある日本人シェフが監修するカフェ。鉄板ハンバーグ(Rp.7万5000 〜)や自家製ピザ(Rp.5万8000 〜)などホッとする味わいの洋食を提供している。サンバルマタのパスタ(Rp.7万8000)やふわふわのかき氷(Rp.4万5000)などもおすすめ。

ナポリタンなど
洋食メニューも
味わえる

夢のあるケーキ作りがモットー
コレッテ＆ローラ
Colette & Lola　　MAP P.63-B2
住所 Jl. Wolter Monginsidi No.43
WA 0813-1501-5096　URL www.colettelola.com
営業 毎日9:00 〜 21:00　税&サ +17.5%
カード A J M V　Wi-Fi OK

　写真映えするカラフルなスイーツが並ぶ、お菓子の国のような雰囲気のケーキショップ。季節ごとのテーマに合わせて作られるケーキはRp.6万〜。ファンシーな色合いだが、甘さ控えめで優しい味わいだ。店内にはイートインスペースも完備している。

マカロン各 Rp.1
万9000 〜

Rコンパニー・コーヒー Compagnie Koffie (MAP P.65-A1　WA 0821-1432-6812　営業 月〜金 9:00 〜 19:00、土 9:00 〜 17:00) は跳ね橋の西側にあるカフェ。アイスコーヒー Rp.2 万 5000。

83

ホテル　　Hotel

　ジャカルタは物価が高いため、宿泊施設も全般的に割高。ただし中級〜高級ホテルでは季節や空室状況により、大幅な割引レートを設定しているケースが多い。高級ホテルはジャカルタ中心部のジャラン・タムリン Jl. M. H. Thamrin 沿いに集中している。

　ムルデカ広場の南、ジャラン・ジャクサ周辺は安宿街として知られるホテルエリア。値段が安ければ設備もそれなりだが、経済的なホテルを探すなら、まずはこのエリアへ向かうといい（安宿では持ち物の管理をしっかりして、客室内での紛失・盗難を予防しよう）。

ジャカルタ南部

ジャワ情緒を満喫できる高級ホテル
ザ・ダルマワンサ
The Dharmawangsa　　**MAP P.63-B1**

住所 Jl. Brawijaya Raya No.26, Kebayoran Baru
TEL (021) 725-8181
URL www.the-dharmawangsa.com　税&サ +21%
カード A D J M V　Wi-Fi OK
料金 AC Mini TV エグゼクティブⓈⒹ Rp.320万〜
　　 AC Mini TV ダルマワンサ・スイート Rp.562万〜
　　 AC Mini TV タウンハウス1ベッドルーム Rp.938万〜
　　 AC Mini TV スイート Rp.1180万〜

　閑静な住宅街に建つ全99室のレジデンシャルホテル。しょう洒な外観はオランダ統治時代の邸宅のようで、内装にもマジャパイト時代をイメージした装飾が施されている。ジャス

上／ラウンジにはアンティークの装飾品が並んでいる
下／上質感のあるベッドルーム

ミンの花香る客室は格調高く、どのカテゴリでも24時間のバトラーサービスを受けられる。施設全体に気品が漂う、極上のジャカルタ滞在を約束してくれる。POOL レストラン 朝食

格調高いセレブな雰囲気が漂う
リッツカールトン・メガクニンガン
The Ritz-Carlton Mega Kuningan　**MAP P.63-A2**

住所 Jl. Dr. Anak Agung, Gde Agung Kav.E1. 1 No.1, Mega Kuningan　TEL (021) 2551-8888
URL www.ritzcarlton.com/jakartahotel
日本予約 FD 0120-853-201　税&サ +21%
カード A D J M V　Wi-Fi OK
料金 AC Mini TV グランドルームⓈⒹ Rp.230万〜
　　 AC Mini TV グランドスパテラスⓈⒹ Rp.847万〜
　　 AC Mini TV スイート Rp.459万〜

　ジャカルタを代表する全333室のエレガントな高級ホテル。広々としたプールには東屋も用意され、すばらしいジャカルタの景観も楽しめる。都会的なインテリアの客室は、ベッドとリビングの間に仕切りがあるのが特

上／夜景が美しいプール。東屋でくつろぐのもいい
下／スイートの優雅なベッドルーム

徴となっている。2kmほど西にはリッツカールトン・パシフィックプレイスもある。POOL レストラン 朝食

クマン中心部のシティホテル
グランド・クマン
Grand Kemang　　**MAP P.76**

住所 Jl. Kemang Raya 2H, Kebayoran Baru
TEL (021) 719-4121　URL grandkemang.com
税&サ 込み　カード A J M V　Wi-Fi OK
料金 AC Mini TV デラックスⓈⒹ Rp.80万〜
　　 AC Mini TV グランドデラックスⓈⒹ Rp.92万〜
　　 AC Mini TV スイート Rp.199万〜

　人気のクマン地区に建つ全203室の大型ホテル。広々としたロビーラウンジ、レストラン&

スーペリアの室内

バーなど施設のレベルも高い。ビュッフェスタイルの朝食もおいしく、日替わりメニューで種類も豊富だ。客室は機能的なレイアウトで使い勝手もよい。POOL レストラン 朝食

ハミダシ Ｈパーク・ハイアット・ジャカルタ Park Hyatt Jakarta（**MAP** P.64-A2　TEL 021-3111-1234　URL hyatt.com）は観光にも便利な最高級ホテル。Ⓓ Rp.440万〜。全220室。

７つのレストランやバーラウンジを完備

観光にもビジネスにも便利な大型ホテル
アヤナ・ミッドプラザ・ジャカルタ
AYANA Mid Plaza Jakarta　MAP P.63-A2

住所 Jl. Jend Sudirman Kav.10-11
TEL (021) 251-0888　URL www.ayana.com
税&サ +21%　カード AJMV　Wi-Fi OK
料金 AC Mini TV デラックスⓈⒹ Rp.220万〜
　　 AC Mini TV プレミアⓈⒹ Rp.250万〜
　　 AC Mini TV スタジオスイート Rp.360万〜

ジャカルタを代表する全366室の高級ホテル。MRT Setiabudi駅前、日系企業が最も多く入居するミッドプラザに隣接しており、高級寿司店から居酒屋まで日本食の選択肢が豊富なのもうれしい。客室は落ち着いたインテリアでアメニティも充実。バスタブやウォシュレットトイレを完備し、スパやジム、ジャグジー＆サ

ウナ、ビジネスセンターなどの施設もある。日本人スタッフも常駐しているので何かと安心だ。

POOL レストラン 朝食　格調高いデラックスルームの室内

設備が整った快適なホテル
グローブスイーツ
The Grove Suites　MAP P.63-A2

住所 Kawasan Rasuna Epicentrum, Jl. H.R.
Rasuna Said, Kuningan　TEL (021) 2994-1880
URL www.thegrovesuites.com　税&サ 込み
カード AJMV　Wi-Fi OK
料金 AC Mini TV 1ベッドスイートⓈⒹ Rp.153万〜

ジャカルタ南部のクニンガン地区にある、全151室のアストングループ系高級ホテル。周囲はオフィスビルが並ぶビジネス街となってお

設備の整ったモダンなベッドルーム

り、徒歩圏内にレストラン街やモールもあり便利。部屋はオールスイートで、明るく広々としたレイアウト。POOL レストラン 朝食

クニンガン地区のオールスイートホテル
オークウッド・スイーツ・クニンガン
Oakwood Suites Kuningan　MAP P.63-A2

住所 Jl. Setia Budi Utara Raya
TEL (021) 526-0260
URL www.discoverasr.com/en/oakwood
税&サ 込み　カード AJMV　Wi-Fi OK
料金 AC Mini TV ステューディオⓈⒹ Rp.107万〜
　　 AC Mini TV 2ベッドルーム Rp.169万〜
　　 AC Mini TV 3ベッドルーム Rp.258万〜

空港鉄道の BNI シティ駅から2km南東にある全97室のホテル。もともとはサービスアパートだったので、1ベッドルームでも50m²

1ベッドルーム・アパートメントの室内
禁煙ルームはバルコニーも喫煙NG

と広々している。客室にはキッチンとリビングが付き、長期滞在にも便利。ベストレート保証の公式サイトでは、ホテル予約サイトより安い宿泊料金を提示している。レストランでの朝食ビュッフェは1人 Rp.15万。POOL レストラン 朝食

ブロックMのコンパクトなホテル
マックスワン・プレミア・ムラワイ
MaxOne Premier Melawai　MAP P.77

住所 Jl. Panglima Polim Raya No.15
TEL (021) 2966-1400　URL www.maxonehotels.com
税&サ 込み　カード AJMV　Wi-Fi OK
料金 AC Mini TV スタンダードⓈⒹ Rp.70万〜
　　 AC Mini TV スーペリアⓈⒹ Rp.80万〜

MRT のブロック M 駅から徒歩3分と、繁華街に近い便利なロケーション。白を基調にしたオシャレな外観で、全87室の客室はコンパクトだが使い勝手はいい。ダブルベッドかツイ

朝食ビュッフェも提供する1階のレストラン

デラックスルームの室内

ンベッドか選べ、小さな冷蔵庫と金庫も付いている。スタッフの対応にも定評がある。朝食ビュッフェは Rp.7万。POOL レストラン 朝食

ハミダシ H セントレジス・ジャカルタ The St. Regis Jakarta（MAP P.63-A2　TEL 021-5094-8888 URL marriott.com）はビジネス街にある５つ星ホテル。ⓈⒹ Rp.330万〜。全282室。

タムリン通りを見下ろす高級ホテル
インドネシア・ケンピンスキー・ジャカルタ
Indonesia Kempinski Jakarta [MAP] P.64-B1

住所 Jl. M.H. Thamrin No.1
TEL (021) 2358-3800
URL www.kempinski.com/en/hotel-indonesia
税&サ +21%　カード [A][D][J][M][V]　[Wi-Fi] OK
料金 [AC][Mini][TV] デラックスⓈⒹ Rp.247万～
[AC][Mini][TV] グランドデラックスⓈⒹ Rp.283万～
[AC][Mini][TV] エグゼクティブⓈⒹ Rp.344万～
[AC][Mini][TV] スイート Rp.810万～

ジャカルタのランドマークとなる歴史的なホテル

グランド・インドネシア・モールに直結した5スターホテル。もともとは1962年に日本の戦後賠償によって造られたホテルで、以来各国の要人やセレブにも愛され続けている。町を一望できるルーフトッププールや6軒のカフェ&レストランを完備。ボトムカテゴリのデラックスでも44㎡のサイズを誇り、贅沢な調度品に囲まれて優雅に滞在できる。全289室。
[POOL][レストラン][朝食]

ジャカルタ随一の格式を誇る
グランド・ハイアット・ジャカルタ
Grand Hyatt Jakarta [MAP] P.64-B1

住所 Jl. M. H. Thamrin No. 28-30
TEL (021) 2992-1234
URL www.hyatt.com　税&サ 込み
カード [A][J][M][V]　[Wi-Fi] OK
料金 [AC][Mini][TV] グランドⓈⒹ Rp.293万～
[AC][Mini][TV] クラブルームⓈⒹ Rp.367万～
[AC][Mini][TV] スイート Rp.516万～

中心部にありショッピングにも便利

ムルデカ広場から1.5km南、プラザ・インドネシア・ビルの中に入っている全424室の高級ホテル。公共スペースも客室もゴージャスな雰囲気で、ホテル内のレストランやカフェもクオリティが高い。ホテルとは別に長期滞在者用の部屋もあり、期間や人数によって値段が変動する。
[POOL][レストラン][朝食]

美しいトロピカルガーデンをもつ
ボロブドゥール・ジャカルタ
Borobudur Jakarta [MAP] P.62-B2

住所 Jl. Lapangan Banteng Selatan, Jakarta Pusat
TEL (021) 380-5555
URL www.hotelborobudur.com　税&サ 込み
カード [A][D][J][M][V]　[Wi-Fi] OK
料金 [AC][Mini][TV] エグゼクティブⓈⒹ Rp.192万～
[AC][Mini][TV] ジュニアスイート Rp.216万～
[AC][Mini][TV] 2ベッドルームスイート Rp.378万～

リピーターに愛されるクラシックホテル

ジャカルタ中心部に建つ、全695室の老舗ファイブスターホテル。イスティクラル・モスクやカテドラルなどの観光スポットのほか、官公庁も周囲に多くてビジネス滞在にも人気。客室はモダン&エレガントな内装で、エグゼクティブは32m²と使いやすいサイズ。ボゴール・カフェや中華料理のテラタイは味もサービスもレベルが高く、宿泊客以外にも利用されている。ガルーダ航空のオフィスも入っている。[POOL][レストラン][朝食]

大型ショッピングモールも目の前
プルマン・ジャカルタ
Pullman Jakarta [MAP] P.64-B1

住所 Jl. M.H. Thamrin No.59
TEL (021) 3192-1111
URL www.pullmanjakartaindonesia.com
税&サ +21%　カード [A][J][M][V]　[Wi-Fi] OK
料金 [AC][Mini][TV] スーペリアⓈⒹ Rp.213万～
[AC][Mini][TV] デラックスⓈⒹ Rp.251万～
[AC][Mini][TV] グランドDX ⓈⒹ Rp.299万～

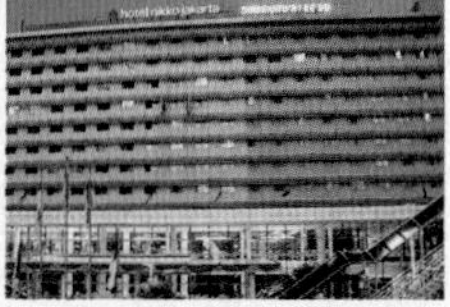
目抜き通りのジャラン・タムリン沿いにある

ジャラン・タムリンを挟んでプラザ・インドネシアの東側にある全427室の大型ホテル。ビジネス滞在でも観光でも便利なロケーションにあり、インドネシア料理やインターナショナル料理を提供する4つのレストランやフィットネスセンターなども完備。アコーホテル系列なので、スタッフの対応もしっかりしている。[POOL][レストラン][朝食]

ハミダシ [H]ヘブンウッド・レジデンス Havenwood Residence（[MAP] P.63-B2　TEL 021-7883-3571　URL havenwood-residence.com）は全73室のホテル。朝食付きⓈⒹ Rp.59万～。

ジャカルタ中心部にある5つ星ホテル

アルヤドゥタ・ジャカルタ

Aryaduta Jakarta [MAP] P.62-C2

住所 Jl. KKO Usman & Harun No.44-48
TEL (021) 2352-1234
URL www.aryaduta.com 税&サ 込み
カード [A][J][M][V] [Wi-Fi] OK
料金 [AC][Mini][TV] スーペリアⓈⒹ Rp.81 万〜
[AC][Mini][TV] デラックスⓈⒹ Rp.99 万〜
[AC][Mini][TV] スイートⓈⒹ Rp.190 万〜

南国的な大型ホテル

ガンビル駅から 500 mほど南東にある全 302 室の大型ホテル。ビジネスセンター、プール、スパ、フィットネスセンターなどを完備しており、高級イタリア料理の「The Ambiente」や日本料理店などレストランも充実。各部屋にはセーフティボックス、ミニバーが付く。ネット予約で大幅割引の設定がある。[POOL][レストラン][朝食]

日本人旅行者からも好評価

AI ホテル・ジャカルタ・タムリン

AI Hotel Jakarta Thamrin [MAP] P.64-C1

住所 Jl. Tanjung Karang No.1
TEL (021) 2958-0600
URL theaihotel.com 税&サ 込み
カード [A][M][V] [Wi-Fi] OK
料金 [AC][Mini][TV] スタンダードⓈⒹ Rp.70 万〜

目抜き通り沿いだが、防音対策もしっかりしている

空港鉄道の BNI シティ駅から徒歩 5 分の好立地にある全 101 室のビジネスホテル。MRT 駅やトランスジャカルタのバス停がホテルの目の前にあり、周囲にはデパートやスーパーなども並んでいる。客室は 20m² とコンパクトだが、電源コンセントが多いなど使い勝手が考慮されている。いつも笑顔で対応するスタッフの接客レベルも高く、快適に滞在できる。[POOL][レストラン][朝食]

インドネシアの現代アートホテル

アートテル・タムリン

Artotel Thamrin [MAP] P.64-B1

住所 Jl. Sunda No.3 TEL (021) 3192-5888
WA 0816-1610-555
URL artotelgroup.com 税&サ 込み
カード [J][M][V] [Wi-Fi] OK
料金 [AC][Mini][TV] スタジオ 20 ⓈⒹ Rp.79 万〜
[AC][Mini][TV] スタジオ 25 ⓈⒹ Rp.118 万〜
[AC][Mini][TV] スタジオ 40 ⓈⒹ Rp.136 万〜

スタンダードルームのスタジオ 20

インドネシアの現代アート作家とコラボし、チェーン展開するアートテル・グループのホテル。[S]サリナ・デパートの南側にあり、建物全体に風変わりなイラストが描かれている。スタジオと呼ばれる客室のデザインはポップ調からモノトーンまで多彩で、各カテゴリの数字は部屋の平米数を示している。全 107 室。[POOL][レストラン][朝食]

夜景自慢のナイトスポット

[N]スカイ・プール・バー&カフェ Sky Pool Bar&Cafe ([MAP] P.64-B1 TEL 021-2358-3800 (ext.3889) 営業 毎日 10:00 〜 22:00) は、ホテル・インドネシア・ケンピンスキーの屋上にあるオープンバー&カフェ。美しい町並みを眺めながら贅沢な時間が過ごせる。カクテルは Rp.16 万 5000 〜。ハンバーガー(Rp.20万 5000)など食事メニューも充実している。

高層ビル群が迫るスカイ・プール・バー&カフェ

[N]スカイ Skye ([MAP] P.64-B1 TEL 021-2358-6996 URL ismaya.com 営業 毎日 17:00 〜翌 1:00) は BCA タワーの屋上 56 階にある展望バー。プールが輝く夕暮れ時が美しく、高層ビルの間を行き来する車はまるで光の川のよう。人気メニューはスカイ・サワー(Rp.16 万 5000)や、あぶり宮崎和牛 (Rp.23 万) など。

カクテルのサマー・スプリッツ Rp.16 万 5000

ハミダシ [H]ハリス・スイーツ FX Harris Suites FX ([MAP] P.63-A1 TEL 021-2555-4333 URL www.harrissuitesfxsudirman.com-jakarta.com) は、JKT48 劇場のあるモール内のホテル。ⓈⒹ Rp.94 万〜。全 144 室。

各地で展開するチェーンホテル
イビス・タマリン
Ibis Tamarin MAP P.64-A2

世界的なホテルチェーンなので安心

住所 Jl. K. H. Wahid Hasyim No.77
TEL (021) 391-2323
URL www.tamarinhoteljakarta.com 税&サ 込み
カード A J M V Wi-Fi OK
料金 AC Mini TV S D Rp.56万～

ジャラン・ジャクサの南端から200mほど

西にある全126室の中級ホテル。レストランも完備し、ロビーも高級感を演出している。時期によって客室料金は細かく変動する。 POOL レストラン 朝食

お手頃価格のホテルチェーン
マックスワン・サバン
MaxOne Sabang MAP P.64-A1

モナスにも近くて観光に便利

住所 Jl. H. Agus Salim No. 24
TEL (021) 316-6888
URL www.maxonehotels.com 税&サ 込み
カード J M V Wi-Fi OK
料金 AC Mini TV スタンダード S D Rp.55万～
　　 AC Mini TV スーペリア S D Rp.65万～

外観やロビーもアート感覚あふれる、全87

室の個性的なホテル。客室はやや手狭だが、明るくて機能的。国立中央博物館やモナスへ各1kmほどなので観光に便利だ。 POOL レストラン 朝食

立地のわりに料金割安
スイスベルイン・ワヒド・ハシム
Swiss-Belinn Wahid Hasyim MAP P.64-A1

窓から町並みを望める部屋もある

住所 Jl. KH. Wahid Hasyim No.135-137
TEL (021) 3989-9022
URL www.swiss-belhotel.com 税&サ 込み
カード J M V Wi-Fi OK
料金 AC Mini TV デラックス S D Rp.55万～
　　 AC Mini TV スイート Rp.109万～

S サリナ・デパートから徒歩4分ほど西にあ

る全122室のホテル。デラックスは20㎡とコンパクト。2020年にリノベーションされ、全室にコーヒーメーカーを完備している。 POOL レストラン 朝食

この周辺ではコストパフォーマンスのいい
タトール
Tator MAP P.64-A2

ジャラン・ジャクサにあるおすすめホテル

住所 Jl. Jaksa No.37 TEL (021) 3192-3940
税&サ 込み カード 不可 Wi-Fi OK
料金 AC Mini TV S D Rp.30万～

ジャラン・ジャクサの中ほどにある、全21室のゲストハウス。周囲にはコンビニやレストランも多く便利。部屋はシンプルだが、同ラン

クの宿が少ないため、いつも各国からのバックパッカーでにぎわっている。 POOL レストラン 朝食

清潔感のあるシンプルなホテル
レッドドアーズ@ジャランジャクサ
RedDoorz @ Jalan Jaksa MAP P.64-A2

住所 Jl. Jaksa No.15C
TEL (021) 8062-9666
URL www.reddoorz.com
税&サ 込み カード 不可 Wi-Fi OK
料金 AC Mini TV S D Rp.20万～

ジャラン・ジャクサの中ほどにある簡素なホテル。部屋は少し手狭な感じ。全24室はすべてダブルベッドなので、ふたりで泊まるならカップル向き。コンビニや人気レストランが近くにあり便利。 POOL レストラン 朝食

安宿エリアの老舗ホステル
ボルネオ・ホステル
Borneo Hostel MAP P.64-A2

住所 Jl. Kebon Sirih Barat Dalam No.37
TEL (021) 314-0095
税&サ 込み カード 不可 Wi-Fi OK
料金 AC Mini TV S D Rp.13万～
　　 AC Mini TV S D Rp.20万～

ジャラン・ジャクサの中ほどから1本西にある全20室の格安ホステル。家族経営でアットホームな雰囲気。周囲はのんびりした下町の雰囲気で、昔ながらのジャカルタの風情が感じられる。 POOL レストラン 朝食

  ハミダシ H サリ・パンパシフィック Sari Pan Pacific（MAP P.64-A1 TEL 021-2993-2888 URL www.marriott.com）は中心部にある便利なホテル。S D Rp.156万～。全418室。

コタ&グロドッ地区

旧市街に滞在するならここ
メルキュール・バタビア
Mercure Batavia [MAP] P.65-A1

住所 Jl. Kali Besar Barat No.44-46
TEL (021) 5083-0100 URL all.accor.com
税&サ +21% カード [A][J][M][V] [Wi-Fi] OK
料金 [AC][Mini][TV] スーペリアⓈⒹ Rp.65 万～
[AC][Mini][TV] プリビレッジ Rp.104 万～
[AC][Mini][TV] ファミリー Rp.129 万～

コタ地区で再開発が進むブサール運河が目の前にあり、旧市街の起点となるファタヒラ広場も徒歩圏内。全376室は料金のわりに雰囲気もいいが、スーペリア($27m^2$)よりも広々としたプリビレッジ($42m^2$)がおすすめ。3階には屋外プールも完備している。[POOL][レストラン][朝食]

中庭に面したスーペリアの室内

グロドッ地区の大通りに面する
フェイブホテル LTC
Favehotel LTC [MAP] P.65-C2

住所 Jl. Hayam Wuruk No.127
TEL (021) 6231-8000 URL favehotels.com
税&サ 込み カード [A][M][V] [Wi-Fi] OK
料金 [AC][Mini][TV] フェイブルームⓈⒹ Rp.33 万～
[AC][Mini][TV] ファンルームⓈⒹ Rp.36 万～
[AC][Mini][TV] フレッシュルームⓈⒹ Rp.48 万～

中国人街のショッピングモール[S] LTC グロドッ・ハヤム・ウルッの 8 階にあるお値打ちホテル。スタイリッシュな全 203 室は清潔で、海を見渡せる部屋もある。ベストレート保証の公式サイトで、ホテル予約サイトより安い料金が見つかる。[POOL][レストラン][朝食]

モール内にある便利なホテル

気軽に中華街やコタ地区の観光へ
マックスワンホテルズ・コム@グロドッ
MaxOneHotels.com@Glodok [MAP] P.65-C1

住所 Jl. Ps. Glodok Sel. No.8-10
TEL (021) 630-3336 URL maxonehotels.com
税&サ +21% カード [M][V] [Wi-Fi] OK
料金 [AC][Mini][TV] スタンダードⓈⒹ Rp.35 万～
[AC][Mini][TV] デラックスⓈⒹ Rp.35 万～

バスウエイ 1 号線のグロドッ駅から徒歩 3 分。グロドッの中華街に近く、周囲にはコンビニや飲食店なども多くて便利なロケーション。白を基調としたポップな客室もシンプルだが清潔で使い勝手がよく、スタッフの対応もしっかりしている。全 102 室。
[POOL][レストラン][朝食]

大通りから少し奥まっているので夜は静か

コタ地区の中心部に泊まれる
デクール
Dequr [MAP] P.65-B1

住所 Jl. Kali Besar Barat No.27 TEL (021)6915425
URL hotel-dequr-jakarta-kota.business.site
税&サ 込み カード 不可 [Wi-Fi] OK
料金 [AC][Mini][TV] スーペリアⓈⒹ Rp.22 万～
[AC][Mini][TV] デラックスⓈⒹ Rp.25 万～

ファタヒラ広場へ徒歩 4 分の好立地にある格安ホテル。外観同様に古びた客室は、値段相応でバックパッカー向きのレベル。英語はあまり通じないが、スタッフの対応はフレンドリーだ。全 41 室。
[POOL][レストラン][朝食]

コロニアル調の趣ある外観

人気が高いので早めの予約を！
ワンダーロフト
Wonderloft [MAP] P.65-B1

住所 Jl. Bank No.6 RT.3/RW.6, Kota Tua
WA 0878-7492-3988 URL wonderloft.id
税&サ 込み カード [M][V] [Wi-Fi] OK
料金 [AC][Mini][TV] ドミトリー Rp.11 万～
[AC][Mini][TV] ツインルームⓈⒹ Rp.25 万～

ファタヒラ広場へ徒歩 5 分と便利な立地にある人気のホステル。ツインルーム 4 室とドミトリー(60 ベッド)がある。世界中からの旅行者が集まりにぎやかな雰囲気で、各種イベントも用意されている。
[POOL][レストラン][朝食]

1 階ロビーは旅行者の交流場所

ハミダシ [H] パッカー・ロッジ Packer Lodge ([MAP] P.65-C1 WA 0811-8037-375 URL www.thepackerlodge.com) はグロドッ地区の清潔な安宿。ドミトリー Rp.10 万 5000 ～、Ⓢ Rp.13 万～、Ⓓ Rp.19 万～。

空港周辺&ジャカルタ北部

ジャワ湾を見渡せる

メルキュール・アンチョール
Mercure Ancol [MAP] P.62-A2

住所 Jl. Pantai Indah, Ancol　TEL (021)640-6000
URL all.accor.com
税&サ +21%　カード [J][M][V]　[Wi-Fi] OK
料金 [AC][Mini][TV] スーペリアⓈⒹ Rp.82 万〜
[AC][Mini][TV] デラックスⓈⒹ Rp.100 万〜
[AC][Mini][TV] スイート Rp.161 万〜

海沿いにあるメインプール

町の北端、アンチョール・タマン・インピアン内にある全 438 室のリゾートホテル。海沿いのロケーションに建ち、子供用のプレイグラウンドなど施設も充実しているので、インドネシア国内の旅行者にも人気が高い。週末には料金が 40%ほどアップする。[POOL][レストラン][朝食]

新しいトランジットホテル

スイス・ベルイン・エアポート・ジャカルタ
Swiss-Belinn Airport Jakarta [MAP] P.60-A1

住所 Jl. Husein Sastra Negara, Sentra Benda No.9, Cengkareng　TEL (021)2944-0888
WA 0814-1000-1148　URL www.swiss-belhotel.com
税&サ 込み　カード [A][J][M][V]　[Wi-Fi] OK
料金 [AC][Mini][TV] スーペリアⓈⒹRp.85万〜
[AC][Mini][TV] デラックスⓈⒹRp.81万〜

快適に過ごせるデラックスのベッドルーム

スカルノ・ハッタ空港から車で 15 分ほどの場所にある、全 179 室の 3 つ星ホテル。ビジネスセンター、スパ、ジムを完備し、室内には湯沸かし器やミニバーもある。空港からの無料送迎も行っている。[POOL][レストラン][朝食]

空港内のカプセルホテル

デジタル・エアポート
Digital Airport [MAP] P.60-A1

住所 Terminal 3,1F, Domestic Arrival Area
WA 0811-900-0619
URL digitalairporthotel.com
税&サ 込み　カード [A][J][M][V]　[Wi-Fi] OK
料金 [AC][Mini][TV] 6時間Rp.33万〜

トランジットで利用するのに便利

空港ターミナル 3 の国内線到着ロビー 2 階 (1F) にある、宇宙船のようなデザインの斬新なカプセルホテル。全 120 ベッドは男女別で、バス・トイレ共同。9 時間で Rp.35 万 5000、24 時間で Rp.40 万〜。乗り継ぎ時間が半日ほどある場合には利用価値が高い。ただし人の出入りが激しいので、睡眠中に起こされてしまうこともある。[POOL][レストラン][朝食]

PIK のホテル利用で便利にアクセス

高級住宅地 PIK (= Pantai Indah Kapuk) は注目のショッピングエリア。スカルノ・ハッタ国際空港からも 10km ほどなので、到着日や帰国前日の宿泊先としても便利だ。

コタ地区へも 9km ほどの好立地

[H] メルキュール・ジャカルタ PIK Mercure Jakarta Pantai Indah Kapuk ([MAP] P.60-A2　TEL 021-2257-1000　URL all.accor.com) は PIK アベニューモールと直結する全 240 室のホテル。ⓈⒹ Rp.150 万〜。

[H] オゾンホテル PIK Ozone Hotel Pantai Indah Kapuk ([MAP] P.60-A2　TEL 021-2967-3700　URL www.ozonehoteljakarta.com) は食料品モールの上階にある全 96 室のホテル。ⓈⒹRp.45万〜。

近未来的なインテリア

[投稿] 細かい支払いはOVOなどQRコード決済がおすすめ(日本のPayPayと同じ感覚です)。旅行中に財布を出さずに小銭が気軽に払えるのはストレスフリーで気が楽です。(東京都　ダブルムーン　'24)

Yellow Page

大使館&公共機関

●日本国大使館 MAP P.64-B1
住所 Jl. M. H.Thamrin No.24
TEL (021)3192-4308 (緊急時には常時連絡可)
URL www.id.emb-japan.go.jp
営業 月～金 8:30 ～ 12:00、13:30 ～ 15:00
　ムルデカ広場から1km 南下し S プラザ・インドネシア北側のジャラン・タムリン沿いにある。

●ジャカルタ・ジャパンクラブ MAP P.64-C1
住所 Wisma Keiai 16th Floor, Jl. Jend Sudirman Kav.3
TEL (021)572-4321　URL jjc.or.id
営業 月～土 8:30 ～ 16:00 (土 10:00 ～)
　在留邦人のための会員制クラブ。1970 年に創設されインドネシアの日系コミュニティとして最大規模を誇る。

●ジャカルタ中央イミグレーションオフィス
Kantor Imigrasi Jakarta Pusat MAP P.62-B2
住所 Jl. Merpati Blok B12 No.3, Kemayoran
TEL (021)654-1213
営業 月～木 7:30 ～ 12:00、13:00 ～ 16:00、金 7:30 ～ 11:30、13:00 ～ 16:30
　バスウエイ5 号線 "Pasar Baru Timur" 下車、徒歩 15 分。ジャカルタ中心部に住所 (宿泊ホテル)がある場合、ビザの延長手続きはこのオフィスで行う。

●中央郵便局 MAP P.64-A1
住所 Wisma Antara, Jl. Medan Merdeka Sel. No.17, Gambir
TEL (021)382-8351
営業 月～金 8:00 ～ 16:00

航空会社

●ガルーダ・インドネシア航空 MAP P.62-B2
住所 Jl. Lapangan Benteng Selatan No.1
TEL (021) 2351-9999、0804-1807-807 (24 時間コールセンター)
営業 毎日 10:00 ～ 22:00
　ホテル・ボロブドゥール・ジャカルタ内にある。

●ライオン航空 MAP P.62-B1
住所 Jl. Gajah Mada No.7　WA 0811-1938-0888　営業 毎日 9:00 ～ 17:00(土日は 24 時間)

●エアアジア
住所 スカルノ・ハッタ空港内
TEL (021)8089-9217

●日本航空 MAP P.64-C1
住所 Wisma Keiai 2F, Jl. Jend. Sudirman Kav.
3-4　TEL (021) 572-3233

●全日空 MAP P.63-A1
住所 Sentral Senayan II 9F, Jl. Asia Afrika No.8
TEL (021)5797-4382

●シンガポール航空 MAP P.63-A2
住所 Noble House Lt. 26, Jl. Dr. Ide Anak Agung Gde Agung, Kawasan Mega Kuningan
TEL (021)2561-7913

日本語可の病院

●メディカロカ・ヘルスケア MAP P.63-A2
住所 Jl. Prof. Dr. Satrio Kav E-4 No.6
TEL (021)5799-1066
URL www.medikaloka.com
営業 月～土 8:00 ～ 17:00 (土～ 12:00)、日祝は休み

● SOS メディカ・クリニック・チプテ MAP P.63-C1
住所 Jl. Puri Sakti No.10, Cipete, Selatan
TEL (021)750-5980 (予約)、(021) 7599-8923 (日本語専用)
WA 0811-889-2481 (日本語専用)
URL www.internationalsos.co.id
営業 24 時間年中無休　※専門医の診療には予約が必要
　海外旅行保険の保険証書があれば現金は不要。予防接種も受けられる。
※上記のチプテ地区のほか、SOS メディカ・クリニカ・クニンガン (MAP P.63-B2 TEL (021) 5794-8600　営業 月～金 8:00 ～ 1700、土 8:00 ～ 13:00) もある。

●タケノコ診療所 MAP P.63-A2
Takenoko Shinryojo
住所 Sahid Sudirman Residence Jl. Jend Sudirman Kav. 86
TEL (021)5785-3955、5785-3958 (日本語)
URL www.takenokogroup.com
営業 毎日 8:00 ～ 24:00 (緊急時は 24 時間対応)
　H アヤナ・ミッドプラザの近くにあるクリニック。診療も日本語で受けられるので、ジャカルタ駐在員の利用も多い。基本的に予約制で、受付や電話のアポも日本語で OK。

エンターテインメント

● JKT48 劇場 MAP P.63-A1
住所 fX Sudirman F4, Jl.Jend Sudirman Putu Satu Senayan　URL jkt48.com/theater
　JKT48 はジャカルタを拠点とする AKB48 の姉妹グループ。ステージで披露されるのは AKB48 グループの曲をインドネシア語訳したもので、メインの客層は現地の若者たちだが、日本人ビジネスマンも混じって応援している。
　入場料は Rp.20 万。日程やチケット販売は公式サイトを参照 (チケット購入は抽選販売。公式サイトで会員登録してアカウント作成が必要)。

劇場のエントランス。250 席と 100 人分の立ち席スペースがある

投稿 Grabなど配車アプリでチャーター利用も可能です(6時間Rp.40万～で訪問エリアにより料金が変わる)。タマン・ミニ公園など広大な敷地を観光するのに便利です。(ねぶくろ　和歌山県)['24]

91

エクスカーション

ジャワ島の西端にある国立公園 ★★
ウジュン・クロン国立公園
Taman Nasional Ujung Kulon

MAP P.48-A1

うっそうとしたジャングルをボートで巡る

ジャカルタから160kmほど南西にある半島と周辺の島々は、1992年に世界自然遺産に登録された。絶滅の危機に瀕するジャワサイのほか、ワニ、バンテン（水牛）などが生息している。チグントゥル川をカヌーで行き来するツアーが楽しく、バードウォッチングは半島北部がおすすめ。国立公園の管理事務所やホテルがあるラブアン Labuan がアクセスの起点となっている。さらに南西のタマン・ジャヤ Taman Jaya にもホテルや管理事務所があり、ツアーのアレンジが可能だ。

ウジュン・クロン国立公園
URL www.ujungkulon.net
ジャカルタのカリデレス・ターミナルから3:00～22:00の間、毎時数本のバスでラブアンまで所要3.5時間、Rp.5万。さらにタマンジャヤへのバスは所要4時間、Rp.5万。
●管理事務所 PHKA（ラブアン）
TEL (0253) 801-731

ジャワ島の西に浮かぶクラカタウ諸島も世界遺産に含まれている

のどかな雰囲気の癒やしの島 ★★
バンカ島
Pulau Bangka

MAP P.363-B3

宿泊施設が多いパライ・トゥンギリ・ビーチ

美しいビーチとスノーケリングスポットでのんびり過ごせる、国内旅行者に人気のリゾート地。**パライ・トゥンギリ・ビーチ** Pantai Parai Tenggiri や**スンガイ・リアッ** Sungai Liat など砂浜に沿ってホテルエリアが広がり、神秘的な**カオリン湖** Danau Kaolin など見どころも点在している。

島の中心部は空港に近いパンカルピナン（バンカ＝ブリトゥン州の州都）。ジャカルタの旅行社がツアーを出しているが、英語やインドネシア語が話せれば、空港やホテルなどで車とドライバーをチャーター（1日 Rp.65万～）して移動すると便利。

バンカ島への飛行機
ガルーダ航空、ライオン航空、スリウィジャヤ航空、シティリンクが、1日計13～14便、所要75～80分、Rp.84万～117万。
バンカ島のパンカルピナン空港から中心部へタクシーで20分（Rp.6万）、スンガイ・リアットへ1時間（Rp.20万）。

ブルーの湖面が話題のカオリン湖。空港から60kmほど南にある

92

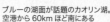

ハミダシ ビーウィッシュツアー（WA 0812-8718-9325 URL www.jakartabewishinternational.com）では、ウジュン・クロン国立公園への日本語ガイドツアーを催行している。1泊2日でRp.998万～。

映画の舞台ともなったリゾート島 ★★

ブリトゥン島

Pulau Belitung

[MAP] P.363-B3

巨岩と穏やかな海が広がっているタンジュン・ティンギ・ビーチ

アンドレア・ヒラタ Andrea Hirataの小説『虹の少年たち Laskar Pelangi』の舞台となったのがブリトゥン島。新人女性教師と離島の生徒たちを描いたこの作品は、日本語を含む20以上の言語に翻訳され、現地ロケで2008年には映画化もされている。映画はインドネシア史上最高の観客動員数450万人を記録したため、ロケ地は撮影スポットとして人気が高い。

周囲の海にはカラフルな熱帯魚がすむ珊瑚礁が広がり、フォトジェニックな巨石が並ぶ**バトゥ・ブルラヤル島** Pulau Batu Belayarなど景勝地もある。アイランドホッピングで巨石が並ぶ周囲の小島を巡り、ルンクアス島周辺でスノーケリングを楽しむ周遊コースが定番。ジャカルタから日帰りツアーでの訪問も可能だが、ホテルが点在する**タンジュン・パンダン** Tanjung Pandangや**タンジュン・ティンギ・ビーチ** Pantai Tanjung Tinggiにのんびりと滞在したい。

ブリトゥン島への飛行機

ライオン航空、スリウィジャヤ(ナム)航空、シティリンク、エアアジアが、1日計7便、所要1時間、Rp.43万～87万。

ブリトゥン島のタンジュン・パンダン空港から中心部へタクシーで所要30分(Rp.10万～)。

巨岩が並び立つバトゥ・ブルラヤル島。ブリトゥン島から1km北の沖合に浮かぶ

バンカ島&ブリトゥン島のホテル

バンカ島での滞在にはビーチ沿いにホテルが並ぶ**スンガイ・リアッ**がおすすめ。食事は各ホテルのほか、パンカルピナン中心部にも食堂が多い。

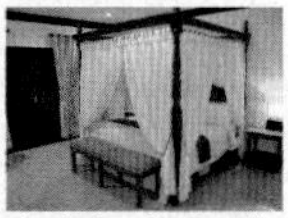

イスタナ・プール・ヴィラスのしょう洒な室内

[H] **イスタナ・プール・ヴィラス Istana Pool Villas**(WA 0838-3365-3756)はパライ・トゥンギリ・ビーチにある全20室のヴィラ。料金はⓈⒹ Rp.350万～(週末Rp.400万～)。

[H] **パライ・ビーチ・リゾート Parai Beach Resort**(WA 0812-717-4888)はパライ・トゥンギリ・ビーチに建つ全60室のホテル。料金はⓈⒹ Rp.80万～(週末Rp.95万～)。

タンジュン・ペソナのメインプール

[H] **タンジュン・ペソナ Tanjung Pesona**(WA 0812-7123-5999)はタンジュン・ペソナ・ビーチに建つ全63室のホテル。料金はⓈⒹ Rp.59万～。

ブリトゥン島は中心部の**タンジュン・パンダン**にホテルや食堂が多い。

ルーフトップが評判のBWスイート

[H] **BWスイート BW Suite**(WA 0813-8887-3898 URL www.bwhospitality.com)はタンジュン・パンダンにある全202室の大型ホテル。料金はⓈⒹ Rp.45万～。

[H] **ローリン・ブリトゥン Lorin Belitung**(WA 0819-2958-8388)はタンジュン・ティンギ・ビーチにある全20室のホテル。料金はⒹ Rp.45万～。

[H] **ハルリカ・ジャヤ Harlika Jaya**(WA 0877-4320-5171)はタンジュン・パンダンにある全15室の格安ホテル。料金はⓈⒹ Rp.18万～。

ハルリカ・ジャヤのベッドルーム

ハミダシ ブリトゥン島のアンドリさんは日本在住経験もあるガイド。ボート(Rp.60万～)や自動車(Rp.70万～)の手配も頼める。WA 0819-4949-6446 E-mail belitungshima@gmail.com

「雨の都」とも呼ばれるしっとりとした高原の町

ボゴール
Bogor

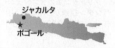
ジャカルタ
ボゴール

人　口	118万人
高　度	260m
市外局番	0251

ジャカルタから60km南にある、オランダ植民地時代から栄えた高原の避暑地。首都の暑さにうんざりしたら、この静かな町でのんびり過ごすといい。

敷地の中央に大統領邸があるボゴール植物園

ボゴールへの鉄道
◆ジャカルタから
コタ駅やゴンダンディア駅よりコミューターと呼ばれる郊外電車が5:50〜23:45まで毎時2〜5本運行（所要1.5時間、Rp.3000）。

本数が多くて便利なコミューター

ボゴールへのバス
◆ジャカルタから
カンプン・ランブータンなどから4:00〜19:00まで毎時数本、所要40〜70分。AC付きRp.1万7000〜。スカルノ・ハッタ空港からダムリ社のエアポートバスが毎時2〜3本、所要1.5〜3時間、AC付きRp.5万5000。
◆バンドンから
ルウィ・パンジャン・バスターミナルから4:00〜21:15まで毎時数本運行。所要3〜5時間、AC付きRp.9万〜15万5000。

おすすめ自然派ショップ
S スランビ・ボタニはボゴール農科大学発のオーガニックブランドのショップ。ハチミツ入りの石鹸（Rp.3万）など自然派コスメが揃っている。商品は品質が高くファンも多い。

S Serambi Botani

[MAP] P.94
住所　Botani Square, Jl. Raya Pajajaran
TEL (0251) 840-0836
営業　毎日10:00〜22:00

アクセス

鉄　道▶ジャカルタのコタ駅などから運行。ジャラン・ジャクサ周辺からは、ゴンダンディア駅から乗車すると便利（ガンビル駅には停車しない）。ジャカルタ〜ボゴール間の鉄道は朝夕の通勤時は混み合うので、この時間帯は避けて移動しよう。
バ　ス▶ジャカルタやバンドンから頻繁に運行している。ただし、ジャカルタのバスターミナルは中心部から離れているので、ジャカルタからは鉄道利用のほうが便利。

ボゴールの長距離バスは植物園の南側にあるバラナンシアン・ターミナル Baranangsiang Terminal から発着。鉄道駅方面へは隣接のアンコタ乗り場から2番のミニバスに乗って約15分、Rp.4000。

ハミダシ　R スターバックス・リザーブ Starbucks Reserve（[MAP] P.94　TEL 0251-839-6119　営業 毎日7:30〜20:30）はコロニアル調の外観や木を多様したインテリアが評判。1階に礼拝室もある。

歩き方

中心部の移動は徒歩か、アンコタ(ミニバス)の2番や3番を利用するのが便利。3番は駅近辺から植物園を回り、バスターミナルを経由する。植物園の周りは時計回りの一方通行となっている。Rp.4000。

おもな見どころ

1817年に造られた歴史ある植物園 ★★

ボゴール植物園
Kebun Raya Bogor [MAP] P.94

世界各地から1万5000種類もの植物を集めた植物園。約87ヘクタールの敷地内には世界最大の花ラフレシアをはじめ、クローブやナツメグといったインドネシア特産の植物が生え、ハスやパピルスが生えている池、ランの温室、ラッフルズ夫人の記念碑などが点在している。緑に包まれて歩き回ってみよう。平日の日中は南の正門のみ開いている。

大きなラン園も訪れたい

国立自然史博物館
Museum Nasional Sejarah Alam [MAP] P.94
WA 0856-1790-513
営業 毎日8:00～16:00
料金 Rp.1万5000 (土日はRp. 2万5000)
国内のさまざまな植物で作られた衣類や生活用具などが、展示されている。

ボゴール植物園
TEL (0251) 831-1362
WA 0852-1566-8934
入場 毎日8:00～16:00 (土日7:00～)
料金 Rp.1万5500 (土日Rp. 2万5500)
敷地の南側にある正門ゲートのほか、サブゲートもある。ゲート2は日曜のみ、ゲート3は毎日17:00～22:00に開く。
※16:00以降の入園は無料

ホテル Hotel

植物園の目の前にある中級ホテル

サラッ
Salak [MAP] P.94

住所 Jl. Ir. H. Juanda No.8
TEL (0251) 837-3111
URL www.hotelsalak.co.id
税&サ 込み　カード [J][M][V]　[Wi-Fi] OK
料金 [AC][Mini][TV] スタンダードⓈⒹ Rp.66万～
[AC][Mini][TV] スーペリアⓈⒹ Rp.72万～
[AC][Mini][TV] デラックスⓈⒹ Rp.82万～

通りを挟んで植物園の向かいにある全140室の中級ホテル。レストランやプールのほか、子供の遊技施設もある。有料で空港への送迎もしてくれる。[POOL][レストラン][朝食]

スタッフの対応も親切

ミラ
Mirah [MAP] P.94

住所 Jl. Pangrango No.9A
TEL (0251) 834-8040
URL www.mirahhotelbogor.com
税&サ 込み　カード [A][J][M][V]　[Wi-Fi] OK
料金 [AC][Mini][TV] スーペリアⓈⒹ Rp.49万～
[AC][Mini][TV] デラックスⓈⒹ Rp.85万～
[AC][Mini][TV] スイート Rp.120万～

植物園の北東、人気レストランが点在するエリアに建つ全140室のホテル。客室は居心地がよく、ひと袋に入るだけ詰めてRp.5万というランドリーサービスもある。[POOL][レストラン][朝食]

インドネシア在住者に人気のホテル

ウィスマ・ボゴール・プルマイ
Wisma Bogor Permai [MAP] P.94

住所 Jl. Sawojajar No.38
WA 0838-4203-2055
税&サ 込み　カード 不可　[Wi-Fi] OK
料金 [AC][Mini][TV] スタンダードⓈⒹ Rp.33万～
[AC][Mini][TV] デラックスⓈⒹ Rp.42万～

鉄道駅から1kmほど北東にある全24室のプチホテル。雰囲気のいいカフェも併設している。週末は混むので要予約。[POOL][レストラン][朝食]

観光に便利なロケーション

オニー
Onih [MAP] P.94

住所 Jl. Paledang No.50-52
TEL (0251) 831-5008
税&サ 込み　カード 不可　[Wi-Fi] OK
料金 [AC][Mini][TV] スーペリアⓈⒹ Rp.41万～
[AC][Mini][TV] デラックスⓈⒹ Rp.51万～

植物園まで徒歩5分ほどの好立地に全102室のホテル。建物はコロニアル調で、中庭からの眺めもいい。[POOL][レストラン][朝食]

[投稿] ボゴール植物園内にはボゴール宮殿と呼ばれる大統領邸があります。1870～1942年まではオランダ領東インド総督の公邸でした。2023年には天皇皇后も訪問されました。(東京都　JO　'24)

スンダ文化の中心地として栄えた西ジャワ州の州都

バンドン

Bandung

ジャカルタ
★
バンドン

人 口	260万人
高 度	768m
市外局番	022
空港コード	KJT

バンドンへの飛行機

デンパサールからスーパーエアジェットやエアアジアなどが1日計5～6便(所要1.5～2時間、Rp.96万～158万)。

2023年よりバンドン市内から約70km北東にあるクルタジャティの西ジャワ国際空港(KJT)に移管され、市内に近いフセイン・サストロネガラ空港への運行はなくなっている。

バスターミナルから市内へ

バンドンにはふたつの長距離バスターミナルがある。東郊外のチチャフウム・ターミナルから中心部へはタクシーで40～50分、Rp.5万～。

南郊外のルウィ・パンジャン・ターミナルから中心部へはタクシーで30～40分、Rp.3万3500～。

バンドンからのツーリストバス

周辺都市へはツーリストバス(→P.54)も運行している。料金はバンドン～ジャカルタ間でRp.3万5000～17万5000。チハンプラス・ウオーク周辺に事務所が点在している。トラベロカ(URL www.traveloka.com)で予約購入できる。

H.I.S. バンドン支店

MAP P.97-B2

TEL (022) 300-0086
URL his-travel.co.id
現地ツアーが日本語で手配できる。車チャーターは1日Rp.130万～、日本語ガイドは1日Rp.130万～。

西ジャワ州一帯に住むスンダ人の都バンドンは、涼しい高原地帯にあるインドネシア有数の都市。1955年4月には第1回アジア・アフリカ会議が開催され、今でも「バンドン会議」として、世界史の教科書にも登場する。そして市内に20以上の大学をもつ「学園都市」が、現在のバンドンの代名詞となっている。

高原にある学園都市バンドン

スンダ地方は芸能や文化にも独自性があり、伝統的なパフォーマンスもいろいろ体験できる。周囲には雄大な火山地帯が広がり、温泉郷もあるので足を延ばしてみるのもいいだろう。

アクセス

鉄　道▶2023年に開通した高速鉄道はバンドン駅に乗り入れていない。高速鉄道をジャカルタから利用した場合はパダララン駅 Padalarang で下車し、バンドン駅へ向かう。

バンドンへの鉄道	
ジャカルタから	ガンビル駅より1日9本(6:30～19:45発)、所要2.5～3時間、Rp.4万5000～25万
チルボンから	チルボン駅より1日1本(1:37発)、所要4時間、Rp.16万5000～36万
ジョグジャカルタから	トゥグ駅より1日6本(8:11～23:54発)、所要6～7時間、Rp.22万～59万

バ　ス▶ジョグジャカルタ、ソロ、チルボン方面が発着する**チチャフウム・ターミナル** Cicaheum(中心部から7km東)と、ジャカルタやボゴール方面が発着する**ルウィ・パンジャン・ターミナル** Leuwi Panjang(中心部から5km南)と、方面別にふたつのバスターミナルがある。

バンドンへのバス	
ジャカルタから	各バスターミナルより毎時数本(0:00～23:30発)、所要2～4時間、AC付き Rp.7万～23万
ボゴールから	市内各所より毎時数本(4:30～21:00発)、所要3～5時間、AC付き Rp.7万～15万5000
チルボンから	ハルジャムティ・ターミナルより1日12本(4:35～19:20発)、所要2.5時間、AC付きRp.11万5000～
ジョグジャカルタから	ギワガン・ターミナルより1日3本(5:00、12:00、17:00発)、所要9～10時間、AC付きRp.20万～45万

 ハミダシ ジャカルタ・バンドン高速鉄道を利用するとジャカルタのハリム駅 Halim から西ジャワ州のパダララン駅 Padalarang へ約40分。さらに KAI Feeder 線に乗り換えバンドン駅へ約20分。

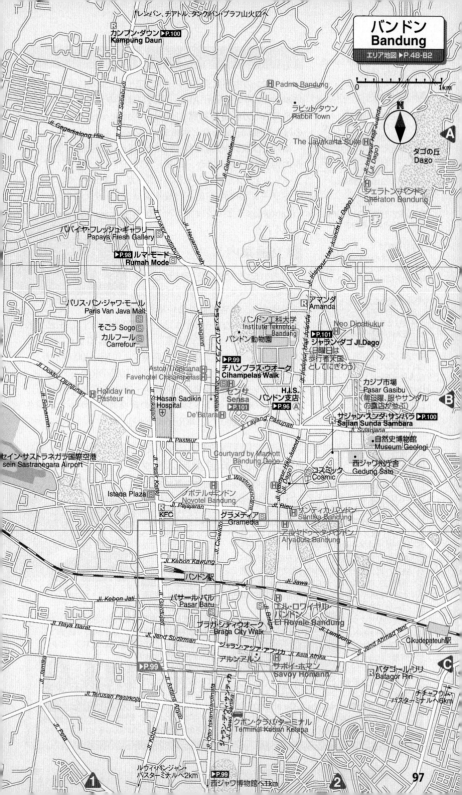

レンバン、チアトル、タンクバン・プラフ山火口へ

カンプン・ダウン ▶P.100
Kampung Daun

🅗 Padma Bandung

ラビット・タウン
Rabbit Town

The Jayakarta Suite 🅗

ダゴの丘
Dago

シェラトン・バンドン
Sheraton Bandung

パパイヤ・フレッシュ・ギャラリー
Papaya Fresh Gallery

▶P.98 ルマ・モード
Rumah Mode 🆂

パリス・バン・ジャワ・モール
Paris Van Java Mall

そごう Sogo 🆂

カルフール
Carrefour 🆂

バンドン工科大学
Institute Teknologi
Bandung

バンドン動物園

アマンダ 🅁
Amanda

Neo Dipatiukur

▶P.101

ジャラン・ダゴ Jl.Dago
(日曜日は
歩行者天国
としてにぎわう)

カジブ市場
Pasar Gasibu
(毎日曜、服やサンダル
の露店が並ぶ)

Aston Tropicana 🆂🅗
Favehotel Cihampelas

チハンプラス・ウォーク ▶P.99
Cihampelas Walk

センサ
Sensa ▶P.101

H.I.S.
バンドン支店 ▶P.96 🅐

サジャン・スンダ・サンバラ ▶P.100
Sajian Sunda Sambara 🅁

Jl.Sulanjana

🅗 Holiday Inn
Pasteur

Hasan Sadikin
Hospital ✚

De'Batara🅁

🅑

自然史博物館
Museum Geologi

セイン・サストラネガラ国際空港
sein Sastranegara Airport

Courtyard by Marriott
Bandung Dago

コズミック
Cosmic

西ジャワ州庁舎
Gedung Sate

Istana Plaza 🆂

ホテル・ヌ・バンドン
Novotel Bandung

KFC

グラメディア
Gramedia 🆂

サンティカ・バンドン 🅗
Santika Bandung

アルヤドゥタ・バンドン
Aryaduta Bandung

Jl. Kebon Kawung

バンドン駅

バサール・バル
Pasar Batu

ブラガ・シティウォーク
Braga City Walk

エル・ロワイヤル・
バンドン 🅗
El Royale Bandung

Cikudepateuh駅

▶P.99

ジャラン・アジア・アフリカ Jl.Asia Afrika

アルン・アルン

サボイ・ホマン
Savoy Homann

バタゴール・リリ
Batagor Riri

チキャフム、
パステュールへ6km

クボン・クラパ・ターミナル
Terminal Kebon Kelapa

ルウィ・パンジャン、
バスターミナルへ2km

▶P.99

西ジャワ博物館へ1km

バンドン観光案内所 MAP P.99-A2

住所 Jl. Asia Africa
WA 0813-2212-8090
営業 月～金 8:00 ～ 17:00

配車サービスの利用状況
Grab や Gojek の配車サービス（→ P.478）が利用できる。市内の空港にある Grab 専用デスクだと中心部へ Rp.5 万～と割高。空港の敷地外に出て GOJEK を呼び出せば半額ほど。

ブルーバード・タクシー
TEL (022)756-1234(24時間)
WA 0815-8401-8090

タクシー事情
タクシーはメーター利用の場合は初乗り Rp.8500 で、以降 1km ごとに Rp.5000 加算。

バンドン最大のアウトレット
ルマ・モードはフードコートを併設したアウトレットモールで、週末にはジャカルタからの旅行者も多く訪れるほど人気。取り扱いブランドには、GUESS、GAP、カルバンクラインなど。

S ルマ・モード
Rumah Mode MAP P.97-A1
TEL (022) 203-5498
営業 毎日 9:30 ～ 20:30（週末～ 21:00)

歩き方

バンドンの中心はジャラン・アジア・アフリカに面した広場アルン・アルン Alun Alun。周辺には町のシンボルである**アジア・アフリカ会議博物館** Museum Konperensi Asia Afrika のほか郵便局、銀行などが集まっている。

市内には**西ジャワ博物館** Museum Sri Baduga などいくつかの博物館があるほか、レストランやバー、ライブハウス、アートショップが並ぶジャラン・ブラガ Jl. Braga や、Tシャツ＆ジーンズの店が延々と続くジャラン・チハンプラス Jl. Cihampelas などでショッピングも楽しめる。

中心部を走る市内観光バス

交通案内

市内の足は**アンコタ**と呼ばれる乗り合いのミニバス。手を挙げればどこでも停まり、乗客の降りたい場所で停車する。おもなターミナルは、鉄道駅南口の「St. Hall（スタシオン・ホール)」と町の南側にある「Kebon Kelapa（クボン・クラパ)」のふたつ。料金は乗車距離により Rp.5000 ～ 1 万。

2階建てのカラフルな**市内観光バス(BANDROS)**はアルン・アルン～シティホール間などを9:00 ～ 16:00まで運行(Rp.2万)。**トランス・メトロ・バンドン(TMB)**の新交通システムも整備されている(Rp.4000、AC車Rp.6000 ～)。

Column **バンドン周辺の鉄道撮影スポット**

バンドン周辺では車窓から美しい景観が広がり、山ひだをなぞるようなハーフループや、急峻な谷間の鉄橋を渡る迫力ある風景が楽しめる。

チクバン鉄橋 Jembatan Cikubang MAP P.103）はオランダ統治時代の 1906 年に造られた全長 300m の大鉄橋で、緑の峡谷から広がる光景はジャワ鉄道旅行のハイライト。チクバン鉄橋へは、ジャカルタからの特急で出発から約 2 時間 50 分（バンドンからは約 35 分）後に通過する。車外から車両を見たい場合はバンドンからローカル線で約 1 時間のササクサート Sasaksaat 駅（標高 595m）に到着したら下車して、線路を 1km ほど戻れば大鉄橋が姿を見せる。

高さ80mのチクバン鉄橋。撮影目的ならバンドンで車をチャーターして訪問するのもいい

チラホン鉄橋 Jembatan Cirahong MAP P.103）も人気の撮影スポット。1893 年に建造された全長 200m の鉄橋は、上に鉄道、下に車道が走る 2 層構造となっている。バンドンからは特急で約 3.5 時間ほどで、最寄りのチアミス Ciamis 駅からは 4km ほど西にある。

プルワカルタ駅 Purwakarta MAP P.48-A2）は「列車の墓場」とも呼ばれ、100 台ほどの廃車両が駅の脇に積み重ねられている。独特の景観は撮影スポットとして話題だが、近年は廃車両エリアの警備が厳しくなり、近づくことが難しくなっている。ジャカルタからは特急で 1 時間 35 分（バンドンからは 1 時間 45 分）の所にある。駅に停車しない特急もあるので要確認。

高さ 46m のチラホン鉄橋。ユニークな 2 層構造

車窓から望むプルワカルタ駅

ハミダシ ジャラン・ブラガ MAP P.99-A2）はバンドン有数のナイトスポットが並んでいる通り。ジャワ島では珍しく、ほとんどの店でアルコール類の提供をし、20:00 頃からライブ演奏が楽しめるバーもある。

おもな見どころ

第1回アジア・アフリカ会議が開かれた ★
アジア・アフリカ会議博物館
Museum Konperensi Asia Afrika　　MAP P.99-A2

1955年の会議の様子が人形で
再現されている

バンドンの中心部、アルン・アルン広場から東へ200mほど。1955年4月に第1回アジア・アフリカ会議が行われた歴史的な会議場。当時の写真や資料が展示してあり、会議場内部も見学できる。この通称「バンドン会議」には、主催国のスカルノをはじめ、周恩来、ホー・チ・ミン、ナセルなど29ヵ国の代表が集まり、その後の反植民地主義運動に大きな影響を与えた。

スンダ地方を中心とした西ジャワの文化を知る ★
西ジャワ博物館
Museum Sri Baduga　　MAP P.97-C1 外

バンドン駅から3km南。西ジャワの発掘品や石碑、金の仮面などの工芸品、貴族の調度品や装飾品、庶民の民具や楽器など、幅広い展示が見られる。

町の南にある博物館

アジア・アフリカ会議博物館
TEL (022)4233-564
入場 火木土日9:00～12:00、13:00～15:00
※月水金は休館
料金 無料

気軽に買い物が楽しめる
チハンプラス・ウオークは、ショップやレストラン、ホテルなどを含むショッピングコンプレックス。ショップではインドネシアのメーカーの衣料品を中心に扱う。
Ｓ **チハンプラス・ウオーク**
Cihampelas Walk
　　MAP P.97-B2
住所 Jl. Cihampelas No.160
TEL (022) 206-1122
営業 毎日10:00～22:00(店舗により異なる)
URL www.ciwalk.com

西ジャワ博物館
住所 Jl. BKR No.185
TEL (022)521-0976
入場 火～日8:00～16:00
料金 Rp.3,000

バンドン中心部
Central Bandung
エリア地図 ▶P.97

ハミダシ アルン・アルン(MAP P.99-A2)はバンドンの中央広場。人工芝が貼られ、土足厳禁の気持ちいい休憩スポットとなっている。隣接するモスクのドームや塔も美しく、家族連れで終日にぎわっている。

99

レストラン

スンダ地方の中心地であるバンドンでは、伝統文化も色濃く残っている。特にスンダ料理はインドネシアでも有数の料理文化。ぜひ味わってみよう。

緑に包まれたスンダ料理の専門店
カンプン・ダウン
Kampung Daun　　MAP P.97-A1

住所 Jl. Villa Triniti
TEL (022) 278-7915　WA 0877-9092-3454
営業 毎日 10:00 ～ 21:00 (土 9:00 ～ 23:00)
税&サ +10%　カード MV　Wi-Fi OK

バンドン市街から車で約 20 分。小川の流れる木立の中に東屋が点在する人気スポット。

オープンキッチンで調理する

おすすめはナシ・ティンペル (Rp.8万)。バナナの葉にチキン、卵、テンペ、白飯などを包んで蒸し焼きにしたスンダ地方の代表的な料理だ。

庶民的なスンダ料理が味わえる
アンペラ
Ampera　　MAP P.99-A1

住所 Jl. Kebon Kawung No.28　TEL (022)426-6353
WA 0878-9375-6818　営業 毎日10:00 ～ 21:00
税&サ 込み　カード MV　Wi-Fi OK

バンドン市内に数店舗ある、スンダ料理の老舗食堂。作り置きの総菜を盛ってもらい、席で待っていると温め直して運んできてくれる。イ

おかずを指さしで注文するシステム

カン・グラメ(Rp.2万7000) など、いろいろ頼んでRp.7万～程度。バンドン駅の北側にある店が使いやすい。

地元の人でにぎわう人気店
サジャン・スンダ・サンバラ
Sajian Sunda Sambara　　MAP P.97-B2

住所 Jl. Trunojoyo No.64　WA 0813-9906-9506
URL sajiansambara.com　営業 毎日11:00 ～ 22:00
税&サ +15%　カード MV　Wi-Fi OK

他の伝統的なスンダ料理店同様、メニューはなく、並んでいる作り置きのおかずから選んで温め直してもらうスタイル。野菜のおかず系は Rp.

総菜の種類が多くて目移りしてしまうほど

1 万 ～、肉類は Rp.2 万 5000 ～。数種類のおかずとご飯、飲み物を付けて、ひとり Rp.10 万ほど。家庭的なローカル料理が味わえる。

夜は生演奏を聴きながら食事ができる
ブラガ・プルマイ
Braga Permai　　MAP P.99-A2

住所 Jl. Braga No.58　TEL (022)423-3778
WA 0821-1805-7890　営業 毎日 7:00 ～ 24:00
税&サ +15%　カード MV　Wi-Fi OK

目抜き通りのジャラン・ブラガでもトップクラスの人気を誇るカフェ＆レストラン。チャプチャイ・ゴレン(Rp.9万5000 ～)といったインドネシア料理もあるが、地元の人の人気はパスタ(Rp.5万～)やステーキ(Rp.17万5000 ～)などの洋食だ。英語メニューあり。

ディナータイムは多くの客でにぎわう

地元の若者が集まるおしゃれカフェ
ウィキ・コーヒー
Wiki Koffie　　MAP P.99-A2

住所 Jl. Braga No.90　TEL (022)4269-0970
WA 0821-2138-0780　営業 毎日11:00 ～ 21:00
税&サ +10%　カード 不可　Wi-Fi OK

ジャラン・ブラガの北端のロータリーに面した明るい雰囲気のカフェ。コーヒーや紅茶などのドリンクのほか、各種タイ・カレー (Rp.4万～)などの軽食も楽しめる。また、スイーツやスナック類も充実しており、町歩きの合間にくつろぐのにピッタリだ。

ソファやローチェアでゆっくり過ごせる

ハミダシ　R ワルン・コピ・プルナマ Warung Kopi Purnama (MAP P.99-A1　WA 0821-2138-0780
営業 毎日 6:30 ～ 22:00)は、下町の問屋街にある1930 年創業というレトロな雰囲気の人気カフェ。

ホテル Hotel

インドネシア有数の大都市とあって、大型ホテルや中級ホテルの数が多い。2〜3つ星クラスの中級ホテルは町の南側に点在しているが、老朽化したホテルも目立つ。

観光やビジネスにも便利な立地
アリオン・スイート
Arion Suite　MAP P.99-A1

住所 Jl. Otto Iskandardinata No.16
TEL (022)424-0000　WA 0812-1212-0248
URL arionsuiteshotel.com
税&サ込み　カード AJMV　Wi-Fi OK

料金		
AC Mini TV デラックスⓈⒹRp.75万〜		
AC Mini TV ビジネスⓈⒹRp.85万〜		
AC Mini TV スイートRp.185万〜		

広々としたデラックスルーム

バンドン駅から300m北東にある、全102室の快適なホテル。外観・内装ともにモダンな雰囲気で、屋上にはプールも完備している。メニュー豊富な朝食ビュッフェも評判だ。 POOL レストラン 朝食

おしゃれなインテリアで人気
センサ
Sensa　MAP P.97-B2

住所 Jl. Cihampelas No.160
TEL (022)206-1111　WA 0857-0347-7088
URL www.sensahotel.com
税&サ込み　カード AJMV　Wi-Fi OK

料金		
AC Mini TV スーペリアⓈⒹ Rp.98万〜		
AC Mini TV デラックスⓈⒹ Rp.118万〜		
AC Mini TV エグゼクティブⓈⒹ Rp.138万〜		

白を基調にしたベッドルーム

チハンプラス・ウォークに隣接している全128室の便利なホテル。使いやすくまとめられた客室は、清潔感あふれてモダンな雰囲気。敷地内にはスパも完備している。 POOL レストラン 朝食

古き格調ある歴史的なホテル
サボイ・ホマン
Savoy Homann　MAP P.99-A2

住所 Jl. Asia Afrika No.112　TEL (022)423-2244
URL www.savoyhomannbandung.com
税&サ込み　カード AJMV　Wi-Fi OK

料金		
AC Mini TV デラックスⓈⒹ Rp.67万〜		
AC Mini TV エグゼクティブⓈⒹ Rp.87万〜		
AC Mini TV スイート Rp.130万〜		

吹き抜けの開放的なレイアウト

アルン・アルン広場から東へ400m。1888年にオープンした、全185室の4つ星老舗ホテル。第1回アジア・アフリカ会議の際、各国首脳が宿泊したことでも知られている。 POOL レストラン 朝食

バンドン郊外でグランピングを体験

バンドンから車で2時間ほど南西、パテンガン湖畔にあるグランピング・レイクサイド・ランチャバリは複合レジャーエリア。ボート遊びや湖畔の散策など、高原でリフレッシュできる。茶畑の中にある帆船をかたどったⓇピニシ・レスト（毎日9:00〜17:00）はビジターにも人気だが、優雅なテント型コテージや、テントに宿泊してのんびり過ごしたい。湖畔の客室Rp.159万〜、ベッド付きテントRp.114万〜（朝食付き）。入域料はパッケージでRp.5万。

Ⓗグランピング・レイクサイド・ランチャバリ
Glamping Lakeside Rancabali
MAP P.103　WA 0812-2414-6441
URL www.glampinglakesiderancabali.com

左／つり橋を渡って入るピニシ・レスト
右／湖畔の茶畑でグランピングを満喫

清潔感のあるコンパクトなホテル
フェイブホテル・ブラガ
Favehotel Braga [MAP] P.99-A2

住所 Jl. Braga No.99-101　TEL (022) 8446-8222
URL braga.favehotels.com　税&サ 込み
カード [A][J][M][V]　[Wi-Fi] OK
料金 [AC][Mini][TV] FaveルームⓈⒹRp.45万〜
[AC][Mini][TV] FUNルームⓈⒹRp.62万〜

ホテル併設のモール屋上にある宿泊者専用のプール

アストン系の全150室のエコノミーホテル。目の前はレストランやバーが並ぶ繁華街でアジア・アフリカ会議博物館へも徒歩約5分と、ロケーションのよさが魅力だ。部屋は窓がない部屋も多いが、日中は観光に出てホテルには寝に帰るのみなら問題ない。観光にもビジネス利用にも便利だ。[POOL][レストラン][朝食]

にぎやかなジャラン・ブラガに面した
グランド・ダファム・ブラガ
Grand Dafam Braga [MAP] P.99-A2

住所 Jl. Braga No.99-101　TEL (022) 8446-0000
WA 0812-8007-1811　URL www.granddafam.com
税&サ 込み　カード [A][J][M][V]　[Wi-Fi] OK
料金 [AC][Mini][TV] スーペリアⓈⒹ Rp.68万〜
[AC][Mini][TV] デラックスⓈⒹ Rp.88万〜

スーペリアのベッドルーム

ショッピングモールのブラガ・シティ・ウオークの上階にあり、町歩きに便利な全110室のシティホテル。リーズナブルな料金設定で、朝食ビュッフェも充実している。明るい内装の部屋にはコーヒーメーカー、冷蔵庫、セーフティボックスも完備。[POOL][レストラン][朝食]

中心街にある便利なホテル
エル・ホテル・バンドン
El Hotel Bandung [MAP] P.99-A2

住所 Jl. Merdeka No.2
TEL (022) 423-2286
URL bandung.el-hotels.com
税&サ 込み　カード [A][D][J][M][V]　[Wi-Fi] OK
料金 [AC][Mini][TV] デラックスⓈⒹ Rp.68万〜
[AC][Mini][TV] エグゼクティブⓈⒹ Rp.106万〜
[AC][Mini][TV] スイート Rp.159万〜

中心部のランドマーク

バンドン駅南口の東1kmにある全441室の大型ホテル。プール、24時間営業のコンビニなどを完備している。一部の客室をコンドテルとして長期滞在者用に貸している。[POOL][レストラン][朝食]

駅から徒歩圏内のお手頃ホテル
クナンガン
Kenangan [MAP] P.99-A1

住所 Jl. Kebon Sirih No.4　TEL (022) 421-3244
税&サ 込み　カード [M][V]　[Wi-Fi] OK
料金 [AC][Mini][TV] スタンダードⓈⒹRp.29万〜
[AC][Mini][TV] デラックスⓈⒹRp.32万〜

昔ながらの雰囲気が漂う

バンドン駅から400mほど北にある、全25室の中級ホテル。2階のレストランではインドネシア料理やインターナショナル料理も提供している。週末は客室料金にRp.2〜4万ほど加算。[POOL][レストラン][朝食]

夜遊び派には便利な立地
ポピュラー ホステル
Populair Hostel [MAP] P.99-A2

住所 Jl. Braga No.45　TEL (022) 426-0600
税&サ 込み　カード 不可　[Wi-Fi] OK
料金 [AC][Mini][TV] ドミトリー Rp.8万5000〜
[AC][Mini][TV] ルームⓈⒹ Rp.15万〜

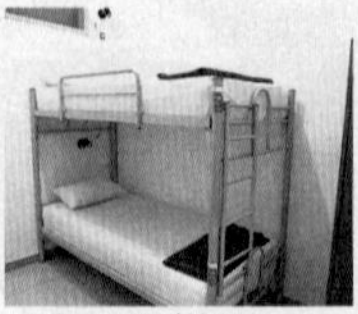
2段ベッドが並んでいる

ドミトリーと個室が用意されたホステル。2段ベッドが2〜8台並ぶなど、部屋のサイズはいろいろ。共同ホットシャワーあり。[POOL][レストラン][朝食]

鉄道で夜遅く着いたときにも便利
パトラディッサ
Patradissa [MAP] P.99-A1

住所 Jl. H. Moch. Iskat No.8
TEL 0812-2103-3228 携帯
税&サ 込み　カード 不可　[Wi-Fi] OK
料金 [AC][Mini][TV] スタンダードⓈⒹ Rp.16万〜
[AC][Mini][TV] デラックスⓈⒹ Rp.20万〜
[AC][Mini][TV] スイートⓈⒹ Rp.25万〜

バンドン駅北口から徒歩4分、大通りから路地に入って50mほど。全30室。バンドン中心部では最安の料金設定で、バックパッカーの利用が多い。客室のサイズ(スタンダードで9㎡)や清潔度など値段相応。[POOL][レストラン][朝食]

[投稿] カワ・プティ(→P.103)は標高2200mなので夏でも朝夕は冷え、日中でも肌寒いです。入口の売店では湖畔の硫黄土で作られた石鹸や、周辺で採れた茶葉も買えます。(ツッチー　埼玉県)['24]

エクスカーション

緑白色に輝く幻想的な火口湖 ★★
カワ・プティ
Kawah Putih

[MAP] P.103

天気が安定した午前中に訪れよう

10世紀頃のパトゥハ山の噴火でできた「白い火口湖」と呼ばれる5ヘクタールの美しい湖。水面は天気により青緑から白っぽく色が変わる（水面が最も美しく澄むのは乾季の6～8月）。湖面に張り出した橋などで、ローカル旅行者たちが思いおもいのポーズで記念写真を撮っている。湖が見渡せる展望台への遊歩道（スカイウオーク）を散歩するのもおすすめ。湖面を漂う硫化水素は長時間吸うと体によくないので、チケット売り場では紙マスクを渡されるが、湖畔での滞在は15分までにしよう。

湖畔の丘に作られたスカイウオーク。利用は別途 Rp.1 万

インドネシアならではの温泉郷 ★
チアトル
Ciater

[MAP] P.103

タンクバン・プラフ登山口を過ぎると、車窓には一面に広大な茶畑が広がり、頭にカサをつけた女性の茶つみ姿も目につく。チアトルは温泉村でSari Aterという温泉公園がある。広大な公園の中には、滝から流れ落ちる温水の川があり、行楽客が服を着たまま温泉につかっている。

チアトルの温泉は服を着たまま楽しむ

バンドン郊外へのアクセス

バンドンから郊外へは車をチャーター（1日Rp.65万～）してのアクセスが便利。英語ガイドはRp.40万～。

● **Enoss Travellers**
WA 0852-2106-3788
URL enosstravellerstours.wordpress.com

カワ・プティ
入場 毎日 8:00～17:00
TEL 0812-2006-8489（携帯）
料金 Rp.8万1000

バンドンからカワ・プティの麓の駐車場まで車で2時間。入場チケットを買ったあと、湖畔まではミニバス（毎時数本、往復Rp.10万9000＝外国人料金）に乗り換えて15分。チャーター車で湖畔まで行く場合はRp.16万2000。湖面の橋や展望台への遊歩道の利用は各Rp.1万5000。

タンクバン・パラフ山火口
[MAP] P.103

ジャワ島の最大級の火山（標高2084m）で、頂上部では雄大なクレーターが望める。噴火が活発になると立ち入りが禁止される。バンドンからチャーター車で訪れるのが一般的。

● **タンクバン・パラフ山火口 Tangkuban Parahu**
TEL 0821-2005-2011 携帯
URL twatangkubanparahu.com
入場 毎日 8:00～17:00
料金 月～金 Rp.20万、土・日 Rp.30万

チアトルの温泉公園
URL www.sariater-hotel.com
料金 公園入場料 Rp.4万5000
プール利用料 Rp.6万～

バンドンからチャーター車で訪れるのが一般的。

バンドン周辺
Around Bandung
エリア地図 ▶P.48-B2
0
30km
ジャカルタへ
▶P.103
タンクバン・パラフ山火口
Tangkuban Parahu
チアトル（温泉郷）Ciater
▶P.103
Sari Ater
チルボンへ
Sumedang
ササクサート
Sasaksaat
パダララン駅
Padalarang
レンバン
Lembang
マリバヤ
Maribaya
レデン
Ledeng
Cileunyi
Cicalengka
チクバン鉄橋
Jembatan Cikubang
▶P.98
ボゴールへ
バンドン
Bandung
ジャカルタ・バンドン高速鉄道
(WHOOSH)
テガルルアー駅
Tegalluar
レレス
Leles
カンプン・スンベル・アラム
Kampung Sumber Alam
チプウンドゥイ
Cipeundeuy
パガンダラン、ジョグジャカルタへ
Gn.Guntur
グランピング・レイクサイド・ランチャバリ
Glamping Lakeside Rancabali ▶P.101
Tarogong
Telaga Bodas
▶P.98
チラホン鉄橋
Jembatan Cirahong
チパナス（温泉郷）
Cipanas
ワナラジャ
Wanaraja
▶P.103
アイルパナス・ワリニ
Airpanas Walini
パパンダヤン山
Gn.Papandayan
ガルッ
Garut
ガルングン山
Gn.Galunggung
タシッマラヤ
Tasikmalaya
カワ・プティ ▶P.103
Kawah Putih
カンプン・ナガ（伝統村）
Kampung Naga
パテンガン湖 Situ Patenggang

ハミダシ アイルパナス・ワリニAirpanas Walini（[MAP] P.103）は眺望のいい温泉プール。営業は土～木7:00～16:00（金曜休み）で、料金Rp.4万。隣接するホテルは[D]Rp.100万～。

独特なバティックで有名な王宮文化香る港町

チルボン

Cirebon

ジャカルタ
★チルボン

人口	32万人
高度	10m未満
市外局番	0231
空港コード	KJT

古来より中国方面との海産物の交易で栄え、今でも中国系の住民が多い港町。訪れる旅行者は少ないが、地元ジャワでは3つのクラトン（王宮）がある町、そしてバティック工房の町として知られている。オランダ植民地時代の古い建物や中国寺院なども残り、さまざまな文化の名残が感じられるだろう。

手描きバティックの工房巡りも楽しめる

チルボンへの飛行機

クルタジャティ国際空港はチルボン市内から60km西にある。デンパサールからスーパーエアジェットやエアアジアなどが1日計5〜6便（所要1.5〜2時間、Rp.96万〜158万）、バリクパパンからスーパーエアジェットやシティリンクが1日計1〜2便（所要2時間、Rp.154万〜166万）。

空港から市内へはタクシーで1時間、Rp.50万。ダムリバス（Rp.4万）や民間のシャトルバス（Rp.5万）も運行している。市内から空港までは配車サービス（→P.105側注）も利用可。

チルボンからのツーリストバス

ジャカルタへ1日4本、所要6〜8時間、Rp.15万〜28万。バンドンへ毎時約1本あり、所要3時間、Rp.9万〜。トラベロカ（URL www.traveloka.com）で予約購入できる。

アクセス

鉄 道▶ジャカルタ、ジョグジャカルタ、スラバヤからは鉄道の利用が便利。ホテルも鉄道駅周辺に多い。

チルボンへの鉄道	
ジャカルタから	ガンビル駅、パサール・スネン駅より毎時1〜4本（5:45〜22:30発）、所要2〜3時間、Rp.13万〜69万
バンドンから	バンドン駅より1日2本（20:25、20:39発）、所要4時間、Rp.17万5000〜36万
ジョグジャカルタから	トゥグ駅より1日13本（7:00〜23:13発）、所要3.5〜5時間、Rp.20万〜52万
スラバヤから	グブン駅より1日6本（9:05〜19:20発）、所要7〜9.5時間、Rp.27万〜72万

バ ス▶バンドンからはバス利用が便利。ハルジャムティ・ターミナル Harjamukti Terminal は町の中心まで5km、鉄道駅まで6km離れた南西の郊外にある。ターミナルから町の中心まではアンコタ（ミニバス）を利用。タクシーで Rp.4万ほど。

チルボンへのバス	
ジャカルタから	プログバン、カンプン・ランブータンより1日各2本（7:45〜17:45発）、所要3〜6時間、AC付き Rp.16万〜18万
バンドンから	チチャフウム・ターミナルより1日7本（4:45〜19:45発）、所要2時間、AC付き Rp.11万5000〜

郷土料理ナシ・ジャンブランを味わおう

ナシ・ジャンブラン Nasi Jamblang はチルボンの名物料理。チークの葉に盛られたご飯の上に、テーブルに並んだ総菜を自分で取るシステム（あるいは店の人に取ってもらう）で、専門の屋台やワルンが市内に点在している。肉や魚の煮込みなど日持ちする総菜が中心で、豆腐やテンペ、野菜料理などもおいしい。会計は自分で食べたものを申告する。営業時間は店によって異なるが、総菜が売り切れたら基本的に店じまい。店舗は S グラゲ・モール周辺に多いが、地元のおすすめ店は R ナシ・ジャンブラン・マン・ドゥル Nasi Jamblang Mang Dul（MAP P.105-A1　TEL (0231) 206-564　営業 毎日 5:00〜翌1:00）。何種類か総菜を盛って Rp.1万5000〜。

自分で好きな総菜を盛り合わせよう

ハミダシ　R Empal Gentong H. Apud（MAP P.105-A1外　TEL 0231-202-386　営業 毎日9:00〜21:00）は牛肉スープカレー Empal Gentong（Rp.2万5000）の有名店。トゥルスミへ行く途中にある。

歩き方

　チルボン駅を降りて正面に進むと、町を南北に走る広い通りのジャラン・シリワンギ Jl. Siliwangi に出る。この周辺にはホテルが集まっている。700m ほど南下し、モスクがある広場を右折するとジャラン・カルティニ Jl. R. A. Kartini に出る。この通り沿いには、ショッピングセンターの S グラゲ・モール Grage Mall や中級ホテルが並び、近年にぎわいを見せているエリアだ。

　ジャラン・シリワンギをそのまま南下すると、途中からジャラン・カラングタス Jl. Karanggetas と名を変え、昔ながらの小さな商店やデパートが並ぶ町の目抜き通りとなる。通りの突き当たりにはカノマン市場 Pasar Kanoman や鳥市場 Pasar Burung がある。

　さらに南下を続けると、チルボンの象徴であるカスプハン王宮に出る。この王宮があるエリアから東には、オランダ植民地時代の古い建物が点在している。

中国系の住民も多いので中国寺院もある

中心部にあるカノマン市場

チルボン市内の移動

　チルボンの見どころは町の南側にあるので、ホテルエリアからはベチャを使うといい。王宮、市場、チルボン港、中国寺院などを巡り3時間でRp.10万ほど。片道利用ならRp.3万〜。

配車サービスの利用状況

　GrabやGojekの配車サービス（→P.478）が市内各所で利用できる。

　空港からのピックアップも可能（Rp.36万〜）。チルボンの中心部から空港へRp.24万〜、バスターミナルへRp.3万〜。

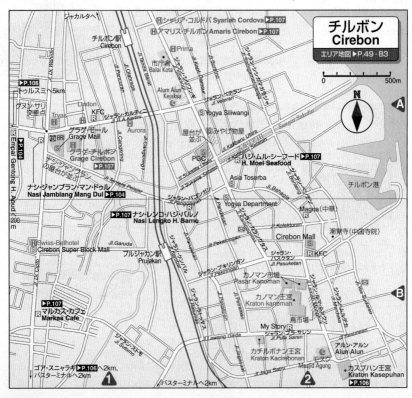

チルボン
Cirebon

エリア地図▶P.49・B3

ハミダシ　町歩きに疲れたとき休めるようなカフェやレストランがチルボンには少ない。大型ファストフード店がいくつも入っている S グラゲ・モールやジャラン・カルティニで探すといいだろう。

おもな見どころ

情緒あふれる王宮で往時をしのぶ ★

カスプハン王宮
Kraton Kasepuhan

[MAP] P.105-B2

1430年に創建され、1529年に建て直された王宮。建物の壁には、中国製やオランダ製の陶磁器がタイル代わりに埋め込まれている。入口正面にある建物が、スルタンの謁見の間。向かいには小さなふたつの博物館があり、オランダ東インド会社時代のガラス製品やガムラン楽器、ポルトガル製の銃や大砲、家具やクリス(刀)などが見られる。このほか、カノマン王宮とカチルボナン王宮も一般公開されている。

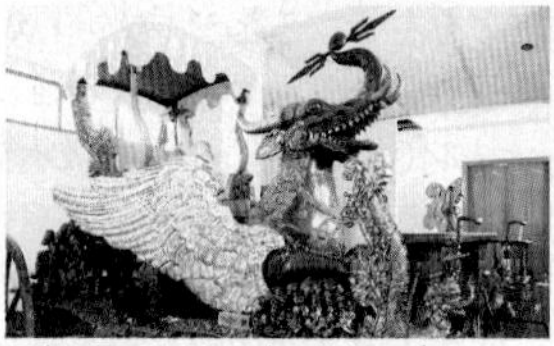
王宮に展示された馬車の装飾。ゾウ、龍、ガルーダは３つの宗教の融合がモチーフ

カスプハン王宮
TEL (0231)225-511
入場 毎日8:00～17:00(金曜は9:00～16:00)
料金 入場料 Rp.2万
博物館 Rp.2万5000
ガイドが付くとRp.2万程度のチップが必要(ガイド付きでないと入れないところもある)。

バティック街のトゥルスミ
チルボンの中心部から7kmほど西にあるトゥルスミ([MAP] P.105-A1外)は、バティック工房とショップが40軒ほど集まるエリア。営業時間はおおむね毎日8:00 ～ 17:00で、工房は日曜休みとなる。タクシーで20分、Rp.4万ほど。

1703年に造られた王族の瞑想地 ★

ゴア・スニャラギ
Goa Sunyaragi

[MAP] P.105-B1 外

サンゴで表面を装飾された大小の岩石やレンガで造られた、歴史的な建造物。ジャワの伝統家屋やイスラム建築を思わせるアーチ、中華風な花の彫刻など多様な建築様式が散見できる。チレボン王族が休息や瞑想に使っていたという。

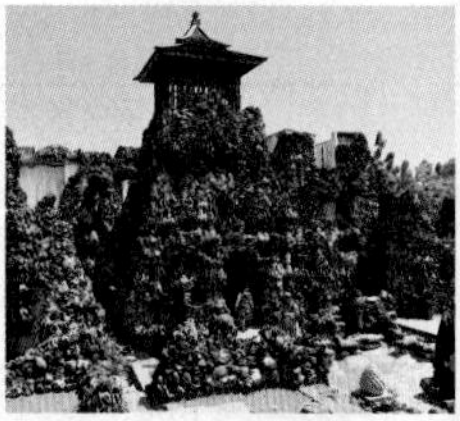
サンゴと溶岩でできた宮殿

ゴア・スニャラギ
入場 毎日8:00 ～ 17:00
料金 Rp.1万
中心部から4km南西、タクシーでRp.4万。施設を案内する英語ガイドは40分Rp.5万。

Column

トゥルスミのバティック工房&ショップ

古都チルボンを訪れたら、40軒ほどのバティック工房やショップが並ぶトゥルスミ地区にも立ち寄ってみよう。チルボン駅から8kmほど西にあり、配車サービスなどで気軽に訪問できる。トゥルスミの手描きバティックのなかでも高い品質を誇り、デザインや色合いが日本人好みなのが、[S]バティック・ニニッ・イクサン Batik Ninik Ichsan (TEL 0231-322-300　営業 毎日 9:00～18:00)。地元で知らない人はない有名店だが、値段はやや高めの品が多い。工房では数十人の職人たちが働いている。

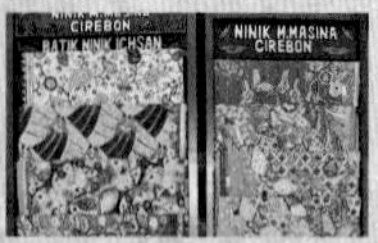
多彩なモチーフの作品が並ぶ

同じくトゥルスミにある[S]サンガール・バティック・カトゥラ Sanggar Batik Katura (TEL 0231-322-127　毎日 10:00～17:00) は、トゥルスミ有数の作家カトゥラさんが営むショップ。工房で制作しているのは、ほとんどが受注製品という人気ぶり。バティック教室も開かれている。

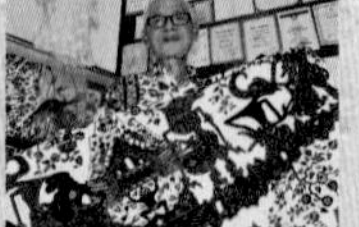
有名作家のカトゥラさん

[S] BT バティック・トゥルスミ BT Batik Trusmi (WA 0811-2399-146　URL btbatiktrusmi.com　営業 毎日 8:30～20:00) は周辺の工房から作品が集まる大型ショップ。格安から高級まで多彩なバティックを適正価格で販売しており、スタッフに声をかければていねいに商品説明してくれる。特に他のブランドとコラボしたバティックファッションは必見だ。Tシャツや食料品など品揃えも豊富で、チルボンならではのおみやげ品も入手できる。

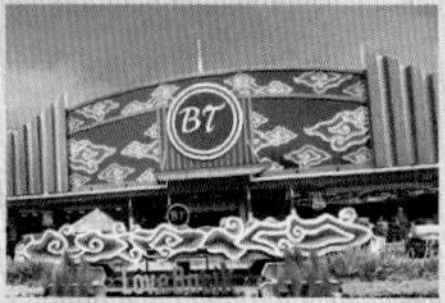

食事スポットも併設されたエリア最大のバティックショップ

ハミダシ カスプハン王宮の敷地内にあるダラム・アグン Dalem Agungはチルボン有数のパワースポット。1430年に掘られた井戸の水で身を清めると、病気が治り財をなすとされる。料金はRp.1万。

レストラン Restaurant

港町チルボンではぜひ新鮮なシーフードを味わいたい。手頃な料金で楽しめるレストランが市内に点在している。またナシ・ジャンブランやナシ・レンコなどの郷土料理を食べられる店も多い。

シーフードを食べるならここ
ハジ・ムル・シーフード
H. Moel Seafood [MAP] P. 105-A2
住所 Jl. Kalibaru Selatan No.39
TEL (0231) 206-886 (2 店共通)
営業 毎日 10:30 ～ 24:00 税&サ 込み カード 不可

チルボンで有名なシーフード料理店。ジャラン・カリバルに同名のレストランが、食堂風のものと、エアコン付きレストランと 2 軒並んでいる。メニューは 2 軒ともほぼ同じで、中華風の甘辛な味つけが特徴となっている。ウダン・ゴレン (2 名分で Rp.8 万 5000)、イカン・ゴレン (2 名分で Rp.18 万～)。カニ料理も美味。

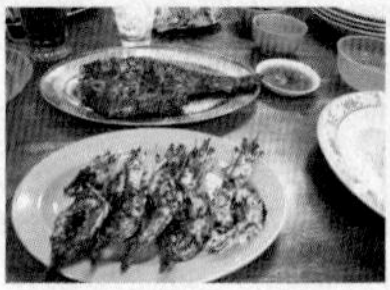
シーフードは炭火で焼いてくれる

地元の人たちに人気の名物料理店
ナシ・レンコ・ハジ・バルノ
Nasi Lengko H. Barno [MAP] P.105-B1
住所 Jl. Pagongan 15B WA 0812-2277-3991
営業 毎日6:00 ～ 22:00 税&サ 込み カード 不可

ご飯の上に豆腐、テンペ、モヤシ、ニラなどを細かく刻んでかけたナシ・レンコはチルボンの名物料理。ナシ・レンコ (Rp.1 万 6000～) はそのままだと味はあまりないので、テーブルに置かれたケチャップ・マニスをかけたり、ヤギの串焼きサテ・カンビンと一緒に味わうのがおすすめ。屋台でも味わえる。

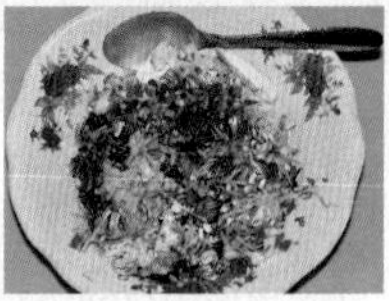
家庭料理ナシ・レンコを味わおう

ホテル Hotel

中級ホテルや格安宿は鉄道駅東側のジャラン・シリワンギ沿いに多い。ジャラン・カルティニにも快適なホテルが何軒か並んでいる。

チルボンの高級ホテル
グラゲ・チルボン
Grage Cirebon [MAP] P.105-A1
住所 Jl. R. A. Kartini No.77
TEL (0231) 222-999 WA 0811-2222-2977
URL www.gragehotelcirebon.com
税&サ 込み カード [J][M][V] [Wi-Fi] OK
料金 [AC][Mini][TV] シルバーⓈⒹ Rp.80 万～
[AC][Mini][TV] ゴールドⓈⒹ Rp.145 万～

チルボン駅から 1km ほど南西。ショッピングセンターのグラゲ・モールと同じ敷地内にある、全 114 室のホテル。ふたつのレストランやビジネスセンターなど施設は整っている。鉄道駅から無料送迎あり。[POOL][レストラン][朝食]

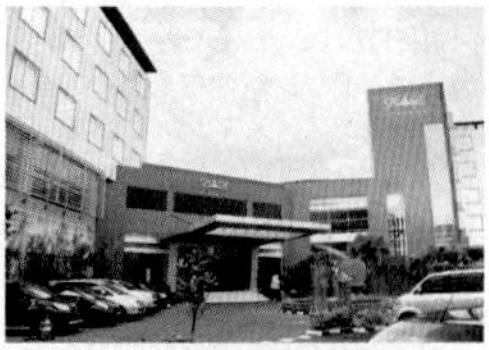
近代的なホテルの外観

駅から徒歩 3 分と移動に便利
アマリス・チルボン
Amaris Cirebon [MAP] P.105-A1
住所 Jl. Siliwangi No.70 TEL (0231) 829-0066
URL www.amarishotel.com
税&サ 込み カード [A][J][M][V] [Wi-Fi] OK
料金 [AC][Mini][TV] ⓈⒹ Rp.35 万～

サンティカ・グループの全 83 室のエコノミーホテル。部屋の設備はシンプルだが清潔感がある。サイズは客室により 16～18m². [POOL][レストラン][朝食]

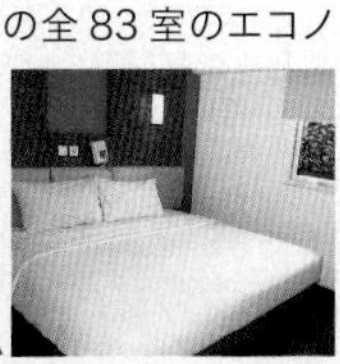
モダンな内観のダブルルーム

チルボン駅近くの格安ホテル
シャリア・コルドバ
Syariah Cordova [MAP] P.105-A1
住所 Jl. Siliwangi No.87-89 TEL (0231) 204-677
税&サ 込み カード [V] [Wi-Fi] OK
料金 [AC][Mini][TV] デラックスⓈⒹ Rp.12 万～
[AC][Mini][TV] スーペリアⓈⒹ Rp.14 万～

チルボン駅を出て東へ徒歩 1 分の突き当たりにある。建物は古いが、全 28 室は料金のわりに広い。周辺には安い食堂やコンビニもあり便利。[POOL][レストラン][朝食]

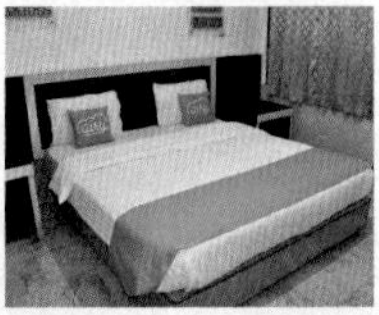
清潔な室内

ハミダシ [R] マルカス・カフェ Markas Cafe ([MAP] P.105-B1 TEL 0231-833-2629 営業 毎日12:00 ～ 24:00) は集合屋台スタイルの格安グルメスポット。夜にはライブもあり地元客に大人気。

独立の舞台となった国内有数の商工都市

スマラン

Semarang

ジャカルタ
スマラン

人　口	190万人
高　度	20m未満
市外局番	024
空港コード	SRG

観光案内所TIC MAP P.109
住所 Jl . Pemuda No.147
TEL (024)351-5451
営業 月〜金9:00 〜 16:00
　地図やパンフレットが入手可。
空港にもブースがある。

空港から中心部へ
　空港タクシーで中心部まで所
要15 〜 30分、Rp.5万5000
〜 6万5000。市内から空港へ
のタクシーはRp.3万4000〜。
市内〜空港間は配車サービス
(→P.109側注)も利用できる。

バスターミナルから中心部へ
　中心部から5km北東のテル
ボヨTerboyoバスターミナルか
らは、タワン駅や中心部へ向か
うトランス・スマランで所要15
分、Rp.3500、タクシーで所要
10分、Rp.3万〜。中心部か
ら10km南のバヤンガン・スク
ンBayangan Sukunバスター
ミナルからは、タクシーで所要
20分、Rp.4万〜。

トランス・スマラン(BRT)
URL www.brtsemarang.com
　5:30〜18:30まで10〜15分
間隔で4路線を運行する市バス。
スマランではBRT (Bus Rapid
Transit)と呼ばれている。チケッ
トはRp.3500均一(2時間有
効)。

　中部ジャワ州の州都であり、
国内5番目の大都市スマラン。
多くのイスラム商人が行き交っ
てきた港町には、15世紀初め
明朝の中国から大艦隊を率い
た鄭和の遠征以来、華僑の移
住が増えた。オランダ東イン

フォトスポットが人気を集めている
スマラン旧市街

ド会社は17世紀後半から、この地域の植民地化を進め、
19世紀後半に鉄道網が整備され内陸で取れた砂糖やゴム、
タバコなどの輸出港として繁栄期を迎えた。戦時中
は旧日本軍がスマランを占領。終戦後には武器の引き渡
しをめぐり、インドネシア独立派と衝突し、1200人以上の
死者を出したスマラン事件の舞台ともなった。

アクセス

飛行機▶スマランのアフマド・ヤニAhmad Yani国際空港は、
町の中心部から4km西にある。国内各地から便も多い。

スマランへの飛行機	
ジャカルタから	ガルーダ航空、バティック航空、シティリンクが1日計13〜14便。所要1〜1.5時間。Rp.98万〜105万
デンパサールから	ライオン航空が1日1便(デンパサール14:30発)所要1.5時間。Rp.118万〜134万

鉄　道▶主要駅のタワン駅とポンチョル駅が町の北部にある。

スマランへの鉄道	
ジャカルタから	パサール・スネン駅より1日6本 (8:40〜23:15 発)、所要6〜7時間、Rp.10万〜48万
スラバヤから	グブン駅より1日1本 (14:25 発)、所要4.5時間、Rp.26万5000〜48万

バ　ス▶ジャワ島各地からテルボヨTerboyoバスターミナル
へ、おもにエアコンバスが発着。ジョグジャカルタ方面からは
バヤンガン・スクンBayangan Sukunバスターミナルにも発着
する。市内には数ヵ所のバスターミナルがあるので注意。

スマランへのバス	
ジャカルタから	プログバン、カンプン・ランブータンより1日各4〜9本 (7:45〜18:00 発)、所要7〜12時間、AC付き Rp.26万〜34万
ジョグジャカルタから	市内各所より毎時数本 (4:00〜23:45 発)、所要2〜4時間、AC付き Rp.7万〜13万
ソロから	ティルトナディ・ターミナルより1日3本 (7:01、17:01、19:01 発)、所要3時間、Rp.9万〜
スラバヤから	ブングラシー・ターミナルより1日2本 (12:00、18:30 発)、所要11時間、Rp.17万〜

ハミダシ **S**バンデン・ジュワナBandeng Juwana (MAP P.109　TEL 024-831-1488　営業 毎日7:00〜
22:00)の2階にある食堂では、名物料理のミルクフィッシュ Bandeng (Rp.1万8000〜)が食べられる。

ジャワ島

スマラン

歩き方

散策におすすめなのが町の北部にある**旧市街**Kota Lama。オランダ統治時代の1753年に建てられた**ブレンドゥク教会**Gereja Blendukを中心にコロニアル調の建物が残り、石畳の

プロテスタントが信仰するブレンドゥク教会が建つ旧市街

路地裏には骨董市もあって旅情たっぷりだ。その南には中華街があり、ショッピングモールや観光案内所があるジャラン・プムダJl. Pemudaをさらに南下すると、スマラン事件の犠牲者を弔う**青年の塔**Tugu Mudaや町の象徴**ラワン・セウ**Lawang Sewuへと出る。そこから東南へ向かうと、新興エリアの**シンパン・リマ地区**。ここには屋台も並び、夜中までにぎわっている。

郷土料理が楽しめるシンパン・リマ地区の屋台街

市内交通

ブルーバードタクシーは初乗りRp.8500〜。そのほかのタクシー会社はRp.2万5000の下限運賃が設定されている。ホテルなどで手配できる車チャーターは1日Rp.60万〜。

配車サービスの利用状況

GrabやGojekの配車サービス（→P.478）が市内各所で利用できる。空港からのピックアップも可能（Rp.30万〜）で、市内から空港へも同額。

カンプン・プランギ
Kampung Pelangi
`MAP` P.109

村中の屋根や壁がカラフルに塗られた「虹の村」と呼ばれる写真映えスポット。村人は友好的で、丘の上のワルンからの眺めもいい。ラワン・セウから南へ徒歩8分ほど。

スラムからの変身を遂げた集落

ブラウン・キャニオン
Brown Canyon
`MAP` P.50-B1

採石場と隣接する切り立った岩の丘が立ち並んでいる。フォトジェニックな日没時には、地元の若者たちが撮影に集まる。スマラン中心部からタクシーで40分、Rp.6万5000。

スマラン中心部から14kmほど南東にある

シンパン・リマ地区の豆腐屋台
Ⓡ**タフ・ペティス・プラソジョ** Tahu Petis Prasojo （`MAP`P.109 TEL 0852-9020-5665 携帯 営業 毎日14:00〜23:00)は地元で有名な豆腐専門店。エビペースト入り揚げ豆腐Tahu Petis（Rp.3000〜）や、野菜炒め入りのTahu Isiなどがおいしい。

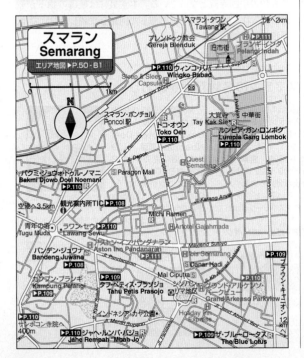

スマラン
Semarang
エリア地図 ▶P.50・B1

1km

→スマラン・タワン Tawang駅
→中華街へ2km

ブレンドゥク教会 Gereja Blenduk

旧市街

Ⓗ P.111 ブランギ・インダ Pelangi Indah

▶P.110 **ウィンコ・ババ** Wingko Babad

Sleep & Sleep Capsule ホテル

スマラン・ポンチョル Poncol駅

トコ・オウン Toko Oen ▶P.110

大覚寺 Tay Kak Sie

中華街

ルンピア・ガン・ロンボク Lumpia Gang Lombok ▶P.110

Ⓗ Quest Semarang

バクミ・ジョウォ・ドゥル・ノマニ Bakmi Djowo Doel Noemani ▶P.110

Ⓗ Paragon Mall

空港へ3.5km→

観光案内所TIC ▶P.108

Ⓡ Michi Ramen

Ⓗ Artotel Gajahmada

青年の塔 Tugu Muda

ラワン・セウ ▶P.110 Lawang Sewu

アストン・イン・パンダナラン Aston Inn Pandanaran ▶P.111

Ⓗ Mayendri Sutoyo

Ⓗ ibis Semarang

バンデン・ジュワナ Bandeng Juwana ▶P.108

Ⓗ Danar Hadi

カンプン・プランギ Kampung Pelangi ▶P.109

▶P.109 **タフ・ペティス・プラソジョ** Tahu Petis Prasojo

Ⓡ Mal Ciputra

シンパン・リマ地区 グランド・アルケンソ・パークビュー Grand Arkenso Parkview ▶P.110

▶P.110 **インドネシア・カヤ公園** サルポコン寺院へ400m

Ⓗ Holiday Inn Express

▶P.110 **ジャヘ・ルンパ・バジョ** Ⓡ Jahe Rempah "Mbah Jo"

▶P.109 **ザ・ブルーロータス** Ⓡ The Blue Lotus

ブラウン・キャニオンへ12km

ハミダシ Ⓡザ・ブルーロータスThe Blue Lotus（`MAP` P.109 WA 0851-0012-9898 営業 毎日8:00〜21:00)は人気のコーヒーハウス。自家焙煎コーヒー Rp.3万1000〜、コピ・ルアクRp.8万〜。

109

ラワン・セウ

住所 Jl. Pemuda, Komplek
WA 0821-3461-1666
入場 毎日8:00〜20:00
料金 Rp.3万
　施設の英語ガイドはチップ制
（Rp.5万ほど）

ジャムーを試してみよう

R ジャヘ・ルンパ・バジョ
Jahe Rempah "Mbah Jo"
MAP P.109　**WA** 0812-250-
5012　**営業** 月〜土6:00〜
23:00、日17:00〜22:00）は、
インドネシアの薬草ドリンク「ジ
ャムー」が楽しめる屋台。効能
はいろいろなので、興味があれ
ば立ち寄ってみよう。

サンポコン寺院

住所 Jl. Simongan No.129
TEL (024)760-5277
入場 毎日9:00〜18:00（週末
8:00〜20:00）
料金 入場料Rp.2万〜4万、内部
拝観とのセットはRp.4万〜6万

「三保洞寺院」と漢字表記されてい
る（三保とは鄭和の最初の名前）

おもな見どころ

スマランの歴史を知るスポット ★★
ラワン・セウ
Lawang Sewu　　　　　　　　**MAP** P.109

町のランドマークとなっている

　オランダ統治時代の1907年に、東イ
ンド鉄道会社が建てた歴史的建造物
（ラワン・セウはジャワ語で「千の扉」
の意味）。その後、日本軍やオランダ
軍が使い、現在はインドネシア鉄道公
社が管理している。1階は鉄道博物館
やギャラリーとしても使われ、中庭
は当時の機関車が展示されている。窓を飾るステンドグラスも
美しく、夜はライトアップされて建物が幻想的に浮かび上がる。

南洋進出・文化交流の象徴 ★
サンポコン寺院
Sam Poo Kong　　　　　　　**MAP** P.109 外

　中国・雲南でイスラム教徒として生まれ、宦官から明朝の指
揮官となった鄭和(1371 〜 1434年)が、航海中にスマランを拠
点としたことに由来して建てられた。もともとは中国様式のモ
スクだったが、華僑の増加とともに仏教色が強まり、今では国
内有数の中国寺院となっている。本堂裏には航海の様子が壁
画に彫られ、鄭和の部下が瞑想した洞窟を改装したお堂では、
鄭和の像が展示されている。

スマランの名物料理を味わう

内観もすてきなトコ・オウン

　1936年創業の名物
レストラン **R** トコ・オ
ウンToko Oen（**MAP**
P.109　TEL 024-
354-1683　営業 毎
日10:00 〜 22:00）は、
郷土料理から中華やオ
ランダ料理までメニューいろいろ。ビフテキ
Bestik SapiはRp.10万、アイスクリームTutti
FruttiはRp.3万5000。

　中華街にある **R** ルンピア・ガン・ロンボク
Lumpia Gang Lombok
（**MAP** P.109　WA 081-
6488-2329　営業 毎日
7:00 〜 17:00）は、スマラ
ン風の春巻きルンピア
（Rp.2万）で一番人気。
100年続く老舗で、売り切
れ次第終了となる。

ルンピア・ガン・ロンボク
の春巻き

　麺料理なら **R** バクミ・
ジョウォ・ドゥル・ノマニ
Bakmi Djowo Doel
Noemani（**MAP** P.109
WA 0813-2920-3448
営業 毎日9:00 〜 23:00）
へ。ニンニクが効いたジャ
ワ麺のBakmi Gudong
（Rp.1万8000）が絶品だ。

バクミ・ジョウォ・ドゥル・
ノマニのBakmi Gudong

　餅米粉とココナッツ、砂糖を混ぜた焼菓子ウィ
ンコ(Rp.6400 〜)を味わいたいなら、旧市街にあ
る有名店 **S** ウィンコ・ババWingko Babad（**MAP**
P.109　TEL 024-354-2064　営業 毎日7:00
〜18:00)を訪ねてみよう。

郷土菓子のウィ
ンコ・ババ

ホテル

好立地にあるシティホテル
アストン・イン・パンダナラン
Aston Inn Pandanaran **MAP** P.109

住所 Jl. Pandanaran No.40　TEL (024) 7644-2237　URL astonhotelsinternational.com

税&サ 込み　カード AMV　Wi-Fi OK

料金 AC Mini TV ステューディオⓈⒹ Rp.76万〜
AC Mini TV エグゼクティブⓈⒹ 133万〜
AC Mini TV スイート 324万〜

　観光名所のラワン・セウまで徒歩2分の場所にある、全151室のリーズナブルなホテル。屋上12階にあるプールとレストランからは町が見渡せる。デラックスは22m²とコンパクトながら機能的。朝食ビュッフェはメニュー豊富で評判がいい。POOL レストラン 朝食

上／町並みを見渡せるルーフトップで朝食ビュッフェが楽しめる
下／スイートのベッドルーム

タワン駅近くの質素な安宿
プランギ・インダ
Pelangi Indah **MAP** P.109

住所 Jl. Merak No.28

TEL (024) 358-4813　WA 0878-3112-2828

税&サ 込み　カード 不可　Wi-Fi OK

料金 AC Mini TV デラックスⓈⒹ Rp.22万〜
AC Mini TV ファミリー Rp.45万〜

スマランでは最安クラス

　タワン駅のすぐ南側にある貯水池を回り込むように徒歩3分。部屋により明るさやサイズがやや異なるので、チェックイン時にいくつか見せてもらおう。全31室。POOL レストラン 朝食

エクスカーション

スマラン沖に浮かぶリゾートアイランド　★★
カリムンジャワ島
Pulau Karimunjawa **MAP** P.50-A1

　国立公園に指定されたカリムンジャワ島は、現地で大評判の行楽スポット。エメラルドグリーンの海に27の島々が浮かび、楽園気分を満喫できる。最も大きなカリムンジャワ本島にも、ホテルのほかに小さなスーパーがある程度。周辺の離島をアイランドホッピングで回り、自然に包まれる休日を過ごそう。

カリムンジャワ島で静かなバカンスを楽しみたい

カリムンジャワ島への船
　スマランからバスで3時間のジェパラJeparaにあるカルティニKartini港から、高速船Express Bahariが月〜土曜発(復路は水〜月曜発)、所要2時間、Rp.20万〜、ASDP社が月・水・金・土曜発(復路は火・木・金・日曜発)、所要4〜5時間、Rp.10万5000〜。
●Express Bahari
TEL (0291)592-999(ドゥマック)
URL expressbahari.com

カリムンジャワ島での食事
　本島には海辺のR Amoreや R Coco Hutsなどレストランが数軒あり、中央広場Alun Alun前には18:30 〜 21:00頃までシーフード屋台も出る。

ハミダシ　カリムンジャワ本島からBBQランチ付きアイランド・ホッピングツアーが出ている(Rp.20万〜)。サメと記念撮影できるムンジャンガン・ブサール島や、海上ブランコで人気のチリク島などを周遊する。

ジョグジャカルタ
Yogyakarta

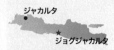

ジャカルタ
ジョグジャカルタ

人口	36万人
高度	114m
市外局番	0274
空港コード	YIA/JOG

イベント情報
　王宮のほか、各劇場で毎日のようにジャワ伝統芸能が鑑賞できる。
▶スケジュール→ P.123
　また、大きな芸能イベントも毎年開かれている。日程は観光案内所でチェックを。

『ジョグジャ』と呼んでみよう
　ジョグジャカルタの地名を、省略すると『ジョグジャ』。インドネシア人の間ではこう呼ばれることも多い。また近年は、ホテルや店名などの表記を『Jogjakarta』とするスペルも一般化している。

ガルーダ航空　MAP P.114-B2
住所 Jl. Laksda Adisucipto No. 81, Royal Ambarrukumo Hotel 内　TEL (027) 455-8474

2023年に世界文化遺産に登録された王宮クラトン

　ジョグジャカルタはジャワ島の古の都。仏教やヒンドゥー教の渡来、イスラム教勢力の台頭、オランダによる植民地支配など複雑な歴史を経て、現在はインドネシアを代表する観光地として知られている。各時代の名残は中心部の王宮や、周辺のボロブドゥールやプランバナン寺院群など、世界的な大遺跡に見ることができる。

　現在はイスラム教徒が90％以上を占めるが、今もバリ島で生き続けているヒンドゥー文化のルーツはここにある。16世紀頃からジャワ島ではイスラム勢力が強大となり、ヒンドゥー王国マジャパイトは滅亡していくが、王族や僧侶などの多くはバリ島に逃れた。そしてジャワ島で育まれた文化は新天地バリ島で花開くことになったのだ。

　ジョグジャカルタは物価が安く、ホテルやツアー会社などの観光施設が整っているため、ジャワ島各地への旅の起点に最適。市内にはオランダ植民地時代のコロニアル調建築物も多く、のんびり散策すると古都だけが醸し出す独特の雰囲気を存分に味わえる。ワヤン・クリッやラーマヤナ舞踊など、ジャワ古来の芸能も体験してみよう。

Information
レトロな駅舎は国の文化財

　ジョグジャカルタのメイン駅であるトゥグ駅 Stasiun Tugu（MAP P.137）は一見の価値あり。線路の北側にある駅舎は1887年にコロニアル様式で建てられた国の文化財。1927年に改装されたが、天井部分などにも当時の面影が残されている。近代的なデザインの南口と見比べてみるのもおもしろい。トゥグ駅はホームと線路に挟まれるように建てられ、電車が駅舎の前を横切るように通過していく。踏切付近で電車と駅舎が入り込んだ写真も撮れるが、かなり近くを電車が通るので撮影の際は気をつけること。

瀟洒な駅舎と列車が撮影できて鉄道ファンに人気

ハミダシ　ＳモンゴMonggo（MAP P.115-C1　WA 0821-3326-2563　営業 毎日8:00〜18:00）は、ジョグジャカルタ発のチョコブランド。品揃え充実のアンテナショップを訪ねてみよう。

アクセス

飛行機▶ 2019 年に開港した**ジョグジャカルタ国際空港** Yogyakarta International Airport（YIA）が空のメインターミナル。ジョグジャカルタ市街から 10km 東にある**アディスチプト空港（JOG）**へは国内線もほとんど運航がなくなっている。

空港ロビーの外にチケットタクシーのカウンターがある

ジョグジャカルタへの飛行機 (ジョグジャカルタ発→P.475)

ジャカルタから	ガルーダ航空、バティック航空、ブリタ航空、シティリンクなどが1日計 14〜15 便、所要 1〜1.5 時間、Rp.72 万〜116 万
デンパサールから	ガルーダ航空、ライオン航空、エアアジアが1日計 4〜5 便、所要 1.5 時間、Rp.62 万〜131 万
バリクパパンから	ライオン航空、スーパーエアジェット、シティリンクが1日計 4 便、所要 2 時間、Rp.150 万〜154 万

鉄　道▶おもにエクセクティブクラスとビジネスクラスの列車は、中心部にある**トゥグ駅**に発着する。エコノミークラスのみの列車は、1km ほど東にある**ルンプヤンガン駅**に発着する。

移動に便利なトゥグ駅

ジョグジャカルタへの鉄道

ジャカルタから	パサール・スネン駅やガンビル駅より1日13本（5:45〜22:05 発）、所要 6〜8 時間、Rp.23 万〜65 万
バンドンから	バンドン駅より1日6本（6:55〜20:00 発）、所要 6〜7 時間、Rp.21 万〜59 万
ソロから	バラパン駅より1日 20〜21 本（6:10〜23:09 発）、所要 40〜60 分、Rp.6 万〜52 万
スラバヤから	グブン駅より1日10本（7:00〜20:00 発）、所要 3.5〜5 時間、Rp.20 万〜45 万

バ　ス▶中心部から 4km ほど南東にある**ギワガン・バスターミナル** Terminal Giwangan へ、ジャカルタ（プログバン・バスターミナル）のほか、スラバヤやソロなど島内各地から便がある。バリ島のデンパサール（ムングウィ・ターミナル）からもバスが運行している。

ギワガン・バスターミナル

ジョグジャカルタへのバス

ジャカルタから	プロバグン・ターミナルより1日7本、所要 10〜14 時間、Rp.18 万〜37 万
バンドンから	チチャフウム・ターミナルより1日12本（5:00〜22:00 発）、所要 11〜12.5 時間、AC付き Rp.18 万〜
ソロから	ティルトナディ・ターミナルより毎時数本、所要 1.5〜2 時間、AC付き Rp.4 万5000〜6 万5000
スラバヤから	ブングラシー・ターミナルより1日20 本（6:00〜20:00 発）、所要 7.5〜10 時間、AC付き Rp.14 万〜20 万
バリ島から	ムングウィ・バスターミナルより1日3〜5 本、所要 15〜16 時間、AC付き Rp.37 万〜60 万

空港から市内へ

ジョグジャカルタ国際空港はクロン・プロゴ地区にあり、市内やボロブドゥールまでは車で1.5時間ほど。空港到着フロアの出口手前にはゴールデンバード（市内までRp.47万）やTRAC（市内までRp.35万）など高級タクシーのカウンターがある。

空港ロビーを出たところにはRajawaliやJASなど各社のタクシーカウンターがあり、市内までRp.25万〜、ボロブドゥールまでRp.45万〜。また空港にはGrabの乗り場も設置されており市内までRp.28万〜、ボロブドゥールまでRp.35万〜。

2023年4月に空港鉄道が開通

ジョグジャカルタ国際空港とトゥグ駅間を35〜40分で結ぶYIA Xpress空港鉄道。運行は毎時1〜2本で、片道Rp.5万。チケットは各駅での当日購入や、オンライン予約が可能。重さ20kg以内、大きさ70cm×40cm×30cmまでの荷物を車内に持ち込め、1kg超過ごとにRp.1万の追加料金がかかる。

バスターミナルから市内へ

ギワガン・バスターミナルに長距離と近郊路線のバスが発着する。バスターミナルから中心部へは市バスの2、4、15番を利用する。中心部からはジャラン・マタラム Jl. Mataram か、プラウィロタマン地区のジャラン・パラントリティス Jl. Parangtritis から 2番のバスを利用する。ジャラン・マリオボロからは 4番のバスが使える。ともに所要 20〜30 分ほど。タクシーは所要 15分程度（Rp.6万前後）。

ジャワ島のツーリストバス

ホテルからホテルまで運んでくれる便利なツーリストバス（通称トラベル）が、ジョグジャカルタとジャワ島の主要都市間を運行している。

●ジャカルタから

8:30〜18:00まで1日数本、所要 9〜18 時間、Rp.21 万〜26 万。

●スラバヤから

19:00 発の1日計 2 便、所要 7〜11 時間、Rp.14 万〜18 万。

投稿　YIA Xpress空港鉄道の乗り場は空港ゲートを出て目の前にある建物の2階。地上からエスカレーターで連結していてわかりやすく、道路渋滞を気にする必要もなくおすすめ！（東京都 JO '24）

ジョグジャカルタ
Yogyakarta

エリア地図 ▶P.50-B1

ジョグジャ・シティモール
Jogja City Mall
▶P.125

ボシェ
Boshe

ジョンボル・バスターミナルへ

カリウランへ

Jl. Lingkar Utara(Ring Road)

ソロ方面へ

ガジャマダ大学
Universitas Gajah Mada

▶P.132
テントレム ジョグジャカルタ
Tentrem Yogyakarta

ガジャマダ・ユニバーシティクラブ
Gadjahmada University Club

サテ・クラタッ・パッ・ジュデ
Sate Klatak Pak Jede
▶P.131

正門
KFC
スーパー

Wisma Kagama

Gudeg Sagan

ジョグジャカルタ州立大学
Universitas Negeri Yogyakarta

ナナミア
Nanamia

エルベー・ペー・コンベンション・デマンガン
LPP Convention Demangan

▶P.133
ザ・フェニックス・ジョグジャカルタ
The Phoenix Yogyakarta

Jl. W. Monginsidi

Santika
Premiere

Artotel Suites Bianti

Tickle

Plaza
Ambarrukmo

▶P.121
クランガン市場
Pasar Kranggan

▶P.126 ドワ
Dowa

トゥグの塔
MacDonald's
モスク
Arjuna

Gramedia
Telkom

Galleria
病院

Jl. Urip Sumoharjo

アファンディ美術館
Affandi Museum
▶P.122

ガルーダ航空

Royal
Ambarukamo

クリトソン競技場
Kridosono Stadium

軍事博物館
Museum Dharma Wiratama

トゥグ駅
Tugu

Jl. Abu

ルンプヤンガン駅
Lempuyangan

Jl. Bambang Suprapto

バティック・ペインティング・アートギャラリー
Batik Painting
Art Gallery

ソス口・ウィジャヤァン地区
Inna Garuda

観光案内所

マンダラ・クリダ競技場
Stadion Mandala Krida

ブ・チトロ Bu Tjitro
(グドゥッ専門店)
▶P.131

Jl. Gayam

Jl. Kenari

ジョグジャカルタ
国立博物館
Jogja National Museum

Jl. Kh. A. Dahlan

Jl. Senopati

Jl. Sultan Agung

Jl. Kusuma Negara

Jl. Kusuma Negara

入口

ソノブドヨ博物館
Museum Sonobudoyo

グンビラ・口カ動物園
Gembira Loka Zoo

ワルン・ソト・パッ・マルト
Warung Soto Pak Marto

バッピア・クルニアサリ
Bakpia Kurnia Sari

クラトン(王宮)
Kraton

タマン・サリ
Taman Sari

Jl. Letjend Mt. Haryono

Jl. Mayjend Sutoyo

Jl. Kol. Sugiono

▶P.125
ボロブドゥール・シルバー
Borobudur Silver

Jl. Menteri Supeno

Jl. Perintis Kemerdekaan

Jl. Veteran

ブラウィロタマン地区

▶P.124
パスティ市場
Pasar Pasty

スーパー Indo

P.115

ジョグジャカルタ中心部

ジョグジャ・ビレッジ・イン
Jogja Village Inn
▶P.134

ダレム・ナタン・ロイヤル・ヘリテージ
nDalem Natan Royal Heritage
▶P.139

コタ・グデ市場
Pasar Kota Gede
▶P.139

Rumah Pesik Art & Heritage

▶P.139 コタ・グデ
Kota Gede

▶P.139 ギワガンの夜市
Pasar Malam Giwangan

ギワガン・バスターミナル
Giwangan Bus Terminal

Jl. Ahmad Yani

イモギリへ

歩き方

町の中心は**ジャラン・マリオボロ** Jl. Malioboro沿い。ホテル、レストラン、観光案内所やデパートなどが道路に沿って延々と続く目抜き通りである。この通りの名物だった露天商や屋台は[S]**テラス・マリオボロ** Teras Malioboroという商業施設に移動している。ジャラン・マリオボロの北西側には**ソスロウィジャヤン地区** Sosrowijayan（MAP P.137）と呼ばれるホテル街があり、中級ホテルや激安のロスメン、旅行会社などがひしめき合っている。ジャワ島各地からの列車が発着するトゥグ駅もこのエリアにある。マリオボロ通りを南下すると、道路はジャラン・アーマッ・ヤニ Jl. A. Yaniと名を変えて王宮にぶつかる。市内の見どころはこの周辺に点在している。さらに南下をすると、もうひとつのホテル街、**プラウィロタマン地区** Prawirotaman（MAP P.135）に出る。こちらのほうが落ち着ける雰囲気だ。

テラス・マリオボロは新しいランドマーク

風情あるベチャで古都の散策も楽しめる

交通案内

タクシー▶市内を走るタクシーはメーター制。初乗り料金（1kmまで）はRp.8750で、以降1kmごとにRp.5000加算。また、タクシーのチャーターも1時間Rp.15万ほどで可能。

市内バス（トランスジョグジャ）▶ジョグジャカルタ市内の新バスシステム。ジャラン・マリオボロ、ギワガン・バスターミナル、空港、プランバナン寺院などの区間を結んでいる。乗り方は窓口で磁気カードを購入し、それを改札に通して乗り場でバスを待つ。

郊外への移動に便利なトランスジョグジャ

ベチャ▶疲れたときの味方が自転車タクシーのベチャ。乗る前には値段交渉が必要で、1～2kmの短い距離ならRp.2万～3万。時間制でチャーターするなら1時間Rp.6万～が相場。

オジェッ▶バイクタクシーのオジェッは、ひとりの場合はタクシーより使い勝手がいい。流しはなく、乗り場Pos Ojekから乗る。料金は交渉制でタクシーの50～70%程度が目安。

観光案内所 MAP P.115-A1
住所 Jl. Malioboro No.16
TEL (0274)566-000
WA 0852-2571-5858
URL www.visitingjogja.com
営業 月～木 7:30～20:00
金・土 7:30～19:00
日 9:00～14:00
※トゥグ駅南口にも観光案内所のブースがある。

イミグレーションオフィス
住所 Jl. Raya Solo Km 10, Maguwoharjo, Depok, Slemen
TEL (0274)484-370

テラス・マリオボロ
URL terasmalioboro.jogjaprov.go.id
施設は2ヵ所あり、テラス・マリオボロ1（MAP P.115-B1）はブリンハルジョ市場の西向かい、テラス・マリオボロ2（MAP P.137）はプラザ・マリオボロの北側にある。

両替情報
ソスロウィジャヤンやプラウィロタマンのホテルエリアには両替所が多い。日本円のレートがいいのは、ジャラン・マリオボロの[S]プラザ・マリオボロ内にある両替所 Mulia Bumi Arta（TEL 0274-453-220 営業 月～金 7:00～18:00、土 9:00～17:00）。

配車サービスの利用状況
GrabやGojekの配車サービス（→P.478）が市内各所や空港でスムーズに利用できる。

トランスジョグジャ
ジョグジャカルタ中心部や郊外を約20路線が運行。運行時間は5:00～21:30頃（10～30分間隔）。乗車料金はRp.3600。

旅行者が使いやすいトランスジョグジャの路線
ソスロウィジャヤン地区からはジャラン・マリオボロの停留所から3Aでギワガン・バスターミナルへ所要30分（日中は15分間隔で運行）。
ギワガン・バスターミナルからプラウィロタマン地区へは3Bがジャラン・プラウィロタマン北のJl. Sugionoへ行くが、停留所からは徒歩10分ほどかかる。

ハミダシ 中部ジャワ州観光局情報（URL enjoytrip.wixsite.com/indonesia-jawa）では日本語サイトを開設している。ボロブドゥールやプランバナン遺跡、イベント情報などが充実しているので要チェック。

ジョグジャカルタ発ツアー

ジョグジャカルタからは、近郊のボロブドゥール（→ P.142）などへのツアーバスが多い。ローカルバスのようにスリの危険もないし、ホテルまで送迎してくれてガイドも付き、快適で割安だ。予約は市内のツアー会社や各ホテルで可。高級ホテルで扱うデラックスなツアー以外は、どこで予約を入れても値段や出発時間はほとんど変わらない。
※料金に遺跡入場料などは含まれていない。催行は基本的に 2 名から。

ボロブドゥール・サンライズ

時間 4:00 ～ 12:00　**料金** Rp.16 万～

　ビューポイントとして知られるストゥンブの丘からボロブドゥール寺院とご来光を望む。その後、ボロブドゥール史跡公園に入場して見学する。

デイトリップ・ボロブドゥール

時間 7:00 ～ 12:00　**料金** Rp.15 万～

　比較的涼しい午前中に遺跡に到着するツアー（遺跡上部へのチケットは個々での予約が必要。チケット予約を代行してくれる会社もある）。

ボロブドゥール遺跡はジャワ島観光のハイライト

ボロブドゥール＆プランバナン寺院ツアー

時間 10:00 ～ 19:00　**料金** Rp.20 万～

　ジョグジャカルタ郊外の 2 大スポットを 1 日で回れる便利なツアー。

ボロブドゥール、ムンドゥッ、プランバナン寺院ツアー

時間 7:00 ～ 16:00　**料金** Rp.25 万～

　ジョグジャカルタ近郊の 2 大遺跡とともに、美しい仏像が安置されたムンドゥッ寺院も訪れる。

ディエン高原ツアー

時間 7:00 ～ 17:00　**料金** Rp.50 万～

　ジョグジャカルタから片道 3 時間。アルジュナ寺院群やシギダン地熱帯を訪れる。

ディエン高原のシギダン地熱地帯

ソロ、スク一寺院、チュト寺院

時間 7:00 ～ 19:00　**料金** Rp.50 万～

　カスナナン王宮などソロ市内を観光。郊外のスク一寺院とチュト寺院も訪問する。

ブロモ山ツアー

時間 7:00 発（1 泊 2 日）　**料金** Rp.110 万～

　山麓の村ガディサリやチェモ・ラワンで 1 泊し、翌朝ブロモ山で日の出を見る。ロッジに戻って朝食後、ジョグジャカルタへ出発（バリ島への移動も追加料金でアレンジ可）。料金には、ロッジ宿泊費、朝食代が含まれている。ブロモ山までの片道利用も可（Rp.18 万～）。※最少催行 4 名。

ブロモ山＆イジェン火口湖ツアー

時間 7:00 発（2 泊 3 日）　**料金** Rp.160 万～

　ツアー 2 日目の早朝にブロモ山、3 日目の未明にイジェン火口湖で「ブルーファイア」を見学する。※最少催行 2 名。

神秘的なイジェン火山のブルーファイア

カリムンジャワ島ツアー

時間 23:00 発（3 泊 4 日）　**料金** Rp.95 万～

　ジェパラ（MAP P.50-A1）の港まで車で移動して、ジャワ海の美しい島へ船で渡る。

車をチャーターする

　ジョグジャカルタから周辺へは、車での移動がおすすめ。運転手付きの車チャーターの手配も各ホテルやツアー会社で簡単にできる。ツアーよりも自由が利くので、子供連れの旅行などに便利だ。料金の目安は、ボロブドゥール Rp.55 万～（5 時間）、プランバナン Rp.55 万（3 時間）、ボロブドゥールとプランバナン Rp.65 万～（8 時間）など。市内利用は 1 時間 Rp.15 万～。

● **Kresna Tour**
住所 Jl. Prawirotaman2 No.646C
WA 0896-2817-1280
URL a.kresnatour.com
　ジョグジャカルタ近郊の洞窟や滝へのツアーを催行。カーチャーターにも対応。

● **Sosro Tours**
住所 Jl. Sosrowijayan Wetan Gg.PTPM
WA 0856-4359-4099
　ジョグジャカルタ周辺やブロモ山へのツアーが充実。個人ツアーもカスタマイズしてくれる。

● **Javanava Travelcafe**
WA 0821-3399-9090
URL ボロブドゥール・サンライズ.net
　「ジャワ島旅行情報サイト」を運営するオンライン旅行会社。オリジナルツアーや車チャーターなど日本語で問い合わせ OK。

投稿 Javanava Travelcafe ではオーナーの中辻さんが親身に旅の相談に乗ってくれます。ジャワ各地の情報に精通しているので旬の観光スポットを無理のない日程で巡れました。（東京都 JO '24）

117

クラトン（南）
TEL（0274）373-721
入場 火〜日 8:30 〜 14:00
入場は閉館の 30 分前まで。帽子着用やタンクトップでの入場は不可。
料金 Rp.2 万 5000
英語・日本語ガイドへは別途 Rp.5 万ほどのチップを求められる。

✉クラトンが世界文化遺産に!
2023年にジョグジャカルタの象徴である王宮クラトンが世界遺産に登録されました。「ジョグジャカルタの宇宙論的枢軸とその歴史的建造物群」というのが正式名称で、スルタンが住む王宮のほかに、鉄道駅の近くにあるトゥグの塔など王宮文化に由来する市内の建造物も含まれています。
（ジャカルタ在住 Aiko '24）

クラトン（南）でのパフォーマンス
●日曜 11:00 〜 12:00
ジャワ伝統舞踊
●月・火曜 10:00 〜 12:00
ガムラン演奏
●水曜 9:00 〜 12:00
ワヤン・ゴレッ（人形劇）
●木曜 10:00 〜 12:00
ジャワの音楽と伝統舞踊
●金曜 10:00 〜 11:30
ジャワ詩の朗読
●土曜 9:00 〜 13:00
ワヤン・クリッ（影絵人形劇）

クラトン（北）
TEL（0274）373-177
入場 土〜木 9:00 〜 15:00
金 9:00 〜 13:00
料金 Rp.7000

午前中に訪れれば伝統音楽に触れることもできる

王宮を代々守る家臣たち
クラトン内で目につくのが、ジャワ伝統の民族衣装を着た老人たちの姿だ。彼らはクラトンを守る「アブディ・ダラム」で、腰にクリスを差している。クラトンの忠実な兵士であり、無給で王宮の保護、管理にあたっている。内部を案内してくれるガイドも入口にいて、日本語や英語でもエスコートしてくれる。

おもな見どころ

今も生き続ける王宮文化を感じよう ★★★

クラトン（王宮）
Kraton

[MAP] P.118

ジョグジャカルタを長年統治してきた王侯の王宮（クラトン）で、ジャワ建築の粋を集め 1756 年に建築された。内部は南北のふたつに分かれ、入口や入場券もそれぞれ異なる。メインパレスと称される南側の王宮では伝統芸能が毎日上演され、王位継承の即位式が行われてきた北側の王宮ではミニシアターでその様子を鑑賞できる。南側の王宮へは北側の正面入口からは入れず、白壁に沿って南へ。見物客用の入口近くには大きな守護神（ラクササ）が対で置かれ、王宮の安全を守っている。ここを過ぎると、右側には「謁見の間」がある。美しいステンドグラス、天井から下がるゴージャスなランプなどがスルタン・ハメンク・ブオノ家のかつての権勢ぶりをうかがわせる。

伝統文化とヨーロッパ様式が交ざり合う王宮内部

クラトン（王宮）周辺
Around Kraton
エリア地図 ▶P.115-B1〜C1
0
200m
王宮北広場
Alun-Alun Lor
▶P.122
王宮馬車博物館
Museum
Kareta Kraton
バクミ・パッ・ペレ
Bakmi Pak Pele
王宮（北）
❻即位の間
❺ミニシアター
❼
歴代スルタン肖像画
オマ・ロティ・シドムクティ
Omah Roti Sidomukti
▶P.118
ガドリ・レスト
Gadri Resto
▶P.129
❶儀式の間
❸
バティック展示室
謁見の間❷
ガスム市場 ▶P.121
Pasar Ngasem
王宮（南）
洞窟モスク
Masjid
Dalam Tanah
ウオーターキャッスル・カフェ
Water Castle Cafe ▶P.130
❹
第9代スルタン博物館
要塞跡
Pulo Cemeti
バレ・ラオス・クラトン
Bale Raos K raton
▶P.129
タマン・サリ
Taman Sari
▶P.120
ボイス・オブ・ジョグジャ
Voice of Jogja ▶P.126
クサトリヤン・ジョグジャ
Kesatriyan Jogja
▶P.133
▶P.126
S.カンペッ・バティック
S. Kampek Batik
キタ・バイ・イネッシャ
KITA by Inessya
▶P.129
Sasono Hinggil
（ワヤン・クリッ舞台）
Ruang Tengah Cafe
王宮南広場
Alun-Alun Kidul
N
Rumah Nagan Syariah

投稿 [R]オマ・ロティ・シドムクティ Omah Roti Sidomukti（[MAP] P.118 営業 月〜土 10:00 〜 22:00）は隠れ家コーヒー店。裏通りにあり居心地も味もよし！ （埼玉県 サンタナ '24）

ジャワ島

ジョグジャカルタ

クラトン（北・南）の観光ポイント

❶ 儀式の間
Bangsal Sri Manganti
伝統打楽器ガムランが並べられた吹き抜けのパビリオン。毎日午前中にジャワの伝統音楽や舞踊が披露される

❷ 謁見の間
Bansal Kencana
諸外国からの要人を迎える棟。魔よけの守り神カーラと子孫繁栄や再生の象徴である蛇のモチーフで装飾

❸ バティック展示室
王家ゆかりの骨董品バティックや歴代スルタンの王妃が作った作品などを展示している（内部は撮影禁止）

❹ 第9代スルタン博物館
独立時の激動の時代を治めた、第9代スルタンの写真や愛用品を展示。庶民のために尽力し今も敬愛されている

❻ 即位の間
Bangsal Agung Siti Hinggil
王位継承の即位式などが行われてきたパビリオン。1949年にはスカルノ初代大統領の就任式も執り行われた

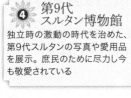

❺ ミニシアター
ジョグジャカルタ州知事でもある現スルタンのハメンクブオノ10世の即位式やパレードの映像が観られる

❼ 歴代スルタン肖像画
肖像画や写真で歴代スルタンが生まれたときにつけられた名前と生年月日、王位を継いだ年などを説明している

君主のスルタンへお茶を運ぶ行列は毎日 11:30 です

 バイク式ベチャでジョグジャ市内の好きな場所を案内してくれるベチャ・プライベートツアーがおすすめ（1台Rp.30万/6時間2名まで乗車OK）。詳細はBudiプディさん（WA 085-8799-27458）へ。

タマン・サリ
入場 毎日 9:00 ～ 15:00
料金 Rp.2万5000
英語ガイド Rp.5万

アンクリンガンを体験
　決まった場所に出る屋台のアンクリンガン Angkringan は地元民の社交場。R **アンクリン・カン・ハルジョ Angkrin Kang Harjo**（MAP P.115-B2　営業 毎日 18:00 ～ 23:00）は大きな集会所のような建物にある老舗店。地元料理のおかずが種類豊富で、がっつり食事をとることもできる。テーブル席に座って夜を過ごす人々に混じって、ジャワ島ならではの時間を過ごしてみよう。

当時の光景がしのばれる水の離宮 ★★
タマン・サリ
◎ Taman Sari
MAP P.118

　1758 年に建てられた離宮。正面から階段を上ると、前庭を見渡せるテラスに出る。さらに奥へ進み、石段を上り小さな入口を抜けると、目の前に石造りの豪華なプールが現れる。プールの南側には、スルタンがその夜床をともにする美女を選ぶためにのぞいたといわれる、小窓のある部屋がある。選ばれた美女が

身支度を整えた小部屋、そしてふたりのための奥の間などが今も残っている。宮殿の周辺では、要塞跡や王侯が瞑想に利用した地下水路も見学できる。

古都の風情が漂う水の王宮

バティック&ローカルファッションの宝庫 ★★
ブリンハルジョ市場
◎ Pasar Beringharjo
MAP P.115-B1

プリンハルジョ市場
営業 毎日 8:00 ～ 17:00

　おもに衣料品を扱う立体的な大型市場。1 階にはバティック生地を使った衣服店がひしめき合い、2 階にイスラム系ファッションの店、3 階はカジュアルファッションや小物を扱う店と、フードコートが入っている。東側の奥に日用品や食料品のコーナーもある。

市場内はいつも混雑しているのでスリには注意

Column
薬草ドリンク「ジャムウ」にトライ！

　中部ジャワは薬草を使ったドリンク「ジャムウ」の本場。ジョグジャカルタの人々は、ちょっとした体の不調はジャムウで治してしまうほど。

S **ジャムウ・ギンガン Jamu Ginggang**（MAP P.115-B2　住所 Jl. Masjid No.32　TEL 0274-510-466　営業 毎日 8:30 ～ 20:30）は、パクアラマン王族に仕えていた Biwolo さんのレシピを守り伝えている店。地元の人々が気軽に立ち寄って健康ドリンク感覚でジャムウをくいっと飲んでいく。各種ジャムウはグラスで 1 杯 Rp.5000 ～。

常時 4 ～ 5 種類のジャムウが用意されているジャムウ・ギンガン

S **ルグ・ムルニ Lugu Murni**（MAP P.115-C2　住所 Jl. Brigjen Katamso No.200　WA 0813-8555-9666　営業 月～土 15:00 ～ 21:00）は、体調に合わせて薬草を調合してくれる本格派。秘伝レシピのジャムウが 1 杯 Rp.1万～で用意されているほか、症状に応じて、煎じて飲む乾燥タイプのジャムウやボトル入りの液体ジャムウもその場で作ってもらえる（Rp.1万5000前後）。

1953 年創業のルグ・ムルニは地元のリピーターが多い

ハミダシ　プリンハルジョ市場の前にはナシ・ブチェルやサテ、パッピアなどを売る露店がひしめき、さまざまなストリートフードが味わえる。夕方からはロンデやクエ・プトゥなど郷土スイーツの屋台も楽しめる。

見応えのある芸術作品を展示 ★★
バティック博物館
Museum Batik
MAP P.115-A2

バティック博物館
WA 0812-2805-7093
営業 毎日 9:00 ～ 15:00
料金 Rp.3 万

同名のホテル内に併設された私設ミュージアム。バティック問屋の家系に生まれたオーナーの膨大なコレクションが、産地や特徴ごとにわかりやすく展示されている。バティックが完成するまでのプロセスや、さまざまな道具を詳細に説明している。英語とインドネシア語の無料ガイドも頼める。

不定期でバティック
作りのワークショッ
プも開催している

庶民の暮らしぶりがよくわかる ★★
クランガン市場
Pasar Kranggan
MAP P.114-B1

クランガン市場
営業 毎日 5:00 ～ 15:00 頃
※午後から閉まる店が多い。

トゥグの塔から 100m ほど西にある巨大市場。フルーツや野菜など食料品のほか、日用品や衣類など生活必需品を幅広く扱っている。昔懐かしいホーロー製の皿や、使い勝手のいい市場バッグなど掘り出し物探しも楽しい。観光客慣れしていない素朴な対応なので、古都ならではのローカル情緒も味わえる。市場の裏出口の前には、市の文化遺産である中国寺院もある。

色とりどりの野菜
やスパイスが並ぶ

遺跡を望む素朴な市場 ★★
ガスム市場
Pasar Ngasem
MAP P.118

ガスム市場
営業 毎日 5:00 ～ 14:00 頃
※菓子の店は 10:00 頃まで。

タマン・サリ離宮の北側に広がる遺跡群の中にある。売られているのは食料品がメインで、バラエティ豊かなローカル菓子も扱っている。色とりどりの菓子は 1 個からでも購入でき、種類によって 1 個 Rp.2500 ～。市場の裏側にあるベンチや東屋で、休憩がてら味わってみよう。

カラフルな郷土菓子
を試してみよう

Information
文化の町でワークショップ体験

人気カフェのビアビア（→P.128）では魅力的なワークショップを開催＆手配している。クッキングコース（Rp.22万5000 ～）、銀製品を加工するシルバーコース（Rp.35万）、インドネシア語を学ぶバハサ・インドネシア（Rp.10万）。定番のバティック・レッスンは5時間でRp.27万5000（要事前予約）。またジャムウ店やハーブ市場を訪れてマッサージも受けられるジャムウマッサージツアー（Rp.35万）や、ローカルフード＆スナックをのんびり食べ歩くキュリナリートリップ（Rp.32万

5000）などの個性派ツアーも楽しい。上記の料金はすべて1名参加の場合（2名以上になると割安になる）。申し込みやスケジュール確認などはウェブサイト（URL viaviajogja.com）で。

各プログラムは 1 名で
も気楽に参加できる

ソノブドヨ博物館
Museum Sonobudoyo
MAP P.115-B1

ソノブドヨ博物館
TEL (0274)373-617
入場 火～日 8:00 ～ 21:00
料金 Rp.2 万

ユニークな影絵人形も展示されて
いる

王宮に面したソノブドヨ博物館

クラトン（王宮）と北広場を挟んで建つ、ジャワ文化を深く知るための博物館。内部にはガムランの楽器が置かれた広間があり、奥へ進むと新石器時代の陶器、8～9世紀の仏像や神像、ジャワ島最古のモスクの模型などを展示した小部屋が続く。なかでも興味深いのが、バティックや人形の展示。バティックの伝統的な制作工程が詳しく写真入りで説明されていたり、ワヤン・クリッ、ワヤン・ゴレッ、ワヤン・オランの人形や仮面、さらに各登場人物の説明と見応え十分だ。またこの博物館では、影絵人形の制作工程を見学できるほか、ワヤン・クリッやワヤン・トペンなどの伝統芸能(→ P.123)も上演されている。

インドネシア近代絵画の傑作を鑑賞する ★

アファンディ美術館
Affandi Museum
MAP P.114-B2

アファンディ美術館
住 所 Jl. Laksda Adisucipto
No.167
TEL (0274)562-593
入場 月～土 9:00 ～ 16:00
料金 Rp.10 万

町の北東にある、インドネシアを代表する画家アファンディ（1907 ～ 1990）の個人美術館。初期から晩年までの油絵、水彩画、スケッチのほか、アファンディが愛用した自動車や自転車がギャラリーに展示されている。熱帯のエネルギーが渦巻くような情熱的な色合い、大胆な筆致で描かれた作品からは、画家が愛したインドネシアの自然と人々の表情が生きいきと伝わってくる。

アファンディの作品は独特の
タッチと色使いで知られる

Information

古都の小さな博物館を巡る

パク・アラマン王宮も訪ねてみよう

文化都市ジョグジャカルタには小さな博物館もたくさんある。どこもひなびた感じが漂うが、時間に余裕があれば古都の文化遺産に足を運んでみよう。

中心部には、ジャラン・マリオボロを下った突き当たりの手前左側に、**フレデブルグ要塞博物館**Benteng Vredeburg（MAP P.115-B2 TEL 0274-586-934 入場 火～日8:00～16:00 料金 Rp.1万）がある。1765年に建てられたオランダの要塞を利用し、インドネシアの独立闘争にまつわる展示をしている博物館だ。よく小学生が校外授業で訪れている、この国の現代史を知るには絶好のスポットとなっている。

フレデブルグ要塞博物館から Jl. Senopatiを1kmほど東に行くと、もうひとつの王宮**パク・アラマン王宮**Puro Pakualaman（MAP P.115-B2 入場 月～土9:00～15:00 料金 無料）がある。規模は小さいが一部が博物館として公開され、家具調度品や写真など王家にまつわる品々が見学できる。そして王宮北広場の南、クラトンの西隣には**王宮馬車博物館**Museum Kareta Kraton（MAP P.118 入場 毎日9:00～15:00 料金 Rp.5000）があり、スルタンが使った馬車などが展示されている。

ハミダシ ベチャを利用する場合は、宿泊ホテルなどで目安の運賃を聞いておき、必ず乗車前に値段交渉すること。
ベチャの客引きに囲まれたら、ちょっと離れて、停車中のベチャにこちらから声をかけるのがおすすめ。

ジャワ島

ジョグジャカルタ

ジョグジャカルタで観る ジャワの伝統芸能

王朝文化の伝統を受け継ぐジョグジャカルタは、現在でも中央ジャワの伝統芸能の中心地。伝統芸能の保存活動をするグループもこの古都に集まっているので、毎日のようにパフォーマンスが披露されている。タイミングがよければ、特別公演の本格的な芸能も鑑賞できるので、ぜひ成熟したジャワの伝統文化を堪能しよう。

※各公演の最新の情報は、観光案内所などで確認を。

プラウィサタ劇場のラーマヤナ舞踊

ワヤン・クリッ（影絵芝居）
WAYANG KULIT

郷愁漂うジャワの影絵芝居を毎週火曜に上演。古代インドの叙事詩「ラーマヤナ」と「マハーバーラタ」の世界を、人形遣い（ダラン）が独自の演出を施す。アドリブで現代的な笑い話も飛び出す。

影絵人形の顔つきや色にも意味があるワヤン・クリッ。狐のようにとがった顔は鼻筋の通った高貴な身分を表現している

ソノブドヨ博物館 MUSEUM SONOBUDOYO

王宮北広場の北西、博物館（→P.122）の敷地内にある大きな御堂のような建物の真ん中で行われており、どの方向からも観られる。ガムラン演奏も多人数で本格的。暗めの明かりで、雰囲気もいい。

MAP P.115-B1

入場 火 20:00 〜 21:30（ワヤン・クリッ）、水木 20:00 〜 21:15（ワヤン・オラン）、金土日 20:00 〜 21:15（ワヤン・トペン）　**料金** Rp.5万

水木にはワヤン・オラン、金土日には仮面劇ワヤン・トペンを上演

ラーマヤナ舞踊
RAMAYANA DANCE

きらびやかな衣装をまとった踊り手たちが、ガムランの調べに乗ってラーマヤナの物語世界へと誘う。ラーマ王子とシータ姫を中心に、善悪さまざまなキャラクターが登場する。

ヴィシュヌ神の化身であるラーマが神猿ハヌマーンらの助けを得て羅刹の王ラーヴァナを倒す勧善懲悪劇

プラウィサタ劇場 PURAWISATA

王宮の東500m。大きな半屋外のレストランの奥にある半屋外ステージで行われている。アクロバットや火を使ったパフォーマンスなどで、演出は毎年どんどん派手になってきており、まるでガムラン・ミュージカルといった風情だ。

MAP P.115-B2

TEL (0274) 371-333

入場 水金土 19:30 〜 21:00（ディナー付きは 18:00 〜）

料金 Rp.30万（ディナー付き Rp.45万）

プランバナン寺院 PRAMBANAN

プランバナン寺院の敷地内にある劇場でも、優雅なラーマヤナ公演が行われている。公演終了後には劇場からジョグジャカルタへのシャトルバス（Rp.5万）も運行している。

MAP P.153

5 〜 10月は屋外劇場で週3 〜 6回上演される。入場料 Rp.15万 〜 45万。11 〜 4月は屋内劇場で火・木・土曜に上演される。入場料 Rp.15万 〜 30万。上演時間はいずれも 19:30 〜 21:30。

ショッピング Shopping

バティックの名産地だけに、市内にはバティック工房を兼ねるショップが多い。布地を扱う一般のバティック店 Toko Batik はジャラン・マリオボロに、「アートバティック」と呼ばれるインテリア用の作品は、ジャラン・ティルトディプラン周辺に工房がたくさんある。ジャワ島オリジナルのデザインで作られた銀製品も要チェックだ。

みやげ物を探すならまずここへ

ハムザ・バティック

Hamzah Batik [MAP] P.115-B1

住所 Jl. Margo Mulyo No.9　TEL (0274) 588-524

営業 毎日 8:00～24:00　カード [A][J][M][V]

インテリア雑貨からジャワコーヒーまで、驚くほど品揃えが充実したエリア随一の大型おみやげ店。1階ではバティック用品をメインに扱い、フロア中央にあるキオスクではハーブ製品やローカルコスメなども販売。2階には置物やプチプラ小物もところ狭しと並んでいる。男性用のバティックシャツ(Rp.12万～)、ワヤン・クリッ人形のキーホルダー(Rp.1万)。

インドネシアの民芸品探しにおすすめ

お手頃値段でデザインも◎

バティック・ルビニ

Batik Roebini [MAP] P.137

住所 Jl. Malioboro No.163　TEL (0274) 514-335

営業 毎日 7:00～23:00　カード [M][V]

市内各所で展開しているプリントバティックのファッション店。色使いがかわいらしく、日本人女性にもフィットするデザインが見つかるはず。同ラインのファッションで男性&キッズ商品も扱っているので、家族みんなで服を揃えることもOK。女性用のトップスはRp.15万～。

アウトレット商品も見つかる

女性好みのかわいい品揃え

デウィ・タラ

Dewi Tara [MAP] P.135

住所 Jl. Parangtritis No.62

TEL 0877-3825-0624 携帯

営業 毎日 12:00～21:00　カード [M][V]

バティックやアンティーク小物などを扱う、プラウィロタマン地区のセレクトショップ。アンティークのガラス製品(Rp.10万～)や風合いのいいビンテージ風のバティック(Rp.20万～)など値段も良心的だ。

素朴な民芸品の宝庫

バティックの有名ブランドショップ

ダナル・ハディ

Danar Hadi [MAP] P.115-A1

住所 Jl. Malioboro No.25　TEL (0274) 512-589

営業 毎日 9:00～20:00　カード [A][J][M][V]

ジャラン・マリオボロの中ほどにある、ソロに工場をもつバティックの人気ショップ。商品はリーズナブルなプリント物が中心。シャツなどはジャワ島ならではの特徴的なデザインで、実用品としてもおみやげとしても重宝しそうだ。

値段が手頃なので地元でも人気

バティックの衣料品が充実した

ウィノトサストロ

Winotosastro [MAP] P.135

住所 Jl. Tirtodipuran No.54　TEL (0274) 371-226

営業 月～土 9:00～17:00　カード [A][J][M][V]

ジョグジャカルタをはじめ各地のバティックが充実。高価な手描きから比較的安価なチャップ(型押し)のバティックや、ハンカチなどの小物まで、品揃えは幅広い。店の奥にある工房では制作風景の見学もOK。バティック作りのワークショップもRp.5万で体験できる。

バティックの製作工程も見学できる

ハミダシ [S]パスティ市場 Pasar Pasty ([MAP] P.114-C1　営業 毎日 7:00～17:00頃) はペットや植物を扱うローカル市場。鳥が多いのは、鳴き声コンテストが開催されているジョグジャカルタならでは。

良質なジャワ産カカオを使用
チョクラッ・ダラム
Cokelat nDalem　MAP P.115-B1
住所 Jl. Bhayangkara No.23　TEL (0274)586-858
WA 0811-2635-885　URL www.cokelatndalem.com
営業 毎日 9:00 ～ 17:00　カード MV

ハウスメイドのチョコレート専門店。ローカル飲料のロンデ風味やウェダン・ウー風味など、ジャワらしさ満点のチョコレートは Rp.1万 1000 ～。一風変わったフレーバーだが日本人の味覚にも合

テイスティングでお気に入りを見つけよう

う。おすすめは多彩なフレーバーのミニチョコを小箱に詰めたジョグジャ・イスティメワ (Rp.5 万)。パッケージも愛らしく、女性向けのジャワ島みやげにぴったりだ。

若者に人気のスポット
ジョグジャ・シティモール
Jogja City Mall　MAP P.114-A1
住所 Jl. Raya Magelang Km6　TEL (0274)530-5855
営業 10:00 ～ 22:00　カード 店舗により異なる

中心部から北西にあるジョグジャカルタ最大級のショッピングモール。流行のショップやレストラン、おいしいコーヒーが飲めるカフェが多数入っており、地元の若者たちのデートスポットに

吹き抜けの巨大なショッピングモール

なっている。スーパーマーケットのハイパーマートも入っているので、ローカルグッズのおみやげ探しにもおすすめ。

目抜き通りにある大型モール
プラザ・マリオボロ
Plaza Malioboro　MAP P.115-A1
住所 Jl. Malioboro No.52-58　TEL (0274) 502-7000
URL plazamalioboro.com　営業 毎日 10:00 ～ 22:00
(土日 9:00 ～)　カード 店舗により異なる

ジャラン・マリオボロのランドマーク的なショッピングセンター (旧称マリオボロ・モール)。ローカルファッションが豊富なマタハリ・デパートをはじめ、流行のスナックも楽しめるフードコ

ジョグジャカルタでの買い物で最初に立ち寄りたいスポット

ート、Excelso などのカフェが充実している。1階にはバティックなど伝統工芸品を扱う露店風の小さな店舗が並び、地下フロアにはおすすめ両替商の Mulia も入っている。

品揃え豊富な大型店
ボロブドゥール・シルバー
Borobudur Silver　MAP P.114-C2
住所 Jl. Menteri Supeno No.41　WA 0811-295-7288
営業 毎日 8:00 ～ 17:00　カード JMV

プラウィロタマン地区から1kmほど北東にある、大通りに面した大型のシルバーショップ。リング (Rp.15 万～)、ピアス (Rp.20 万～)、ブローチ (Rp.30 万～) などデザインが豊富。ベチャの運転手がコミッション目当てに、連れていく店のひとつでもあるが、店員の対応はいい。

購入するときはしっかり値引き交渉を

手作りアクセサリーも豊富
サデアン・コンセプト・ストア
Sadean Concept Store　MAP P.115-B2
住所 Jl. Wijilan No.14　WA 0822-3223-9955
営業 毎日 9:00 ～ 21:00　カード 不可

現地クリエーターたちの手工芸品を扱うセレクトショップ。インドネシアでおなじみの食料品パッケージをあしらったトートバッグ (Rp.8 万) など、キッチュな雑貨が店内にところ狭しと並んでいる。ケーブルホルダーなどの革製品は Rp.3万 2500 ～。

キュートでクールな雑貨を展示している

ハミダシ S プラザ・マリオボロの 3 階にある R ラ・モーダ・デル・ジェラート La Moda del Gelato は郷土菓子クレポンなどを使った変わり種ジェラートが味わえる。スモールサイズで Rp.2 万 5000。

お手頃値段のブランドバッグが評判
ドワ
Dowa　　MAP **P.114-B1**

住所 Jl. Margo Utomo No.125, Gowongan
TEL (0274) 642-9681　URL www.dowabag.co.id
営業 毎日 8:00 〜 21:00　カード AJMV

ジョグジャカルタ発のバッグブランド直営店。編みバッグや布バッグ、フォーマルにも使えるレザーバッグなど種類もいろいろ。各種バッグはRp.35万〜、愛らしいポーチはRp.17万〜。作りがしっかりしているのでヘビーユーズにも対応できそうだ。

ノボテルなどホテル内にも出店している

地元センス爆発の個性派Tシャツ
ボイス・オブ・ジョグジャ
Voice of Jogja　　MAP **P.118**

住所 Kampung Taman KT.1/42. Kraton
TEL 0878-3888-3079 携帯
営業 毎日 9:00 〜 17:00　カード 不可

ワヤン・クリッに登場する神々をコミック・ヒーロー風に描いたオリジナルTシャツの店。空を飛び地球を救うハノマンや、威厳たっぷりのガルーダなど楽しい図案がいっぱい。Tシャツは1枚Rp.25万前後で、生地には抗菌作用のあるバンブーコットンを使用している。

スタッフがていねいに各キャラクターの説明をしてくれる

世界中にファンをもつアート作品
S. カンペッ・バティック
S. Kampek Batik　　MAP **P.118**

住所 Ngadisuryan No.12
TEL 0812-2732-2121 携帯
営業 毎日 8:00 〜 16:30　カード MV

アートバティックの大家として名高いカンペッ氏のスタジオ。東洋的なモチーフをモダンにアレンジした作風が評判だ。値段は交渉次第だが、気に入った物があればぜひ購入したい。

作品は Rp.95万〜でサイズにより異なる

現地アーティストの作品と出合える
パルカ・ハーバリア
Palka Herbaria　　MAP **P.135**

住所 Jl. Prawirotaman No.49
WA 0895-3231-04557
営業 毎日 10:00 〜 22:00　カード MV

ハンドメイド雑貨がジョグジャ女子に大ウケ。クレイアートやドライフラワーを使ったアクセサリー（Rp.3万8000〜）は手作り感たっぷり。編みぐるみのキーホルダー（Rp.3万）、ナチュラル原料のアロマバーム（Rp.4万7000）。

ドライフラワーのチョーカーやクレイアートのピアスが人気

ジョグジャカルタの郷土スイーツを満喫

ジョグジャカルタの郷土菓子といえば、緑豆のあんこや練乳などの具をパイの皮で包んだバッピア。老舗店が点在しているが洋菓子フレーバーで人気なのが Ⓢ バッピアピア Bakpiapia（MAP P.115-A1　営業 毎日 9:00 〜 21:00）。ブルーベリーチーズやカプチーノを使い、サクサクの生地の新食感が評判。

バッピアピアの 4 個入りバッピア Rp.2 万 8000

Ⓢ ムルニ Murni（MAP P.115-B2　WA 0812-8080-2219　営業 毎日 7:00 〜 21:30）は常時 20 〜 30 種類の地元スイーツを取り揃える、ローカル御用達のベーカリー。焼きプリンのようなしっとりした味わいのクエ・ルンプールや、焼き菓子のキボ、つぶつぶのタピオカを固めた寒天クエ・ムティアラなど甘味のワンダーランドが楽しめる。

ムルニの郷土菓子は各 Rp.2000 〜

投稿 バッピアは店ごとに味も多彩です。伝統的な味わいなら Ⓡ Bakpia Pathok 25（MAP P.115-A1）、流行の蒸しケーキ風なら Ⓡ Bakpia Kukus Tugu Jogja（MAP P.137）へ。（神奈川県　ハリー　'24）

ジャワ島

ジャワ島中部の バティック巡り

バティックはインドネシアの伝統的な染色工芸。ロウで生地を防染して染色する、いわゆる「ロウケツ染め」の布地のことだ。芸術的な模様の布地は、アジア風のインテリアアイテムとしても注目されている。

日本でも「ジャワ更紗」として有名で、その呼称のとおりジャワ島が最大のバティック産地。特に古都ジョグジャカルタとソロは、王宮文化にちなんだ伝統的な柄が特徴的。現在ではあまりこだわりがなく多様な柄も使われているが、昔は柄によって厳密な使い分けがされていたという。たくさんあるモチーフから好きなバティックを選んだら、お店の人にその由来を教えてもらうのも楽しい。

ジョグジャカルタ

ジョグジャカルタの代表的なデザイン

SEMEN HUK
セメン・フッ

草木のツルが伸びたような独特の線がセメン柄の特徴。もともとは王族の儀式の際に、客を出迎えるスタッフが着用した

SLOBOK
スロボッ

幾何学的な模様もジョグジャカルタの特徴。この柄は年配者が好んで使用するものとして知られている

KAWUNG PICIS
カウン・ピチス

穴の開いた古銭のような模様の連続をカウンと呼び、その大きさで呼称が異なる。子孫繁栄を意味するデザイン

ソロの代表的なデザイン

CEPLOK WIRASAT
チュプロッ・ウィラサッ

朝と夜を意味する太陽や星など、さまざまなモチーフが組み合わさったもの。結婚式で新郎新婦の親戚などが着用

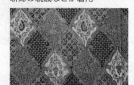

PARANG
パラン

斜めの連続模様をパランという。聖剣クリスをイメージしたデザインで、邪悪な力から身を守る魔よけとなる

RUJAK SENTE
ルジャッ・センテ

ルジャッとは多種のモチーフが組み合わさった柄のこと。ジャワ島ではサロンとして使用されるが芸術性も高い

ジョグジャカルタで バティックを習う

バティックは伝統文化のエッセンス。町の工房を訪れて興味がわいたら、自らバティック作りにチャレンジしてみるのもいい。特にジョグジャカルタのタマン・サリ周辺には、バティック制作を体験できるバティック工房も並び、のんびりと文化習得を楽しむ旅行者の姿も多い。

チャンティンという器具を使ったロウでの絵付け作業や染色工程が学べ、自分で作った作品はそのままおみやげになる。バティックの歴史やデザインについて説明してくれる工房もある。内容や先生によって授業料は異なるが、1日コースでRp.5万～。

●ウィノトサストロ Winotosastro　**MAP** P.135

バティックを制作販売する大手ショップ。裏側にある工房で初心者向けの体験教室を行っている。型押しと手描きを交えてバンダナを作るコースはRp.5万（約2時間、要事前予約）。

完成したバティック作品は旅のよい記念となる

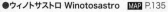

チャンティンを使って絵を描く

レストラン

Restaurant

プラウィロタマンやソスロウィジャヤンといったホテルエリアに、旅行者向けのレストランが密集している。郊外の大型ホテルに宿泊した場合には、ホテル内に各国レストランがあるほか、周囲に手頃なレストランも営業しているのでフロントで聞いてみよう。

中心部&プラウィロタマン地区

安くておいしい穴場ワルン
ヤニス・キッチン
Yani's Kitchen **MAP P.115-A1**
住所 Jl. Dagen No.107　TEL (0274) 514-666
営業 毎日 10:00～21:00　税&サ +10%　カード 不可

中華系インドネシア人が経営する人気のローカル食堂。大通りから少し離れており、静かに食事を楽しめる。ナシゴレン（Rp.2万）や平打ち麺を使った焼きそばのクウェティアウ・

女性旅行者にも人気の清潔な店内

ゴレン（Rp.2万2000）など、料理の味つけも日本人好み。肉まんのバッパオ（Rp.1万5000）や鶏そばのヤミー・アヤム・バッソ（Rp.2万2000）は小腹がすいたときにもオススメ。

世界各地に展開するカフェ
ビアビア
Via Via **MAP P.135**
住所 Jl. Prawirotaman No.30　TEL (0274) 386-557
WA 0813-2601-9149　営業 毎日 9:00～22:00
税&サ +10%　カード JMV　Wi-Fi OK

世界各地で展開しているツーリストカフェ。店内では地元アーティストの作品が定期的に展示されている。人気はインディアン・カレー（Rp.5万5000）やベジタブルバーガー（Rp.

プラウィロタマン地区の人気スポット

5万2000）などのヘルシーなメニュー。ドリンクの種類も豊富で、ハーブ飲料のジャムウ（Rp.2万5000）、イリーのコーヒー（Rp.2万5000）。ゆっくりくつろぎたい人には、広々とした2階席がおすすめ。ワークショップ（→ P.121）も開催している。

地元で愛され続けるローカルバーガー
バーガー・モナリサ
Burger Monalisa **MAP P.135**
住所 Jl. Sisingamangaraja No.40
TEL (0274) 450-837　営業 毎日 10:00～21:00
税&サ 込み　カード 不可

1980年代にジョグジャカルタで初めてハンバーガーを提供したのがこの店。ほのかに甘い

老舗店のハンバーガーを味わおう

バンズと、ピリ辛自家製チリ・マヨネーズソースとの相性がよく、日本人の味覚にもマッチする。チーズバーガーのバーガーケジュは Rp.2万2000、ホットドッグは Rp.2万。

1959年創業のサテ専門店
サテ・アヤム・ポドモロ
Sate Ayam Podomoro **MAP P.115-A2**
住所 Jl. Mataram No.11　TEL (0274) 582-037
営業 土～木 10:00～19:00　税&サ 込み　カード 不可

よい意味で場末な感じが漂う店内はいつも常連客で大にぎわい。風味豊かな地鶏を使ったサテサテ・アヤム（10本 Rp.2万5000）は歯応えもよく滋味たっぷり。ロントンや白飯（各 Rp.5000）もピーナッツソースを絡めて味わおう。

ライムやバワン・メラ（赤たまねぎ）の追加はお好みで

通いたくなる隠れ家カフェ
デ・ゴコウ
de Ngokow **MAP P.115-C2**
住所 Pendopo Ndalem Pujokusuman, Jl. Brigjen Katamso　WA 0877-8217-6489
営業 毎日 10:00～23:00（金 13:00～）
税&サ 込み　カード AMV　Wi-Fi OK

第8代スルタンの持ち家の一部を利用したロースターカフェ＆ティークラブ。本格的なドリップコーヒー V60（Rp.2万7000）、キャラメル・ブリュレ・パンケーキ（Rp.2万8000）がおすすめ。

店内から伝統舞踊のレッスンも見学できる（平日 16:00～19:00）

ハミダシ Rヤミー・クタンダン Yammie Ketandan MAP P.115-A2　WA 0896-0126-9712　営業 月～土 11:30～16:00）は麺料理のミーアヤム専門店。ヤミーコンプリート Rp.2万5000。

上／郷土料理は洗練された盛りつけ
下／王宮（南）の出口にある

ジャワ島

ジョグジャカルタ

王宮文化を料理メニューで知る
バレ・ラオス・クラトン
Bale Raos Kraton　MAP P.118

住所 Jl. Manganan Kulon No.1
TEL (0274)415-550　WA 0813-9326-5505
URL www.baleraos.co.id
営業 毎日10:00 〜 22:00　税＆サ +16%
カード J M V　Wi-Fi OK

クラトンに隣接する宮廷料理のダイニング。現スルタン夫人のアイデアにより、歴代の王が好んだ伝統料理を提供している。牛ひき肉を使ったジャワ風ハンバーグのベスティッ・ジャワ（Rp.7万）は第9代スルタンの好物メニューとのこと。ジャワ風ビーフステーキ（Rp.7万）やスープ・ティムロ（Rp.3万7500）など、王宮主催の

パーティでも振る舞われる豪華な料理が味わえる。ジョグジャカルタに滞在したら、ぜひ立ち寄ってみたいレストランだ。

王族の暮らしぶりも垣間見える
ガドリ・レスト
Gadri Resto　MAP P.118

住所 Jl. Rotowijayan No.5, Kraton
WA 0821-3890-7203　営業 毎日9:00 〜 20:00
税＆サ 込み　カード 不可　Wi-Fi OK

ジョヨスクモ王子の自宅一部を利用したレストラン。ジャワ島の代表的な家庭料理からスルタン考案のヘルシードリンクまでユニークなメニューが楽しめる。ナシ・グリー・ガドリ（Rp.7万1000）はバナナの葉に総菜が盛られて写真映えもバッチリ。ジャワの伝統とコロ

総菜を盛り合わせたナシ・グリー・ガドリ（手前）

ニアル様式が混在するインテリアもすばらしく、王族の部屋やバティックの制作工程も見学できる。クラトン周辺の観光とともに、気軽に立ち寄れるロケーションだ。

ローカル女子のお気に入りスポット

R ペンペッ・ニ・カント Pempek Ny. Kamto（MAP P.115-A1 TEL 0274-501-5627　営業 毎日9:00 〜 21:00）は、現地のヘルシー女子たちが大好きなペンペッと呼ばれるフィッシュケーキの専門店。魚のすり身を加工したカマボコ風料理で、魚介だしのスープと一緒に提供される。春雨入りのモデル（Rp.2万4000）や、すべての種類が試せるパケット・ミニ（Rp.2万9500）がおすすめ。しっかり食べたい人はオプションで麺を組み合わせてみよう。

あっさり味でおなかに優しい春雨入りのモデル

R サプル・コーヒー Sapulu Coffee（MAP P.115-B2 TEL 0274-428-9475 営業 毎日7:00 〜 22:00）はレトロなインテリが素敵な小さなカフェ。地元の若者たちがおしゃべりに集まってくるようなカジュアルな雰囲気が楽しい。コーヒーとドーナツのセット（Rp.3万5000）。香り高いコーヒーのおいしさはジョグジャカルタ随一と評判だ。

熟練のバリスタがおいしいコーヒーを提供

R クンペニ Kumpeni（MAP P.115-B1 営業 毎日13:00 〜 24:00）は、コロニアル風のインテリアがすてきなコーヒーショップ。カフェ・ラテはRp.2万5000 〜、アイスクリームは1スクープRp.1万5000 〜。王宮にほど近い便利なロケーションで、現地では女子会やデートスポットとしても利用されている。

人気のアフォガードは Rp.2万5000

絶品のミー・アヤムを味わうなら
ヤミー・パトゥッ
Yammie Pathuk　MAP P.115-A1

住所 Jl. Kemetiran Kidul No.63
TEL 0822-9229-2112 携帯
営業 毎日 9:00 ～ 21:00　税＆サ 込み　カード 不可

　地元で絶大な人気を誇るミーアヤムの名店。シコシコした自家製麺に塩鶏だれを絡めたミーアヤムは、あっさりとコクのバランスが絶妙だ。ここでは看板メニューのパンシッ（ワンタン）が添えられたヤミー・パンシッ・バサー・ビアサ（Rp.1万5000）を注文しよう。揚げワンタンの

パンシッ・ゴレンはRp.1万4000。

ヤミー・パンシッ・バサー・ビアサが評判

観光の合間に立ち寄りたい
ウオーターキャッスル・カフェ
Water Castle Cafe　MAP P.118

住所 Jl. Polowijen　TEL 0813-2662-5905 携帯
営業 毎日 10:00 ～ 17:00　税＆サ 込み　カード 不可

　タマン・サリ北側の広場に面したのんびり過ごせるカフェ。1990年代に写真家のオーナーが開業したスポットで、王宮周辺の散策がてら立ち寄るのにピッタリだ。おすすめは各種フレッシュジュース（Rp.2万3000）や、ラッシー（Rp.2万5000）。ナシゴレン（Rp.3万5000）やナシチャンプル（Rp.3万5000）といった食事メニューもある。

店内にはアート写真が飾られている

ジョグジャっ子に話題のおしゃれスポット
トゥジュアン
Tujuan　MAP P.135

住所 Jl. Tirtodipuran No.17C　TEL (0274) 417-577
営業 毎日 11:00 ～ 22:00
税＆サ +10%　カード M V　Wi-Fi OK

　おしゃべりに花が咲きそうな、女子受けするインテリアのカフェ。スタッフのおすすめは水出しのコールドブリュー・コーヒー（Rp.2万5000）やストロベリー・スカッシュ（Rp.3万）。

スパゲティ・カルボナーラ（Rp.4万5000）など食事メニューは定期的に変わる。

カウンターでオーダーをしてから席に着く

ジャワの「おふくろの味」を満喫
ブ・アグン
Bu Ageng　MAP P.115-C1

住所 Jl. Tirtodipuran No.13
WA 0877-8000-4888　営業 火～日 11:00 ～ 23:00
税＆サ 込み　カード M V　Wi-Fi OK

　ジャワ島の典型的な家庭料理が味わえるローカルレストラン。人気はさまざまな総菜をご飯にトッピングしたナシチャンプル。メインをチキンやビーフ、魚などから選べて Rp.2万9000 ～ 4万。チキンを香ばしく焼き上げたアヤム・

パンガン（Rp.3万）もおすすめ。

ナシチャンプル・アヤム Rp.2万9000

ナシ・グドゥッの専門店街

　ジョグジャカルタの名物料理ナシ・グドゥッの専門店ばかり並ぶ**ジャラン・ウィジラン** Jl. Wijilan。王宮北広場から徒歩5分ほどのエリアに専門店が10軒ほど並んでいる。

ナシ・グドゥッ店が並ぶジャラン・ウィジラン

　R ブ・リース Bu Lies（MAP P.115-B2 TEL 0822-2503-3469 携帯 営業 毎日 6:00 ～ 22:00）は専門店街でも一番の人気。基本のナシ・グドゥッは Rp.1万5000 で、ゆで卵（Rp.8000）や鶏肉（部位により Rp.1万2000

～ 3万）など、トッピングで値段が加算される。総菜各種が盛られたナシ・コンプリート・スペシャルは Rp.6万5000。

ジョグジャのお袋の味を体験しよう

　R グドゥッ・ユ・ジュム Gudeg Yu Djum（MAP P.115-B2 TEL 0813-3303-4747 携帯 営業 毎日 7:00 ～ 22:00）は、ジョグジャカルタの各地区に支店がある老舗のローカル食堂。煮卵が入ったグドゥッ・テロールは Rp.1万8000、グドゥッ・アヤムは Rp.2万5000 ～。

ハミダシ　R ワルン・ハンダヤニ Warung Handayani（MAP P.115-C1　TEL 0813-9274-7998 携帯 営業 毎日 8:00 ～ 16:00）では、名物料理のブロンコス・テロール Rp.1万7000 が味わえる。

ジャワ島

のんびり過ごせる人気スポット
ジョグロ・ドヨン・レスト
Joglo Doyong Resto　**MAP P.137**

住所 Sosrowijayan Wetan Gt.1/111
TEL (0274) 530-7518　営業 毎日 8:00 〜 22:00
税&サ 込み　カード 不可　**Wi-Fi** OK

各国からの旅行者が集う人気レストラン。インドネシア料理をはじめ、パスタやケバブ、ステーキ、中華料理、インド料理など、幅広いメニューを提供している。ナシチャンプル(Rp.2万8000)、ビーフ・ケバブ(Rp.5万5000)、BBQ

昔ながらのレトロな内観

チキン(Rp.4万3000)など手頃な値段設定もうれしい。裏通りの静かなエリアにあり、雰囲気がいい開放的なジョグロ建築の建物で、のんびり食事を楽しめる。朝食メニューも充実している。

ジョグジャカルタ

電車ファン必訪のオープンカフェ
ロコ・カフェ・マリオボロ
Loco Cafe Malioboro　**MAP P.137**

住所 Komp. Ps. Kembang, Jl. Ps.Kembang
TEL 0813-2610-0814 携帯　営業 毎日 8:00 〜 23:00
税&サ 込み　カード **AMV**　**Wi-Fi** OK

トゥグ駅の東側の踏切脇で、電車を間近に望める。線路沿いの席は屋根がないオープンスタイルで電車のシートを利用した席もある。

踏切のすぐ脇で走る電車が間近に望める

アイス・ラテ（Rp.2万8000）、アボカドコーヒー（Rp.3万）、バクミ・ゴレン・ジョグジャ（Rp.3万5000）。トゥグ駅舎内には同系列の Loco Cafe Stasiun Tugu も入っている。

ジョグジャ名物の炭入りコーヒー
コピ・ジョス・パ・アグース
Kopi Jos "Pak Agus"　**MAP P.137**

住所 Jl. P.Mangkubumi No.5　TEL なし
営業 毎日 17:00 〜 深夜　税&サ 込み　カード 不可

入れたてコーヒーに燃えた炭を入れるコピ・ジョス（Rp.5000）を味わえる老舗のアンクリンガン。食事メニューは串刺しの総菜（Rp.3500前後）やナシ・クチン(Rp.3000前

ジョグジャ発祥のコピ・ジョス（ジョスはコーヒーに炭を入れたときの音を表す）

後）が並ぶなかから、好きなものを選ぶスタイル。会計は自己申告で最後にするので、食べたものを控えておくのを忘れずに。

老舗レストランでグドゥッを味わう
ブ・チトロ
Bu Tjitro　**MAP P.114-B2**

住所 Jl. Janting No.330　WA 0815-7574-1784
営業 毎日 8:00 〜 20:30　税&サ +10%　カード **JMV**

1925年から続くグドゥッ専門店で、開業当時から変わらないオリジナルのレシピを守り続けている。牛の皮を煮込んだクレチェッが付いた

旅行客にも人気のグドゥッ専門店

ブ・チトロ風ナシ・グドゥッは、鶏肉の部位によってRp.1万7000〜4万5000。豆腐とテンペを甘辛く煮つけたタフ・テンペはRp.1万5000。空港の向かいにも支店がある。

子ヤギのサテが絶品！
サテ・クラタッ・パ・ジュデ
Sate Klatak Pak JeDe　**MAP P.114-A2**

住所 Jl. Nologaten 46, Depok, Sleman
TEL 0822-4343-4445 携帯
営業 毎日 10:00 〜 23:00　税&サ 込み　カード 不可

生後 7 〜 8 ヵ月の子ヤギ肉のみを使用するサテ・カンビンの専門店。軟らかくジューシーな食材を生かし、味つけは塩・コショウのみ。ヤギ肉

ヤギ肉のうま味を満喫できるサテ・クラタッ

の臭みはまったくなく、何皿もお代わりしたくなるおいしさだ。自転車のスポークを串として使うサテ・クラタッ(Rp.2万5000)は、ヤギ肉スープのグレが付いてくる。

ハミダシ　ロンデ Ronde は甘いショウガ湯に白玉やコランカリン（ヤシの実の一種）を入れたジョグジャの名物ホットドリンク。夕方になると 0km ポイントやアルンアルン周辺など、市内各所に屋台が出る。

ホテル　Hotel

高級ホテルから格安の宿まで、数も種類も豊富にある。高級ホテルは空港と町を結ぶジャラン・ソロと、中心部ジャラン・マリオボロ沿いに多い。駅のすぐ南にあるソスロウィジャヤン地区には、中級ホテルと安宿が密集している。特にゴチャゴチャと入り組んだ路地に面したロスメンは激安。王宮南広場とバスターミナルの間にあるプラウィロタマン地区は、のんびり滞在したい人におすすめ。多くのホテルは中庭にプールをもち、優雅な雰囲気だ。雨季のオフシーズンには50%程度の大幅割引をする中・高級ホテルもある。

郊外～ジャラン・マリオボロ周辺

各国のセレブが滞在する
テントラム・ジョグジャカルタ
Temtram Jogjakarta　MAP P.114-A1

住所 Jl. P. Mangkubumi No.72A
TEL (0274) 641-5555
URL yogyakarta.hoteltentrem.com
税&サ +21%　カード A D J M V　Wi-Fi OK

料金			
AC	Mini	TV	デラックスⓈⒹ Rp.135万～
AC	Mini	TV	プレミアⓈⒹ 171万～
AC	Mini	TV	エグゼクティブⓈⒹ Rp.193万5000～
AC	Mini	TV	スイート Rp.378万～

スイートルームのリビングの広さは感動もの！

トゥグの塔から約1km北にある、全274室の5つ星ホテル。すべての客室には高級ベッドが用意され夢のような寝心地。ミニバーにはオーナー一族が経営するハーブ飲料メーカー「シド・ムンチュール」の製品が入っており無料で試飲できる。 POOL レストラン 朝食

シックな雰囲気が評判
メリア・プロサニ
Melia Purosani　MAP P.115-A2

住所 Jl. Suryotomo No.31　TEL (0274) 589-521
FAX (0274) 588-071
URL www.melia.com　税&サ +21%
カード A D J M V　Wi-Fi OK

料金			
AC	Mini	TV	デラックスⓈⒹ Rp.120万～
AC	Mini	TV	プレミアムⓈⒹ Rp.150万～
AC	Mini	TV	スイート Rp.300万～

ジャラン・マリオボロから300mほど東に

中心部にも近く便利なロケーション

ある全280室の近代的な高級ホテル。白を基調とした部屋は洗練されたインテリアで、ゆったりしたバスルームやアメニティの充実もうれしい。プールは緑に囲まれて落ち着ける雰囲気。コーヒーショップは24時間オープン。 POOL レストラン 朝食

人気の高い高級リゾート
ハイアット・リージェンシー
Hyatt Regency Yogyakarta　MAP P.139

住所 Jl. Palagan Tentara Pelajar
TEL (0274) 869-123　FAX (0274) 869-588
日本予約 FD 0120-923-299
URL www.hyatt.com　税&サ +21%
カード A D J M V　Wi-Fi OK

料金			
AC	Mini	TV	スタンダードⓈⒹ US$76～
AC	Mini	TV	クラブルームⓈⒹ US$111～

ジョグジャカルタ市内からボロブドゥール方面へ5km北上。緑豊かな敷地をもち、外観はボロブドゥール寺院を模している全269室の近代的なホテル。広大な敷地には緑豊かな

庭園が広がり、9ホールのゴルフコースやテニスコートを併設している。 POOL レストラン 朝食

ゴルフコースに面した大型ホテル

下町エリアのおすすめホテル
グリヤ・ウィジラン
Griya Wijilan　MAP P.115-B2

住所 Jl. Wijilan PB1 No.21, Kraton
TEL (0274) 371-902
税&サ 込み　カード M V　Wi-Fi OK

料金			
AC	Mini	TV	スーペリアⓈⒹ Rp.32万～
AC	Mini	TV	デラックスⓈⒹ Rp.37万～
AC	Mini	TV	ファミリー Rp.57万～

ジャラン・ウィジランから少し入った、路地に建つ全10室のホテル。裏道を通ってクラトンまで徒歩5分ほどの便利なロケーション。スタッフが親切で、落ち着けるインテリアの部屋も快適。共同スペースにはコーヒーと紅茶が24時間用意されている。 POOL レストラン 朝食

部屋のカテゴリも細かく分かれている

 ハミダシ　宿泊先にランドリーサービスや干し場がない場合はランドリー店を利用しよう。通常はキロ単位で受け付けており1kgに満たない場合はRp.2万ほど。宿のスタッフに近くのおすすめ店を聞いてみよう。

瀟洒な建物がすてきなホテル
ザ・フェニックス・ジョグジャカルタ
The Phoenix Yogyakarta [MAP] P.114-B1

住所 Jl. Jenderal Sudirman No.9
TEL (0274) 566-617
URL all.accor.com 税&サ 込み
カード [J][M][V] [Wi-Fi] OK
料金 [AC][Mini][TV] スーペリアⓈⒹ Rp.61 万～
[AC][Mini][TV] デラックスⓈⒹ Rp.66 万～
[AC][Mini][TV] エグゼクティブⓈⒹ Rp.126 万～
[AC][Mini][TV] スイート Rp.166 万～

20 世紀初頭のダッチ・コロニアル風の建物を使った、優雅なおすすめホテル。広々としたロビーやプールのある中庭など、空間を贅沢に使ったレイアウトだ。全 144 室の客室は機能的で、かわいらしいベランダ付き。ジャムウや屋台料理も楽しめる、ビュッフェスタイルの朝食もうれしい。スタッフのホスピタリティも一流ホテル並みだ。
[POOL][レストラン][朝食]

上／落ち着いた雰囲気のベッドルーム　下／ジョグジャカルタを代表するコロニアルホテル

好立地に建つリーズナブルなホテル
イビススタイルズ・ジョグジャカルタ
Ibis Styles Jogjakarta [MAP] P.115-A1

住所 Jl. Dagen No.109, Sosromenduran
TEL (0274) 588-889
URL all.accor.com 税&サ 込み
カード [M][V] [Wi-Fi] OK
料金 [AC][Mini][TV] スーペリアⓈⒹ Rp.53 万～
[AC][Mini][TV] デラックスⓈⒹ Rp.66 万～

ジャラン・マリオボロまで徒歩 7 分ほどの、市内散策に便利な全 113 室のホテル。客室はコンパクトだが機能的で、種類豊富なビュッフェスタイルの朝食もおいしい。週末の夜は屋上でライブ演奏が開催され、客室にも聞こえてくる（平日は静かに過ごせる）。
[POOL][レストラン][朝食]

屋上には町を一望できるプールを完備

観光やショッピングに便利
マルヤバラ
Malyabhara [MAP] P.115-A2

住所 Jl. Malioboro No.52-58 WA 0811-2546-977
URL www.malyabharahotel.com
税&サ 込み カード [A][D][J][M][V] [Wi-Fi] OK
料金 [AC][Mini][TV] スーペリアⓈⒹ Rp.80 万～
[AC][Mini][TV] デラックスⓈⒹ Rp.100 万～

大型ショッピングモールの[S]プラザ・マリオボロと連結した全 149 室のホテル。クラトン王宮やトゥグ駅も徒歩圏にあり、効率的に観光が楽しめる。スーペリア（24m²）にはツインベッドの部屋も用意され友人同士の滞在にもおすすめだ。
[POOL][レストラン][朝食]

目抜き通りのジャラン・マリオボロ沿いにある

ジャワ島コロニアル建築がすばらしい
ダラム・ガムラン
nDalem Gamelan [MAP] P.115-B2

住所 Jl. Gamelan No.18 TEL 0896-4059-7968 携帯
URL www.ndalemgamelan.com
税&サ 込み カード不可 [Wi-Fi] OK
料金 [AC][Mini][TV] ⓈⒹ Rp.35 万～

王宮の敷地から 300m ほど東、古都の風情を満喫できる 5 室のプチホテル。民家を改築した宿なので、ジョグジャの家庭に訪れたかのような雰囲気が楽しめる。
[POOL][レストラン][朝食]

アンティークに包まれて過ごせる

ローカルな風情を満喫できる
クサトリヤン・ジョグジャ
Kesatriyan Jogja [MAP] P.118

住所 Jl. Kesatriyan No.13, Kraton
WA 0812-2353-6083 URL kesatriyanjogja.com
税&サ 込み カード [A][M][V] [Wi-Fi] OK
料金 [AC][Mini][TV] スタンダードⓈⒹ Rp.39 万～
[AC][Mini][TV] スーペリアⓈⒹ Rp.49 万～

クラトンまで徒歩 3 分の好立地にあるゲストハウス。周囲は閑静な住宅街で近くにカフェや食堂も点在。朝食は前日までに伝えればインドネシア料理の弁当（Rp.2 万 5000）を用意してくれる。全 17 室。[POOL][レストラン][朝食]

部屋は清潔でシャワーからは熱いお湯が出る

ハミダシ　ジョグジャカルタの人気食堂や名物料理は「wisata kuliner jogja」と入力して検索すれば、地元の人がすすめる紹介サイトがヒットする。インドネシア語が読めなくても料理写真など参考になる。

ムード満点でカップルにおすすめ
ジョグジャ・ビレッジ・イン
Jogja Village Inn [MAP] P.114-C1

住所 Jl. Menukan No.5 TEL (0274) 373-031
WA 0878-8057-7488 URL www.jogja-village.com
税&サ 込み カード [A][J][M][V] [Wi-Fi] OK
料金 [AC][Mini][TV] スーペリアⓈⒹ Rp.62 万〜
[AC][Mini][TV] デラックスⓈⒹ Rp.67 万〜

独特の情緒が楽しめる人気ホテル

プラウィロタマン地区から 600m 南にある、全 20 室のブティックホテル。エスニック調で統一された部屋の内装や家具、バスルームには細部までこだわりが見られ、DVD を鑑賞するためのムービールームも用意されている。大きなプールを中心とした、緑が広がる中庭も落ち着ける。19 室中、16 室がデラックスルームとなっている。[POOL][レストラン][朝食]

設備の整った中級ホテル
インダー・パレス
Indah Palace [MAP] P.135

住所 Jl. Sisingamangaraja No.74
TEL (0274) 383-738
URL hotelindahpalacejogja.com 税&サ 込み
カード [J][M][V] [Wi-Fi] OK
料金 [AC][Mini][TV] スーペリアⓈⒹ Rp.38 万〜
[AC][Mini][TV] デラックスⓈⒹ Rp.42 万〜

ジャワ風のインテリアデザインも評判

ジャラン・プラウィロタマンの 1 ブロック北側にある、全 24 室の中級ホテル。タマン・サリを模したプールを囲むように各部屋が並び、のんびりリラックスできる雰囲気。全室バスタブ付きで、部屋にはミニバー、コーヒーメーカー、ヘアドライヤーなど完備。55 チャンネルの衛星放送が受信できるテレビなど最新設備もうれしい。空港や鉄道駅への送迎サービスもある。
[POOL][レストラン][朝食]

予算に応じて部屋が選べる
デュタ・ゲストハウス
Duta Guest House [MAP] P.135

住所 Jl. Prawirotaman No.26
TEL (0274) 372-064
URL www.dutagardenhotel.com 税&サ 込み
カード [M][V] [Wi-Fi] OK
料金 [AC][Mini][TV] ⓈⒹ Rp.21 万 5000 〜
[AC][Mini][TV] ⓈⒹ Rp.24 万〜
[AC][Mini][TV] ⓈⒹ Rp.39 万 5000 〜

部屋の種類が豊富

ジャラン・プラウィロタマンの中ほどにある全 36 室のホテル。部屋のタイプがいろいろあるので、チェックインする前にいくつか見せてもらおう。いちばん高い部屋は、裏庭に面したコテージ風の造り。[POOL][レストラン][朝食]

アンティーク風の女子受けホテル
ジャワ・ヴィラス
Java Villas [MAP] P.135

住所 Jl. Gerliya MGIII/460, Prawirotaman
TEL (0274) 287-1338 URL www.javavillashotel.com
税&サ 込み カード [A][J][M][V] [Wi-Fi] OK
料金 [AC][Mini][TV] デラックスⓈⒹ US$45 〜
[AC][Mini][TV] エグゼクティブⓈⒹ US$49 〜
[AC][Mini][TV] ジュニアスイート US$90 〜

コロニアル・ジャワスタイルをコンセプトにした全 17 室のブティックホテル。デラックスはやや手狭だがひとり旅には十分。2 名ならエグゼクティブ以上のカテゴリがおすすめ。[POOL][レストラン][朝食]

エグゼクティブの室内

清潔で安くプールまである
デルタ・ホームステイ
Delta Homestay [MAP] P.135

住所 Jl. Prawirotaman MG.III/597A
TEL (0274) 372-051
URL www.dutagardenhotel.com 税&サ 込み
カード [M][V] [Wi-Fi] OK
料金 [AC][Mini][TV] ⓈⒹ Rp.15 万〜
[AC][Mini][TV] ⓈⒹ Rp.20 万〜

ジャラン・プラウィロタマン南側の通りの西端から 100m。スタッフの対応もしっかりしており、このエリアのおすすめホテルのひとつ。全 14 室。
[POOL][レストラン][朝食]

プールを囲んで客室が並んでいる

ハミダシ ジャラン・マリオボロは 23 時過ぎに屋台もほとんど閉まる。トゥグ駅の北側には朝まで営業するアンクリンガン(コーヒーと軽食の屋台)が多く出ているので、深夜発着の列車を利用するときに便利。

エコロジーに敏感な旅行者が集う
グリーンホスト
Greenhost `MAP P.135`

緑の植物に囲まれた
レストランも評判

住所 Jl. Geriya No.629　WA 0811-296-6454
URL www.greenhosthotel.com
税&サ 込み　カード `A` `J` `M` `V`　`Wi-Fi` OK
料金 `AC` `Mini` `TV` `S` `D` Rp.65万〜

スタイリッシュな全96室のデザイナーズホテル。プラウィロタマン地区では大型の部類だが、人気が高くて満室になることも多い。

7タイプの異なるデザインの客室はコンパクトながら、設備やアメニティが充実している。雰囲気のいいレストランやスパ、コンセプトショップも併設している。
`POOL` `レストラン` `朝食`

節約派にも使い勝手がいい
ディアナ・ジョグジャ
Diana Jogja `MAP P.115-C1`

伝統的なコロニアル
建築を再現している

住所 Jl. Tirtodipuran No.9　TEL (0274) 373-833
URL www.hoteldianajogja.com
税&サ 込み　カード `A` `M` `V`　`Wi-Fi` OK
料金 `AC` `Mini` `TV` スーペリア`S` `D` Rp.30万〜
　　 `AC` `Mini` `TV` デラックス`S` `D` Rp.40万〜

建物やインテリアにジャワ島の伝統文化が感じられる全45室のホテル。プラウィロタマン地区の標準的なホテルと比べて、料金のわりに設備が整っておりベッドルームも清潔(各部屋には物干しも用意されている)。静かなエリアにあり、スタッフもフレンドリーで、落ち着いて過ごすことができる。`POOL` `レストラン` `朝食`

快適に滞在できる人気宿
アディストハナ
Adhisthana `MAP P.135`

住所 Jl. Prawirotaman 2 No.613　WA 0811-2888-335
URL www.adhisthanahotel.com
税&サ 込み　カード `A` `J` `M` `V`　`Wi-Fi` OK
料金 `AC` `Mini` `TV` スーペリア`S` `D` Rp.65万〜
　　 `AC` `Mini` `TV` デラックス`S` `D` Rp.70万〜

プールを囲むように全18室の客室が並ぶ。スーペリアは17㎡と手狭なので、2名以上で利用するならデラックス以上がおすすめ。共同のリビングも居心地がいい。
`POOL` `レストラン` `朝食`

窓枠を使ったハイセンスな外観が目印

最安のドミトリーをもつ
ヴェネツィア・ホームステイ
Venezia Homestay `MAP P.115-C2`

住所 Jl. Surami No.855　TEL 0823-2388-0707 携帯
税&サ 込み　カード `M` `V`　`Wi-Fi` OK
料金 `AC` `Mini` `TV` バンガロー`S` `D` Rp.25万〜

プラウィロタマン地区の南の外れにある全6室の安宿。各国のバックパッカーたちでにぎわっており情報交換の場にもなっている。朝食は別途Rp.2万で用意してもらえる。
`POOL` `レストラン` `朝食`

客室はプールに面している

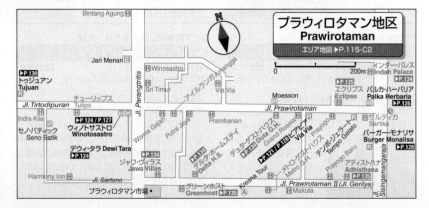

プラウィロタマン地区
Prawirotaman
エリア地図 ▶P.115-C2

N
0　　　　200m

Bintang Agung `H`
Jari Menari `E`
▶P.130
トゥジュアン
Tujuan
Jl. Tirtodipuran
Indra Kila `H`
セノ・バティック
Seno Batik
デウィ・タラ Dewi Tara ▶P.124
Harmony Inn `H`
Jl. Sartono
プラウィロタマン市場・

チューリップス
Tulips
▶P.124/P.127
ウィノサストロ
Winotsastro
ジャワ・ヴィラス
Jawa Villas ▶P.134

Jl. Parangtritis
`H` Winosastro
Sri Timur `H`
Wisma Gajah
Putra Jaya
デルタ・ホームステイ
Delta H.S. ▶P.134
グリーンホスト
Greenhost ▶P.135 `A`
Kresna Tour

アイルランガ川 Airlangga
Via Via
Prambanan `H`
デュタ・ゲストハウス
Duta G.H. ▶P.124
Grand Rosela
メトロ・ゲストハウス
Metro G.H. `H`
`H` Makuta
Jl. Prawirotaman Ⅱ (Jl. Gerilya)

Moesson
Eclipse ▶P.135
エクリプス
Jl. Prawirotaman
ヴィア・ヴィア
Via Via ▶P.128
Prayogo
テンポ・ジェラート
Tempo Gelato
Prayogo Baru
アディストハナ
Adhisthana ▶P.135
Sartika `H`

インダー・パレス
`H` Indah Palace ▶P.134
バルカ・ハーバリア
Palka Herbaria ▶P.126
`H` ザルディカ
バーガー・モナリサ
Burger Monalisa ▶P.128
Sisingamangaraja

ハミダシ `H` エクリプス Eclipse (`MAP` P.135　TEL 0274-380-976)はプラウィロタマン通りの東側にある全26室のホテル。客室はスーペリアでも28㎡の快適サイズ。`S` `D` Rp.35万〜。

135

ジャワ島

ジョグジャカルタ

ソスロウィジャヤン地区

コロニアル調の老舗ホテル
グランド・インナ・マリオボロ
Grand Inna Malioboro [MAP] P.137

住所 Jl. Malioboro No.60 TEL (0274) 566-353
URL www.grandinnamalioboro.com
税&サ 込み カード [A][J][M][V] [Wi-Fi] OK
料金 [AC][Mini][TV] スーペリアⓈⒹ Rp.170 万～
[AC][Mini][TV] デラックスⓈⒹ Rp.191 万～
[AC][Mini][TV] スイート Rp.391 万～

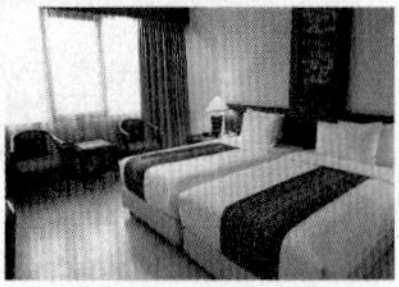
中心部にあるが室内はとても静か

ジャラン・マリオボロ北端にある全 222 室の大型ホテル。ショッピングアーケード、ATMなど施設も充実。ホテル前にトランスジョグジャも停まるので、観光にも便利だ。[POOL][レストラン][朝食] ※ 2024 年 1 月現在、リノベーションのため休業中

駅前にある便利な中級ホテル
アバディ・マリオボロ
Abadi Malioboro [MAP] P.137

住所 Jl. Pasar Kembang No.49 TEL (0274) 563-435
WA 0818-0418-6036
URL www.abadihoteljogja.co.id
税&サ 込み カード [A][J][M][V] [Wi-Fi] OK
料金 [AC][Mini][TV] ビジネスⓈⒹ Rp.123 万～
[AC][Mini][TV] スーペリアⓈⒹ Rp.133 万～
[AC][Mini][TV] デラックスⓈⒹ Rp.142 万～

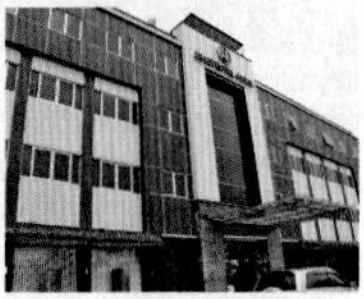
列車での移動に便利なロケーション

トゥグ駅南口を出て、すぐ目の前にある全 147 室のビジネスホテル。1 階のコーヒーショップは 24 時間オープンで、列車待ちでの利用にも便利。出張の利用客が多いが、観光でも快適に過ごせるホテルだ。スパも完備している。[POOL][レストラン][朝食]

ビジネス利用にもおすすめ
マリオボロ・パレス
Malioboro Palace [MAP] P.137

住所 Jl. Sosrowijayan No.3-5 WA 0813-3394-6090
税&サ 込み カード [J][M][V] [Wi-Fi] OK
料金 [AC][Mini][TV] ⓈⒹ Rp.40 万～

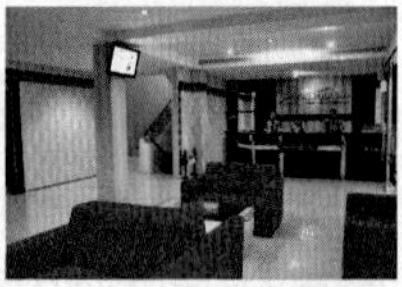
ジャラン・マリオボロに近くて便利

観光にもショッピングにも便利な全 51 室のホテル。ジャラン・マリオボロからジャラン・ソスロウィジャヤンに入ってすぐ左側にある。ビジネス客向けに造られた部屋はシンプルな造りだが、掃除も行き届き快適に過ごせる。[POOL][レストラン][朝食]

快適に滞在できる中級ホテル
サマークエスト
Summer Quest [MAP] P.137

住所 Jl. Sosrowijayan TEL (0274) 586-833
税&サ 込み カード [M][V] [Wi-Fi] OK
料金 [AC][Mini][TV] スーペリアⓈⒹ Rp.40 万～
[AC][Mini][TV] デラックスⓈⒹ Rp.50 万～
[AC][Mini][TV] ファミリー Rp.60 万～

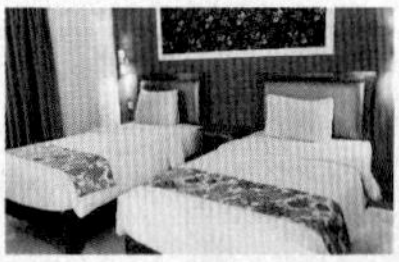
パステルカラーの客室は女性客にも評判

ジャラン・ソスロウィジャヤンの路地に建つ、全 40 室の 5 階建てホテル。客室はオシャレなインテリアでシャワールームも清潔。週末料金は Rp.10 万～加算。[POOL][レストラン][朝食]

日本人の利用も多い人気ホテル
レジェントリス・マリオボロ
Regentris Malioboro [MAP] P.137

住所 Jl. Sosrowijayan No.33 TEL (0274) 512-928
WA 0877-3951-5333
税&サ 込み カード [A][J][M][V] [Wi-Fi] OK
料金 [AC][Mini][TV] ⓈⒹ Rp.33 万～

鉄道駅からガンⅡを抜けた突き当たりにある、全 71 室のビジネスホテル。設備は多少古びているが立地のよさで人気。[POOL][レストラン][朝食]

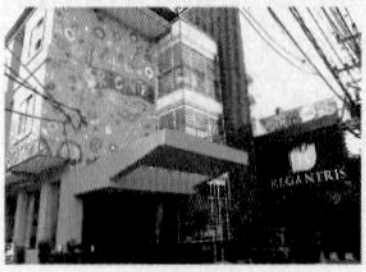

近代的な外観が目印

下町情緒に浸れるモダンな宿
パウォン・チョクラッ
Pawon Cokelat [MAP] P.137

住所 Jl. Sosrowijayan Watan, Gg1, No.120
WA 0877-8880-9008
税&サ 込み カード 不可 [Wi-Fi] OK
料金 [AC][Mini][TV] ⓈⒹ Rp.30 万～

ソスロウィジャヤン地区の奥まった場所にある、全 10 室のゲストハウス。周囲には裏通りならではの下町風景が広がり、車の騒音も聞こえず静かに過ごせる。客室はとてもコンパクトだが設備も整っている。[POOL][レストラン][朝食]

ハミダシ [E]カキク Kakiku（[MAP] P.137 TEL 0274-489-192 営業 毎日 9:00 ～ 22:00）は、ソスロウィジャヤンにあるマッサージ店。足ツボは 45 分で Rp.9 万、ボディは 1 時間で Rp.11 万～。

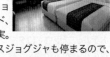

夜遊び派には便利な立地
サマーシーズン
Summer Season [MAP] P.137

住所 Jl. Sosrowijayan No.6　TEL (0274) 584-037
URL www.summerseasonhotels.com
税&サ 込み　カード [A][M][V]　[Wi-Fi] OK
料金 [AC][Mini][TV] ⓈⒹ Rp.40 万～

ソスロウィジャヤン通りの東端にある 40 室の中級ホテル。部屋は広くはないが、掃除は行き届いている。マリオボロ通りもすぐなので、ショッピングを楽しんだり、夜遊び派にはうれしいロケーションだ。[POOL][レストラン][朝食]

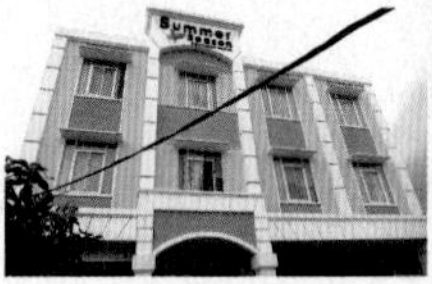
外観はオシャレな雰囲気

とにかく安い料金の宿を探すなら
インドネシア
Indonesia [MAP] P.137

住所 Jl. Sosrowijayan No.9　TEL (0274) 587-659
WA 0819-4713-0076 URL indonesiahotelyogya.com
税&サ 込み　カード不可　[Wi-Fi] OK
料金 [AC][Mini][TV] ファンルームⓈⒹ Rp.15 万
[AC][Mini][TV] エアコンルームⓈⒹ Rp.48 万～

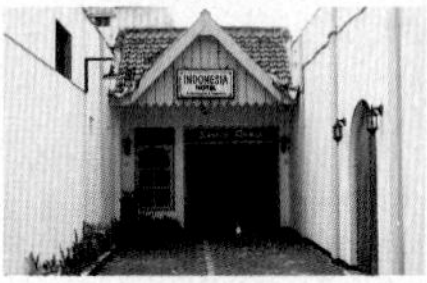
通りから路地を南へ進む

ジャラン・ソスロウィジャヤンの東側の路地を入った突き当たりにあり、部屋はゆったりとした中庭に面している。全 28 室。ファンルームはバス共同。[POOL][レストラン][朝食]

駅近の路地裏にある快適ホテル
アンドレア
Andrea [MAP] P.137

住所 Jl. Sosrowijayan, Gg.2 No.146
WA 0813-2858-5516
URL andreahoteljogja.wordpress.com
税&サ 込み　カード 不可　[Wi-Fi] OK
料金 [AC][Mini][TV] ⓈⒹ Rp.16 万～
[AC][Mini][TV] ⓈⒹ Rp.22 万～

トゥグ駅南口から 200m。親切なスイス人のサミーさんとインドネシア人の奥さんが経営する全 8 室の宿。室内は清潔で、ランドリーや空港送迎の手配もしてくれる。[POOL][レストラン][朝食]

スタッフがフレンドリー
スティア・バックパッカー
Setia Backpacker [MAP] P.137

住所 Sosrowijayan Wetan GT1/146, Gg.2
TEL (0274) 501-5313
税&サ 込み　カード 不可　[Wi-Fi] OK
料金 [AC][Mini][TV] ドミトリー Rp.9 万 5000
[AC][Mini][TV] デラックスⓈⒹ Rp.25 万～

全 19 室の格安ホテルで、バスルームやトイレ共同のドミトリー（4 ベッド、男女別）と、コンパクトなバスルーム付きの個室がある。ガン 2 中ほどに密集する安宿のなかでは新しめで、部屋やバスルームは清潔だ。[POOL][レストラン][朝食]

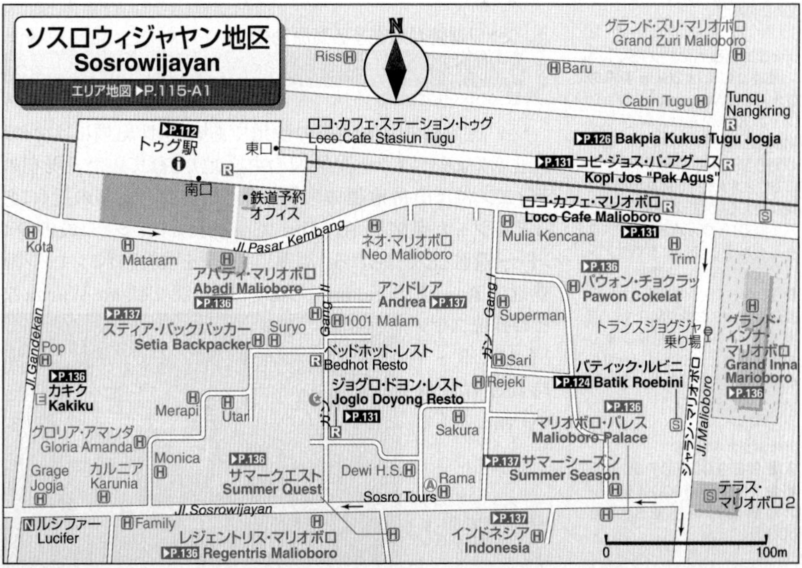
ソスロウィジャヤン地区
Sosrowijayan
エリア地図 ▶P.115-A1
N
グランド・ズリ・マリオボロ
Grand Zuri Malioboro
Riss
Baru
Cabin Tugu
Tunqu Nangkring
▶P.112
トゥグ駅
東口
南口
ロコ・カフェ・ステーション・トゥグ
Loco Cafe Stasiun Tugu
▶P.126 Bakpia Kukus Tugu Jogja
▶P.131 コピ・ジョス・パ・アグース
Kopi Jos "Pak Agus"
鉄道予約オフィス
ロコ・カフェ・マリオボロ
Loco Cafe Malioboro
▶P.131
Kota
Mataram
Jl.Pasar Kembang
ネオ・マリオボロ
Neo Malioboro
Mulia Kencana
Trim
アバディ・マリオボロ
Abadi Malioboro
▶P.136
アンドレア
Andrea ▶P.137
▶P.136
パウォン・チョクラッ
Pawon Cokelat
▶P.137
スティア・バックパッカー
Setia Backpacker
Suryo
1001 Malam
Gang II
Gang I
Superman
トランスジョグジャ乗り場
グランド・インナ・マリオボロ
Grand Inna Marioboro
▶P.136
Pop
Jl.Gandekan
▶P.136
カキク
Kakiku
ベッドホット・レスト
Bedhot Resto
ジョグロ・ドヨン・レスト
Joglo Doyong Resto
▶P.131
Sari
Rejeki
バティック・ルビニ
▶P.124 Batik Roebini
Merapi
Utari
Sakura
▶P.136
マリオボロ・パレス
Malioboro Palace
グロリア・アマンダ
Gloria Amanda
Monica
▶P.136
サマークエスト
Summer Quest
Dewi H.S.
Rama
▶P.137 サマーシーズン
Summer Season
ジャラン・マリオボロ
Jl.Malioboro
Grage Jogja
カルニア
Karunia
Sosro Tours
テラス・マリオボロ2
Jl.Sosrowijayan
ルシファー
Lucifer
Family
レジェントリス・マリオボロ
▶P.136 Regentris Malioboro
▶P.137
インドネシア
Indonesia
0
100m

ハミダシ ジョグジャカルタのトゥグ鉄道駅に着いたとき、メインの出入口（東口）から出てしまうと、ソスロウィジャヤン地区のホテルへは遠回りになる。地下道を横断して、小さな南口から出よう。

イモギリ

入場 日・月 10:00 ～ 13:00
　　　金 13:30 ～ 16:00
料金 寄進のみ
　ジョグジャカルタのギワガン・バスターミナルからバスで所要40分、Rp.3万。階段は急坂なので注意。お墓がある部屋には数人しか入れず、かなり待たされることもある。

パラントゥリティス

　ジョグジャカルタのギワガン・バスターミナルからバスが運行している（プラウィロタマン地区のジャラン・パラントゥリティスからも乗車可）。所要約1時間、Rp.3万～4万。パラントゥリティスからの最終バスは17:30前後。

デポッ海岸

　パラントゥリティスの数km西にあるデポッ海岸 Pantai Depok には、ビーチの近くに魚市場がある。ここで魚を購入し、周辺に並ぶワルン（屋台）に持ち込んで調理してもらおう。

さまざまな魚が売られているデポッ海岸の魚市場

ディエン高原へのアクセス

　最寄りの町は26km手前のウォノソボ Wonosobo。ジョグジャカルタからは、マグラン Magelang 行きのバスに乗り（所要1.5時間、Rp.3万）、そこでウォノソボ行きのミニバスに乗り換える（所要2時間、Rp.2万5000）。ウォノソボのバスターミナルから町なかまではアンコタ（ミニバス）で移動し（所要10分）、乗り場でディエン行きのアンコタに乗り換えて、所要45分、Rp.2万程度。乗り換えも含めて、ジョグジャカルタからだと片道5時間。車のチャーターは Rp.60万～。

アルジュナ寺院群

入場 毎日 8:00 ～ 17:00
料金 Rp.1万5000（シキダン地熱地帯は別途 Rp.1万5000）

神聖なる王家の墓 ★
イモギリ
Imogiri
MAP P.139-B1

　ジョグジャカルタから15kmほど南にあるイモギリには、1645年以降のスルタンの墓がある。マタラム王朝の歴代の王である、スルタン・ハムンク・ブウォノ1世から9世までがこの王家の墓地で眠っている。墓地は眺めのいい丘の上に造られており、345段の石造りの階段を上りきると、ジョグジャの町並みやムラピ山が一望できる。

スルタンたち王族の墓地

インド洋のビーチを訪ねる ★
パラントゥリティス
Parangtritis
MAP P.139-B1

　ジョグジャカルタから30kmほど南にある、夕日の観賞スポットとして知られるビーチ。地元の行楽客に人気があり、特に週末は家族連れでにぎわっている（波が荒いので海には入らず、皆ビーチ際ではしゃいでいる）。ビーチ沿いにはレストランやホテルも並んでいる。

地元の人たちに人気のビーチエリア

ジャワ遺跡が点在する高原地帯 ★★
ディエン高原
Dieng Plateau
MAP P.49-B4

　ジャワ古来より山岳崇拝の聖地であり、8世紀頃にはマタラム王朝によるヒンドゥー教信仰の中心地とされていた。現在のディエン村は山岳地帯の寒村にすぎないが、集落の近くにあるアルジュナ寺院群 Arjuna Complex は、ジャワ最古のヒンドゥー遺跡として知られる。周囲には白煙を噴き上げるシキダン地熱地帯 Kawah Sikidang、美しいワルナ湖 Telaga Warna などの観光スポットもあり、3～4時間かけて歩いて回ることもできる。

素朴な農村風景にヒンドゥー遺跡が点在している

ハミダシ　ディエン村の中心部にも宿泊施設はあるが、料金のわりに設備が貧弱なので、26km手前のウォノソボに泊まると便利。ジョグジャカルタからの日帰りツアー（Rp.30万～）の利用もおすすめ。

町並みが絵になるかつての王都 ★★★

コタ・グデ
Kota Gede

[MAP] P.114-C2

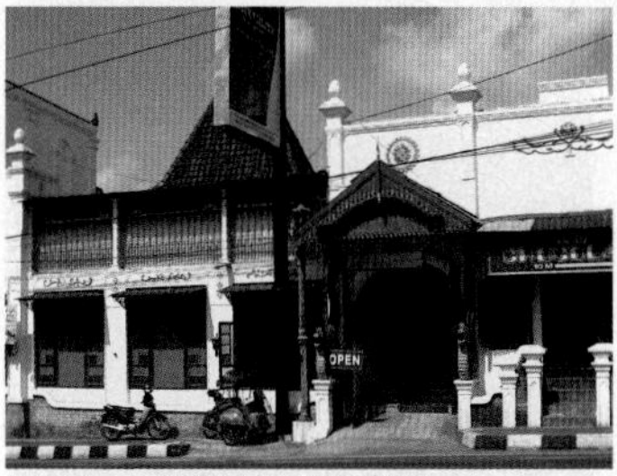
OPEN
銀細工ショップや昔ながらの家々が並ぶ

ジョグジャカルタの南外れにあり、かつてマタラム王国の都があったコタ・グデ。王宮が現在のクラトンに移ってからは、王族に献上する銀細工の町として栄えてきた。今でも通り沿いにはシルバーショップが点在し、ワヤン・クリッやベチャなどの古都らしいモチーフのアクセサリーが店頭に並んでいる。

マタラム王国時代の王族の墓や豪商の屋敷が点在する町並みを散策すれば、ひなびた郷愁が感じられる。レトロな建物内にある**コタ・グデ市場**Pasar Kota Gede（[MAP] P.114-C2）は、1日中地元客でにぎわうローカルスポット。夕方になると**ギワガンの夜市**Pasar Malam Giwangan（[MAP] P.114-C2）で地元料理も楽しめる。

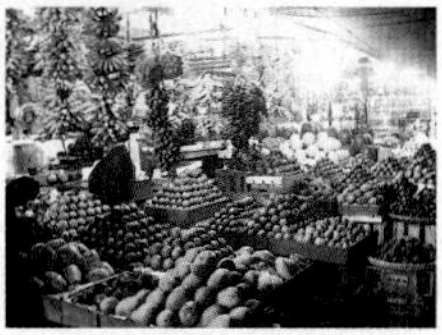
フルーツや食料品が並ぶコタ・グデ市場

コタ・グデ
ジョグジャカルタ中心部から車で約15分。ジャラン・マリオボロからはトランスジョグジャの2Aや3Aが利用できる（Gedong Kening または Tegal Gendul下車）。

コタ・グデに泊まろう
ダレム・ナタン・ロイヤル・ヘリテージは豪商が所持していた歴史的建造物を使ったホテル。アール・デコと伝統をミックスした建築が美しく、アートショップやカフェも併設しているので、休憩で立ち寄るのもおすすめ。ⓈⒹ US$50～。

[H]ダレム・ナタン・ロイヤル・ヘリテージ
nDalem Natan Royal Heritage [MAP] P.114-C2
住所 Jl. Mondorakan No.5, Prenggan, Kec. Kotagede
TEL (0274) 284-0240

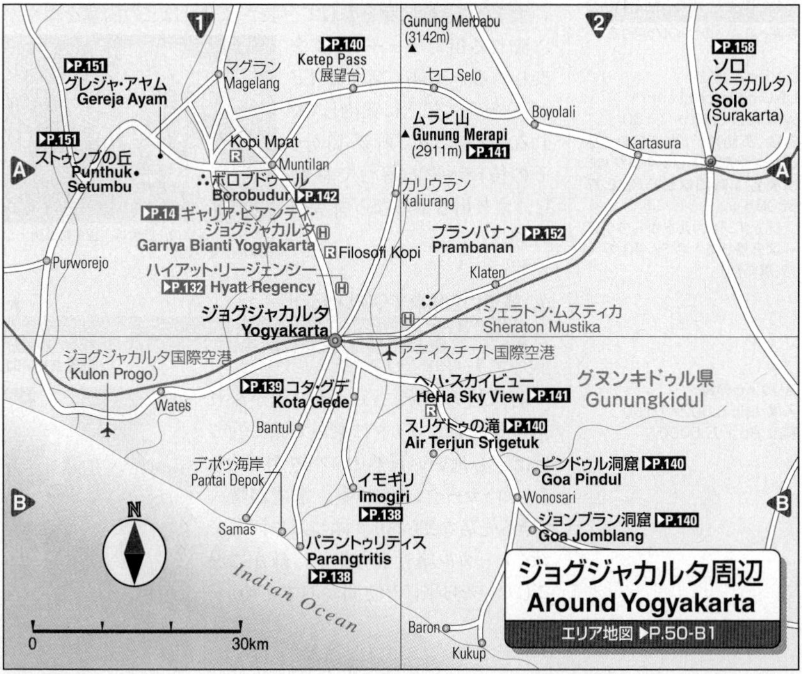
1
2
A
B
Gunung Merbabu
(3142m)
▶P.140
Ketep Pass
(展望台)
▶P.151
グレジャ・アヤム
Gereja Ayam
マグラン
Magelang
セロ Selo
ムラピ山
Gunung Merapi
(2911m) ▶P.141
Boyolali
▶P.158
ソロ
(スラカルタ)
Solo
(Surakarta)
Kartasura
▶P.151
ストゥンブの丘
Punthuk Setumbu
Kopi Mpat
Muntilan
ボロブドゥール
Borobudur ▶P.142
カリウラン
Kaliurang
▶P.14 ギャリア・ビアンティ・ジョグジャカルタ
Garrya Bianti Yogyakarta
Filosofi Kopi
プランバナン ▶P.152
Prambanan
Purworejo
ハイアット・リージェンシー
▶P.132 Hyatt Regency
Klaten
シェラトン・ムスティカ
Sheraton Mustika
ジョグジャカルタ
Yogyakarta
アディスチプト国際空港
ジョグジャカルタ国際空港
(Kulon Progo)
Wates
▶P.139 コタ・グデ
Kota Gede
ヘハ・スカイビュー
HeHa Sky View ▶P.141
グヌンキドゥル県
Gunungkidul
Bantul
スリゲトゥの滝 ▶P.140
Air Terjun Srigetuk
デポッ海岸
Pantai Depok
イモギリ
Imogiri
▶P.138
ピンドゥル洞窟 ▶P.140
Goa Pindul
Wonosari
ジョンブラン洞窟 ▶P.140
Goa Jomblang
N
Samas
パラントゥリティス
Parangtritis
▶P.138
Indian Ocean
0
30km
Baron
Kukup
ジョグジャカルタ周辺
Around Yogyakarta
エリア地図 ▶P.50-B1

ハミダシ イモギリ（→ P.138）は今でも地元では神聖な場所とされており、参拝日と時間が制限されているので注意。参拝するにはジャワ式の正装を求められる（入口でサロンを貸してくれる）。

ジョグジャカルタ近郊へのアクセス手段

ジョンブラン洞窟やピンドゥル洞窟などグヌンキドゥル県の観光スポットは、ジョグジャカルタからのツアー参加が一般的（ツアー会社はP.117参照）。数名で行動するならチャーター車で訪れるのもいい。**Bagus Bintang Tour & Travel**（URL bagusbintang.com）はメールや電話対応も日本語OKで、車チャーターは6時間Rp.85万〜。

ジョンブラン洞窟
時間 毎日10:00頃にグループで出発し、14:00頃に戻るのが一般的
料金 40mのザイル昇降Rp.50万（側道を途中まで下った20mのザイル昇降Rp.35万）。長靴のレンタルと弁当付き。
ジョグジャカルタからのツアーは日帰りで1名Rp.100万〜（入場料込み）。

谷底へは人力のザイルで降りる

ピンドゥル洞窟
URL goapindul.com
入場料 毎日6:00〜17:00
料金 英語ガイド付きのチュービングや洞窟トレッキングは、所要各1時間ほどでRp.6万5000〜。
ジョグジャカルタからのツアーは日帰りで1名Rp.30万〜（入場料別）。

スリゲトゥの滝
入場 毎日8:00〜16:00
料金 Rp.1万5000

幻想的な光景が話題のスポット ★★
ジョンブラン洞窟
Goa Jomblang
MAP P.139-B2

ジョグジャカルタ南東郊外にあるグヌンキドゥル県 Gunung Kidul では、鍾乳洞を巡るアクティビティが人気。特にジョンブラン洞窟では、直径55mの縦穴をザイルで下り、縦穴の頭上から差し込む「太陽の糸」と呼ばれる光景を体験できる。神々しい光のシャワーは絶好の撮影ポイントになっている。

ルウェン・グルブッの縦穴から「太陽の糸」が降り注ぐ。晴れた日の10〜14時に訪問しよう

鍾乳洞を川辺から楽しめる ★
ピンドゥル洞窟
Goa Pindul
MAP P.139-B2

大きな浮き輪に身を委ねて、長さ350mほどの洞窟を緩やかに流れる川でチュービングを楽しめる。英語も話すガイドが、グループごとに案内してくれる。洞窟のみで所要40分、その後トラックの荷台で移動し、オヨ川も下るなら所要2時間ほど。

ピンドゥル洞窟の出口付近。正午には頭上から陽光が差し込む

美景に包まれてリフレッシュ ★
スリゲトゥの滝
Air Terjun Srigetuk
MAP P.139-B2

石灰岩の川岸にいくつもの滝が流れ込む景勝地。イカダに乗って滝に近づけば、心地いい天然のミストを浴びられる。ロッカーやシャワー室、水着が購入できる売店などもあり、滝つぼや河原で泳ぐローカル旅行者も多い。静かに過ごしたいなら平日の訪問がおすすめ。

週末には地元民でにぎわう行楽スポット

ハミダシ Ketep Pass展望台（MAP P.139-A1 営業 毎日8:00〜17:00）は、ムラピ山を見渡せる景勝地。ボロブドゥールからセロ村へ向かう途中にあり、火山を解説するミニシアターもある。入場料 Rp.4万。

ジャワ島

ジョグジャカルタ

火の山ムラピから朝日を見る
ムラピ山
Gunung Merapi ★★

MAP P.139-A2

セロの手前にあるビューポイントからムラピを望む

　標高2911mのジャワを代表する活火山。過去何度も大噴火を起こし、ボロブドゥールやプランバナンの寺院を火山灰で埋め尽くしてしまったこともある。登山ポイントとして人気が高いが、今も火口から白煙を上げ続け、2023年3月にも噴火しているので事前に状況をよく確認しておこう。

　登山の起点となるのはムラピ山北側のセロSeloという村で、頂上までは4～5時間のきつい上り、下りには3時間かかる。日の出を見るためには、深夜1時頃出発しなければならない（十分な装備も必要）。ムラピ山の南側にある高原リゾート・カリウランKaliurangからの登山も一般的だが、こちらのルートは、ムラピ山の中腹までしか登ることができない。頂上付近は寒いが眺めは最高。火山活動の状態により、暗闇のなかで火口周辺が燃え上がる幻想的な光景も見ることができる。

ムラピ山への入山料
料金　月～金　Rp.15万1000
　　　土日　Rp.22万6000

ムラピ山へのアクセス
　セロ村やカリウラン村まで直接行ける公共交通はなく、現地発ツアーの利用が一般的。ジョグジャカルタからタクシーを利用するとセロ村へ2時間（片道Rp.50万～）、カリウラン村へ1時間（片道Rp.30万～）。

ムラピ山へのツアー
　ジョグジャカルタからは、トレッキングツアーが出ている。22:00に出発する日の出ツアーは14時間、Rp.50万～。また、ジープで山道を中腹まで駆け上がるラヴァツアー（Rp.45万～）というのもある。火山活動の状況によってツアーが休止するので注意。

ジョグジャカルタ近郊でアドベンチャー体験

●ムラピ山ジープツアー
　ジョグジャカルタ中心部から車で1時間ほどのベースキャンプがスタート地点。固まった溶岩流の上など、活火山ムラピ山の中腹をジープで走る。噴火の被害に遭った建物を展示する小さな博物館に立ち寄ってから、ビューポイントのKaliadem hamletへと駆け上がる。オフロードを走るため、ジープの揺れは激しいので注意。**時間&料金** 日中のショートトリップ（所要3時間～）は2～4人参加で1名US$40～50。4:00にベースキャンプを出発し、日の出を観るサンライズツアー（所要4.5時間～）は、1名US$55～85（2～4人参加の場合）。

ムラピ山の麓からビューポイントまでジープで走破する

●リバーラフティング
　ボロブドゥールの東側を流れるエロ川では、約12kmの川下りが楽しめる（ゴールはムンドゥッ寺院近く）。水かさが増える雨季は安全に留意すること。
時間&料金 ジョグジャカルタの宿泊ホテルから毎日7:00～14:00にピックアップしてくれる。ラフティングツアー所要2.5時間、1名Rp.40万～（最少催行は5人以上）。
　Bagus Bintang Tour & Travel（URL bagusbintang.com）などジョグジャカルタの各旅行会社で、ジープツアーやラフティングの手配が可能。

希望日にグループ予約が入っていれば少人数でも参加可能

インドネシア観光の
ハイライトとなる大遺跡

悠久の時の流れを感じさせる
世界最大の仏教遺跡
彫刻とストゥーパの森で
ブッダの物語世界に浸る

Borobudur
ボロブドゥール

●ジャカルタ
★
ボロブドゥール

南国の情熱が生んだ
壮大な大乗仏教 Mahayana の石造の建築物ボロブドゥール。
はるかインド洋を渡り伝来した仏教は南の果てのこの国で、
母国インドを凌駕するほど高度な芸術文化を花開かせた。
ボロブドゥールはその偉大な象徴であり、
世界文化遺産にも登録されている、世界最大の仏教遺跡だ。
ジョグジャカルタから42km、
ヤシの樹海が広がるケドゥ盆地に世界最大級の仏教遺跡はそびえている。
精緻な壁画が刻まれた回廊も仏教美術最高の質と量を誇り、
見る者に人知の底知れなさと、
かつてジャワ島で花開いた仏教文化の成熟を伝える。
出土した石碑の碑文から8〜9世紀前後に50年の歳月をかけて、
シャイレンドラ王朝によって建造されたと考えられている。
建造後1000年以上も密林の中で
火山灰に隠れていた仏教遺跡の歴史的価値は明らかでも、
詳細はいまだ秘密のベールに包まれ、多くの謎が残っている。

アクセス

バス▶ジョグジャカルタのギワガン・バスターミナルから、直行バスが 7:00 ～ 17:00 まで毎時 2 ～ 4 本運行（所要 1.5 時間、Rp.2 万 5000)。マリオボロ通り周辺からは町の北側にあるジョンボル・バスターミナル Terminal Jombor からのバス利用も便利（ジョンボル・バスターミナルまではトランスジョグジャの 2B や 9 が利用可)。ボロブドゥールからジョグジャカルタ方面へ戻るバスは 17:00 発が最終なので注意。

ジョグジャカルタ国際空港からボロブドゥールへの DAMRI バスは 8:00～18:00 まで 2 時間の間隔で運行(復路は 5:00～15:00 発)。所要約 2 時間、Rp.2 万。

ツアー＆車チャーター▶ジョグジャカルタ発のツアー（→ P.117）利用も一般的。周辺の小さな遺跡は見られないが、短時間で主要な遺跡を効率よく見られる。グループ旅行ならば、ジョグジャカルタから車をチャーターしてのアクセスも便利。料金は 4 ～ 12 時間で 1 台 Rp.55 万～ 90 万ほど。

歩き方

ボロブドゥールのバスターミナルから、遺跡までは歩いて 10 ～ 15 分ほど。きれいに整備された史跡公園内には、敷地内を移動するための SL を模したトイトレインやゴルフカート（1 回 Rp.1 万 5000 ～）も運行している。

暑さのことも考えて、見学には十分な時間を取っておきたい。ムンドゥッ寺院やパオン寺院も見学予定なら半日以上必要。日中は日差しが厳しく、観光客で遺跡内も混雑する。できれば早朝に入場し、朝もやのなかにたたずむボロブドゥール寺院本来の姿に触れてみたい。

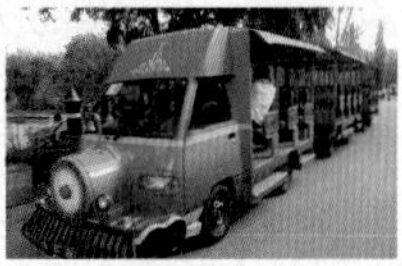

敷地内はトイトレイン(1 回 Rp.1 万)でも移動可

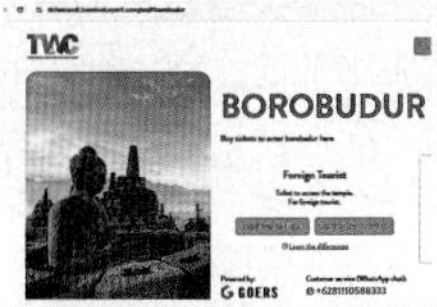
TWC
BOROBUDUR
Foreign Tourist
GOERS

登壇見学は公式サイトでの予約必須（希望日の 7 日前から受付）

ボロブドゥール史跡公園 [MAP] P.50-B1、P.151
TEL(0293)788-266 **URL** borobudurpark.com **入場** 毎日7:00～16:.30(見学は17:00まで) **料金** 大人US$25、子供(10歳未満) US$15 日本語・英語ガイドは1時間で Rp.15万～。
※2024年1月現在、ボロブドゥールの「遺跡建造物への登壇」は公式サイトから事前にチケット購入が必要(→P.144)。

史跡解説映画＆博物館
史跡公園内のインフォメーションセンター脇にあるオーディオ・ビジュアルでは、遺跡の歴史を解説した映画(英語字幕もある)が随時上映されている。レリーフなどの説明も細かい。上映時間は20分。

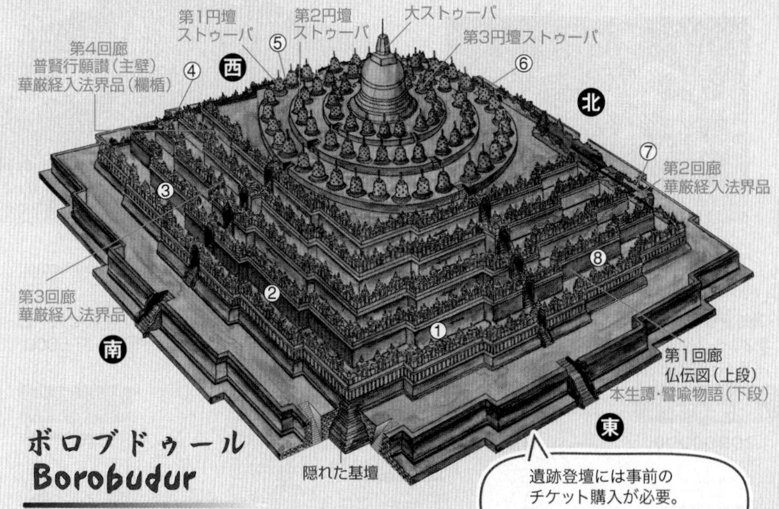
第1円壇ストゥーパ
第2円壇ストゥーパ
大ストゥーパ
第3円壇ストゥーパ
第4回廊
普賢行願讃(主壁)
華厳経入法界品(欄楯)
西
北
第2回廊
華厳経入法界品
第3回廊
華厳経入法界品
南
第1回廊
仏伝図(上段)
本生譚・譬喩物語(下段)
東
隠れた基壇
ボロブドゥール
Borobudur

遺跡登壇には事前のチケット購入が必要。
チケット入手の手順→ P.144

第 1 回廊上段　仏伝図のストーリー

① ブッダ出現が予言され摩耶夫人が霊夢を見る
② 夫人がルンビニに移動しブッダが誕生する
③ 王子として成長し寺院参拝や学校に通う
④ ヨショーダラーと結婚するが出家を決意する
⑤ 出家するために城を出て髪を切り落とす
⑥ 6年間の苦行を行いスジャータに施しを受ける
⑦ 菩提樹の下で悟りを開き天人や龍王が称える
⑧ ガンジス河を渡って最初の説法をし伝道を始める

ハミダシ 2020年よりボロブドゥールのサンライズツアーは休止中。夜明け前からストゥーパ内部で多くの観光客が過ごすことは遺跡保存に悪影響が出ると判断され、2024年1月時点で再開予定はない。

千年も密林に眠り続けた
ミステリアスな遺跡を訪ねる

大遺跡のシルエットを眺めながら
基壇部分へ

　緑豊かな参道を進むと巨大なボロブドゥール遺跡が正面に見えてくる。そのシルエットの大きさと緻密さには、遺跡に着く前から圧倒されてしまう。高さ34.5m、最下部の基壇は正方形の一辺が123mにも及ぶ世界最大の仏教遺跡だ。

　遺跡は自然の丘に盛り土をし、その上に高さ23cmで統一された安山岩のブロック200万個を、接着剤など使わずにただ積み重ねた「空積み」の構造で造られている。下方形の6層と上部円形の3層からなる遺跡内部に空間がない。

　外壁がある第1層は創建時の工事中に、急遽力学的な補強が必要となり積まれたと推測されるもので、その奥には最初に造られた外壁「隠れた基壇」があり、精巧なレリーフ（浮き彫り）と遺跡に唯一残る文字「カウイ文字」が刻まれている。東南の隅には、隠れた基壇を露出させ、複雑な2重構造がわかるようになっている。ここで見られるレリーフには、煩悩に支配された「欲界」に住む人間の姿が描かれており、享楽に対する仏教的な戒め「因果応報」の意味が込められている。

上／回廊は緻密なレリーフと仏像で装飾されている
下／遺跡の2重構造が理解できる南東角にある「隠れた基壇」

悪因悪果を説いた「醜悪な顔」のレリーフ。上部にはカウイ文字も残されている

登壇チケット入手の手順

URL ticketcandi.borobudur park.com/en

　遺跡保全のため基壇より上の遺跡内部への登壇は1日1200人に制限されている。登壇は火〜日8:30〜15:30のみで、希望日の7日前から下記サイトで予約可能。料金は大人Rp.45万5000、子供Rp.30万5000（史跡公園内への入場料を含む）。

Tmple Groud Ticket は史跡公園の入場のみ

❶ サイトにアクセスし、内部見学の希望者は「Temple Structure Ticket」を選択する

❷ カレンダーから見学希望日を選択する。月曜日は保全・清掃作業のため登壇不可

同時間に登壇できるのは150人まで

❸ 見学の時間を選択。初回が8:30〜、最終が15:30〜で各1時間の見学となる

❹ 種類・枚数を選び「Buy Ticket」をクリックし、名前・電話・メルアドなど入力

登録したメルアドにチケットが届く

❺ 「Continue」を押して国籍を選択。クレジットカードや電子マネーなどで決済

 ハミダシ　2020年にボロブドゥール内部見学が禁止されたが、2023年から入場者数を制限して登壇の受け入れを再開している。最新情報はURL ボロブドゥールサンライズ.net/travel-info/などで確認を。

ジャワ島の
世界文化遺産

1万人が登場する
総延長5kmに及ぶレリーフの森

仏教の三界を象徴する寺院

この巨大な建築物が何であったのかは、いまだ解き明かされていない。寺院、王の墓、王朝の廟、僧房（僧侶の家屋）、曼陀羅（この場合、古代インド形式の霊域の意）など諸説が交錯している。遺跡は3層構造になっているが、これは外周の基壇、回廊が造られた方壇、最上部の円壇は『仏教の三界（煩悩で生きる「欲界」、悟りを求める「色界」、物質世界から解脱した「無色界」）』を表現しているとの解釈が有力だ。つまり基壇から頂上部へ上ることは、悟りへの道となる。

基壇から第1回廊への階段を上り、いよいよ建物内に入る。回廊部分は4層構造になっており、仏教にまつわる物語のレリーフが延々と施されている。俗界から悟りへと向かう物語を順番どおりに見るために、第1回廊から時計回りに巡ろう。

回廊の幅は約2m、左右の壁には「仏伝図」や「善財童子の善知識歴訪図」などの装飾が1460面にわたって彫られ、まるで芸術の森に迷い込んだような気持ちになる。実際その広大さに方向感覚を失ってしまうだろう。釈迦をはじめ菩薩、王族、兵士など登場人物が1万人を優に超えるレリーフは、インド・グプタ朝の流れをくむジャワ様式の柔らかく優美な線で彫られている。

ブッダの物語が描かれた第1回廊は必見

第1回廊は2段に分かれ、上段には仏伝図「方広大荘厳経」によるブッダの生涯が、初転法論（悟りを開いて最初の説法）まで彫られている。保存状態がよく回廊レリーフのハイライトなので、時間をかけて見学しよう。摩耶夫人が白いゾウの夢を見る図、ブッダが出家を決意し苦行に入る図、菩提樹の下で悟りを開く図など、細かく120の場面が描かれている。

その下段には釈迦の前世を寓話で説いた「本生譚」、「譬喩物語」が描かれている。ウミガメだったブッダが、海難に遭っていた商人を助け、さらに食料として体を差し出す図など、さしずめ仏教

のお伽噺といった内容だ。これらの説話を読み重ねていくことが、功徳を積むことになる。

第2回廊から第3回廊にかけては、善財童子（スダーナ）が発心し53人の善知識（賢者）を歴訪する旅がつづられた壮大な物語「華厳経入法界品」が延々と彫られている。

回廊のレリーフは大乗仏教の教えを説くためのもの。信仰の対象は主壁の432基の仏龕に鎮座している等身大の石仏である。東西南北各面によって仏像の表情と手の印の結び方が違うので、じっくり見比べてみるといいだろう。

第1回廊上段「仏伝図」で描かれた
ブッダの生涯

◀001面 天界にいるブッダの図から物語は始まる。中央の宮殿に座り、天人たちが音楽を演奏している

◀013面 摩耶夫人の霊夢。釈迦族・浄飯王の王妃は白いゾウが天から降りてきて自分の腹に入る夢を見た

◀028面 シッダールタ王子の誕生場面。中央右に摩耶夫人、左に王子が7本のれんげの上を歩く姿がある

◀040面 瞑想するシッダールタ。成長した王子のもとへ5人のバラモン僧（左側）が訪れて敬意を表す

◀043面 結婚について相談する浄飯王とシッダールタ（中央左）。ヨショーダラーを妃として迎える

◀065面 馬に乗って城を出て行くシッダールタ（左側）。出家を決意した王子に天人たちが同伴する

◀081面 施しを受けるシッダールタ（右側）。苦行林でやせ細った王子にスジャータが乳粥を差し出す

◀095面 菩提樹の下で触地印を結ぶ。美女に扮した周囲の悪魔を追い払い、悟りを開いてブッダとなる

◀115面 ガンジス川を渡るブッダ（左側）。旅に出たブッダは空中を飛んで大河を渡り鹿野苑へ向かう

◀120面 ブッダの伝道が本格的に始まる。仏伝図のレリーフはここで完結し、涅槃などは描かれていない

遺跡 Q&A
壁面に彫られた
善財童子とは ？

大乗仏教の経典「華厳経入法界品」に登場する童子。文殊菩薩に始まる53人の善知識を訪ね歩いて修行を積み、最後に普賢菩薩により悟りを開く。東海道五十三次の「53」という数字も、この善財童子の物語に由来している。

ハミダシ ボロブドゥール敷地内の考古学博物館の脇にオープンしたサムドララクサ博物館には、遺跡のレリーフに彫られている船のレプリカなどが展示され、海洋貿易の重要性を紹介している。

円壇部分の半壊したストゥーパからは釈迦牟尼像が露出している。仏塔の切り窓の形も菱形から正方形へと変化していく

無の世界を象徴する大ストゥーパと幸福の仏像が待つ天界へ

ストゥーパが林立する円壇

回廊をひとつ上がるたびに、カーラ（鬼面の守り神）の大きな口の中をくぐり抜けて行く。巡礼者の過去の災いがのみ込まれる。第4回廊から最後の階段を上がると急に視界が開け、ストゥーパが林立する広々とした円壇に出る。眼下には樹海が広がり、遠くムラピ山やスンビン山が望まれる。レリーフのある方形層との、あまりの雰囲気の違いに驚かされることだろう。

円壇の中央には大ストゥーパがそびえ、その周りを熱心な仏教徒が右繞（右方向に回る礼拝法）している。さらに、釣り鐘形の小ストゥーパが3層構造で72基規則的に並び、切り窓から中に安置された仏像の様子が見られる。最内層の第3円壇ストゥーパの切り窓とほかの2層の窓は形が違う。外側2層の窓は菱形、不安定な俗界の人の心を表し、最内層の正方形の窓は安定した賢者の心。そして窓のない「無の世界」大ストゥーパに収束していく。

インドネシア人の話によると、目透かし格子のすき間から腕を伸ばし、中の幸福の仏像の右手薬指に触れると願いごとがかなうという言い伝えも残っている。

遺跡に関するたくさんの謎

ボロブドゥール遺跡は依然多くの謎に包まれている。何しろ名前の由来からして不明。サンスクリット語の「ボロ（僧房）」と「ブドゥール（高く盛り上がったところ）」を複合して「丘の上に建つ僧房」と解釈する説があるが明らかな根拠はない。建立したのは中部ジャワに8世紀中頃栄えたシャイレンドラ王朝で、工期はおよそ50年と考えられているが、これも諸説が飛び交っている。寺院に用いられている安山岩（全体で5万5000m³！）の採石場所もプロゴ川やエロ川の河原と推定されているが確定はしていない。

さらに1000年以上の永きにわたって歴史から消え去っていたことも大きな謎だ。なぜこれほどの建造物を造っておきながら、1814年に土中より掘り起こされるまで人々は忘れ去っていたのか？ 王朝の衰退、疫病のまん延、ムラピ山の噴火による埋没などの説があるが、ボロブドゥールの土台に使われている土と寺院を覆っている土砂の土質が同じことから、完成と同時に埋められたとも推察可能だ。謎の遺跡ボロブドゥールを見るときにはそれらの諸説を頭の片隅におき、イマジネーションを駆使しよう。太古の景色が鮮やかによみがえることだろう。

遺跡Q&A 遺跡を建てたシャイレンドラ王朝とは？

8世紀半ばから9世紀中頃まで中部ジャワ島に栄えた古代王朝。大乗仏教を奉じており、最盛期にはジャワ島のみならず、スマトラのスリヴィジャヤ朝を勢力下におくほど勢力を誇ったが、9世紀後半には歴史から姿を消している。

  ハミダシ 以前は触ることができた円壇部分の「幸福の仏像（ラッキーブッダ）」は、遺跡保護の観点から触れるのは禁止になっている。警備員が常時監視し、違反する参観者に注意をしている。

ジャワ島の
世界文化遺産

左／円壇部分への登り口などには上部に鬼面カーラが描かれている　右上／遺跡の最上段からは緑の景観が望める　右下／建造物内の見学は専属ガイドにエスコートされる団体行動。支給されるサンダルも着用必須

ボロブドゥールの数奇な歴史

　東南アジアの広い範囲で勢力を誇ったシャイレンドラ王朝により、780〜830年頃に約50年をかけて建造された。しかし完成後に仏教を信仰するシャイレンドラ王朝は崩壊し、ヒンドゥー教国のサンジャヤ朝(古マタラム王国)がこの地を支配したため、ボロブドゥールも歴史の舞台から姿を消し、密林に眠る伝説の遺跡となった。

　1814年、当時ジャワを占領していたイギリスから知事として赴任したトーマス・ラッフルズにより

遺跡Q&A 遺跡を発見したラッフルズって？

イギリス東インド会社の職員としてキャリアをスタートさせ、ジャワ島の遠征軍に参加して知事に任命された。遺跡発見後にはシンガポールを自由港として創設した。世界最大の花「ラフレシア」やラッフルズ・ホテルの名称も彼にちなんでいる。

発見され、1000年に及ぶ長い眠りから覚める。アジアの歴史に強い興味をもっていたラッフルズは、巨大な仏教遺跡の伝説を信じ、言い伝えのあった小高い丘を掘り起こして、歴史的な偉業をなし遂げた。しかし雨による浸食や、遺跡を覆う樹木により、発掘作業は困難を極めた。

　その後は主権を奪い返したオランダ当局によって管理され、1907年から4年間かけて修復工事が行われた。さらに1973年、今度はアジアの遺跡としては初めてユネスコ主導で大規模な保存・修復が施され、新しい土木技術で排水路なども付け加えられた。解体時にはコンピューターで石の一つひとつに番号をつけ、再度組み直された。

　修復と並行して遺跡周囲の公園化が計画され、日本からのODAなどにより、1983年に史跡公園も完成。1991年には世界文化遺産に登録された。

ボロブドゥール年表

ジャワ島		日本	
742頃	シャイレンドラ朝誕生	710年	平城京に遷都
780頃	ボロブドゥール着工	794年	平安京に遷都
830頃	完成後に王朝が崩壊	804年	最澄と空海が唐へ渡る
856頃	プランバナン寺院建立	874年	『竹取物語』上梓
932頃	古マタラム王国崩壊	1016年	藤原道長が摂政に
1293年	マジャパイト王国建国	1185年	鎌倉幕府が開かれる
	千年の眠り	1338年	室町幕府が開かれる
1520年	マジャパイト王国滅亡	1543年	種子島に鉄砲伝来
1618年	オランダ支配が始まる	1600年	関ヶ原の戦い
1814年	ラッフルズにより発見	1814年	伊能忠敬が日本地図完成
1907年	オランダ主導で修復	1904年	日露戦争開戦
1973年	ユネスコ主導で修復	1972年	日中国交回復

世界中から巡礼者が訪れるワイサック
　毎年5〜6月の満月の日に行われる**ワイサック** Wicak 祭は、ブッダの生誕を記念するボロブドゥールのお祭り。インドネシア内のみならず世界中から仏教徒が集まり、経文を唱えながら回廊を巡っていく。遺跡に1年でいちばん仏教寺院としての雰囲気がよみがえる日だ。巡礼者はムンドゥッ寺院から歩き始めパオン寺院を経て、ボロブドゥールにいたる。
多くの仏教徒が集まるワイサック祭

🦋投稿　確実に建物内を見学したいならマノハラ・リゾート（→ P.149）に宿泊するのがおすすめです。宿泊料に遺跡内部の登壇料も含まれています。連休シーズンは早めに予約しましょう！（埼玉県　SOL '24）

ミュージアム

遺跡修復のプロセスが理解できる
ボロブドゥール博物館
Museum Borobudur MAP P.151

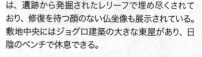
中庭には未修復のレリーフが整然と並んでいる

ボロブドゥールからの出土品を展示する考古学博物館。1973年から1982年にユネスコ主導で行われた修復プロジェクトの過程も写真で説明している。特に遺跡でも一部しか公開されていない、第一層の「隠れた基壇」のレリーフ写真は必見だ。また仏像を安置する堂や、安山岩を積み重ねた外壁の構造もレプリカで知ることができる。このパビリオンの中庭

遺跡の空積み構造が展示で理解できる

は、遺跡から発掘されたレリーフで埋め尽くされており、修復を待つ顔のない仏坐像も展示されている。敷地中央にはジョグロ建築の大きな東屋があり、日陰のベンチで休息できる。

史跡公園内のミュージアムエリアにある。ボロブドゥール遺跡から500mほど北。
入場　毎日8:00～16:00　料金 無料

古代の交易をビジュアルで体感
サムドララクサ博物館
Museum Kapal Samudra Raksa MAP P.151

交易の歴史を学べる映像ショー。音声はインドネシア語だが英語の字幕あり

「ラカの冒険」と銘打った映像ビジョンが鑑賞できるシアターホールと、別館パビリオンで構成された海洋博物館。シアターホールの中央に展示されるサムドララクサ号は、アフリカへの交易ルートを実証するため2003～2004年の航海に使われたもの。この帆船を囲む壁面に巨大モニターが設置され、航海の歴史を10分の

全長18mのサムドララクサ号。ボロブドゥール遺跡のレリーフをもとに再現された

ストーリーに仕立てて上演している。

　隣接するパビリオンでは、鉄釘を使わずに船の木材を接続する工法など、ボロブドゥールが創建された時代のテクノロジーを説明する展示もある。

史跡公園内のミュージアムエリアにある。ボロブドゥール博物館の西側。
入場　毎日8:00～16:00　料金 シアターホール入館料 Rp.2万5000（パビリオンの見学は無料）

ボロブドゥール周辺の食事スポット

ツアーで利用されるホテルにはレストランが併設されている。ローカル食堂を探すなら史跡公園の東側、1番ゲート周辺を目指そう。

R サテ・チャッ・バダルSate Cak Badar（MAP P.151　TEL 0819-0383-2315 携帯　営業 毎日15:00～21:00）は、地元の人が通うワルン。炭火でこんがり焼き上げるサテ・アヤムは10本Rp.2万5000。白飯とグレ（カレー風味のスープ）を付ければおなかいっぱいになる。

サテ・アヤムの鶏肉はジューシーな味わい

R ルマ・クテラ Rumah Ketela（MAP P.151　TEL 0293-788-276　営業 毎日7:00～16:00）は、郷土スイーツを販売する人気店。ダダール、クレポン、シンコン・ケジュなど、さまざまな伝統菓子（Rp.1万2500～）が楽しめる。ジョグロ建築の落ち着ける店なので、散歩がてら立ち寄りたい。

S パオン・ルアク・コーヒー Pawon Luwak Coffee（MAP P.151　TEL 0818-275-797 携帯　営業 毎日7:30～17:30）は、ジャコウネコの体内で発酵した高級コーヒー豆の専門店。100gでロブスタ種Rp.30万、アラビカ種Rp.45万。店内では入れたてコーヒー（1杯Rp.5万～）も味わえる。

コーヒー愛好家が憧れる幻のコーヒー

投稿　パオン寺院前にあるパオン・ルアク・コーヒーでは、店員が焙煎までの工程を説明してくれて、ジャコウネコも見学できます。コーヒー豆は空港のショップより少し安かったです。（K.N　東京都）[24]

ホテル レストラン

ボロブドゥールの周辺は静かな村で、バスターミナルや遺跡入口周辺に格安ホテルが点在している。ジョグジャカルタから日帰りで訪れる人も多いが、遺跡周辺で1泊し、翌朝ゆっくりと見学するのがおすすめだ。食事スポットは遺跡の入口前に食堂が並んでいるほか、公園内の[H]マノハラは遺跡を望むレストランを完備。

マノハラ・リゾート ◆ Manohara Resort

[MAP] P.151

TEL (0293) 788-131　WA 0857-2758-7800　URL manoharaborobudur.com
カード [A][D][J][M][V]　料金 ⓈⒹ Rp.170万～240万　[Wi-Fi] OK

史跡公園の敷地内にある唯一のホテル。全10室のバンガロー形式で、エアコン、テレビ付き。宿泊客は史跡公園内は日中フリーパス。ダギの丘の上にはコテージもある。
[POOL][レストラン][朝食]

観光に便利な史跡公園内のホテル

サラスワティ・ボロブドゥール ◆ Sarasvati Borobudur

[MAP] P.151

TEL (0293)788-843　WA 0813-　URL sarasvatiborobudur.com
カード [A][M][V]　料金 ⓈⒹ US$100～175　[Wi-Fi] OK

史跡公園の入口まで徒歩5分ほどの全18室のホテル。室内は広々としており室内設備もひととおり整っている。日の出ツアーの手配も頼める。[POOL][レストラン][朝食]

広々としたプールも完備している

ラジャサ ◆ Rajasa

[MAP] P.151

TEL (0293) 788-276　カード 不可
料金 ⓈⒹ Rp.22万～　[Wi-Fi] OK

史跡公園の駐車場から1kmほど南にある12室のホテル。部屋からは田園風景も望める。全室にエアコン、薄型テレビ、ホットシャワーを完備している。
[POOL][レストラン][朝食]

客室は2019年にリノベーションされている

グリヨ・ジャガラン ◆ Griyo Jagalan

[MAP] P.151

WA 0819-0471-1940　URL griyojagalan.com　カード 不可
料金 ⓈⒹ Rp.30万～　[Wi-Fi] OK

史跡公園の入口まで徒歩5分ほど。全5室は狭くて古民家のような風合いだが、エアコンとホットシャワー付き。オーナーやスタッフの対応もフレンドリーで、各種ツアーの申し込みもできる。[POOL][レストラン][朝食]

中庭が広く落ち着ける

ダギの丘に建つ高級コテージ

ボロブドゥール史跡公園内にある唯一のホテル「マノハラ・リゾート」が高級コテージをオープンした。森が広がるダギの丘に全5棟のコテージが並び、景観になじむウッディな客室からボロブドゥール遺跡を望むことができる。部屋は30m²とコンパクトなサイズだが、ミニバーやティーセットを完備し、バスアメニティも充実。朝食は丘の麓にある「マノハラ・カフェ」で提供される。料金は1泊Rp.240万～(史跡公園からの出入りも自由で入場料金は不要となる)。

ダギの丘の上に2019年オープン

[H]ダギ・アビナヤ Dagi Abhinaya
[MAP] P.151　URL manoharaborobudur.com
※ホームページや電話番号はマノハラ・リゾートと共通。大手ホテル予約サイトでは、マノハラ・リゾートの客室としても販売されている。

自然と同化する木造コテージ

ハミダシ　ロータス・ゲストハウス Lotus Guest House ([MAP] P.151　TEL 0293-788-281)は史跡公園の北側にある全22室の安宿。ⓈⒹ Rp.20万～35万。レンタサイクル(1日Rp.2万)も利用できる。

美しい仏像が残る寺院
ムンドゥッ寺院
Candi Mendut

MAP P.151

内部に安置された巨大な石仏三尊像は、日本の仏教関係者が「世界で最も美しい仏像のひとつ」と驚嘆したジャワ美術の最高傑作で、いずれもひと塊の粗面岩でできている。

中央に安置されている如来像は高さ約3m、肉づきのよい体を台座に沈め、両手の指は転法輪を結んでいる。暗闇のなかに浮かぶ優しげな表情は、見る者に心の安らぎを与える。如来像の右は冠をかぶった観音菩薩像。左側の半跏像は文殊菩薩像と推定されている。

寺院の基壇や堂の内壁、外壁に施されているレリーフも見事だ。特に堂中央側壁には両

基壇にはボロブドゥールでも見られる寓話の数々が描かれている

寺院内部の中央に安置されている如来像

脇侍を従えたターラ像（仏教の女尊）や、観音像を中心に仏像彫刻が施されている。また、堂入口の向かって左側壁には鬼子母神像、右側壁には夜叉像が配され、両者とも人や子供をいたわり、保護するようになったさまを描いている。

> ボロブドゥールから東に3km。ジョグジャカルタ方面に戻るコルッ（ミニバス）を利用できる（30分に1本）。散歩がてら歩くのもいいし、オジェッに乗るか、ボロブドゥール前のホテルで自転車を借りて行くのもいい。
> **入場** 毎日8:00～18:00
> **料金** Rp.2万（パオン寺院とチケット共通）

ひっそりとたたずむ閑静な寺院
パオン寺院
Candi Pawon

MAP P.151

ボロブドゥールとムンドゥッ寺院を一直線に結ぶ間にある、高さ約12mのこぢんまりとした寺院。1903年にオランダ主導で修復された。寺院の役割については諸説があるが、シャイレンドラ王朝のインドラ王の遺灰を埋めた場所という説が有力だ。側壁中央の突出部にうがたれた小窓とその下に配されたレリーフ、さらに左右側壁に美しい姿のターラ像を描いたレリーフが見もの。

壁面には吉祥の樹木と天界の住人が描かれている

> ボロブドゥールから東に1.5km。オジェッまたは徒歩で。
> **入場** 毎日8:00～17:30
> **料金** Rp.2万（ムンドゥッ寺院とチケット共通）

ハジ・ウィダヤッ美術館

ボロブドゥールからムンドゥッ寺院へ行く途中に、ジャワ島生まれの画家ウィダヤッの美術館がある。ウィダヤッは東洋の美意識に重点をおいた装飾性の強い作品を特徴とし、インドネシア美術界における「装飾主義の父」と呼ばれている。

光が差し込む明るい館内は、1階にウィダヤッの作品が、2階にはそのほかの画家たちのコレクションが展示されている。なかでも『桜』は、ウィダヤッが1960年に名古屋で過ごした経験をもとに描かれた作品で、幻想的な絵柄が美しい。

日本では目にする機会が少ないインドネシアの近代絵画をまとめて鑑賞できる貴重な美術館なので、時間に余裕があれば訪れてみたい。

インドネシア絵画の世界にも触れてみよう

ハジ・ウィダヤッ美術館 Museum H. Widayat
MAP P.151 TEL 0812-7660-1228（携帯）
入場 火～日8:00～16:00　**料金** Rp.10万

ハミダシ　ボロブドゥールからムンドゥッ寺院とパオン寺院へは歩いて行くには少し遠い。バスターミナル前の市場にオジェッのたまり場があるので、そこで交渉して両方を回ってもらうとRp.5万～7万。

ボロブドゥール遺跡を見渡す絶景ビュー
ストゥンブの丘
Punthuk Setumbu　MAP P.139-A1

左／遺跡や
田園を背景
に記念撮影
右／夜明け
とともにムラピ山が浮
かび上がり
雲海の中に
ボロブドゥールが姿を
見せる

朝霧のなかに浮かぶボロブドゥールの全景が楽しめる話題のビュースポット。山並みや田園も見渡せる丘の上には撮影用のフレームが設置され、インスタ好きの女性たちがこぞってポーズを取っている。史跡公園から3kmほど西にあり、早朝5時過ぎから各国の旅行者が詰めかける。

ボロブドゥール周辺のホテルを4:30頃に出発する現地発ツアーでの訪問が一般的（各ホテルで手配できる）。所要約3時間でRp.25万～。
入場　随時　料金 入場料 Rp.5万（ツアーでは料金に含まれる）

密林に出現するミステリアスな建造物
グレジャ・アヤム
Gereja Ayam　MAP P.139-A1

左／礼拝堂のような内観
右／鳥の顔部分が展望台となった不思議スポット。上部からはボロブドゥールも望める

もともとは1990年に礼拝堂として建てられた巨大なチキン型ドーム。2000年に閉鎖し廃墟となっていたが、その異様過ぎる存在感が話題となり各国からの旅行者が訪れている。麻薬中毒者のリハビリ施設としても使用された内部には、薬物使用を戒める

ための啓蒙壁画が残されている。

ボロブドゥール周辺を回るツアーや車チャーターで訪問できる。ストゥンブの丘から徒歩15分ほど。
入場　毎日 7:00 ～ 18:00
料金 Rp.3万

地図

ストゥンブの丘、グレジャ・アヤムへ

8番ゲート（日の出ツアー）
マグランへ
Sungai Progo プロゴ川
マノハラ・カフェ
Manohara Gate
（日の出ツアー受付）
▶P.149
ダギ・アビナヤ
Dagi Abhinaya
Tik Tok Juice
市場
▶P.149
ロータス・ゲストハウス
Lotus Guest House
バスターミナル
ハジ・ウィダヤッ美術館
Museum H. Widayat ▶P.150
Sungai Elo エロ川
ジョグジャカルタへ
ダギ丘
Dagi Hill
▶P.148
▶P.148
サムドラ・ラクサ
博物館
ボロブドゥール博物館
ツーリストポリス
駐車場
▶P.148
パオン・ルアク・コーヒー
Pawon Luwak Coffee
▶P.150
ムンドゥッ寺院
Candi Mendut
Lotus 2 Guest House
▶P.150
ボロブドゥール
1番ゲート
（チケット売り場）
出口
案内所
サテ・チャッ・バダル
Sate Cak Badar ▶P.148
パオン寺院 ▶P.150
Candi Pawon
オーディオビジュアル
サラスワティ・ボロブドゥール
Sarasvati Borobudur ▶P.149
グリヨ・ジャガラン
Griyo Jagalan ▶P.149
▶P.149
マノハラ・リゾート
Manohara Resort
考古学研究所
チュンパカ・ヴィラ
Cempaka Villa
▶P.149
ラジャサ
Rajasa
0　　　　　　　　　1km
N
Balkondes
ルマ・ケテラ ▶P.148
Rumah Ketela

ボロブドゥール周辺
Around Borobudur
エリア地図 ▶P.50-B1

Amanjiwoへ3km

PRAMBANAN

ジャワで花開いたヒンドゥー教
と仏教の融合文化
天へ燃え立つようにそびえる
ロロ・ジョングラン寺院は必見

ジャワに残るヒンドゥー教の聖地

P.ramb.an.an
プランバナン

● ジャカルタ

★ プランバナン

9世紀の中部ジャワは、北部は仏教王国シャイレンドラ王朝に、
南部はサンジャヤ王朝支配下のヒンドゥー教国マタラム朝によって統治されていた。
ふたつの国は王族同士の婚姻で縁戚関係にあり、
宗教の違いを超えて友好的に交流していた。
そして、それぞれがボロブドゥールとプランバナンという壮大な寺院を創建している。
プランバナンはおよそ5km四方にわたって、
いくつもの遺跡が残る巨大な寺院群で、
その中心部がシヴァ神殿のあるロロ・ジョングラン寺院だ。
ヒンドゥー教美術文化を象徴する美しい姿で、
噴煙たなびくムラピ山からインド洋にかけて広がる
ケウー平野を悠然と見下ろしている。
そして周囲に点在する遺跡の多くは、ほぼ同時代に建立された仏教寺院。
のどかな田園風景のなかで、
ふたつの宗教文化が優しくハーモニーを奏でている。

Prambanan
ジャワ島の世界文化遺産

アクセス

バス▶ジョグジャカルタからは市内バスのトランスジョグジャが便利。ジャラン・マリオボロを走る「1A」の終点がプランバナンだ（所要45分、Rp.3600）。

ツアー＆車チャーター▶ジョグジャカルタ発ツアー（→P.117）は効率的に遺跡を回り、夜には劇場でラーマヤナ舞踊も観られて便利。

ジョグジャカルタや空港で車をチャーターして自由に見学しても、半日でRp.55万ほど。同乗者で頭割りをすれば、人数によってはツアーよりも割安だ。

空港からのタクシー▶アディスチプト空港から約10km。タクシーで片道15分、Rp.6万5000。空港内にはチャーター車の手配をしてくれる旅行会社もあるが、空港出口でタクシー運転手と交渉も可。

※ほとんどの路線は新設のジョグジャカルタ国際空港に移管し、アディスチプト空港にはジャカルタ・ハリム空港からのシティリンクなど一部路線のみ運航が残っている。

歩き方

ロロ・ジョングラン寺院を中心とした史跡公園内だけでも、ゆっくり見学するには2時間以上必要。園内には博物館や、史跡解説映画を随時上映して

上／遺跡の北側にはムラピ山が雄姿を現す
下／国内各地から巡礼者が訪れる

いるオーディオビジュアルもあるので、時間があればプランバナン寺院群の見学前後に立ち寄ってみるといいだろう。

プランバナン平原のチャンディ（寺院）は、各々が無数のペルワラ（小祠堂）とストゥーパ（卒塔婆）に幾何学的に取り囲まれた、独特な寺院群の形態を取っている。史跡公園外のおもな寺院は約5km四方に点在しているので、すべてを見学するにはタクシーや車で訪れるといい。

プランバナン寺院史跡公園
MAP P.50-B1、P.153　**TEL** (0274)496-402　**URL** borobudurpark.com
入場 毎日7:00～17:00（見学は17:30まで）※毎週月曜はメンテナンスのためロロ・ジョングラン寺院の敷地への入場不可　**料金** 大人US$25、子供（10歳未満）US$15、日本語・英語ガイドは1時間でRp.15万～。園内博物館では史跡解説ビデオの無料上映あり。
史跡公園内の観覧バス＆レンタサイクル
　史跡公園には列車型の観覧バスが運行している（乗車は1回Rp.1万）。ロロ・ジョングラン寺院出口から出発し、史跡公園奥のセウ寺院を回り、公園出口へと向かう。ほかの寺院も見たい人はセウ寺院で降ろしてもらい、歩いてブブラ寺院、ルンブン寺院を見学しよう。
　ロロ・ジョングラン寺院の出口ではレンタサイクルを貸し出している（Rp.1万～）。奥のセウ寺院（1.5km）まではサイクリングコースもある。

レンタサイクルで史跡公園内を散策できる

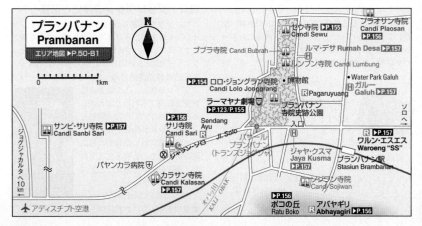

プランバナン
Prambanan
エリア地図 ▶P.50-B1

N
0　　　1km

セウ寺院 ▶P.155 Candi Sewu
プラオサン寺院 Candi Plaosan ▶P.156
ブブラ寺院 Candi Bubrah
ルマ・デサ Rumah Desa ▶P.157
ルンブン寺院 Candi Lumbung
▶P.154 ロロ・ジョングラン寺院 ・博物館 Candi Lolo Jonggrang
Water Park Galuh
Pagaruyuang
ガルー Galuh ▶P.157
ラーマヤナ劇場 ▶P.123/P.155
プランバナン寺院史跡公園
▶P.157 サンビ・サリ寺院 ▶P.157 Candi Sanbi Sari
▶P.156 サリ寺院 Candi Sari
Sendang Ayu
プランバナン（トランスジョグジャ）
▶P.157 ワルン・エスエス Waroeng "SS"
ジョグジャカルタへ10km
バヤンカラ病院
ジャワ・クスマ Jaya Kusma ▶P.157
プランバナン駅 Stasiun Brambanan
カラサン寺院 Candi Kalasan ▶P.157
ソジワン寺院 Candi Sojiwan
ソロへ
▶P.156 ボコの丘 Ratu Boko
アバヤギリ Abhayagiri ▶P.156
✈ アディスチプト空港

ハミダシ　プランバナン入場チケットは、当日と翌日のみ有効のボコの丘やボロブドゥールとの割安パッケージもある。レートはURL borobudurpark.comで確認でき、クレジットカード払いも可。

ヒンドゥー教と仏教の文化が交錯する
ロロ・ジョングラン寺院

プランバナン寺院群の中心となるロロ・ジョングラン寺院。晴れた日には神殿の先にムラピ山も望める

ジャワ・ヒンドゥーを象徴する
壮麗な寺院

　サンジャヤ王朝（古マタラム王国）のピカタン王により、856年の建立と推定される**ロロ・ジョングラン寺院** Candi Lolo Jonggrang（ **MAP** P.153）は、壮大なプランバナン寺院群の中心寺院。中央にそびえ立つ主堂シヴァ神殿は高さ47mもあり、聖なる山を模した形はまるで天に燃え盛る炎のよう。さらに神殿の外壁には、古代インド叙事詩ラーマヤナをモチーフとした緻密なレリーフが施されている。回廊を巡って、勧善懲悪物語の原点ともいえる古典世界を堪能しよう。階段の欄干にも獅子や半人半鳥の神などの石像が彫られている。

　神殿の中にある各側室には東側にシヴァ神、南側にアガスティア（シヴァの導師）、西側にガネーシャ（シヴァの息子、象頭の神）、北側にドゥルガ（シヴァの妻、女神）の像がそれぞれ祀られている。特

に、官能的なドゥルガ像は伝説のロロ・ジョングラン姫の呪われた姿として有名だ。

　シヴァ神殿の左右にはそれぞれブラフマ神殿、ヴィシュヌ神殿が並び、さらにそれらと向かい合う形で3つのヴァーハナ堂（乗り物堂）が並んでいる。その名のとおりそれぞれの神の乗り物が祀られ、シヴァ神には牡牛・ナンディー、ブラフマ神には白馬・ハンサ、ヴィシュヌ神にはガルーダが対峙している。寺院の周囲には、1584年の火山爆発などで半壊した数百のペルワラ（小祠堂）が転がり、修復を待っている。

ロロ・ジョングランの歴史と伝説

　サンジャヤ王朝の6代目の王ピカタンは、シャイレンドラ王朝からプラモダワルダーニ姫を妻として迎えている。つまりプランバナンを建立したヒンドゥー教国と、ボロブドゥールを築いた仏教国は友好的な縁戚関係にあった。そもそもロロ・ジョングラン寺院は、この両家の婚姻記念に建てられたとする説もある。近郊のプラオサン寺院も、シャイレンドラ朝の王が、サンジャヤ王家に嫁いだ姫のために建立されたものと考えられており、宗教の違いを超えた王家同士のつながりがあった。

　また、ロロ・ジョングラン（＝細身の処女）のいわれには、こ

シヴァ神殿北側に祀られたドゥルガ像

**寺院群はすべて
ヒンドゥー教の遺跡？**

中心寺院のロロ・ジョングランはヒンドゥー教寺院だが、ほぼ同時期に建造されたプラオサン寺院のほか、カラサン寺院、セウ寺院、サリ寺院など仏教寺院も点在する。婚姻関係にあったシャイレンドラ王朝の仏教信仰が影響していると推察される。

　投稿　毎週月曜は遺跡保全のため、ロロ・ジョングラン寺院の敷地内に立ち入ることはできません。公園の通路から寺院外観を眺めたり、セウ寺院の見学は可能でした。（大阪府　コーギー　'24）

left上／セウ寺院の周辺では山羊たちがのんびりと草を食べている　右上／入口両脇に守護神クベラが鎮座するセウ寺院　左下／ヒンドゥー文化のモチーフで飾られたロロ・ジョングラン寺院　右下／雨季には屋内劇場で見られるラーマヤナ舞踊

んな伝説が残っている。昔ボコ王の息子である大男が、プランバナンの王妃ロロ・ジョングランにひとめ惚れした。大男の執拗な求婚に困り果てた王妃は、ひと晩で1000の寺院を造ることができたら妻になると約束した。しかし、大男は精霊の助けを借り、夜明け前までに999の寺院を造ってしまった。あとひとつ、困り果てた王妃は侍女に米を臼でつくように命じた。ジャワではいつも明け方に米つきをするので、一番鶏が勘違いして鳴き始めた。日の光を嫌う精霊は鳴き声を聞くと、完成を目前に地中に帰ってしまう。怒り狂った大男は王妃を呪文で石像に変えてしまった。それが神殿北面に安置されたドゥルガ像であり、大男がひと晩で造り上げた多数の寺院がセウ寺院（セウは1000という意味）として今に残るというのだ。

守護神に守られた「千の寺院」セウ寺院

史跡公園の北端にある**セウ寺院** Candi Sewu（**MAP** P.153）は、仏教的要素が色濃い寺院。プラン

バナン寺院群の中心となるロロ・ジョングランはヒンドゥー教文化の産物だが、周囲に残る遺跡の多くは仏教寺院。同時代に広範囲で勢力を誇ったシャイレンドラ王朝の仏教信仰が大きく影響している。

セウ寺院の主堂へ入ると、ジャワ語で「ゴド」という武器を手に、訪問者を威圧するように置かれた守護神クベラ（地元の人は巨人を意味するラクササと通称している）の像が目につく。この像の背後には主堂を中心に、いくつかのペルワラも建っている。主堂内の柱の形は古代ギリシア建築を彷彿させるし、浮き彫りで装飾された壁龕はアラブ調の装飾が施され、とても興味深い。

「セウ寺院」は「千の寺院」という意味であるが、かつてこの寺院群は総数240基に及ぶペルワラが広い敷地を埋め尽くしていた。現在は崩れ落ちた石群がその名残を感じさせてくれる。

また、セウ寺院とロロ・ジョングランとの間には、小さなブブラ寺院やルンブン寺院もある。見るものは少ないが、のんびりと歩いて移動する途中で、立ち寄ってみるのもいい。

遺跡Q&A　**ラーマヤナの物語とは？**
コーサラ国の王子ラーマの活躍を描いた古代インドの叙事詩。3世紀頃に創作され、以降アジア各地で長く民衆に親しまれている。舞踊劇や影絵芝居のほか、ロロ・ジョングラン寺院のシヴァ神殿のレリーフでその物語世界に触れられる。

史跡公園内でラーマヤナ舞踊鑑賞

ロロ・ジョングラン寺院の西側にある屋外劇場では、夜空にきらめく星や満月の照明と、優雅なガムランの響きでラーマヤナ舞踊が上演される。きらびやかな衣装に身を包んだ踊り子の美しさ、繊細な身のこなしは、見る者を陶酔の世界に誘い込んでしまう。**屋外劇場** Open Air Theatreで催されるのは5〜10月で、週3〜6回上演（火・木・土曜が基本）、入場料Rp.15万〜45万。11〜4月の間は隣接している**屋内劇場** Trimurti Theatreで、毎週火・木・土曜に行われている（12月末は他の曜日にも上演）。入場料Rp.15万〜30万。上演時間はいずれも19:30〜21:30。終演後には劇場からジョグジャカルタへのバス（Rp.5万）が運行している。

 ラーマヤナ舞踊公演の最新スケジュールの確認は、ボロブドゥール＆プランバナン寺院史跡公園の公式サイト（URL borobudurpark.com/en/event/781）をチェックしよう。

遺跡を望む風光明媚な丘
ボコの丘
Ratu Boko `MAP` **P.153**

プランバナンを見下ろす標高200mの丘。水田やサトウキビ畑の中にたたずむ寺院群、そして空にはムラピ山の姿が浮かんでいる。朝夕には村落や木立の間から食事を用意するかまどの煙が立ち上り、霞のように漂う。

上／展望台からはロロ・ジョングランやムラピ山が望める
下／丘の上に建つ宮殿跡

9世紀頃にヒンドゥー教徒のラカイ・ワラン王が造った大宮殿は、王国の消滅後からずっと廃墟として残っていた。石門や砦、沐浴場、火葬場、祠の跡などが往時をしのばせる。宮殿跡の2km南東には、特殊な曲面屋根をもつバニュ・ニボ寺院 Candi Banyu Nibo がひっそり建っている。

> バスターミナルから車で約10分。入場券売り場を入ると正面に展望レストラン（営業 毎日8:00～21:00）、右側に宮殿跡へと通じる階段がある。
> TEL (0274)496-510　入場 毎日8:00～18:00
> 料金 Rp.36万2500（時間帯によりドリンクや軽食が付く）

農村の風景にたたずむ女性的な寺院
プラオサン寺院
Candi Plaosan `MAP` **P.153**

ロロ・ジョングラン寺院とほぼ同時期に建立された仏教寺院。シャイレンドラ朝のサマトゥラトゥンガ国王が、この地のサンジャヤ王朝へ嫁いだ姫のために建立したものと考えられている。南北ふたつに分かれ、北は236基のストゥーパと116棟のペルワラ、南には69基のストゥーパと16棟のペルワラの残骸が、寺院を取り囲んでいる。

南側の仏堂は菩薩像や階段の龍をかたどった欄干などが美しい状態で残っている。寺院の構造は上下に3室ずつある2階建てで、石材は外側に安山岩、内側には凝灰岩を使う工法で造られている。崩壊していた北側の仏堂も修復された。

上／セウ寺院と同じようなクベラ神像も置かれている
下／ふたつの仏堂が残るプラオサン寺院。外壁にたくさんの天人像が描かれている

> プランバナン寺院群から北東約2km。
> 入場 毎日8:00～17:00　料金 Rp.5000

レリーフが美しい仏教遺跡
サリ寺院
Candi Sari `MAP` **P.153**

サリ（＝精髄）の名のとおり整然とした堂は、優美な菩薩像のレリーフで壁が飾られ13個の窓の周りには唐草模様が彫られている。特に屋根は、ほかの寺院のピラミッド形デザインと異なり、重層の曲板構造で造られている。

上／天人像のレリーフには当時に塗られた漆喰も残る
下／ジャワ仏教文化の美的センスが凝縮された寺院

> プランバナン寺院群からソロ通りを西へ約2.5km、モスク近くの細道を北へ300m。
> 入場 毎日8:00～17:00　料金 Rp.1万

  R アバヤギリ Abhayagiri（`MAP` P.153 TEL 0811-2934-422 携帯　営業 毎日11:00～21:00）は、ボコの丘に建つ展望レストラン。プランバナンを見渡しながらのビュッフェランチは Rp.25万。

ヒンドゥー教と仏教の融合が興味深い

カラサン寺院
Candi Kalasan

[MAP] P.153

左／寺院の入口を飾るのはヒンドゥー教の神である蛇の像
右／ふたつの宗教のモチーフが見られる寺院

出土した「カラサン碑文」によると、778 年（ジャワ紀元 700 年）にこの地を支配していたサンジャヤ王朝と、隣接するシャイレンドラ王朝の王家同士の結婚を祝して創建された。仏教寺院として建立されるも、9 世紀頃から改築を重ね、現存するようなヒンドゥー教的な装飾が加えられていったと考えられている。当時の仏教とヒンドゥー教との関連性、文化的融合を考察するうえで重要な遺跡だ。内部は空洞だが台座が残っているため、かつては大きな仏像が鎮座していたと推測される。

プランバナン寺院群からソロ通りを西へ約 3km、バヤンカラ病院近くの道を南へ入る。
入場　毎日 8:00 ～ 17:00　料金 Rp.1 万

火山灰の中からよみがえったヒンドゥー教寺院

サンビ・サリ寺院
Candi Sanbi Sari

[MAP] P.153

左／ガネーシャ像の上には鬼面のカーラ像が施されている
右／深さ 6 m の地中から掘り起こされたサンビ・サリ寺院

この地域で隆盛を誇った古マタラム王国で、最後に造られたヒンドゥー教寺院とされる。1966 年に火山灰の中から発掘された遺跡は、周囲の地表より 6m 下に建ち、10 世紀頃に起きたムラピ山の噴火の規模を物語る。古マタラム王国はこの天災により、ジャワ東部へと都を移し、やがて消滅した。壁龕はドゥルガやガネーシャなどヒンドゥー神のレリーフで飾られ、本堂の内部にはシヴァ神が置かれている。

カラサン寺院からソロ通りを西（ジョグジャカルタ方面）へ 4km 行き、北の脇道を 2km 進む。
入場　毎日 8:00 ～ 18:00　料金 Rp.1 万

ホテル　レストラン

史跡公園の周囲にホテルや安宿が点在している。観光地であるが公園周囲はのどかな農村地帯なので、宿泊すればジャワ情緒が満喫できる。レストランは史跡公園内に数軒あるほか、バスターミナルから公園入口にかけて食堂も並んでいる。

ルマ・デサ ◆ Rumah Desa

[MAP] P.153

WA 0815-686-5255　カード [M][V]　料金 ⓈⒹ Rp.60 万～　[Wi-Fi] OK

プランバナン寺院群の東にあるホームステイ。部屋は広く清潔で、ラーマヤナ劇場への送迎やレンタサイクルにも対応している。

[POOL] [レストラン] [朝食]

部屋もサービスも評判がいい

ガルー ◆ Galuh

[MAP] P.153

TEL（0274）496-855
カード [M][V]　料金 ⓈⒹ Rp.30 万～ 70 万　[Wi-Fi] OK

全 104 室の中級ホテル。遺跡公園の 1km 東側にある。朝食付き。ホットシャワーとエアコンのない部屋もある。TV、レストランも完備している。

[POOL] [レストラン] [朝食]

宿泊者はウオーターパークを無料利用可

ジャヤ・クスマ ◆ Jaya Kusma

[MAP] P.153

TEL（0274）496-103　カード 不可　料金 ⓈⒹ Rp.12 万～ 40 万　[Wi-Fi] OK

史跡公園入口向かいの便利な立地にある全 16 室のホテル。安い部屋はシャワー共同。Rp.20 万の部屋はエアコン、水シャワー付き。遺跡周辺地図も用意されていて、バックパッカーに人気がある。

[POOL] [レストラン] [朝食]

ハミダシ　[R] ワルン・エスエス Waroeng "SS"（[MAP] P.153　営業 毎日 10:00 ～ 22:00　URL www.waroengss.com）はプランバナン駅前にある人気食堂。ジャワ料理を激辛サンバルで味わえる。

王宮とともにいにしえの時を刻む古都

ソロ（スラカルタ）

Solo(Surakarta)

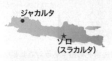

ジャカルタ
ソロ（スラカルタ）

人　口	57万人
高　度	96m
市外局番	0271
空港コード	SOC

中部ジャワ州観光局の日本語情報
URL enjoytrip.wixsite.com/indonesia-jawa
　ソロや中部ジャワについて詳しい日本語サイト。イベント情報などは事前に見ておきたい。

観光案内所 MAP P.160-B2
住所 Jl. Slamet Riyadi No.275
TEL (0271)714-942
URL pariwisatasolo.surakarta.go.id
営業 月〜土 9:00 〜 17:00
　　 日 10:00 〜 14:00
　ラジャ・プスタカ博物館に向かって右側奥にある。ソロの市街図やレストランマップが入手できる。

ガルーダ航空 MAP P.160-C2
住所 Jl. Veteran No.242
TEL 0811-8614-614 携帯
営業 月〜金 8:00 〜 16:00 (土 9:00 〜 14:00)

ジャワ島の中央部に位置するソロ（現在の正式名称は「スラカルタ」だが、今もソロの呼び名が一般的）は、ジャワ原人の化石、たゆたうようなメロディで歌われたブガ

巨大なグデ市場はソロ庶民の台所

ワン・ソロ（ソロ川）、そして18世紀以降花開いたイスラム王国の宮廷文化の町として知られている。

　ジャワ文化の精緻を極めたふたつの王宮が建てられたのは18世紀のこと。それ以前にジャワを支配していたマタラム王朝は、ソロの西にあるカルトスロを王都としたが、18世紀後半の戦乱の後にカルトスロは荒廃してしまう。ブオノ3世の時代に王位継承を巡る内紛から王朝がふたつに割れ、ジョグジャカルタにも王家が作られスルタン（ジョグジャカルタの王の称号）が誕生した。ソロの王朝は、その後さらにマンクヌガラン王家が新たに誕生し、同じ土地にふたつの王朝が存在することになった。のんびりとした古都の風情がソロに漂うのは、このふたつの王宮があるためだろう。

Column

バティックの町を散策する

　インドネシア国内で最大のバティック・フェスティバルが開かれるソロは、ジャワ更紗の一大産地として知られる。王宮北広場の西側に広がる**カウマン地区 Kauman**（MAP P.161-B4）は、昔からロウケツ染めの職人が多く住んでいた地区。下町風情漂う路地沿いに個人経営の小さなバティック店が点在し、大通りとはひと味違う懐かしい光景がいっぱい。古都散策にぴったりのエリアだ。

バティックファッションの店が並ぶカウマン地区

　ソロの中心部から3kmほど西側に広がる**ラウェヤン地区 Laweyan**（MAP P.160-B1）も、バティック作りの歴史地区として知られる。ここはアーティストの工房や職人の家が集うオールドタウンで、午前中に訪れれば伝統的な作業風景を町のあちこちで散見できる。古きよき風情にあふれた町並みはフォトジェニックで、人々もフレンドリー。ゆっくり時間をかけて歩き回ってみよう。

ラウェヤン地区では昔ながらの工法でバティックが作られる

投稿 ソロを訪問したらカウマン地区やラウェヤン地区の散策がおすすめ。バティック職人たちが暮らしてきた下町は旅情たっぷり。古い街並みや不思議な郷愁に浸れます。（埼玉県 SOL '24）

アクセス

飛行機▶中心部から 9km 西にあるアディスマルモ空港へ、ジャカルタやデンパサールから毎日便がある。空港からプランバナン遺跡へは 50km ほど（車で 1.5 時間）。

ソロへの飛行機

ジャカルタから	ガルーダ航空、バティック航空（ライオン航空）、シティリンクが 1 日計 8〜9 便、所要 1〜1.5 時間、Rp.75 万〜119 万
デンパサールから	ライオン航空、スーパーエアジェットが 1 日計 3 便、所要 1.5 時間、Rp.61 万〜115 万

鉄　道▶おもにエクセクティフクラスとビジネスクラスの列車は、バラパン駅に発着する。エコノミークラスのみの列車は、プルウォサリ駅に発着する。

ソロへの鉄道

ジャカルタから	ガンビル駅やパサール・スネン駅より 1 日 10 本（5:45〜22:05 発）、所要 7〜8.5 時間、Rp.26 万〜79 万
バンドンから	バンドン駅より 1 日 6 本（6:55〜20:00 発）、所要 6.5〜8 時間、Rp.21 万〜70 万
ジョグジャカルタから	トゥグ駅より 1 日 20〜21 本（0:14〜23:33 発）、所要 40〜60 分、Rp.6 万〜52 万
スラバヤから	グブン駅より 1 日 11 本（7:00〜20:00 発）、所要 3.5〜4 時間、Rp.16 万〜45 万

バ　ス▶ティルトナディ・バスターミナルへ各地から運行。

ソロへのバス

ジャカルタから	プロパグン・ターミナルより 1 日 21 本（6:15〜20:05 発）、所要 7〜12 時間、AC 付き Rp.22 万〜44 万
バンドンから	チチャフウム・ターミナルより 1 日 12 本（5:00〜22:00 発）、所要 11〜12.5 時間、AC 付き Rp.18 万〜
ジョグジャカルタから	ギワガン・ターミナルより毎時数本、所要 1.5〜2 時間、AC 付き Rp.4 万 5000〜6 万 5000
スラバヤから	ブングラシー・ターミナルより 1 日 23 本（10:10〜19:30 発）、所要 6〜8 時間、AC 付き Rp.12 万〜13 万

歩き方

古都のメインストリートは、中心部を東西に走る**ジャラン・スラメッ・リヤディ** Jl. Slamet Riyadi。ホテルや観光スポットもこの通り周辺に集まっている。ソロの表通りはショッピングセンターなどが建ち、人通りも多いが一歩路地に足を踏み入れると、昔ながらの下町風景もあり楽しい。

🚶 交通案内

市内にはジャラン・スラメッ・リヤディに沿って東西に走る市バスがあるが、見どころはすべてベチャか歩いて行ける距離。ベチャ料金は乗車前の交渉しだいだが、中心部の移動で Rp.2 万前後が相場となる。半日チャーターして Rp.8 万前後。

近距離の移動ならベチャも便利

空港から市内へ

アディスマルモ空港からソロ市内へはタクシー利用で 20 分、Rp.9 万〜。市バス Batik Solo Trans で Rp.3700。

交通の起点となるティルトナディ・バスターミナル

バスターミナルから市内へ

ターミナルは町の中心から 2km 北にあるので、市街へはタクシー（Rp.3 万 5000）か、ベチャ（Rp.3 万）を利用する。

市内を巡る観光バス

2 階建ての観光バス Bus Tingkat Werkudara が土・日・祝 12:15、日曜 9:00、12:30、15:30 に運輸省 Dinas Perhubungan（**MAP** P.160-A2）前を起点に、ふたつの王宮やラウェヤン地区、カウマン地区などを巡る。所要 2 時間、料金 Rp.2 万。前日までに運輸省 Dinas Perhubungan（**WA** 0811-2929-777）へ予約が必要。

配車サービスの利用状況

Grab や Gojek の配車サービス（→ P.478）が利用できる。空港からのピックアップは、ドライバーから空港の外に出るよう連絡が入るケースもある。

タクシー

メーター制で初乗り料金は Rp.5500（ミニマム利用 Rp.1 万）、チャーター利用の場合は 1 時間 Rp.9 万〜。流している車は少ないのでホテルで呼んでもらったほうがいい。

ベチャ料金の目安

基本的に乗車前の交渉しだいなので、事前にホテルなどで相場を確認しておこう。例えばふたつの王宮の間を利用すると Rp.2 万〜。

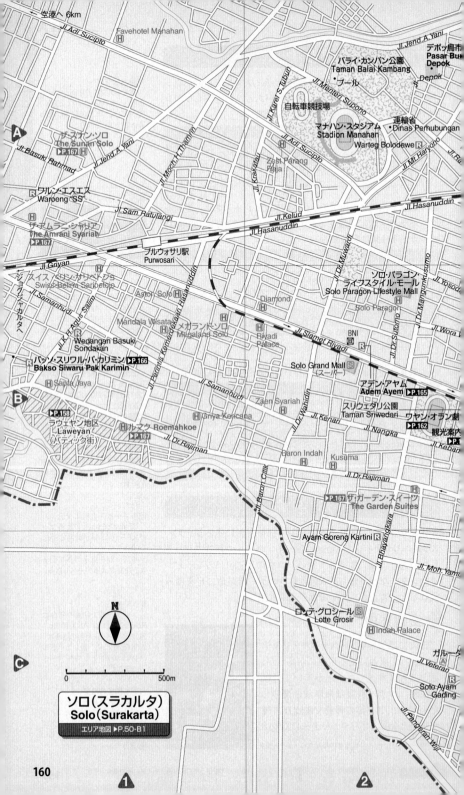

空港へ 6km
Jl. Adi Sucipto
Favehotel Manahan H

Jl. Jend. A. Yani
バライ・カンバン公園
Taman Balai Kambang
・プール
デポッ鳥市
Pasar Bu
Depok
Jl. Menteri Supono

A ザ・スナン・ソロ
The Sunan Solo
▶P.167

Jl. Basuki Rahmad
Jl. Jend. A. Yani
Jl. Moch. H. Thamrin
Jl. Karel S. Tubun
Jl. Krakatau
Jl. Adi Sucipto

自転車競技場
マナハン・スタジアム
Stadion Manahan
連輸省
・Dinas Perhubungan
Warteg Bolodewe

Jl. Mt. Haryono
Jl. Ra

ワルン・エスエス
Waroeng "SS" R

Jl. Sam Ratulangi
Zest Parang
Raja

ザ・アムラニ・シャリア
The Amrani Syariah
▶P.167

Jl. Kelud
Jl. Hasanuddin

Jl. Hasanuddin

Jl. Griyan
プルウォサリ駅
Purwosari

ソロ・パラゴン・
ライフスタイル・モール
Solo Paragon Lifestyle Mall

スイス・ベリン・サリベジョ
Swiss-Belinn Saripetojo

Jl. Dr. Muwardi
Jl. Mangunsusmo
Jl. Yosod
Jl. Slamet Riyadi

Jl. Samanhudi
Aston Solo H
Diamond
Solo Paragon
Jl. Dr. Sutomo
Jl. Wora

Mandala Wisata H
メガランド・ソロ
Megaland Solo
Jl. K. H. Agus Salim
Jl. Pertinis Kemerdekaan Hasanuddin
Riyadi
Palace
BNI
Jl. Dr. Wora
BNI B
R

Wedangan Basuki
Sondakan

バッソ・スリワル・パ・カリミン ▶P.166
Bakso Siwaru Pak Karimin
Solo Grand Mall S
(スーパー)

B
Santa Jaya H
▶P.158
ラウェヤン地区
Laweyan
(バティック街)

Jl. Samanhudi
Zaen Syariah
アデン・アヤム
Adem Ayem ▶P.165

Jl. Dr. Rajiman
ルマク Roemahkoe
▶P.167
H Griya Kencana

Jl. Kenari
Jl. Dr. Wahidin
Jl. Nangka
スリウェダリ公園
Taman Sriwedari
ワヤン・オラン劇
▶P.162
観光案内 ▶P.
Jl. Keban

Baron Indah
Kusuma

▶P.167 ザ・ガーデン・スイーツ
The Garden Suites
Jl. Dr. Rajiman
Jl. Baron Cilik

Ayam Goreng Kartini R

Jl. Bhayangkara
Jl. Moh. Yami

N

ロッテ・グロシール
Lotte Grosir S
Indah Palace H

Jl. Veteran
ガルーダ
Solo Ayam
Gading

C

0   500m

Jl. Pangeran Wij

ソロ（スラカルタ）
Solo(Surakarta)
エリア地図 ▶P.50-B1

160

1   2

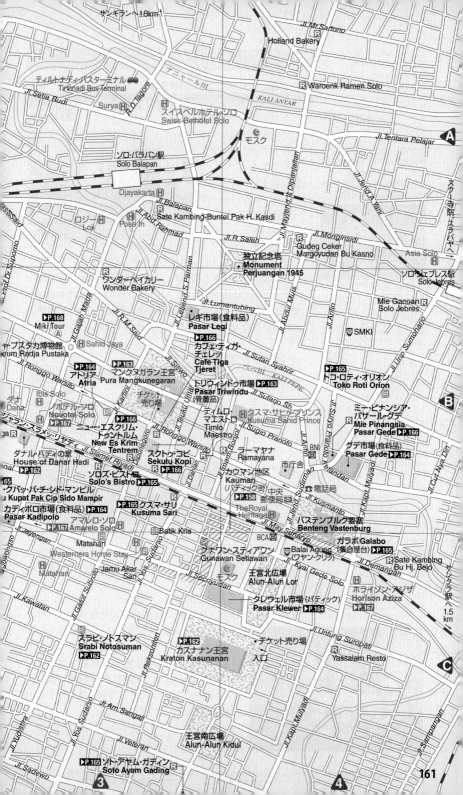

ダナル・ハディの家
TEL (0271)714-326
営業 毎日9:00〜17:30
料金 Rp.3万5000

ワヤン・オラン劇場 MAP P.160-B2

時間 月〜土19:00〜23:00
料金 Rp.2万
　ワヤン・クリッから派生した
舞踊劇をスリウェダリ公園内で
上演している。男女のダンサー
がきらびやかな衣装で舞う、中
部ジャワ特有の伝統芸能だ。

スリウェダリ公園で観られるワヤ
ン・オラン劇

カスナナン王宮
TEL (0271)645-412
入場 月〜木 9:00〜14:00
　　　土・日 9:00〜15:00
料金 Rp.1万5000
　カメラ使用料　　Rp.5000
　ガイドへのチップRp.5万程度

✉ スマホがなくても配車サー
ビスは使えます
　海外対応のスマホを持っていな
くても、宿泊先で頼めば配車サー
ビスを手配してもらえます。スタッ
フに行き先、車かバイクか、支払
いは現金ですることを伝えましょう。
配車アプリが使えないガラケー持
ちの私は、宿泊ホテルでグデ市場
まで Gojek の手配を頼みました。
スタッフは慣れた感じですぐに対
応してくれ、スマホ画面に提示さ
れた料金を見せてくれます。目的
地に到着後は、提示されていた運
賃をドライバーへ支払って完了。
ただしソロのホテルでは、空港へ
の配車サービスは手配不可で、空
港へのアクセスはタクシーしか手
配できないと言われました。
　　　(SATE　神奈川県)['24]

かつての王族の暮らしぶりがわ
かる展示

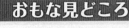

おもな見どころ

◆ 老舗バティックショップの博物館　★★
ダナル・ハディの家
House Of Danar Hadi　　MAP P.161-B3

無形文化遺産にも登録されたバティック作品を堪能できる

　ソロを本拠地とする有名バティックブランド「ダナル・ハディ」が経営するショップ＆ミュージアム。オーナーが所有する世界有数のコレクションを展示したバティックミュージアムは、見応えたっぷり。王族のみが着用を許されていた貴重なバティックをはじめ、時代の変遷や産地、特徴的なモチーフごとに見やすくディスプレイされている。建物自体も元王族が所有していた歴史的建造物を改築したもので、敷地内には小粋なカフェやウエディング会場を併設している。

◆ コロニアル調の優美な王宮　★★
カスナナン王宮
Kraton Kasunanan　　MAP P.161-C3

コロニアル様式とジャワの伝統的なデザインが融合した王宮入口

　スラカルタ王宮とも呼ばれる町のシンボルで、南北にアルン・アルンという広場をもつ典型的な中部ジャワの王宮形式で造られている。1745年、パクブウォノ2世によってカルトスロからこの地に遷都され、そのときに地名もソロからスラカルタに改められた。

　灯台のような八角形の塔は、パグン・ソンゴブウォノ(世界の塔)と呼ばれ、塔の最上階の部屋では歴代のススフナン(ソロの王の称号)が1年に一度、女神ラトゥ・キドゥルに会っていたという言い伝えが残っている。塔の裏側には壮麗な大理石で造られた即位の広間があり、庭園脇の博物館には、ガムラン楽器、ワヤン人形、刀剣のほか、王室の家具や馬車が展示されている。

✿ ハミダシ S スラビ・ノトスマン Srabi Notosuman (MAP P.161-C3 TEL 0271-655-906 営業 毎日 5:00〜17:00) はクレープのような郷土菓子「スラビ」の老舗店。値段はひとつ Rp.2800。

今も王族が暮らす豪華な宮殿 ★★
マンクヌガラン王宮
Pura Mangkunegaran   `MAP` P.161-B3

1757年、初代マンクヌゴロ王がオランダ植民地政府の力を借りて建設した、開放的なジャワ建築様式の王宮である。建物の中心はプンドポ Pendopo という大理石の豪華な大広間で、ガムラン演奏やジャワ舞踊の練習が毎週水・土曜の 10:00 ～ 12:00 に行われている。

広間から奥に進むとダレム Dalem という儀式のための主室に入る。部屋の奥中央にジャワ女神の眠る神殿が祀られ、左右に王女と王子の瞑想用の小部屋が据えられている。この小部屋のひとつが現在は博物館となっており、宮廷舞踊に使う仮面や装身具、貴金属、クリス（ジャワの聖剣）に日本刀、さらには黄金の貞操帯など、王家の幅広いコレクションが展示されている。

この王宮にはいまだマンクヌガラン家の末裔が住んでいるが、主室の左側にある中国様式の王女の住居は公開されており、衣装替えの部屋や大食堂などを見学できる。

王家のコレクションも展示されているマンクヌガラン王宮

アンティークの掘り出し物を探す ★★
トリウィンドゥ市場
Pasar Triwindu   `MAP` P.161-B3

レトロ調のインテリア雑貨や骨董品を扱うおみやげ市場。オランダ統治時代に使われていた食器やレプリカ、アクセサリーやガラクタ雑貨、ジャワの手工芸品などがところ狭しと並んでいる。目利きが探せば年代物のお宝も見つかるというが、アンティーク風に作られた最近の商品も多い。週末には市場周辺で伝統工芸品を販売する夜市（Ngarsopulo）も開かれている。

骨董品からガラクタまで雑多な商品を展示

王宮内のダイニングを彩るステンドグラス

マンクヌガラン王宮
TEL (0271)642-016
入場 毎日9:00 ～ 15:00（木～14:00）
料金 Rp.5万
※王宮内部の見学にはガイドが必要（チップはRp.5万ほど）

王宮でガムランを習う
マタラム王朝から分家した王家のひとつ、マンクヌゴロ王が建てたマンクヌガラン王宮には、日本語の上手な女性ガイドがいて、ていねいに説明してくれる。ガムランの音色が効果的に響くように造られた広間と、王家のコレクションが並ぶ展示室は必見だ。この宮殿を所有する王家は、雨を呼ぶことのできるガムラン楽器を所有しているという。

またこの王宮では、旅行者がガムランや歌を習うこともできるとのことなので、興味があれば問い合わせてみよう。由緒ある王家のグループからガムラン演奏を習うのも貴重な体験だ。

トリウィンドゥ市場
営業 毎日8:00 ～ 17:00

プレートや仮面などおみやげ品も見つかる

 ソロの夜は早く、多くのレストランが21時頃には閉店（またはオーダーストップ）してしまう。他都市から遅く着いたときには、ワルン（屋台）しか営業していないので注意。

サマードレスは日本でも活躍しそう

グデ市場
営業 毎日6:00〜16:00

カディポロ市場
Pasar Kadipolo
　　MAP P.161-B3
　食品や郷土菓子、日用品を扱うローカル情緒が漂う市場。通りを挟んだ北側には花市場が開かれ、早朝からにぎわっている。
営業 毎日6:00〜15:00

◆ バティックを探すならここ　　★★
クレウェル市場
Pasar Klewer　　**MAP** P.161-C4

　バティック街として有名なカウマン地区にある、ソロ最大のバティック市場。狭い通路の両側にファッションや布地の専門店がぎっしりと並び、いつも業者や観光客で混み合って

バティックのサロンはデザイン豊富

いる。カラフルな布地はピンからキリまで揃い、中部ジャワ産のものがほとんど。服のデザインはローカル仕様が多い。2017年に改装され、3階にはフードコートが併設されている。

◆ ローカルグルメも味わえる古きよき市場　　★★
グデ市場
Pasar Gede　　**MAP** P.161-B4

　オランダ人建築家によって1930年代に建造された巨大市場。何度かの改装を経ているが、当時の面影をとどめている貴重な文化財でもある。市場はふたつの建物からなっており、巨大

伝統ハーブ飲料のジャムーが豊富

なメインの建物では生鮮食料品から日用雑貨、ジャムウに使われる生薬を扱っている。ハーブティーや伝統処方の石鹸など、おみやげになりそうな商品も見つかる。西側の小さな建物には1階に南国フルーツ、2階にはローカル食堂が出店している。

グデ市場は穴場のグルメスポット！

　グデ市場はソロ市民に愛される食堂や屋台が集う食事スポットとしても有名だ。メインの建物内にある**R Es Dawet Telasih Bu Dermi**（営業　毎日8:00〜15:00）は1930年代から営業を続ける郷土スイーツの名店。ココナッツミルクに米粉のゼリーや黒米の粥が入ったエス・ダウェッ（Rp.1万）は、優しい甘さで疲れを癒やしてくれる。

ヤシ砂糖で甘みをつけたエス・ダウェッ

　グデ市場沿いの通りに出る屋台の**R Tahok Pak Citro**（営業　毎日7:00〜売り切れまで）

ほのかに大豆が香るタホッ

では、ソロでも数人しか継承していない幻のスイーツ、タホッ（Rp.1万）が味わえる。やわらかな豆腐に生姜シロップをかけたシンプルなデザートだが、とても人気が高く10時頃には売り切れてしまうこともあるほど。

　グデ市場の西側建物の2階にある**R Kedai Kopi Pak Agus**（営業 毎日8:00〜24:00）は、インドネシア各地のコーヒー（Rp.2万3000〜）を提供する通好みのコーヒースタンド。市場を望むベランダでの休憩タイムは旅の思い出になるはずだ。そして、小腹がすいたなら**R ミー・ピナンシア・パサール・グデ**（→P.166）で、絶品ヌードルを味わおう！

Kedai Kopi Pak Agus でコーヒータイム

ハミダシ　**S**アトリア Atria（**MAP** P.161-B3　TEL（0271）642-477　営業 毎日9:00〜21:30）は庶民派のスーパーマーケット。日用品や食料品のほか、冷えた缶ビールも購入できる。

レストラン Restaurant

中心部には郷土料理の店からファストフード店まで揃っている。ショッピングセンター内にはフードコートがあるほか、各市場の周辺にはユニークな屋台も多い。

人気の高いジャワ料理店
アデン・アヤム
Adem Ayem [MAP] P.160-B2

住所 Jl. Slamet Riyadi No.342　TEL (0271)712-891
WA 0811-295-2269　営業 毎日 6:00～21:00
税&サ +10%　カード [A][J][M][V]

スリウェダリ公園から600mほど西にある、中部ジャワの郷土料理が楽しめるレストラン。味に定評があり、いつも地元の人と旅行者でにぎわっている。おすすめ料理は鶏とジャックフルーツをココナッツミルクで煮込んだナシ・グドゥッ・アヤム(Rp.3万7000)や魚介が入ったナシゴレン・シーフード(Rp.5万8000)。

郷土料理のナシ・グドゥッが絶品！

鳥ガラの澄み切ったダシが最高！
ソト・アヤム・ガディン
Soto Ayam Gading [MAP] P.161-C3

住所 Jl. Bridjend Sudiarto No.75
TEL (0271)724-708　営業 毎日 6:00～15:00
税&サ 込み　カード 不可

歴代大統領がソロに来ると必ず味わったという絶品のソト・アヤム(鶏ガラのスープ)が評判。スープにご飯が入ったソト・ナシ、ご飯とスープが別皿で出てくるソトは各Rp.1万8000。

コクとうま味たっぷりのソト・アヤムを注文しよう

写真付きメニューでオーダーも楽々
ソロズ・ビストロ
Solo's Bistro [MAP] P.161-B3

住所 Jl. Slamet Riyadi No.183
TEL (0271) 643-446　営業 毎日 11:00～20:00
税&サ +10%　カード [M][V]　[Wi-Fi] OK

郷土料理から西洋料理までメニュー豊富でボリュームもたっぷり。ナシゴレン・サピ(Rp.3万)やローストチキン・ローズマリー (Rp.4万)。スープ・メイン・野菜・デザートなどがセットになったパケット・メニューは平日Rp.6万5000～。

ビーフストロガノフなど洋食も評判

ソロ名物の屋台料理を味わおう
タフ・クパッ・パ・チ・シド・マンピル
Tahu Kupat Pak Cip Sido Mampir [MAP] P.161-B3

住所 Jl. Dr. Rajiman No.274
TEL 0857-2885-9823 携帯
営業 毎日 6:00～17:00　税&サ 込み　カード 不可

揚げたての豆腐や蒸し米のロントンに、特製ソースをかけたタフ・クパッ (Rp.1万) の名店。野菜のかき揚げのような揚げ物を添えて、独特のコクをプラスしているのがこの店の特徴。屋台のような簡素な店舗で見逃しがちだが、通りを挟んでカディポロ市場の北西側にある。

日本人の口にも合う料理がうれしい
クスマ・サリ
Kusuma Sari [MAP] P.161-B3

住所 Jl. Slamet Riyadi No.111　TEL (0271) 656-406
営業 毎日 9:00～22:00
税&サ 込み　カード [M][V]

ソロならではの料理を提供するレストラン。おすすめはオランダ統治時代のメニューであるセラッ・スガール(Rp.2万2000)。ゆで野菜とひき肉のパテに冷たいコンソメ・スープをかけたユニークなメニューだ。チキン・ステーキ(Rp.2万6000)などのファミレス風料理もおいしい。

ソロの味自慢 集合屋台ガラボ

王宮北広場の1ブロック北の道沿いに広がる、**ガラボ Galabo** ([MAP] P.161-C4)と呼ばれる屋台街は、地元っ子や観光客に人気の場所。17:00～深夜までジャラン・スラメッ・リヤディの約600mが歩行者天国になり、そこにソロ中のローカルフードワルンの支店が、屋台形式で並ぶ。ナシ・リウッやタフ・クトゥパッのほか、ソロの味がいろいろ揃っているので、毎日行っても飽きないだろう。ときどきライブ演奏も行われている。

屋台でも味わえるソロ名物のナシ・リウッ

ハミダシ [S]トコ・ロティ・オリオン Toko Roti Orion ([MAP] P.161-B4　TEL (0271)645-214　営業 毎日7:00～20:00)は地元密着型のベーカリー。ブキスなどのローカル菓子やパンは1個Rp.3000～。

■ ジャワ島の屋台の味が楽しめる
カフェ・ティガ・チェレッ
Cafe Tiga Tjeret　　MAP **P.161-B3**

住所 Jl. Ronggowarsito No.97　TEL (0271) 630-078
営業 毎日 11:00 〜 24:00
税&サ 込み　カード 不可　Wi-Fi OK

　ジャワ名物の露店(アンクリンガン)の料理を、落ち着いて楽しめるスポット。鳥皮やぼんじりのサテ(1本Rp.5000〜)、小盛りの白飯と総菜を包んだナシ・ジンゴ(Rp.8500〜)など店頭に並べられたローカル料理から、好きなものを選んで炭火で焼いてもらうシステム。

ジャワ島の郷土料理をよりどりみどりで味わえる

■ 散歩途中で立ち寄ってみたい
スクトゥ・コピ
Sekutu Kopi　　MAP **P.161-B3**

住所 Jl. Slamet Riyadi No.116
TEL 0812-4934-5550 携帯　営業 毎日 8:00 〜 23:00
税&サ 込み　カード MV　Wi-Fi OK

　目抜き通りに面した3階建てのカフェ。ひと晩かけてじっくりドリップする水出しのコールド・ブリュー(Rp.3万3000)や、エスプレッソにミルクとヤシ砂糖を入れたコピ・ベリア(Rp.3万5000)などドリンクメニューが豊富。モクテル(Rp.3万5000〜)も味わってみたい。

ソロのコーヒー好きが集うスポット

■ ソロ一番のバッソが味わえる
バッソ・スリワル・パ・カリミン
Bakso Sriwaru Pak Karimin MAP **P.160-B1**

住所 Jl. Kawung, Lapangan Sriwaru Lawayan
TEL 0812-2621-1222 携帯
営業 毎日 9:00 〜 21:00　税&サ 込み　カード 不可

　ジューシーな牛肉のバッソ(肉団子)が味わえるローカル御用達の店。軟らかなバッソとダシが効いたスープは相性バッチリ。タクシーの運転手たちに常連が多いのもうなずけるおいしさだ。通常のバッソはRp.1万5000、具だくさんのバッソ・スーパーはRp.2万。

麺入りのミーバッソ
Rp.1万5000

■ 市場内にある激ウマのヌードル店
ミー・ピナンシア・パサール・グデ
Mie Pinangsia Pasar Gede　MAP **P.161-B4**

住所 Pasar Gede　TEL なし
営業 毎日 7:00 〜 14:00　税&サ 込み　カード 不可

　グデ市場の西側建物の2階にある、小麦麺や米粉麺などが味わえる専門店。おすすめは米粉麺を使ったクウェティアウ・パンシッ(Rp.2万7000)。もちもちでツルツル食感の太麺に、甘辛いそぼろ肉がよく絡んでおいしい。汁そばのビーフン・クア(Rp.2万3000)やミー・バッソ(Rp.2万6000)も人気。

スープと一緒に味わうクウェティアウ・パンシッ

■ レトロな空間でのんびりできる
ニュー・エスクリム・トゥントルム
New Es Krim Tentrem　MAP **P.161-B3**

住所 Jl. Slamet Riyadi No.136　TEL (0271)789-0425
営業 毎日 11:00 〜 21:00 (土〜22:00)
税&サ +10%　カード MV　Wi-Fi OK

　1952年の創業以来、地元で愛され続けるアイスクリームパーラー。パフェのハッピーデイ(Rp.3万2000)、3種類のアイスが選べるベルギアン・ワッフル(Rp.3万4000)、アイスケーキのトゥッティ・フルッティ(Rp.2万5000)など心躍るメニューが揃っている。

店内は昔懐かしいレトロな雰囲気

  地元食堂でのドリンクの定番はミカンの搾り汁に水とシロップを加えたエス・ジュルッ(Rp.4000〜)。甘いものが苦手なら砂糖なしアイスティーのエス・テ・タワール(Rp.3000〜)がおすすめ。

ホテル Hotel

ジャラン・スラメッ・リヤディ沿いに、高・中級ホテルが並んでいる。バラパン駅やバスターミナル周辺にもホテルがある。安宿はジャラン・ヨス・スダルソ周辺の路地に多い。

市街地の中心部を望む

アマレロ・ソロ Amarelo Solo

[MAP] P.161-B3

住所 Jl. Gatot Subroto No.89-103
TEL (0271) 669-999　WA 0815-7578-8055
URL www.amarelohotel.com
税&サ 込み　カード [M][V]　[Wi-Fi] OK
料金 [AC] [Mini] [TV] スーペリアⓈⒹ Rp.33万～
[AC] [Mini] [TV] デラックスⓈⒹ Rp.53万～
[AC] [Mini] [TV] エグゼクティブⓈⒹ Rp.42万～

ベッドルームは落ち着けるインテリア

マンクヌガラン王宮から500mほど南にあり、マタハリ・デパートも近くて町の散策に便利なロケーション。施設はピカピカに清潔で、スタッフの対応もしっかりしている。全93室でスーペリアが24m²、デラックスが26m²と室内のサイズはややコンパクト。屋上にはスカイラウンジと呼ばれるバーがあり、ソロの町並みを一望できる。[POOL] [レストラン] [朝食]

設備の整った近代的ホテル

ノボテル・ソロ Novotel Solo

[MAP] P.161-B3

住所 Jl. Slamet Riyadi No.272　TEL (0271) 724-555
URL all.accor.com
税&サ 込み　カード [A][D][J][M][V]　[Wi-Fi] OK
料金 [AC] [Mini] [TV] スーペリアⓈⒹ Rp.49万～
[AC] [Mini] [TV] エグゼクティブⓈⒹ Rp.57万～

広々としたプールも完備している

ジャラン・スラメッ・リヤディとガジャ・マダ通りの角に建つ、全142室の4つ星ホテル。中庭のプールは広く、スパ、フィットネスセンター、サウナ、レストランなど設備が充実している。隣にある[H]イビス・ソロと経営が同じで、施設の一部が共用になっている。[POOL] [レストラン] [朝食]

アールデコ調のブティックホテル

ルマク Roemahkoe

[MAP] P.160-B1

住所 Jl. Dr. Rajiman No.501, Laweyan
TEL (0271) 714-024　URL www.roemahkoe.com
税&サ 込み　カード [M][V]　[Wi-Fi] OK
料金 [AC] [Mini] [TV] デラックスⓈⒹ Rp.40万～
[AC] [Mini] [TV] スイート Rp.85万～

1938年に建てられた歴史的建造物を改築したヘリテージホテル。リビングルームを完備したロイヤルスイート(2室)がおすすめ。全14室。[POOL] [レストラン] [朝食]

清潔でスタッフも親切

ザ・ガーデン・スイーツ The Garden Suites

[MAP] P.160-B2

住所 Jl. Dr. Radjiman No.333, Laweyan
TEL (0271)746-3445
税&サ 込み　カード [M][V]　[Wi-Fi] OK
料金 [AC] [Mini] [TV] デラックスⓈⒹ Rp.25万～
[AC] [Mini] [TV] エグゼクティブⓈⒹ Rp.30万～

スリウェダリ公園の南側にある25室のホテル。部屋は広めで、エグゼクティブ以上は冷蔵庫も完備。通りの騒音を避けるために奥の部屋をリクエストしよう。[POOL] [レストラン] [朝食]

ジャワ風デザインで建築された

ザ・スナン・ソロ The Sunan Solo

[MAP] P.160-A1

住所 Jl. A. Yani No.40　TEL (0271)731-312
URL thesunanhotelsolo.com　税&サ 込み
カード [M][V]　[Wi-Fi] OK
料金 [AC] [Mini] [TV] デラックスⓈⒹ Rp.48万～
[AC] [Mini] [TV] スイート Rp.320万～

スパも併設された全204室のホテル。チーク材や大理石が使われた建物は料金以上の高級感があり、デラックスルームでも28m²と快適なサイズ。[POOL] [レストラン] [朝食]

王宮北広場から400mほど東

ホライゾン・アジザ Horison Aziza

[MAP] P.161-C4

住所 Jl. Kapten Mulyadi No.115
TEL (0271)789-0555
税&サ 込み　カード [M][V]　[Wi-Fi] OK
料金 [AC] [Mini] [TV] デラックスⓈⒹ Rp.48万～
[AC] [Mini] [TV] ジュニアスイート Rp.92万～

カスナナン王宮やグデ市場が徒歩圏にある全92室のホテル。デラックス(22m²)でもセーフティボックスやコーヒーメーカーなど設備が充実している。[POOL] [レストラン] [朝食]

ハミダシ [H]ザ・アムラニ・シャリアThe Amrani Shariah ([MAP] P.160-A1　TEL 0271-719-443)はプルウォサリ駅から500mほど西にある全42室のホテル。スーペリアⓈⒹRp.26万～。

スクー寺院
入場 毎日 7:00 〜 15:00
料金 Rp.3万ニ

　ティルトナディ・バスターミ
ナルからタワンマングへのバス
を利用して、カランパンダン
Karangpandan (所要1時間、
Rp.2万)へ。そこからNglorok
行きのミニバス (所要15分、
Rp.6000)に乗り換えて終点ま
で行く。ミニバス終点から寺院
まではオジェッ利用(Rp.3万程
度)か、山道を40分ほど登る。

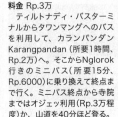

性器を象徴化しているリンガと
ヨーニ

タワンマング〜ソロへ
　ソロへのバス (所要1時間15
分)は多いが、最終は16時頃な
ので注意。タワンマングには宿
泊施設もある。

ソロからのチャーター車
　ソロ郊外へは車やタクシーを
チャーターして行くのが便利。
スクー寺院とチュト寺院を回る
場合には、チャーター車をホテ
ルで頼むと所要6時間で、
Rp.65万ほど、タクシーなら
Rp.55万〜が相場。
● Miki Tour
[MAP] P.161-B3
住所 Jl. Yosodipuro No.54
TEL (0271)729-292
WA 0878-6259-0421
営業 毎日 8:00 〜 16:00
　スクー寺院、チュト寺院、サ
ンギランを訪れる、ソロ郊外を
周遊するツアーも組んでくれる。
1名Rp.70万(2名以上で催行)。

ミステリアスな雰囲気が漂う神秘的な寺院 ★★★
スクー寺院
Candi Sukuh　　　　　　　　　　　[MAP] P.169

中米のマヤ遺跡を彷彿とさせるミステリアスな寺院

　ソロの東36km、ラウ山の麓に建つスクー寺院はほかのジャ
ワ建築様式からはかけ離れ、中米に栄えたマヤ文明のピラミッ
ドに驚くほど酷似している。15世紀マジャパイト朝時代に創建
されたこの神秘的な寺院の入口には3匹の巨大な亀の石像
が伏せ、中庭にはヒンドゥー教世界のワヤン物語や数々の動物
をモチーフにしたレリーフや石像がところ狭しと立ち並んでいる。
性器を握りしめている像や地獄の神官といった風情の像など
ユニーク極まりない。庭園中央には性器をかたどったリンガ
LingaとヨーニYoniが彫られているが、この象徴の上に女
性がサロンを着て横たわると、不貞があった場合サロンに綻び
ができるという言い伝えが残っている。ジャワはソロを中心に今
も神秘的な精霊崇拝の信者が多い。このエロチックな寺院で
は、熱心に祈る人々の姿が目につく。

　スクー寺院は山道を20分ほど上り詰めた場所にあるので、
天気がよかったら、帰りにはタワンマングTawangmangu
までラウ山麓の山道を歩いてみるのもいい。香り立つ緑の茶畑
と田園を見下ろして約2時間、最高のハイキングが楽しめる。
タワンマングは雄大な滝と野生のサルで有名な避暑地だ。

ヒンドゥー神話のレ
リーフが各所に施さ
れている

ハミダシ ジョグジャカルタからソロへ移動する場合、スクー寺院やチュト寺院はジョグジャカルタ発ツアーで訪
問するのも便利。見学後にソロ市内で降ろしてもらえば、ジョグジャカルタ〜ソロ間の交通費も浮く。

自然信仰の独特な雰囲気が立ち込める ★★★
チュト寺院
Candi Ceto
MAP P.169

スクー寺院と同時期にラウ山西の麓に建てられた寺院。やはり古代からこの地にあった自然信仰がヒンドゥー教や仏教の影響を受けて造られたもので、神秘的な雰囲気に満ちている。石畳の参道には巨大な亀の像を中心に、コウモリ、ゾウ、ナマズ、エイ、ネズミなどの像が放射線状に配置されている。

マヤ文明調の寺院本殿の手前には巨大な男根が祀られている。この広大な寺院はソロ精霊信仰の総本山で聖夜（ジャワ暦のポンカクリオンと西暦の金曜日が重なる日の夜）には、信者が本殿の上でひと晩中祈り続ける光景が見られる。

山の景観に溶け込むようなチュト寺院。祭りの日には伝統舞踊も奉納される

ジャワ原人の頭骨が発見された世界文化遺産 ★★
サンギラン
Sangiran
MAP P.169

ソロから18km北にあるサンギランは化石の宝庫として知られており、世界文化遺産にも登録されている。1936年には、オランダ人の古生物学者によってジャワ原人の頭蓋骨が発見され、一躍脚光を浴びた。その後もマンモスの牙など多くの化石が発掘され、出土品はサンギラン博物館に収められている。

緑豊かなサンギラン周辺を散策すると、堆積層に眠る化石や貝塚を見つけることができる。ジャワ原人の頭蓋骨が発見されたチェモロ川河岸とブクラン村Bukuranは、サンギラン博物館からオジェッ（バイクタクシー）と徒歩でさらに5kmほど。単なる河岸と畑が広がっているだけなのだが、あたりの土塊には骨のかけらが混じり、発掘跡なども残っている。

チュト寺院
入場 毎日7:30～16:30
料金 Rp.3万
　公共交通は通っていないので、ソロで車をチャーターするか、現地発ツアーを利用する。スクー寺院からオジェッで往復するとRp.10万ほど。

サンギラン
　市内からメータータクシーで30分、往復Rp.25万程度。ソロのティルトナディ・バスターミナルからカリジャンプKalijambe方面へ向かうバス(S1)で所要50分、Rp.4000(15分間隔で運行)。Sangiran停留所で下車し博物館まで徒歩10分。

サンギラン博物館
TEL (0271) 681-1495
入場 火～日 8:00 ～ 16:00
料金 Rp.1万5000

ジャワ原人のジオラマも展示されたサンギラン博物館

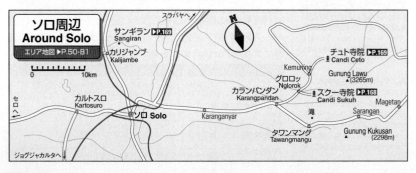

ソロ周辺
Around Solo
エリア地図 ▶P.50・B1
0　　　10km

スラバヤへ
サンギラン Sangiran ▶P.169
カリジャンプ Kalijambe
カルトスロ Kartosuro
ソロ Solo
ジョグジャカルタへ
Kemuning
グロロッ Nglorok
カランパンダン Karangpandan
Karanganyar
タワンマング Tawangmangu
チュト寺院 ▶P.169 Candi Ceto
Gunung Lawu (3265m)
スクー寺院 ▶P.168 Candi Sukuh
Magetan
滝
Sarangan
Gunung Kukusan (2298m)
セロへ

ジャワ島
ソロ（スラカルタ）

「英雄の街」としても知られるインドネシア第2の都市

スラバヤ

Surabaya

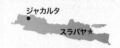
ジャカルタ
スラバヤ

人　口	297万人
高　度	10m未満
市外局番	031
空港コード	SUB

スラバヤへの国際線
クアラルンプールからエアアジアなどが1日計8〜9便、シンガポールからシンガポール航空、ガルーダ航空、スクート航空などが1日計7便運航。

ジュアンダ空港のターミナル
利用する航空会社によって発着ターミナルが異なるので注意。両ターミナル間はタクシーや配車サービスで移動できる。所要20分でRp.15万ほど（空港プライスでやや割高）。
● 第1ターミナル (T1)
シティリンク、ライオン航空などの国内線のみ就航の航空会社。
● 第2ターミナル (T2)
ガルーダ航空、エアアジアなど、国際線を就航している航空会社は国内線も含めてこちらからの発着。

空港から市内へ
空港から市内へはタクシーで約45分。T1からRp.15万〜、T2からRp.17万〜。どちらも高速料金込み。

スラバヤの鉄道駅
スラバヤには駅が4つある。特急アルゴ・アングレック号 Argo Anggrek など、ジャカルタ方面から北回り（スマラン経由）の路線はパサール・トゥリ Pasar Turi 駅より発着。そのほかのルートの列車は、すべてグブン Gubeng 駅に着く。

バスターミナルから市内へ
バスターミナルからスラバヤ市内へはタクシーで所要30分、Rp.7万5000ほど。市バスはF（所要1時間、Rp.3000〜5000）のルートを走るバスが中心部の🅢 Tunjungan Plaza 手前のバス停へ行く。

インドネシア初代大統領スカルノの出身地であり、1945年の独立宣言後、イギリス軍や再植民地化を謀るオランダ軍との間に激しい攻防戦が繰り広げられた場所。ここで見せた若者たちの情熱と団結が、国民の士気を高揚させ、その後の独立を勝ち取った。今も、戦闘の始まった11月10日は「英雄の日」

独立のために戦った英雄たちの像が多い

として国中で祝われ、スラバヤでは国旗と同じ赤と白の衣装で身を包んだ大パレードで盛り上がる。
現在は日本の企業も進出している、インドネシア第2の商業都市としてにぎわっている。

アクセス

飛行機▶スラバヤのジュアンダ空港 Juanda Airport へジャカルタやデンパサールなどから、国内各社が多数運航。

スラバヤへの飛行機 （スラバヤ発→P.475）

ジャカルタから	ガルーダ航空、バティック航空、プリタ航空、シティリンクなどが1日計36〜37便、所要1.5時間、Rp.102万〜144万
デンパサールから	ガルーダ航空、ライオン航空、シティリンク、エアアジアなどが1日計11〜14便、所要1時間、Rp.56万〜147万
ロンボク島から	ライオン航空、スーパーエアジェット、シティリンクが1日計4〜5便、所要1時間、Rp.63万〜93万
マカッサルから	ライオン航空、スーパーエアジェット、シティリンクなどが1日16便、所要1.5時間、Rp.128万〜146万

鉄　道▶ジャカルタやジョグジャカルタと結ばれた鉄道の東の起点。パサール・トゥリ駅とグブン駅がメインターミナル。

スラバヤへの鉄道

ジャカルタから	ガンビル駅やパサール・スネン駅より1日計6本 (6:20〜20:05発)、所要10.5〜13時間、Rp.30万〜72万
ジョグジャカルタから	トゥグ駅より1日10本 (6:45〜翌3:04発)、所要4〜5時間、Rp.20万〜45万
バニュワンギ (クタパン港方面) から	クタパン駅より1日2本 (7:00、11:00発)所要6〜6.5時間、Rp.8万8000〜45万

バ　ス▶郊外のブングラシー・バスターミナル Bungurasih（別称プラバヤ Purabaya）へ各地から運行している。

スラバヤへのバス

ジャカルタから	プロバグン・ターミナルより1日16本 (6:45〜19:33発)、所要7〜12時間、AC付き Rp.22万〜44万
ジョグジャカルタから	ギワガン・ターミナルより1日8本 (10:59〜22:08発)、所要9〜15時間、AC付き Rp.14万5000〜20万
プロボリンゴ (ブロモ山方面) から	バユアンガ・ターミナルより毎時数本、所要2〜3時間、AC付き Rp.6万〜6万5000
バリ島から	ムングウィ・ターミナルより1日11〜12本 (7:45〜21:00発)、所要9〜11.5時間、AC付き Rp.25万〜45万

ハミダシ 旅行会社Bali Jaya Trans（MAP P.171-C1 全体図 TEL 0853-7008-9090 携帯）はスラバヤから各地へのツーリストバスを運行。デンパサール行きRp.23万。

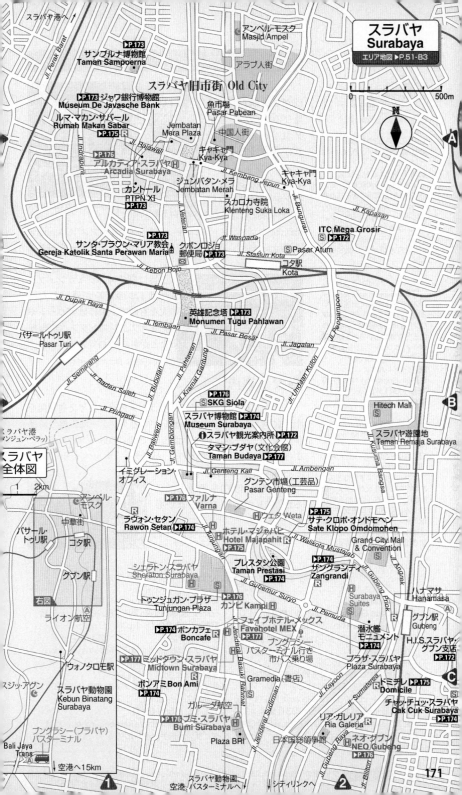

観光案内所

●スラバヤ観光案内所
MAP P.171-B1
住所 Gedung Siola, Jl. Tunjungan No.1-3
TEL (031) 531-8409
営業 毎日 8:00 ～ 16:00

配車サービスの利用状況
GrabやGojekの配車サービス（→P.478）が利用できる。市内各所からの呼び出しで、スムーズに車やバイクがマッチングされる。空港からのピックアップは、ドライバーから空港の外に出るよう連絡が入る場合もある。

スラバヤショッピング情報
ITC Mega Grosirはバティックの問屋が数多く出店している庶民派モール。1階は安いプリント生地から高価な手描き作品まで種類いろいろ。2階にはバティックファッションが充実。

S ITC Mega Grosir
MAP P.171-A2
住所 Jl. Gembong No.20-30
TEL (031)372-2222
営業 毎日 10:00 ～ 20:00

H.I.S. スラバヤ支店
住所 Jl. Darmo Permai Selatan No.3
TEL (031)732-4841(日本語可)
URL his-travel.co.id
サンプルナの家や港などスラバヤ市内の名所を巡るツアーは1名Rp.150万～（参加人数が増えると割安）。プロモツアーや車チャーターも手配可。中心部にはH.I.S. スラバヤ・グブン支店（MAP P.171-C2）もある。

スラバヤの中心部はグブン駅西口から延びるジャラン・プムダ Jl. Pemuda と、それが突き当たる S トゥンジュガン・プラザ Tunjungan Plaza の前を走るジャラン・バスキ・ラーマッ Jl. Basuki Rahmat やジャラン・ジェンドゥラル・スディルマン Jl. Jenderal Sudirman 付近。高級ホテルや大型ショッピングモールが並んでいる。

中心部にはベチャも流しているが、一方通行が多く利用は不便

特に S トゥンジュガン・プラザは4つのビルが連結した巨大なもので、中にはデパートやショップ、レストラン、映画館などが軒を連ねている。

中華街の東西に建つキャキャ門

🚌 交通案内

広大なスラバヤ市内での移動は、タクシーなど交通機関を上手に利用しよう。市内を流しているタクシーは距離と時間併用のメーター制。初乗りは1kmでRp.7000～9000（会社によって異なる）。ブングラシー・バスターミナルへはRp.7万ほど（高速料金は別途）。市バス（Rp.3000～4000）も発達しているが、スリが多いので注意が必要。

周辺へのバスが発着するブングラシー・バスターミナル

 ハミダシ ジャワ島の大都市は治安が悪く、スラバヤでもスリや引ったくりの被害が多い。町歩きや市バスの利用では十分な注意が必要だ。被害報告が多いのはスラバヤ動物園やバスターミナルでのスリ。

おもな見どころ

町の中心部に建つ独立のシンボル ★★
英雄記念塔
Monumen Tugu Pahlawan `MAP P.171-B1`

インドネシアの独立戦争で最も激戦となった、1945年11月10日の「スラバヤの戦い」で亡くなった人々をしのぶモニュメント。高さ41mほどの尖塔を中心に2.5ヘクタールの公園が広がり、スラバヤ市民の憩いの場所になっている。敷地内には当時の戦闘を写真や遺物で振り返るミュージアムも併設されている。

1952年に完成した巨大モニュメント

スラバヤを代表するコロニアル建築 ★★
ジャワ銀行博物館
Museum De Javasche Bank `MAP P.171-A1`

1829年に造られた建物を博物館として公開している。かつて銀行では金製品を換金することも多く、厳重な警備のために牢獄のような換金所が残されている。インドネシア経済における銀行の役割を学べる展示も多い。

17世紀からの歴史を感じる ★
クボンロジョ郵便局
Kantorpos Kebonrojo `MAP P.171-A1`

1880年に建てられた建造物は1925年からスカルノ初代大統領も通った高校となり、現在はスラバヤのメイン郵便局となっている。内部にはオランダとの戦争で使われた自転車や、古いポストも置かれている。

英雄記念塔
営業 随時（ミュージアムは毎日8:00～14:00）
料金 無料（ミュージアムはRp.5000）

ジャワ銀行博物館
入場 毎日 8:00～16:00
料金 Rp.1万

アールデコ調の建物は1973年に改築されている

クボンロジョ郵便局
入場 月～土 8:00～17:00

吹き抜け天井のデザインも必見

レストラン

インドネシア、中華、インターナショナルなど各国グルメが味わえる。中心部の大型モールはフードコートも充実。在留邦人が多いスラバヤ西部のダルモ地区にも食堂が並んでいる。

インドネシア料理がいろいろ味わえる
ボンアミ
Bon Ami　**MAP P.171-C1**

住所 Jl. Kombes Pol. M. Duryat No.27
TEL (031)532-6800　URL bonamigroup.com
WA 0853-3023-9648　営業 毎日 7:00 ～ 22:00
税&サ+15.5%　カード JMV　Wi-Fi OK

植民地時代の洋館を改装したレストラン（市内に3店舗ある）で、多彩なインドネシア&郷土料理を提供している。プレートにご飯と総菜が

盛られたナシ・スーパースダップ (Rp.7万5000)。牛肉スープのナシ・ラウォンは Rp.8万5000。

総菜を少しずつ盛りつけてくれる

がっつりステーキを食べたいなら
ボンカフェ
Boncafe　**MAP P.171-C1**

住所 Jl. Pregolan No.2　TEL (031)534-3018
WA 0811-3333-0252　営業 毎日 10:00 ～ 22:00
税&サ+15%　カード AJMV　Wi-Fi OK

地元で人気のステーキハウス。スラバヤ市内に5店舗あり、ファミリー向けで入りやすい雰囲気。人気はサーロイン・ステーキ(Rp.11万5000)や、テンダーロインステーキ(Rp.12万

7000)など。ソースはオリジナルかスパイシーの2種類から選べる。

コロニアル風の建物内にある

スラバヤ随一のラウォンの名店
ラウォン・セタン
Rawon Setan　**MAP P.171-B1**

住所 Jl. Embong Malang No.78/l
WA 0812-2559-1682　営業 毎日8:00 ～ 16:00(日月火 ～ 22:00)　税&サ 込み　カード 不可

こっくりした味わいのラウォン（牛スープ）はジャワの名物料理。そして現地の人々が「ラウォンならこの店で間違いなし！」と太鼓判を押すのがラウォン・セタンだ。卵や肉料理の盛り合わせに白飯

が付いてRp.4万8000。周辺には別経営で同じ店名のワルンもあるので注意。

席に着けば自動的にラウォンが提供される

スラバヤっ子に大評判のパーラー
ザングランディ
Zangrandi　**MAP P.171-C2**

住所 Jl. Yos Sudarso No.15
TEL 0823-3665-8878 携帯
営業 毎日 10:00 ～ 22:00　税&サ 込み　カード JMV

1930年創業のアイスクリーム店。初代オーナーであるイタリア人夫妻のレシピを守るパフェはどれもおいしそうで、選ぶの

にも心がはずむ。クラシック・トゥインクル (Rp.5万)、ソーダ・アイスクリーム (Rp.5万)。

アボカドケーノ
Rp.5万4000

気ままに立ち寄りたい観光スポット
Information

スラバヤ散策で時間を持て余したら、素朴なローカルスポットをのぞいてみよう。潜水艦モニュメント Monumen Kapal Selam（**MAP P.171-C2**）は戦争で使われた潜水艦を展示。海軍と潜水艦のビデオを上映するミニシアターも併設されている。開館は毎日8:00 ～ 18:00、料金Rp.1万。

潜水艦内に入れるユニークなモニュメント

川沿いのプレスタシ公園 Taman Prestasi（**MAP P.171-C2**）は、市民のくつろぎスポット。フードコート（営業 毎日 10:00 ～ 22:00）を併設し、川を眺めながらのんびりと過ごせる。

スラバヤ博物館 Museum Surabaya（**MAP P.171-B1**）は、古い生活道具や車など、ほのぼのした展示がほほえましい小さな博物館。開館は毎日9:00 ～ 15:00で入場無料。

公共交通も展示するスラバヤ博物館

ジャワ島

スラバヤ

日本人の舌にも合う料理を提供
ルマ・マカン・サバール
Rumah Makan Sabar **MAP P.171-A1**

住所 Jl. Mliwis No.43, Krembangan
TEL (031)352-6857　営業 毎日 9:00 ～ 19:00
税&サ 込み　カード不可

　1955年から旧市街で営業する中華食堂。イスラム圏では珍しく、豚肉を使ったナシゴレン・サバール(Rp.3万3000)が注文できる。

裏メニューのナシ
ゴレン・サバール

メニューには書かれていないので、注文時にリクエストすること。あんかけかた焼きそばのターミーゴレン(Rp.3万3000)もおすすめ。

スラバヤでイタリアンを楽しむなら
ドミチレ
Domicile **MAP P.171-C2**

住所 Jl. Sumatera No.35　TEL (031)501-6900
URL domicile-sby.com/dm　営業 毎日 11:00 ～ 23:00
税&サ +15%　カード M V　Wi-Fi OK

　グブン駅から400mほど南にあるキッチン&ラウンジ。雰囲気も料理もハイレベルだが、パスタRp.7万5000 ～、ピザRp.8万5000 ～と

週末のディナータイム
は予約必須

気軽に楽しめる料金設定。11:00 ～ 15:00限定のランチメニューRp.7万5000 ～。シェフのおすすめ各種グリル料理Rp.25万～。

スラバヤ名物のサテが味わえる
サテ・クロポ・オンドモヘン
Sate Klopo Omdomohen **MAP P.171-C2**

住所 Jl. Walikota Mustajab No.36
TEL (031)547-4575　営業 毎日 7:00 ～ 22:00
税&サ 込み　カード不可

　ココナッツフレークをまぶして炭火で香ばしく焼き上げるサテ・クロポの専門店。串焼きの肉にココナッツの風味が加わり、甘みのあ

ランチは混雑するので
時間をずらすといい

る独特の味わいが楽しめる。看板メニューは牛肉を使ったサテ・サピ(Rp.3万6000)。生のバワン・メラ入りソースを絡めて食べよう。

歴史を体感できるコロニアルホテル

　1910年のオランダ統治時代に「オランジェ・ホテル」として創業したホテル・マジャパヒ。旧日本軍の侵攻時は「大和ホテル」と名前を変えオランダ人捕虜の収容所としても使用され、独立戦争では「スラバヤの戦い」の舞台となった。1945年にインドネシアの再植民化を画策するオランダ人がこのホテルにオランダ国旗を掲げたが、それに憤慨したスラバヤの青年が旗を引きずり下ろし、いちばん下の青色部分を破り取ってインドネシア国旗である赤白の旗として掲げ直したのだ。そのときの旗は今も独立のシンボルとして掲げられている。

プなど、郷愁的なデザインや装飾でも感じられる。ボトムカテゴリのクラシックルームでも44m²と快適な広さを誇るので、コロニアル時代へ思いをはせながら優雅に滞在しよう。

H ホテル・マジャパヒ Hotel Majapahit
MAP P.171-C1　住所 Jl. Tunjungan No.65
TEL (031) 545-4333　URL all.accor.com
税&サ +21%　カード A J M V　Wi-Fi OK
料金 クラシックルーム US$74 ～、ヘリテージ・スイート US$97 ～、レジェンダリー・スイート US$191 ～、プレジデンシャル・スイート US$350 ～。全143室。

創業時の面影は回廊のアンティークなタイルやラン
熱帯の樹木とコロニアル建築のコントラストが美しい

歴代大統領やチャップリンも滞在したプレジデンシャル・スイート

ハミダシ ホテル・マジャパヒのレジェンダリー・スイート33号室は、オランダ軍の要人が立てこもっていた部屋。リビングの窓の外に作られた近くの村に逃げ込むための小道や、当時の家具が残されている。

ホテル　Hotel

スラバヤの中～高級ホテルは供給過剰気味。どこも50%前後のディスカウント料金で営業している。ただし他都市にあるようなUS$20前後の安宿はスラバヤには少ない。空港などのホテル予約案内所かインターネットで、情報をチェックして快適なホテルを選ぼう。

部屋から夜景も満喫できる

ブミ・スラバヤ
Bumi Surabaya　[MAP] P.171-C2

住所 Jl. Jenderal Basuki Rahmat No.106-128
TEL (031)531-1234　WA 0811-3330-8900
URL bumisurabaya.com　税&サ +21%
カード [A][J][M][V]　[Wi-Fi] OK
料金 [AC][Mini][TV] クラシックⓈⒹ Rp.78万～
[AC][Mini][TV] クラブルームⓈⒹ Rp.150万～
[AC][Mini][TV] スイート Rp.450万～

グブン駅から1km南西にある全243室の高級ホテル（旧称ハイアット・リージェンシー）。バスタブ、セーフティボックスなどを完備。3階にはスパやテニスコートもある。日本料理レストランやガルーダ航空のオフィスも入っている。[POOL][レストラン][朝食]

設備が整ったスラバヤ随一の高級ホテル

便利な立地のカルチャーホテル

ファルナ
Varna　[MAP] P.171-B1

住所 Jl. Tunjungan No.51　TEL (031)547-8828
URL www.varnaculturehotel.com
税&サ 込み　カード [A][J][M][V]　[Wi-Fi] OK
料金 [AC][Mini][TV] スーペリアⓈⒹ Rp.39万～
[AC][Mini][TV] ビジネスⓈⒹ Rp.49万～

古きよきスラバヤ文化をコンセプトにした、全47室のブティックホテル。ロビーや客室にはセピア色の風景写真でクラシカルな雰囲気を演出。レストランでも伝統的なジャワ料理を提供している。スーペリアは20m²とやや手狭だが、ドライヤーや電気ポットなど設備充実。カップル利用には30m²と広いビジネスがおすすめ。中心部にあり市内散策にも便利。[POOL][レストラン][朝食]

ベッドサイドにも写真パネルを展示している

旧市街の観光に便利な立地

アルカディア・スラバヤ
Arcadia Surabaya　[MAP] P.171-A1

住所 Jl. Rajawali No.9-11
TEL (031)353-9994　WA 0812-6143-7134
URL myhorison.com　税&サ +21%
カード [A][J][M][V]　[Wi-Fi] OK
料金 [AC][Mini][TV] スタンダードⓈⒹ Rp.45万～
[AC][Mini][TV] スーペリアⓈⒹ Rp.55万～

スラバヤ旧市街にある147室の手頃な中級ホテル。アンペル・モスクや中華街も近く、周囲の散策も楽しめる。客室には古さを感じるもののコーヒーメーカーを完備。スタッフの対応にも定評がある。[POOL][レストラン][朝食]

コロニアル風の外観も楽しい中級ホテル

公園を望む静かなロケーション

カンピ
Kampi　[MAP] P.171-C2

住所 Jl. Taman Apsari No.3-5　TEL (031)9925-1222
URL kampihotels.com
税&サ 込み　カード [M][V]　[Wi-Fi] OK
料金 [AC][Mini][TV] チャンプス・ルームⓈⒹRp.56万～
[AC][Mini][TV] チャンプス・シティビューⓈⒹRp.60万～

高級リゾートを運営するサンティカ系列のシティホテル。全196室はサイズ（18m²）や設備は同じだが、眺望により料金が変わる。アプサリ公園に隣接。[POOL][レストラン][朝食]

コンパクトで機能的な室内

ビジネス滞在にもおすすめ

ネオ・グブン
NEO Gubeng　[MAP] P.171-C2

住所 Jl. Jawa No.17-19
TEL (031)501-8999　URL www.neohotels.com/en/
税&サ 込み　カード [M][V]　[Wi-Fi] OK
料金 [AC][Mini][TV] ドリーム・ルームⓈⒹ Rp.38万～
[AC][Mini][TV] スペース・ルームⓈⒹ Rp.66万～

グブン駅から1kmほど南、日本国総領事館まで徒歩4分の便利な立地。ドリーム・ルーム（24m²）やスペース・ルーム（43m²）など客室も快適。[POOL][レストラン][朝食]

Wi-Fi速度も良好でスタッフの対応もしっかりしている

ハミダシ [S] SKG Siola（[MAP] P.171-B1　営業 月～金 7:30～20:00、土日 8:00～21:00）は、工芸品や食料品などスラバヤみやげが見つかる物産ショップ。スラバヤ博物館と同じ建物の1階にある。

トゥンジュガン・プラザも徒歩圏
ミッドタウン・スラバヤ
Midtown Surabaya MAP P.171-C2

住所 Jl. Basuki Rahmat No.76　TEL (031)531-5399
URL midtownindonesia.com　税&サ +21%
カード AMV　Wi-Fi OK
料金 AC Mini TV グルービーⓈⒹ Rp.45万〜
　　 AC Mini TV ファビュラスⓈⒹ Rp.55万〜

ビジネス滞在に便利な全197室のホテル。ボトムカテゴリのグルービーは広さ19.5m²で、ツインベッドの部屋も用意されている。

朝食ビュッフェも2〜3日過ごすには飽きないバリエーション。

POOL レストラン 朝食

使い勝手のいいベッドルーム

フィットネスセンターやスパも併設
フェイブホテル・メックス
Favehotel MEX MAP P.171-C2

住所 Jl. Pregolan No.1-5　TEL (031)535-5508
URL www.favehotels.com　税&サ +21%
カード JMV　Wi-Fi OK
料金 AC Mini TV FAVE ルームⓈⒹ Rp.34万〜
　　 AC Mini TV FUN ルームⓈⒹ Rp.39万〜

MEXビルの上階にある全162室のホテル。ビル内には24時間営業のカフェやATMなどがあり、周囲には人気のレストランも多い。

スーペリアにはビジネスデスクも設置されている。

POOL レストラン 朝食

受付ロビーは3階。全室禁煙となっている

エクスカーション

マジャパイト王国のいにしえの都
トロウラン ★
Trowulan MAP P.50-B2

トロウランは10世紀頃から東部ジャワに栄えたマジャパイト王国の都があった場所。現在はただの小村に過ぎないが、村の中心部にはマジャパイト時代の石像、土器、陶磁器などを展示する**マジャパイト博物館**がある。周囲にはバジャンラトゥ門 Gapura Bajanratu やブラウ寺院 Candi Brahu などの遺跡も点在している。

王国への4つの門のひとつだったとされるバジャンラトゥ門

牛のレースで有名な島
マドゥーラ島 ★
Pulau Madura MAP P.51-B3

スラバヤの北東に浮かぶマドゥーラ島は「カラパン・サピ Karapan Sapi」と呼ばれる勇壮な牛のレースなど、独自の文化をもつことで知られている。牛のレースの熱狂に象徴されるように、マドゥーラ人の気性の激しさは有名だが、島の風景はのんびりしたもの。道の両脇に広がる塩田、沖で漁をする帆船、鞭を片手に牛を引いて牛市場へ向かう農夫の姿など、牧歌的な光景があちこちで目につく。観光拠点となる町はパメカサン Pamekasan とスメネッ Sumenep で、どちらもホテルやレストランがある。

伝統的な牛のレースはバリ北西部にも伝わっている

スラバヤから60kmほど南西にあるトロウランの博物館

トロウランへのアクセス
スラバヤのブングラシー・バスターミナルからソロ方面に向かうバスで途中下車（所要1時間）、ソロからのスラバヤ行きでも途中下車（所要4.5時間）できる。ただし、現地にオジェッやベチャはほとんどないので、現地の人と交渉能力がないと点在する遺跡を巡るのは難しい。スラバヤの旅行会社で車をチャーターするか、タクシーで行くほうが無難。

マジャパイト博物館
TEL (0321) 494-313
入場 月〜土 8:30〜15:30
料金 Rp.5000

マドゥーラ島へのアクセス
スラバヤのブングラシー・バスターミナルから、Suramadu橋を渡り、マドゥーラ島西部にあるバンカラン Bangkalan へ向かうバスが毎時出ている（所要1〜2時間、Rp.2万5000〜）。

マドゥーラ島内の移動
島内にはバスやコルッ（ミニバス）が1日中頻繁に走り回っているが、東西150kmにも延びる広大なマドゥーラ島を観光するなら、ホテルでタクシーをチャーターしよう。1日Rp.60万ほど。

ハミダシ　文化会館のタマン・ブダヤ Taman Budaya（MAP P.171-B1　住所 Jl.Genteng Kali No.85）は土曜の夜にワヤン・クリッやワヤン・オランなどの伝統芸能の公演が行われている。入場無料だが、公演のないときもある。

寺院遺跡にも恵まれた高原都市
マラン
Malang

ジャカルタ

マラン

人口	89万人
高度	450m
市外局番	0271
空港コード	MLG

マランへの飛行機

ジャカルタからガルーダ航空、バティック航空、シティリンクが1日計2〜3便運航（所要1.5時間、Rp.133万〜146万）。

Abdul Rachman Saleh空港からマラン中部部へはタクシーで所要40〜50分、Rp.10万ほど。市内〜空港間は配車サービス（→P.179側注）も利用できる。

マランのバスターミナル

アルジョサリ・バスターミナルに隣接して、マラン中心部やシンガサリへ向かうアンコタ・ターミナルがある。5km北西にあるランドゥンサリ・バスターミナル Landungsari Termial は、温泉のあるバトゥ Batu 方面へのバスが発着。5km南にあるガダン・バスターミナル Gadang Terminal は、ブリタル Blitar など南方面のバスが発着している。

観光案内所　MAP P.179-B2

市内中心部の教会の北側にあり、観光案内のほか、ブロモ山やイジェン火口湖、市内観光ツアーなどを催行している。
住所 Jl. Majapahit No.67
TEL 0857-8566-5992 携帯
営業 月〜土 8:00 〜 16:00

スタッフがフレンドリーに対応

東にブロモ山を望む高原都市マラン。オランダ植民地時代に発展したこの町は、ほかの都市が発展と引き換えに古い町並みを失っていくなか、歴史を感じさせるコロニアル調の建物が今も数多く残っている。

マランの中心となる広場アルン・アルン

町に見どころらしい見どころはないが、のどかな情緒を楽しみながら、のんびり町歩きするのもいいだろう。周辺にはマジャパイト王国やシンガサリ王国時代の遺跡も点在している。近年はブロモ山など東ジャワ観光の拠点としても、旅行者が立ち寄っている。

アクセス

市街地に近いマラン駅

鉄　道▶マラン駅は町の中心部近くにある。ジョグジャカルタやスラバヤからは出発が深夜〜早朝になる電車が多いので利用しにくい。

マランへの鉄道

ジャカルタから	ガンビル駅とパサール・スネン駅より1日計5本（10:45 〜 19:20発）、所要12 〜 16時間、Rp.22万〜 79万
ジョグジャカルタから	トゥグ駅より1日3本（0:14、1:31、21:06発）、所要5.5 〜 6.5分、Rp.21万〜 63万

バ　ス▶バスターミナルは方面別に3つ。ジョグジャカルタ、ソロ、スラバヤ、プロボリンゴなど、北方面からのバスが発着するのは、町から5km 北にあるアルジョサリ・バスターミナル Arjosari Terminal。

アルジョサリ・バスターミナル

マランへのバス

スラバヤから	毎時数本、所要2時間、AC付き Rp.3万5000 〜
プロボリンゴ（ブロモ山方面）から	毎時数本、所要2.5時間、AC付き Rp.3万5000 〜
ジョグジャカルタから	ギワガン・ターミナルより1日3 〜5本（10:59 〜 19:00 発）、所要10 〜 16時間、AC付き Rp.15万〜 20万

投稿　マランはフォトジェニックな3つの集落が中心部にあり、のんびり散策が楽しい町です。出会った現地の人たちもフレンドリーで、ネコも多くてとても癒やされました。(SATE　神奈川県) ['24]

歩き方

マランの中心部は、鉄道駅から200mほど西にある**アルン・アルン・トゥグ** Alun Alun Tugu。トゥグの塔を中心に円形に広がる広場で、巨木に囲まれたなか植民地時代の建物を利用した**バライ・コタ** Balai

マランの町を走るアンコタ

Kota（市庁舎）が美しいアクセントとなっている。広場西のJl. Kahuripan から南に延びる小道沿いには、にぎやかな**鳥市場** Pasar Burung や**花市場** Pasar Bunga もある。

300mほど南にある**アルン・アルン** Alun Alun 広場は、市民が憩う公園（中心部にアルン・アルン公園がふたつあるので注意）。周辺にはデパートやショッピングモールが並びにぎやかだ。

近年フォトスポットとして話題のカンプン・ワルナ・ワルニなど3つの伝統村も、すべて中心部に点在している。徒歩圏内にあるので、じっくりと高原都市を散策してみよう。

橋の上にも広がっている鳥市場

配車サービスの利用状況
　GrabやGojekの配車サービス（→P.478）が利用できる。空港からのピックアップは、ドライバーから空港の外に出るよう連絡が入る場合もある。

交通案内
　青色のアンコタ（ミニバス）が市内の主要なポイントを網羅している。アンコタの正面には行き先の頭文字で路線が示されている。アルジョサリ・バスターミナルからマラン中心部へは、ガダン・バスターミナルへ向かうAG（Arjosari-Gadang）のアンコタを利用する（所要15分、Rp.5000）。
　タクシーは少なく、利用にはミニマムRp.3万を要求される。アルジョサリ・バスターミナルから町の中心部まで乗車でRp.4万ほど。2km程度の近距離の移動ならベチャの利用もいい（Rp.1万5000〜）。

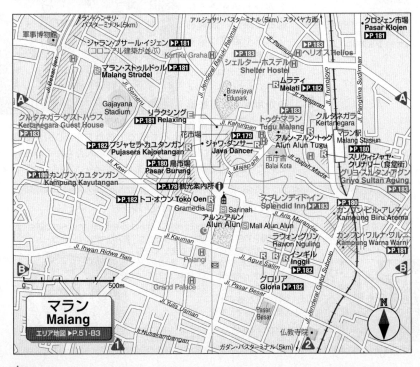

マラン
Malang

エリア地図 ▶P.51-B3

おもな見どころ

ブルーに統一された町並みが美しい ★★
カンプン・ビル・アレマ
Kampung Biru Arema　MAP P.179-B2

家屋はすべて青一色に塗られている

約500戸の家々を青色にペイントした、涼しげな景観が印象的な集落。地元サッカークラブのアレマFCを村一丸で応援していることから、あちこちにサッカー選手の壁画が描かれている。川に流れつくゴミを乾燥させ植木鉢に加工して花を植えたり、ゴミ箱や灰皿を設置するなど、村人の環境意識が高いのも好印象。路地の隅々まで清潔で、のんびり探訪できる。

懐かしいノスタルジックな雰囲気が漂う ★★
カンプン・カユタンガン
Kampung Kayutangan　MAP P.179-A1

女性たちでにぎわう集落のフォトスポット

路地沿いに古い住宅がひしめき合う伝統的な集落。伝統的な家屋や道端は植木や塗料を使って、思いおもいにデコレーションされている。いくつか用意された撮影スポットは、ローカル観光客に人気。小さなよろず屋で子供たちがくじ引きで遊んでいたり、軽食を提供するワルンで老人たちがくつろいでいたりと、のどかで懐かしい光景が広がっている。

カンプン・ビル・アレマ
入場 随時
料金 無料
　旅行者は橋の北側にあるゲートから集落に入る。

町外れにあるバッソの人気店
R バッソ・プレシデンは、マラン在住者イチオシのバッソ専門店。さまざまな種類のバッソや厚揚げが入ったチャンプル・ビアサは Rp.3万。線路沿いのロケーションも楽しい。
R バッソ・プレシデン
Bakso President MAP P.185
住所 Jl. Batang Hari No.5
WA 0812-5545-6020
営業 毎日 8:00〜21:30

カンプン・カユタンガン
入場 随時
料金 Rp.1万
　旅行者はJl. Jenderal Baski RahmatやJl. Semeru沿いにあるゲートから集落に入る。

Column
大統領も愛したストリートグルメ

通りに沿って数十の店が並んでいる

鉄道駅の南西側にあるR **スリウィジャヤ・クリナリー Sriwijaya Culinary**（MAP P.179-A2）は、バッソやラウォン、ソト・アヤムなど郷土料理の店が集まるフードコート。ジョコウィ大統領もマランを訪れた際には、食事に立ち寄るほどの人気スポットで、そ

れぞれの店がキッチンを完備しているので衛生的にも安心できる。多彩なマランのストリートフードを楽しんでみよう。店は24時間営業（23:00で閉まる店もある）。

ナシ・ソト・アヤム
Rp.1万5000

ハミダシ 鳥市場 Pasar Burung（MAP P.179-A2）はアルン・アルン・トゥグの広場から徒歩5分ほど。カゴに入ったさまざまな鳥のほか、イヌやネコ、カラスやヤモリまで売られている。隣には花市場もある。

レインボーカラーの町並みが話題　★★
カンプン・ワルナ・ワルニ
Kampung Warna Warni　　　**MAP** P.179-B2

　パステルカラーに彩られた家々がブランタス川沿いに密集するフォトジェニックな村。もともとは貧困地域だったが、マランの大学生たちが主導したプロジェクトによって、2017年にユニークな観光スポットへと大変身。ジュンバタン・カチャと呼ばれるスケルトンの橋など、集落には楽しいフォトスポットが点在している。インドネシア国内で大きな話題になったためローカル観光客が多く、写真を撮る人々で路地が渋滞するほど。現地ではKampung Jodipanや、Kampung 3Dとも呼ばれている。

色鮮やかな階段をネコが散歩する

カンプン・ワルナ・ワルニ
入場 随時
料金 Rp.5000
　旅行者は橋の北側と南側にあるゲートから集落に入る。

マランの歩行者天国
　オランダ時代の邸宅が並ぶ、**ジャラン・ブサール・イジェン Jl. Besar Ijen**（**MAP** P.179-A1）は、日曜6:00〜10:00にカーフリーデイ（歩行者天国）となる。学生のパフォーマンスなどでにぎわい、休日の朝をそれぞれのペースで楽しんでいる。

川沿いに広がるカラフルな町並み。17色のペンキが使われている

食べ物の屋台もたくさん出る

マランでローカルなおみやげ探し

クロジェン市場 Pasar Klojen（**MAP** P.179-A2）は、こぢんまりとした建物内にフルーツなどの生鮮食品の店が並ぶローカル市場。郷土菓子の店も数店あり、ひとつからでも気軽に購入できる。営業 毎日6:00〜15:00。

活気があるクロジェン市場

S マラン・ストゥルドゥル Malang Strudel（**MAP** P.179-A1 TEL 0341-301-2773 営業 毎日6:00〜22:00）は、名産のリンゴやテンペのチップスなど菓子類を扱う専門店。自社製のアップルパイもおみやげ品として人気が高い（賞味期

名物のスナック菓子を買うならマラン・ストゥルドゥル

限は5日ほど）。

S バティック・チュラケツ Batik Celaket（**MAP** P.185 住所 Jl. Jaksa Agung Suprapto No.71B TEL 0341-368-606 営業 毎日9:00〜16:00）は、手描きバティックを扱うおすすめショップ。果物や花を大胆に描いたマラン独自のバティック（Rp.35万〜）を入手してみよう。

モダンなデザインも見つかるバティック・チュラケツ

ハミダシ　**E リラクシング Relaxing**（**MAP** P.179-A2　TEL 0341-301-2360　営業 毎日10:00〜22:00）は気軽に使えるマッサージ店。足つぼ30分でRp.5万5000、ボディ60分でRp.9万5000。

骨董品店のようなレストラン
インギル
Inggil   MAP P.179-B2

住所 Jl. Zainul Arifin No.53　TEL (0341)301-9884
営業 毎日 10:00 〜 22:00
税&サ +10%　カード J M V　Wi-Fi OK

オランダ植民地時代をテーマにした風情あるレストラン。店内にはトペン(仮面)や陶磁器などが飾られている。ナシゴレン・ジャワ(Rp.3万7500)、サテ・アヤム(Rp.3万)、チャ・カンクン(Rp.2万2000)など、メニューはインドネシア料理が中心。エビやイカなどの海鮮料理はRp.3万2000 〜。

インドネシアの歴史を知る展示も楽しい

プールサイドでゆったり食事
ムラティ
Melati   MAP P.179-A2

住所 Tugu Malang , Jl. Tugu No.3
WA 0822-3126-3723　営業 24 時間営業
税&サ +21%　カード A J M V　Wi-Fi OK

🏨 トゥグ・マランのプールサイドに面したレストラン。東ジャワ名物のナシ・ラウォン(牛肉のスープかけご飯Rp.9万8000)やサテ・カンビン(Rp.12万8000)などのインドネシア料理がおすすめ。トゥグ・リスタフルはRp.9万8000。カクテルなどのアルコール類の種類も豊富。

伝統的な総菜がいろいろ楽しめるトゥグ・リスタフル

雰囲気のいいカフェでひと休み
トコ・オウン
Toko Oen   MAP P.179-B1

住所 Jl. Jendral Basuki Rahmad No.5
TEL (0341)364-052
営業 毎日 8:00 〜 21:00　税&サ +10%　カード 不可

オランダ統治時代から営業している老舗カフェで、コロニアルな内装が評判。食事メニューもあるが軽食中心なので、町歩きの休憩に

ステンドグラスで彩られたレトロな店内

もちょうどいい。オランダ風コロッケのクロケット(2個でRp.5万)、ソプ・ブントゥッ (Rp.7万5000)、パフェのオウン・スペシャル(Rp.6万5000)などが定番メニュー。

シコシコの自家製麺がおすすめ
グロリア
Gloria   MAP P.179-B2

住所 Jl. Agus Salim No.23　WA 0821-4848-7746
営業 毎日 9:00 〜 14:00、16:30 〜 21:30
税&サ 込み　カード J M V　Wi-Fi OK

1970年から続く中華料理のローカル食堂。愛想はないがテキパキと働くスタッフが切り盛りし、料理はボリュームたっぷり。自家製麺を

甘辛煮のそぼろ肉を麺に絡めるチュイ・ミー

使ったチュイ・ミー(Rp.3万4000)や、スープ餃子風のスイキャオ・クア(Rp.8万1000)が店のおすすめ。新鮮野菜たっぷりのナシ・チャプチャイ(Rp.6万)もおいしい。

ローカルフードがいろいろ選べる
プジャセラ・カユタンガン
Pujasera Kajoetangan   MAP P.179-A1

住所 Jl. Jenderal Basuki Rahmat No.48
TEL 0812-3484-5565 携帯　営業 毎日 10:00 〜 21:00　税&サ 込み　カード 不可　Wi-Fi OK

店内に屋台が並ぶフードコート風の食堂。隣り合った2区画にわたり、郷土料理の「Warung Gendhis」、グリル料理の「Ayam Bakar 99」、ヌードルの「Baksoku Malang」など気軽に

クルプックで食感の変化も楽しめるナシゴレン・バッソ

味わえる人気店が軒を連ねている。それぞれの屋台でオーダーし、キャッシャーで前払いをするシステム。ドリンクはキャッシャーで直接オーダーできる。

ハミダシ　マランの名物料理は肉団子のバッソ。素材は牛肉が一般的で、粗挽き肉やすり身、内臓を用いたものなど種類いろいろ。ゆで(ルブス)か揚げ(ゴレン)も選べる。市内のあちこちに専門店がある。

ホテル　Hotel

ジャワ島

マラン

憧れのミュージアムリゾート
トゥグ・マラン
Tugu Malang　**MAP P.179-A2**

住所 Jl. Tugu No.3　TEL (0341)363-891
WA 0813-3491-9097　URL www.tuguhotels.com
税&サ 込み　カード AJMV　WiFi OK
料金 AC Mini TV スーペリアⓈⒹ Rp.122万〜
AC Mini TV スイート Rp.188万〜

インドネシア各地で個性的なリゾートを展開しているトゥグ・グループの高級ホテル。館内に置かれた調度品はミュージアム級で、室内

アンティークファンに人気が高いホテル

でも独特の情緒が満喫できる。全49室。レストランもジャワ島を代表するグルメスポットとして有名。ティーハウスでは毎日16:00〜18:00に菓子やコーヒーの無料サービスあり。POOL レストラン 朝食

居心地がよく清潔感たっぷり
グリヨ・スルタン・アグン
Griyo Sultan Agung　**MAP P.179-A2**

住所 Jl. Sultan Agung No.10
TEL (0341)324-936　WA 0813-6022-8114
税&サ 込み　カード不可　WiFi OK
料金 AC Mini TV スタンダードⓈⒹ Rp.27万〜
AC Mini TV スーペリアⓈⒹ Rp.29万〜
AC Mini TV デラックスⓈⒹ Rp.40万〜

アルン・アルン・トゥグから200m東の閑静なエリアにある。全20室の安宿ながら邸宅風の門構えで、セキュリティもしっかりしていてひとり旅でも安心。女性オーナーやスタッフも親切で、旅の相談もOK。POOL レストラン 朝食

デラックスの室内。部屋の広さにより料金が変わる

バックパッカーにも人気がある
ヘリオス
Helios　**MAP P.179-A2**

住所 Jl. Patimura No.37　TEL (0341)362-741
税&サ 込み　カード JMV　WiFi OK
料金 AC Mini TV デラックスⓈⒹ Rp.40万〜
AC Mini TV エグゼクティブⓈⒹ Rp.45万〜

マラン駅から北西へ徒歩10分ほど。全36室の安宿だが、タイル張りの部屋は清潔。国内旅行者の利用も多いのでいつも混み合っている。特にインドネシアのホリデイシーズンには早めに予約を入れよう。POOL レストラン 朝食

各部屋とも屋外にテーブルと椅子を用意

コスパのよい清潔な宿
クルタネガラ・ゲストハウス
Kertanegara Guest House　**MAP P.179-A1**

住所 Jl. Semuru No.59　WA 0813-3331-5177
URL kertanegaraguesthouse.com
税&サ 込み　カード MV　客室 OK・無料
料金 AC TV スタンダードⓈⒹ Rp.35万〜

マラン駅から約2km西、ジャラン・ベサール・イジェンのそばにある全23室のホテル。部屋は白を基調として、清潔で明るい雰囲気。周辺にはオシャレなレストランが増えており、食事にも便利なロケーションだ。POOL レストラン 朝食

マランでは人気のホテルのひとつ

最安のドミトリーならここ
シェルター・ホステル
Shelter Hostel　**MAP P.179-A2**

住所 Jl. Suropati No.27　TEL (0341)364-000
URL www.shelterhostelmalang.com
税&サ 込み　カード MV　WiFi OK
料金 AC Mini TV ドミトリー Rp.8万〜
AC Mini TV ルームⓈⒹ Rp.17万〜

10ベッドのドミトリーとコンパクトな個室が3部屋ある、欧米人バックパッカーに人気の宿。ドミトリーにはカップル用のダブルベッドもある。同経営のヘリオスという旅行会社が1階に入っている。POOL レストラン 朝食

仮面の看板が目印。カフェも併設している

 ハミダシ H スプレンディド・イン Sprendid Inn (MAP P.179-A2　TEL 0341-366-860) は、オランダ植民地時代の建物を利用した27室のホテル。ⓈⒹ Rp.40万。古びているが独特の味わいが◎

ジャワ島の悲しい伝説をもつ滝 ★★
チョバン・ロンドの滝
Air Terjun Coban Rondo 🅼🅰🅿 P.185

撮影スポットとして人気

マラン郊外の観光地バトゥを代表する景勝スポット。高さ約84mのフォトジェニックな滝では、高原ならではのさわやかな景観と空気が楽しめる。「ロンド」とはジャワ語で未亡人の意。ジャワ島の古い教えを破ったため新婚夫婦が離ればなれとなり、この滝で妻が二度と現れない夫を待ち続けたという言い伝えが残っている。滝へは駐車場から平坦な道を数分歩くだけでアクセスできる。

チョバン・ロンドの滝
TEL (0341)502-5147
入場 毎日7:00～17:00
料金 Rp.5万(駐車代Rp.1万)
　マラン中心部から車で約70分。配車サービスなど車をチャーターしての訪問が一般的。
　滝へと続く森は広い観光エリアとなっており、料金は滝のかなり手前のチェックポイントで支払う。エリア内にはダンチョッ Dancokというカフェ&休憩エリア(入場はRp.5000別途)もあり、ジップラインなどアトラクションも楽しめる。

地元インスタグラマーたちに大評判 ★★
交通博物館
Museum Angkut 🅼🅰🅿 P.185

自動車マニア垂涎の名車コレクションが圧巻

世界各国の車やバイク、鉄道や飛行機、さらにロケットまで乗り物を幅広く展示するテーマパーク。貴重なクラシックカーの数々が展示されているほか、ロンドンやラスベガスなど展示エリアごとに町並みを再現しているのも楽しい。ダンスショーやパレードも開催され、敷地内のフローティング・マーケットでは、バトゥのご当地みやげやローカルフードを提供している。

交通博物館
TEL (0341) 595-007
URL jtp.id/museumangkut
入場 毎日12:00～20:00
料金 Rp.10万 (カメラ持ち込みは別途Rp.3万)
　マラン中心部から車で約1時間。配車サービスなど車をチャーターしての訪問が一般的。
　週末はとても混み合い、この博物館を訪れる車でマランとバトゥ間が渋滞し、平日の倍以上の時間がかかるので注意。

Column
高原の観光地バトゥ

　チョバン・ロンドの滝や交通博物館などがあるバトゥ Batu (🅼🅰🅿 P.185)は、オランダ植民地時代から山岳保養地として発展した観光エリア。古くから温泉地としても知られ、公共温泉施設のソンゴリティ・ホットスプリング Songgoriti Hot Spring (🅼🅰🅿 P.185 営業 毎日7:00～19:00 料金 Rp.2万～)は地元客の利用も多い。敷地内にあるチャンディ・ソンゴリティ遺跡の真下から源泉が湧き出

公共浴場では水着を着用。個室は30分Rp.2万

し、硫黄分が濃い黄褐色の湯を楽しめる(日本人にはややぬるめ)。

　バトゥには風光明媚なビューポイントも点在している。🆁ププッ・バワンPupuk Bawang (🅼🅰🅿 P.185 WA 0812-1792-6767 営業 毎日10:00～22:00)は、アルジュノ山(標高3339m)を望むビューレストラン。食事も充実している(和食メニューも味わえる)ので、休憩に立ち寄って、高原地帯の景観を楽しもう。

レストランのテラスからアルジュノ山を望む

 ハミダシ　ソンゴリティ温泉街にあるソンゴリティ市場 Pasar Songgoriti (🅼🅰🅿 P.185)では、バトゥ特産のフルーツチップスが人気商品。値段交渉は必要だが、最初の言い値も良心的だ。

ジャワ島

マラン

東ジャワの王国文化を知る遺跡巡り ★
シンゴサリ寺院／ジャゴ寺院／キダル寺院
Candi Singosari/Candi Jago/Candi Kidal　**MAP** P.185

わずか70年で滅んだシンゴサリ王国は、マジャパイト以前の東ジャワで13世紀に建国された。**シンゴサリ寺院** Candi Singosari は、マランから12km北のシンゴサリの町なかにある（寺院と称されるが、実際はシンゴサリ王国最後の王クルタナガラの霊廟）。中央祠堂周囲には神像が祀られていた祠があるが、多くはオランダに持ち去られ、今はひとつしか残っていない。

マランから15km東のトゥンパン村には、シンゴサリ王国最盛期の王ヴィシュヌヴァルダナ王の霊廟でもある**ジャゴ寺院** Candi Jago がある。小さな寺院だが壁面には多くの壁画が残っている。壁画の物語は仏教とヒンドゥー教に基づいており、当時はふたつの宗教がともに信仰されていたことがわかる。

ジャゴ寺院から7km南西にある**キダル寺院** Candi Kidal は、すらりとした塔堂がひとつ残っているだけだが、祠入口上部にある鬼面カーラは迫力十分。基壇の四方にはガルーダ像も配されている。

キダル寺院の本殿

シンゴサリ寺院の壁面に残されたレリーフ

シンゴサリ寺院／ジャゴ寺院／キダル寺院（各寺院共通）
入場 毎日8:00〜16:00
料金 寄付（Rp.1万ほど）
　寺院遺跡を巡るには、マランでタクシーやオジェッをチャーターするか、旅行会社でツアーを組んでもらおう。観光案内所では1台Rp.60万でシンゴサリ寺院など1日ツアーを手配可。オジェッ利用ならRp.30万ほど。

雄大な日の出を望む東ジャワ随一の景勝地

ブロモ山

Gunung Bromo

ジャカルタ
ブロモ山★

高度	2392m
市外局番	0335

プロボリンゴへのバス

◆**スラバヤから**

ブングラシー・ターミナルなどから毎時数本、所要2〜3時間、Rp.2万5000〜、AC付きRp.5万5000〜

◆**クタパン港から**

毎時約1本、所要4〜5時間、AC付きRp.15万〜

プロボリンゴでのベモ乗り継ぎに注意

旅行者をぼったくることで悪名高いプロボリンゴでの乗り継ぎですが、近年チェモロ・ラワンへのベモ運行はほとんどありません。バスターミナル前にあるベモ乗り場は閑散とし、プロボリンゴのベモは午前中に2本のみでした。ブロモ山を安全に訪問したいならジョグジャカルタやマランからのツアー（→ P.188）に参加するほうが絶対にベターです。

Grabなどの配車サービスもプロボリンゴからチェモロ・ラワンまではマッチングしなかったため、私はタクシーをひろってRp.40万で移動しました。なお配車サービスはマッチングしてもターミナル内に入れないため、少し離れた場所で呼び出す必要があります（運賃はRp.32万ほど）。

（静岡県　ヨギーニ　'24）

プロボリンゴのバスターミナルはベモ乗り場も隣接している

ブロモは火の神のすむ聖なる山。16世紀末にイスラム教によってジャワ島全土が席巻されたときでも、ここブロモ山に住むテングル人だけはヒンドゥー信仰を守り抜いている。夜明け前にテングル人と一緒にブロモ山やビューポイントへ登り、日の出とともに神秘的な景観を目の当たりにすれば、この山がなぜ聖なる山なのかを知ることができるはずだ。

プナンジャカン山のビューポイントから雲海に浮かぶブロモ山を望む

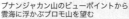

アクセス

バ　ス▶**プロボリンゴ** Probolinggo がブロモ山へのアクセス起点のバユアンガ・バスターミナル Bayuangga Bus Terminal となる。スラバヤのブングラシー・バスターミナルからプロボリンゴへは、頻繁に便がある。バリ島方面からバスを乗り継ぐ場合には、バリ西端のギリマヌッ港 Gilimanuk からフェリー（45分間隔で運航、所要30〜60分、Rp.6500）でバリ海峡を渡ってクタパン港 Ketapang へと渡る。クタパン港からは、バス（所要4時間、Rp.5万〜）でプロボリンゴへ。

プロボリンゴのバスターミナルから外輪山にある**チェモロ・ラワン** Cemoro Lawang へは、ローカルタクシーをチャーターして約1時間（運賃は1台Rp.40万ほどだが要交渉）。バイクタクシーのオジェッも Rp.10万〜15万で利用できるが、山道の移動なのでおすすめはできない。

現地発ツアー

ブロモ山登山口のチェモロ・ラワンのホテルまでスムーズに移動できる現地発ツアーの利用が便利。ジャカルタ、ジョグジャカルタ、ソロ、スラバヤ、マラン、バリ島などの旅行会社で予約できる。スラバヤやマランからは深夜発の1日ツアーもある（ホテルの付いた1泊2日ツアーが一般的）。

ハミダシ　バスでプロボリンゴへ向かうと、バスターミナルに着く手前の旅行会社の前で降ろされ、ブロモ山までの車のチャーターを強要されることがある。バスの車掌もグルなので注意！

歩き方

ブロモ山への起点となっている**チェモロ・ラワン** Cemoro Lawang は、外輪山の縁にある小さな集落。ここからはブロモ山が眼前に迫っていて、ロッジやレストランなども多い。高地特有の静かな雰囲気と、サロンを羽織り胸で結ぶ女性たちの服装が印象的だ。ビューポイントのプナンジャカン山頂へは、6km 西の**ウォノキトリ Wonokitri** から向かうルートもある（このルートのツアーはウォノキトリから 3km 下った**トサリ Tosari** に泊まることが多い）。

ブロモ山のクレーターは馬で散策することもできる

ブロモ山への入山料

料金　月〜土　Rp.22 万
　　　　日　　 Rp.32 万

入山料は村入口のゲートで支払う。そのほかチェモロ・ラワンの国立公園エリア内にあるホテルに宿泊する場合、ツーリストパス（Rp. 3 万 1500）の支払いも必要。チェックイン時に徴収される。

入山料は平日と日曜で異なる

ブロモ山の基本情報

日の出　　4:30 〜 5:30
日の入り　16:30 〜 17:30
　早朝には 6 〜 9 月で 5℃、12 〜 4 月でも 10℃前後と冷え込むので、それなりの防寒具を用意すること。

Information

ブロモ山周辺でのサンライズトレッキング

近年は車を使ったツアーが一般的になっているが、夜明け前にプナンジャカン山やブロモ山へのトレッキングもおすすめだ。

●**プナンジャカン山へ**

プナンジャカン山で日の出を見るには、3 〜 4 時頃の出発となるが、夜道はわかりにくい。チェモロ・ラワンの H チェマラ・インダー（→ P.189）の手前で主道から右に曲がり、外輪山の縁と並行する舗装路を 1 時間歩く。舗装が途切れたら右側に現れる階段を上る。上り切るとビューポイント 2 で一服。ここから先は崖のような山道になるが、急なのは最初だけで、あとはだらだらした上りが続く。

夜目にも白い噴煙を吐き出すブロモ山を左に見下ろしながら進む。土と石の細い一本道、白い杭が目印として等間隔に打ってあるが、谷側にはガードレールなどはないから慎重に歩いて行こう。

山道を 40 分進むと、トサリ Tosari とビューポイント 1 を結ぶ舗装路に出る。あとは道なりに 15 分登り詰めれば山頂。西側にはマラン Malang の夜景が広がり、流れ星を数えているうちに空が青くなっていく。ここからの朝景は、まさに天の配材による色彩と構図のバランスだ。

●**ブロモ山へ**

チェモロ・ラワンからブロモ山へは、1 時間程度。夜でも道はわかりやすい。道ではテングル人の馬引きたちが白い息を吐きながら客を待っているが、夜中は馬子に引かれポクポクと進むので、歩くのと時間は変わらない。

集落を過ぎると道は外輪山の中に向かって下る。クレーターの中は砂漠になっていて、まるで月世界のよう。暗闇のなか、前方に火山

活動を続けるブロモ山と、右に連なるバトッ山のシルエットがうっすらと見える。白ペンキで塗られた石盤の目印に沿って、巨大なクレーターを 30 分ほど歩く。距離感がつかめず、月の砂漠を歩いていくような感覚を覚える。山の麓に着いたら、山頂への急な階段を上る。空には降り注ぐような星、地には馬引きの持つ松明が点々と連なり、ブロモ山に向かっている神秘的な光景が見える。硫黄の臭いにむせながら日の出を待とう。

スメル山
Gunung Semeru
(3676m)

20km

Jemplang

マランへ
35km

アートテル・キャビン・ブロモ
Artotel Cabin Bromo ▶ P.31

ブロモ山 ▶ P.188
Gunung Bromo
(2392m)

バトッ山
Gunung Batok
(2440m)

12km

未舗装の道路

H ヒンドゥー寺院

10km

2km 白い石の標識に沿って歩く

ビューポイント 2
(2770m)

ラバビュー・ロッジ
Lava View Lodge ▶ P.189

砂の海

プナンジャカン山
Gunung Penanjakan ▶ P.188

ブロモ・ベルマイ I ▶ P.189
Bromo Permai I

H チェマラ・インダー
Cemara Indah ▶ P.189

ゲート

階段

山道

2km

チェモロ・ラワン村
Cemoro Lawang

畑

5km

2.5km

カフェ・ラバ
Cafe Lava ▶ P.189

2km

ガディサリ村
Ngadisari

ブロボリンゴへ
45km

ブロモ山
Gunung Bromo

エリア地図 ▶ P.51-B3

ブロモ発の日の出見学ツアー

現地で「ジープツアー」と呼ばれているもので、チェモロ・ラワンのホテルから6人乗りのジープに乗り、プナンジャカン山の展望台で日の出を見たあと、ブロモ山火口へ行く。出発は朝3時で、戻りは8時頃。申し込みは前日までに各ホテルで。料金はRp.15万〜。ただし人数が集まらない場合は、車1台をチャーター（Rp.55万〜）することになる。バイクの利用も可能（Rp.15万）だが、寒さを覚悟しなければならない。

日の出を見るための準備

とにかく明け方は冷え込むのでセーターなど防寒具が必要。持っていない場合はホテルで防寒具（Rp.3万ほど）を借りて行こう。月が出ていなければ当然外は真っ暗、道はわかりやすいが懐中電灯も用意したい。

ブロモ山の馬

チェモロ・ラワンからブロモ登山をするときに馬に乗るなら帰りのほうがいい。最後の石道の上りが歩くときつい。が、馬ならかなり楽。噴火口の階段までは片道Rp.10万、往復Rp.15万。

ジョグジャカルタやマランからのブロモ山ツアー

ジョグジャカルタ発のツアー（→P.117）を利用してブロモ山に来るのも一般的。参加者が多いのでスラバヤ発よりも安く、また1名でも参加できる可能性が高い（最少催行4名）。料金には、ブロモ山のホテルまでの移動、宿泊代＆朝食、翌日9:30発のデンパサール、スラバヤ、ジョグジャカルタなどのバスが含まれて、Rp.35万〜。ただし途中の食事代や、展望台へのジープツアー代、入山料は別払いとなる。

マラン発ツアーは、マラン市内の旅行会社やホテルで申し込める。深夜1:00にジープでホテルからピックアップし、4:30頃にプランジャカン山の展望台に到着。そこで日の出を見て、7:00過ぎにブロモ山の火口を目指す。マランに戻るのは12:00前後。約11時間のツアーで、Rp.65万〜。

ブロモ山を見下ろす絶好のビューポイント ★★★
プナンジャカン山
Gunung Penanjakan

MAP P.187

外輪山の外側にそびえるプナンジャカン山頂は、通称ビューポイント。その名のとおり、ここからのブロモ山の眺めは美しく感動的だ。おすすめは日の出のタイミングで、展望台まではチェモロ・ラワンやトサリから車で来られる。

プナンジャカン山頂からの眺望

夜明けが近づくと、気持ちよく開けた視界のなかで山が刻々と色づき出す。雲海の中に浮かび上がってくる緑色のバトッ山、白煙を舞い上げる灰褐色のブロモ山、巨大なクルシ山、そして紫色の神々の座スメル山。自分の目で見ていることが信じられないほど神秘的な光景だ。高く噴煙を舞い上げる山々は、だまし絵のごとく浮かび上がり、大きな感動に心を揺さぶられるだろう。

聖なる山の頂上へ登る ★★
ブロモ山
Gunung Bromo

MAP P.187

クレーターの中にあるブロモ山の麓へは、徒歩や馬で行くことができる。麓から275段の急な天国への階段を上り切って山頂へ。時期によってはもうもうと白煙を噴き出し、地響きのようなうなり声を上げる噴火口は圧巻だ。山頂部分は細い尾根が延びているので、足元に気をつけながら歩いてみよう。ここで朝を迎えたら、帰るときは階段を下りてからクレーターの中を歩き回るのもおもしろい。ブロモ山全体のスケールが実感できるはずだ。

ブロモ山のクレーターを歩き山頂へ

投稿 ジョグジャカルタからバリ島への移動手段としてブロモ山＆イジェン火口湖ツアーに参加しました。値段も安く景観も感動的でしたが、欧米人ばかりの行程はハードでした。（神奈川県　香里奈）['24]

ホテル Hotel

早朝のトレッキングに便利なチェモロ・ラワンにホテルが多い。3km手前にあるガディサリ村にも宿が数軒ある。見学ツアーやトレッキングは宿泊ホテルで手配できる。観光地なので、各ホテルとも週末や旅行シーズンは料金がアップする。

部屋のタイプが多彩な
ブロモ・ペルマイI
Bromo Permai I [MAP] P.187

住所 Jl. Raya Cemoro Lawang, Ngadisari
WA 0821-4158-1111
税&サ 込み　カード [A][J][M][V]　[Wi-Fi] OK
料金 [AC][Mini][TV] スタンダードⓈⒹ Rp.55万～

チェモロ・ラワンからブロモ山のクレーターへ下りる坂道のそばにある、設備の整ったロッジ。全41室。[POOL][レストラン][朝食]

外輪山の近くにある

ブロモ山の眺めを満喫できる
チェマラ・インダー
Cemara Indah [MAP] P.187

住所 Jl. Raya Cemoro Lawang, Ngadisari
TEL (0335) 541-019　WA 0853-3122-3122
URL cemaraindahhotels.com　税&サ 込み
カード [J][M][V]　[Wi-Fi] OK
料金 [AC][Mini][TV] スタンダードⓈⒹ Rp.55万～
[AC][Mini][TV] スーペリアⓈⒹ Rp.75万～

チェモロ・ラワン中心部の山裾にある全29室のおすすめバンガロー。レストラン(営業　毎日7:00～21:00)からは、噴煙を噴き上げるブロモ山の雄姿が望める、すばらしいロケーションだ。現地発ツアーでもよく利用されている。[POOL][レストラン][朝食]

レストランからの景観も圧巻

眺めのいいおすすめロッジ
ラバ・ビュー・ロッジ
Lava View Lodge [MAP] P.187

住所 Jl. Raya Cemoro Lawang, Ngadisari
WA 081-2498-08182
URL lavaindonesia.com
税&サ 込み　カード [J][M][V]　[Wi-Fi] OK
料金 [AC][Mini][TV] スーペリアⓈⒹ Rp.80万～
[AC][Mini][TV] バンガローⓈⒹ Rp.90万～

駐車場からはブロモ山が見渡せる、全45室のホテル。同じ経営の[H]カフェ・ラバから脇道を700m南に入り、村の中心からは少し離れている。ジョグジャカルタからの格安ツアーの利用客が多く、外国人旅行者がいつも宿泊している。ビューポイントへのツアーもここで申し込める。[POOL][レストラン][朝食]

居心地のよさで人気のホステル
カフェ・ラバ
Cafe Lava [MAP] P.187

住所 Jl. Raya Cemoro Lawang, Ngadisari
WA 0821-2222-8183
URL cafelava.lavaindonesia.com
税&サ 込み　カード [J][M][V]　[Wi-Fi] OK
料金 [AC][Mini][TV] スタンダードⓈⒹ Rp.45万～
[AC][Mini][TV] スーペリアⓈⒹ Rp.60万～

チェモロ・ラワンからクレーターへ下りる坂道の50m手前。全55室はシンプルだが、宿の雰囲気がいい。ビューポイントへのツアーを出している。[POOL][レストラン][朝食]

バックパッカーの利用が多い

Column
ブロモ山麓での伝統儀式

ヒンドゥー教徒であるテングル人の宗教行事**カソド儀式** Upacara Kasodoは、彼らの暦で最後の月（＝カソド）の満月の日に行われる（毎年日程が異なり、2023年は7月中旬に行われた）。夕方からブロモへ近隣の村々からテングル人が集まり、深夜、満月が火口の真上に来たときに祭司による礼拝が始まる。村人は生きたニワトリやお金などを火口に投げ入れ、先祖へのささげ物としている。

山麓に建つヒンドゥー教寺院

ハミダシ 2019年からブロモ山では噴火が続き、その際には火山から半径1km以内への立ち入りが制限された。最新の火山活動の情報を知るためには、チェモロ・ラワンにあるホテルへ問い合わせてみよう。

バリ島やイジェンへの起点となる素朴な町

バニュワンギ
Banyuwangi

ジャカルタ
★ バニュワンギ

人　口	11万人
高　度	20m 未満
市外局番	0333
空港コード	BWX

バニュワンギへの飛行機
　ジャカルタからバティック航空やスーパーエアジェットなどが1日計2～3便運航（所要2時間、Rp.128万～174万）。スラバヤからはウイングス航空が週4便運航（所要1時間、Rp.108万～）。

飛行機には歩いて搭乗する

空港から市内へ
　バニュワンギ国際空港は中心部から9km南。空港から市内へはタクシーで所要30分～1時間、Rp.10万～15万。

バスターミナルから市内へ
　各バスターミナルから中心部へは、ベモかタクシーで移動できる。ベモは Rp.5000 だが、旅行者は数倍の運賃を請求されることが多い。

バリ島へのフェリー
　クタパン港～バリ西部のギリマヌッ間をフェリーが毎時4便運航。所要30分、大人Rp.1万。クタパン港はバニュワンギから8km北にあり、ベモでRp.5000（運賃は要事前確認）。

バリ島へのフェリーが15分間隔で出航している

人々の生活が垣間見えるバニュワンギ市場前

　ジャワ島最東部にあるバニュワンギは、ジャワ鉄道の東の終点であり、バリ島へのフェリーの発着場所がある場所。ジャワとバリを行き来する旅行者の通過点だったが、近年は「ブルーファイア」で有名なイジェン火口湖やバルラン国立公園など注目スポットへの観光拠点として、この町に滞在する旅行者も増えてきている。

アクセス

鉄　道▶バニュワンギ・バル駅(別称クブン駅)は、バリ島へのフェリーが発着しているクタパン港にほぼ隣接(300mほど北西にある)。町の中心部から5kmほど西にはバニュワンギ・コタ駅もある。

バニュワンギへの鉄道
スラバヤから	グブン駅より1日3本（5:35、13:47、23:50 発）、所要6～7時間、Rp.5万6000～33万
マランから	マラン駅より1日1本（16:46 発）、所要6.5時間、Rp.6万2000（エコノミーのみ）
プロボリンゴから	プロボリンゴ駅より1日4本（8:01～翌1:57 発）、所要3.5～4.5時間、Rp.2万9000～33万

バ　ス▶バスターミナルは、バニュワンギ中心部から11km北(クタパン港の3km北)のスリ・タンジュン・ターミナルSri Tanjung Terminalと、中心部から4km南にあるブラウィジャヤ・ターミナルBrawijaya Terminalの2ヵ所。基本的にスラバヤ方面のローカルバスはスリ・タンジュンから発着し、南方面やデラックスバスの一部がブラウィジャヤ・ターミナルから発着している。

バニュワンギへのバス
スラバヤから	ブングラシー・ターミナルなどから毎時数本、所要7～10時間、AC付き Rp.19万～25万
プロボリンゴから	バユアンガ・ターミナルから毎時約1本、所要4.5～5.5時間、AC付き Rp.15万～28万

ハミダシ　バスターミナルやクタパン港からのベモは、旅行者は2～4倍の運賃をふっかけられるので注意。またバニュワンギの町なかに流しのタクシーは少ないので、Grabなど配車サービスを利用しよう。

ジャワ島

歩き方

バニュワンギは南北数kmに広がっているが、中心部は**スリタンジュン公園**Taman Sritanjungと**ブランバンガン公園**Taman Blambanganのふたつの公園が並ぶエリア。公園の間にあるバ

ブーム・ビーチは市民の憩いの場

ニュワンギ市場Pasar Banyuwangiは、昔ながらの生活風景が垣間見られる観光スポットだ。市場から東へ向かうと、徒歩15分ほどでバリ島を望む**ブーム・ビーチ**Pantai Boomに出る。屋台が集まったフードコートもあるので、散歩がてら訪ねてみるといいだろう（夕刻から地元の若者たちが涼みにやってくる）。中心部には、東ジャワで最古とされる**道教寺院**Hoo Tong Bioもある。

のんびり路地を歩けば素朴な出会いがある

日差しが厳しいときはベチャを利用しよう

観光案内所 MAP P.191-B1
ブランバンガン公園から徒歩20分。
住所 Jl. Ahmad Yani No.78
WA 0821-3695-0363
URL banyuwangitourism.com
営業 月〜木7:00〜15:30、金6:30〜14:30

ブーム・ビーチ
MAP P.191-A2
ブランバンガン公園から徒歩10分。コンサートやダンスなどが行われるバニュワンギのイベント会場になる。

道教寺院 MAP P.191-B2
ブランバンガン公園から徒歩10分。18世紀に創建されたが火災のため建て直されている。

バニュワンギ

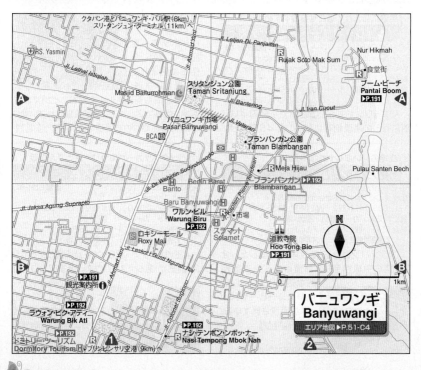

投稿 バリ島デンパサール方面へは直行のツーリストバスが便利。バスごとフェリーに乗船できて荷物も積んだままで楽ちんです。バニュワンギから所要5.5時間でRp.20万でした。（静岡県 ヨギーニ '24）

レストラン

市内に旅行者向けの食事スポットは多くない。各ホテルにはレストランが併設されている。

■ 東ジャワの名物料理が味わえる
ラウォン・ビク・アティ
Rawon Bik Ati　　MAP P.191-B1

住所 Jl. Ahmad Yani No.83　TEL (0333)423-165
営業 毎日 6:30 ～ 21:30　税&サ 込み　カード 不可

真っ黒なスープで有名なラウォンの専門店。牛肉のうま味にハーブやスパイスが溶け込んで、見た目のわりにさっぱりとした味わいが特徴だ。牛モツの追加トッピングも可能で、トリッパやタンなど全部をのせたナシ・ラウォン・ラウッ・カンプールはRp.3万2500。ごはんにかけて召し上がれ！

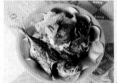

ラウォンはグルメサイトで「世界一おいしいスープ」にも選ばれた必食メニューだ

■ 地元の人に愛され続ける味
ナシ・テンポン・ンボッ・ナー
Nasi Tempong Mbok Nah　　MAP P.191-B1

住所 Jl. Kolonel Sugiono No.16
TEL 0852-3272-1222 携帯
営業 土～木 8:00～24:00　税&サ 込み　カード 不可

バニュワンギ名物の定食、ナシ・テンポンを提供するローカル食堂。ショーケースに並んでいる作り置き総菜を指差して皿に盛ってもらうスタイルで、ごはんとメイン(肉や魚の揚げ料理)にテンペや野菜のおかずを4～5品選んでRp.1万5000前後。自家製サンバルをつけながらいただこう。

シンプルな味付けの総菜は日本人の口にも合う

ホテル

観光開発が始まったばかりなので市内に宿泊施設は少ない。市内～クタパン港の間やイジェン高原の周辺に、リゾートホテルやコーヒー農園のロッジなどが点在している。

◎ 絶景に包まれて過ごせるおすすめホテル
イジェン・リゾート＆ヴィラス
Ijen Resort & Villas　　MAP P.51-C4

住所 Desa Randu Agung, Licin, Kabupaten
WA 0819-3470-0800　URL ijenresortandvillas.com
税&サ 込み　カード JMV　Wi-Fi OK
料金 AC Mini TV リゾートデラックスSDRp.150万～
　　 AC Mini TV ヴィラデラックスSDRp.185万～

緑の敷地に客室が点在している

ートホテル。周囲は広々とした棚田に囲まれており景色は抜群。ホテルからも美しい山々を望むことができる。客室には基本的にエアコンが設置されていないが、涼しい高地なので問題ない。POOL レストラン 朝食

バニュワンギ中心部から車で1時間半ほど西に行った高原地帯に建つ、全45室のリゾ

◎ 立地のいいおしゃれなホテル
ブランバンガン
Blambangan　　MAP P.191-A2

住所 Jl. Dr. Wahidin Sudirohusodo No. 4
TEL (0333)411-222　WA 0811-3455-279
税&サ 込み　カード MV　Wi-Fi OK
料金 AC Mini TV スーペリアSDRp.47万～
　　 AC Mini TV デラックスSDRp.58万～

ブランバンガン広場の南側に面した、全24室の中級ホテル。部屋はモダンで機能的な造り。ロビーには無料のコーヒーやスナックが用意されている。POOL レストラン 朝食

小さいながらプールも完備

◎ バックパッカーが集うリーズナブルな宿
ドミトリー・ツーリズム
Dormitory Tourism　　MAP P.191-B1

住所 Jl. Ahmad Yani No.110
TEL (0333)420-600　WA 0823-3349-2600
税&サ 込み　カード不可　Wi-Fi OK
料金 AC Mini TV ドミトリー Rp.15万～
　　 AC Mini TV デラックスSDRp.35万～

4室のドミトリー(18ベッド)と6室のデラックス(個室)があるゲストハウス。全室エアコン付きで、トイレ&シャワーは共同だがお湯も出る。観光案内所から徒歩7分。POOL レストラン 朝食

安く泊まれるドミトリー

ハミダシ R ワルン・ビルWarung Biru (MAP P.191-B2　WA 0853-3154-4954　営業 火～日9:00～17:00)は、地元で人気の大衆食堂。店の前で焼かれる焼魚のイカン・バカール(1尾Rp.4万～6万)がおいしい。

エクスカーション

ジャワの東の果てに広がる壮大な景観　★★★
イジェン火口湖
Kawah Ijen

MAP P.51-C4

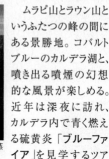

深夜に訪れて神秘的な炎ブルーファイアを見学したい

山頂からカルデラ湖を望む。湖面には湯気のような水蒸気が漂い、硫黄の臭いが充満している

ムラピ山とラウン山というふたつの峰の間にある景勝地。コバルトブルーのカルデラ湖と、噴き出る噴煙の幻想的な風景が楽しめる。近年は深夜に訪れ、カルデラ内で青く燃える硫黄炎「ブルーファイア」を見学するツアーが世界的に話題となっている。

　車やバイクでアクセスできるのは、標高1850mにある公園管理事務所(簡素な宿がある。寝袋は要持参)まで。ここからイジェンの火口まではやや厳しい上り坂が続く。1～1.5時間ほど歩くと、目の前に大きな噴煙が立ち上るのが見えてくる。頂上の火口の縁に立てば、眼下に広がるのは宝石のように青く輝くカルデラ湖。湖畔にできた噴火口からは、硫黄を含んだ噴煙が空へと噴き上げている。

左／硫黄を背負って男たちが山道を行き交っている　右／登山口に最も近い村センポルはコーヒー農園やイチゴ畑が広がる

イジェン火口湖へのアクセス
　バニュワンギの観光案内所やホテルで「ブルーファイア見学ツアー」が催行されている。深夜1時頃出発し、2時に登山口に到着。1.5時間ほどかけて山頂へと登る。日の出は5時半頃。バニュワンギには8時ぐらいに戻ってくる。ツアー料金は1名Rp.40万～。ガスマスク、入山料込み。
　ジョグジャカルタからは、ブロモ山訪問も含めた2泊3日のツアー(→P.117)が催行されている。料金はひとりRp.75万～(最少催行は2名)。

ブロモ山からイジェンへ
　ブロモ方面から自力で行く場合、プロボリンゴから約2時間バスで移動し、ボンドウォソBondwosoへ。そこから2時間ベモで移動し、センポルSempol村まで上る(ベモは午前中に数本しかないので注意)。センポルから登山口まではオジェッか車を手配する。

野生動物が生息するエリア　★
バルラン国立公園
Taman Nasional Baluran

MAP P.51-B4

サバンナとビーチが広がる広大な国立公園。ジャワ牛のバンテンやシカをはじめ、クロワシやホーンビルなどさまざまな動物や野鳥が見られる。6～11月の乾季が動物に遭遇するチャンスが多く、9月がベストシーズン。国立公園内のブコルBekolやバマBamaに宿泊施設もある。

ジャワの大自然に触れに行こう

バルラン国立公園へのアクセス
　バニュワンギからバスで1時間、Rp.1万5000。バリ島からのフェリーが着くクタパン港からバスで45分、Rp.1万～。スラバヤからバスで6時間、Rp.5万3000～。あらかじめ国立公園で下車する旨を車掌に伝えておくと道路沿いのゲート前で降ろしてもらえる。
●ビジター・センター
TEL (0333)461-650(インフォメーション)
営業 毎日7:30～16:00
　宿泊場所の予約手配も可。国立公園の入園料はRp.16万5000(休日はRp.24万)、ガイド料は半日でRp.20万。

投稿　2024年初頭からイジェン登山の前日にクリニックでのメディカルチェックが義務化されています。高齢者が下山後に酸欠で死亡したことを受けての新システムだそうです。(スミニャック在住　Y.Y '24)

無限の魅力を秘めた神々のすむ楽園

バリ島
Bali

「神々の島」と称されるこの島の魅力は、島民の約90%が信仰するバリ・ヒンドゥー教に基づいた伝統文化。洗練された舞踊や絵画、黄金のような音色をまき散らすガムラン音楽、そして色とりどりの供物で飾られた荘厳な宗教儀式は、訪れる者を魅了し続けている。豊かな自然にも恵まれ、美しい曲線を描いて広がるライステラスや緑深い渓谷など、風光明媚なスポットも枚挙にいとまがない。ビーチや渓谷地帯でのアクティビティも魅力的だ。

バリ島 エリアインフォメーション

バリ島基本データ

地理 & 人口▶インドネシアの政治・経済の中心地ジャワ島の東に浮かぶ、5633km²ほどの島（東京都の約2.6倍の面積）。人口は約431万人。バリはインドネシア31州のなかの1州で、島の行政区分は8つの県に分かれる。県の下に郡レベルの行政区分があり、さらに村に当たるデサ Desa、字に当たるバンジャール Banjar がある。

民族 & 宗教▶バリ人が大多数を占める。ジャワ人や華人、そしてバリに安息の地を求める多くの外国人も住んでいる。宗教も約9割がバリ・ヒンドゥー教徒。ほかにイスラム教徒、キリスト教徒、仏教徒もいる。

　バリが独自の雰囲気を醸し出しているのは、インドネシアで唯一のヒンドゥー教の島であるためだ。人々の生活は、伝統的なスタイルを維持し、毎日神々を敬うことを忘れない。バリ・ヒンドゥーで特徴的なのは、本来の3大神シヴァ、ヴィシュヌ、ブラフマの上にサンヒャン・ウィディ Sang Hyang Widi という最高神が存在することだ。これは、島にもともとあった自然信仰との融合で生まれた神とされている。

バリの歴史▶バリは歴史も古く、紀元前3世紀頃には金属器を使ったドンソン文化の影響を受けている。9世紀後半頃からはインド文化が波及し、独自の文化が栄え始めた。13世紀頃からはジャワ島のマジャパイト王朝が力を強め、16世紀にはその影響下でクルンクンの南にゲルゲル王朝が興った。さらに、18世紀には現在の8つの行政区に当たる地方で権力者が現れ、バリは8つの王国に分裂していく。

　19世紀初頭からは、すでにジャカルタを統治していたオランダが本格的に進出を始めた。シガラジャを起点に、北部、西部と制圧し、ついには南部のクルンクン王朝を滅ぼして、バリ島全土を支配下においた。

　先進国の影響で島の素朴な風習は変化していったが、1920年代からは欧米で「バリ島ブーム」が起き、多くの外国人芸術家が訪れた。彼らはバリ島の芸能や芸術に大きな影響を及ぼし、その影響がバリ島文化をより魅力的なものにし、観光化を促進した。日本人旅行者にとっても「最後の楽園」として人気を集めている。

2012年にはバリの田園風景が世界遺産に登録された

伝統的なイベントが島内各地で行われている

ハイライト

　「魅惑の小宇宙」バリ島には多くの魅力が存在する。スミニャック、ジンバラン、ヌサドゥアなどでの快適なホテルライフ、ウブドでの芸能鑑賞、ダイビングやサーフィンなどのアクティビティと枚挙にいとまがない。島内各地には寺院や遺跡が点在するが、特に夕日が圧巻のタナロット寺院はぜひ訪れてみたい。

ウルワツ寺院でケチャ舞踊を体験してみよう

旅のヒント

宿泊地の選択▶バリの町は皆個性的で、雰囲気も物価もまったく違っている。どこに泊まるかで、旅のスタイルも印象も大きく変わってしまうほどだ。人と人とに相性があるように、人と土地にも相性がある。

　高級ホテルでリゾートライフを楽しみたいなら、スミニャック＆クロボカン、ジンバラン、ヌサドゥアなどがおすすめ。高級ホテルでは安全に対する配慮もされていて、バリは初めてという人へもすすめられる。島中部のウブドにも安宿から高級まであらゆるタイプのホテルが揃っており、落ち着いた雰囲気でリピーターに人気。クタ＆レギャンへのパッケージツアーで利用するホテルは格安なものが多く、一見安くてよさそうに見える。が、部屋もそれなりのことが多いので注意。なかには荷物紛失続出なんてホテルもある。観光客目当ての荒っぽい商売も目立ち、町の雰囲気はバリで最も荒れている。

両替と物価▶ ATMの普及によりインドネシアの両替事情は大きく変わってきている。クレジットカードや国際キャッシュカードを使ってルピアの現金を引き出すのが、利便性から一般的になりつつある。特にバリ島の観光エリアでは ATM設置のコンビニが増えてきているので、両替場所を探

ATMは空港ロビーのほか、市内の銀行やコンビニにある

す手間もあまりない。

　もちろん銀行や両替所で日本円や米ドル現金の両替もOK（両替レートはカード利用の場合とほとんど変わらないケースが一般的）。飛行機でバリに到着したときに、空港のマネーチェンジャーでとりあえず必要な額を両替するといいだろう。なお、町なかにある「みやげ物屋が兼業する両替所」では、本当の額よりも少なく渡されるトラブルが多いので注意が必要。事前にレートを自分で計算し、もらった額はその場できちんと確認すること。

　バリ島の観光地では、旅行者価格とローカル価格の二重価格となっている。一般的な日本人にとってバリの物価は安く感じられるが、お店や売り手によっては旅行者用の価格を用意していることがある。また、食事などをする際には、ホテルの敷地を出て向かいのレストランへ移動するだけで、同じようなメニューが5分の1程度になることもある。いろいろと事情がわかってくれば、快適に滞在できるはずだ。

旅の難易度▶ホテルやレストランなどが充実し、安全面に留意すれば快適に旅行ができる。ただし、公共交通はあまり旅行者向きではないので、現地発ツアーに参加したり、旅行会社で車をチャーターして島内移動をするといい。

おみやげ▶バティックやイカットなどの生地や織物、伝統的な絵画や木彫り、銀製品、革製品や服のオーダーメイドなどがバリ風の定番おみやげ。女性旅行者にはアロマオイル、ナチュラルソープ、天然塩など自然派アイテムも人気。

安全情報

　国際的な観光地なので、旅行者が被害に遭うケースも少なくない。旅のトラブルと安全情報（→ P.498）をよく読んでおくこと。

　バリ島でのトラブルの多くは、クタ＆レギャンで起きているので、このエリアに宿泊する場合はひったくりや詐欺などに注意しよう。

気候とシーズナリティ

　雨季は11～3月、乾季は4～10月頃だが、雨季と乾季の境は比較的なだらか。雨季には午後にスコールのようにザッと降ってサッとやんでいたが、世界的な異常気象もあって、この頃は朝や晩にもシトシトと降り続くことがある。

　赤道直下なので1年をとおして暑いが、キンタマーニ高原、ブサキ寺院、ブドゥグルなどの高地では通年で朝夕は冷え込む。

　一般的には、天候の安定した乾季がバリの旅行シーズンで、8月の夏休み時には多くの旅行者でにぎわう。リピーターのなかには、旅行料金が安くなる9～10月に毎年訪れる人も多い。ダイビングやラフティングなどのアクティビティにも乾季がベストシーズンだ。しかし、雨季は熱帯のフルーツやシーフードがおいしいシーズン。割引レートが設定されるホテルも多い。

Column バリの暦

　バリ島では西暦のほかに、伝統的なウク暦とサコ暦というふたつの暦も使っている。ウク暦は35日を1ヵ月とし、6ヵ月で1年、つまり210日で1年となる。寺院の創立記念日であるオダランや日本のお盆に当たるガルンガン＆クニンガンなどは、この周期で行われている。

　サコ暦は陰暦のため、29日から30日を1ヵ月とする。代表的な行事は新年のニュピで、その前日はオゴオゴと呼ばれる御輿を担いで町の各所を練り歩き、当日は家にこもり断食して静かに時を過ごすことになっている。例年2～5月頃にあるが、バリの暦で決められるので、西暦では毎年、日にちがズレる。『旅行者でも外出できない』決まりになっていて、基本的に飛行機も運休する。その時期に旅行予定の人は、事前に確認しておこう。

ニュピ前日にはオゴオゴと呼ばれる御輿が町を練り歩く

デンパサールの年間気候表

月別	1月	2月	3月	4月	5月	6月	7月	8月	9月	10月	11月	12月	年間
平均気温（℃）	28.0	27.7	27.9	27.7	27.5	26.9	26.3	26.1	26.5	27.3	27.9	27.7	27.2
相対湿度（％）	90.0	92.4	82.9	78.6	——	77.1	77.9			72.5	73.1	81.7	——
降水量（mm）	362	285	207	123	113	61	38	57	47	118	129	323	1863

🛵 島内交通

配車サービス▶「オンラインタクシー」と現地で呼ばれる配車サービス(→ P.207、P.478)は、ポピュラーな交通手段。Google で経路検索すると、グラブ Grab とゴジェック Gojek も交通手段として明示され、バリ島のほぼ全域で利用可能だ。Grab アプリではチャットで画像や音声メッセージを送れたり、経由地を1ヵ所追加できる機能もあり使い勝手がいい。

配車アプリの地図では現在地がずれていることもあるので、予約時にしっかり確認しよう。

南部リゾートエリア内はバイク移動が便利

バス▶島内を移動するローカルバスは、デンパサール郊外にあるウブン・バスターミナルから発着。ムングウィ、タバナン、ブドゥグル、ヌガラ、ギリマヌッ、シガラジャなど各方面へ運行している。スラバヤやジョグジャカルタなどジャワ島への長距離バスはムングウィ・バスターミナル(**MAP** P.262-B2)から発着。

トランス・メトロ・デワタ▶デンパサールを中心に、グララィ国際空港、クタ、サヌール、ウブドなど5路線がある国営の路線バス。各路線とも 4:30〜19:00 頃まで、ほぼ 10 分間隔で運行している。運賃は一律 Rp.4400 で、支払いは電子マネーカードまたはスマホ決済アプリとなる(キャッシュでの支払いは不可)。

2020 年から運行スタート

🌴 Bali on Tour バリ島の自然派テーマパーク

●バリズー
Bali Zoo **MAP** P.263-C3

ライオン、トラ、オランウータン、コモドオオトカゲなど約65種の動物が見られる。チケットは20分間のエレファントライドが含まれた「エレファント・エクスペディション」のパッケージ(入園料など込みで大人Rp.104万4000〜、子供Rp.73万3500〜)がおすすめ。

TEL (0361)294-357
URL www.bali-zoo.com
営業 毎日9:00〜17:00
料金 入園料は大人Rp.35万5500〜、子供Rp.25万2000〜

オランウータンと2ショットも撮れる

●メイソン・エレファントパーク
Mason Elephant Park **MAP** P.263-A3

バリ島中部のタロ村でスマトラゾウを保護する目的で造られており、ゾウにとって快適な環境が整えられている。園内には数十頭が飼育され、ゾウの背中に揺られて周辺の森を散策するエレファントライド(Rp.111万5000)など、プログラムは盛りだくさんだ。

TEL (0361)721-480
URL www.masonadventures.com/elephant-park/
営業 毎日8:00〜18:00
料金 エレファントパークビジットRp.39万5000(13歳未満Rp.24万、4歳以下Rp.12万)

園内をゾウで巡るエレファントライド

●バリサファリ&マリンパーク
Bali Safari & Marine Park **MAP** P.263-B4

ギャニャールの郊外にある50ヘクタールのサファリパーク。インドネシアの固有種のほか、アフリカなど生息エリアごとに動物と出会えるサファリツアー(1周30分)がハイライト。ライオン、トラ、カバ、シマウマ、サイなどの動物を間近に観察できる。

TEL (0361)950-000
URL www.balisafarimarinepark.com
営業 毎日9:00 〜 17:30(ナイトサファリ18:00〜21:00) **料金** ジャングルホッパー Rp.52万〜(入場料、サファリツアー、ファンゾーン&ウオーターパーク、バリアグンショー鑑賞)

サファリバスでアジアやアフリカの動物を見学

●バリ・バード・パーク
Bali Bird Park **MAP** P.263-C3

250種1000羽を超える熱帯の鳥を集めたテーマパーク。ニューギニアの極楽鳥や火喰い鳥(カソワリ)のほか、コモドオオトカゲなども見られ、フラミンゴが池で群れをなす園内では鳥を肩に乗せての記念撮影もOK。ペリカンの餌づけやバードショーなども行われる。

TEL (0361)299-352
URL www.balibirdpark.com
営業 毎日9:00 〜 17:30
料金 大人Rp.38万5000、子供Rp.19万2500

世界各地の鳥と出会える

タクシー▶メーター付きのタクシーは、初乗りが1km Rp.7000で、以後距離・時間併用制でRp.700ずつ加算される。信頼できるのはジャカルタに本社があるBluebird Taxi（TEL（0361）701-111）。24時間営業で、数時間から1日の貸し切りもメーター払いででき、英語を話す運転手を頼むこともできる。市内近郊なら1時間Rp.7万ほどなので、人数が集まればシャトルバスより安く移動することも可能だ。クタ＆レギャンなどの南部リゾートエリアからウブドへの長距離移動などは、帰りが空車になってしまうので片道利用だと30％程度加算して支払う。

　島内ではクタ＆レギャン、スミニャック＆クロボカン、ヌサドゥア＆ブノア、サヌール、デンパサールなどの中心部ぐらいしか走っていない。ウブドやロビナなどは観光地ではあっても、通りで流しのタクシーは見つからない。

シャトルバス▶バリで利用しやすい交通手段がプラマ社などのシャトルバス。基本的に利用者は外国人旅行者のみで席の間隔も広く、観光客の宿泊する所をほぼカバーしている。申し込みは各地にあるプラマ社などのオフィスや取り扱っている旅行会社で。

外国人旅行者が利用するプラマ社のシャトルバス

車チャーター▶島内観光にはホテルや旅行会社で車をチャーターすると便利。クタやウブドで手配すると1日8時間でUS$40〜70程度（訪問エリアや車のグレードにより料金は変わる）。

バリ島へのアクセス

国際線空路▶日本からの直行便はガルーダ・インドネシア航空が成田空港から毎日1便運航している(週1便はマナド経由となる)。詳細→ P.461。

ほかはすべて乗り換えをともなうルートとなり、シンガポール航空、タイ国際航空、キャセイパシフィック航空、大韓航空、エバー航空、フィリピン航空などの乗り換え便が利用できる。所要時間は直行便よりもかかるが、LCC は旅行シーズンでも直行便より予約を入れやすく割安なケースが多い(→ P.461)。

空港到着時の注意

イミグレーションで入国時に QR コードのシールをパスポートに貼ってもらったら、すぐに日付を確認すること。間違った日付が押されると、出国時にトラブルのもととなる。

空港に着いたら当座の交通費程度は両替が必要となる。ここでの両替は日本円の現金をそのまま使おう。ただし、レートは市内の優良店のほうがいいので、金額は必要ぶんのみで。

空港からはタクシー利用が安全だ

ガルーダ・インドネシア航空などが直行便を運航している

国内線空路▶バリはジャカルタと並んで国内線の発着数が多い。ジャワ島、ロンボク島、スラウェシ島間のフライトは比較的多くて便利。詳細→ P.475。

ガルーダ・インドネシア航空のほか、ライオン航空、シティリンク、バティック航空、エアアジアなど各社の便が乗り入れている。ジャワ島のジャカルタから1日60便前後(所要2時間)、ジョグジャカルタから毎日4〜5便(所要1.5時間)、スラバヤから1日11〜14便、スラウェシ島マカッサルから1日6〜7便、カリマンタンのバンジャルマシンから1日1〜2便など運航。

そのほか、パプアのジャヤプラからは、ライオン航空のマカッサル乗継便が1日計4便ほど運航。東隣のロンボク島へはシティリンクやウイングス航空が毎日6便ほど運航している。

グラライ国際空港から各地への便がある

周辺へのフェリー&バス

ロンボク島レンバル Lembar からパダンバイとブノア港へ、ジャワ島東端のクタパン港からギリマヌッ港へ各々フェリーが運航。各島への長距離バスはフェリー代も含まれており、簡単に移動できる。ジャカルタからバスで24〜30時間。ジョグジャカルタから約18時間。スラバヤやバンドゥンからも便がある。ハイウエイの整備とバスのグレードアップによって、ジャワ島との区間は快適になった。

ジャワ島へのフェリーも運航している

空港タクシー料金表	(2024 年 3 月現在)
クタ中心部	Rp.15 万〜
レギャン	Rp.20 万〜
スミニャック	Rp.21 万〜
クロボカン	Rp.25 万〜
チャングー	Rp.30 万〜
ジンバラン	Rp.18 万〜
ヌサドゥア	Rp.23 万〜
ブノア	Rp.30 万〜
サヌール	Rp.25 万〜
デンパサール	Rp.20 万〜
ウブド中心部	Rp.43 万〜
チャンディダサ	Rp.75 万〜
パダンバイ	Rp.120 万〜
ロビナ	Rp.120 万〜

※空港からのアクセスは各エリアの最初のページ欄外を参照

バリ島現地発ツアー情報

ツアー内容は多種多彩で、料金もピンキリ。ここでは食事付きのツアーを基準に紹介する。**ベルトラ**（URL www.veltra.com）では現地発ツアーを網羅しておりツアー比較には便利。検索サイトで「バリ島　現地ツアー」に、自分の行きたい場所や条件を加えてチェックしてみよう。

●タマン・アユン寺院とタナロット寺院観光

料金 US$50 〜 80
出発 14:00 〜 16:00（所要6 〜 8時間）

午後に出発して、世界遺産にも登録されているタマン・アユン寺院を訪問。その後、夕日に浮かぶシルエットが神秘的なタナロット寺院でロマンティックな時間を過ごす。

タナロット寺院の神秘的な夕景

●ウルワツ寺院とケチャダンス鑑賞

料金 US$45 〜 70
出発 15:00 〜 16:30
（所要6 〜 7時間）

断崖絶壁に建つウルワツ寺院へ。広大なインド洋をバックにしたケチャ舞踊を鑑賞。1時間の公演のあと、ジンバランのビーチでBBQディナーを満喫する（高級ホテル内のダイニングの設定もある）。

夕暮れ時のケチャ公演が圧巻

●ウブド1日ツアー

料金 US$60 〜 80　　**出発** 9:00（所要13時間）

ゴア・ガジャやティルタ・ウンプルなどを訪れ、中心部か棚田を望むテガラランでランチタイム。美術館巡りやショッピングで自由時間を過ごし、バリ舞踊の定期公演を鑑賞する。

ゴア・ガジャの洞窟入口

●バロンダンス鑑賞とキンタマーニ高原観光

料金 US$50 〜 70
出発 8:00〜8:30（所要8 〜 9時間）

まずはバトゥブラン村でバロンダンスを鑑賞。チュルク＆マスの工房に立ち寄り、世界遺産のバトゥール湖でパノラマを眺めながらランチ（テガラランでの昼食となるツアーも多い）。

バトゥール湖でランチを

バロンダンスは圧巻！

●ジャティルウィ田園風景＆タマン・アユン寺院

料金 US$80 〜 120
出発 8:00（所要13 〜 14時間）

世界遺産のタマン・アユン寺院やウルン・ダヌ・ブラタン寺院を訪問。バトゥカル山保護区のジャティルウィで棚田の景観を楽しみながらランチタイム。最後にタナロット寺院で夕景を堪能する。

美しい棚田が広がるジャティルウィ

●レンボガン島

料金 US$100 〜 150　　**時間** 8:00（9 〜 12時間）

バリ本島からスピードボートでレンボガン島へ。マングローブの森を小船で見学し、熱帯魚が舞う珊瑚礁をスノーケリングで満喫。オプションでSUPなどのアクティビティにも参加できる。

バリの東に浮かぶレンボガン島

■日本人旅行者向きのツアー会社

ツアーは日本人の対応に慣れた会社を利用すると安心。サイトや電話での日本語予約もOK。

●バリ倶楽部

TEL 081-1398-8488（日本人スタッフ）
URL oji-baliclub.com

日本語ガイドによるきめ細かいサービスとマニアックなツアーが評判。

●バリ姫

TEL 0813-3864-4621（バリ島から）、050-3632-7373（日本国内から）
URL www.bali-hime.com

日本語ガイドが在籍し、島内の主要な見どころをカバーしている。

●バリ・ツアーズ.com

TEL （0361）737-355、050-5806-7355（日本国内から）
URL www.bali-tours.com

ジャワ島やコモド島へのツアーなどオリジナルプログラムが魅力。

美しい夕日スポットとして知られる刺激的な観光エリア

クタ&レギャン

Kuta & Legian

デンパサール
クタ&レギャン★

高 度	10m未満
市外局番	0361

クタ&レギャンへのアクセス

空港からエアポートタクシーで15〜30分（Rp.15万〜20万）。クタ&レギャンから空港へはメータータクシー利用でRp.9万〜12万ほど。

タクシー
◆スミニャックから
15〜30分、Rp.7万〜
◆ジンバランから
20〜30分、Rp.9万〜
◆ヌサドゥアから
30〜50分、Rp.13万〜
◆サヌールから
20〜30分、Rp.13万〜

シャトルバス
プラマ社のシャトルバスがバリ島各地から運行。サヌールから30分（Rp.5万）、ウブドから1時間（Rp.10万）、チャンディダサから2.5時間（Rp.12万5000）。

プラマ社オフィス
MAP P.204-B2
住所 Jl. Legian No.39, Kuta
TEL (0361) 751-551

世界的なサーフスポットがあるバリ島リゾートの中心地

　クタ&レギャンは、インド洋の豪快な波を求めてやってきたサーファーとともに発展した地区だ。かつては小さな漁村だったが、1960年頃からサーファーが集まり、安いホテルやレストランが建ち始めた。やがて評判が高まりバリ島に楽園を求める若者が増えていくと、それに対応して観光客相手の建物が南北に増えていった。もともとあった寺院や民家の間を埋めるように、次々とホテル、レストラン、おみやげ物屋などが建てられ、いつしか独立した村だったクタとレギャンはひとつになってしまう。最近は北に位置するスミニャックやクロボカンにもホテルやショップが増え、バリ最大の観光地は拡大し続けている。

　素朴な漁村は、商魂うずまくエネルギッシュな町に変貌した。ゴチャゴチャした無国籍な町並みは、バリに刺激を求める世界各地からの旅行者たちでにぎわっている。

Column クタでサーファーデビュー

　世界中のサーファーが憧れるバリ島の波を体感する休日もおすすめだ。日本語レッスンに対応する教室もあり、初心者でもすぐボードに立てるようになる。**デコム・サーフスクールはレッスン開**始時間が潮の状況で変わり、事前にしっかりとビデオ講習やビーチで指導を

アクティブに休日を楽しもう！

受けてから海に入る。ビギナークラスでは安定しやすい初心者用のサーフボードを使用し、トッププロを含むインストラクターが指導してくれる。
●**デコム・サーフスクール Dekom Surf School** MAP P.204-B1
TEL (0361) 750-300
URL surfingschoolbali.com
　日本人サーファーが経営しており、きめ細かな対応がモットー。初心者向けレッスンは半日でUS$31〜。

ハミダシ 目抜き通りジャラン・レギャンの渋滞はバリの風物詩。特に夜遊び客でにぎわう夕方から深夜にかけては、車より歩いたほうが速いことも。タクシーは渋滞回避のために回り道をすることもある。

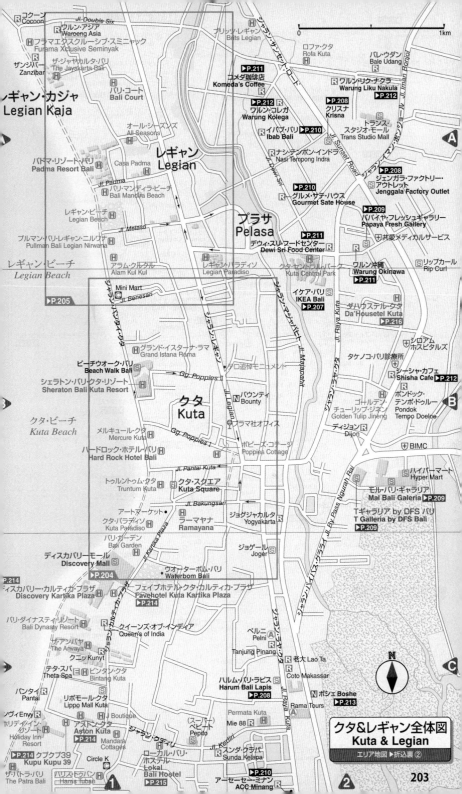

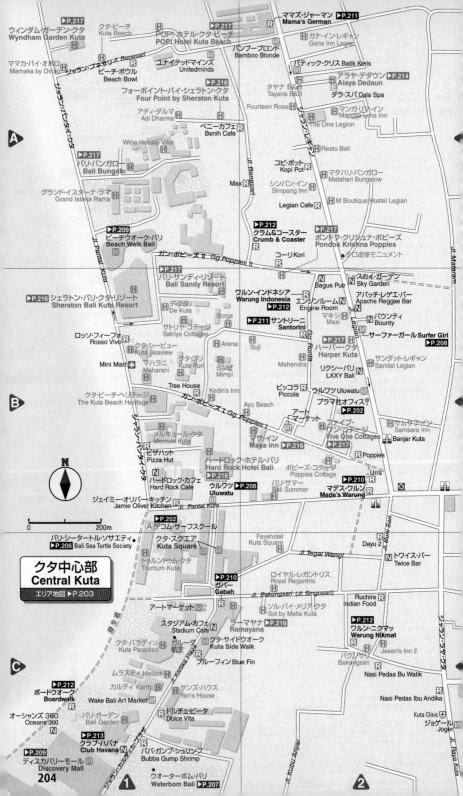

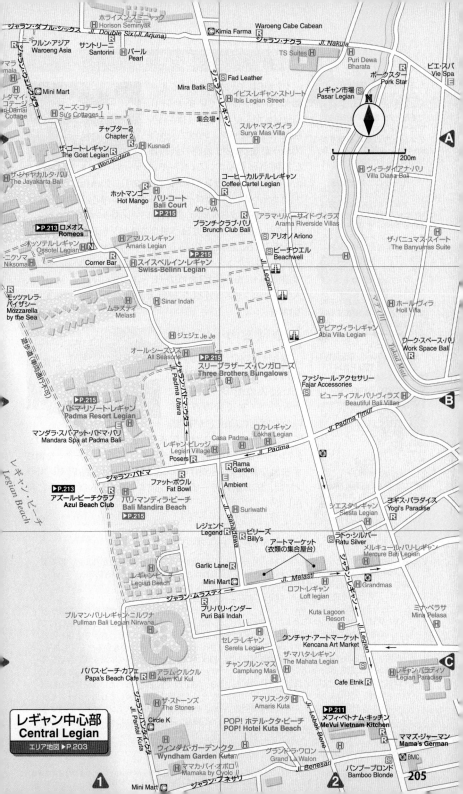

レギャン中心部
Central Legian

エリア地図 ▶P.203

205

歩き方

配車サービスの利用状況

Grab や Gojek などの配車サービス（→ P.478）が利用できる。クタ＆レギャンからは空港への移動にも便利。バイクタクシーの利用は初乗りがRp.4000〜9000 程度、以後1km ごとに Rp.3000 〜。

クタ・ビーチのウミガメ保護

バリ・シータートル・ソサエティではウミガメの卵を保護し、孵化させて海へと還す活動を行っている。啓発の一環として赤ちゃんカメのリリースを旅行者が手伝えるイベントも実施している。場所は H グランド・インナ・クタ前のビーチで、ウミガメが孵化するシーズンは4 〜 10月頃。イベント開催の日時はサイトなどで確認できる（リリースに参加する場合は募金に協力すること）。
●バリ・シータートル・ソサエティ（BSTS）
Bali Sea Turtle Society
MAP P.204-C1
TEL 0811-388-2683 携帯
URL www.baliseaturtle.org

スタッフの指示に従いカメを海に還す

クタからレギャンへ向かって北へ延びる**ジャラン・レギャン** Jl. Legian がこのエリアの目抜き通り。さまざまなレストラン、ショップ、ナイトスポットが並び、クタ独特の無国籍な雰囲気が漂っている。ビーチに沿って延びる**ジャラン・パンタイ・クタ** Jl. Pantai Kuta は、大型ホテルからバンガローまで並ぶホテルエリア。通り越しに青い海や深紅の夕日が望め、眺めのいいレストランも多い。

ビーチ沿いには絶景ダイニングが並ぶ

クタ中心部から空港方面へ延びるのが**ジャラン・カルティカ・プラザ** Jl. Kartika Plaza。大型ホテルがビーチに沿って建ち並び、ショッピングセンターやレストランが点在している。特にこの通り沿いにある**ディスカバリーモール** Discovery Mall は、人気ショッピングスポットとして旅行者や地元の人たちでにぎわっている。

交通案内

周囲の移動にはタクシーの利用が一般的。このエリアにはたくさんのタクシーが流しているが、一方通行の道が多いので利用には注意が必要。

タクシーが深夜まで流している

特にジャラン・レギャンは、深夜でも道が渋滞している。また、タクシーの運転手に高級ホテル名を告げると、メーターを倒さず法外な料金をふっかけられることもある。免税品店やレストランでは、無料送迎サービスを行っている店もあるので上手に利用しよう。

---

for your Safety

クタの安全な歩き方

●トラブルパターン

クタの物売りはしつこい。買う気のない人は声をかけられても目を合わせない、言葉を交わさない。路上での観光勧誘などは断ることが、トラブル予防の第一歩だ。

また両替所でのトラブルも多発している。好レートの看板にひかれて両替すると、電卓に細工をされる、渡す額をごまかされる、コミッションを請求されるなどなど。特にクタのみやげ物屋が兼業する両替所に、まともなマネーチェンジはまったく期待できない。絶対に専門の両替所か、銀行を利用しよう。

そのほかクタ周辺では後方からのバイクでの引ったくりが多いので、バッグはいつも歩道側に。夜には女性（または女装の男性）の抱きつき

スリも出没する。急に抱きつかれたら、鼻の下を伸ばさず、すぐに貴重品の確認を！

●ジゴロについて

ナイトクラブは、外国人女性を食い物にするジゴロの仕事場でもある。甘い言葉に誘われてアバンチュールを楽しむと、あとで金品を要求されるなどのトラブルにつながるケースもある。部屋に入れると、睡眠薬を飲まされて金品を強奪される。また女性が恋人関係にあると思い込み、「ふたりで店を開こう」というジゴロの言葉を信じて多額のお金を渡してしまうケースも多い。実際に店などがオープンしても、離婚すると不動産は名義登録されたインドネシア人のものになってしまう。

 ハミダシ 女性が道を歩いていて「かわいいね」や「愛してる」などと声をかけられるのは、クタでは日常茶飯事。ちょっとうるさいが、単なるあいさつだと理解して「ありがと〜」とやり過ごそう。

おもな見どころ

ファミリーで1日楽しめる水上公園 ★★
ウオーターボム・バリ
Waterbom Bali　　　　MAP P.204-C1

　家族連れに人気のウオーターパーク。3.8ヘクタールの広々とした敷地内には、くねくね曲がりくねったループを滑り下りるジャングル・ライド・ウオータースライダーや、ラフト（浮き輪）に乗って遊ぶ1周250mの流れるプールなど楽しい施設がめじろ押し。ボンバスティック、キディパークなどのキッズエリアが充実しているのも特徴だ。園内にはレストランやバーのほか、屋台も出ているので食事の心配もなし。もちろんマッサージを受けられるリラクセーション施設も完備している。

ウオーターボム・バリ
住所 Jl. Kartika Plaza, Tuban
TEL (0361) 755-676
URL www.waterbom-bali.com
料金 大人 Rp.53万5000
　　　子供 Rp.38万5000
　　　ロッカーは1日 Rp.6万5000（返却時にRp.3万返金される）
営業 毎日 9:00〜18:00

ウオータースライダーは全22種類。サーフィンが体験できるフローライダー（30分 Rp.12万）も人気

園内に流れるプールが広がっている

Information 配車サービスのかんたん利用法

配車サービスの大手2社

　東南アジア8ヵ国で展開する**グラブ Grab**（URL www.grab.com）は、インドネシア最大手の配車サービスだ。白タクの「Grab Car」のほか、バイクタクシーの「Grab Bike」やケータリングの「Grab Food」など多彩なサービスを展開している。運賃は最初に入力したルートでの定額制で、キャッシュや現地の電子マネーで支払える。クレジットカードを登録すれば、オンライン決済も可能。
　ゴジェック Gojek（URL www.gojek.com）も、白タクの「Go-Car」やバイクの「Go-Ride」など、グラブとほぼ同様の配車サービス。各アプリは英語またはインドネシア語で、ドライバーとのやり取りも簡単な英語が話せればOKだ。

バリ島ほぼ全域で利用可能に

　コロナ以前は地元ドライバーの雇用を守るために、南部リゾートエリアでも配車サービスが利用不可のケースもあったが、コロナ以降かなり規制が緩和されている。今まで乗客のピックアップがNGだったチャングー、ジンバラン（イカン・バカール周辺）、ウルワツも含めてほとんどのエリアで対応可能となっている。地元の規制がいろいろと厳しいウブドでも、配車アプリの利用は一般的になってきている。もしもマッチングしても車が迎えに来ない場合は、ホテルの敷地内から呼んだり、多少場所を移動することで呼び出しに応じてくれる場合もある。また東部のアメッドやトゥランベンなどでも呼び出しは可能だが、やはりマッチングされる車の台数に限りがあるため、事前に配車予約などをしておくと安心だ。

空港からの利用の注意点

　2020年にグラライ空港の国際ターミナルの出口先に「グラブ・ラウンジ」がオープン。エアコン完備の専用ラウンジでスタッフが配車をサポートしてくれる。ただし空港内からGrab Carを呼び出すには空港チャージが加算され、空港からの定額制タクシーとほぼ同額となる（ウブドへはGrab Carのほうが割高！）。国際線ターミナル3階（出発フロア）のエントランス前にある「ドロップオフ・エリア」にドライバーを呼び出して通常運賃で利用する裏技もあったが、2023年12月の時点では規制がかかっているので注意しよう（3階からの乗車に罰金導入の噂もある）。

スマホで車やバイクが簡単に呼び出せるエアコン完備のグラブ・ラウンジ

ショッピング

クタ中心部はバリ最大のショッピングエリア。自然雑貨、ファッション、アクセサリーなどのショップが並んでいる。いろいろ見て回りたいなら、大型店のディスカバリーモールやクタ・スクエアへ。T ギャラリア by DFS バリなどは無料送迎サービスも充実している。

ファッション＆雑貨

憧れのハンドメイドファッション
ウルワツ
Uluwatu　**MAP** P.204-B1

住所 Jl. Pantai Kuta, Kuta
TEL (0361) 755-342　URL uluwatu.co.id
営業 毎日 9:00 ～ 20:00　カード MV

国籍を問わず幅広い年代層にアピールするファッション

バリ島の各エリアで展開しているレース製品の老舗ブティック。素材にはリネンやコットンを使用し、白、黒、茶色など清楚な色合いをベースに手作りでていねいに仕上げている。南国バカンスを上品に演出してくれそうなワンピースやスカートのほか、仕事着にも使い勝手のいいトップスなど、ラインアップは100種類以上も用意されている。ブラウスRp.50万～、ワンピースRp.79万5000 ～。

人気の陶器をお手頃プライスで
ジェンガラ・ファクトリー・アウトレット
Jenggala Factory Outlet　**MAP** P.203-A2

住所 Jl. Sunset Road No.1, Kuta
TEL (0361) 766-466　URL jenggala.com
営業 毎日 9:00 ～ 19:00　カード AJMV

世界的に有名なカラフルな食器が所狭しと並んでいる

バリ島が誇る陶器ブランド、ジェンガラの商品を30 ～ 40%オフで購入できるアウトレットショップ。色別に陳列されているので選びやすく、品揃えも充実している。型落ち在庫品やロゴ刻印がないなどのB級品もあるが、ほとんど難が目立たないお値打ち商品も見つかる。ジャラン・サンセット・ロード沿いの便利な立地にあり、定期的に70%オフのビッグセールも開催。日本への発送にも対応している。

バリみやげの巨大な激安デパート
クリスナ
Krisna　**MAP** P.203-A2

住所 Jl. Sunset Road No.88, Kuta　TEL (0361) 750-031
営業 毎日 8:00 ～ 22:00　カード AJMV

格安商品が店内にズラリと展示されている

広大な店内に足を踏み入れるとバリ島みやげのオンパレード！ メッセージやビンタンビールのロゴが描かれた T シャツ（Rp.3 万 8500 ～）、タイダイ風のロングパンツ（Rp.14 万 5000）など、現地で即使えるファッションが激安。木彫り製品やアクセサリー、バッグ、サンダル、アロマオイルなど多彩な商品構成なので、あれこれと買うことになるが、合計金額の安さにも驚くはず。

人気ブランドが充実した元気なショップ
サーファーガール
Surfer Girl　**MAP** P.204-B2

住所 Jl. Legian No.138, Kuta　TEL (0361) 752-693
営業 毎日 10:00 ～ 23:00　カード AJMV

ビーチファッションの充実度はバリでもトップクラス

クタ中心部にある女性向けのサーフショップで、広い店内にはロキシー、ビラボンなど有名ブランドのビーチウエアや各種グッズがふんだんに揃っている。カラフル＆キュートなキャラクター T シャツが Rp.48 万～。ワンピースや水着、メッシュバッグなど品揃えも大型店ならではの充実ぶり。お気に入りのビーチファッションが見つかるはずだ。

  Sハルム・バリ・ラピス Harum Bali Lapis **MAP** P.203-C2　TEL 0851-0046-0050 携帯　営業 毎日 9:00 ～ 18:00）はバリ島のレイヤーケーキ「ラピス」の人気店。1 ホールのラピスは Rp.17 万～。

大型免税店&ショッピングセンター

ビーチに面したショッピングスポット

ディスカバリーモール

Discovery Mall [MAP] P.204-C1

住所 Jl. Kartika Plaza, Kuta
TEL (0361) 755-522(代表)
URL www.discoveryshoppingmall.com
営業 毎日 10:00 ～ 22:00(店舗により異なる)
カード 店舗により異なる

1階スペースに多彩なショップが入店している

バリ最大級のショッピングモール。建物は4層構造になっており、地階は「SOGO」、1階はバリ雑貨やファッションなどを扱うテナントショップ、2～3階は大型デパート「セントロ」になっている。特にセントロでは、民芸品が充実したおみやげコーナーがおすすめだ。1階はバリみやげに最適なバティックファッションのビン・ハウスから、ビーチですぐに使える服が揃うサーファーガールなど多彩な内容。

ブランドアイテム充実の免税ショップ

T ギャラリア by DFS バリ

T Galleria by DFS Bali [MAP] P.203-B2

住所 Jl. By Pass Ngurah Rai, Kuta
TEL (0361) 758-875
URL www.dfs.com/jp/bali
営業 毎日 10:00 ～ 22:00 カード [A][J][M][V]

バリみやげも充実している

広大な売り場面積を誇る免税店。ロエベ、グッチ、カルティエなど高級ブランドのブティックが充実し、コスメ専用売り場も広々としている。おみやげ品探しには、バティックや木彫り製品をはじめ、素朴なバリ雑貨や各種アロマオイルをディスプレイした「エクスペリエンシング・バリ」と呼ばれる広大なショッピングゾーンへ。リゾートエリア内のホテルと店の間を無料シャトルが運行している。

人気ショップが集結するメガモール

モル・バリ・ギャラリア

Mal Bali Galeria [MAP] P.203-B2

住所 Jl. By Pass Ngurah Rai, Kuta
TEL (0361) 755-277 (代表)
URL malbaligaleria.co.id
営業 毎日 10:00 ～ 22:00 (店舗により異なる)
カード 店舗により異なる

現地在住者にも人気のスポット

人気のブティックから大型スーパーマーケットまで豊富に集まったショッピングスポット。1階はホームセンターやマタハリ・デパートなど多彩なテナントが軒を並べ、2階部分は巨大スーパーのハイパーマートなどで構成されている。特にセンスのいいサンダルを扱うチャールズ&キースや、伝統的なバティックを現代風にアレンジしたブティックのパラン・クンチャナは、ぜひチェックしてみよう。

クタ・ビーチに面した一等地に建つ

ビーチウオーク・バリ

Beach Walk Bali [MAP] P.204-A1

住所 Jl. Pantai Kuta, Kuta TEL (0361) 846-4888
URL beachwalkbali.com
営業 毎日 10:00 ～ 22:30 (店舗により異なる)
カード 店舗により異なる

ビーチを望む大型ショッピングモール

ブティックやレストランなど人気店が集結するショッピングスポット。優雅な曲線でデザインされた3階建ての施設は「都会のオアシス」がコンセプト。水と緑を涼しげに配置し、1階と2階にはファッションやコスメなど多彩な店舗が入っている。「クイックシルバー」や「ロキシー」など女性に人気のサーフショップも充実。3階にはフードコート「イート&イート」があり、インドネシア&バリ料理や中華料理から、ポークリブやラーメンまで各種屋台が出店している(プリペイドカードを購入してからオーダーする)。

ハミダシ [S]パパイヤ・フレッシュギャラリー Papaya Fresh Gallery ([MAP] P.203-A2 TEL 0361-759-222 営業 毎日 9:00 ～ 22:00) は、日本人向け食料品や日用雑貨が並ぶスーパーマーケット。

レストラン

Restaurant

予算に応じて、ローカルな屋台から旅行者でにぎわうガーデンレストランまで多種多彩。ショッピングセンター内やクタ中心部にはフードコートもあり、低予算で収まる。

インドネシア料理

日本人もハマるバリ人の大好物
イバブ・バリ
Ibab Bali **MAP P.203-A2**

住所 Jl. Dewi Sri No.88xx, Legian
TEL 0819-1000-1100 携帯
営業 毎日 11:00 ～ 23:00　税&サ +15.5%
カード MV Wi-Fi OK

アンティーク調のインテリアやガーデン席など雰囲気のいいレストラン。看板メニューは豚肉を香ばしくローストしたイバブ・パンガン

肉と薬味のサンバルマタが絶妙にマッチする

（Rp.5万）や、揚げ豚と薬味をあえたイバブ・ゴレン・サンバルマタ（Rp.5万）。串焼き盛り合わせのイバブ・サテ（Rp.5万）、イバブ・スープ（Rp.2万）、ストロベリーコーヒー（Rp.3万8000）なども試してみよう。

絶品サテとデザートを味わおう
グルメ・サテ・ハウス
Gourmet Sate House **MAP P.203-A2**

住所 Jl. Dewi Sri No.101, Legian
TEL 0819-3610-2024 携帯　営業 毎日 12:00 ～ 24:00
税&サ +15%　カード MV Wi-Fi OK

オーストリア出身のオーナーシェフが注文を受けてから焼く串焼きが評判。チキン、ダック、ラム、ビーフのミックス・サテ（Rp.6万4000）やシーフード・ミックス・サテ（Rp.8万2000）は、食品添加物が使われておらずバリ一番のおいし

4種類の肉をサンバルやソースで味わうミックス・サテ

さだ。パパイヤサラダ（Rp.3万2000）やタピオカマンゴー&アイスクリーム（Rp.3万3000）、ドリンクのライチミント（Rp.2万8000）などもおすすめ。

親しみやすい味つけの郷土料理
ガバー
Gabah **MAP P.204-C1**

住所 Jl. Bakungsari, Kuta　TEL (0361) 751-864
営業 毎日 7:30 ～ 24:00　税&サ +21%
カード ADJMV Wi-Fi OK

クタ中心部のホテル、ラーマヤナ（→P.216）内にある、インドネシア各地の地元料理が楽しめるダイニング。バリ島の総菜がワンプレートに盛られたナシ・バリ（Rp.8万8000）や、チキンを甘辛ソースでグリルしたアヤム・バカール

プールを望む南国的なロケーションで人気

（Rp.10万5000）など、マイルドで優しい味つけが特徴。クタ繁華街の通り沿いにあるので、ホテル内施設だが気軽に利用できる。笠や竹など民芸品を飾ったインテリアは雰囲気がよく、買い物途中の休憩にもピッタリ。

クタの歴史を感じるレジェンド食堂
マデス・ワルン
Made's Warung **MAP P.204-B2**

住所 Jl. Pantai Kuta, Kuta　TEL (0361) 755-297
URL madeswarung.com　営業 毎日 10:00 ～ 21:00
税&サ 込み　カード AMV OK

クタの無国籍で猥雑な雰囲気を感じるには、マデス・ワルンの席から町を眺めるのが一番。まだ閑静な漁村だった1969年にクタの道端で屋台として創業。やがてバリで最も有名な店と

創業当時からの伝統の味が楽しめるナシチャンプル

なり、オランダに支店を出すほどの人気を誇る。各種総菜を楽しめるナシチャンプル（Rp.4万5000 ～）、サテ・アヤム（Rp.5万5000）、ガドガド（Rp.4万）などがオープン当初から変わらない看板メニューだ。

210 ハミダシ R アーセーセー・ミナン ACC Minang MAP P.203-C2　TEL 0361-755-568　営業 毎日 9:00 ～翌 2:00）はパダン料理の名店。ナシチャンプル風に各種総菜を盛りつけて Rp.4万～7万。

クタ&レギャン

インターナショナル料理

バリで味わう沖縄料理
ワルン沖縄
Warung Okinawa　**MAP** P.203-A2

住所 Jl. Merta Nadi, Kuta
TEL (0361) 475-4381　営業 毎日 10:30 ～ 23:00
税&サ+15%　カード J M V　Wi-Fi OK

日本人在住者が足しげく通う居酒屋レストラン。ゴーヤ・チャンプル、スパムおにぎり、ソーキソバなど、多彩な沖縄料理が楽しめる。バリ

沖縄料理はバリ島の気候に合う!

島産のゴーヤを使ったゴーヤナムル(Rp.3万5000)、ジーマミー豆腐(Rp.3万5000)、マグロたたき(Rp.6万)などはビンタンビール(Rp.3万5000)にもぴったり。マグロやカキなど新鮮な魚介や和牛もお手頃価格で提供している。

ベトナムのローカル飯を満喫
メフィ・ベトナム・キッチン
MeVui Vietnam Kitchen　**MAP** P.205-C2

住所 Jl. Raya Legian, Legian　WA 081-134-7722
URL mevuifamily.com　営業 毎日 9:00 ～ 22:00
税&サ+15%　カード M V　Wi-Fi OK

バリ各地で人気となっているベトナム食堂のチェーン店。フエ出身のマリアさんのレシピによる料理は、おいしくて体に優しいメニューばかり。「可能な限りバリの食材を使う」ことを

店舗のデザインもベトナムの街角を再現

モットーにしており、フォーの麺もバリ産の米から作られている。24 時間かけて調理されるビーフスープフォー・サイゴン（Rp.5 万 8000）やベトナム式つけ麺のブンチャー（Rp.6 万 5000）など体に染み込むような深い味わいだ。

カジュアルなドイツ料理店
ママズ・ジャーマン
Mama's German　**MAP** P.204-A2

住所 Jl. Legian, Kuta　TEL (0361) 761-151
URL www.bali-mamas.com　営業 24 時間オープン
税&サ+17%　カード J M V　Wi-Fi OK

ソーセージや生ビールがおいしい、居心地のいいドイツ風の陽気なパブレストラン。本格的なレシピによって作られたソーセージ Rp.7

ドイツ風のソーセージを豪快に味わいたい

万 9500 ～、ソーセージ 6 種を盛り合わせたファミリー・ソーセージ・プラッター（Rp.19 万）など料理はボリューム満点。24 時間営業なので夜中にガッツリ食べたくなったときにもおすすめ。

ギリシャ料理のお値打ちワルン
サントリーニ
Santorini　**MAP** P.204-B2

住所 Gg. Poppies II, Gg. Bedugul, Kuta
TEL 0819-9934-2589 携帯
営業 毎日 8:00 ～ 23:00　税&サ 込み　カード M V
Wi-Fi OK

エーゲ海に浮かぶサントリーニ島出身のオーナーが本場の味を提供。コスパの高さが評判となり、各国からの旅行者でいつもにぎわ

串焼き料理を盛り合わせたスブラキ・プレート

っている。店頭で焼き上げるチキンやポークのスブラキ・プレート(Rp.6万5000)や、ひき肉をナスやポテトと重ね焼きしたムサカ(Rp.4万6000)などがオーナーのいち押し料理。ピタパンやグリークサラダなど、サイドメニューも豊富だ。

格安フードコートを楽しもう

デウィ・スリ・フードセンターは小さな食堂が 15 軒ほど集まるフードコート。鶏肉団子そばのバッソ・アヤム(Rp.2 万 5000)、焼きそばのミーゴレン(Rp.2 万 5000)、鶏から揚げのアヤムゴレン (Rp.3 万)などローカル料理が楽しめる（値段は店により異なる）。お好み焼きのマルタバや、かき氷を提供する店もある。

R デウィ・スリ・フードセンター
Dewi Sri Food Center
MAP P.203-A2　住所 Jl. Raya Kuta No.59, Kuta
営業 毎日 12:00 ～ 24:00
（店舗により異なる）

ジャラン・デウィ・スリ沿いにある

ハミダシ **R** コメダ珈琲店 Komeda's Coffee（**MAP** P.203-A2　WA 0813-3733-8068　営業 毎日 7:00 ～ 23:00）は名古屋発祥の喫茶チェーン店。コーヒー（Rp.3 万 9000）やシロノアール（Rp.4 万）。

■ コーヒーがおいしくて居心地もいい
クラム&コースター
Crumb & Coaster 　MAP P.204-A2

クタ裏路地のコーヒーショップ

住所 Jl. Benesari No.2E, Kuta
WA 0819-9959-6319　営業 毎日 7:30 〜 23:00
税&サ 込み　カード JMV　Wi-Fi OK

店の内外に緑の植物を配置した、雰囲気のい
いヘルシーカフェ。テラス席からはローカルな
風景も望め、落ち着いて過ごせる。ドリンクメニ
ューはフルーツや野菜を独自の組み合わせでミ
ックスしたフレッシュジュース
（Rp.4万5000〜）やスムー
ジー（Rp.4万9000）が評判。
エッグベネディクト（Rp.6万
5000）やハムチーズクロワッ
サン（Rp.8万5000）など料
理もおいしい。

■ アラビアンナイトの世界が待つ
シーシャ・カフェ
Shisha Cafe 　MAP P.203-B2

一風変わったバリの
異空間

住所 Jl. Sunset Road No.99, Kuta
TEL (0361)759-445　URL shisha.co.id
営業 毎日 10:00 〜 24:00（金・土〜翌 1:00）
税&サ 込み　カード AJMV　Wi-Fi OK

天井からアンティークなランプが下がり、民族衣
装姿のスタッフが出迎えてくれるエキゾチックな空
間演出が話題。水たばこのシ
ーシャ（Rp.15万〜）はフレー
バーも豊富。ラム肉ミートロー
フのコフタビル・サナイェー（Rp.
14万5000）やガーリックチキンのファロージ・メ
シュル（Rp.14万5000）などレバノン料理も美味。

■ ビーチクラブで南国気分を満喫
ボードウォーク
Boardwalk 　MAP P.204-C1

バリ・ガーデン・
リゾートの敷地内
にある

住所 Jl. Kartika Plaza, Kuta
TEL 0822-3643-2271 携帯
URL www.boardwalk-restaurant.com
営業 毎日 10:00 〜 22:00　税&サ +15%
カード AJMV　Wi-Fi OK

ビーチ沿いにフロントデッキ席やソファ席、
プールバー席など雰囲気の異なるスペースを
用意している。日中はビーチやプールでのん
びりし、黄昏
時はサンセッ
トを眺めて過
ごしてみたい。人気メニューは豪快に盛りつ
けられるラムシャンク（Rp.26万9000）やガー
リック・チリ・プロウン（Rp.13万9000）など。

ローカル料理が味わえる人気ワルン

クタ&レギャンには地元の人が利用する安くてお
いしい食堂（ワルン）がたくさんある。特に味わっ
てもらいたいのが国民食のナシチャンプル。ショー
ケース内の総菜を自分で選び、ご飯に盛りつけて
もらう料理で、一度にさまざまな味を楽しめる。

ナシチャンプルは総
菜5点でRp.4万〜

バクンサリ・ホテルの西隣にあ
る R ワルン・ニクマッ Warung
Nikmat（ MAP P.204-C2 TEL
0812-3834-7448 携帯　営業
毎日 8:00 〜 21:00）は節約派
の旅行者にも人気のスポット。選
ぶのに迷うくらい総菜が豊富で、
どれもおいしい。会計は値段の書いた札を渡してく
れる仕組みで、Rp.3万〜5万ほど。牛の尾の肉
を煮込んだスープ、ソト・ブントゥッ（Rp.3万
9000）も名物メニュー。

ガン・ポピーズ 2 から南側の裏路地に入った
R ワルン・インドネシア Warung Indonesia
（ MAP P.204-B2 TEL 0361-759-817 営業
24 時間オープン）も、ナシチャンプルのおいしい
ワルン。辛過ぎないけどしっかりローカルな味つけ
で、値段も Rp.2万〜 3万。ナシゴレン（Rp.2
万〜）やイカン・ゴレン（Rp.5万〜）などのインド
ネシア料理もローカルプライスで味わえる。

レギャンの東側にある R ワルン・コレガ Warung
Kolega（ MAP P.203-A2 TEL 0812-3622-
2272 携帯　営業 月〜土 9:00 〜 20:00）はワ
ルンの名店。ジャワ風の総菜から選んで自分好み
のナシチャンプルを味わえる（総菜4点で Rp.3万
〜）。デザートメニューも豊富。

R ワルン・リク・ナクラ Warung Liku
Nakula（ MAP P.203-A2 TEL 0851-0084-
2009 携帯　営業 毎日 8:00 〜 15:00）はロー
カルに愛される地元密着型のワルン。軟らかい鶏
肉を使ったアヤム・ベトゥトゥのナシチャンプル（Rp.1
万5000）。

 ハミダシ ローカルなレストランでは注文の際、メニューとともに紙とペンを渡されることがある。その場合は、注文する料理と個数、単価と合計金額を書き込んで、店員に渡すシステムとなっている。

ナイトスポット　Night Spot

　ナイトスポットはジャラン・レギャンとガン・ポピーズ2が交わる一角に集中している。この周辺は深夜でも旅行者が多いため、道路も渋滞している。

ビーチを眺めて1日のんびり過ごせる
アズール・ビーチクラブ
Azul Beach Club　MAP P.205-B1

住所 Jl. Padma No.2, Legian
TEL (0361) 765-759　URL www.azulbali.com
営業 毎日 7:00 ～ 23:00　税&サ +21%
カード AJMV　WiFi OK

　バリ・マンディラ・ビーチ(→P.215)内にあり、ビーチからも直接入れる開放的なグルメスポット。洗練されたバンブー建築は開放的で居心地がよく、特に夕日を望むことができる2 ～ 3階の円形ソファ席はリピーターの利用も多い。14時間じっくり煮込んだビーフショートリブ(Rp.31万5000)やグリルド・ジャンボ・プラ

上/オンザビーチの立地でロマンティックな時間を楽しめる　下/店いち押しのチキなどカクテルが豊富

ウン(Rp.25万)などの料理メニューが充実しており、オリジナルのカクテル(Rp.12万〜)などアルコール類も種類豊富だ。ルーフトッププールやジャクージでのんびり過ごすこともできる。

毎晩ラテンのノリで盛り上がる
クラブ・ハバナ
Club Havana　MAP P.204-C1

住所 Jl. Kartika Plaza, Kuta
WA 0877-6234-5789　営業 毎日 11:00 ～ 23:30
税&サ +15%　カード JMV　WiFi OK

　陽気なラテン音楽で盛り上がるレストラン&バー。エビやチキン、牛肉、豚肉の超ボリューミーな串焼きを味わえるジャイアント・スキュアー(Rp.35万)や、スペアリブ&チョリソ

水・土曜のサルサタイムに訪れたい

ーなどを豪快に盛り合わせたミックス・グリル・プラッター(Rp.27万5000)が名物メニュー。キューバ・リブレやフローズン・ストロベリー・ダイキリなどカクテル(各Rp.15万)も種類豊富だ。

クタで一番おいしい酒と料理が楽しめる
ロメオス
Romeos　MAP P.205-A1

住所 Jl. Padma Utara, Legian　TEL (0361) 755-225
営業 毎日 7:00 ～ 24:00 (木・金・土〜翌2:00)
税&サ +17.5%　カード MV　WiFi OK

　Hオソッテル・レギャンに併設されたクールなレストランバー。オリジナルカクテルのメイプル・ベーコン・マンハッタン(Rp.13万5000)は、カリカリベーコンとバーボンの絶

華麗なボトルアクションも店の名物となっている

妙なハーモニーに驚愕するはずだ。火～土曜には趣向の変わったライブで大いに盛り上がる(ダンスもOK)。ポークベリー(Rp.16万5000)などグリル料理もおすすめだ。

バリの若者たちに圧倒的な人気
ボシェ
Boshe　MAP P.203-C2

住所 Jl. By Pass Ngurah Rai No.89X, Kuta
TEL (0361) 754-461
営業 毎日 22:00 ～翌3:00 (土〜翌4:00)
税&サ +21%　カード AJMV　WiFi OK

　バリ有数の熱いクラブとして有名。コンサートホール並みの巨大なクラブスペースはいつも活気がいっぱい。夜が更けるにつれて、バイパス沿いにあるボシェへ向かう車で道路

観光客には知られていない人気クラブ

が混雑するほどの人気ぶりだ。別棟にはソファ席でくつろぎながら飲めるVIPラウンジやカラオケルームもあり、ライトミールも取れるのでオールでたっぷり遊ぶのにも困らない。アルコールメニューはRp.7万5000 ～。

ハミダシ　ナイトスポットで酔ったロコに誘われたときに、曖昧な態度は絶対に禁物。笑顔ではぐらかしているとOKだと思われ、あとでトラブルに発展する恐れもある。きっぱりとした対応が大切だ。

ホテル　Hotel

　クタ＆レギャンには大型ホテルから格安宿まで、さまざまな予算に対応する施設が並ぶ。エリアごとに特色があり、大型〜中級のホテルが並ぶのがレギャン地区とクタ南部のジャラン・カルティカ・プラザ沿い。安い宿を探すのならまずはクタの中心部へ。特にガン・ポピーズ Ⅰ＆Ⅱとジャラン・バクンサリ周辺に、ゲストハウスが密集している。

ジャラン・カルティカ・プラザ周辺

南国の雰囲気を満喫できるホテル
ディスカバリー・カルティカ・プラザ
Discovery Kartika Plaza　**MAP P.203-C1**
住所 Jl. Kartika Plaza, Tuban
TEL (0361) 200-1300　WA 0811-3960-3960
URL www.discoverykartikaplaza.com
税&サ 込み　カード AJMV　Wi-Fi OK
料金 AC Mini TV ガーデンビューSD Rp.131万〜
AC Mini TV プールビューSD Rp.151万〜
AC Mini TV オーシャンフロントSD Rp378万〜

広々としたメインプールが評判

　ヤシの木が豊かに生い茂った広大な敷地をもつ全318室の大型ホテル。スイートやヴィラなどルームタイプが多彩。フィットネスセンター、キッズクラブ、ショップ、クリニックなども完備し、日替わりのプログラムやワークショップも開催されている。POOL レストラン 朝食

空港にもビーチにも近い
アストン・クタ
Aston Kuta　**MAP P.203-C1**
住所 Jl. Wana Segara No.2, Kuta
TEL (0361) 754-999
URL www.astonhotelsinternational.com
税&サ 込み　カード AMV　Wi-Fi OK
料金 AC Mini TV スーペリアSD Rp.77万〜
AC Mini TV デラックスSD Rp.105万〜
AC Mini TV ファミリー Rp.161万〜

シンプル&機能的なベッドルーム

　空港から車で5分の立地にある全209室のホテル&レジデンス。客室棟に囲まれた大きなプール、各国料理を楽しめるレストランなど施設も充実している。カップルからグループまで幅広いニーズに対応するホテルだ。POOL レストラン 朝食

クタで遊びまくりたい人におすすめ
フェイブホテル・クタ・カルティカ・プラザ
Favehotel Kuta Kartika Plaza　**MAP P.203-C1**
住所 Jl. Kartika Plaza No. 45X, Kuta
TEL (0361) 472-7799
URL www.favehotels.com
税&サ 込み　カード AJMV　Wi-Fi OK
料金 AC Mini TV スーペリアSD Rp.46万〜

ベッドルームはポップな内装

　ディスカバリーモールへ徒歩3分。クタ・ビーチも徒歩圏にある全108室のホテル。スタンダードルームは機能的な造りで、21m²と料金のわりに快適なサイズ。コネクティングルームも多いので、家族やグループでも利用しやすい。屋上階にはレストランやプールがあり、敷地の西側には海の景観も広がっている。POOL レストラン 朝食

サーファーにもひとり旅にもおすすめ
クプクプ 39
Kupu Kupu 39　**MAP P.203-C1**
住所 Jl. Wana Segara, Gg. Handayani No.11, Kuta
TEL 0812-3732-8051 携帯
税&サ 込み　カード カード不可　Wi-Fi OK
料金 AC Mini TV エアコンルームSD Rp.30万

　ビーチまで歩いて5分、空港まで車で15分と便利な立地にある全8室のゲストハウス。大通りから30mほど小道に入るのでバイクや車の音が聞こえず、風通しもよくて快適。サーフボードやスーツが洗える共同スペースもあり、冷蔵庫、キッチン、洗濯機、ドライヤーなどが自由に使用できる。POOL レストラン 朝食

ハミダシ Hアラヤ・デダウン Alaya Dedaun MAP P.204-A2　TEL 0361-756-276　URL www.alayahotels.com/alayadedaunkuta）はクタ中心部にある全12棟の隠れ家ヴィラ。全室にプールを完備。SD Rp.292万〜。

バリ島

クタ&レギャン

レギャン地区

ファミリー滞在でも人気が高い
パドマ・リゾート・レギャン

♥ Padma Resort Legian　**MAP P.205-B1**
住所 Jl. Padma No.1, Legian
TEL (0361)752-111
URL padmaresortlegian.com　税&サ 込み
カード A J M V　Wi-Fi OK
料金 AC Mini TV デラックスⓈⒹ Rp.325万〜
AC Mini TV デラックスシャーレⓈⒹ Rp.414万〜
AC Mini TV ジュニアスイートⓈⒹ Rp.563万〜
AC Mini TV ファミリー Rp.899万〜

ジャラン・パドマの西端にある全432室の

南国気分を満喫できる大型ホテル

高級ホテル。大きなプール、伝統舞踊のディナーショー（満月と新月の夜）が楽しめるレストラン、豪華なスパ施設など、魅力が盛りだくさん。客室は2階建てのシャレータイプが人気。POOL レストラン 朝食

海やプールでたっぷり遊ぼう
バリ・マンディラ・ビーチ

♥ Bali Mandira Beach　**MAP P.205-B1**
住所 Jl. Padma No.2, Legian
TEL (0361)751-381　WA 0811-3991-0777
URL www.balimandira.com　税&サ 込み
カード A J M V　Wi-Fi OK
料金 AC Mini TV スーペリアルームⓈⒹ Rp.175万〜
AC Mini TV デラックスコテージⓈⒹ Rp.295万〜
AC Mini TV マンディラクラブスイート Rp.385万〜

ビーチまで徒歩1分の好立地に建つ、全189室のリゾート。熱帯植物が茂るガーデンや

マンディラクラブスイートの室内

伝統的なバリのオブジェなど、施設内はエキゾチックな雰囲気たっぷり。3〜4階建てのメインビルディングにあるスーペリアルームも34m²とゆったりしている。ウオータースライダー付きのメインプールや大人専用のインフィニティプールなど施設も充実している。POOL レストラン 朝食

暮らす感じで滞在できるホテル
バリ・コート

♥ Bali Court　**MAP P.205-A1**
住所 Jl. Werkudara No.14, Legian
TEL (0361)750-242　WA 0818-560-328
URL balicourthotel.com　税&サ +21%
カード J M V　Wi-Fi OK
料金 AC Mini TV スーペリアⓈⒹ Rp.43万〜
AC Mini TV デラックスⓈⒹ Rp.50万〜
AC Mini TV 2ベッドルーム Rp.200万〜

ジャラン・ウェルクダラの中ほどに建つ全19室のプチホテル。プールを囲むように建てられ

広々としたアパートメントタイプがおすすめ

た客室は、宿泊を重ねるほどに落ち着けるような趣で、長期滞在にぴったり。スーペリア（2階）やデラックス（1階）はコンパクトにまとまっているが、やや手狭な感じ。2ベッドルームのアパートメントは、広々としたリビングやキッチンを完備している。POOL レストラン 朝食

緑の敷地にバンガローが並ぶ
スリーブラザーズ・バンガローズ

♥ Three Brothers Bungalows　**MAP P.205-B2**
住所 Legian Tengah, Legian　(0361)757-224
URL threebrothersbungalows.com
税&サ 込み　カード J M V　Wi-Fi OK
料金 AC Mini TV スタンダードⓈⒹ Rp.70万〜
AC Mini TV デラックスⓈⒹ Rp.85万〜
AC Mini TV 1ベッドルームヴィラ Rp.162万〜

敷地には南国の木々が生い茂る全90室のバンガロー。部屋は2階建てやバルコニー付きなど、細かくカテゴリが分かれている。
POOL レストラン 朝食

緑豊かな人気ホテル

設備の整ったお手頃ホテル
スイスベルイン・レギャン

♥ Swiss-Belinn Legian　**MAP P.205-A1**
住所 Jl. Padma Utara, Legian　TEL (0361)760-300
URL www.swiss-belhotel.com　税&サ 込み
カード A J M V　Wi-Fi OK
料金 AC Mini TV スーペリアⓈⒹ Rp.42万〜
AC Mini TV デラックスⓈⒹ Rp.49万〜
AC Mini TV ジュニアスイート Rp.120万〜

レギャン・ビーチまで徒歩5分ほどの便利な中級ホテル。全123室はモダンで洗練された雰囲気で、客室もコンパクトながら使い勝手のいいレイアウトだ。
POOL レストラン 朝食

機能的なデラックスの室内

ハミダシ　Hローカル・バリ・ホステル Lokal Bali Hostel（MAP P.203-C1　TEL 0361-475-3707 URL lokalbali.com）は空港から車で5分のB&B。朝食付きでドミトリー Rp.22万〜。

ビーチ前に登場した大型ホテル
シェラトン・バリ・クタ・リゾート
Sheraton Bali Kuta Resort　**MAP P.204-B1**

住所 Jl. Pantai Kuta, Kuta
TEL (0361) 846-5555　FAX (0361) 846-5577
日本予約 FD 0120-925-659
URL www.sheratonbalikuta.com　税&サ 込み
カード AD J M V　Wi-Fi OK
料金 AC Mini TV デラックスルームⓈⒹ Rp.235万〜
　　 AC Mini TV オーシャンビューⓈⒹ Rp.295万〜
　　 AC Mini TV オーシャンフロントⓈⒹ Rp.385万〜

寝心地のよいシェラトンスイートスリーパーベッドを採用

クタ・ビーチを眼前に望み、話題のショッピングモール「ビーチウオーク・バリ」に直結している。ショッピングにも食事にもとても便利なロケーション。203室のゲストルームはインド洋をテーマにしたモダンで明るいインテリア。高速Wi-FiやiPod接続できるマルチメディアシステムなど、最先端の室内設備もうれしい。
POOL レストラン 朝食

クタ・ビーチのランドマーク
ハードロック・ホテル・バリ
Hard Rock Hotel Bali　**MAP P.204-B1**

住所 Jl. Pantai Kuta, Kuta　TEL (0361) 761-869
URL www.hardrockhotels.com/bali
税&サ +21%　カード M V　Wi-Fi OK
料金 AC Mini TV デラックスⓈⒹ Rp.190万〜
　　 AC Mini TV プレミアムⓈⒹ Rp.220万〜
　　 AC Mini TV ロフトⓈⒹ Rp.352万〜

プールもクタ最大級のスケール

クタ・ビーチに面した全418室のアミューズメントホテル。ハードロック・カフェやウオータースライダーも備えたメインプールなど施設が充実している。館内ラジオ局や音楽スタジオ(自分たちの演奏をCDにできる)など、ユニークな施設もハードロック・ホテルならではだ。POOL レストラン 朝食

手頃な料金でリゾート気分を満喫
フォーポイント・バイ・シェラトン・クタ
Four Points by Sheraton Kuta　**MAP P.204-A1**

住所 Jl. Benesari, Kuta　TEL (0361) 849-6606
URL fourpointsbalikuta.com
税&サ +21%　カード A J M V　Wi-Fi OK
料金 AC Mini TV プールビューⓈⒹ Rp.97万〜
　　 AC Mini TV ラグーンアクセスⓈⒹ Rp.157万〜

ビーチへも徒歩5分ほどのロケーション

クタ中心部のショッピングエリアに建つ、全185室のカジュアルリゾート。デラックスカテゴリの客室はすべて28m²とコンパクトだが、使い勝手のいい機能的なレイアウト。朝食ビュッフェはまるで朝市のように演出され、取れたての新鮮な食材を味わえる。4つのレストランと3つのプールも完備。POOL レストラン 朝食

便利な立地と施設の充実がうれしい
ラーマヤナ
Ramayana　**MAP P.204-C1**

住所 Jl. Bakungsari, Kuta　TEL (0361) 751-864
URL www.ramayanahotel.com
税&サ +21%　カード J M V　Wi-Fi OK
料金 AC Mini TV デラックスⓈⒹ US$80〜
　　 AC Mini TV リゾートルームⓈⒹ US$101〜

1階部分にショップやレストランが密集したⓈ クタ・サイドウオークを有する全188室の大型ホテル。プールを囲む緑の多い敷地で落ち着ける。
POOL レストラン 朝食

都会のオアシスといった雰囲気

ホテルスタッフの対応にも定評がある
マサ・イン
Masa Inn　**MAP P.204-B2**

住所 Gg. Poppies I/27, Kuta
TEL (0361) 758-507　URL www.masainn.com
税&サ 込み　カード M V　Wi-Fi OK
料金 AC Mini TV スタンダードⓈⒹ Rp.45万〜
　　 AC Mini TV デラックスⓈⒹ Rp.57万〜

広々とした敷地に南国の花々が咲き誇る全89室のホテル。シングル利用の場合はRp.20万ほど割安になる。
POOL レストラン 朝食

満室のことも多いので予約は早めに

ハミダシ Ｈダハウステル・クタ Da'Housetel Kuta (MAP P.203-B2　TEL 0838-3473-3403 携帯)はサンセット・ロード近くにあるバックパッカー宿。ドミトリー Rp.10万〜、個室はRp.27万5000。

ダウンタウンの便利な立地
ハーパー・クタ
Harper Kuta [MAP] P.204-B2

住所 Jl. Legian No.73, Kuta
TEL (0361) 846-9869
URL www.harperhotels.com　税&サ 込み
カード [J][M][V] [Wi-Fi] OK
料金 [AC][Mini][TV] スーペリアⓈⒹ Rp.57 万～
[AC][Mini][TV] デラックスⓈⒹ Rp.72 万～
[AC][Mini][TV] ファミリースイート Rp.105 万～

広々としたデラックスの室内

ショッピングや夜遊びにも便利な全 149 室のホテル。モダンなインテリアの客室は機能的で、特にデラックスは 32 m² のゆったりサイズでおすすめ。[POOL][レストラン][朝食]

クタ・ビーチの夕日を満喫
ウィンダム・ガーデン・クタ
Wyndham Garden Kuta [MAP] P.204-A1

住所 Jl. Pantai Kuta No.99 X, Legian
TEL (0361) 755-755
URL www.wyndhamgardenkutabali.com
税&サ +21%　カード [A][M][V] [Wi-Fi] OK
料金 [AC][Mini][TV] デラックスⓈⒹ Rp.76 万～
[AC][Mini][TV] エグゼクティブⓈⒹ Rp.113 万～

ビーチとクタの繁華街を楽しめる立地

目の前にビーチが広がり、朝夕の散歩も楽しい中級ホテル。客室はボトムカテゴリのデラックスでも 27m² と快適。周辺にはナイトクラブがあり深夜までダンスミュージックが鳴り響く。[POOL][レストラン][朝食]

ビーチまで徒歩 3 分の立地
バリ・サンディ・リゾート
Bali Sandy Resort [MAP] P.204-B1

住所 Jl. Pantai Kuta, Poppies Lanell, Kuta
TEL (0361) 755-601
税&サ 込み　カード 不可 [Wi-Fi] OK
料金 [AC][Mini][TV] スーペリアⓈⒹ Rp.33 万～
[AC][Mini][TV] デラックスⓈⒹ Rp.36 万～

広々としたプールを完備している

ガン・ポピーズⅡから東の路地へ。奥まった場所にあるエコノミーホテルで、長期滞在のサーファーにも利用されている。部屋のサイズはスーペリアと同じだが、冷蔵庫や室内金庫が付くデラックスの利用がおすすめ。敷地内にクタならではの古きよきバリ島の風情が漂っている。[POOL][レストラン][朝食]

短期滞在でクタを楽しむなら
POP! ホテル・クタ・ビーチ
POP! Hotel Kuta Beach [MAP] P.204-A1

住所 Jl. Kubu Bene, Legian
TEL (0361) 846-5656
URL www.discoverasr.com/en/pop-hotels
税&サ 込み　カード [M][V] [Wi-Fi] OK
料金 [AC][Mini][TV] ポップルームⓈⒹ Rp.33 万～

ビーチやショッピングモールが徒歩圏にある便利なロケーション。客室は 16m² でシャワールームも手狭だが値段を考慮すれば妥当なところ。[POOL][レストラン][朝食]

ビーチに近い人気ホテル
バリ・バンガロー
Bali Bungalo [MAP] P.204-A1

住所 Jl. Pantai Kuta, Kuta
TEL (0361) 761-447
税&サ 込み　カード [M][V] [Wi-Fi] OK
料金 [AC][Mini][TV] スタンダードⓈⒹ Rp.55 万～
[AC][Mini][TV] スーペリアⓈⒹ Rp.80 万～

ビーチ沿いのジャラン・パンタイ・クタから 80 mほど路地を東へ。サーフポイントのハーフウエイの近くにあり、日本人サーファーの利用も多い。全 44 室。[POOL][レストラン][朝食]

人気の高い快適で清潔なホテル
ファイブ・ワン・コテージ
Five One Cottages [MAP] P.204-B2

住所 Gg. Poppies I, Kuta　TEL (0361) 754-944
URL 51cottages.tumblr.com
税&サ 込み　カード 不可 [Wi-Fi] OK
料金 [AC][Mini][TV] Ⓢ Rp.20 万、Ⓓ Rp.25 万

ガン・ポピーズⅠから少し北の路地にある全 11 室のホテル。部屋にはエアコン、ミニバー付きで、バスタブにはふんだんにお湯が張れる。小さいながらプール付き。[POOL][レストラン][朝食]

昔ながらの家庭的なゲストハウス
ポンドク・クリシュナ・ポピーズ
Pondok Krishna Poppies [MAP] P.204-B2

住所 Gg. Poppies II, Gg Dewi No. 3, Kuta
TEL (0361) 750-648
税&サ 込み　カード不可 [Wi-Fi] OK
料金 [AC][Mini][TV] スタンダードⓈⒹ Rp.25 万～

クタ中心部にある全 6 室の宿。部屋は清潔でモダンな雰囲気(客室サイズは 15m² ですべてダブルベッドのみ)。中庭には家の寺を望めるテラスもある。[POOL][レストラン][朝食]

ハミダシ　安宿が集中するガン・ポピーズ地区は、バイクによる引ったくりが多いので注意しよう。また、空港タクシーで移動すると「道が細くて入れない」と路地の手前での降車を求められる場合もある。

レストランもショップも洗練された流行エリア

スミニャック&クロボカン
Seminyak & Kerobokan

デンパサール
スミニャック&★
クロボカン

高　度	10m未満
市外局番	0361

スミニャックへのアクセス

空港からエアポートタクシーで
スミニャック&クロボカン地区まで
30〜40分（Rp.21万〜25万）、
スミニャックから空港へはメーター
タクシーでRp.12万ほど。

タクシー
◆クタから
15〜30分、Rp.7万〜
◆ジンバランから
40〜50分、Rp.15万〜
◆ヌサドゥアから
50〜60分、Rp.16万〜
◆サヌールから
40〜50分、Rp.18万

配車サービスの利用状況

GrabやGojekなどの配車サー
ビス（→P.478）が利用できる。
スミニャック&クロボカンからは
空港への移動にも便利。

ルーフトップバーやリゾートが並ぶバリの流行発信エリア

　人気のヴィラリゾートが多く、北部へ延びるクロボカン
地区とともに、リピーターの注目を集めているスミニャッ
ク。クタの喧騒と異なり、のどかな村の景観に包まれて、
のんびりと時間を過ごすバカンス。あくせく観光せずに、
ひたすら自由な時間を楽しむリゾートスタイルに、このエ
リアはぴったりだ。プールサイドでのんびりと読書をし、
オシャレなショップが並ぶエリアを散策。日が傾いたら静
かなビーチでインド洋に落ちていく夕日を眺め、ロマンテ
ィックなレストランで人気のバリフュージョン料理を満喫
する……。そしてスミニャックのもうひとつの顔は、ナイ
トライフ。スミニャック中心部にはスタイリッシュなナイ
トクラブが多く、毎晩のように若者が繰り出してくる。

ハミダシ　Ⓢスミニャック・スクエアSeminyak Square（MAP P.222-C2　TEL 0361-732-106　営業 毎日
10:00〜22:00）はブティックやカフェが入ったショッピングモール。中庭に露店も出ている。

歩き方

ジャラン・ラヤ・スミニャック Jl. Raya Seminyak と、その北へ延びる**ジャラン・ラヤ・バサンカサ** Jl. Raya Basangkasa が、このエリアのメインストリートだ。通り沿いに自然雑貨やインテリアショップが並ぶショッピングエリアとなっている。さらに北へ進んで行くと通りは**ジャラン・ラヤ・クロボカン** Jl. Raya Kerobokan と名称が変わり、周囲には大型家具の工房が目立ち始める。

グルメスポットが並んでいる**ジャラン・カユ・アヤ** Jl. Kayu Aya（タクシー運転手には通称である**ジャラン・オベロイ** Jl.Oberoi のほうが通じる）は、スミニャックとクロボカンを区切るように東西へ延びている。さらにビーチに沿っては、バリ島を代表するリゾートホテルや、夕日観賞スポットとしても有名なレストランが点在しているので、浜辺を散歩してみよう。インド洋を望むビーチは波が高くて水泳には向いていないが、心地よい浜風を肌で感じながら、マジカルサンセットを堪能できる。

注目のスミニャック地区はどんどんショップやレストランが増加中。特に**ジャラン・サンセット・ロード** Jl. Sunset Road や**ジャラン・クンティ** Jl. Kunti など東側エリアには、注目スポットが続々と登場している。

ビーチ沿いにはオープンカフェが点在している

両替事情

ジャラン・クンティやジャラン・プティトゥンゲッなどに、レートのいい両替所がある。ATM はほとんどのコンビニに設置あり。

スキミング被害も多いので ATM の利用は日中がおすすめ

家族で楽しめるプールクラブ

Ⓡ ミセス・シッピーはオアシスのような話題のスポット。食事やドリンクをプールサイドで楽しみ、クッションでのんびり過ごせる。入場料は 1 名 Rp.10 万。デイベッド利用は Rp.60 万以上の飲食がミニマムペイメントとなる（1〜4名）。

Ⓡ **ミセス・シッピー Mrs Sippy**
MAP P.222-B1
WA 0821-4500-1007
URL www.mrssippybali.com
営業 毎日 10:00 〜 21:00

巨大なラグーンプールで過ごせる

Information

陽気に夜を楽しむナイトスポット

Ⓝ **バリジョー Bali Joe**（MAP P.221-B3 URL www.balijoebar.com 営業 毎日19:00〜翌3:00)は人気のゲイバー。ショーが始まる22:30頃から旅行者や在住者が集まり、夜更しエリア内でもひときわ盛り上がっている。ドラグクイーンショーなどイベント盛りだくさんで、日本人女性にもファンが多い。

陽気なショーが評判のバリジョー

各種カクテル（Rp.10万〜）やハイネケンビール(Rp.6万〜)などドリンクメニューも豊富。

Ⓝ **ジ・オーチャード The Orchard**（MAP P.221-B4 URL www.theorchardbali.com 営業 毎日11:00〜24:00)は各国のドラフトビール（小グラスRp.4万〜)を提供するパブ風レストラン。毎晩20:00頃からはロックやアコースティックのライブ演奏も楽しめる。

ライブで盛り上がるジ・オーチャード

Ⓝ **レッドカーペットRed Carpet**（MAP P.223-C3 URL red carpetchampagnebar. com 営業 毎日12:00〜翌1:00)は開放的なバーラウンジ。ワイン（グラスでRp.9万9000〜)やシャンパン（グラスでRp.22万〜)を気軽に楽しめる。毎晩17:00からアコースティックライブ、19:00からはバンド演奏あり。

女性スタッフのセクシーなコスチュームも評判

ハミダシ　バリのショップでもセールがあり、クリスマスシーズンなどには 40% 以上安くなることもある。期間中はウインドーや入口に「SALE」あるいは「OBRAL」と書いてあるのでわかりやすい。

219

ジュリア・スパ
Julia Spa

ザ・クラブ・ヴィラス
The Club Villas

アノーキス
Aanoukis

カサブランカ Casa Blanca

ザ・スミニッヤク
The Seminyak

C151 スマートヴィラス
C151 Smart Villas

Pura Dalem Kayu Aya

ガン・カヒャンガン Gg. Kahyangan
How I Met Co...

Setra Kayu Aya

カユ・アヤスクエア
Kayu Aya Square

Saudara Villas One & Two

ザ・クンピ・ヴィラス
The Kumpi Villas

ザ・ジャス・ヴィラス
The Jas Villas

A

クーデター
Ku de ta

▶P.230

ナディアリッ・ホームステイ
Nadialit Homestay

チャンドラ・バリ・ヴィラス
Chandra Bali Villas

オベロイ・バリ
Oberoi Bali

クンバリ・ヴィラ
Kembali Villas

ジ・エリシアン
The Elysian

Happy Together by Villa Kresna

ナリナ Nalina

ハリス・ホテル・スミニャック
Harris Hotel Seminyak

デスティニー
Destiny

ヴィラ・アスリ・バリ Villa Asri Bali

ワコー
Wacko

サリナンデ
Sarinande

▶P.229

クレスナ・バイ・ザ・シー
Kresna By The Sea

ル・シャルダン・ヴィラス
Le Jardin Villas

バリ・
アグン・ヴィレッジ
Bali Agung Village

静龍
The Spiryu

ノク・ビーチハウス
Noku Beach House

グラシア・バリ・ヴィラ
Gracia Bali Villas

コートヤード・バイ・
マリオット
Courtyard by Mario...

ザ・ロイヤル・ビーチ・スミニャック
The Royal Beach Seminyak

チュンダナ
Cendana

グランマス・プラス
Grandmas Plus

B

ムーンライト・キッチン
Moonlite Kitchen

ブリーズィズ・リゾート
Breezes Resort

アナンタラ・スミニャック
Anantara Seminyak

ジャラン・チャンプルン・タンドゥク

ドゥア・シシ
Dua Sisi

アルテミス・
ヴィラ&ホテル
Artemis
Villa & Hote...

シェ・ガドガド
Chez Gado Gado

▶P.226

プリ・チュンダナ
Puri Cendana

▶P.230

Taris Bali

ディアナプラサントミカエル教会

Raja Gardens

Puri Panca Ja...

Juice Park

Pelangi

ラ・ブランチャ
La Plancha

Mesari Beach Inn

▶P.228

Puri Saron Seminyak

インディゴ・スミニャック・ビー
Indigo Seminyak Beach

The Champlung

シュガーサンド
SugarSand

▶P.229

ルーフトップ・サンセットバー
Rooftop Sunset Bar

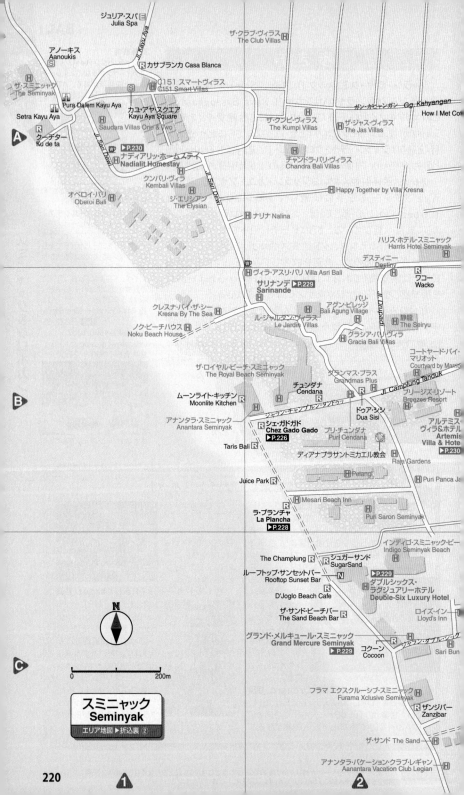

ダブルシックス・
ラグジュアリーホテル
Double-Six Luxury Hotel

D'Joglo Beach Cafe

ロイズ・イン
Lloyd's Inn

ザ・サンド・ビーチバー
The Sand Beach Bar

グランド・メルキュール・スミニャック
Grand Mercure Seminyak

コクーン
Cocoon

Sari Bun

▶P.229

C

フラマ エクスクルーシブ・スミニャック
Furama Xclusive Seminyak

ザンジバー
Zanzibar

N

0   200m

ザ・サンド The Sand

スミニャック
Seminyak

エリア地図 ▶折込裏 ②

アナンタラ・バケーション・クラブ・レギャン
Aanantara Vacation Club Legian

①   **②**

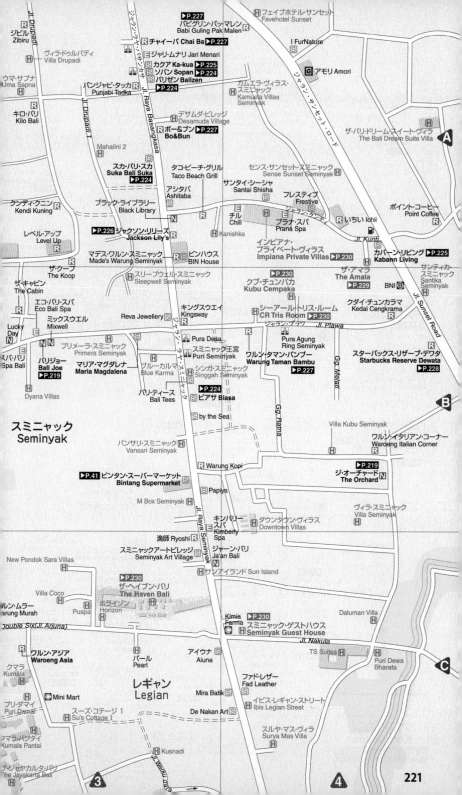

ジビル Zibiru
ヴィラ・ドゥルパディ Villa Drupadi
ウマ・サプナ Uma Sapna
キロ・バリ Kilo Bali
クンディ・クニン Kendi Kuning
レベル・アップ Level Up
ザ・クープ The Koop
ザ・キャビン The Cabin
エコ・バリ・スパ Eco Bali Spa
ラッキー・デイ Lucky Day
ミックスウエル Mixwell
スパ・バリ Spa Bali
バリジョー Bali Joe ▶P.219
ダイアナ・ヴィラ Dyana Villas
マリア・マグダレナ Maria Magdalena
プリメーラ・スミニャック Primera Seminyak

Mahalini 2

パビグリン・バッ・マレン Babi Guling Pak Malen ▶P.227
チャイ・バ Chai Ba ▶P.227
ジャリ・ムナリ Jari Menari
カクア Ka-kua ▶P.225
ソパン Sopan ▶P.224
バリゼン Balizen ▶P.224
パンジャビ・タッカ Punjabi Tadka ▶P.224
デサムダ・ビレッジ Desamuda Village
ボー＆ブン Bo&Bun ▶P.227
スカ・バリ・スカ Suka Bali Suka ▶P.224
タコ・ビーチ・グリル Taco Beach Grill
アシタバ Ashitaba
ブラック・ライブラリー Black Library
ジャクソン・リリーズ ▶P.226 Jackson Lily's
マデス・ワルン・スミニャック Made's Warung Seminyak
ビンハウス BIN House
スリープウェル・スミニャック Sleepwell Seminyak
レバ・ジュエリー Reva Jewellery
キングスウエイ Kingsway
プラ・デサ Pura Desa
スミニャック王宮 Puri Seminyak
ブルー・カルマ Blue Karma
シンガ・スミニャック Singgah Seminyak ▶P.224
バリ・ティース Bali Tees
ビアサ Biasa
by the Sea
バンサリ・スミニャック Vansari Seminyak
Warung Kopi
ビンタン・スーパーマーケット ▶P.41 Bintang Supermarket
Papiya
M Box Seminyak
キンバリー・スパ Kimberly Spa
漁師 Ryoshi
スミニャックアートビレッジ Seminyak Art Village
ジャーン・バリ Ja'an Bali
サンアイランド Sun Island

New Pondok Sara Villas
Villa Coco
ワルン・ムラー Warung Murah
プスパ Puspa
Double Six (Jl. Arjuna)
ザ・ヘイブン・バリ ▶P.230 The Haven Bali
ホライゾン Horizon
ワルン・アジア Waroeng Asia
クマラ Kumala
Mini Mart
プリ・ダマイ Puri Damar
スーズ・コテージ 1 Su's Cottage 1
バール Pearl
ミラ・バティック Mira Batik
De Nakan Art
クマラ・バンタイ Kumala Pantai
ザ・ジャヤカルタ・バリ The Jayakarta Bali
Kusnadi

レギャン Legian
アイウナ Aiuna
ファド・レザー Fad Leather
イビス・レギャン・ストリート Ibis Legian Street
スルヤ・マス・ヴィラ Surya Mas Villa

スミニャック Seminyak

フェイブホテル・サンセット Favehotel Sunset
I FurNature
アモリ Amori
ザ・バリ・ドリーム・スイート・ヴィラ The Bali Dream Suite Villa
カムエラ・ヴィラス・スミニャック Kamuela Villas Seminyak
センス・サンセット・スミニャック Sense Sunset Seminyak
サンタイ・シーシャ Santai Shisha
フレスティブ Frestive
チル Chill
カニシュカ Kanishka
プラナ・スパ Prana Spa
いちい Ichii
ポイント・コーヒー Point Coffee
インピアナ・プライベート・ヴィラス Impiana Private Villas ▶P.230
カバーン・リビング Kabann Living ▶P.225
クブ・チュンパカ Kubu Cempaka ▶P.230
ザ・アマラ The Amala ▶P.229
サンティカ・スミニャック Santika Seminyak
BNI
シーアールトリス・ルーム CR Tris Room ▶P.230
クダイ・チュンカラマ Kedai Cengkrama
プラ・アグン・リング・スミニャック Pura Agung Ring Seminyak
ワルン・タマン・バンブー Warung Taman Bambu ▶P.227
スターバックス・リザーブ・デワタ Starbucks Reserve Dewata ▶P.228
Villa Kubu Seminyak
ワルン・イタリアン・コーナー Wardeng Italian Corner
ジ・オーチャード The Orchard ▶P.219
Villa Seminyak
ダウンタウン・ヴィラス Downtown Villas
Daluman Villa
キミア・ファルマ Kimia Farma ▶P.230
スミニャック・ゲストハウス Seminyak Guest House
TS Suites
プリ・デワ・バラタ Puri Dewa Bharata

Jl. Drupadi
Jl. Drupadi
Jl. Raya Basangkasa
Jl. Raya Seminyak
Jl. Kunti
Jl. Sunset Road
Jl. Plawa
Gg. Melati
Gg. Ratna
Jl. Nakula
Jl. Werku Baru

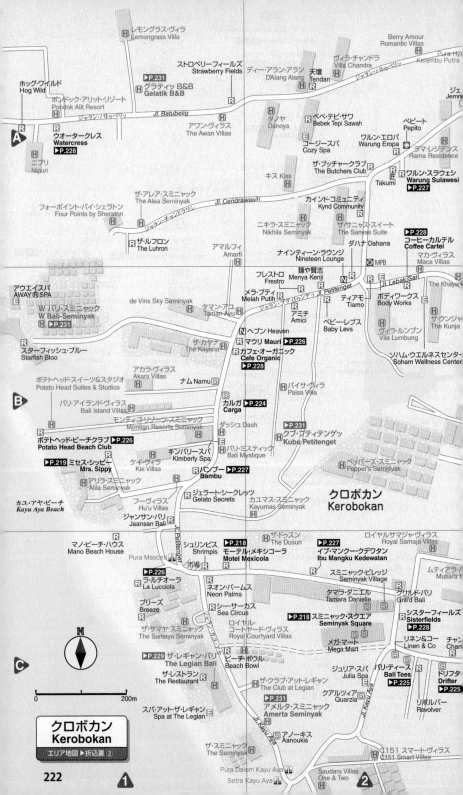

レモングラス・ヴィラ
Lemongrass Villa

ベリー・アモール
Berry Amour
Romantic Villas

Pura Hyi
Kelambu Putra

ストロベリーフィールズ
Strawberry Fields

ディー・アラン・アラン
D'Alang Alang

天壇
Tendan

ヴィラ・チャンドラ
Villa Chandra

ジェ
Jemni

ホッグ・ワイルド
Hog Wild

グティッ B&B
Gelatik B&B ▶P.231

ポンドック・アリット・リゾート
Pontok Alit Resort

ジャラン・バトゥベリッ

アワン・ヴィラス
The Awan Villas

ダノヤ
Danoya

ベベ・テピ・サワ
Bebek Tepi Sawah

ペピート
Pepito

ウォータークレス
Watercress ▶P.228

Jl. Batubelig

コージースパ
Cozy Spa

ワルン・エロパ
Warung Eropa

ラマ・レジデンス
Rama Residence

ニプリ
Nipuri

ザ・ブッチャークラブ
The Butchers Club

タクミ
Takumi

ワルン・スラウェシ
Warung Sulawesi ▶P.227

キス Kiss

ザ・アレア・スミニャック
The Alea Seminyak

Jl. Cendrawasih

カインド・コミュニティ
Kynd Community

フォーポイント・バイ・シェラトン
Four Points by Sheraton

ジャラン・チェンドラワシ

ニキラ・スミニャック
Nikhila Seminyak

ザ・サンヤス・スイート
The Sanyas Suite

ザ・ルフロン
The Luhron

ダハナ Dahana

コーヒーカルテル
Coffee Cartel ▶P.228

アマルフィ
Amarfi

ナインティーン・ラウンジ
Nineteen Lounge

マカ・ヴィラス
Maca Villas

麺や賢志
Menya Kenji

MPB

Jl. Lebak Sari

ザ・カヤン
The Khayan

フレストロ
Frestro

Petitenget

アウェイスパ
AWAY ® SPA

メラ・プティ
Melah Putih

ティアモ
Tiamo

ボディワークス
Body Works

de Vins Sky Seminyak

タマン・アユ
Taman-Ayu

W バリ・スミニャック
W Bali-Seminyak ▶P.231

アミチ
Amici

ベビー・レブス
Baby Levs

ヴィラ・ルンブン
Vila Lumbung

ザ・クンジャ
The Kunja

ヘブン Heaven

スターフィッシュ・ブルー
Starfish Bloo

マウリ Mauri ▶P.226

ザ・カヤナ
The Kayana

カフェ・オーガニック
Cafe Organic ▶P.228

ソハム・ウエルネスセンター
Soham Wellness Center

アカラ・ヴィラス
Akara Villas

ポテトヘッド・スイーツ&スタジオ
Potato Head Suites & Studios

ナム Namu

バリ・アイランド・ヴィラス
Bali Island Villas

カルガ
Carga ▶P.224

パイサ・ヴィラ
Paisa Villa

モンティゴ・リゾーツ・スミニャック
Montigo Resorts Seminyak

ダッシュ Dash

ポテトヘッド・ビーチクラブ
Potato Head Beach Club ▶P.226

クブ・プティテンゲッ
Kubu Petitenget ▶P.231

▶P.219 ミセス・シッピー
Mrs. Sippy

ケイ・ヴィラス
Kei Villas

キンバリースパ
Kimberly Spa

バリ・ミスティック
Bali Mystic

ペッパーズ・スミニャック
Pepper's Seminyak

アリラ・スミニャック
Alila Seminyak

バンブー
Bambu ▶P.227

カユ・アヤ・ビーチ
Kayu Aya Beach

フーヴィラス
Hu'u Villas

ジェラート・シークレッツ
Gelato Secrets

カユマス・スミニャック
Kayumas Seminyak

クロボカン
Kerobokan

ジャンサン・バリ
Jaansan Bali

Jl. Petitenget

マノ・ビーチ・ハウス
Mano Beach House

Pura Mascet

シュリンピス
Shrimpis

▶P.218
モーテル・メキシコーラ
Motel Mexicola

ザ・ドゥスン
The Dusun

▶P.227
イブ・マンクー・クデワタン
Ibu Mangku Kedewatan

ロイヤルサマジャ・ヴィラス
Royal Samaja Villas

市場

▶P.226
ラ・ルチオーラ
La Lucciola

ネオン・パームス
Neon Palms

スミニャック・ビレッジ
Seminyak Village

ムティアラ・バ
Mutiara

ブリーズ
Breeze

シー・サーカス
Sea Circus

タマラ・ダニエル
Tamara Danielle

グリルド・バリ
Grill'd Bali

ザ・サマヤ・スミニャック
The Samaya Seminyak

ロイヤル・
コートヤード・ヴィラス
Royal Courtyard Villas

▶P.218 スミニャック・スクエア
Seminyak Square

シスターフィールズ
Sisterfields ▶P.228

▶P.229 ザ・レギャン・バリ
The Legian Bali

メガ・マート
Mega Mart

リネン&コー
Linen & Co

チャン
Chan

ザ・レストラン
The Restaurant

ビーチ・ボウル
Beach Bowl

ジュリア・スパ
Julia Spa

バリ・ティース
Bali Tees ▶P.225

ドリフタ
Drifter ▶P.225

ザ・クラブ・アット・レギャン
The Club at Legian

クアルツィア
Quarzia

スパ・アット・ザ・レギャン
Spa at The Legian

アメルタ・スミニャック
Amerta Seminyak ▶P.231

リボルバー
Revolver

アノーキス
Aanoukis

ザ・スミニャック
The Seminyak

Jl. Kayu Aya

0151 スマート・ヴィラス
0151 Smart Villas

Pura Dalem Kayu Aya

Saudara Villas
One & Two

Setra Kayu Aya

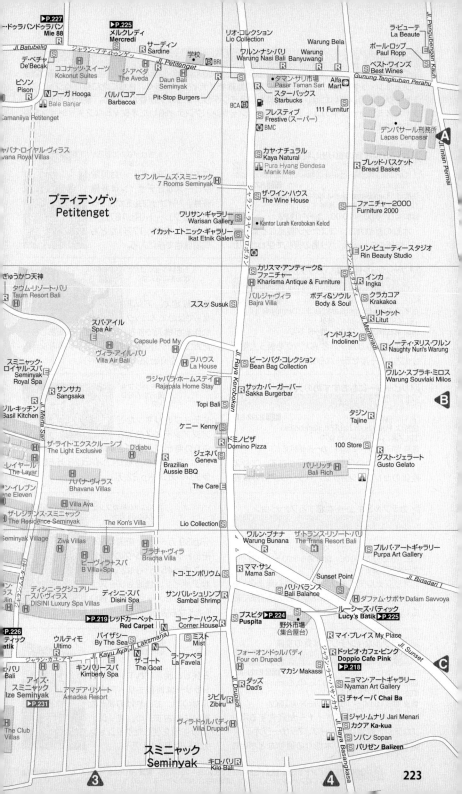

ドゥーラバンドゥラバン
Mie 88 ▶P.227

メルクレディ
Mercredi ▶P.225

サーディン
Sardine

リオ・コレクション
Lio Collection

ワルン・ベラ
Warung Bela

ラ・ビューテ
La Beaute

ポール・ロップ
Paul Ropp

Jl. Batubelig

ジャラン・プティトゥンゲッ
Jl. Petitenget

学校

BRI

ワルン・ナシ・バリ
Warung Nasi Bali

ワルン
Warung
Banyuwangi

ベスト・ワインズ
Best Wines

Jl. Pengubengan Kauh

デ・ベチャ
De'Becak

ココナッツ・スイーツ
Kokonut Suites

ジ・アベダ
The Aveda

ダウン・バリ
Daun Bali
Seminyak

ピット・ストップ・バーガーズ
Pit-Stop Burgers

ダマン・サリ市場
Pasar Taman Sari

スターバックス
Starbucks

アルファ
マート
Alfa
Mart

111 Furnitur

デンパサール刑務所
Lapas Denpasar

Gunung Tangkuban Perahu

Jl. Intan Permai

ピソン
Pison

フーガ Hooga

バルバコア
Barbacoa

BCA

フレスティブ
Frestive (スーパー)

BMC

ブレッド・バスケット
Bread Basket

A

Bale Banjar

Kamaniiya Petitenget

カヤ・ナチュラル
Kaya Natural

ファニチャー2000
Furniture 2000

ハバナ・ロイヤル・ヴィラス
avana Royal Villas

プティテンゲッ
Petitenget

セブンルームズ・スミニャック
7 Rooms Seminyak

Pura Hyang Bendesa
Manik Mas

ザ・ワイン・ハウス
The Wine House

リン・ビューティースタジオ
Rin Beauty Studio

ワリサン・ギャラリー
Warisan Gallery

イカット・エトニック・ギャラリー
Ikat Etnik Galeri

Kantor Lurah Kerobokan Kelod

カリスマ・アンティーク&
ファニチャー
Kharisma Antique & Furniture

ボディ&ソウル
Body & Soul

インカ
Ingka

クラカコア
Krakakoa

ススッ Susuk

バルジャ・ヴィラ
Bajra Villa

リトゥット
Litut

ぎゅうかつ天神

タウム・リゾート・バリ
Taum Resort Bali

スパ・アイル
Spa Air

Capsule Pod My

ヴィラ・アイル・バリ
Villa Air Bali

ラハウス
La House

ラジャパラ・ホームステイ
Rajapala Home Stay

ビーンバグ・コレクション
Bean Bag Collection

サッカ・バーガーバー
Sakka Burgerbar

インドリネン
Indolinen

ノーティ・ヌリス・ワルン
Naughty Nuri's Warung

Jl. Marnadi

スミニャック・
ロイヤル・スパ
Seminyak
Royal Spa

サンサカ
Sangsaka

Jl. Merta Sari

Jl. Raya Kerobokan

Topi Bali

ケニー Kenny

ドミノピザ
Domino Pizza

タジン
Tajine

ワルン・スブラキ・ミロス
Warung Souvlaki Milos

ル・キッチン
Basil Kitchen

ザ・ライト・エクスクルーシブ
The Light Exclusive

D'djabu

ブラジリアン
アウジー BBQ
Brazilian
Aussie BBQ

ジェネバ
Geneva

100 Store

グスト・ジェラート
Gusto Gelato

レイヤール
The Layar

ハバナ・ヴィラス
Bhavana Villas

Villa Ava

The Care

バリ・リッチ
Bali Rich

ン・イレブン
ne Eleven

ザ・レジデンス・スミニャック
The Residence Seminyak

The Kon's Villa

Lio Collection

Seminyak Village

Ziva Villas

プラチャ・ヴィラ
Bracha Villa

ワルン・ブナナ
Warung Bunana

ザ・トランス・リゾート・バリ
The Trans Resort Bali

プルパ・アートギャラリー
Purpa Art Gallery

Jl. Bidadari I

B Villa+Spa
B ヴィラ+スパ

トコ・エンポリウム
Toko Emporium

ママ・サン
Mama San

バリ・バランス
Bali Balance

Sunset Point

ディシニ・ラグジュアリー・
スパ・ヴィラス
DISINI Luxury Spa Villas

ディシニ・スパ
Disini Spa

サンバル・シュリンプ
Sambal Shrimp

ダファム・サボヤ Dafam Savvoya

ティック
atik ▶P.226

ウルティモ
Ultimo

レッドカーペット
Red Carpet ▶P.219

コーナー・ハウス
Corner House

プスピタ
Puspita ▶P.224

ルーシーズ・バティック
Lucy's Batik ▶P.225

マイ・プレイス My Place

Jl. Sunset

バイザシー
By The Sea

ザ・ゴート
The Goat

ミスト
Mist

ドッピオ・カフェ・ピンク
Doppio Cafe Pink
▶P.218

バリ
Bali

アイズ・
スミニャック
Ize Seminyak
▶P.231

キンバリースパ
Kimberly Spa

アマデア・リゾート
Amadea Resort

ラ・ファベラ
La Favela

フォー・オン・ドゥルパディ
Four on Drupadi

マカシ Makassi

ダッズ
Dad's

ニョマン・アートギャラリー
Nyaman Art Gallery

チャイーバ Chai Ba

Jl. Kayu Aya (Jl. Laksmana)

Jl. Raya Basangkasa

ジブリ
Zibiru

ヴィラ・ドゥルパディ
Villa Drupadi

ジャリ・ムナリ Jari Menari

カクア Ka-kua

ソパン Sopan

バリゼン Balizen

The Club
Villas

スミニャック
Seminyak

キロ・バリ
Kilo Bali

3

4

223

ショッピング　Shopping

　ジャラン・ラヤ・スミニャック沿いに自然雑貨やブティックが多く、さらに北に延びるジャラン・ラヤ・クロボカン沿いには、大型家具を扱うインテリアショップが並んでいる。最近はジャラン・ラヤ・スミニャックやカユ・アヤのほか、ジャラン・クンティ沿いにオシャレなファッションを扱う店が増えている。

▶ローカル雑貨の掘り出し物が見つかる
✖ ソパン

Sopan　　　　　　　　　　**MAP P.221-A3**

住所 Jl. Raya Basangkasa No.40, Seminyak
TEL 0877-8146-2343 携帯
営業 毎日 10:00 〜 20:00　カード J M V

　木製の器やカゴ、ココナッツ製品など素朴なバリ雑貨のショップ。バリ島の祭礼で使われるカ

昔ながらの工芸品が店内に並ぶ

ゴのソカシ(Rp.5万〜)は貝殻やビーズなどデザインは多種多様。パイナップルをかたどった木製プレート(Rp.16万)や木のまな板(Rp.17万)なども問屋価格で手に入る。

▶ファッション性の高いバッグが揃う
✖ スカ・バリ・スカ

Suka Bali Suka　　　　　**MAP P.221-A3**

住所 Jl. Raya Basangkasa No.3C, Seminyak
TEL 0858-5747-8443 携帯
営業 毎日 9:00 〜 17:00　カード 不可

　南国的なカゴバッグ & 布バッグを扱う人気ショップ。ホールセラーならではのリーズナブルな

小さいショップだが観光客にも人気

価格設定で、アジアならではのエスニックな作品が購入できる。貝殻やビーズをあしらったカゴバッグ(Rp.25万〜)、ニット編みショルダーバッグ(Rp.29万5000〜)。

▶リピーターにもおすすめの人気店
✖ カルガ

Carga　　　　　　　　　　**MAP P.222-B1**

住所 Jl. Petitenget No.886, Kerobokan
TEL 0813-3858-8900 携帯
営業 毎日 9:00 〜 21:00　カード J M V

　センスのいい品揃えに定評がある、アジア雑貨のセレクトショップ。バティック柄の食器

食卓をカラフルに演出する絵皿が人気

やテーブルリネンなどアジアンテイストたっぷりの商品が入手できる。バティックの各種サロン(Rp.23万5000)、ラタンのカゴ(Rp.32万)。

▶カラフル&キュートな恋するファッション
✖ プスピタ

Puspita　　　　　　　　　**MAP P.223-C4**

住所 Jl. Kayu Aya No.9, Kerobokan
TEL (0361)730-106　営業 毎日 9:00 〜 21:00
カード A J M V

　オリジナルデザインの服は肌に心地よく、モチーフもモダンからインドネシアの伝統柄まで幅広い。ビーチに似合いそうなミニワンピース

エスニック柄のワンピース Rp.35万〜

(Rp.39万〜)や、南国の花をモチーフにしたロングのワンピース(Rp.45万〜)など、豊富なデザイン。値段もリーズナブルなので、一気に大人買いしたくなる店だ。

▶カラフルなインテリア雑貨の宝庫
✖ バリゼン

Balizen　　　　　　　　　**MAP P.221-A3**

住所 Jl. Raya Basangkasa No.40, Seminyak
TEL (0361)738-816
営業 毎日 10:00 〜 18:00　カード A J M V

　アメリカ人女性デザイナーが経営するポップなアジア雑貨店。ソープ、マッサージオイル、鍋つかみ、ポーチ、木彫りの置物などがとこ

生活雑貨とオリジナル商品が充実している

ろ狭しと展示されている。カトラリーは値段もリーズナブルなので、おみやげのまとめ買いにもおすすめ。オリジナルの生地を使ったクッションカバーは Rp.14万〜。

ハミダシ Ｓビアサ Biasa(MAP P.221-B3　TEL 0361-735-725　営業 毎日 9:30〜20:30)は、女性受け間違いなしのファッションブティック。清楚な色合いのワンピース Rp.80万〜、ブラウス Rp.42万5000〜。

バリ島で生まれたサーフ・ブランド
ドリフター
Drifter　　MAP P.222-C2

住所 Jl. Kayu Aya No.50, Seminyak
WA 0817-557-111　URL driftersurf.com
営業 毎日 9:00 〜 22:00　カード AJMV

自社のドリフターをはじめ、有名サーフブランドのアパレル製品を幅広く扱っている。バリ風アロハシャツ（Rp.76万1000 〜）やタンクトップ（Rp.38万1000 〜）などファッションアイ

サーファーをモチーフにしたTシャツが人気

テムが豊富。水着（Rp.45万7000 〜）やドライバッグ（Rp.33万5000）などビーチで活躍するアイテムも見つかる。

おみやげにも人気のバリTシャツ
バリ・ティース
Bali Tees　　MAP P.222-C2

住所 Jl. Kayu Aya No.50x, Seminyak
TEL (0361) 730-486　URL lovebalitees.com
営業 毎日 9:00 〜 21:00　カード JMV

ビンタンビールの王冠やココナッツなどバリ島をモチーフにしたTシャツが勢揃い。イタリア人オーナーがデザインするTシャツ（男性用Rp.29 万 9900、女性用 Rp.27 万 9900）は、

滞在中に着てみたい南国的なデザイン

さらっと着心地のよいコットンを使用。おしゃれに着こなせそうなデザインは、普段使いにも友達へのおみやげにもよさそうだ。

問屋風の雑多な品揃え
ルーシーズ・バティック
Lucy's Batik　　MAP P.223-C4

住所 Jl. Raya Taman No.6, Seminyak
TEL (0361) 736-098　URL www.lucysbatik.com
営業 毎日 9:30 〜 21:00　カード AJMV

バティックのサロンから小物までを扱う専門店。バティックは安価なプリントものから手描きまで豊富な品揃え。メガムンドゥン柄のコットンバティックはRp.39万8000〜、手描きの

生地から小物までカラフルに展示

バティックのストールRp.98万〜。いろいろな柄と色が用意されているので、じっくりとお気に入りを選びたい。エスニックなヘアバンド（Rp.5万〜）などの小物はおみやげにもおすすめ。

ハイセンスな商品が揃う
カバーン・リビング
Kabann Living　　MAP P.221-A4

住所 Jl. KuntilNo18, Seminyak
TEL 0821-4600-0148 携帯　URL kabannliving.com
営業 毎日 9:00 〜 20:00　カード AJMV

フランス人女性が経営するインテリアショップ。バリ島のアジアらしさとアフリカンテイストを合わせたデザインが特徴的。木製のリンゴの置物（Rp.13万〜）やペリカン（3個セットRp.27万

ランプやクッションを配置したディスプレイ

9000）、プラスチック製のプラント（Rp.8 万 5000）などの小物類は手頃な料金設定。竹やヤシなど自然素材を使ったランプシェード（Rp.88万5000 〜）などリビング用品も展示されている。

洗練されたインテリア雑貨が見つかる
メルクレディ
Mercredi　　MAP P.223-A3

住所 Jl. Petitenget, Kerobokan
TEL 0812-4834-0518 携帯
営業 毎日 9:00 〜 21:00　カード JMV

伝統とモダンが融合したデザインで評判の生活雑貨ショップ。水玉や魚の柄のコットンナプキン（Rp.8万5000〜）、トンボをモチーフにした箸置き（Rp.6万5000）、素朴な風合いの

持ち帰りたくなるリビング用品の数々

プレイスマット（Rp.9 万 5000）などテーブルウエアが売れ筋。ホーローの皿やカップなどキッチュな食器類はRp.10万前後から。カラフルなクッションカバーもおみやげにピッタリだ。

ハミダシ　Sカクア Ka-kua（MAP P.221-A3　TEL 0813-3889-5758 携帯　営業 月〜土 9:00 〜 17:00）は昔ながらのアルミ細工の専門店。小物入れは 3 個セット Rp.8 万〜、ティッシュケース Rp.5 万〜。

レストラン　　　　　Restaurant

　ジャラン・ラクスマナは有名レストランが延々と並ぶ一大グルメスポット。どの店もオープンな店構えで、人気店はディナータイムになると旅行者でいっぱいになっている。ビーチ沿いのエリアにも、夕日を望める洗練されたレストランが多い。

インターナショナル料理

潮風を感じながらディナータイム
シェ・ガドガド
Chez Gado Gado　　　MAP P.220-B2
住所 Jl. Camplung Tanduk No.99, Seminyak
TEL 0877-5870-8066 携帯　URL gadogadorestaurant.com
営業 毎日 11:00 ～ 24:00　税&サ +18%
カード AMV　Wi-Fi OK

　スミニャックの老舗オープンダイニング。店内はビーチフロントのテラス席とエアコンの効いた室内が選べ、テラス席ではサンセットも堪能できる。ジャンボ・プロウン・テンプラ（Rp.15万9000）や裏巻きツナロール（Rp.9万）など和食インスパイア系のメニューがおすすめ。

ディナータイムは予約必須

オーナーシェフの創作料理を味わう
ジャクソン・リリーズ
Jackson Lily's　　　MAP P.221-A3
住所 Jl. Raya Seminyak No.2, Seminyak
TEL (0361) 474-0121
URL gingermoonbali.com　営業 毎日 8:00 ～ 23:00
税&サ +17%　カード AMV　Wi-Fi OK

　バリ島の5つ星ホテルで料理長を歴任してきたディーン氏がモダンな料理を提供するダイニング。タイ、ベトナム、インドネシアなどの素材やレシピを独自にアレンジしている。キノコ入り餃子のマッシュルームダンプリング（Rp.5万5000）、ウォーターメロン・サラダ（Rp.8万2000）。

アジア風エスニック料理が味わえる

旅行者で連日にぎわうイタリア料理店
マウリ
Mauri　　　MAP P.222-B1
住所 Jl. Petitenget No.100, Seminyak
WA 0817-776-177　URL mauri-restaurant.com
営業 毎日 18:30 ～ 23:00（金～日は 12:00 ～ 15:00 も営業）　税&サ +18%　カード AJMV　Wi-Fi OK

　バリ島の超高級リゾートで腕を振るってきたマウリツィオ氏がオーナーシェフ。6品コースのシグネチャー・テイスティングメニュー（Rp.88万）を選べば満足すること間違いなし。リーズナブルに店の味を体験したいならサンデーブランチ（Rp.68万）もおすすめだ。

料理もサービスもバリ島随一

圧倒的な人気を誇る海沿いスポット
ポテトヘッド・ビーチクラブ
Potato Head Beach Club　　MAP P.222-B1
住所 Jl. Petitenget No.51B, Kerobokan
TEL (0361) 620-7979
URL seminyak.potatohead.co　営業 毎日 9:00 ～ 24:00　税&サ +17%　カード AJMV　Wi-Fi OK

　インターナショナル料理の「ビーチクラブ」、シーフードの「イジェン」、郷土料理の「カウン」などで構成される大型グルメスポット。昼間からDJが入り、1日中パーティのような独特のエナジーであふれている。メイン料理はRp.15万～、カクテルはRp.12万～。

プールから海景や夕日も楽しめるビーチクラブ

コロニアル調のインテリアにうっとり
バティック
Batik　　　MAP P.223-C3
住所 Jl. Kayu Aya, Seminyak　TEL (0361) 735-171
URL batik-bali.com　営業 毎日 12:00 ～ 23:00
税&サ +16%　カード MV

　タイ、ベトナム、インドネシアの料理をアレンジしたアジア料理ダイニング。インドネシア人の女性シェフが腕を振るっており、バナナの葉に香

アジア各地の本格的な料理を提供している

辛料を塗り込んだチキン蒸し焼きのアヤム・ベトゥトゥ（Rp.8万5000）やピリ辛のタイ・チキン・カシューナッツ（Rp.9万5000）などが人気メニュー。デザートやカクテルも種類豊富。

ハミダシ　Rラ・ルチオーラ La Lucciola（MAP P.222-C1　TEL 0361-730-838　営業 毎日 9:00～24:00）はビーチを望む地中海レストラン。夕日観賞スポットとしても有名。アンティパスト Rp.13万。

インドネシア&エスニック料理

伝統料理をスタイリッシュに味わう
バンブー
Bambu **MAP P.222-B1**

住所 Jl. Petitenget No.198, Seminyak
TEL (0361) 846-9797　**営業** 毎日 18:00 ～ 24:00
税&サ +16%　**カード** J M V

高級リゾートなどで経験を積んだシェフが郷土料理をオシャレにアレンジして提供する話題のダイニング。魚のミンチを竹で包み焼いたイカン・マサ・ディ・ブル(Rp.15万5000)や、ラム肉のカレー煮込みグレイ・ドンバ・デガン・クルマ

(Rp.22万8000)など、エスニックな盛りつけも芸術的だ。

ジャワ島のアンティークな建物を移築している

バリで一番人気のヌードル店
ミー・ドゥラパンドゥラパン
Mie 88 **MAP P.223-A3**

住所 Jl. Petitenget No.8A, Kerobokan
営業 毎日 10:00 ～ 22:00
税&サ +10%　**カード** M V　**Wi-Fi** OK

手作り麺を秘伝のスープで味わえるレストラン。店の奥には東屋席もあり、開放的な田園風景が望める。看板メニューのミー・アヤム (Rp.3

万 3000) は広東風レシピのスープであっさりした味わい。ジューシーなカモ肉がのったスモークダック・ヌードル(Rp.5万7000)も人気。

自家製麺のメニューが評判

厳選されたアジアン料理が評判
ボー&ブン
Bo&Bun **MAP P.221-A3**

住所 Jl. Raya Basangkasa No.26, Seminyak
WA 0859-3549-3484　**URL** www.eatcompany.co
営業 毎日 10:00 ～ 23:00　**税&サ** +15.5%
カード A M V　**Wi-Fi** OK

タイやベトナムなどアジア各国料理を提供するビストロ。12時間かけて出汁を取るビーフスープのザ・トゥエルブアワー・フォー(Rp.12万5000)、タイ風焼きそばのパッタイ(Rp.11万)が店の看板メニュー。バゲットサンドのバイ

ンミー (Rp.9万)はランチにおすすめ。

名物のフォーをヘルシードリンクとともに!

スパイシーなインド料理を満喫
チャイーバ
Chai Ba **MAP P.221-A3**

住所 Jl. Raya Basangkasa No.47, Seminyak
TEL 0811-407-866 携帯
営業 毎日 12:00 ～ 22:00　**税&サ** +19%
カード A M V　**Wi-Fi** OK

インド人オーナーが経営する本格的なレストラン。タンドーリチキン(Rp.8万9000 ～)やバターチキンカレー(Rp.11万9000)などさまざまなカレーメニューが味わえる。いち押しは釜焼きしたラム肉をカレーソースで仕上げたラ

ム・シャンク・マサラ(Rp.16万9000)。

ベジタリアン・ターリ Rp.9万9000

スミニャックの穴場ワルン紹介

スミニャック中心部にある**R**ワルン・タマン・バンブー Warung Taman Bambu(**MAP** P.221-B4　TEL 0361-474-0796　営業 月～土 9:00

タマン・ワルン・バンブーのナシチャンプル

～ 20:00) はヘルシーな総菜と竹のインテリアがインスタ映えするワルン。ナシチャンプル (Rp.3 万～)は野菜料理もいろいろ選べ、女性リピーターにも評判だ。

目抜き道路からやや路地に入った**R**ワルン・スラウェシ Warung Sulawesi(**MAP** P.222-A2

TEL 0361-934-2298　営業 毎日 10:00 ～ 18:00) はスラウェシ島出身のオーナーが営む人気食堂。ナシチャンプルの総菜は10～20種類で、5 品ほど選んで Rp.3 万 5000 ～。

スミニャック・スクエアから 1 本北側の通り沿いにある**R**イブ・マンクー・クデワタン Ibu Mangku Kedewatan (**MAP** P.222-C2　TEL 0821-4471-2868 携帯　営業 毎日 8:00 ～ 21:00) はスパイシーな味つけが売りだ。3 ～ 4 種類のチキン料理と野菜を盛り合わせたナシ・アヤム(Rp.3万 5000)。バリ人たちも「辛い!」と驚くレベル。

特別なスターバックスが登場
スターバックス・リザーブ・デワタ
Starbucks Reserve Dewata　MAP P.221-B4
住所 Jl. Sunset Road No.77, Seminyak
TEL (0361) 934-3482　URL dewata.starbucks.co.id
営業 毎日 8:00 ～ 22:00
税&サ 込み　カード AJMV　Wi-Fi OK

　東南アジア最大級の規模を誇るスターバックスがサンセットロード沿いに登場。通常店とはメニューも内観も異なる高級志向で、ワークショップも開催している（要予約）。フラペチーノ・コーヒー（Rp.5万6000 ～）やバタフライ・アップルティー（Rp.5万6000 ～）。

ドリップコーヒーも
提供している

体にうれしいヘルシーカフェ
ウオータークレス
Watercress　MAP P.222-A1
住所 Jl. Batu Berig No.21A, Kerobokan
TEL 0851-0280-8030 携帯　営業 毎日 7:00 ～ 22:00
税&サ +16%　カード MV　Wi-Fi OK

　フレッシュなオーガニック野菜が味わえる人気カフェ。ショーケースには旬の野菜を使ったサラダや料理が10種類以上も並び、好きなものをお皿に盛りつけてもらえる。アラカルトメニューもエッグ・ベニー（Rp.8万5000～）や、ザ・ビーフ・バーガー（Rp.13万）などボリューム満点。

ショーケース内の総菜を自分で
チョイスできる

ヘルシーメニューで女子力アップ！
カフェ・オーガニック
Cafe Organic　MAP P.222-B1
住所 Jl. Petitenget No.99X, Seminyak
TEL 0859-1066-15890 携帯
URL cafeorganic.co　営業 毎日 8:00 ～ 16:00
税&サ +16%　カード MV　Wi-Fi OK

　ベジタリアンやグルテンフリーなど、健康志向の欧米人が集う人気カフェ。新鮮な野菜をたっぷり使ったサラダボウル（Rp.8万5000 ～）、フルーツが美しく盛りつけられたスムージーボウル（Rp.6万5000 ～）、緑黄色野菜が添えられたエッグベネディクト（Rp.7万5000）など、どれもおいしくて通いたくなるほど。

ヘルシーな朝食やブ
ランチにピッタリ

行列ができるほどの人気スポット
シスターフィールズ
Sisterfields　MAP P.222-C2
住所 Jl. Kayu Cendana No.7, Seminyak
TEL 081-1386-0507 携帯
URL sisterfieldsbali.com　営業 毎日 7:00 ～ 21:00
税&サ +17%　カード JMV　Wi-Fi OK

　オープンテラスとエアコン席のあるカフェテリア。「バリ一番の朝食」が味わえると評判で、現地の若者や旅行者でにぎわっている。アサイーベリーボウル（Rp.11万）、ベーコンベネディクト（Rp.10万）、ベトナミーズ・ポーチド・チキンサラダ（Rp.9万）など。

健康志向のライトミー
ルやドリンクが楽
しめる

南国気分が盛り上がるビーチレストラン
ラ・プランチャ
La Plancha　MAP P.220-B2
住所 Jl. Mesari Beach, Seminyak
WA 0878-6141-6310　URL laplancha-bali.com
営業 毎日 10:00 ～ 24:00　税&サ +15%
カード JMV　Wi-Fi OK

　ビーチ沿いの遊歩道にある開放的なレストラン。メニューはスペイン＆地中海料理がメインで、魚介のアンティパストを盛り合わせたミスト（Rp.13万）がおすすめ。フライドカラマリ

パラソルが並ぶバリ島の「海の家」といった趣やトルティーヤなどのタパス料理（Rp.5万～）をビンタンビール（Rp.4万）と一緒に楽しみながら、海を眺めてのんびり過ごすのが似合いそうだ。夕方になるとレストラン前のビーチにクッションが置かれ、サンセットを楽しむ人たちでにぎわう。

ハミダシ Rコーヒーカルテル Coffee Cartel（MAP P.222-B2　URL www.coffeecartelbali.com　営業 毎日7:30 ～ 18:00）はカラフルな壁画が目を引くインスタ映えカフェ。ピンクチャイラテRp.4万。

ホテル

リゾートホテルは北部のビーチ沿いに点在している。中級ホテルはジャラン・チャンプルン・タンドゥッやジャラン・ダブル・シックス沿い、安宿はジャラン・ブラワ沿いをチェック。

スミニャック

最高級リゾートでエレガントな滞在を
ザ・レギャン・バリ
The Legian Bali　　MAP P.222-C1

住所 Jl. Kayu Aya, Seminyak
TEL (0361) 730-622　WA 0811-3821-8771
URL lhm-hotels.com/ja　税&サ +21%
カード ADJMV　Wi-Fi OK
料金 AC Mini TV スタジオスイートSD Rp.668万〜
　　 AC Mini TV デラックスSD Rp.792万〜
　　 AC Mini TV 2ベッドルーム Rp.1160万〜
　　 AC Mini TV スミニャックスイート Rp.2970万〜

優雅なバカンスを満喫できる、全66室の本格的な滞在型リゾート。室内は木目を生かし

ディナータイムはプールサイドのダイニングで優雅に過ごそう

た美しいインテリアで統一されており、各部屋の広さもほかのホテルのスイートと比較にならないほどの広さ。全室がオーシャンビューになっているのもこのホテルの大きな魅力だ。夕日を眺めながら食事が楽しめる海沿いのダイニングも人気が高い。POOL レストラン 朝食

スミニャック・ビーチが目の前に広がる
ダブルシックス・ラグジュアリーホテル
Double-Six Luxury Hotel　　MAP P.220-C2

住所 No.66, Double-Six Beach, Seminyak
TEL (0361) 730-466
URL double-six.com　税&サ +21%
カード AMV　Wi-Fi OK
料金 AC Mini TV レジャースイートSD US$245〜
　　 AC Mini TV オーシャンビューSD US$595〜

インド洋を望むビーチフロントに建つ、全146室のラグジュアリーホテル。モダンな家具

ビーチに面した5階建てのホテル

が配置された客室は、レジャースイートでも80m^{2}の広々としたサイズ。有名シェフがプロデュースする本格イタリアンやルーフトップバーも完備。24時間バトラーサービスも提供しており、1クラス上の贅沢が満喫できる。POOL レストラン 朝食

元気をチャージする楽園ヴィラ
ザ・アマラ
The Amala　　MAP P.221-A4

住所 Jl. Kunti No.108, Seminyak
TEL (0361) 738-866　WA 0817-1773-8866
URL www.theamala.com　税&サ 込み
カード AJMV　Wi-Fi OK
料金 AC Mini TV スパ・ヴィラ US$150〜
　　 AC Mini TV プール・ヴィラ US$185〜
　　 AC Mini TV ザ・アマラ・レジデンス US$480〜

心身の健康をコンセプトにした、全17室のウエルネスリゾート。ヘルシー料理のレストランや、インドの健康法を取り入れたスパなど、

スミニャック中心部とは思えない静かな環境も魅力

ゲストの健康を第一に配慮。ヨガスタジオでのプログラムも用意されている。スチームサウナ、屋外バスタブ、ジェットプランジプールを完備したスパ・ヴィラは、部屋でのんびり過ごしたい人におすすめ。POOL レストラン 朝食

便利な立地に2023年オープン
グランド・メルキュール・スミニャック
Grand Mercure Seminyak　　MAP P.220-C2

住所 Jl. Arjuna No.40, Seminyak
TEL (0361) 934-2900
URL all.accor.com/hotel/9823/index.ja.shtml
税&サ +21%　カード MV　Wi-Fi OK
料金 AC Mini TV デラックスSD Rp.188万〜
　　 AC Mini TV ジュニアスイート Rp.238万〜
　　 AC Mini TV エグゼクティブスイート Rp.278万〜

熱帯の樹木に包まれた全269室の大型ホテ

バルコニーも広々としたデラックスの客室

ル。ダブル・シックス・ビーチまで徒歩1分の立地に巨大プールや、フィットネスセンターなどを完備している。モダンなデザインの客室はデラックスでも36m^{2}と快適な広さ。バスタブ付きのバスルームもゆったりした作りだ。POOL レストラン 朝食

ハミダシ H サリナンデ Sarinande MAP P.220-B2　TEL 0361-730-383　URL www.sarinandehotels.com は全26室のバンガロー。朝食付きDRp.55万〜。

229

多彩な部屋を用意した大型ホテル

ザ・ヘイブン・バリ

The Haven Bali [MAP] P.221-C3

住所 Jl. Raya Seminyak No.500, Seminyak
TEL (0361) 738-001 WA 0812-3975-5896
URL www.thehavenhotels.com 税&サ 込み
カード [A][J][M][V] [Wi-Fi] OK
料金 [AC][Mini][TV] スーペリアⓈⒹ Rp.68万～
[AC][Mini][TV] デラックスⓈⒹ Rp.97万～
[AC][Mini][TV] 1ベッドルームスイート Rp.205万～

敷地の奥には7棟のヴィラが建っている

機能的なビルディングタイプから瀟洒なヴィラまで、客室タイプもいろいろ選べる全192室のホテル。ホテル棟の客室はプールを挟んで建ち、高級アパートメントのような雰囲気。プール付きのヴィラも値段以上のレベル。[POOL][レストラン][朝食]

ダウンタウンで暮らすように滞在したい

アルテミス・ヴィラ&ホテル

Artemis Villa & Hotel [MAP] P.220-B2

住所 Jl. Campulung Tanduk, Gg.Puri Kubu 63F, Seminyak
TEL (0361) 736-136 FAX (0361) 736-873
URL artemis-villa.com 税&サ +21%
カード [M][V] [Wi-Fi] OK
料金 [AC][Mini][TV] ホテル・ルームⓈⒹ Rp.200 万～
[AC][Mini][TV] アパートメント・ルームⓈⒹ Rp.250 万～
[AC][Mini][TV] ガーデンヴィラ・ジャクージ Rp.350 万～
[AC][Mini][TV] プールヴィラ・2ベッドルーム Rp.450 万～

バリ島の形をしたメインプールをもつ

コロニアル調の独特の雰囲気がかわいい全35室のデザインヴィラ&ホテル。コテージ風、ヴィラ、プール付き、ジャクージ付きなど、個性的な部屋が用意されているので、用途に合わせて選ぶことができる。[POOL][レストラン][朝食]

パーソナルリゾートの草分け

インピアナ・プライベート・ヴィラス

Impiana Private Villas [MAP] P.221-A4

住所 Jl. Kunti No.118x, Seminyak
TEL (0361) 730-8400 WA 0811-3981-255
URL www.impianaseminyak.com
税&サ 込み カード [A][J][M][V] [Wi-Fi] OK
料金 [AC][Mini][TV] 1ベッドルームヴィラ US$257～
[AC][Mini][TV] 2ベッドルームヴィラ US$557～
[AC][Mini][TV] 3ベッドルームヴィラ US$643～

のんびりヴィラライフが楽しめる

独立した50棟のヴィラが並ぶ老舗リゾート。全室にプライベートプールとキッチンを完備しているので、カップルや家族でのんびり滞在できる。併設のレストランやスパもハイレベルだ。[POOL][レストラン][朝食]

立地がよくてリーズナブル

スミニャック・ゲストハウス

Seminyak Guest House [MAP] P.221-C4

住所 Jl. Nakula No.777, Seminyak
TEL 0813-8088-0096 携帯
税&サ 込み カード [M][V] [Wi-Fi] OK
料金 [AC][Mini][TV] スタンダードⓈⒹ Rp.30万

スミニャック中心部にある全10室の宿。中庭に小さなプールがあり、部屋の外にはテラスも付いている。客室はシンプルだがバスタブ付きで使い勝手もいい。[POOL][レストラン][朝食]

モダンなベッドルーム

バリ人家庭の雰囲気がいい

シーアール・トリス・ルーム

CR Tris Room [MAP] P.221-B4

住所 Jl. Plawa, Gg. Jempiring No. 20C, Seminyak
TEL 0812-4690-9416（携帯）
税&サ 込み カード [M][V] [Wi-Fi] OK
料金 [AC][Mini][TV] ダブルルームⓈⒹ Rp.40 万～

バリ人家族が経営する全8室のアットホームな宿。1階と2階に客室があるが、2階はテラスが広くプライベート感もありおすすめ。敷地内に共用のキッチンも完備。[POOL][レストラン][朝食]

客室はシンプル&モダン

静かに過ごせるおすすめホテル

クブ・チュンパカ

Kubu Cempaka [MAP] P.221-B4

住所 Jl. Plawa, Gg. Cempaka No. 9, Seminyak
TEL (0361)474-1175 URL www.kubucempakaseminyak.com
税&サ 込み カード [J][M][V] [Wi-Fi] OK
料金 [AC][Mini][TV] チュンパカルームⓈⒹ Rp.60 万～

スミニャック中心部にありながら、昔ながらのバリ情緒が感じられる全23室のホテル。客室は28m²と値段のわりには広々とし、シャワールームや洗面台も使い勝手がいい。旅行者エリアから1本外れており、周辺には地元民御用達のワルンが多い。[POOL][レストラン][朝食]

ハミダシ [H]ナディアリッ・ホームステイ Nadialit Homestay（[MAP] P.220-A1 TEL 0878-6203-4408 携帯）はバリ人サーファーが経営する宿。ビーチまで徒歩2分の好立地。バジェットルームⒹ Rp.34 万～。

クロボカン

遊び心たっぷりの最旬リゾート
Ｗバリ-スミニャック
W Bali-Seminyak **MAP P.222-B1**

住所 Jl. Petitenget, Seminyak, Kerobokan
TEL (0361)300-0106　FAX (0361)473-8104
URL www.wretreatbali.com
日本予約 FD 0120-142-890　税&サ +21%
カード AJMV　Wi-Fi OK
料金 AC Mini TV ガーデンエスケープSD Rp.610万〜
　　 AC Mini TV オーシャンフェイシングSD Rp.710万〜
　　 AC Mini TV マーベラススイート Rp.1010万〜
　　 AC Mini TV プールヴィラ Rp.2510万〜

都会的なデザインがのどかな景観と溶け合

う、閑静なクロボカンの
ビーチ沿いにたたずむ全

左／オーシャンフェイシングの室内　右／バリの棚田をモチーフにしたメインプール

229室の大型リゾート。部屋はメインビルディング内のエスケープ棟と、ガーデンエリアに建つヴィラの2タイプ。モダンなエスケープは64m²のゆったりサイズで、熱帯雨林をイメージしたファブリックも個性的。3〜5階にあるオーシャンフェイシングは、バルコニーからインド洋が広がっている。 POOL レストラン 朝食

旬のバリを満喫できるロケーション
アイズ・スミニャック
Ize Seminyak **MAP P.223-C3**

住所 Jl. Kayu Aya No.68, Seminyak
TEL (0361)846-6999
URL www.ize-seminyak.com/jp　税&サ 込み
カード AMV　Wi-Fi OK
料金 AC Mini TV デラックスSD US$86〜
　　 AC Mini TV デラックス・ジャクージSD US$95〜
　　 AC Mini TV クラブルームSD US$95〜

スミニャックの目抜き通りに建つ全81室のデザインホテル。ショッピングやグルメの人気

デラックス・プールのベッドルーム

スポットに歩いて行ける立地がとにかく便利。モダンインテリアの客室も設備が充実している。上階のスイートルームからはスミニャックの景色が一望でき、リビングスペースもあるので長期滞在にもおすすめ。 POOL レストラン 朝食

クロボカンを快適に楽しめる穴場
クブ・プティテンゲッ
Kubu Petitenget **MAP P.222-B2**

住所 Jl. Petitenget, Gg. Sunyi No.10, Kerobokan
TEL (0361)847-8150　WA 0811-3961-8150
URL www.kubupetitenget.com
税&サ +21%　カード MV　Wi-Fi OK
料金 AC Mini TV スイートSD Rp.40万〜
　　 AC Mini TV プールヴィラ Rp.158万〜

ジャラン・プティテンゲッの中ほどから路地に入って徒歩5分ほど南へ。住宅街にあり喧

1階の部屋はプールアクセス

騒から隔絶されたプチホテルで2階建てのスイート（12室）は40m²とゆったりサイズ。プライバシー重視なら2階の部屋を指定しよう。1ベッドルームのプールヴィラはプライベートプールとリビング、キッチンを完備。 POOL レストラン 朝食

モダンな格安ホテル
アメルタ・スミニャック
Amerta Seminyak **MAP P.222-C2**

住所 Jl. Kayu Aya No.8A, Seminyak
TEL (0361)737-230
WA 0819-1633-8558
税&サ +20%　カード MV　Wi-Fi OK
料金 AC Mini TV デラックスSD Rp.59万〜
　　 AC Mini TV プールビューSD Rp.68万〜

ビーチまで徒歩1分のロケーションがうれしい全12室のブティックホテル。周囲には人気のグルメスポットやショッピングセンターも

デラックスでも34m²と快適なサイズ

多く、簡単に歩いて行ける。客室は清潔でインテリアもハイセンス。カテゴリは見晴らしがよく部屋もやや広くなるプールビューがおすすめだ。3階にあるルーフトップレストランでの朝食もおいしく、スタッフの接客レベルも評判がいい。 POOL レストラン 朝食

絶好の波が立つサーフスポットとしても人気

チャングー

Canggu

チャングー ★ デンパサール

高　度	10m未満
市外局番	0361

チャングーへのアクセス

空港からエアポートタクシーで1時間10分〜1時間30分(Rp.30万〜40万)。広大なチャングー地区はベラワ・ビーチやエコー・ビーチなど目的地により運賃が異なる。スミニャックからエコー・ビーチまではタクシーで1時間ほど。
※チャングーは渋滞が深刻なので移動には時間の余裕を。

配車サービスの利用状況

GrabやGojekなどの配車サービス(→P.478)が利用できる。かつては呼び出しやピックアップが自体により禁止されていたが、近年は問題なく乗車できる。

雑貨マーケットでおみやげ探し

ラブ・アンカーは10店ほどのブティックやカフェが集まるショッピングアーケード。中央にある広場は手作りアクセサリーや民芸品の出店でにぎわっている。
S ラブ・アンカー Love Anchor
MAP P.234-A2
TEL 0811-3888-557携帯
営業 毎日8:00 〜 22:00

海辺に点在するビーチクラブは欧米からの旅行者に人気が高い

サーファーが滞在する穴場エリアだったが、スミニャック&クロボカン開発の波がここまで押し寄せ、最旬のリゾートエリアへと変貌しつつある。広大なインド洋やのどかな田園風景の景観は昔ながらのバリといった趣だ。無国籍な雰囲気漂う浜辺や、夕景を満喫できるビーチカフェでのんびり過ごしてみよう。

歩き方

チャングーはクロボカンの西に広がる広大なエリアだ。まずはホテルやレストランが集まっているエコー・ビーチ Echo Beach やバトゥボロン・ビーチ Batu Bolong Beach を目指そう。ビーチ周辺はのんびりと徒歩で散策し、エリア内の移動には車を手配するといい。

ダイナミックな夕景をビーチでひとり占め

チャングーの今旬グルメスポット

R クラブ・ソーダ Club Soda (**MAP** P.235-B4) TEL 0813-2603-4562 携帯　営業 毎日17:00〜翌1:00)はすばらしい音響効果でBGMが流れ、気さくなスタッフに囲まれて陽気に過ごせるラウンジ。ウブドの高級ダイニング「ロカフォーレ」の系列なので料理も絶品だ。インフュージョンを使ったカクテルRp.12万〜。

モダンレトロな空間が話題のクラブ・ソーダ

R モストリー Mostly (**MAP** P.234-A1　WA 0811-3943-334　営業 毎日8:00 〜 23:00)はフランス人オーナーの感性でアジア料理の神髄を追求したメニューを提供。野菜を使った握り寿司のプラント・パワー・バージョン(Rp.7万5000)など、ビーガン料理に対するイメージをいい意味で裏切ってくれるはず。

炙ったスイカやトマトの燻製などモストリーの料理は驚きに満ちている

ハミダシ　エコー・ビーチの周辺にホテルやレストランが急増中だが、エリア内を移動するための公共交通はない。タクシーや車をチャーターしてタナロット寺院など周辺の観光スポットとともに訪問するのも便利だ。

アクティビティ

良質の波が楽しめるサーフィン

チャングーは初心者から上級者まで楽しめるサーフスポットとして有名。サンドバーと呼ばれるビーチブレイクのほか、レギュラーやグーフィーの波が立つポイントが数ヵ所ある。バトゥボロン・ビーチはカイトサーフィンのポイントとしてもにぎわっている。

話題のカイトサーフィンも体験OK

トップサーファーが集うチャングーのビーチ

ヨガで心身を解放する休日を

古来からの瞑想地として知られるチャングーは、ヨガスポットとしても注目されている。特別な気の流れが感じられる場所として、世界中からヨギーニが集まってくる。「デサスニ・ビレッジ・リゾート」の美しいガーデンでは毎日ヨガ教室が開かれており、初心者向きプログラムも用意されている。

緑のガーデンでヨガが楽しめるデサスニ・ビレッジ・リゾート

チャングーのサーフィン教室

チャングーにはサーフィン教室が多いので、思い立ったらトライしてみよう。エコー・ビーチ近くにある**チャングー・サーフスクール**は旅行者に評判の教室。連絡はWhatsAppがスムーズだ。

●**チャングー・サーフスクール Canggu Surf School**
[MAP] P.234-B1
WA 0813-3339-5277
URL www.baliwaveexperience.com

旅行者に人気のヨガスポット

デサスニ・ビレッジ・リゾート Desa Seni Village Resort（→P.237）内にあるヨガスタジオでは、毎日7時から夜まで1～5回の教室が開催されている。1クラスは90分Rp.14万で、各クラスの定員は36人。初心者OKのオープンレベルから上級クラスまであり、内容もハタ、アヌサラ、ビンヤサ、アスタンガなどさまざま。スケジュールはホームページ（URL www.desaseni.com/yoga）で確認できる。

プールで過ごす優雅なバカンス

チャングーには海を望むプールで1日のんびりできる最先端のビーチクラブが続々登場している。R**フィンズ・ビーチクラブ Finns Beach Club**（[MAP] P.235-C3 TEL 0361-844-6327 URL www.finnsbeachclub.com 営業 毎日7:00～24:00）はスパを完備したおしゃれな大型施設。プールやサーフバーも充実し、ダイニングエリアではインターナショナル料理が味わえる。デイベッドの利用は飲食のミニマム利用がRp.76万～。

プールが広々としたフィンズ・ビーチクラブ

R**カフェ・デル・マール・バリ Cafe del Mar Bali**（[MAP] P.235-C3 WA 0811-3811-7171 URL cafedelmarbali.co.id 営業 毎日11:00～23:00）はスペイン・イビサ島を本拠に世界各地で展開。プール、カバナ、ステージが海沿いに並ぶ

バリのクラブカルチャーが感じられるカフェ・デル・マール

オープンスペースに、まったり流れるチルアウト音楽がとても心地いい。入場料はRp.25万。

また2022年に登場したR**アトラス・ビーチクラブ Atlas Beach Club**（[MAP] P.235-C3 TEL 0361-300-7222 URL atlasbeachfest.com 営業 毎日10:00～24:00）は世界最大級のクールな最新スポット。3ヘクタールの敷地には屋内クラブも完備し、ビーチ沿いの中央ステージでは毎日15時からDJプレイで盛り上げる。パブリックエリアへの入場はRp.25万、デイベッド使用は1組Rp.175万～。

アトラス・ビーチクラブは夕景スポットとしても評判

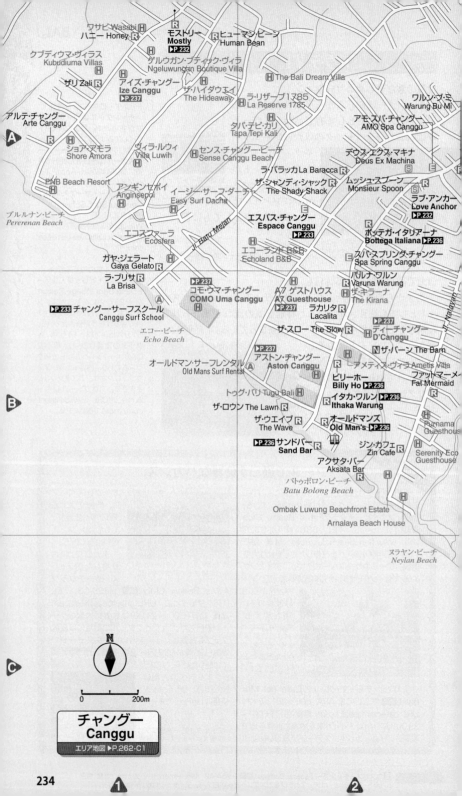

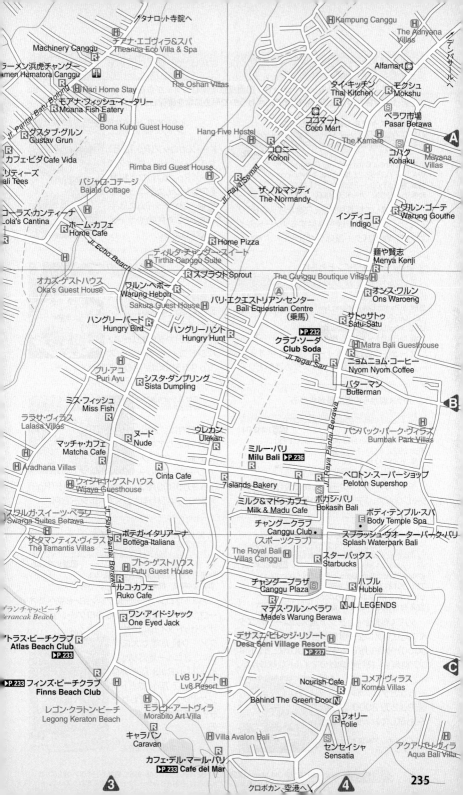

レストラン　Restaurant

　チャングーには海沿いのレストランや、田園風景を望むカフェが点在している。特にビーチに面した店は、夕暮れ時になると旅行者でにぎわうので早めに席を確保しよう。

居酒屋スタイルの斬新な和風メニュー
ビリーホー
Billy Ho　　MAP P.234-B2

住所	Jl. Pantai Batu Bolong, Canggu
WA	0877-3552-2232　URL billyho.co
営業	毎日17:00 〜 23:00（土日11:00 〜）
税&サ	+17.5%　カード D J M V　WI-Fi OK

和食を意識した創作料理は日本人にもおすすめだ

　食を追求して世界中を旅してきたオーストラリア人シェフが創作料理を提供するリゾートダイニング。味噌バター風味のグリルド・ホッカイドー・スカロップ(Rp.12万)やチャーシュー・ポークベリー（Rp.26万）など和食をアレンジしたメニューを提供。ランチタイムには手頃な料金で丼物やラーメンも味わえる。

絶品パスタをワインとともに
ボッテガ・イタリアーナ
Bottega Italiana　　MAP P.234-A2

住所	Jl. Pantai Batu Bolong No.77, Canggu
TEL	0822-3611-1011 携帯
URL	www.bottegaitalianabali.com
営業	毎日9:00 〜 23:00　税&サ 込み　カード 不可

イタリア人シェフの料理が堪能できる

　オーナーシェフのルイージ氏が提供するホームメイドパスタが評判。パスタの種類とソースを自分の好みで選ぶシステムになっている。ラグ・ディ・アナタラ・ソース(Rp.9万5000)やタリオリーニ・バジリコペーストソース(Rp.9万5000)が店のおすすめメニュー。

テラス席から田園風景が広がる
ミルー・バリ
Milu Bali　　MAP P.235-B4

住所	Jl. Pantai Berawa No.90 XO, Canggu
TEL	0822-4711-4441 携帯
営業	毎日8:00 〜 23:00
税&サ	+16%　カード M V　WI-Fi OK

緑の風が吹き抜ける隠れ家スポット

　チャングー郊外の田園風景に溶け込む、オシャレなカフェ。アンティーク家具や植物が飾られた店内は、フォトスポットとしても人気が高い。バリニーズ・シーフードカレー(Rp.8万5000)やアジアン・チキンサラダ(Rp.6万5000)など料理はすべてヘルシー志向。

スペイン人経営のおしゃれ食堂
イタカ・ワルン
Ithaka Warung　　MAP P.234-B2

住所	Jl. Pantai Batu Bolong No.168, Canggu
TEL	0812-3932-5317 携帯
URL	www.ithakawarung.com
営業	毎日7:00 〜 23:00　税&サ 込み　カード 不可

　タパス料理から、アジア風のカレーやパスタまで幅広いメニュー構成が自慢。サテ(Rp.4万5000)やガドガド(Rp.4万8000)などインドネシア料理も、旅行者向けのマイルドな味つけだ。イカやマッシュルームなどタパス料理(Rp.2万8000 〜)も試してみよう。

インドネシア料理も充実している

開放的なビーチで自由時間を
サンドバー
Sand Bar　　MAP P.234-B2

住所	Jl. Pantai Batubolong　TEL なし
営業	24時間　税&サ 込み　カード 不可

　バトゥボロン・ビーチにクッションを並べたオープンバー。南国ならではのロケーションで、サンセットタイムにはサーファーや観光客で大にぎわい。メニューはバリハイビール(小 Rp.3万)やカクテル(Rp.7万 〜)などドリンクオンリー。日替わりでライブ演奏もある。

サンセットタイムは早めに席の確保を

ノミダシ　R オールドマンズ Old Man's（MAP P.234-B2　TEL 0361-846-9158　営業 毎日8:00 〜翌1:00)はバトゥボロン・ビーチ沿いにあるオープンカフェ。各国からのサーファーたちでにぎわっている。

ホテル Hotel

チャングーと呼ばれるエリアはとても広いが、中級や格安ホテルはエコー・ビーチ沿いに集中している。バトゥボロン・ビーチ沿いには高級ヴィラも点在する。

エコー・ビーチの大型ホテル
コモ・ウマ・チャングー
COMO Uma Canggu [MAP] P.234-B1

住所 Jl. Pantai Batu Mejan, Echo Beach, Canggu
TEL (0361)620-2228
URL www.comohotels.com/umacanggu
税&サ +21%　カード[A][M][V]　[Wi-Fi] OK
料金 [AC][Mini][TV] チャングールームⓈⒹ US$243～
[AC][Mini][TV] パティオルームⓈⒹ US$360～
[AC][Mini][TV] スイート US$374～

ビーチフロントに建つ全119室の高級リゾート。インド洋を望むラグーンプール、ハイエンドなダイニング＆スパ、デザイン性の高いベッドルームなど施設の充実度はエリア随一。レジデンスやペントハウスなど、セレブ向けの客室も用意されている。[POOL][レストラン][朝食]

ラグーンプール沿いに客室棟が並ぶ

インスタ映えする今旬ホテル
アストン・チャングー
Aston Canggu [MAP] P.234-B2

住所 Jl. Pantai Batu Bolong No.99, Canggu
TEL (0361)302-3333　WA 0812-3903-6447
URL canggu.astonhotelsinternational.com
税&サ +21%　カード[A][J][M][V]　[Wi-Fi] OK
料金 [AC][Mini][TV] スーペリアⓈⒹ Rp.160 万～
[AC][Mini][TV] デラックスガーデンⓈⒹ Rp.230 万～
[AC][Mini][TV] デラックスラグーンⓈⒹ Rp.305 万～

バトゥボロン・ビーチまで徒歩1分の立地にある全93室のカジュアルリゾート。プールやレストランのあるルーフトップからは海が見渡せ、夕暮れ時には夕景を独占できる。客室は機能的で使いやすく、部屋からのビューで料金が異なる。[POOL][レストラン][朝食]

デラックスガーデンの室内

2023 年夏にオープン
アイズ・チャングー
Ize Canggu [MAP] P.234-A1

住所 Jl. Pantai Pererenan, Canggu
TEL (0361)335-7788　WA 0811-3953-555
URL www.ize-canggu.com
税&サ 込み　カード[A][M][V]　[Wi-Fi] OK
料金 [AC][Mini][TV] デラックスⓈⒹ Rp.137 万～
[AC][Mini][TV] コートヤードⓈⒹ Rp.177 万～
[AC][Mini][TV] スイート Rp.286 万～

プルルナン・ビーチまで徒歩5分ほど。ラグーンプールに沿って客室棟が建つ全37室のブティックホテル。エアコン付きのコワーキングスペースはノマド旅行者に好評で、スムージーやパンケーキが選べる朝食も◎
[POOL][レストラン][朝食]

静かにバカンスを楽しめる閑静な立地にある

落ち着いて過ごせてコスパ抜群
ディーチャングー
D'Canggu [MAP] P.234-B2

住所 Jl. Pantai Batu Bolong No.96B, Canguu
TEL 0819-1673-2806 携帯
税&サ 込み　カード 不可　[Wi-Fi] OK
料金 [AC][Mini][TV] ダブルベッドⓈⒹ Rp.35 万～
[AC][Mini][TV] ツインベッドⓈⒹ Rp.35 万～
[AC][Mini][TV] 3 ベッドルーム Rp.45 万～

ビーチまで徒歩10分ほどの路地沿いにある全11室のホームステイ。部屋のテラスやバルコニーからは田園風景が望め、周囲にはレストランやショップも多い。[POOL][レストラン][朝食]

部屋の種類が多くグループ利用も OK

ナチュラリストやヨギーニに評判
デサスニ・ビレッジ・リゾート
Desa Seni Village Resort [MAP] P.235-C4

住所 Jl. Subak Sari No.13, Canggu
TEL (0361)844-6392　URL www.desaseni.com
税&サ +21%　カード[M][V]　[Wi-Fi] OK
料金 [AC][Mini][TV] ビレッジキャビンⓈ US$100
[AC][Mini][TV] ビレッジハウスⒹ US$170
[AC][Mini][TV] スイート US$240

南国的な美しいガーデンにたたずむ、全13室のアンティークホテル。ヨガプログラムの充実度はバリ島でも有数で、レッスンのために訪れるビジターも多い。
[POOL][レストラン][朝食]

シングルタイプの部屋も充実

ハミダシ [H] A7 ゲストハウス A7 Guesthouse ([MAP] P.234-B2 TEL 0812-3967-7920 携帯)は全 7 室の清潔な宿。ほとんどの客室にテラスかバルコニーが付いている。デラックスⒹ Rp.55 万～。

高級リゾートが点在する素朴な漁村

ジンバラン

Jimbaran

高　　度	10m未満
市外局番	0361

ジンバランへのアクセス

　グラライ空港からタクシーで15～30分、Rp.18万～25万。ジンバランエリアから空港へは、メータータクシー利用でRp.8万～。

タクシー
◆クタから
20～30分、Rp.9万～
◆スミニャックから
40～50分、Rp.15万～
◆ヌサドゥアから
10～15分、Rp.7万～
◆サヌールから
40～50分、Rp.15万～

配車サービスの利用状況

　GrabやGojekなどの配車サービス（→ P.478）が利用できる。シーフードBBQで有名な「イカン・バカール・ジンバラン」周辺からの乗車も近年は問題なく利用できるようになっている。

　静かなビーチでのんびりと休日を過ごしたいなら、ジンバランがおすすめ。グラライ国際空港からすぐ南側にあるこのエリアには、快適なヴィラが続々とオープンし、世界各地のセレブから注目を集めている。まだ観光客に媚びを売る物売りや、みやげ物屋はほとんど見かけない。騒々しいクタやホテルが過密気味のヌサドゥアに比べて、ゆったりとリゾート気分が満喫できるはずだ。

空港の灯を望めるビーチでディナータイムを

　ジンバランは静かな漁村という雰囲気を、いまだ濃厚に残している。道ゆく人たちもバリ人特有の人懐っこさがあり、子供たちが旅行者に見せる反応も、初々しい。早朝から漁船が行き来し、売り手と買い手がパワフルに交渉するパサール・イカンは無性に懐かしく、夜になるとビーチ沿いにはシーフードのBBQレストラン（イカン・バカール・ジンバラン）がオープンする。バリの田舎的な部分とリゾートが、とてもいいバランスを保って共生しているエリアだ。

Information

ジンバラン名物のシーフードBBQ

　ジンバランの名物は、何といってもシーフードのBBQ（イカン・バカール・ジンバラン）。新鮮な魚介類の炭火焼きが楽しめる、日本人旅行者にも人気のスポットだ。どの店も簡素な屋根付き店内と、ビーチに出したテーブル席のオープンなスタイル。夕暮れ時には夕日や漁り火がムードを盛り上げてくれる。店がにぎわい出すのはおおむね12:00～23:00前後（午前中から営業する店も多い）。

　数十軒ほどあるレストランはどこも同じような内容だが **Ｒ ラーマヤナ・カフェ Ramayana Cafe**

新鮮な海の幸を満喫しよう

（MAP P.239-B1 TEL 0811-397-283 携帯）は良心的な値段で評判の店。と

夕暮れ時の利用がおすすめ

りあえずブラブラと歩いて、雰囲気のよさそうな店に入ろう。まずは店先に氷漬けされている魚を吟味。日本では見かけない種類もあるので、「イカン・マナ・エナッ？（どの魚がおいしい？）」とおすすめを聞いてみるといい。好きなものを選んだら、今度はそれを量ってもらう。シーフードの値段はキロ単位なので、最初に「ブラパ・ハルガ・サトゥ・キロ？（1kgいくら？）」と聞いておけばボラれることもないはず。値段は時価だが、1kg当たりの目安はスナッパーなどの魚Rp.25万～、エビRp.35万～、イカRp.25万～、ロブスターRp.80万～など。シーフードを注文すると、ご飯、生野菜、カンクン菜炒め、ゆでたジャガイモなどが料理に付いてくる店が多い。

ハミダシ　Ｓサイドウォーク・ジンバラン Sidewalk Jimbaran （MAP 折込裏②）URL www.sidewalk.id　営業毎日10:00～22:00）は日本へのおみやげ探しにおすすめの大型モール。シネコンも併設している。

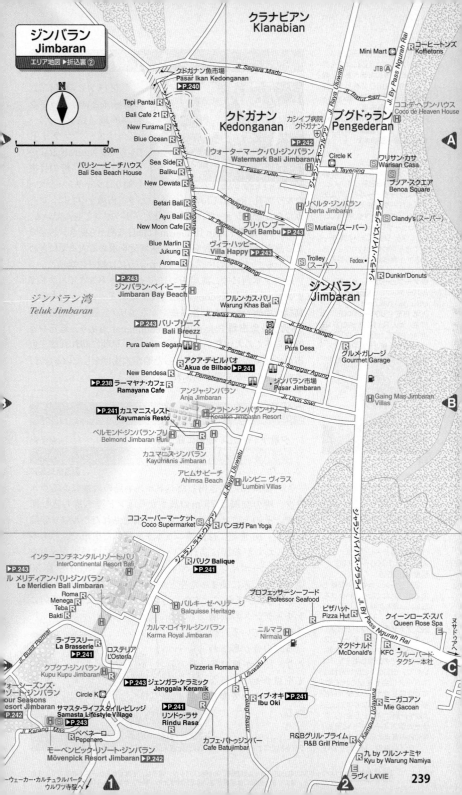

ジンバラン
Jimbaran

エリア地図 ▶折込裏②

クラナビアン
Klanabian

Mini Mart　コーヒートンズ Koffietons
JTB Ⓐ

ココ・デ・ヘブン・ハウス
Coco de Heaven House Ⓗ

クドガナン魚市場
Pasar Ikan Kedonganan ▶P.240

Tepi Pantai Ⓡ
Bali Cafe 21 Ⓡ
New Furama Ⓡ
Blue Ocean Ⓡ

クドガナン
Kedonganan

プグドゥラン
Pengederan

▶P.242

カシイプ病院
クドガナン Ⓗ

Circle K Ⓒ

ウリサン・カサ Ⓢ
Warisan Casa

Sea Side Ⓡ
Baliku Ⓡ
New Dewata Ⓡ

ウォーターマーク・バリ・ジンバラン Ⓗ
Watermark Bali Jimbaran

Jl. Tayening
ブノア・スクエア Ⓢ
Benoa Square

バリ・シー・ビーチ・ハウス
Bali Sea Beach House

Betari Bali Ⓡ
Ayu Bali Ⓡ
New Moon Cafe Ⓡ

リベルタ・ジンバラン Ⓗ
Liberta Jimbaran

Clandy's (スーパー) Ⓢ

プリ・バンブー Ⓗ
Puri Bambu ▶P.243

Ⓢ Mutiara (スーパー)

Blue Marlin Ⓡ
Jukung Ⓡ
Aroma Ⓡ

ヴィラ・ハッピー
Villa Happy ▶P.243

Trolley Ⓢ
(スーパー)

Fedex ●

Ⓢ Dunkin'Donuts

ジンバラン湾
Teluk Jimbaran

▶P.243
ジンバラン・ベイ・ビーチ Ⓗ
Jimbaran Bay Beach

ワルン・カス・バリ
Warung Khas Bali

ジンバラン
Jimbaran

▶P.243 バリ・ブリーズ
Bali Breezz

Jl. Batas Kauh

Jl. Batas Kangin

BRI

Pura Dalem Segara Ⓗ

Jl. Pantai Sari

Pura Desa

グルメ・ガレージ Ⓡ
Gourmet Garage

New Bendesa Ⓡ

アクア・デ・ビルバオ Ⓡ
Akua de Bilbao ▶P.241

Jl. Sanggar Agung

Ⓗ Gaing Mas Jimbaran
Villas

▶P.238 ラーマヤナ・カフェ
Ramayana Cafe

アンジャ・ジンバラン
Anja Jimbaran

ジンバラン市場
Pasar Jimbaran

Jl. Ulun Siwi

▶P.241 カユマニス・レスト
Kayumanis Resto

クラトン・ジンバラン・リゾート Ⓗ
Keraton Jimbaran Resort

ベルモンド・ジンバラン・プリ Ⓗ
Belmond Jimbaran Puri

カユマニス・ジンバラン
Kayumanis Jimbaran

アヒムサ・ビーチ
Ahimsa Beach

ルンビニ ヴィラス
Lumbini Villas

ココ・スーパーマーケット
Coco Supermarket

Ⓡ パンヨガ Pan Yoga

インターコンチネンタル・リゾート・バリ
InterContinental Resort Bali

Ⓡ バリク Balique
▶P.241

▶P.243
ル メリディアン・バリ・ジンバラン
Le Meridien Bali Jimbaran

Roma Ⓡ
Menega Ⓡ
Teba Ⓡ
Bakti Ⓡ

Ⓗ バルキーゼ・ヘリテージ
Balquisse Heritage

プロフェッサーシーフード
Professor Seafood

ピザハット
Pizza Hut

クイーンローズ・スパ
Queen Rose Spa

カルマ・ロイヤル・ジンバラン
Karma Royal Jimbaran

ニルマラ
Nirmala

マクドナルド
McDonald's

KFC

ブルーバード
タクシー本社

ラ・ブラスリー
La Brasserie
▶P.241

Pizzeria Romana

ロステリア
L'Osteria

ミーガコアン
Mie Gacoan

クプクプ・ジンバラン
Kupu Kupu Jimbaran

▶P.243 ジェンガラ・ケラミック
Jenggala Keramik

イブ・オキ ▶P.241
Ibu Oki

Circle K Ⓒ

オーシーズンズ・
リゾート・ジンバラン
Four Seasons
Resort Jimbaran ▶P.242

サマスタ・ライフスタイル・ビレッジ
Samasta Lifestyle Village
▶P.243

▶P.241
リンドゥ・ラサ
Rindu Rasa

R&Bグリル・プライム
R&B Grill Prime

ペペネーロ
Pepenero

カフェ・バトゥジンバー
Cafe Batujimbar

九 by ワルン・ナミヤ Ⓡ
Kyu by Warung Namiya

モーベンピック・リゾート・ジンバラン
Mövenpick Resort Jimbaran ▶P.242

ラヴィ LA'VIE

ウェーカー・カルチュラルパーク
ウルワツ寺院へ

239

朝の魚市場を訪ねてみよう

　クドガナンの浜辺には魚を売買するローカル市場がある。購入した魚をBBQで味わえる簡易食堂も併設されている。

●クドガナン魚市場
Pasar Ikan Kedonganan
MAP P.239-A1
営業 早朝〜昼頃まで

観光名所の文化公園

　ジンバランからウルワツ方面へ車で10分ほど登っていくと、高台にゲーウェーカー・カルチュラルパークが見えてくる。ガルーダ・ヴィシュヌ像を中心に、ギャラリーやショップがオープンしている。ジンバランの湾を一望できる眺めのいいカフェもあるので、食事がてら立ち寄るのもいい。

●ゲーウェーカー・カルチュラルパーク　MAP 折込裏②
URL gwkbali.com
入場 毎日9:00〜21:00
料金 大人Rp.12万5000、子供Rp.10万。※ガルーダ・ヴィシュヌ像の入館は別途Rp.20万

巨大なガルーダ・ヴィシュヌ像

ウルワツ寺院

　バドゥン半島の西端にあり、公共の交通機関はない。タクシーでジンバランから約30分。
入場 毎日7:00〜19:00
料金 大人Rp.5万、子供Rp.3万

ウルワツのケチャダンス

入場 毎日18:00〜19:00
料金 Rp.15万
　旅行シーズンはすごい混雑で座る場所もなくなる。いい席を取るには早めに到着しよう。

✉ **ケチャ鑑賞のアドバイス**
　ウルワツ寺院のケチャダンスは大盛況で帰りの車も大渋滞。公演途中での離席はもったいないので、出口近くの席に座ればスムーズに会場を出られます。待ち時間を含めると2時間ほど屋外にいることになるので、虫よけや日焼け対策を万全に。ケチャ公演はエネルギーに満ち、声のみの音楽に心震えました。
（北海道　M.Y）['24]

歩き方

活気あふれる早朝の魚市場

　ジンバランの東には、サヌールとヌサドゥアを結ぶ幹線道路ジャラン・バイパス・ググライ Jl. By Pass Ngurah Rai が走っているが、町の目抜き通りはジャラン・ラヤ・ウルワツ Jl. Raya Uluwatu。ジンバラン市場を中心に、ローカルな食堂、ショップ、両替所などがポツポツと並んでいる。**ジンバラン市場** Pasar Jimbaran は毎日未明から開き、お昼頃まで魚や野菜などの食料品や生活雑貨を求める人々でにぎわっている。バリ人の生活ぶりをうかがうには絶好の場所だ。

　その1本西には、海岸沿いにジャラン・パンタイ・クドガナン Jl. Pantai Kedonganan が通っている。ここから南側は高級〜中級のホテルが並ぶ華やかなエリア。通りの北側には**クドガナン魚市場** Pasar Ikan Kedonganan もあり、地元や近郊から多くの人が買い出しに来ている。早朝に訪れれば、魚市場の桟橋周辺で、漁から戻った船が水揚げをしているなど、漁村の鮮やかな光景があふれている。

おもな見どころ

夕景がすばらしい断崖に建つ寺院　★★★
ウルワツ寺院
Pura Luhur Uluwatu　MAP 折込裏②

　バリ島南部に突き出したバドゥン半島の西端にあるウルワツ。岬の突端は75mの高さからインド洋へ落ち込む断崖で、その上には10〜11世紀に創建されたウルワツ寺院がある。16世紀には高僧ニラルタも訪れた聖地で、今も多くの人たちが参拝に訪れている。旅行者には雄大な夕日を見るビューポイントとして有名で、乾季の18:00〜18:30頃には真っ赤に染まった空と海を背景に、寺院のシルエットがくっきり浮かぶ。また、寺院を望む広場では定期的にケチャダンスの公演も行われている。砕ける波の音が響きわたり、どこか地の果てを思わせるような雰囲気のなかで楽しめる。

ロケーションがすばらしいウルワツ寺院でのケチャダンス

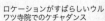
ハミダシ　ウルワツ寺院の敷地にいるサルは危険。めがね、バッグ、帽子などを奪われるケースもあるので、注意しておくこと。またケチャ会場には屋根がないので日焼け止め、帽子、サングラスなど忘れずに。

バリ島

ジンバラン

レストラン　　Restaurant

　ジンバランでの食事は屋台街のイカン・バカールがおすすめ。ビーチ沿いやジャラン・ラヤ・ウルワツ周辺には、屋台だけでなく眺めのいいレストランも並んでいる。

■ ガーデンレストランで芸術的な料理を
カユマニス・レスト
Kayumanis Resto　　**MAP P.239-B1**

住所 Jl. Yoga Perkanthi, Jimbaran
TEL (0361) 705-777　URL www.kayumanis.com/
kayumanis-resto-jimbaran　営業 毎日 7:00 ～ 23:00
税&サ +21%　カード A D J M V　WiFi OK

　高級リゾート（カユマニス・ジンバラン）内の庭園に建つジョグロ建築の優雅なダイニング。アマン出身の敏腕シェフが海の幸を使ったカラ

繊細で味わい深い料理が堪能できる

ンガン・ペパシー（Rp.37万5000）や牛のスパイス煮込みビーフ・ルンダン（Rp.16万）など、多彩なインドネシア料理を提供する。名物メニューはアヒル肉をスパイスで蒸し焼きにしたベベッ・パンガン・ムクドゥスのセット（Rp.30万）。

■ バスク出身のシェフが腕を振るう
アクア・デ・ビルバオ
Akua de Bilbao　　**MAP P.239-B1**

住所 Jl. Pemelisan Agung No.27, Jimbaran
TEL 0816-800-542 携帯
営業 毎日 12:00 ～ 22:00
税&サ +18%　カード A J M V　WiFi OK

　ビーチ沿いにあるスペイン料理のレストラン。魚のフィレを芳醇なソースで味わうルビナ・バラムンディ・アラ・ビルバイナ（Rp.13万5000）やバスク・トラディショナル・チーズケ

本場レシピで料理を提供する

ーキ（Rp.6万）など、バスク地方の料理が評判。パエリア・シーフード（2人前Rp.28万5000）やイベリコ豚のサラミハム（Rp.37万5000）もシェフのおすすめ。

■ 口コミで評判のグルメスポット
ラ・ブラスリー
La Brasserie　　**MAP P.239-C1**

住所 Jl. Bukit Permai No.8, Jimbaran
TEL 0812-3950-0044 携帯
営業 木～火 9:00 ～ 22:00
税&サ 込み　カード 不可　WiFi OK

　フレンチ家庭料理やココナッツカレーが楽しめる多国籍レストラン。おすすめはスモークサーモンやフェタチーズをパンに乗せたタルティーヌ（Rp.12万）、ラオス風カレー・ココ・ヌードル（Rp.8

開放的で気軽に立ち寄れる雰囲気

万）など。チョコレートフォンデュやクリームカラメルなどの本格的なデザート（Rp.2万5000 ～ 5万）もぜひ味わってみたい。ウブドには姉妹店のメルティング・ウォッグがある。

ジンバラン地区の人気ワルン

アヤム・ベトゥトゥを添えたナシチャンプル

　地元密着型の格安ワルンはジンバランにもいろいろある。R **イブ・オキ Ibu Oki**（MAP P.239-C2　TEL 0813-5321-3247 携帯　営業毎日 7:00 ～ 18:00）は、毎日150羽もの鳥をさばいて提供する人気ワルン。名物のアヤム・ベトゥトゥ（Rp.3万5000）や、ナシチャンプル（Rp.3万5000）がおすすめ。ただし店内はあまりキレイではないので、そのつもりで。

　R **リンドゥ・ラサ Rindu Rasa**（MAP P.239-C1　TEL 0851-0908-1789 携帯　営業毎日 9:00 ～ 24:00）はスマトラ島の多彩な料理が楽しめるパダン料理の店。ご飯と総菜を盛り合わせて1皿 Rp.4万～。客が席に着くと、たくさんの料理の小皿がテーブルに並べられる。

　R **チャンプル・チャンプル Campur Campur**（MAP 折込裏②　TEL 0812-3853-2548 携帯　営業 毎日 9:00 ～ 21:00）は、リピーターに大人気のナシチャンプル店。常時45種類ほどの総菜を提供しており、4～5品を選んでRp.4万～。

ハミダシ　R バリク Balique（MAP P.239-C1　TEL 0361-704-945　営業 毎日 11:00 ～ 23:00）は女性受けするカフェ。コロニアル建築にエスニック要素を取り込んだインテリアがすてき。モロッコ料理がおすすめだ。

ホテル Hotel

ジンバランにはバリの代表的な高級リゾートが、中心部と西のビーチ沿いに点在している。空港にも近い便利なロケーションだが、とても静かに過ごせる。安宿は市場周辺に何軒かあるが数は少ない。ハイシーズンには特別料金が設定されているホテルも多い。

最高級リゾートで優雅な休日を

フォーシーズンズ・リゾート・ジンバラン

Four Seasons Resort Jimbaran [MAP] P.239-C1

住所 Jimbaran, Denpasar　TEL (0361) 701-010
URL www.fourseasons.com/jimbaranbay
税&サ +21%　カード [A][D][J][M][V]　[Wi-Fi] OK
料金 [AC][Mini][TV] ガーデン・ヴィラ Rp.977 万〜
[AC][Mini][TV] ジンバランベイ・ヴィラ Rp.1236 万〜
[AC][Mini][TV] デラックス・ヴィラ Rp.1517 万〜
[AC][Mini][TV] プレミア・オーシャン・ヴィラ Rp.2521 万〜

ロマンティックなヴィラのベッドルーム

ジンバラン市場から 3km ほど南にある、バリ島リゾートの代表格。湾を見下ろす丘の斜面に 156 棟のプライベートヴィラが並んでいる。全室にプライベートプール、ダイニング棟が付き、優雅な天蓋付きベッドルームや欧州調のバスタブが滞在を盛り上げてくれる。各種レストランやスパなど施設も充実。[POOL][レストラン][朝食]

自然との共生がコンセプト

シックスセンシズ・ウルワツ

Six Senses Uluwatu [MAP] 折込裏②

住所 Jl. Goa Lempeh, Uluwatu
TEL (0361)209-0300　URL www.sixsenses.com
税&サ +21%　カード [A][M][V]　[Wi-Fi] OK
料金 [AC][Mini][TV] スカイスイート Rp.1005 万〜
[AC][Mini][TV] スカイプールスイート Rp.1064 万〜
[AC][Mini][TV] クリフプールヴィラ Rp.1367 万〜

プールから絶景が広がっている

インド洋が目前に広がるウルワツ地区の断崖に建つ、全 103 室の最高級リゾート。3 階建ての客室棟にあるスカイスイートや独立式のクリフプールヴィラなど、全室のベッドやバスルームから海を望めるロケーションがすばらしい。時間を忘れて過ごしたくなるインフィニティプール、感動的な夕景が望めるバー、最新設備を誇るスパなど施設もバリ最高レベルだ。[POOL][レストラン][朝食]

閑静な立地にある大型快適リゾート

アヤナ リゾート＆スパ バリ

Ayana Resort & Spa Bali [MAP] 折込裏②

住所 Jl. Karang Mas Sejatera, Jimbaran
TEL (0361) 702-222　WA 0811-3820-2288
日本予約 TEL (03) 6459-3670
URL www.ayana.com/ja/bali
税&サ +21%　カード [A][J][M][V]　[Wi-Fi] OK
料金 [AC][Mini][TV] リゾートビューⓈⒹRp.450 万〜
[AC][Mini][TV] オーシャンビューⓈⒹRp.526 万〜
[AC][Mini][TV] スイート Rp.761 万〜
[AC][Mini][TV] クリフヴィラ Rp.1736 万〜

プールやスパなどハイレベルな施設が揃う人気ホテル

ジンバラン中心部から 5km ほど西、雄大な夕日が眺められる丘に建つバリ随一の人気リゾート。全 294 室のビルディング内と 78 棟のヴィラの 2 タイプ。ホテル内には各国の料理が楽しめる各種レストランや、本格的なタラソ施設をもつスパも完備。敷地から数 km 離れたプライベートビーチも所有している。バリ最高レベルの施設が充実しているので、リゾートにいるだけで優雅にバカンスを楽しめる。[POOL][レストラン][朝食]

大型モール「サマスタ」併設の 5 スターホテル

モーベンピック・リゾート・ジンバラン

Mövenpick Resort Jimbaran [MAP] P.239-C1

住所 Jl. Wanagiri No.1, Jimbaran
TEL (0361) 472-5777
URL www.movenpick.accor.com
税&サ +21%　カード [A][D][J][M][V]　[Wi-Fi] OK
料金 [AC][Mini][TV] クラシックⓈⒹRp.190 万〜
[AC][Mini][TV] プールビューⓈⒹRp.211 万〜
[AC][Mini][TV] ファミリールーム Rp.276 万〜

プールビューのベッドルーム

ジンバランの高台に建つ国際的なホテルブランド。ラグーンプールや 5 つのレストラン＆バーを有し、敷地内にショッピングモールも併設。子供用アクティビティやキッズクラブを無料利用できる。全 297 室。ボトムカテドリのクラシックルームでも 34m² と快適な広さ。[POOL][レストラン][朝食]

ハミダシ [H]ウォーターマーク・バリ・ジンバラン Watermark Bali Jimbaran（[MAP] P.239-A2　TEL 0361-472-5100　URL www.watermark-bali.com）は全143 室のホテル。スーペリアⓈⒹ Rp.72 万〜。

ジンバラン湾を見下ろす丘の上に登場
ル メリディアン・バリ・ジンバラン

♥ Le Meridien Bali Jimbaran　　MAP **P.239-C1**
住所 Jl. Bukit Permai, Jimbaran
TEL (0361)846-6888
URL www.lemeridienbalijimbaran.com
税&サ +21%　カード ADJMV　Wi-Fi OK
料金 AC Mini TV ラグーンビューSD Rp.170万〜
　　 AC Mini TV ラグーンアクセスSD Rp.200万〜
　　 AC Mini TV スイート Rp.205万〜

　全117室のスタイリッシュな高級ホテル。客室のインテリアは海をイメージさせる青色がアクセント。ジンバランで一番人気のシーフードレストランを気軽に利用できる立地も◎

POOL レストラン 朝食

ラグーンプールの周囲に客室棟を配置

開放的なビーチフロントの好立地
ジンバラン・ベイ・ビーチ

♥ Jimbaran Bay Beach　　MAP **P.239-B1**
住所 Jl. Pantai Kedonganan No.888, Kedonganan
TEL (0361)705-999　WA 0811-3813-788
URL jimbaranbaybeach.com
税&サ +21%　カード AJMV　Wi-Fi OK
料金 AC Mini TV タルナジャヤD Rp.75万〜
　　 AC Mini TV レゴンクラトンD Rp.75万〜

　ビーチに面した全117室の中級ホテル。客室はタルナジャヤ、レゴンクラトンなど舞踊名で11のカテゴリに分かれている。外側から室内が見えてしまう場合もあるので3階以上の部屋を指定しよう。

POOL レストラン 朝食

屋上階からは眺望が広がっている

手頃な料金設定がうれしい
プリ・バンブー

♥ Puri Bambu　　MAP **P.239-A2**
住所 Jl. Pengeracikan, Kedonganan, Jimbaran
TEL (0361)701-377　FAX (0361)701-440
URL www.hotelpuribambu.com
税&サ 込み　カード AJMV　Wi-Fi OK
料金 AC Mini TV スタンダードD Rp.95万〜
　　 AC Mini TV スーペリアD Rp.105万〜
　　 AC Mini TV デラックスD Rp.130万〜

　ジンバランと空港の間にあり、ビーチまで歩いて5分ほど。中庭にある広いプールが魅力で、スタッフの応対もフレンドリー。客室は3タイプに分かれているが、スタンダードでも値段のわりにゆったりしている。全48室。POOL レストラン 朝食

浜辺に近くてリーズナブル
バリ・ブリーズ

♥ Bali Breezz　　MAP **P.239-B1**
住所 Jl. Pantai Sari No.23, Jimbaran
TEL (0361)708-524　URL www.breezzhotel.com
税&サ 込み　カード AJMV　Wi-Fi OK
料金 AC Mini TV スーペリアD Rp.70万〜
　　 AC Mini TV デラックスD Rp.72万〜
　　 AC Mini TV プレミアD Rp.96万〜

　ジンバラン・ビーチから100mほど東。コスパの高さから長期滞在する欧米人旅行者も多い。スーペリア(17m²)はやや手狭なので、宿泊料がほとんど変わらないデラックス(26m²)を指定するのがおすすめ。ジンバラン市場やクドガナン魚市場も徒歩圏内だ。POOL レストラン 朝食

ジンバランのショッピングスポット

S **ジェンガラ・ケラミック Jenggala Keramik**(MAP P.239-C1　TEL 0361-703-311　URLwww.jenggala.com　営業 毎日9:00〜19:00) は、バリの自然からインスピレーションを受けた陶磁器の宝庫。ハスの葉やカエル、バリの女神などをモチーフとして使い、エキゾチックな作品を生み出している。その芸術世界に浸るならジンバランの巨大なショップへと足を運んでみよう。約3500種類もの商品を整然と展示している。

バリ陶器を買うならジェンガラ・ケラミックへ

アートギャラリーやカフェも併設されており、観光スポットとしても人気が高い。
S **サマスタ・ライフスタイル・ビレッジ Samasta Lifestyle Village** (MAP P.239-C1　TEL 0361-446-8600　URL www.samastabali.com) はグラライ国際空港に近いショッピングやグルメスポットの複合施設。おみやげ店のKrisnaもあるので、帰国便の出発までバラマキみやげを探すのにも便利。営業は毎日10:00〜22:00 (店舗により異なる)。

大型おみやげ店も入ったサマスタ・ライフスタイル・ビレッジ

ハミダシ H **ヴィラ・ハッピー Villa Happy** (MAP P.239-A1 TEL 0361-702-516)はジンバランの浜辺まで徒歩3分の格安ホテル。イカン・バカールや海辺の散歩が気軽に楽しめる。スタンダードD Rp.30万〜。

バリで一番最初に開発された大型リゾートタウン

ヌサドゥア&ブノア
Nusa Dua & Benoa

デンパサール
ヌサドゥア&
ブノア ★

高度	10m未満
市外局番	0361

ヌサドゥア&ブノアへのアクセス

空港からエアポートタクシーで20～40分(Rp.23万～30万)。ヌサドゥア&ブノアから空港へはメータータクシーでRp.10万～16万ほど。

タクシー
◆クタから
30～40分、Rp.12万～
◆スミニャックから
50～60分、Rp.16万～
◆ジンバランから
10～15分、Rp.7万～
◆サヌールから
50～60分、Rp.20万～

配車サービスの利用状況

GrabやGojekなどの配車サービス(→P.478)が利用できる。ただしGrabでは「Grab Nusa Dua」という割高なサービスしか選択できない場合もあるので注意。

「ブノア」違いに注意!

ヌサドゥアに隣接するブノア岬Tanjung Benoaと、各地からの船が運航するブノア港Benoa Harborは別の場所なので注意。

ビーチアクティビティが充実したブノア岬

ヌサドゥアの大きな割れ門のゲートをくぐると、そこは別世界。ヤシの木が生い茂り南国の風がたゆたう巨大な公園のような広い敷地に高級ホテルが並び、地元から隔離されたリゾート空間だ。白砂のビーチと珊瑚礁のラグーンで、安全で優雅な休日。ビーチはバリ島の生活臭からはかけ離れているが、各高級リゾートはひとつの町のよう。雑貨屋、ブティック、郵便受付、両替、旅行会社、タクシーカウンター、クリニック、薬局、美容院……。そして伝統芸能を観ながらディナーが楽しめるレストランや、広々としたプールと優雅なスパも、ほとんどのリゾートが完備している。

その北部に位置するブノアは、マリンスポーツ体験スポットとして人気。パラセーリングが空を舞い、ジェットスキーやバナナボートが海面を走り回っている。高級リゾートが点在する目抜き通りには、ブティックやレストランのほか、屋台やおみやげ物屋が並び、隣接するヌサドゥアよりも庶民的な印象を受けることだろう。

Information
家族連れで楽しめる舞踊公演

壮大なダンス劇**デヴダン**は、「バリ島版シルク・ドゥ・ソレイユ」とも称される最新のエンターテインメント。45分間のショーでは観客がインドネシアの5つの地域にワープし、各地方に伝わる伝統ダンスや空中アクロバットなどを目撃する趣向となっている。火や水を使った舞台装置もまるでオペラのように大がかり(アートディレクターは世界各地でオペラの演出を手がけていた英国人)。今までのバリ舞踊公演とは一線を画しており、子供から大人まで満足できること間違いなしのスペクタクルなショーだ!

●デヴダン Devdan　MAP P.246-C2
住所　Nusa Dua Theatre, Jl. Pantai Komplek ITDC, Nusa Dua　TEL (0361)770-197
URL www.devdanshow.com
時間　月・水・金・土 19:30～20:15
料金　大人 Rp.25万～85万
子供 Rp.12万～85万
ヌサドゥア・シアターで定期公演を行っている

ハミダシ　毎年10月中頃にはヌサドゥア・フィエスタが開催されている。期間中(4～5日間)にはバリ国際マラソンのほか、ゴルフやボートの大会も開かれ、芸能舞踊のショーも見学できる。

歩き方

時期により8mもの波が吹き上がるウオーターブロー

ヌサドゥア Nusa Dua は主要な通りに割れ門（チャンディ・ブンタル）を模したゲートが造られたバリ最大級のホテルエリア。白砂のビーチに面して世界的に有名なホテルが建ち並び、その中心部にショッピングセンターのバリ・コレクション Bali Collection が建っている。ヌサドゥアの北側に延びるブノア岬 Tanjung Benoa は、アクティビティショップが軒を並べ、各種マリンスポーツが満喫できる。ヌサドゥアとは少し趣が異なり、高級リゾートの合間に格安〜中級ホテルや手頃なレストランも点在している。ブノア岬の先端にあるのは、かつて港町として栄えた村の素朴な光景。バリ寺院、モスク、仏教寺院などが並び、不思議な情緒が漂う無国籍地帯だ。

ヌサドゥアのホテルエリアからブノア岬の H グランド・ミラージュ・バリあたりまでは、ビーチに沿って気持ちのいい遊歩道が続いているので、散歩やジョギングを楽しむのもいい。

アクティビティ

マリンスポーツを楽しむならブノアへ

ブノアはバリ島で最大のマリンスポーツ基地。フライフィッシュ、ジェットスキー、バナナボート、フィッシング、パラセーリングなど、ほとんどのビーチアクティビティが楽しめる。ヌサドゥアに隣接していることもあって、ビーチはいつも観光客でにぎわっている。

ブノアにはマリンスポーツ・ショップが軒を並べている

ヌサドゥア岬の景勝地

ウオーターブロー Waterblow（MAP P.246-C2 毎日9:00〜18:00、入場料 Rp.2万5000）はパワスポとして知られる景勝地。飲食店が集まるバリ・コレクションから歩いて行くと、荒々しい火山岩が海辺にそびえ、そこに波が押し寄せて盛大に水しぶきが吹き上がっている。陽光でキラキラと飛沫が輝く光景で心身を浄化されそうだ。

マリンスポーツの料金

● フライフィッシュ
　　　　Rp.35万〜/2回
● パラセーリング
　　　　Rp.39万〜/1回
● ジェットスキー
　　　　Rp.35万〜/15分
● ドーナッツボート
　　　　Rp.17万〜/15分
● ウェイクボード
　　　　Rp.42万〜/15分
● フライボード
　　　　Rp.65万〜/15分
● スノーケリングツアー
（2人以上）Rp.45万〜/1時間
● バナナボート
（2人以上）Rp.15万〜/15分

ショップの選択

岬の東側のビーチにマリンスポーツショップが点在している。ショップによってはボラれたり安全性の問題もあるので、評判のいいショップを選ぼう。
● Benoa Marine Recreation
　　　　MAP P.247-A1
TEL (0361)771-757
URL www.bmrbalioficial.com

ヌサドゥアのショッピングスポット

ヌサドゥア地区の最大のショッピングスポットとして知られる「バリ・コレクション」。広大な敷地にはレストランやショップが入り、ヌサドゥア＆ブノアの主要ホテルからは無料シャトルバスも運行している。

中心となる SOGO（TEL 0361-772-655 営業 毎日10:00〜22:00）には、ゲス GUESS などのカジュアルブランドや、シンガポールやジャカルタ発の人気ファッションブランドも入店している。特に衣類＆下着、サンダル＆ミュール、そしてスポーツ用品は充実したラインアップで、ほかのショッピングモールよりも高級感がある。

● バリ・コレクション Bali Collection
　　　　MAP P.246-C2
住所 Kawasan Pariwisata Nusa Dua Komplek ITDC, Nusa Dua
TEL (0361)771-662
URL www.bali-collection.com
営業 毎日10:00〜22:00（店舗により異なる）

ショップやレストランが集まるバリ・コレクション

ハミダシ パシフィカ美術館 Pasifika Museum（MAP P.246-C2 TEL 0361-774-935 入場 毎日10:00〜18:00）はアジア各国から集められた絵画や美術品が展示された美術館。入場料 Rp.10万。

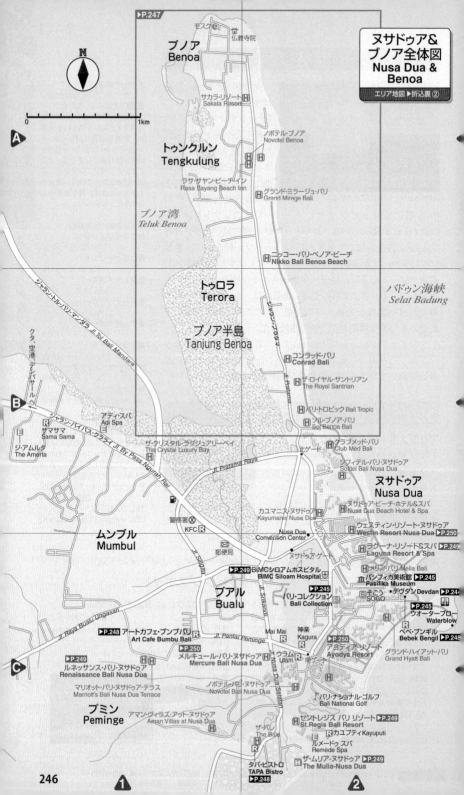

▶P.247

モスク
仏教寺院

ブノア
Benoa

ヌサドゥア&
ブノア全体図
Nusa Dua &
Benoa

エリア地図 ▶折込裏②

N

サカラ・リゾート
Sakala Resort

0　　　　　　1km

トゥンクルン
Tengkulung

ノボテル・ブノア
Novotel Benoa

ラサ・サヤン・ビーチ・イン
Rasa Sayang Beach Inn

グランド・ミラージュ・バリ
Grand Mirage Bali

ブノア湾
Teluk Benoa

ニッコー・バリ・ベノア・ビーチ
Nikko Bali Benoa Beach

バドゥン海峡
Selat Badung

トゥロラ
Terora

ブノア半島
Tanjung Benoa

コンラッド・バリ
Conrad Bali

ザ・ロイヤル・サントリアン
The Royal Santrian

ジャラン・トル・バリ・マンダラ Jl. Tol Bali Mandara

クタ、空港、デンパサールへ

バリ・トロピック Bali Tropic

ソル・ブノア・バリ
Sol Benoa Bali

アディ・スパ
Adi Spa

サマサマ
Sama Sama

ジ・アムルタ
The Amerta

ジャラン・バイパス・グライ Jl. By Pass Ngurah Rai

ザ・クリスタル・ラグジュアリーベイ
The Crystal Luxury Bay

Jl. Pratama Raya

北ゲート

クラブメッド・バリ
Club Med Bali

ソフィテル・バリ・ヌサドゥア
Sofitel Bali Nusa Dua

ヌサドゥア
Nusa Dua

ヌサドゥア・ビーチ・ホテル&スパ
Nusa Dua Beach Hotel & Spa

ウェスティン・リゾート・ヌサドゥア ▶P.250
Westin Resort Nusa Dua

カユマニス・ヌサドゥア
Kayumanis Nusa Dua

Nusa Dua
Convention Center

警察署 KFC

ムンブル
Mumbul

郵便局

ヌサドゥア・ゲート

ラグーナ・リゾート&スパ ▶P.249
Laguna Resort & Spa

メリア・バリ Melia Bali

パシフィカ美術館
Pasifika Museum

そごう SOGO デヴダン Devdan ▶P.24

▶P.249BIMCシロアムホスピタル
BIMC Siloam Hospital

ブアル
Bualu

バリ・コレクション ▶P.245
Bali Collection

バリ・ナショナル・ゴルフ
Bali National Golf

ウォーターブロー ▶P.245
Waterblow

ベベ・ブンギル Bebek Bengil ▶P.248

Jl. Raya Bualu Ungasan

▶P.248 アートカフェ・ブンブバリ
Art Cafe Bumbu Bali

Jl. Pantai Peminge

Mai Mai

神楽
Kagura

アディア・リゾート ▶P.250
Ayodya Resort

グランド・ハイアット・バリ
Grand Hyatt Bali

▶P.249
ルネッサンス・バリ・ヌサドゥア
Renaissance Bali Nusa Dua

メルキュール・バリ・ヌサドゥア ▶P.250
Mercure Bali Nusa Dua

ウラム
Ulam

南

マリオット・バリ・ヌサドゥア・テラス
Marriott's Bali Nusa Dua Terrace

ノボテル・バリ・ヌサドゥア
Novotel Bali Nusa Dua

プミン
Peminge

アマン・ヴィラズ・アット・ヌサドゥア
Aman Villas at Nusa Dua

ザ・バレ
The Bale

セントレジス バリ リゾート ▶P.249
St.Regis Bali Resort

カユプティ Kayuputi

ルメード スパ
Remède Spa

タパ・ビストロ
TAPA Bistro
▶P.248

ザ・ムリア・ヌサドゥア ▶P.249
The Mulia-Nusa Dua

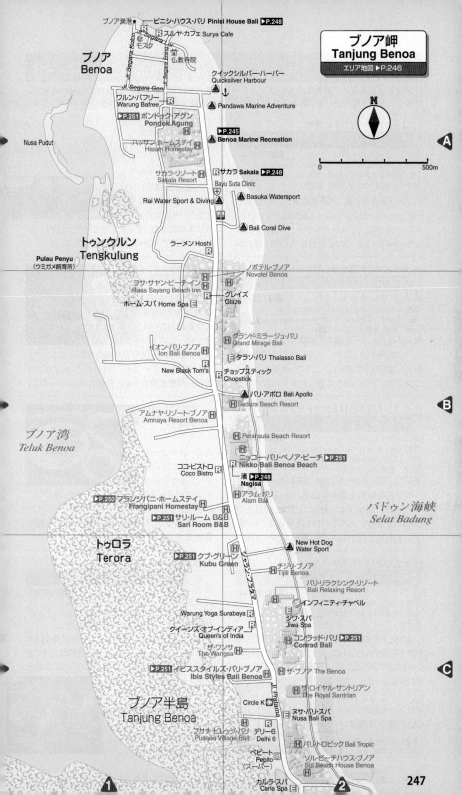

ブノア漁港 ● ── ピニシ・ハウス・バリ Pinisi House Bali ▶P.248

ブノア
Benoa

スルヤ・カフェ Surya Cafe

モスク
仏教寺院

Jl. Segara Entar
Jl. Segara Kulon

クイックシルバー・ハーバー
Quicksilver Harbour

Jl. Segara Geni

ワルン・バフリー
Warung Bafree

Pandawa Marine Adventure

ポンドック・アグン ▶P.251
Pondok Agung

▶P.245
Benoa Marine Recreation

ハッサン・ホームステイ
Hasan Homestay

サカラ・リゾート
Sakala Resort

サカラ Sakala ▶P.248

Bayu Suta Clinic

Rai Water Sport & Diving

Basuka Watersport

Nusa Pudut

トゥンクルン
Tengkulung

Bali Coral Dive

Pulau Penyu
(ウミガメ飼育所)

ラーメン Hoshi

ノボテル・ブノア
Novotel Benoa

ラサ・サヤン・ビーチ・イン
Rasa Sayang Beach Inn

グレイズ
Glaze

ホーム・スパ Home Spa

グランド・ミラージュ・バリ
Grand Mirage Bali

イオン・バリ・ブノア
Ion Bali Benoa

タラソ・バリ Thalasso Bali

New Black Tom's

チョップスティック
Chopstick

バリ・アポロ Bali Apollo

Sadara Beach Resort

アムンヤ・リゾート・ブノア
Amnaya Resort Benoa

ブノア湾
Teluk Benoa

Peninsula Beach Resort

ニッコー・バリ・ベノア・ビーチ ▶P.251
Nikko Bali Benoa Beach

ココ・ビストロ
Coco Bistro

渚 ▶P.248
Nagisa

▶P.250 フランジパニ・ホームステイ
Frangipani Homestay

アラム・バリ
Alam Bali

バドゥン海峡
Selat Badung

▶P.251 サリ・ルーム B&B
Sari Room B&B

トゥロラ
Terora

New Hot Dog
Water Sport

▶P.251 クブ・グリーン
Kubu Green

チジル・ブノア
Tijili Benoa

バリ・リラクシング・リゾート
Bali Relaxing Resort

Warung Yoga Surabaya

インフィニティ・チャペル

クイーンズ・オブ・インディア
Queen's of India

ジワ・スパ
Jiwa Spa

ザ・ワンサ
The Wangsa

コンラッド・バリ ▶P.251
Conrad Bali

▶P.251 イビススタイルズ・バリ・ブノア
Ibis Styles Bali Benoa

ザ・ブノア The Benoa

ザ・ロイヤル・サントリアン
The Royal Santrian

Circle K

ブノア半島
Tanjung Benoa

ヌサ・バリ・スパ
Nusa Bali Spa

プサナ・ビレッジ・バリ
Pusana Village Bali

デリー6
Delhi 6

バリ・トロピック Bali Tropic

Jl. Pratama

ペピート
Pepito
(スーパー)

ソル・ビーチハウス・ブノア
Sol Beach House Benoa

カルラ・スパ
Carla Spa

N

0   500m

A

B

C

① ②

レストラン　　Restaurant

　ヌサドゥア＆ブノアの各ホテルにはシーフード、ヨーロピアン、中華、和食など各国レストランが揃う。ブノア岬の通り沿いにある多くの店で、無料送迎サービスを行っている。

ローカルツーリストに評判
ピニシ・ハウス・バリ
Pinisi House Bali　　**MAP P.247-A1**

住所 Jl. Segara Lor No.11, Tanjung Benoa
TEL 0818-0417-4511 携帯　営業 毎日 10:00 ～ 22:00
税＆サ +10%　カード MV　Wi-Fi OK

テラス席の先にはスランガン島が浮かんでいる

　ブノア半島の北端、異国情緒漂う漁港近くのシービューレストラン。クルーズ船の出入りやマリンスポーツに興じる姿を眺めながら、グリルフィッシュセット(Rp.12万～)など新鮮な海の幸を味わおう。ティパッ・チャント(Rp.1万5000)、ルジャッ(Rp.1万)などのローカルスナックや本格的なコーヒーもおすすめだ。ただし、ビールなどのアルコール類は提供していない。

カリスマの料理を楽しむアート空間
アートカフェ・ブンブバリ
Art Cafe Bumbu Bali　　**MAP P.246-C1**

住所 Jl. Pintas Siligita No.101, Nusa Dua
TEL (0361) 772-344　URL www.artcafebumbubali.com　営業 毎日 11:00 ～ 22:00
税＆サ +21%　カード AMV　Wi-Fi OK

芸術作品のようなバリ料理を提供

　バリ料理のカリスマ、ハインツ氏が経営するモダンなグルメスポット。エアコンの効いたダイニングエリアや、通りに面したテラス席で郷土料理が楽しめる。牛肉ココナッツミルク煮込みのベ・サンピ・ムバセ・バリ(Rp.14万5000)や海の幸たっぷりのナシチャンプル・シーフード(Rp.16万)などがおすすめ。料理教室も水曜に開催(US$65 ～ 85)。

ウブド名店の料理をヌサドゥアで満喫
ベベ・ブンギル
Bebek Bengil　　**MAP P.246-C2**

住所 Nusa Dua Hotel Resort Area ITDC LOT CO
TEL (0361) 894-8111　URL www.bebekbengil.co.id　営業 毎日 10:00 ～ 22:00
税＆サ +21%　カード AJMV　Wi-Fi OK

名物のアヒル料理やシーフードがおすすめ

　ウブドで評判を集めているバリ伝統の味が楽しめる。看板メニューはカラッと揚げたアヒルに野菜とサンバルが付く店名と同じベベ・ブンギル(Rp.13万9000)。新鮮な魚介のグリルド・シーフード(Rp.13万2000)や、ブラックルシアンパイ(Rp.8万)などのスイーツも味わってみよう。約100席もの広い客席は、半オープンで明るい雰囲気。特に海も眺められる敷地奥のバレ席がおすすめだ。

女性ひとりでも気軽に入れる
タパ・ビストロ
TAPA Bistro　　**MAP P.246-C2**

住所 Jl. Raya Nusa Dua　TEL (0361)775-111
URL thebale.com　営業 毎日 17:00 ～ 23:00
税＆サ +21%　カード AJMV　Wi-Fi OK

　店名どおり約50種類のタパス(小皿料理)を提供する開放的なビストロ。シェフのおすすめはパン・シーレッド・バラムンディ (Rp.9万)や、グリルド・モロッカン・ラム・カットレット(Rp.12万)など。オリジナルのカクテル(Rp.13万～)も豊富。

気軽に立ち寄れる通り沿いのロケーション

居酒屋スタイルがコンセプト
渚
Nagisa　　**MAP P.247-B2**

住所 Jl. Pratama No.68X, Tanjung Benoa
TEL (0361) 773-577　営業 水～日 12:00 ～ 22:00
税＆サ +21%　カード AJMV　Wi-Fi OK

　Hニッコー・バリ ベノア ビーチ内にある日本食レストラン。寿司、丼もの、焼き鳥などメニューが充実。海鮮やサーロインをシェフのパフォーマンスとともに提供する鉄板焼きコーナーも評判だ。おすすめは焼き鳥盛り合わせ (Rp.10万) など。

取れたての魚介を使った刺身や寿司も楽しめる

　ハミダシ　Rサカラ Sakala (MAP P.247-A1　TEL 0361-775-216　営業 毎日 10:00 ～ 22:00) はビーチフロントの一等地に建つ高級ダイニング。前菜 Rp.11万5000～、メイン料理 Rp.19万5000～。

ホテル Hotel

ヌサドゥアのビーチエリアに建っているのは、世界中で名のとおった大型ホテルばかり。一方、ブノアには高級ホテルばかりでなく、手頃な中級ホテルや格安宿も点在している。最近はヴィラタイプのリゾートも増え始め、カップルの人気を集めている。

ヌサドゥア

3つのスタイルで展開する最高峰ブランド

ザ・ムリア - ヌサドゥア
The Mulia - Nusa Dua [MAP] P.246-C2

住所 Jl. Raya Nusa Dua Selatan, Kawasan Sawangan
TEL (0361) 302-7777　FAX (0361) 302-7888
URL www.themulia.com　税&サ +21%
カード [A][J][M][V]　[Wi-Fi] OK
料金 [AC][Mini][TV] グレンジャールームⓈⒹRp.330万～
[AC][Mini][TV] オーシャンコートⓈⒹRp.450万～
[AC][Mini][TV] バロンスイート Rp.680万～
[AC][Mini][TV] アールスイート Rp.750万～

インド洋に面した超大型リゾート

ビーチ沿いの30ヘクタールの敷地に「ザ・ムリア」、「ムリア・リゾート」、「ムリア・ヴィラス」と3タイプの宿泊施設を展開するリゾートコンプレックス。客室は広々としてゴージャス。世界各国のグルメを楽しめるレストランなど、ホテル内の施設もバリ島トップクラスだ。[POOL] [レストラン] [朝食]

ビーチに面したセレブのための楽園

セントレジス バリ リゾート
St. Regis Bali Resort [MAP] P.246-C2

住所 Kawasan Pariwisata, Nusa Dua
TEL (0361) 847-8111　URL stregisbali.com
日本予約 FD 0120-142-890　税&サ +21%
カード [A][J][M][V]　[Wi-Fi] OK
料金 [AC][Mini][TV] スイート Rp.955万～
[AC][Mini][TV] プールスイート Rp.1355万～
[AC][Mini][TV] ガーデニアヴィラ Rp.2055万～
[AC][Mini][TV] ストランドヴィラ Rp.3770万～

スイートヴィラも贅沢なほどの広さ

純白のビーチが広がるヌサドゥア地区に建つ、全123室の最高級リゾート。迷路のような庭園に点在する東屋や、広大なラグーンプールなど景観も芸術的。部屋はスイートとヴィラタイプに分かれるが、どちらも贅沢なまでの広さを誇る。優雅なダイニングやスパ施設も評判だ。[POOL] [レストラン] [朝食]

ラグーンプールに浮かぶ宮殿

ラグーナ・リゾート&スパ
Laguna Resort & Spa [MAP] P.246-C2

住所 Kawasan Pariwisata, Nusa Dua
TEL (0361) 771-327　日本予約 FD 0120-142-890
URL www.thelagunabali.com
税&サ +21%　カード [A][J][M][V]　[Wi-Fi] OK
料金 [AC][Mini][TV] ガーデンビューⓈⒹRp.410万～
[AC][Mini][TV] ラグーンビューⓈⒹRp.430万～
[AC][Mini][TV] ステューディオⓈⒹRp.460万～
[AC][Mini][TV] ラグーンアクセスⓈⒹRp.530万～

客室棟をプールが取り囲むようにデザインされている

ホテルの敷地にある広大なラグーンプールが魅力的な全287室の大型ホテル。エスニック調のベッドルームは自然素材を生かした造り。ビジネスセンターやクリニックなどの施設を完備し、毎週木曜の18:00からはラーマヤナ舞踊のディナーショーも開催されている。[POOL] [レストラン] [朝食]

ファミリー向きの高級ホテル

ルネッサンス・バリ・ヌサドゥア
Renaissance Bali Nusa Dua [MAP] P.246-C1

住所 Kawasan Pariwisata Lot SW 4&5, Jl. Nusa Dua
TEL (0361) 209-2888
URL marriott.com/en-us/hotels/dpsnd-renaissance-bali-nusa-dua-resort
税&サ +21%　カード [A][J][M][V]　[Wi-Fi] OK
料金 [AC][Mini][TV] デラックス・ガーデンビューⓈⒹRp.222万～
[AC][Mini][TV] デラックス・シービューⓈⒹRp.252万～
[AC][Mini][TV] デラックス・シービューテラスⓈⒹRp.272万～

ヌサドゥアのビーチから2kmほど西の高台に建つ

高台からヌサドゥアを見下ろす全307室の5つ星ホテル。デザイン性の高い4つのプールや劇場のバックステージを模したダイニングなど、設備の充実度が評判だ。基本的にデラックス(42m²)で構成され、部屋からの眺めによってカテゴリが異なる。[POOL] [レストラン] [朝食]

ハミダシ BIMCシロアムホスピタル BIMC Siloam Hospital ([MAP] P.246-C2　TEL 0361-300-0911　URL www.bimcbali.com) は、歯科や透析センターも完備した外国人向けの病院。24時間対応。

バカンスにもビジネスにもおすすめ

ウェスティン・リゾート・ヌサドゥア

Westin Resort Nusa Dua [MAP] P.246-B2

住所 Kawasan Pariwisata, Nusa Dua

TEL（0361）771-906 FAX（0361）771-908

日本予約 FD 0120-142-890

URL www.westinnusaduabali.com

税&サ +21% カード [A][D][J][M][V] [Wi-Fi] OK

料金 [AC][Mini][TV] デラックス・ガーデンⓈⒹRp.210 万〜
[AC][Mini][TV] デラックス・プールビューⓈⒹRp.225 万〜
[AC][Mini][TV] スイート Rp.360 万〜

全433 室の大型リゾートホテル。広大な敷地には、美肌効果を高めてくれる海水プールや、7つの大小レストラン&バーなどが点在している。また柔らかい寝心地が得られる特製の「ヘブンリーベッド」が、全室に設置されているのもうれしい。

[POOL][ﾚｽﾄﾗﾝ][朝食]

全室にヘブンリーベッドを完備している

インド洋のパノラマが広がる非日常空間

ジ アプルヴァ ケンピンスキー

The Apurva Kempinski [MAP] 折込裏②

住所 Jl. Raya Nusa Dua Selatan, Sawangan, Nusa Dua

TEL（0361）209-2288

URL www.kempinski.com/en/bali/the-apurva-kempinski-bali/

税&サ +21% カード [A][D][J][M][V] [Wi-Fi] OK

料金 [AC][Mini][TV] デラックスⓈⒹRp.380 万〜
[AC][Mini][TV] デラックス・オーシャンコートⓈⒹRp.410 万〜
[AC][Mini][TV] デラックス・ラグーンⓈⒹRp.450 万〜
[AC][Mini][TV] クリフ・ジュニアスイートⓈⒹRp.640 万〜

ヌサドゥア郊外の高台に建つ最高級リゾート。バリ島で唯一の水族館レストラン「コーラル」やビーチクラブなど贅を尽くした施設で話題となっている。全162 室はデラックスとスイートの 2 タイプが基本。ボトムカテゴリのグランド・デラックスでも $65m^2$ のサイズを誇る。記念日やハネムーンなど特別な滞在でチョイスしたい。[POOL][ﾚｽﾄﾗﾝ][朝食]

アプルヴァはサンスクリット語で「絶対的な存在」という意味

極上の休日を過ごせるハイエンドホテル

ザ・リッツカールトン・バリ

The Ritz-Carlton Bali [MAP] 折込裏②

住所 Jl. Raya Nusa Dua Selatan Lot3, Sawangan

TEL（0361）849-8988 FAX（0361）849-8989

日本予約 FD 0120-142-890

URL www.ritzcarlton.jp 税&サ +21%

カード [A][D][J][M][V] [Wi-Fi] OK

料金 [AC][Mini][TV] ジュニアスイート Rp.390 万〜
[AC][Mini][TV] プールアクセス Rp.540 万〜
[AC][Mini][TV] リッツカールトンスイート Rp.645 万〜
[AC][Mini][TV] スカイヴィラ Rp.2500 万〜

パノラマビューの高台とビーチサイドという、変化に富んだ地形を美しくデザインした最高級リゾート。ビーチフロントには客室棟が並び、スイート、プールパビリオン、ヴィラと多彩な客室を提供。レストランやスパのレベルも高く、ファミリー向けの無料アクティビティも充実している。全 313 室。

[POOL][ﾚｽﾄﾗﾝ][朝食]

ビーチ沿いの落ち着ける空間演出もすばらしい

料金のわりに充実した設備

メルキュール・バリ・ヌサドゥア

Mercure Bali Nusa Dua [MAP] P.246-C2

住所 Jl. Nusa Dua Selatan Lot SW 03, Nusa Dua

TEL（0361） 846-7000 URL www.accorhotels.com/8006 税&サ 込み カード [A][M][V] [Wi-Fi] OK

料金 [AC][Mini][TV] スーペリアガーデンビューⓈⒹRp.65 万〜
[AC][Mini][TV] スーペリアプールビューⓈⒹRp.73 万〜

緑が生い茂る閑静なエリアにある全 198 室のリーズナブルなホテル。プールやスパなど施設が充実し、コンパクトながら部屋は明るい雰囲気。ホテルの敷地から離れているがビーチクラブも併設されている。

[POOL][ﾚｽﾄﾗﾝ][朝食]

ガーデンビューのベッドルーム

ツアー旅行向けの多彩な施設

アヨディア・リゾート

Ayodya Resort [MAP] P.246-C2

住所 Jl. Pantai Mengit, Nusa Dua

TEL（0361）771-102 FAX（0361）771-616

URL www.ayodyaresortbali.com 税&サ +21%

カード [A][J][M][V] [Wi-Fi] OK

料金 [AC][Mini][TV] デラックスⓈⒹRp.230 万〜
[AC][Mini][TV] グランデⓈⒹRp.280 万〜
[AC][Mini][TV] アヨディア・パレスⓈⒹRp.420 万〜

宮殿のような巨大なエントランスをもつ、全537 室の大型ホテル。敷地の真ん中の大きなプールを取り囲むように客室棟が建ち並んでいる。各国料理のレストラン、スパ、ビジネスセンターなど施設も充実。[POOL][ﾚｽﾄﾗﾝ][朝食]

緑の敷地は 300m のビーチに面している

ハミダシ [H]フランジパニ・ホームステイ Frangipani Homestay（[MAP] P.247-B1 TEL 0361-472-8034 URL www.frangipanihomestay.com）は全 5 室のアットホームな宿。Ⓓ Rp.40 万〜。

ブノア

スタイリッシュな大型リゾート
コンラッド・バリ
♥ Conrad Bali　　　　MAP P.247-C2

住所 Jl. Pratama No.168, Tanjung Benoa
TEL (0361)778-788　FAX (0361)778-781
日本予約 FD 0120-489-852
URL conrad.hiltonhotels.jp

税＆サ +21%	カード	A D J M V	Wi-Fi OK

料金	AC Mini TV ガーデンビューⒹ Rp.258万～
	AC Mini TV プールビュー Rp.266万～
	AC Mini TV ラグーンアクセスⒹ Rp.339万～
	AC Mini TV コンラッドスイートⒹ Rp.355万～

白砂のビーチと青い海に面した、ブノアを代

夜は幻想的にライトアップされる

表する全358室の高級ホテル。バリ最大級のラグーンプールやトロピカルガーデンがとても開放的で、レストランやスパもレベルが高い。客室も流行のミニマリズムがコンセプトとなっており、大人っぽい落ち着いた雰囲気がある。プログラム充実のスパも魅力的。POOL レストラン 朝食

アクティブな休日を楽しめる
ニッコー・バリ・ベノア・ビーチ
♥ Nikko Bali Benoa Beach　　MAP P.247-B2

住所 Jl. Pratama, Tanjung Benoa
TEL (0361)773-577
URL www.hotelnikkobali-benoabeach.com

税＆サ +21%	カード	J M V	Wi-Fi OK

料金	AC Mini TV デラックス・ガーデンⒹ Rp.123万～
	AC Mini TV デラックス・オーシャンⒹ Rp.132万～
	AC Mini TV スイート Rp.214万～

ビーチ沿いにある全188室のリゾートホテル。ラグーンプールを囲むようにレストランやバーが並び、南国ならではのムードで落ち着ける。客室はロケーションによってカテゴリが異なるが、デラックスルーム(45m²)はすべて上品なインテリア。POOL レストラン 朝食

敷地がゆったりしていてファミリー層にも人気

おしゃれなプチホテル
クブ・グリーン
♥ Kubu Green　　　　MAP P.247-C2

住所 Jl. Pratama No.67, Nusa Dua
TEL (0361)472-8840
URL kubugreen.wixsite.com/home

税＆サ 込み	カード	M V	Wi-Fi OK

料金	AC Mini TV デラックスルームⒹ Rp.40万～
	AC Mini TV マタナイルームⒹ Rp.46万～

ビーチへ徒歩5分ほどの立地にある、全6室の宿。料金のわりに室内設備が整っており、プールビューの客室はリゾート感もある。マタナイルームは36m²のゆったりサイズでおすすめ。女性オーナーのクトゥさんは日本語が堪能なので何かと安心だ。POOL レストラン 朝食

小さなプールを完備している

お手頃な中級ホテル
イビススタイルズ・バリ・ブノア
♥ Ibis Styles Bali Benoa　　MAP P.247-C2

住所 Jl. Pratama No.57 A, Tanjung Benoa
TEL (0361)894-7788
URL all.accor.com/hotel/8449/index.ja.shtml

税＆サ 込み	カード	M V	Wi-Fi OK

料金	AC Mini TV スタンダードⓈⒹ Rp.53万～
	AC Mini TV ファミリールーム Rp.74万～

プラタマ通り沿いにある全174室のリーズナ

使い勝手のいいカジュアルホテル

ブルなホテル。ビーチクラブも有しているので便利に滞在できる(ホテルの敷地は海に面していない)。コンパクトで機能的なスタンダードルームは、バルコニーのあるなしでUS$10ほど料金が異なる。POOL レストラン 朝食

新しくてコスパがいい快適宿
サリ・ルーム B&B
♥ Sari Room B&B　　　MAP P.247-B2

住所 Jl. Pratama No.71, Tanjung Benoa
TEL 0899-5786-636 携帯

税＆サ 込み	カード	M V	Wi-Fi OK

料金	AC Mini TV スタンダードⒹ Rp.23万～

全11室のベッド&ブレックファスト。建物の

ベッドルームは全室ダブルベッドのみ

1階がレストラン、2階が客室となっている。新築なので部屋は清潔で、インテリアもモダンな雰囲気。アクティビティが盛んなビーチまでも徒歩5分ほど。POOL レストラン 朝食

ハミダシ Hポンドック・アグン Pondok Agung (MAP P.247-A1　TEL 0361-771-143　URL www.pondok agung.com)は全9室のアットホームなバンガロー。Ⓓ Rp.30万～。長期滞在で割引あり。　**251**

昔ながらのバリ情緒が漂うビーチエリア

サヌール

Sanur

デンパサール
★サヌール

高度	10m未満
市外局番	0361

サヌールへのアクセス

空港からエアポートタクシーで30〜40分(Rp.25万〜)。サヌールから空港へはメータータクシーでRp.15万ほど。

タクシー
◆クタから
20〜30分、Rp.13万〜
◆スミニャックから
40〜50分、Rp.18万
◆ジンバランから
40〜50分、Rp.15万〜
◆ヌサドゥアから
50〜60分、Rp.19万〜

シャトルバス
プラマ社のシャトルバスが各地から運行。クタから30分(Rp.5万)、ウブドから50分(Rp.8万)、チャンディダサから2時間(Rp.12万5000)。
プラマ社 **MAP** P.254-A2
TEL (0361) 285-592
雑貨店のワルン・ポジョックWarung Pojok がチケット販売所とバス乗り場となっている。

配車サービスの利用状況

Grab や Gojek などの配車サービス (→ P.478) が利用できる。サヌールからは空港への移動にも便利。かつては地元のドライバーが多いエリアでは乗車NGのケースもあったが現在は問題ない。

離島へのボート乗り場

レンボンガン島やペニダ島などへのボートの発着所は、500mほど北に完成したサヌール・ボートに移転している。タクシーが以前の発着所で降ろすケースもあるので注意。

2022年に開港した

昔ながらのバリ情緒が感じられる老舗リゾートエリア

サヌールはバリで最も古くから愛されたリゾートエリア。芸能の中心地でもあったサヌールには、オランダ統治の1930年代から、欧州やアメリカからの多くの芸術家たちが好んで滞在した。ベルギー人画家ル・メイヨール、オーストラリア人画家ドナルド・フレンドなど、バリ絵画に影響を及ぼした偉大な芸術家も多かった。ビーチ沿いにはホテルや長期滞在用の別荘が造られていき、サヌールはバリ島を代表するリゾートとして発展していく。

ヌサドゥアのリゾート発展とともに、観光客が離れた時期もあったが、おかげでバリの村としての落ち着きをサヌールは取り戻した。現在はバリの村とリゾートの雰囲気がほどよく混じり合い、しっとりと落ち着いたバリらしい滞在地として、多くのリピーターに愛され続けている。

歩き方

サヌールの町は、北端となる**H**インナ・グランド・バリ・ビーチと、南端となる**H**インターコンチネンタル・サヌール周辺、このふたつのホテルを結ぶように通るジャラン・ダナウ・タンブリンガン Jl. Danau Tamblingan を中心に考えればわかりやすい。ビーチ沿いには、中・高級ホテルが建ち並び、内陸側はレストラン、ショップ、それに手頃な料金の中級〜格安ホテルが多い。早朝や夕暮れ時なら通りを散歩するのも悪くないが、日中は流しのタクシーを利用するのもおすすめ。メーター運賃でRp.1万〜2万程度と気軽に利用できる。

ビーチに沿って遊歩道も延びている

ハミダシ シンドゥー市場(**MAP** P.255-A1)は食料品や生活雑貨が並ぶ露天市場。朝5時頃からにぎわい始め、昼前にはほとんどが店じまい。夕方には食べ物の屋台が立ち並ぶナイトマーケットとなる。

バリ島

サヌール

おもな見どころ

歴史的な名車が並ぶミュージアム ★★
ケボン・ヴィンテージ・カーズ
Kebon Vintage Cars ~~MAP~~ **MAP P.263-C3**

車マニアにはたまらないヴィンテージカーの宝庫。ジョシュ・ダルマワン氏が収集した約200台の貴重な車が公開されている。手回しクランクで始動する1917年式フォードモデルTや、スカルノ大統領の妻が愛用した1947年式プリムスなど数々の名車と一緒に、ダイハツの三輪ミゼットやスズキのジムニーが展示されているのもほほ笑ましい。

サヌール郊外でさまざまなヴィンテージカーを展示

ケボン・ヴィンテージ・カーズ
TEL 0818-0864-1111(携帯)
URL www.kebonvintage
cars.id
営業 毎日 10:00 ～ 17:00
料金 大人 Rp.10万、子供 Rp.5万

施設内にはショップやカフェも併設されている

おもな見どころ

この地に移り住んだ有名画家の元アトリエ ★★
ル・メイヨール博物館
Museum Le Mayeur ~~MAP~~ **MAP P.254-A2**

ベルギー人の画家ル・メイヨールとレゴン・ダンサーの名花といわれたニョマン・ポロック夫妻が、1946～1958年まで住んだ自宅兼アトリエで、夫妻の死後は国が管理している。建物は伝統的なバリ建築様式でデザインされ、内部にはル・メイヨールのパステル画が飾られている。力強いタッチの絵画の多くは、当時の南国の風景を色鮮やかに表現している。

部屋に置かれた調度品や建物全体に施された彫刻など、全体のたたずまいからも当時の雰囲気を味わえる。

規模は小さいが歴史的な絵画が展示されている

ル・メイヨール博物館
Jl. Hangtuah 東端のビーチ突き当たりを右に曲がり、ビーチ沿いのマーケットの中を1～2分歩いた所にある。
入場 土～木 8:00 ～ 15:30
金 8:00 ～ 12:30
料金 大人 Rp.5万
子供 Rp.2万5000

市場のナイトマーケット
シンドゥー市場にある**ナイトマーケット**(**MAP** P.255-A1)はリピーターにも人気の食事スポット。未明から朝市としてにぎわう市場は毎日17:00～23:00頃まで食事の屋台が20軒ほど立つ。ナシゴレンやミーゴレンはRp.2万～。

Column
朝のビーチでヨガを楽しもう！

毎朝7時から、パンタイ・カランで無料の**ビーチヨガ教室**(**MAP**P.255-C2)が開かれている。波の音や小鳥のさえずりを聞きながらのヨガはとてもすがすがしい。ビーチで美しい朝日を眺めたあとに参加するのもOKだ。内容はバリ講師によるオーソドックスなハタヨガで、ローカルに混じって参加する旅行者も多い。毎日7:30スタートで60分ほどだが、雨天や参加者が少ない場合は中止となる。月～金の16:30からはイブニングヨガも開催されている。

開放感たっぷりの浜辺でヨガタイム！

ハミダシ サヌールでマリンスポーツならバリ・ハイアット脇のビーチがおすすめだ。Surya Water Sports (**MAP** P.254-C2 WA 0858-1056-9219 URL www.balisuryadivecenter.com)などで、いろいろなアクティビティが楽しめる。

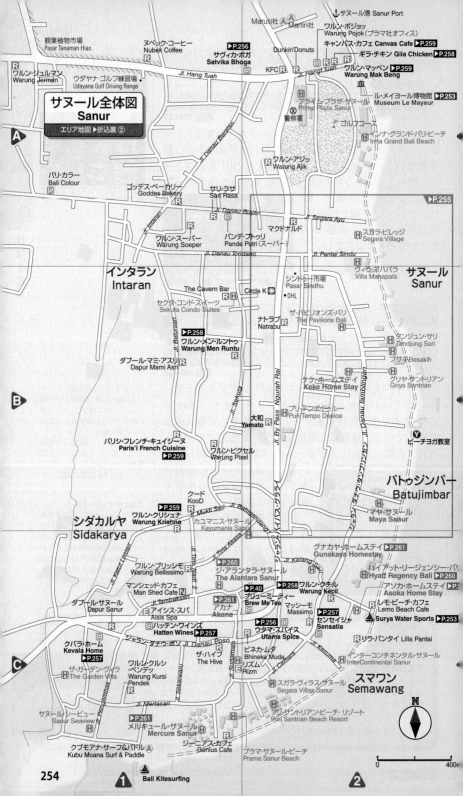

サヌール全体図 Sanur

エリア地図 ▶折込裏 ②

観葉植物市場 Pasar Tanaman Hias

ヌベック・コーヒー Nubek Coffee

サヴィカ・ボガ Satvika Bhoga ▶P.256

Maruti社 Ⓐ Marlin社

ダンキンドーナツ Dunkin'Donuts

KFC

ワルン・ポジョッ Warung Pojok (プラマ社オフィス)

サヌール港 Sanur Port

キャンバス・カフェ Canvas Cafe ▶P.259

ギラ・チキン Gila Chicken ▶P.258

ワルン・ジェルマン Warung Jerman

ウダヤナ・ゴルフ練習場 Udayana Golf Driving Range

Jl. Hang Tuah

Jl. Hangt Tuah

ワルン・マッペン Warung Mak Beng ▶P.259

ル・メイヨール博物館 Museum Le Mayeur ▶P.253

プライム・プラザ・サヌール Prime Plaza Sanur

警察署

ゴルフコース

インナ・グランド・バリ・ビーチ Inna Grand Bali Beach

バリ・カラー Bali Colour

ゴッデス・ベーカリー Goddes Bakery

サリ・ラサ Sari Rasa

ワルン・アジッ Warung Ajik

▶P.255

Jl. Danau Beratan

Jl. Danau Buyan

Jl. Segara Ayu

マクドナルド

スガラ・ビレッジ Segara Village

ワルン・スーパー Warung Soeper

パンデ・プトゥリ Pande Putri (スーパー)

Jl. Danau Tondano

Jl. Pantai Sindu

ヴィラ・マハパラ Villa Mahapala

インタラン Intaran

The Cavern Bar

Circle K Ⓒ

シンドゥ市場 Pasar Sindhu

DHL

サヌール Sanur

セクタ・コンド・スイーツ Sekuta Condo Suites

ザ・パビリオンズ・バリ The Pavilions Bali

ワルン・メン・ルントゥ Warung Men Runtu ▶P.258

ナトラブ Natrabu

タンジュン・サリ Tandjung Sari

ブサキ Besakih

ダプール・マミ・アスリ Dapur Mami Asri

ケケ・ホームステイ Keke Home Stay

グリヤ・サントリアン Griya Santrian

プリ・テンポ・ドゥルー Puri Tempo Doeloe

大和 Yamato

パリシ・フレンチ・キュイジーヌ Paris'i French Cuisine ▶P.259

ワルン・ピクセル Warung Pixel

ビーチヨガ教室

クード KooD

バトゥジンバー Batujimbar

Jl. Mukti Sari

シダカルヤ Sidakarya

ワルン・クリシュナ Warung Krishna ▶P.259

カユマニス・サヌール Kayumanis Sanur

マヤ・サヌール Maya Sanur

ワルン・ブリッシモ Warung Bellissimo ▶P.260

ジ・アランタラ・サヌール The Alantara Sanur

グナカヤ・ホームステイ Gunakaya Homestay ▶P.261

ハイアット・リージェンシー・バリ Hyatt Regency Bali ▶P.260

マンシェッド・カフェ Man Shed Cafe Ⓝ

▶P.40

ブリューミーティー Brew Me Tea

ワルン・ウチル Warung Kecil ▶P.258

アソカ・ホームステイ Asoka Home Stay

ダプール・サヌール Dapur Sanur

アイシス・スパ Aisis Spa

アカナ Akana ▶P.261

マッシーモ Massimo

センセイシャ Sensatia ▶P.257

レモ・ビーチ・カフェ Lemo Beach Cafe

スルヤ・ウォーター・スポーツ Surya Water Sports ▶P.253

ハッテン・ワインズ Hatten Wines ▶P.257

ウタマ・スパイス Utama Spice ▶P.256

リラ・パンタイ Lilla Pantai

クバラ・ホーム Kevala Home ▶P.257

ジャラン・ダナウ・ポソ Jl. Danau Poso

ザ・ハイブ The Hive

ビネカ・ムダ Bhineka Muda

インターコンチネンタル・サヌール InterContinental Sanur

ザ・ガーデン・ヴィラ The Garden Villa

ワルン・クルシ・ペンデッ Warung Kursi Pendek

リズム Rizm

スガラ・ヴィラス・サヌール Segara Villas Sanur

スマワン Semawang

Jl. Mertasari

サヌール・シービュー Sanur Seaview

メルキュール・サヌール Mercure Sanur ▶P.261

プリ・サントリアン・ビーチ・リゾート Puri Santrian Beach Resort

クブモアナ・サーフ&パドル Kubu Moana Surf & Paddle Ⓐ

ジーニアス・カフェ Genius Cafe

プラマ・サヌール・ビーチ Prama Sanur Beach

N

0 400m

① Bali Kitesurfing

②

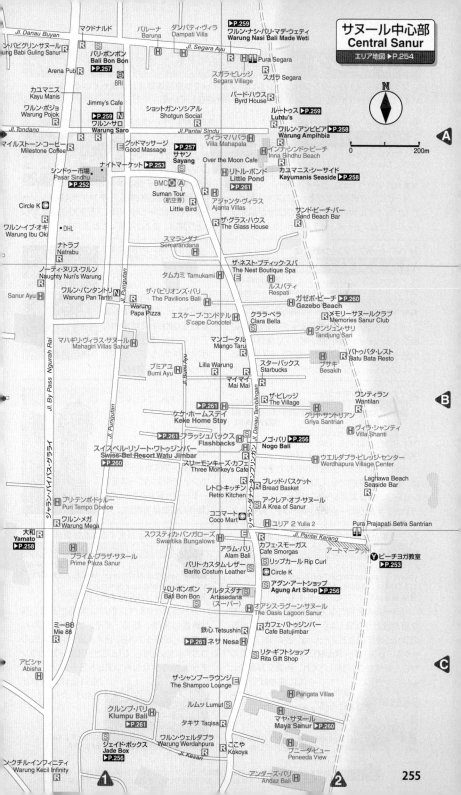

Jl. Danau Buyan
マクドナルド McDonald
バルーナ Baruna
ダンパティ・ヴィラ Dampati Villa
▶P.259 ワルン・ナシ・バリ・マデ・ウェティ Warung Nasi Bali Made Weti

ン・バビグリン・サヌール Warung Babi Guling Sanur
バリ・ボンボン Bali Bon Bon ▶P.257
Jl. Segara Ayu
Pura Segara
スガラ・ヴィレッジ Segara Village
スガラ Segara

Arena Pub
BRI
バード・ハウス Byrd House

カユマニス Kayu Manis
Jimmy's Cafe
ショットガン・ソシアル Shotgun Social
ルートゥス Luhtu's ▶P.259

ワルン・ポジョ Warung Pojok
▶P.259
ワルン・サロ Warung Saro
Jl. Pantai Sindu
ワルン・アンピビア Warung Ampihbia ▶P.258

マイルストーン・コーヒー Milestone Coffee
グッドマッサージ Good Massage
サヤン Sayang ▶P.257
ヴィラ・マハパラ Villa Mahapala
インナ・シンドゥ・ビーチ Inna Sindhu Beach
カユマニス・シーサイド Kayumanis Seaside ▶P.258

シンドゥー市場 Pasar Sindhu ▶P.252
ナイトマーケット ▶P.253
Over the Moon Cafe
リトル・ポンド Little Pond

Circle K
BMC (A)
Suman Tour (航空券)
Little Bird
アジャンタ・ヴィラス Ajanta Villas
サンド・ビーチ・バー Sand Beach Bar

ワルン・イブ・オキ Warung Ibu Oki
DHL
ザ・グラス・ハウス The Glass House

ナトラブ Natrabu
スマランダナ Semarandana

ノーティ・ヌリス・ワルン Naughty Nuri's Warung
タムカミ Tamukami
ザ・ネスト・ブティック・スパ The Nest Boutique Spa

Sanur Ayu
ワルン・バンタントリ Warung Pan Tartri
ザ・パビリオンズ・バリ The Pavilions Bali
ルスパティ Respati
ガゼボ・ビーチ Gazebo Beach ▶P.260

Warung Papa Pizza
エスケープ・コンドテル S'cape Condotel
クララ・ベラ Clara Bella
メモリーズ・サヌールクラブ Memories Sanur Club

マハギリ・ヴィラス・サヌール Mahagiri Villas Sanur
マンゴータル Mango Taru
タンジュン・サリ Tandjung Sari

ブミアユ Bumi Ayu
Lilla Warung
スターバックス Starbucks
ブサキ Besakih
バトゥバタ・レスト Batu Bata Resto

マイマイ Mai Mai
ザ・ビレッジ The Village
ワンティラン Wantilan

▶P.261 ケケ・ホームステイ Keke Home Stay
グリヤ・サントリアン Griya Santrian
ヴィラ・シャンティ Villa Shanti

▶P.261 フラッシュバックス Flashbacks
ノゴ・バリ Nogo Bali ▶P.256

スイスベル・リゾート・ワトゥジンバー Swiss-Bel Resort Watu Jimbar ▶P.260
スリーモンキーズ・カフェ Three Monkey's Cafe
ウエルダプラ・ビレッジ・センター Werdhapura Village Center

ブレッド・バスケット Bread Basket
Laghawa Beach Seaside Bar

プリ・テンポ・ドゥルー Puri Tempo Doeloe
レトロ・キッチン Retro Kitchen
ア・クレア・オブ・サヌール A Krea of Sanur

ワルン・メガ Warung Mega
ココマート Coco Mart
ユリア 2 Yulia 2
Pura Prajapati Setra Santrian

大和 Yamato ▶P.258
スワスティカ・バンガローズ Swastika Bungalows
Jl. Pantai Karang
アートマーケット

プライム・プラザ・サヌール Prime Plaza Sanur
アラム・バリ Alam Bali
カフェ・スモーガス Cafe Smorgas
ビーチヨガ教室 ▶P.253

バリト・カスタム・レザー Barito Costum Leather
リップカール Rip Curl
Circle K

バリ・ボンボン Bali Bon Bon
アルタスダナ Artasedana (スーパー)
アグン・アートショップ Agung Art Shop ▶P.256

ミー88 Mie 88
鉄心 Tetsushin
オアシス・ラグーン・サヌール The Oasis Lagoon Sanur

アビシャ Abisha
▶P.261 ネサ Nesa
カフェ・バトゥジンバー Cafe Batujimbar

リタ・ギフトショップ Rita Gift Shop

ザ・シャンプーラウンジ The Shampoo Lounge
Parigata Villas

クルンプ・バリ Klumpu Bali ▶P.261
ルムッ Lumut
マヤ・サヌール Maya Sanur ▶P.260

ジェイド・ボックス Jade Box ▶P.256
タキサ Taqisa
ワルン・ウェルダプラ Warung Werdahpura
ここや Kokoya
プニーダ・ビュー Peneeda View

ン・クチル・インフィニティ Warung Kecil Infinity
Jl. Kesari
アンダーズ・バリ Andaz Bali

Jl. By Pass Ngurah Rai
ジャラン・バイパス・ングラ・ライ
Jl. Punguran
Jl. Danau Tamblingan

N
0 200m

A
B
C

255

ショッピング

ジャラン・ダナウ・タンブリンガン沿いにブティックや自然雑貨店が集まっている。ジャラン・バイパス・グラライ沿いにもショップやスーパーが点在している。

■ エキゾチックな香りのバリコスメ
ウタマ・スパイス
Utama Spice　**MAP P.254-C2**

住所 Jl. Danau Poso No.57, Sanur
TEL (0361)282-836　URL utamaspicebali.com
営業 毎日 9:00 ～ 19:00　カード A J M V

オーガニック素材にこだわったコスメブランド。アルガンオイルやホホバオイルの成分が肌をしっとりさせるフェイス・セラム(Rp.15万2000)、

商品の試用コーナーもある

蚊よけスプレーのビゴン・バグ(Rp.5万3000)など女子受けする商品がめじろ押し。レモングラス&ジンジャーのボディローション(Rp.7万9000)は肌がしっとり潤い、虫よけ対策にも効果的。

■ バティックファッションの宝庫
ピテカントロプス
Pithecanthropus　**MAP P.263-C3**

住所 Jl. SubakTelaga I No.9, Ketewel, Kec. Sukawati
WA 0821-4710-9273　URL pithecanthropusbali.com
営業 毎日 9:00 ～ 22:00　カード J M V

「インドネシア文化の再発見」をコンセプトに展開するバティック専門店。ポップな色合いから伝統を感じさせる作品まで、幅広い年代にアピールしている。バティックシャツ(Rp.110万前後

スマトラ島から移築した邸宅をショップとして利用

～)やブラウス(Rp.88万前後～)など、日本人でも気兼ねなく着られる実用的なデザインだ。郷土料理のマサマサやヴィンテージバティックのプサカも併設。

■ イカット織りのギャラリー
ノゴ・バリ
Nogo Bali　**MAP P.255-B2**

住所 Jl. Danau Tamblingan No.104, Sanur
TEL (0361)288-765　URL www.nogoikat.com
営業 毎日 9:00 ～ 20:00　カード M V

伝統的なイカット生地で作られたファッションは、どれも独創的でセンス抜群。チュニック、ワンピース、メンズ用シャツなどRp.69万～130万ほど。手織りの一点物が多いので、お気に入

イカットファッションを購入するならここ

りを見つけたら即買い必須だ。好みの布地とデザインでシャツやワンピースをオーダーメイドすることもOK(製作の日数は要相談)。

■ アタ製品をロープライスで入手できる
アグン・アートショップ
Agung Artshop　**MAP P.255-C2**

住所 Jl. Danau Tamblingan No.67, Sanur
TEL 0896-6143-9898 携帯
営業 毎日 9:00 ～ 17:00　カード 不可

サヌールの名物的なアタ専門店。違う編み方を組み合わせた凝ったデザインや、持ち手が革のコンビの作品などファッション性の高いアタバッグはRp.30万～ Rp.40万。オーナーのアルサさんが気さくに対応してくれ、売買交渉がスムーズに進めば気前よくおまけしてくれることもある。

この道 50 年のアルサさんが切り盛りしている

■ インド人夫妻が経営する食品雑貨店
サヴィカ・ボガ
Satvika Bhoga　**MAP P.254-A2**

住所 Jl. Hang Tuah No.9, Sanur　WA 0851-0083-6741
URL satvikabhoga.wordpress.com
営業 毎日 8:00 ～ 20:00　カード A J M V

オーガニック&ベジタリアン商品が充実。バリ島産の果物、乾物、菓子、ソース、コスメ、お茶などが揃っている。日本人女性にも人気のココナッツシュガー (Rp.2万5000～)やカランアサム産の生はちみつ(Rp.5万～)など、自然食料品はおみやげにもぴったり。

体が元気になる食材が充実

  ハミダシ S ジェイド・ボックス Jade Box (MAP P.255-C1　TEL 0813-3856-8838 携帯　営業 毎日 10:00 ～ 20:00)はヘナタトゥーを体験できる完全予約制サロン。足足は Rp.10 万～、ボディは Rp.12 万～。

✖ 自然由来のプロダクトが勢揃い
✖ センセイシャ
◆ Sensatia　　　**MAP P.254-C2**

住所 Jl. Danau Tamblingan No.121, Sanur
TEL (0361) 283-118　URL sensatia.com/jp
営業 毎日 9:00 ～ 22:00　カード A J M V

世界中にファンをもつバリ島発のナチュラル・コスメブランド。百花草はちみつのダブル効果で小じわに効くワイルドハニー・フェイスマスク

ナチュラルプロダクトが豊富に揃う

(Rp.12万)やティーツリーソープなどベストセラー商品が多い。南国の日差し対策になるサンスクリーン(Rp.9万)や、キッズ&ベビー向けのプロダクトも要チェック。

✖ パステルカラーのキュートな食器
✖ クバラ・ホーム
◆ Kevala Home　　**MAP P.254-C1**

住所 Jl. Danau Poso No.20, Sanur
TEL (0361) 449-0064　URL kevalaceramics.com
営業 毎日 10:00 ～ 19:00　カード J M V

バリ島を代表する、陶器メーカーの直営ショップ。本社と工場はサヌールにあるので、もともとサヌールとはゆかりが深い。バリの伝統的な竹カゴを模した器(Rp.47万)、ポップな柄のケーキ皿(Rp.45万)などインテリアとして食卓を

女子受けするポップなデザインが評判

華やかにする作品が多い。カゴの網目模様が印象的なナチュラルなシリーズ(Rp.12万5000 ～)は陶器好きの友人へのプレゼントとしてもおすすめ。一つひとつに手作りの味わいが感じられる。

✖ ガムランボールを買うならこちら!
✖ サヤン
◆ Sayang　　　**MAP P.255-A1**

住所 Jl. Danau Tamblingan No.11B, Sanur
TEL 0813-3860-8566 携帯　URL www.sayang-bali.com　営業 毎日 9:00 ～ 22:00　カード M V

日本人にも人気が高いアクセサリーショップ。品質の高いシルバーと石を組み合わせた指輪やブレスレットが充実し、繊細なデザインのピア

人気のガムランボールが充実の品揃え

ス(Rp.13万5000 ～)は幅広い年代にアピールする。常時50種類ほどあるガムランボールのアクセサリー (Rp.15万 ～)、やや大きめのストーン・リング(Rp.42万 ～)も売れ筋。

✖ うわさのチョコレート専門店
✖ バリ・ボンボン
◆ Bali Bon Bon　　**MAP P.255-A1**

住所 Jl. Danau Buyan No.68A, Sanur
WA 0813-3863-7110　URL www.balibonbon.com
営業 月 ～ 土 10:00 ～ 19:00

オランダで修業した女性ショコラティエが営むチョコレート店。シナモン、ヘーゼルナッツ、リキュール、グリーンティーなど40種類ほど。1粒Rp.8000 ～で、どれもスイーツ好きな

ショーケースに魅力的なチョコが並ぶ

ら笑みがこぼれるおいしさだ。チリフレーバーの板チョコ(Rp.3万5000 ～)などの変わりダネは、日本へのおみやげにもおすすめ。飲食スペースもあるので、店内でチョコを味わうこともできる。

✖ バリ島ワインのショールーム
✖ ハッテン・ワインズ
◆ Hatten Wines　　**MAP P.254-C1**

住所 Jl. By Pass Ngurah Rai No.393, Sanur
TEL (0361) 472-1377　URL www.hattenwines.com
営業 毎日 9:00 ～ 20:00　カード M V

バリ島みやげとしても人気が高いハッテン・ワインズのショールーム。バリ島産のブドウを使ったハッテン(Rp.18万4800 ～)や、オーストラリア産のブドウを使ってバリ島で製造するツーアイランズ・ワイン(Rp.25万8500 ～)を、じっ

各種ワインのほか蒸留酒アラックも購入できる

くりテイスティングして購入できる。直営店なので品揃えが充実し、島内にあるスーパーマーケットやリカーショップよりも安い値段で購入できる。

レストラン

サヌールの目抜き通りジャラン・ダナウ・タンブリンガンに、各種レストランがオープン。ビーチ沿いでは開放的なカフェが並び、のんびり海を眺めながら食事を楽しめる。

■ デッキ席はサヌール有数の高級感
カユマニス・シーサイド
Kayumanis Seaside **MAP P.255-A2**
住所 Jl. Pantai Sindhu, Sanur　TEL (0361) 620-0777
URL www.kayumanis.com　営業 毎日 7:00 ～ 22:00
税&サ +16.6%　カード **M V**

青い海が望めるダイニング

海辺の一等地に建つカユマニス・リゾート系列のダイニング。リーズナブルな料金で、5スタ

ーホテルのようなきめ細かなサービスが受けられる。シーフード・プラッター（Rp.14万）など、新鮮なシーフードを使ったバリ島スタイルのBBQを味わおう。

■ できたてナシチャンプルを味わおう
ワルン・クチル
Warung Kecil **MAP P.254-C2**
住所 Jl. Duyung No.1, Sanur
TEL 0851-0002-0002 携帯　営業 毎日 7:00 ～ 22:00
税&サ 込み　カード 不可　**Wi-Fi** OK

好みの総菜を自分でチョイス

サヌールで大評判の小さな個性派ワルン。安くておいしいのでいつも混み合っており、ランチタイムは満席のことも多い。ナシチャンプル

は野菜料理3種でRp.2万8000～、肉料理を組み合わせると Rp.3万～。地元のオーガニック食材を使ったパニーニ（Rp.4万4000～）やサラダ（Rp.5万～）もおいしい。

■ 新鮮な魚介グルメの穴場スポット
ワルン・アンピビア
Warung Ampihbia **MAP P.255-A2**
住所 Jl. Pantai Sindu, Sanur
TEL 0823-4037-4690 携帯
営業 毎日 10:00 ～ 22:00　税&サ 込み　カード 不可

浜辺で豪快に調理してくれる

ジンバランで有名なシーフードBBQ（イカン・バカール）をサヌールで味わうならこの店へ。自分で選んだ魚のサイズで値段が決まる

システムなので、リーズナブルな値段設定で楽しめる。シーフード・プラッター（Rp.11万）は、魚、イカ、エビ、貝などを盛り合わせ、ご飯や野菜も付く太っ腹メニュー。

■ 日本人の板前が自慢のメニューを提供
大 和
Yamato **MAP P.255-C1**
住所 Jl. By Pass Ngurah Rai No.101X, Sanur
TEL(0361) 289-030　営業 毎日 11:30 ～ 14:30、17:00
～ 23:00　税&サ +16%　カード **J M V**　**Wi-Fi** OK

クエ鍋コースは2日前までに要予約

寿司や天ぷらから、家庭料理までメニュー多彩な和食レストラン。おすすめはトリから揚げのザンギ（Rp.5万2000）、天ぷらうどん

（Rp.7万）、地鶏の水炊き（2人前 Rp.48万、要予約）。釣った魚を持ち込めば、板前さんが寿司や鍋などに調理してくれるサービスも実施している（調理代は1名分Rp.15万～。2日前に予約）。

■ 現地の若者たちに爆発的な人気
ワルン・メン・ルントゥ
Warung Men Runtu **MAP P.254-B1**
住所 Jl. Sekuta No.32c, Sanur
TEL0819-1611-6633 携帯　営業 毎日 10:30 ～ 18:00
税&サ 込み　カード 不可　**Wi-Fi** OK

インスタ映えするローカルメニューを提供

バリ島の伝統的なスナック料理が味わえる人気ワルン。懐かしいおばあちゃんのレシピが現地で受けて、店内はいつもティーンエイジャーで大にぎわい。スタッフのおすすめは旬の

フルーツがたっぷり入ったルジャッ・クア・ピンダン（Rp.1万3000）、季節物のゴーヤを使ったルジャッ・ブルン・ボニ（Rp.1万4000）、ちまきと野菜をピーナッツソースで味わうティパッ・チョントッ（Rp.1万3000）など。

ハミダシ **R** ギラ・チキン Gila Chiken **MAP** P.254-A2　TEL 0813-3912-9855 携帯　営業 毎日 17:00 ～
24:00）は屋台感覚で楽しめる穴場ワルン。焼き鳥2本 Rp.1万2000～、ラーメン Rp.6万～など激うま！

サヌール

母親のレシピを再現した家庭料理
パリシ・フレンチ・キュイジーヌ
Paris'i French Cuisine　MAP P.254-B1
住所 Jl. Batur Sari No.36, Sanur
WA 0812-3856-9393　営業 毎日 12:00 ～ 22:00
税&サ +15%　カード MV　Wi-Fi OK

パリジャンのダミアンさんが営むフランス家庭料理のダイニング。手頃な値段で本格的なメニューが味わえるとあって、店内は在住外国人でいつも大盛況だ。フィレステー

ディナータイムは混み合うので事前予約を

キ（Rp.13万5000）、エスカルゴ（6個でRp.4万）、フォアグラ（Rp.16万5000～）が絶対に食べたい看板メニュー。グルメバーガー（Rp.8万～）やズッキーニのグラタン（Rp.8万）もおすすめ。

インドネシアの食文化に魅了される
マサマサ
Masa Masa　MAP P.263-C3
住所 Jl. SubakTelaga I No.9, Ketewel, Kec. Sukawati
WA 0819-4630-5122　営業 毎日 9:00 ～ 22:00
税&サ +10%　カード JMV　Wi-Fi OK

スマトラ島から移築された 1850 年代の邸宅を使ったレストラン。ジャワの伝統料理やプラナカン料理の代表的なメニューがセレクトさ

魚の出汁やエビ味噌を発酵させた調味料を使ったアッサム・ラクサ（手前）

れており、ウダン・ハルム・マサマサ（Rp.16万5000）やアッサム・ラクサ（Rp.5万5000）は奥深いスパイスの旨味が堪能できる。

若きオーナーシェフが腕を振るう
キャンバス・カフェ
Canvas Cafe　MAP P.254-A2
住所 Jl. Hang Tuah No.45, Sanur
TEL 0813-5385-7878 携帯　営業 毎日 7:00 ～ 22:00
税&サ 込み　カード MV　Wi-Fi OK

ビーチまで徒歩3分の人気カフェ。学生時代からコンテストで名をはせ、ブルガリ・リゾートでシェフを務めたマルセル・スマルガ

開放的な雰囲気で女子会にもおすすめ

さんが魅惑の料理を提供。人気メニューはポークベリーとバンズのバランスが絶妙なベリー・バン（Rp.4万6000）や、ポーチドエッグがとろけるアボカドトースト（Rp.6万1000）。

サヌールの格安グルメスポット

R ワルン・マッベン Warung Mak Beng（MAP P.254-A2 TEL 0361-282-633 営業毎日 8:00 ～ 22:00）は揚げ魚・魚のあらのスープ・ご飯がセット（Rp.5万5000）になった人気の定食屋。魚はその日の仕入れで種類が替わる。

地元で一番人気のワルン・マッベン

R ワルン・サロ Warung Saro（MAP P.255-A1 TEL 0821-4434-7837 携帯 営業毎日 10:00 ～ 22:00）は民家を使った隠れ家のようなローカルレストラン。串焼きのサテのパッケージ（Rp.5万5000～）では、サンバルマタなど 5 種類のソースを選んで味わえる。

サテ料理が充実したワルン・サロ

R ワルン・クリシュナ Warung Krishna（MAP P.254-B1 TEL 0361-281-661 営業日～金 7:00 ～ 17:00）は、日本人在住者にも評判のナシチャンプル（Rp.3万～）が味わえる店。鶏肉とサンバルマタが絶妙にマッチしている。

ワルン・クリシュナのブブールチャンプル

R ワルン・ナシ・バリ・マデ・ウェティ Warung Nasi Bali Made Weti（MAP P.255-A2 TEL 0812-3899-0448 携帯）は 1970 年創業のワルン。メニューはアヤム・ベトゥトゥ（Rp.3万）のナシチャンプルのみだが、50 年以上も行列が途絶えたことのない人気ぶりだ。

営業は毎日 8:00 ～売り切れまで

 ハミダシ　R ルートゥス Luhtu's（MAP P.255-A2 TEL 0821-4434-7837 携帯　営業 毎日 10:00 ～ 22:00）は、青い海に面したオープンカフェ。ココナッツクリームタルト Rp.3万、カプチーノ Rp.3万 7000。

259

ホテル Hotel

ビーチ沿いに高級～中級ホテルや優雅なヴィラが並んでいる。ビーチから1ブロック離れた目抜き通りのジャラン・ダナウ・タンブリンガンの南側には経済的なホテルもある。

熱帯の旅を演出する歴史的ホテル

ハイアット・リージェンシー・バリ

Hyatt Regency Bali [MAP] P.254-C2

住所 Jl. Danau Tamblingan No.89, Sanur
TEL (0361) 281-234
URL hyattregencybali.com 税&サ +21%
カード [A][D][J][M][V] [Wi-Fi] OK
料金 [AC][Mini][TV] スタンダードⓈⒹ Rp.265 万～
[AC][Mini][TV] デラックスⓈⒹ Rp.280 万～
[AC][Mini][TV] プレミアムⓈⒹ Rp.486 万～

1973年の開業からサヌールの象徴だったハイアットがフルリニューアル。500種類以上の植物が生い茂るガーデンや、創業時の調度品を生かしたインテリアなど、レジェンドホテルの面影が随所に感じられる。4階建ての客室棟の上階は27～34m²だが、1階にあるプレミアムは39m²とゆったりサイズでおすすめ。池に囲まれたスパ施設は最新のテクノロジーを完備している。全363室。[POOL][レストラン][朝食]

客室棟も樹木に包まれている

日本人にもおすすめの斬新なデザインホテル

マヤ・サヌール

Maya Sanur [MAP] P.255-C2

住所 Jl. Danau Tamblingan No.89M, Sanur
TEL (0361) 849-7800 FAX (0361) 849-7808
URL mayaresorts.com 税&サ +21%
カード [A][D][J][M][V] [Wi-Fi] OK
料金 [AC][Mini][TV] ガーデンビューⓈⒹ Rp.400 万
[AC][Mini][TV] ラグーンビューⓈⒹ Rp.410 万
[AC][Mini][TV] ラグーンアクセスⓈⒹ Rp.445 万
[AC][Mini][TV] プールスイート Rp.623 万

細長いラグーンプール沿いに客室棟が建つ全103室のデザインホテル。自然光がたっぷり入る客室は、木のぬくもりが感じられるナチュラルなインテリア。全室にバスタブを完備し、和食レストランもあり、日本人のファミリー利用にもおすすめ。[POOL][レストラン][朝食]

ラグーンアクセスのベッドルーム

南国気分が盛り上がる大型ホテル

スイスベル・リゾート・ワトゥジンバー

Swiss-Bel Resort Watu Jimbar [MAP] P.255-B2

住所 Jl. Danau Tamblingan No 99A, Sanur
TEL (0361) 849-7000
URL www.swiss-belresortwatujimbar.com
税&サ +21% カード [A][D][J][M][V] [Wi-Fi] OK
料金 [AC][Mini][TV] デラックス・プールビューⓈⒹ Rp.130 万～
[AC][Mini][TV] デラックス・ジャクージⓈⒹ Rp.130 万～
[AC][Mini][TV] グランド・プランジプールⓈⒹ Rp.160 万～

ロビーからはプールと中庭が美しく広がり、到着早々にテンションアップ間違いなし。敷地も客室もゆったりデザインされ、徒歩5分の浜辺にはビーチクラブも完備。全306室は癒やしムードたっぷりのインテリアで、バルコニーにジャクージが付くデラックス・ジャクージの客室が人気。

[POOL][レストラン][朝食]

メインプールを囲むように客室棟が建つ

居住性の高さが評判

ジ・アランタラ・サヌール

The Alantara Sanur [MAP] P.254-C1

住所 Jl. Tirta Ening No.12, Sanur
TEL (0361) 449-1771
URL www.thealantarasanur.com
税&サ +21% カード [A][J][M][V] [Wi-Fi] OK
料金 [AC][Mini][TV] デラックスⓈⒹ Rp.150 万～
[AC][Mini][TV] スイート Rp.190 万～
[AC][Mini][TV] プールヴィラ Rp.400 万～

ビーチまで車で5分、閑静なサヌールの住宅街に建つ全42室のブティックホテル。客室はバリ家具やアンティーク調のタイルで彩られ、マルチプラグのコンセントを用意するなどゲストの使い勝手を配慮。緑豊かな敷地にはプールを中心にバーやレストランを完備している。

[POOL][レストラン][朝食]

トロピカルムードたっぷりの楽園ホテル

ハミダシ [H]ガゼボ・ビーチ Gazebo Beach（[MAP] P.255-B2 URL gazebohotelbali.com）はビーチを望む老舗コテージ。伝統的なバリ様式で建てられたバンガローやヴィラが人気。Rp.50 万～。

クオリティに定評あり
メルキュール・サヌール
Mercure Sanur [MAP] P.254-C1

住所 Jl. Merta Sari, Sanur TEL (0361) 288-833
URL all.accor.com/hotel/5474/index.ja.shtml
日本予約 FD 0120-993-130
税&サ 込み カード [A][D][J][M][V] [Wi-Fi] OK
料金 [AC][Mini][TV] スーペリアⓈⒹ Rp.180 万～
[AC][Mini][TV] デラックスⓈⒹ Rp.205 万～

トロピカルガーデンと広いプールをもつ全189室のホテル。客室はシンプルなインテリアで装飾され、ビーチ前にはプールやレストランを併設している。[POOL][レストラン][朝食]

フレンドリーなスタッフがお出迎え
ネサ
Nesa [MAP] P.255-C2

住所 Jl. Danau Tamblingan No.144, Sanur
TEL (0361) 281-939 URL nesasanur.com
税&サ 込み カード [A][J][M][V] [Wi-Fi] OK
料金 [AC][Mini][TV] スーペリアⓈⒹ Rp.65 万～
[AC][Mini][TV] バリニーズ・スイート Rp.75 万～

ビーチまで徒歩3分のロケーションが便利。客室はシンプルなスーペリア16室と伝統的なバンガロータイプ4室。設備は簡素だが $28m^2$ ～とゆったりサイズで使い勝手がいい。日本人ダイバーにも人気がある。[POOL][レストラン][朝食]

家族経営でなにかと安心
アソカ・ホームステイ
Asoka Home Stay [MAP] P.254-C2

住所 Jl. Duyung No.4, Sanur
TEL (0361) 289-037 URL asokahomestay.com
税&サ +10% カード [J][M][V] [Wi-Fi] OK
料金 [AC][Mini][TV] スタンダードⓈⒹ Rp.45 万～
[AC][Mini][TV] ステューディオⓈⒹ Rp.65 万～

ビーチへもメインストリートへも徒歩3分ほど。小さな敷地内にはレストランやプールもあり、部屋も快適。全12室。
[POOL][レストラン][朝食]

シンプルだが清潔な室内

お値打ちの隠れ家ホテル
クルンプ・バリ
Klumpu Bali [MAP] P.255-C1

住所 Jl. Kesari No.16B, Sanur
TEL 0811-2030-402 携帯 URL www.klumpu.com
税&サ +21% カード [A][J][M][V] [Wi-Fi] OK
料金 [AC][Mini][TV] クルンプ・ヴィラⓈⒹ Rp.200 万～
[AC][Mini][TV] ロフト・ヴィラⓈⒹ Rp.250 万～

プールを囲むガーデンが南国ムードたっぷりな、全8室のブティックリゾート。スタッフのきめ細やかなサービスも評判。[POOL][レストラン][朝食]

伝統建築で落ち着ける

プール付きでリピーターに評判
グナカヤ・ホームステイ
Gunakaya Homestay [MAP] P.254-C2

住所 Jl. Karang Sari No.11A, Sanur
TEL (0361) 284-229
税&サ 込み カード [M][V] [Wi-Fi] OK
料金 [AC][Mini][TV] スタンダードⓈⒹ Rp.65 万～
[AC][Mini][TV] デラックススイートⓈⒹ Rp.75 万～

設備の整った全15室のホームステイ。客室は広くて清潔感があり、長期滞在者に穴場の滞在先として人気が高い。混み合うので必ず事前に予約を入れよう。[POOL][レストラン][朝食]

部屋のタイプが多彩なバンガロー
フラッシュバックス
Flashbacks [MAP] P.255-B2

住所 Jl. Danau Tamblingan No.110, Sanur
TEL (0361) 281-682
URL www.flashbacks-chb.com
税&サ +15% カード 不可 [Wi-Fi] OK
料金 [AC][Mini][TV] エアコンルームⓈⒹ Rp.40 万～
[AC][Mini][TV] バンガローⓈⒹ Rp.65 万

オーストラリア人が経営する全7室のバンガロー。シンプルな部屋からキッチン付きまで、設備の異なる客室がある。[POOL][レストラン][朝食]

ビーチにも近くて便利な立地
リトル・ポンド
Little Pond [MAP] P.255-A2

住所 Jl. Danau Tamblingan No.19, Sanur
TEL (0361) 289-902 URL www.littlepondbali.com
税&サ 込み カード 不可 [Wi-Fi] OK
料金 [AC][Mini][TV] スタンダードⓈⒹ Rp.20 万～
[AC][Mini][TV] デラックスⓈⒹ Rp.31 万～

同系列のストリート・カフェ横の小道を奥に入った、全15室のホームステイ。小さいながらもプール付き。[POOL][レストラン][朝食]

コロニアル調のインテリア

気持ちよく過ごせる格安ロスメン
ケケ・ホームステイ
Keke Home Stay [MAP] P.255-B2

住所 Jl. Danau Tamblingan No.100, Gg. Keke No.4, Sanur
TEL (0361) 472-0614 税&サ 込み カード 不可
URL www.keke-homestay.com
料金 [AC][Mini][TV] ファンⓈⒹ Rp.35 万～
[AC][Mini][TV] エアコンⓈⒹ Rp.40 万～

バリ人オーナー家族があたたかく迎えてくれる人気宿。全14室の部屋は手入れが行き届き、清潔で快適。路地を少し入った所にある。
[POOL][レストラン][朝食]

アットホームな雰囲気で人気

ハミダシ [H]アカナ Akana（[MAP] P.254-C1 TEL 0361-472-1917 URL www.akanasanur.com）は全36室のブティックホテル。ビーチまで徒歩5分の立地で、部屋もおしゃれな雰囲気。Ⓓ Rp.92 万～。

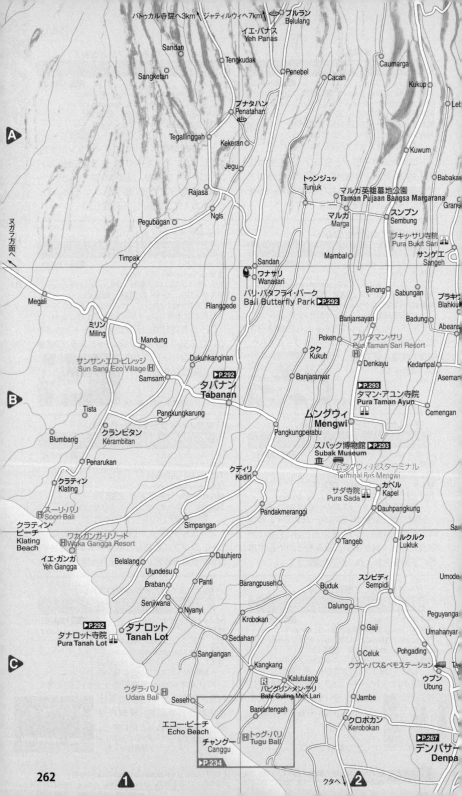

バトゥカル寺院へ3km ジャティルウィへ7km ブルラン
Belulang

イエ・パナス
Yeh Panas

Sandan

Tengkudak

Penebel

Cacan

Caumarga

Kukup

Sangketan

Let

プナタハン
Penatahan

Kuwum

Babakai

Tegallinggah

Kekeran

Grane

Jegu

トゥンジュッ
Tunjuk

マルガ英雄墓地公園
Taman Pujaan Bangsa Margarana

Rajasa

Ngls

マルガ
Marga

スンブン
Sembung

Pegubugan

ブキッ・サリ寺院
Pura Bukit Sari

サンゲエ
Sangeh

Timpak

Sandan

ワナサリ
Wanasari

Mambal

Binong

Sabungan

Badung

ブラキ
Blahkiu

Megali

バリ・バタフライ・パーク
Bali Butterfly Park ▶P.292

Rianggede

Banjarsayan

Peken

ミリン
Miling

クク
Kukuh

プリ・タマン・サリ
Pura Taman Sari Resort

Denkayu

Abeans

Mandung

Dukuhkanginan

Banjaranwar

Kedampal

サンサン・エコ・ビレッジ
Sun Sang Eco Village

Aseman

Samsam

タバナン
Tabanan

タマン・アユン寺院
Pura Taman Ayun

ムングウィ
Mengwi

Cemengan

Tista

Pangkungkarung

クランビタン
Kerambitan

Pangkungperabu

Blumbang

スバック博物館
Subak Museum ▶P.293

ムングウィ・バスターミナル
Terminal Bus Mengwi

Penarukan

クディリ
Kediri

カベル
Kapel

クラティン
Klating

サダ寺院
Pura Sada

スーリ・バリ
Soori Bali

Dauhpangkung

Sa

クラティン・ビーチ
Klating Beach

Simpangan

Pandakmeranggi

ワカ・ガンガ・リゾート
Waka Gangga Resort

Tangeb

ルクルク
Lukluk

イエ・ガンガ
Yeh Gangga

Belalang

Dauhjero

Umode

Ulundesu

Barangpuseh

Buduk

スンピディ
Sempidi

Braban

Panti

Peguyanga

Senjiwana

Nyanyi

Krobokan

Dalung

Umahanyar

タナロット寺院
Pura Tanah Lot ▶P.292

タナロット
Tanah Lot

Sedahan

Gaji

Pohgading

Sangiangan

Celuk

ウブン・バス&ベモステーション

Kangkang

Kalutulang

ウブン
Ubung

ウダラ・バリ
Udara Bali

バビグリン・メシ・ラリ
Babi Guling Men Lari

Jambe

Seseh

Banjartengah

クロボカン
Kerobokan

エコー・ビーチ
Echo Beach

トゥグ・バリ
Tugu Bali

チャングー
Canggu ▶P.234

デンパサ
Denpa ▶P.267

クタへ

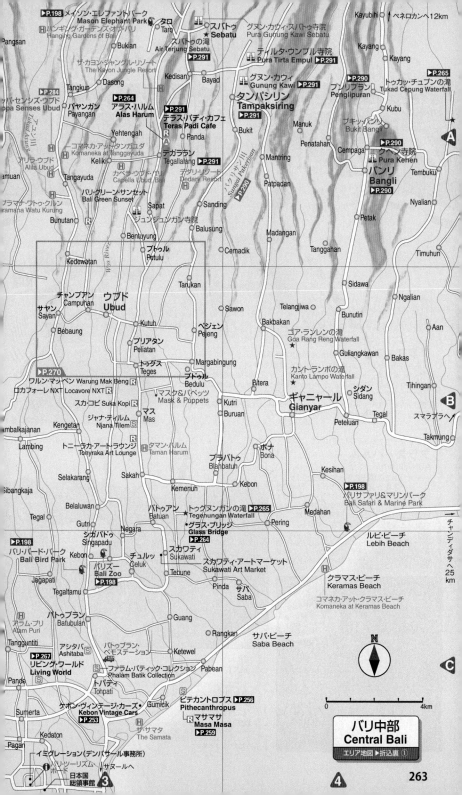

Photojenic Spots @ Central Bali
フォトジェニックなバリ中部の人気スポット

スリル満点の橋の高さは約40m。車を手配して訪問しましょう

入口で渡されるシューズカバーを着用して歩きます

Bridge

渓谷を眼下に望むビューポイント
グラス・ブリッジ Jembatan Kaca Bali

長さ199mのガラスの橋はスリリングな撮影スポット。橋の上から雄大なプタヌ川が望め、一部の床にはガラスにヒビが入る映像と音の演出もある。ウブド中心部から12km南。Blangsingah村とTegunungan村の間を流れるプタヌ川に架かり、それぞれの村から入場可能。

MAP P.263-B3 **住所** JL. Raya Blangsinga, Saba, Kec. Blahbatuh, Kabupaten Gianyar **TEL** 0822-8181-8888(携帯) **営業** 毎日8:00～19:00 **料金** Rp.25万

Swing

渓谷ビューでアクティブに楽しめる
アラス・ハルム
Alas Harum

テガラランの棚田に沿って施設が広がる、コーヒー農園が経営するスポット。常時5台のブランコが稼働し、ジップラインやスカイバイクなどプログラムも充実。緑の渓谷沿いに広がる敷地には、洞窟やつり橋、鳥の巣など撮影スポットが点在している。

MAP P.263-A3 **住所** JL. Raya Tegallalang, Tegallalang **WA** 0812-3802-1174 **URL** www.alasharum.com **営業** 毎日9:00～18:00 **料金** エクストリームスウィングRp.17万5000～、カップル・スウィングRp.32万5000～、スカイバイクRp.22万5000

ロングドレスはRp.17万5000でレンタルできます

緑の景観に溶け込む空中ブランコを体験!

フォトスポットとして話題沸騰!
バリ・スウィング Bali Swing

アユン川対岸のボンカサ村にあるブランコ施設。高さ5mから78mまで18台のブランコを完備し、アクティブパッケージなら追加料金なしに何度でも乗れる。ウブドや南部エリアからの送迎やビュッフェ代もパッケージに含まれているので、のんびり1日楽しめる。

MAP P.270-A1 **住所** JL. Dewi Saraswati No.7, Bongkasa Pertiwi, Kec. Abiansemal **W** 0878-8828-8832 **URL** real.baliswing.com **営業** 毎日8:00～17:00 **料金** アクティブパッケージRp.35万～63万(各エリアからの送迎、ビュッフェ、ブランコ利用込み) ※送迎エリアにより料金が異なる

ウブド中心部から車で30分ほどの便利なロケーション♪

上部から光が差し込む午前中に訪問しましょう

ウブド周辺でNo.1の撮影スポット
トゥグヌンガンの滝
Tegenungan Waterfall

スカワティ村のプタヌ渓谷沿いにある落差20mほどの滝。 滝つぼにはサインボードや船のオブジェなどインスタ映えする小道具がいろいろと用意されている。

MAP P.263-B3　**住所** Kemenuh, Sukawati, Gianyar　**入場** 毎日7:00 ～18:00　**料金** Rp.2万

すがすがしい滝で神秘体験
トゥカッ・チュプンの滝
Tukad Cepung Waterfall

光と水が織りなす幻想的な撮影スポットで心も体もリフレッシュ。 カーテンのような滝が洞窟に流れ込み、ミステリアスな雰囲気の写真が撮れる。 滝つぼまでは徒歩15分ほど。

MAP P.263-A4　**住所** Tembuku, Kabupaten Bangli　**入場** 毎日7:00 ～18:00　**料金** Rp.2万

View Cafe

アユン川とライステラスに包まれてのんびり過ごしましょう

高級リゾート内のレストランへ
タマン・デダリ
Taman Dedari

渓谷に包まれたロイヤル・ピタマハの敷地には天女が降り立った伝説が残っている。 タマン・デダリの中庭には巨大な天女の像が立ち、 撮影スポットとして人気を集めている。

MAP P.270-A1　**住所** Kedewatan, Ubud
TEL (0361)977-801　**URL** tamandedari.
com　**営業** 毎日10:00 ～23:00

幻想的な夕暮れ時がシャッターチャンス！

古来からの景勝地を今風に楽しむ
サヤン・ポイント Sayan Point

ウブドエリア随一の眺望が広がるアユン渓谷沿い、 棚田と清流が織りなす景観に浸れるカフェ。 ブランコなど撮影スポットが多いのも人気の秘密。

MAP P.270-B1　**住所** Sayan, Ubud　**TEL** 0813-5320-2352（携帯）　**営業** 毎日8:00 ～ 22:00　**料金** プールパッケージRp.17万5000、 アフターヌーンティーセットRp.9万5000

バリ州の州都はエネルギッシュな庶民の町

デンパサール
Denpasar

デンパサール★

人　口	80万人
高　度	50m未満
市外局番	0361
空港コード	DPS

イベント情報
● 6月中旬〜7月中旬
　バリ島の21の市町村が集う伝統芸能・工芸の祭典**バリ・アート・フェスティバル**（インドネシア語でPesta Kesenian Bali）が行われる。オープニングにはププタン広場から、メイン会場であるアートセンターまでのパレードがある。会場では各種展示会のほか、連日連夜各地の伝統芸能などが楽しめる。

デンパサールへのタクシー
　グララライ国際空港からデンパサール市内へは13km。空港からのタクシーで所要50〜60分、Rp.20万〜30万。クタからはタクシーで30〜40分、Rp.16万〜。

配車サービスの利用状況
　GrabやGojekの配車サービス（→ P.478）が利用できる。市内〜空港間の移動にも便利。

バリ最大級のナイトマーケット
　ププタン広場から500mほど東にある**クレネン市場**（**MAP** P.267）は、18:00を過ぎた頃からバリ最大級のナイトマーケットとなり、カップルや家族連れで大にぎわい。バッソやサテ・カンビン、バビグリンなど、バリ人の大好物の簡易食堂がずらりと並ぶ。衣料品や生活雑貨も売られている。

市場で地元飯を味わおう

　バリ島最大の町デンパサールはバリ州の州都であり、バドゥン県の県庁所在地でもある。郊外には官庁街を擁し、大きなデパートが並び、横断歩道や信号のほとんどない一方通行の道を走り回る車やバイクの数も時に尋常でない。

バリ最大級のショッピングモールも登場

　バリ島で唯一都市と呼べそうなデンパサール。「デン」は北、「パサール」は市場を意味するとおり、農産物などの一大集散地。バティックなど布地の問屋が集うジャラン・スラウェシは午前中から、クレネンのナイトマーケットは夕餉の時を過ごそうと繰り出してくる人々で日が暮れる頃から、それぞれにぎわい始める。そんな市場の活気などがこの町のおもしろさだ。

アクセス

バ　ス▶ジャカルタやジョグジャカルタなどジャワ島各地からのバスは、デンパサールから15km北にあるムングウィ・バスターミナル（**MAP** P.262-B2）に到着する。バスターミナルからクタやウブド方面には路線バス（トランス・メトロ・デワタ）で移動できる。

歩き方

　ププタン広場 Medan Puputan が中心で、観光案内所もその斜め向かいにある。そこから西へ延びる**ジャラン・ガジャマダ** Jl. Gajah Mada にはショップや銀行が並び、最もにぎわっているのはバドゥン川沿いに延びる**ジャラン・スラウェシ**周辺。町の南には大きなデパートが点在し、さらに町の南東は日本領事館もある官庁街となっている。

観光用の馬車も走る
デンパサール中心部

▶交通案内

　中心部はタクシーが流しているがつかまえにくく、渋滞も多いので注意。市内を循環する路線バスや、馬車（ドッカル）もあるが、旅行者の移動には実用的ではない。

ハミダシ　バリ・アート・フェスティバルでは華やかなお祭りムードのなか、バリ島内外の舞踊や音楽が披露される。特に毎夜複数のステージで披露される伝統芸能は、トップクラスの技を観る最高のチャンスだ。

おもな見どころ

生地の問屋が集まるにぎやかな通り ★★
ジャラン・スラウェシ
Jl. Sulawesi　MAP **P.267**

バドゥン川の東岸にある布地の問屋街。バティックやクバ
ヤに使うレース生地など、布地を売る店が狭い道路沿いにひ
しめきあう活気ある光景が広がる。カラフルな布地を見て歩
くだけでも楽しいが、気に入ったものが
あったら値段交渉して購入してみよう。
隣接するジャラン・ガジャマダにもクバ
ヤやサロンの専門店がある。

伝統衣装も購入できるジャ
ラン・スラウェシ

バリの文化についての見聞を深める ★
バリ博物館
Museum Bali　MAP **P.267**

建物自体が宮殿と寺院の様式を伝える、4つの棟から構成
されている。入口正面がバリ島石器時代の発掘品(2階に木や
象牙を彫った伝統的な工芸品や農耕具を展示している)が置
かれた棟で、さらに左側へ順にバティックやイカットなど伝統
的な織物、さまざまな儀式(ウパチャラ)で使われる装飾品や
道具類、舞踊で使われる衣装やバロンなどの仮面がそれぞれ
展示された棟になっている。

バリ最大級のモール
デンパサール中心部から5km
北の幹線道路沿いに超大型モー
ルが2023年3月オープン。
100店以上の国内外のブランド
が出店し、3.5ヘクタールの敷地
には噴水や水路で涼しさの演出
もある。フードコートや飲食店も
充実している。

**S リビング・ワールド
Living World**
MAP **P.263-C3**
住所 Jl. Gatot Subroto Timur,
Tonja, Denpasar
TEL 0821-1311-4100 携帯
営業 毎日 10:00〜22:00

バリ博物館
ププタン広場の東側。
TEL (0361) 222-680
入場 毎日 7:30〜15:30
料金 大人 Rp.5万
　　　子供 Rp.2万5000

民族衣装などを展示している

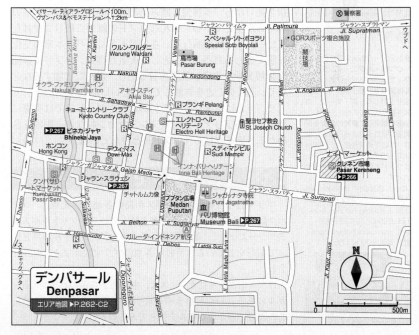
デンパサール
Denpasar
エリア地図 ▶P.262-C2

豊かな自然に囲まれたアートや伝統芸能の中心地

ウブド

Ubud

ウブド ★
デンパサール ●

高　度	200m 未満
市外局番	0361

ウブドへのタクシー

　グラライ国際空港から空港タクシーで1〜1.5時間、Rp.43万〜。クタやサヌールからはメータータクシーで片道 Rp.30 万ほど。ウブドから空車になってしまうため、30% 程度の料金を上乗せして請求される。

ウブドへのシャトルバス

　プラマ社のシャトルバスが各地を運行。クタから1時間(Rp.10万)、サヌールから50分(Rp.8万)、チャンディダサから1時間(Rp.10万)、ロビナから3時間(Rp.25万)。

プラマ社バス発着所

MAP P.270-C2
住所 Jl. Hanoman, Padang Tegal, Ubud
TEL (0361)973-316

自然派ワークショップを体験

　**ウブド・ボタニ・インテラク
ティブ**は、バリ文化に触れられる体験教室。郷土菓子のレシピを学ぶバリニーズ・ケーキ、コスメを作るヘルス＆ビューティ、田園を散策して農業の見識を深めるボタニ・ウオークなど。各コースは 2 時間程度で、参加料は Rp.40 万。
●ウブド・ボタニ・インテラクティブ
**Ubud Botany Interactive
(UBI)** MAP P.270-B2
住所 Jl. Kajeng No.32, Ubud
TEL 085-6371-9259 携帯
URL www.ubudbotany.com
営業 毎日 9:00 〜 17:00

自然派プログラムにトライ！

周辺には美しい田園風景が望めるリゾートホテルが点在している

　芸能と芸術の中心地として、バリ文化の多様性を見せてくれるウブド。観光化が進み、オシャレなショップやレストランが並ぶようになった今も、この村が文化と伝統を重んずることに変わりはない。毎晩のように伝統舞踊の公演が開かれ、伝統絵画から現代的な作品を展示したギャラリーや美術館が軒を連ねている。

　寺院祭礼や儀式のきらびやかさもバリ島随一。また、目抜き通りから一歩裏側に踏み込めば、のどかな昔ながらの暮らしが生きている。そんなウブドの魅力に取りつかれたリピーター、長期旅行者、在住者も多く、バリ本来の文化を肌で感じられるエリアとして人気が高い。ウブドは参加型の観光地なので、芸能を習ったり、祭礼に参加するなどして、多くのことを体験してみるといいだろう。

　ウブドとは本来ひとつの村のことだが、ここでは実際には隣接するプリアタン村やプンゴセカン村など、周囲を含めたエリアを称して「ウブド」と呼んでいる。

アクセス

　プラマ社などのシャトルバスが島内各地の観光地と、ロンボク島のスンギギ、ギリ間などを結んでいる。シャトルバスはタクシーより安く、低予算旅行者の多くが、シャトルバスを使って旅行をしている。予約は各地のプラマ社オフィスや旅行会社へ。

　ウブドのプラマ社オフィスは、中心部から南のパダン・トゥガルにある。いつもホテルの客引きが待ち受けているので、この周辺で静かなホテルを探してみるのもいい。

ハミダシ ウブド・ヨガ・ハウス Ubud Yoga House（MAP P.270-B2 TEL 0821-4418-1058 携帯 URL ubudyogahouse.com）は田園にたたずむヨガスタジオ。コースは月〜土 7:30 〜、9:00 〜、9:30 〜。

歩き方

ウブドの中心地は、観光案内所のビナ・ウィサタ Bina Wisata や、早朝からにぎわう**ウブド市場** Pasar Ubud のあたり。ここから南に向かうジャラン・モンキー・フォレスト Jl. Monkey Forest と東

生鮮食品が豊富に揃う

西に走っているジャラン・ラヤ・ウブド Jl. Raya Ubud にショップ、レストラン、ホテル、旅行会社、両替所が集まっている。

ウブドの「台所」である市場では、働き者の女性たちが忙しく、にぎやかに行き交う。色とりどりの供え物や食べ物がところ狭しと並び、花やさまざまな食べ物の匂いが混じり合って、活気に満ちた空間が楽しい。市場からジャラン・モンキー・フォレストを南下すると、野生のサルが群生している**モンキー・フォレスト** Monkey Forest に出る。ここでのんびりと森の雰囲気を味わうのもいい。

ウブド村の東隣には「バリ舞踊の中心地」として知られ、ティルタ・サリ歌舞団などがあるプリアタン村 Peliatan、ウブドの南隣には「バリ絵画の村」として有名なプンゴセカン村 Pengosekan がある。どちらにものどかな田園風景が楽しめるレストランと落ち着いたホテルが多い。

高級リゾートホテルはチャンプアン Campuhan、サヤン Sayan、クデワタン Kedewatan など、ウブド中心部から少し離れたロケーションに点在している。

供物を頭に乗せた女性たち。ウブドではさまざまな儀式に出合う機会も多い

ウブド

ウブドの安全情報

かつては静かで落ち着いた村だったウブドも、観光化が進むにつれてトラブルも増えてきている。ジゴロやトランプ賭博の詐欺師も出没するので注意。

ウブド市場　[MAP] P.272-A2

営業 毎日早朝から夕方まで

ウブドの中心部となる巨大市場。2023年5月にリニューアルオープンし近代的で清潔感のある2階建ての建物へと生まれ変わっている。1階と2階は手工芸品などを売るおみやげ市場で、地下では野菜や果物などの食料品と日用雑貨を扱っている。昔ながらのウブド情緒を味わいたいなら、市場の敷地から南へと延びるジャラン・カルナの露店ものぞいてみよう。アタ製品や木工製品、アクセサリー、編みバッグなどがところ狭しと並んでいる。

モンキー・フォレスト　[MAP] P.270-C2

入場 毎日 8:30 ～ 18:00
料金 大人 Rp.8万
　　　子供 Rp.6万

およそ200匹の猿が生息している自然保護区。入口の前では餌となるピーナッツやバナナが売られているので、これらを手に入れてから森の中へ分け入ろう。毎日のように餌をもらっているせいか、猿たちは非常に人懐っこい。自分の手から直接餌をやるといった、貴重な体験もできる。

王宮でウブドの歴史に触れる

ウブド王宮 Puri Saren（[MAP] P.272-A2）は、十字路に面したこの村のランドマーク。1908年にオランダに征服されるまで続いた王政時代には、ジャラン・スウェタを挟んで向かい側にあるプリ・カントールとともに政治や文化の中心だった。最後の王チョコルド・グデ・スカワティが亡くなってからは子孫と親族が暮らしているが、当時の華やかな面影は各所で感じられる（王宮内部は一部公開されている）。

市場側（南側）にある東屋「バレ・バトック」は王の物見台だった所。王はここから向かいの市場を眺めて景気判断をしたり、美しい女性を見つけて王宮に招いたという逸話も残っている。

王宮は16世紀から存在しているが、現在の建物は1978年に改装されたもの。現地ではプリ・サレンと呼ばれている

ハミダシ　ジャラン・カルナ Jl.Karna（[MAP] P.272-B2）はウブド市場の南側からデウィシタ通りへ延びる手工芸品の露店がひしめき合っている裏通り。さながらアートマーケットのような風情だ。

ロイヤル・キラーナ・スパ
Royal Kirana Spa
▶P.265 タマン・デダリ
Taman Dedari
ロイヤル・ピタ・マハ
Royal Pita Maha

クブクブ・バロン・ヴィラス
Kupu Kupu Barong Villas

スバリ
Sebali

チャンプアン発〜
スバリ村行き
散歩コース

クデワタン
Kedewatan

ワルン・カヤナ
Warung Kayana

ナシ・アヤム・クデワタン
Nasi Ayam Kedewatan

▶P.284 ジャナタ・リゾート
Janata Resort

プントゥユン村寺院
Pura Bentuyung

サッティ
Sakti

トゥ
Tul
▶P.2

マンダパ・ア・リッツカールトン・リザーブ
Mandapa, A Ritz-Carlton Reserve

Jl. Lungsiakan

Ulun Ubud
Cottages

アマンダリ
Amandari

ムカール・サリ
Mekar Sari

フライ・カフェ
Fly Cafe

カルサ・スパ
Karsa Spa

▶P.285
トゥガ・ゲストハウス
Tuga Guesthouse

Sujati Spa

ベジ・ウブド
Beji Ubud

カスタラ・リゾート
Kastara Resort

ヴィセサ・ウブド・リゾ
Visesa Ubud Reso
▶P.284

バリ・スウィング
▶P.264 Bali Swing

ソベック・ラフティング

コモ・ウマ・ウブド
COMO Uma Ubud

ワパ・ディ・ウメ・リゾート
Wapa di Ume Resort

ヌリス・ワルン Nuri's Warung

ネカ美術館
Museum Neka ▶P.275

ジャラン・カジェン発〜
田園地帯行き
散歩コース

モザイク Mozaic

ザ・サヤン・ハウス
The Sayan House

ワルン・プラウ・クラパ
Warung Pulau Kelapa

ピタ・マハ Pita Maha

カフェ・ポメグラネート
Cafe Pomegranate

▶P.265

サヤン・ポイント Sayan Point

ビンタン・スーパーマーケット
Bintang Supermarket

インドゥス
Indus

ウブド・ヨガ・ハウス
Ubud Yoga House ▶P.268

サヤン・テラス・リゾート
Sayan Terrace Resort

グリーン・ハビット
Green Habit

▶P.268

フォーシーズンズ・リゾート・サヤン
Four Seasons Resort Sayan

チャンプアン
Campuhan

▶P.288 グヌン・ルバ寺院
Pura Gunung Lebah

ウブド・ボタニ・インタラクティブ
Ubud Botany Interactive

タマン
Tama

サヤン
Sayan

チャンプアン・ホテル＆スパ
Tjampuhan Hotel & Spa

Ibah

▶P.272

プリ・ルキサン美術館

カユマニス・ウブド
Kayumanis Ubud

デ・ムヌッ
De Munut

プラサンティ
Prasanti ▶P.285

ブランコ美術館
Blanco Museum

ウブド王宮
Puri Saren

ダイニング・コーナー
Dining Corner

ソキ・ギャラリー
Soki Gallery

アユシャ・ウェルネス・スパ
Ayusha Wellness Spa
▶P.289

ウブド市場
Pasar Ubud

プヌスタナン
Penestanan

▶P.284 ウマ・カライ
Uma Kalai

サッカー場

サンティ・スパ
Santi Spa

ザ・トロピカル・アンツ
The Tropical Ants

郵便

ザ・サマヤ・ウブド
The Samaya Ubud

マナ・キッチン ▶P.289
Mana Kitchen

パダン・トゥガ
Padang Tega

マナ・アースリー・パラダイス
Mana Eathly Paradise ▶P.285

ウブド・クロッド
Ubud Kelod

モンキー・フォレスト発〜
絵画の村プヌスタナン行き
散歩コース

▶P.280 イブ・スス
Ibu Susu

漁師
Ryoshi

カティッ・ランタン
Katik Lantang

▶P.269 モンキー・フォレスト
Monkey Forest

アラヤ・ウブド
Alaya Ubud

サヤン・ナイト
マーケット

ラカ・レケ
Laka Leke

▶P.285 トゥガル・サリ
Tegal Sari

プラマ社バス発
▶P.2

バトゥバラ
Batubara ▶P.28

トヤ・サルト Toya Salt

▶P.284 サポディラ・ウブド
Sapodilla Ubud

アルマ ARMA
▶P.275

ニュー・クニン
Nyuh Kuning

アラム・ジワ
Alam Jiwa

▶P.278 シシ
Sisi

ビヤサ・ウブ
Byasa Ub
▶P.28

ココマート
Cocomart

プンゴセカン
Pengosekan

プリ・コボッ
Puri Kobot

ミシュエ
Mixue

セクション・ナイン
Section 9 ▶P.281

影武者 ▶P.281
Kagemusha

デワ・ニョマン

バンジャール・バブ集会所
Balai Br.Danginl Abak

270

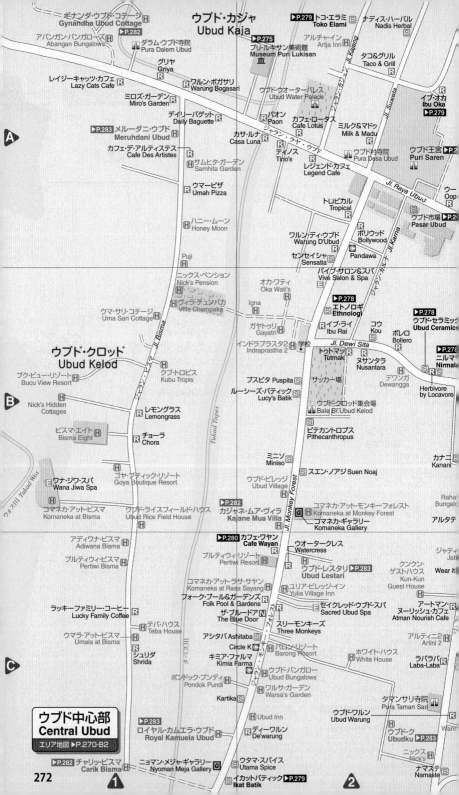

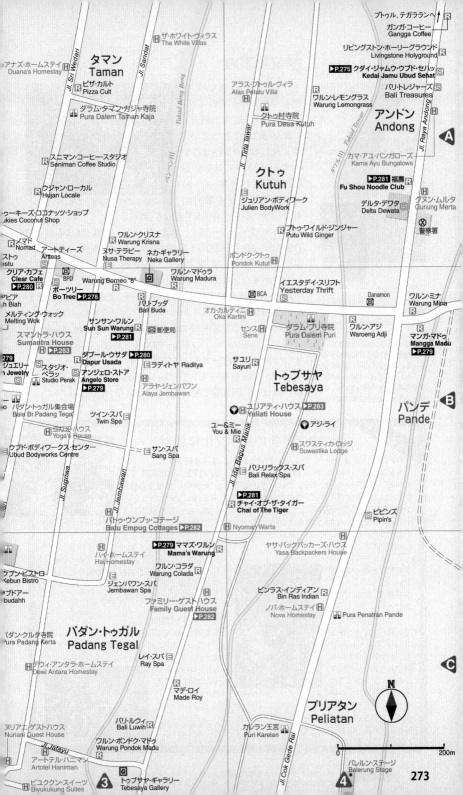

プトゥル、テガラランへ
ガンガ・コーヒー
Gangga Coffee

リビングストン・ホーリーグラウンド
Livingstone Holyground

タマン
Taman

ザ・ホワイト・ヴィラス
The White Villas

▶P.275 クダイ・ジャムウ・ウブド・セハッ
Kedai Jamu Ubud Sehat

アナズ・ホームステイ
Duana's Homestay

アラス・プトゥル・ヴィラ
Alas Petulu Villa

ピザ・カルト
Pizza Cult

ワルン・レモングラス
Warung Lemongrass

バリ・トレジャーズ
Bali Treasures

ダラム・タマン・カジャ寺院
Pura Dalem Taman Kaja

クトゥ村寺院
Pura Desa Kutuh

アンドン
Andong

セニマン・コーヒー・スタジオ
Seniman Coffee Studio

クトゥ
Kutuh

カマ・アユ・バンガローズ
Kama Ayu Bungalows

ウジャン・ローカル
Hujan Locale

ジュリアン・ボディワーク
Julien BodyWork

▶P.281 福壽
Fu Shou Noodle Club

グヌン・ムルタ
Gunung Merta

ウーキーズ・ココナッツ・ショップ
ukies Coconut Shop

デルタ・デワタ
Delta Dewata

メマド
Nomad

ワルン・クリスナ
Warung Krisna

プトゥ・ワイルド・ジンジャー
Putu Wild Ginger

警察署

アートティーズ
Artteas

ヌサ・テラピー
Nusa Therapy

ネカ・ギャラリー
Neka Gallery

クリア・カフェ
Clear Cafe
▶P.280

ワルン・マドゥラ
Warung Madura

ポンドク・クトゥ
Pondok Kutut

ボーツリー
Bo Tree ▶P.278

Warung Borneo "8"

イエスタデイ・スリフト
Yesterday Thrift

BCA

ワルン・ミナ
Warung Mina

h Biah

バリ・ブッダ
Bali Buda

Danamon

メルティング・ウォック
Melting Wok

サンサン・ワルン
Sun Sun Warung
▶P.281

オカ・カルティニ
Oka Kartini

ダラム・プリ寺院
Pura Dalem Puri

ワルン・アジ
Waroeng Adji

スマントラ・ハウス
Sumantra House
▶P.283

センス
Sens

マンガ・マドゥ
Mangga Madu
▶P.279

ダプール・ウサダ ▶P.280
Dapur Usada

ラディトヤ
Raditya

ジュエリー
n Jewelry

スタジオ・ペラッ
Studio Perak

アンジェロ・ストア
Angelo Store
▶P.279

サユリ
Sayuri

トゥブサヤ
Tebesaya

アラヤ・ジェンバワン
Alaya Jembawan

パダン・トゥガル集会場
Bale Br.Padang Tega

ユリアティ・ハウス ▶P.283
Yuliati House

パンデ
Pande

ツイン・スパ
Twin Spa

ユー&ミー
You & Mie

アジ・ライ
Aji Rai

ヨガズ・ハウス
Yoga's House

ウブド・ボディワークス・センター
Ubud Bodyworks Centre

サン・スパ
Sang Spa

スワスティカ・ロッジ
Suwastika Lodge

バリ・リラックス・スパ
Bali Relax Spa

▶P.281
チャイ・オブ・ザ・タイガー
Chai of The Tiger

ピピンズ
Pipin's

バトゥ・ウンプッ・コテージ
Batu Empug Cottages ▶P.282

ニョマン・ワルタ
Nyoman Warta

ヤサ・バックパッカーズ・ハウス
Yasa Backpackers House

クブン・ビストロ
Kebun Bistro

▶P.279 ママズ・ワルン
Mama's Warung

ハイ・ホームステイ
Hai Homestay

ワルン・コラダ
Warung Colada

budahh

ジェンバワン・スパ
Jembawan Spa

ビンラス・インディアン
Bin Ras Indian

ファミリー・ゲスト・ハウス
Family Guest House
▶P.282

ノバ・ホームステイ
Nova Homestay

パダン・クルタ寺院
Pura Padang Kerta

パダン・トゥガル
Padang Tegal

プラ・ペネトラン・パンデ
Pura Penatran Pande

デウィ・アンタラ・ホームステイ
Dewi Antara Homestay

レイ・スパ
Ray Spa

ヌリアニ・ゲストハウス
Nuriani Guest House

マデ・ロイ
Made Roy

バリ・ルゥィ
Bali Luwih

プリアタン
Peliatan

ワルン・ポンドク・マドゥ
Warung Pondok Madu

カレラン王宮
Puri Karelan

アートテル・ハニマン
Artotel Haniman

バレルン・ステージ
Balerung Stage

273

ビュククン・スイーツ
Biyukukung Suites

3 トゥブサヤ・ギャラリー
Tebesaya Gallery

4

0   200m

N

配車サービスの利用状況

　Grab や Gojek などの配車サービス（→ P.478）は、ウブドエリアでも呼び出しもドロップも可能。呼び出しの場合、ウブド中心部からだと多少割高に設定されている。

路線バスは現金払い不可

　トランス・メトロ・デワタの支払いは電子マネーカード（またはスマホ決済アプリ）のみ。Mandiri 銀行の e-Money カードなど数社が発行しており、チャージはコンビニのインドマレッなどで可能。

ウブド内の短距離移動にも便利

APA ？情報センター

TEL 0851-0800-1110 携帯
WA 0812-3957-134
URL informationcenter-apa.
com
営業 月〜土 10:00〜18:00

　各種観光情報や芸能情報が得られる。車付きのガイド手配のほか、バトゥール山へのトレッキングや各種ツアーも扱っている。スタッフが日本語を話すので安心。

🏁 交通案内

　ウブドの中心部なら、景色を楽しみながらのんびり歩くといい。郊外の見どころは各地に点在しているが、流しのタクシーはないので配車サービスを積極的に利用しよう。車やバイクは、観光案内所や旅行会社のほか、各ホテルでも手配してくれる。

中心部はのんびり徒歩で巡ってみよう

車チャーター▶ シーズン、車のグレード、距離にもよるが 1 日 US $50〜60、近郊なら 1 時間 Rp.5 万ほど。条件は事前によく話し合っておこう。人数が揃えば割安だ。

レンタバイク▶ 近郊のレストランや芸能鑑賞に行くときには、バイクも便利。料金は 1 日 Rp.7 万 5000〜。ただし、安全には十分注意すること。

路線バス▶ トランス・メトロ・デワタ Trans Metro Dewata は国営の路線バス。ウブドも一周する「K4B」の路線は、プリアタンの LPD 前→ダラム・プリ寺院→ハノマン通り→モンキーフォレストの駐車場→モンキーフォレスト通り→ウブド王宮へと運行。ほぼ 10 分間隔で運行し、料金は一律 Rp.4400。

Information ウブド発のバリ文化体験ツアー

　『APA ？情報センター』では、バリの伝統文化を体験するためのユニークなツアーを催行している。バリ文化を深く知りたいならぜひ参加してみよう。寺院祭礼オダランなど現地のイベントに参加するツアースケジュールは、フェイスブック（URL www.facebook.com/apainfo）やホームページ（URL informationcenter-apa.com）で確認できる。

フォトジェニック・ツアー
約 8 時間、4000 円（2 名以上）

渓谷沿いのブランコ施設が大人気

　インスタ映えするウブド周辺のフォトジェニックスポットを巡る。トゥグヌンガンの滝やトゥカッ・チュプンの滝、ブランコスポット、穴場ワルンや絶景カフェなど目的地 & 順路は、参加者のリクエストで決めることができる。入場料・飲食代は別途。

沐浴体験ツアー
約 3 時間、3000 円

満月の日には多くの参拝者でにぎわう

　寺院の沐浴場で心身を清める「ムルカット = Melukat」を体験する人気上昇中のプログラム。日本語ガイドが現地のマナーやバリ文化などをわかりやすく解説し、神秘的な沐浴で全身をリフレッシュできる。ティルタ・ウンプル寺院やスパトゥの滝など、沐浴する場所は自分でチョイス OK。入場料、供物、お布施、バリ正装レンタル込み。

オダラン（寺院祭礼）ツアー
不定期、3000 円（2 名以上）

　トランスや珍しい儀式を見ることのできる、オダランを体験するツアー。大きな祭礼では昔ながらのチャロナラン劇や儀式も見られる。

寺院祭礼オダランはバリ文化の華

ハミダシ　ウブド郊外のサヤン村の市場前広場では毎晩 17:30 頃から深夜までセンゴール（ナイトマーケット）が開かれている。屋台料理やスナック、中古衣料品を売る露店でにぎわうおすすめスポットだ。

ニョマン・メジャの作品も展示

おもな見どころ

ロケーションもいいバリ絵画の美術館 ★★
プリ・ルキサン美術館
Museum Puri Lukisan **MAP** P.272-A2

オランダの画家ルドルフ・ボネとチョコルダ・G．A．スカワティによって創設された「優れた芸術の宮殿」。バリ人アーティストたちの作品を年代順に展示してあり、バリ絵画の変遷がひとめでわかるようになっている。

美しい中庭に面した2棟からなる常設展示場では、1930年代以降のバリ人画家の作品を観ることができる。

緑の庭園を囲むレイアウト

プリ・ルキサン美術館
入場 毎日 9:00 〜 18:00
料金 Rp.9万5000
URL museumpurilukisan.com

バリ絵画に詳しくなれる必見ミュージアム ★★
ネカ美術館
Museum Neka **MAP** P.270-B2

ネカ氏が個人で集めたコレクションを展示してある美術館。さまざまなバリ絵画をスタイル別に部屋を分けて展示しており、特にバリの影響を受けた西欧画家たちの作品がすばらしい。バリ島で芸術活動を展開した画家ルドルフ・ボネ、アリー・スミット、アントニオ・ブランコの作品なども楽しめる。

アリー・スミット作「村の寺院」

ネカ美術館
入場 毎日 9:00 〜 17:00
料金 Rp.10万
URL museumneka.com

コレクションの豊富さはバリ随一

歴史的名画やインドネシア人画家のコレクションもある ★★
アルマ
ARMA **MAP** P.270-C2

バリ芸能・芸術に関するコンプレックスで、アグン・ライ氏のコレクションを中心に、インドネシア人やバリに深くかかわった外国人の作品が数多く展示されている。近代バリ絵画の祖ウォルター・シュピースの「チャロナラン」は、バリ島に残る唯一のシュピースの作品として有名だ。敷地内にはケチャやレゴンダンスの定期公演を行う野外ステージや、レストラン、カフェ、ホテルも点在している。

広々としたスペースにバリ絵画が展示されている

各時代の名画が鑑賞できる

アルマ
入場 毎日 9:00 〜 18:00
料金 Rp.10万
URL www.armabali.com/museum
バリの絵画や音楽、バティック、木彫り、料理、ダンスなどのワークショップがある。

Kesenian Tradisional di Ubud

ウブドのおすすめ芸能公演

『芸能の村』ウブドとその周辺は、毎晩いくつもの定期公演が行われている。歌舞団のレベル、演奏や踊りもバリでトップクラスで、誰が観ても楽しめる内容だ。見逃せない公演も多いので、のんびりウブドに滞在して芸能鑑賞を存分に堪能しよう！

伝統舞踊の楽しみ方

　公演の多くは夜19時ぐらいから始まるので、南部リゾートエリアからはツアーに参加するかタクシーをチャーターしよう。ウブドに滞在していれば歩いて行けるし、中心部から離れた会場へはGrabやGojekなどの配車サービスも利用できる。

　チケットは、観光案内所、路上、会場の入口で売られている。料金はRp.10万〜15万。開演前に到着すれば、たいてい席は確保できるが、夏休みの期間や年末年始は観客も多く、どの会場も混み合うので少し早めに入場するのがおすすめ。舞台の近くで踊り手を観たいなら、開演の30分前ぐらいに入場して、のんびりと席で待つといい。

グヌン・サリ
Gunung Sari

　「近代バリ舞踊の父」グデ・マンダラ翁が創立した伝統のグループ。1931年にフランスのパリ植民地博覧会で演奏する母体となり、今もガムラン奏者はマンダラ翁の弟子を中心に構成されている。ペンデット、レゴンクラトン、トペン、バロンなど公演内容も多彩で、「プリアタン・スタイル」と呼ばれる独特の様式美を満喫できる。

● Gunung Sari　毎週土曜19:30から**アグン・プリアタン王宮**（MAP P.271-C3）で公演を行っている。

日本人にも有名なユリアティさんもときどき出演する

 ハミダシ　ウブド王宮やケチャの公演は、雨天の場合は集会場などの屋内施設で行われる。屋外公演のほうがぐっと雰囲気がいいので、ウブドに数日滞在するなら天気のいい日を芸能鑑賞に回すのがおすすめ。

Semara Ratih スマラ・ラティ

STSI芸術大学の卒業生と教授を中心に作られた歌舞団。中心メンバーであるA.A.アノム・プトラ氏は、天才的なバリスの踊り手。彼にしか踊ることができない迫力あるパフォーマンスを見せてくれる。そのほか、タルナ・ジャヤや

レゴン・クラトン、バロンなど内容は多彩。ガムランの演奏もバリ島でトップクラスだ。

● Semara Ratih
毎週土曜 19:30 から**ダラム・ウブド寺院**（ MAP P.272-A1）で定期公演を行っている。

戦士の舞いバリスは圧巻だ

Sadha Budaya サダ・ブダヤ

ウブドで最初に公演を行った、ウブド王宮の中心的グループ。月曜はレゴン・ダンスのほか、ガボールやバリス、オレッグ・タムリリンガンなど代表的なバリ舞踊が披露され、金曜はチャロナラン劇でのダイジェスト版、バロンダン

スが演じられる。王宮の中庭で上演されるため、バリならではの雰囲気が満喫できる。

● Sadha Budaya
毎週月・金曜 19:30 から**ウブド王宮**（ MAP P.272-A2）で定期公演を行っている。

王宮でバリ舞踊に酔いしれる

Panca Arta パンチャ・アルタ

ウブド王宮のお抱えグループで、ウブド村でもえりすぐりのダンサーで構成されている。木曜の公演では、レゴン・トランスやクビャール・トロンポンなど見応えのある舞踊のほか、ビマニュウ物語の舞踊劇が鑑賞できる。水曜にはレゴン・クラトンやバロンダン

スのほか、マハーバーラタ物語を題材にしたスンダ・ウパスンダ舞踊劇が演じられる。

● Panca Arta
毎週水・木曜 19:30 から**ウブド王宮**（ MAP P.272-A2）で定期公演を行っている。

クビャール・トロンポンは必見

Trena Jenggala トレナ・ジェンガラ

ケチャの完全版を演じるトレナ・ジェンガラは、ウブド滞在中に一度は見たいグループだ。迫力あるケチャのほか、火を蹴散らして踊るサンヒャン・ジャランも見どころ。トランスして踊られるサ

ンヒャン・ドゥダリから作られたトランス・ダンスも演じられる。

● Trena Jenggala
毎週水・日曜 19:00 から**パダン・トゥガル集会場**（ MAP P.273-B3）で定期公演を行っている。

雰囲気のいい寺院でケチャを楽しもう

Ubud Kaja ウブド・カジャ

うっそうとした森に囲まれたダラム・ウブド寺院で神秘的なケチャ舞踊が堪能できる。男性たちの「チャチャチャ」という掛け声がこだまし、ラーマ王子とシータ王妃を中心にラーマヤナの物語がドラマチックに展開する。終幕

ではトランス状態のダンサーが裸足で火の上を歩く、サンヒャン・ジャランも見学できる。

● Ubud Kaja
毎週月・金曜 19:30 から**ダラム・ウブド寺院**（ MAP P.272-A1）で定期公演を行っている。

荘厳な雰囲気を体感しよう

投稿 ウブドで芸能を体験するなら、なるべく前列の良席で鑑賞しましょう。各公演とも夕方から開場してお り1時間前ならほぼ選び放題です。蚊除けのスプレーもお忘れなく!（愛知県　生涯旅人）['24]

ショッピング Shopping

中心部には、自然雑貨やアクセサリーを扱うショップが並んでいる。ウブド市場の2階にも木彫りなどのおみやげ物屋がたくさんあり、安く買うこともできる。バリ絵画は、ジャラン・ラヤ・ウブドの通り沿いや、チャンプアンなどにギャラリーがたくさんある。購入する場合には、数軒のギャラリーを見て回り、交渉しよう。

日本人女性に評判の南国バッグ

シシ Sisi

[MAP] P.270-C2

住所 Jl. Nyuh Kuning No.2, Pengosekan, Ubud
TEL 0851-0323-5151 携帯　URL sisibag.shop
営業 毎日 9:00 ～ 18:00　カード [J][M][V]

インドネシアやアジア各地のプリント生地を使ったバッグが人気。軽くて持ちやすく、小さくたためるグラニーバッグは3サイズの大きさがラインアップされ、基本サイズはRp.25万5000～。定番の柄やその時々の新作柄など、いくつも揃えたくなってしまうかわいらしさだ。機能的でたくさん入るママバッグ(Rp.35万～)もおすすめ。

デザイン多彩なバッグがお手頃プライス

テーブルウエアとキッチン小物が充実

ウブド・セラミックス Ubud Ceramics

[MAP] P.272-B2

住所 Jl. Dewi Sita, Ubud
TEL 0852-3739-8685 携帯
営業 毎日 10:00 ～ 19:00　カード [M][V]

カラフルな陶器が揃うおすすめショップ。草花をモチーフにしたコーヒーカップ(Rp.12 万 5000 ～)、子ブタのソルト & ペッパー入れ(Rp.25 万)、カエルのヘルシーなスナック類などが、こぢんまりとしたティーポット(Rp.36 万～)など、日本に持ち帰りたくなる商品がズラリ。木製のトレイ(Rp.35 万～)もティータイムをおしゃれに演出してくれそう。

日本に持ち帰りたくなる商品が並ぶ

エスニック・ファッションが充実

エトノロギ Ethnologi

[MAP] P.272-B2

住所 Jl. Monkey Forest No.71, Ubud
TEL (0361)978-619
営業 毎日 10:00 ～ 19:00　カード [A][J][M][V]

自然素材のぬくもりが感じられる、バリ島風ファッションが充実したブティック(旧称プサカ)。オリジナル柄のバティックや専用の工房で作られた草木染めの手織りイカットを使用した服は、縫製もしっかりしていて本格的だ。優しい色合いの草木染めキャミソール(Rp.65 万～)や草木染めワンピース(Rp.90 万～)、布製のバッグ(Rp.55 万～)などが人気。

ウブド市場に近い目抜き通り沿いにある

個性的な T シャツを手に入れよう

ニルマラ Nirmala

[MAP] P.272-B2

住所 Jl. Dewi Sita, Ubud
TEL 0812-3780-7976 携帯
営業 毎日 9:00 ～ 21:00　カード [M][V]

柔らかい手触りのスーピマコットンやバンブー繊維などの天然素材にこだわった T シャツ店。オリジナル T シャツは Rp.19 万 5000 ～、子供用 Rp.14 万～、編み上げストラップのタンクトップ Rp.25 万～。ロータスやインヤンなどのワンポイントプリントも種類が豊富。好みのプリントと T シャツの素材を選んでオーダーメイドすることも OK。

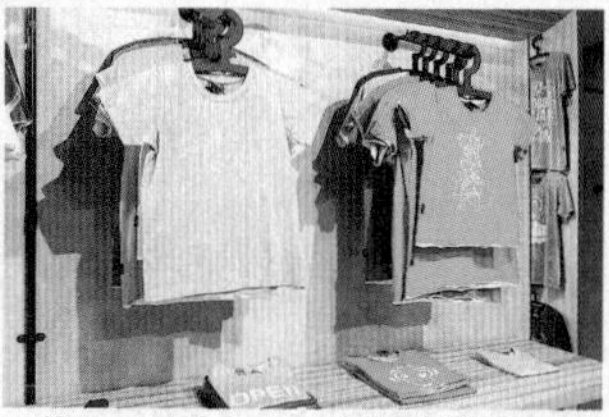
半日あればオーダーメイドも作れる

ハミダシ [S]ボーツリー Bo Tree ([MAP] P.273-B3　TEL 0819-9915-4276 携帯　営業 毎日 10:00 ～ 20:00)はモダンなバティック店。ショール Rp.25 万～やトップス Rp.35 万～は薄手のコットンを使用。

★600種類ものコスメがずらりと並ぶ
アンジェロ・ストア
Angelo Store ⬛MAP P.273-B3
住所 Jl. Sugriwa, Ubud　TEL (0361)479-2439
URL www.angelostoreubud.com
営業 毎日 8:00 ～ 21:00　カード MV

商品棚には日本語でも効能が説明されている

手作りナチュラルコスメの専門店。アンチエイジング効果が期待できるフェイスクリームのアロエ・ラブ（Rp.4 万 2500 ～）や、アップリフティング・オイル（Rp.6 万）など、多彩な効能をもつ美容コスメが充実。マイルド処方のベビークリーム（Rp.5 万 5000）など、子供用コスメも用意されている。

★バラエティ豊かなシルバーアクセ
イン・ジュエリー
Yin Jewelry ⬛MAP P.273-B3
住所 Jl. Dewisita, Ubud　TEL (0361)970-718
URL www.yinjewelryforthesoul.com
営業 毎日 9:00 ～ 21:00　カード AJMV

アクセサリーは「バリのスピリットを身につける」がコンセプト

バリ島内で 5 店舗を展開するジュエリーショップの本店。割れ門をデザインしたリングや、マントラが書き込まれたバングルやペンダントトップなどバリならではの意匠から、パワーストーンジュエリー、レジン（樹脂）で海を表現したアイテムまで、品揃え豊富。

★伝統的な手法で作られたテキスタイル
イカットバティック
Ikat Batik ⬛MAP P.272-C1
住所 Jl. Monkey Forest, Ubud
TEL (0361)975-622　URL www.ikatbatik.com
営業 毎日 9:00 ～ 21:00　カード AJMV

クオリティの高い作品が並んでいる

手織りのイカットや手染めバティックを扱う専門ブティック。店内に展示された作品はすべてオリジナルデザイン。特にバティック製品は品揃え豊富で、インテリアのワンポイントになりそうなクッションカバー（Rp.45 万 ～）や、ナチュラルな色合いと幾何学模様が美しいワンピース（Rp.40 万～）がおすすめ。

安くておいしいウブドの食堂情報

イブ・オカのバビグリン

マンガ・マドゥのナシ・プチェル

節約旅行者にとって、毎日の食事はできるだけ安く済ませたいもの。そんな旅行者にとってうれしい存在、地元で人気の安食堂を紹介しよう。

地元の人々から在住外国人まで幅広い人気を誇っているのが 📍マンガ・マドゥ Mangga Madu（MAP P.273-B4）。明るくて清潔な店内や料理のおいしさが人気の秘密。カレ・アヤム（Rp.3 万 5000）やナシ・プチェル（Rp.3 万 6000）がおすすめだ。

プリアタンにある 📍ワルン・ジャワ・ティムール Warung Jawa Timur（MAP P.271-C3）は、安い、うまい、早いと 3 拍子が揃った食堂。ナシゴレンやチャプチャイ、ジャワ風ナシチャンプルなどは Rp.1 万～という安さ！ カラッと揚がった中華風卵焼きフーユンハイや野菜炒めのチャプチャイもおすすめメニューだ。

ウブド王宮の西隣にある 📍イブ・オカ Ibu Oka（MAP P.272-A2）は、豚の丸焼きバビグリン専門店。じっくり焼き上げられた肉はジューシーで、スパイシーな味つけも絶妙。いつも各国からの旅行者でにぎわっている。ご飯とともに盛られたバビグリン・チャンプルは Rp.6 万 5000 ～。

バリの代表的料理は、さまざまな総菜をご飯に盛り合わせるナシチャンプル。ウブドにはナシチャンプルのワルンがたくさんあり、それぞれ具や味つけも個性的で甲乙つけがたいほど。📍ママズ・ワルン Mama's Warung（MAP 273-C3）は、家庭的な味つけが評判の食堂。ナシチャンプル・アラ・ママ（Rp.4 万 5000）は優しい味わいで外国人のファンもたくさんいる。

ママズ・ワルンは甘い味つけが特徴

ハミダシ 🏠トコ・エラミ Toko Elami（MAP P.272-A2　URL www.elami.shop　営業 火～日 11:00 ～ 18:30）は地元アーティストのデザイン雑貨が並ぶ店。供物チャナンを形どったピンバッジ Rp.10 万。

279

レストラン

バラエティ豊かなメニューが味わえる
トゥレン
Tulen MAP P.270-A2

住所 Jl. Sri Wedari, Ubud
TEL 0813-3449-8448 携帯　URL tulenubud.com
営業 火〜日 13:00 〜 22:00
税&サ +16%　カード AMV　Wi-Fi OK

ウブド王宮から北へ車で10分ほど、田園に囲まれた人気ダイニング。シェフのおすすめは

一皿300gものボリュームがあるビーフステーキ・テンダーロイン(Rp.19万5000)や、さわやかな辛さがやみつきになるツナ・サンバルマタ(Rp.6万5000)。

名物料理のバビ・トゥレン
Rp.17万5000 (手前)

ディナータイムは毎晩ほぼ満席
イブ・スス
Ibu Susu MAP P.270-C2

住所 Jl. Monkey Forest, Ubud
TEL (0361) 908-4861　URL www.ibususu.com
営業 毎日 12:00 〜 23:00　税&サ +16%
カード MV　Wi-Fi OK

アジア各地のレシピを組み合わせた創造的なフュージョン料理のダイニング。バターフィッシュ・サシミ(Rp.8万5000)、ロースト・ポークベリー(Rp.12万5000)、スモーク・バラムンディ(Rp.12万)など、多彩な食材を使ったSNS映え間違いなしのメニューが揃う。パンダン・コラーダ(Rp.9万5000)などカクテルも種類豊富。

オーナーおすすめのスイート・テンペ・カシューナッツ

ウブド情緒たっぷりの名店
カフェ・ワヤン
Cafe Wayan MAP P.272-C2

住所 Jl. Monkey Forest, Ubud　TEL (0361)975-447
営業 毎日 8:00 〜 22:00　税&サ +21%
カード MV　Wi-Fi OK

サッカー場から南へ200m行った右側、観光客に人気が高いレストラン。間口はそれほど広くもないが、奥行きのある庭園に客席が点在するレイアウト。アメリカなどで料理を学んだミス・ワヤンのレシピによる料理は洗練されており、ナシチャンプル(Rp.7万5000)や、アメリカ仕込みのパスタ(Rp.7万〜)などがおすすめメニュー。自家製のケーキやパンも評判のおいしさだ。

ウブドならではのガーデンレストラン

肉好きが行列するアルゼンチン料理店
バトゥバラ
Batubara MAP P.270-C2

住所 Jl. Raya Pengosekan, Ubud
TEL 0811-3811-7673 携帯　営業 毎日 17:00 〜 23:00
税&サ +5%　カード AMV　Wi-Fi OK

上質なステーキが味わえると大評判。その日に仕入れた肉が書かれたボードから部位とグラム数(ミニマム200g〜)を選択し、野菜やマッシュポテトなどサイドメニュー(各Rp.3万3000)を選ぶシステム。肉の値段は変動制だが、目安としてリブアイ・ワギューはRp.19万(100g)、フラップステーキ・ワギューはRp.10万(100g)。

炭火コンロを客席に置き好みの焼き加減で味わえる

疲れた胃袋に染みるヘルシー食堂
ダプール・ウサダ
Dapur Usada MAP P.273-B3

住所 Jl. Sugriwa No.4, Ubud　WA 0811-3908-8855
URL www.usadabali.com　営業 毎日 7:00 〜 23:00
税&サ +15%　カード MV　Wi-Fi OK

お腹が疲れている時におすすめのアーユルヴェーディック料理を提供。地元産の食材をスパイスやハーブで味付けした滋味豊かなメニュー

おかゆ風のウサダズ・キチャリ Rp.6万5000

が味わえる。漢方ドリンク、ジャムウのワークショップも開催しており、食べ物に対する感謝が自然と湧き上がってくるスポットだ。

　ハミダシ　**R** クリア・カフェ Clear Cafe (MAP P.273-B3　WA 0878-6219-7585　営業 毎日 8:00 〜 23:00)
はナチュラリスト御用達のカフェ。フルーツやパワーフード入りヘルシードリンク Rp.3万〜。

名物のアヒル料理を味わってみたい
ベベ・テピ・サワ
Bebek Tepi Sawah　**MAP** P.271-C3
住所 Jl. Raya Goa Gajah, Br. Teges, Peliatan
TEL (0361) 975-656
URL www.bebektepisawahrestaurant.com
営業 毎日 10:00 ～ 22:00　税&サ +16%
カード JMV　WiFi OK

田んぼを囲むようにテーブルが配置された郷土料理レストラン。バリらしい東屋席も用意

田園ビューが評判の名店

されており、ジョコ・ウィドド大統領など有名人も利用する。おすすめは地鶏を炭火で焼いたアヤム・カンプン・バカール(Rp.9万)やアヒルの肉を揚げたテピ・サワ・クリスピーダック(Rp.13万8000)など。

バリ在住者に愛される隠れ家スポット
セクション・ナイン
Section 9　**MAP** P.270-C1
住所 Jl. Raya Tebongkang No.99, Singakerta, Ubud
TEL 0812-3674-1607 携帯　営業 毎日 8:00 ～ 21:00
税&サ +15%　カード MV　WiFi OK

自然素材を使ったインテリアのインドア席と、開放的な半屋外のテラス席がある小粋なレストラン。バリ料理を食べやすくアレンジしたチキン・

テラス席からは田園が望める

サンバルマタ(Rp.4万)をはじめ、ギリシャ風アボカドトースト(Rp.4万5000)、ツナ・ポケ・ボウル(Rp.6万5000)など料理で世界旅行が楽しめる。

世界的に流行中のインドスナック
チャイ・オブ・ザ・タイガー
Chai of The Tiger　**MAP** P.273-B4
住所 Br. Tebesaya, Jl. Sukma No.25, Peliatan
WA 0811-3991-181　URL www.chaiofthetiger.com
営業 毎日 11:00 ～ 21:30　税&サ +15.5%
カード MV　WiFi OK

インドのストリートフードを提供する小さなカフェ。おすすめは揚げたジャガイモで作ったひと口サイズのカップにひよこ豆のスパイス煮

テーブル席2つとカウンター席が用意された軽食スポット

が入ったパニプリ(Rp.5万5000)。ハーブソースと辛味のソース、ヨーグルトソースをたっぷりめにかけていただくとおいしさが倍増する。おやつの定番のサモサ(Rp.4万～)やチャイ・マサラ(Rp.3万5000)なども本格的な味わい。

ニュー・クニン村の和食レストラン
影武者
Kagemusha　**MAP** P.270-C2
住所 Nyuh Kuning, Ubud　TEL (0361) 973-134
営業 毎日 10:00 ～ 22:00　税&サ +10%
カード 不可

通りから奥まった静かな空間は、昔ながらのウブド情緒がいっぱい。名古屋出身の女将が提供する料理は、天むす(Rp.5万9000)、鶏のから揚げ(Rp.5万9000)、天ざるうどん(Rp.7万2000)などヘルシーで家庭的な味つけ。ライスワインのブラム(Rp.2万2000)などバリ島の地酒も味わえ、イカ香味揚げ(Rp.3万9000)などおつまみの一品料理もおいしい。

素材を吟味した料理が評判

行列ができる人気食堂
サンサン・ワルン
Sun Sun Warung　**MAP** P.273-B3
住所 Jl. Jembawan No.2, Ubud
WA 0813-5318-7457　営業 毎日 11:00 ～ 21:00
税&サ 込み　カード 不可　WiFi OK

ウブド王宮から600m東にある店はオーナーの自宅内。まるでバリ人宅に招かれているかのような雰囲気が楽しい。名物メニューのナシチャンプル・ランギッ(Rp.4万8000)や、さわやかなハーブがたっぷり乗ったアヤム・クマンギ(Rp.4万8000)などレシピはオーナーのお母さんが受け継いできたもの。化学調味料を使わない本当のバリの味が楽しめる。

バタフライピーと炊いた青いご飯が盛られたナシチャンプル・ランギッ

ホテル　Hotel

　ウブドと周辺エリアには、いろいろなタイプの宿泊施設が揃っている。中級から格安のホテルは中心部に多く、ホテルがやや過剰気味なので、値引き交渉にも応じてくれる。特にジャラン・モンキー・フォレスト Jl. Monkey Forest 周辺には、格安ホテルが多い。ウブドの周辺エリアとしては、プリアタン Peliatan、トゥブサヤ Tebesaya、パダン・トゥガル Padang Tegal、プンゴセカン Pengosekan など隣接する村のホテルがおすすめ。美しい水田を見ながら落ち着いて滞在できる宿も多い。高級リゾートはアユン川に面した北西部など、景色のいいエリアに点在している。

ウブド中心部

緑に包まれたウブド中心部の隠れ家
カジャネ・ムア・ヴィラ
Kajane Mua Villa　MAP P.272-B2
住所 Jl. Monkey Forest, Ubud
TEL (0361)972-877　URL kajanebali.com
税&サ 込み　カード AJMV　Wi-Fi OK
料金 AC Mini TV デラックスSD Rp.125万～
　　 AC Mini TV デラックス・プールビューSD Rp.131万～
　　 AC Mini TV ジュニアスイート Rp.149万～
　　 AC Mini TV プールヴィラ Rp.350万～

　ウブド中心部の便利な立地と、隠れ家の雰囲気を兼ね備えたプチリゾート。自然と調和

ムードあるインテリアが人気

したベッドルームと、ゆったりとくつろげるバスルームは料金以上のレベル。敷地の一番奥にあるヴィラはプライベートプールも付いている。家族連れやグループ利用にもおすすめ。全 46 室。ウブド地区内は随時無料送迎あり。POOL レストラン 朝食

田園を渡る風に吹かれてのんびり過ごす
ギナンダ・ウブド・コテージ
Gynandha Ubud Cottage　MAP P.272-A1
住所 Jl. Subak Sok Wayah, Ubud
WA 0812-3800-3706
URL manggalabali.com/villa/gynandha-ubud-cottage/
税&サ 込み　カード AMV　Wi-Fi OK
料金 AC Mini TV スーペリアSD Rp.160万～
　　 AC Mini TV ジュニアスイートSD Rp.220万～

　ジャラン・ラヤ・ウブドから 50m ほど坂道を進むと、田園風景に囲まれた全 12 室の

バルコニーから緑の景観が広がるジュニアスイートの室内

隠れ家ホテルがたたずんでいる。客室棟は 3 階建てなので、上階の部屋をチョイスしてウブドの原風景のような眺めを独占しよう。表通りから車でアクセスはできないので、大きなスーツケースでの旅行には不向き。POOL レストラン 朝食

村の雰囲気が味わえる
バトゥ・ウンプッ・コテージ
Batu Empug Cottages　MAP P.273-B3
住所 Jl. Jembawan No.30, Ubud　TEL (0361)974-130
URL www.batuempugubud.com
税&サ 込み　カード JMV　Wi-Fi OK
料金 AC Mini TV デラックス SD Rp.56万～
　　 AC Mini TV スーパーデラックス SD Rp.66万～

　町歩きに便利な全 14 室のプチホテル。ゆったりしたベッドルームはテキスタイルでおしゃれに演出され、とても女性受けする雰囲気。部屋サイズはすべて同じだが、スーパーデラックスはバスルームが寝室と一体になったタイプ。POOL レストラン 朝食

中庭にプールも完備している

ウブドならではの風景に包まれる
チャリッ・ビスマ
Carik Bisma　MAP P.272-C1
住所 Jl. Bisma, Ubud　TEL (0361)908-3954
税&サ 込み　カード MV　Wi-Fi OK
料金 AC Mini TV スーペリア SD Rp.45万～

　ジャラン・ビスマの南端にあり、ジャラン・モンキー・フォレストにもつながる便利なロケーションで人気。プールに面した全 10 室からはうっそうと広がる森を望め、2 階にある客室からの眺望がいい（1 階の部屋より Rp.5 万アップする）。POOL レストラン 朝食

静かに過ごせる穴場ホテル

ハミダシ Hファミリー・ゲストハウス Family Guest House（MAP P.273-C3　TEL 0361-974-054）は昔ながらのバリ風情が漂う全 8 室のゲストハウス。ファンD Rp.25 万～。

ウブド滞在を優雅に演出する

ロイヤル・カムエラ・ウブド

Royal Kamuela Ubud [MAP] P.272-C1

住所 Jl. Monkey Forest, Ubud
TEL (0361) 970-099
URL www.kamuelavillas.com
税&サ +21% カード [A][M][V] [Wi-Fi] OK
料金 [AC] [Mini] [TV] スイート・ウィズ・バルコニー Rp.379万〜
[AC] [Mini] [TV] スイート・プールアクセス Rp.351万〜
[AC] [Mini] [TV] 1ベッドルーム・プールヴィラ Rp.659万〜

2018年に完成したスイーツ棟

プライベートプールを完備している1ベッドルーム・プールヴィラ

17歳以上のみが宿泊できる大人のためのブティックリゾート。緑の敷地に点在するプールヴィラ(全12棟)はすべて1ベッドルームで、静かに過ごしたいカップルにぴったり。メインプールに面した3階建てのスイート(全18室)も、70m² と驚くほど開放的なサイズ。自然保護区モンキーフォレストに近く、ウブド散策にも便利なロケーションもうれしい。ヘルシー志向でメニュー豊富な朝食も評判だ。 [POOL] [レストラン] [朝食]

バリらしさとモダンが同居する

メルーダニ・ウブド

Meruhdani Ubud [MAP] P.272-A1

住所 Jl. Bisma No.3, Ubud
TEL (0361) 977-978 URL www.meruhdani.com
税&サ 込み カード [A][M][V] [Wi-Fi] OK
料金 [AC] [Mini] [TV] スーペリアⓈⒹ Rp.45万〜
[AC] [Mini] [TV] デラックスⓈⒹ Rp.65万〜

ベッドルームは清潔で使い勝手もいい

ジャラン・ラヤ・ウブドに近い全22室のホテル。バリ情緒あふれるロビーエリアの奥に、モダンな客室が並んでいる。眺望はないが、各部屋には中庭やプールに面したバルコニーやテラスが用意されている。 [POOL] [レストラン] [朝食]

ロケーションも便利な快適バンガロー

ウブド・レスタリ

Ubud Lestari [MAP] P.272-C2

住所 Jl. Monkey Forest, Ubud
TEL (0361)972-797 URL ubud-lestari.com
税&サ +10% カード [M][V] [Wi-Fi] OK
料金 [AC] [Mini] [TV] スタンダードⓈ Rp.40万〜、Ⓓ Rp.45万〜
[AC] [Mini] [TV] スイートⓈ Rp.70万〜、Ⓓ Rp.90万〜

清潔感があって広々とした室内

ジャラン・モンキー・フォレストから細い路地を入った、奥まった場所に建つ全8室の宿。便利な場所にありながら、周りの環境はとても静か。各室内は広々としていて使いやすく、シンプルなインテリアもすてき。リピーターには渓谷と田園風景が望める快適なスイートルームが人気。 [POOL] [レストラン] [朝食]

のんびりしたウブド情緒が楽しめる

ウブド・ク

Ubudku [MAP] P.272-C2

住所 Jl. Hanoman, Gg. Anila, Padang Tegal
TEL (0361)976-391
税&サ 込み カード 不可 [Wi-Fi] OK
料金 [AC] [Mini] [TV] ⓈⒹ Rp.35万〜

客室は清潔で快適

ジャラン・ハノマンの裏道にある全5室のホームステイ。周辺は昔ながらの村の雰囲気で、世話してくれる家族もフレンドリー。人気が高いので早めの予約がおすすめ。
[POOL] [レストラン] [朝食]

フレンドリーな家族が経営する

スマントラ・ハウス

Sumantra House [MAP] P.273-B3

住所 Jl. Hanoman No.12, Padang Tegal
TEL 0813-3844-3229 携帯
URL www.sumantrahouseubud.com
税&サ 込み カード [M][V] [Wi-Fi] OK
料金 [AC] [Mini] [TV] スーペリアⓈⒹ Rp.45万〜
[AC] [Mini] [TV] デラックスⓈⒹ Rp.50万〜

プールに面して2階建ての客室が並んでいる

ハヌマン通り沿いの観光に便利な立地だが、客室は通りの奥にあるので静かに滞在できる。オーナー家族が暮らす敷地内にあるのでセキュリティ面も安心。全10室は清潔感はあるがコンパクトで、シャワールームはやや手狭な感じ。 [POOL] [レストラン] [朝食]

ハミダシ [H]ユリアティ・ハウス Yuliati House ([MAP] P.273-B4 TEL 0361-974-044) はアットホームな全11室のゲストハウス。舞踊やガムランのレッスンも体験OK。ファンルームⒹ Rp.35万。

自然美に包まれた小さな隠れ家

ウマ・カライ

Uma Kalai [MAP] P.270-C1

住所 Br. Baung, Sayan　WA 0813-3947-6363

URL www.umakalai.com

税&サ +21%　カード [A][M][V]　[Wi-Fi] OK

料金 [AC] [Mini] [TV] スイートルーム ⓈⒹ Rp.517万～

[AC] [Mini] [TV] 1ベッドルーム・プールヴィラ ⓈⒹ Rp.530万～

サヤン地区の美しいライステラスが望めるプチリゾート。エントランスを抜けてハス池やジョグロ建築のパビリオンを横目に見ながら進むと、緑あふれる敷地に3棟のヴィラと3室のスイートが点在している。客室は水、風、大地などサンスクリット語でネーミングされ、それぞれのテーマカラーで彩られている。

Uma Kalaiは「芸術の家」という意味。部屋ごとに建築デザインが異なる

各ヴィラに設置されているプールは温度が調整できるシステム。また7:00～11:00まで人気のフローティングブレックファスト(2名でRp.20万)がメインプールでも、ヴィラのプライベートプールでも楽しめる。[POOL] [レストラン] [朝食]

緑の楽園で心と体を癒やす

カッパ・センシズ・ウブド

Kappa Senses Ubud [MAP] P.263-A3

住所 Br. Tanggayuda, Jl. Taman Sari, Kedewatan

TEL (0361) 201-3888　URL www.kappasenses.com

税&サ +21%　カード [A][D][M][V]　[Wi-Fi] OK

料金 [AC] [Mini] [TV] リザーブスイート Rp.350万～

[AC] [Mini] [TV] デラックススイート Rp.500万～

[AC] [Mini] [TV] 1ベッドルーム・プールヴィラ Rp.600万～

[AC] [Mini] [TV] デラックス・プールヴィラ Rp.1000万～

田園風景やジャングルに囲まれた、全76室の自然共生型リゾート。2ヘクタールの敷地は可能な限りもともとの植生を残して客室やプールが造られている。景観に配慮して設計されているため、部屋によって眺望は異なっており、田園ビューを楽しみたいなら1ベッドルーム・ヴィラをチョイスしよう。敷地内には人と自然が共生するためのパーマカルチャーを体験できる施設が用意され、田園散策やサンバル作りなど無料ワークショップも日替わりで開催されている。[POOL] [レストラン] [朝食]

半屋外のテラスが付くジャングルスイート

緑深い渓谷に癒やされる自然派ホテル

ジャナタ・リゾート

Jannata Resort [MAP] P.270-A2

住所 Br. Bangkiang Sidem, Keliki, Tegalalang

TEL (0361) 479-2778

URL www.jannataresort.com

税&サ +21%　カード [A][J][M][V]　[Wi-Fi] OK

料金 [AC] [Mini] [TV] デラックススイート Rp.274万～

[AC] [Mini] [TV] プールヴィラ Rp.367万～

スバリ村の渓谷沿いに建つ全20室のブティックリゾート。モダンな客室は伝統絵画や影絵人形が飾られバリらしい演出。2階建てのデラックススイートは、眺望を楽しめる2階の客室をリクエストしたい。周辺の村や丘への散策も気軽に楽しめる。[POOL] [レストラン] [朝食]

デラックススイートのベッドルーム

リゾート気分を割安に満喫できる

サポディラ・ウブド

Sapodilla Ubud [MAP] P.270-C2

住所 Jl. Raya Pengosekan, Ubud

TEL (0361) 981-596　URL sapodillaubud.com

税&サ 込み　カード [J][M][V]　[Wi-Fi] OK

料金 [AC] [Mini] [TV] キングルーム ⓈⒹ Rp.130万～

[AC] [Mini] [TV] プレミアスイート ⓈⒹ Rp.170万～

大きなプールがうれしい全16室のプチホテル。ナチュラルな雰囲気のベッドルームは広々とし、ベッドは優雅な気分になれる天蓋付き。敷地はこぢんまりしているが、よく手入れされた緑のガーデンがウブドらしさを感じさせてくれる。[POOL] [レストラン] [朝食]

緑に包まれる2階建ての客室棟

ハミダシ [H] ヴィセサ・ウブド・リゾート Visesa Ubud Resort（[MAP] P.270-A2　TEL 0361-209-1788　URL www.visesaubud.com）は田園風景に建つ文化体験ホテル。スイート Rp.428万～。全106室。

自然と溶け合う渓谷沿いの大型リゾート
マヤ・ウブド・リゾート&スパ
Maya Ubud Resort & Spa　MAP **P.271-C3**

住所 Jl. Gunung Sari, Peliatan, Ubud
TEL (0361)977-888　WA 0812-3761-4233
URL www.mayaresorts.com
税&サ +21%　カード AJMV　Wi-Fi OK
料金 AC Mini TV フォレストスイート Rp.418万〜
　　 AC Mini TV フォレストコーナースイート Rp.473万〜
　　 AC Mini TV ヘブンリージャクージヴィラ Rp.564万〜
　　 AC Mini TV ヘブンリープールヴィラ Rp.636万〜

ウブド中心部から数km東、プタヌ川のほとりに建つ全 108 室のリゾート。田園風景や渓谷

モダンなインテリアのスーペリアルーム

美を満喫できる敷地には、ヴィラとビルディングタイプのホテル棟が並んでいる。スイートルームは機能的で使いやすく、43m² とゆったりサイズ。敷地内に点在するヴィラは、古い素材を再利用したユニークなインテリアだ。渓谷に面したスパもウブドでトップクラスの人気を誇る。POOL レストラン 朝食

田園風景に囲まれたエコホテル
マナ・アースリー・パラダイス
Mana Earthly Paradise　MAP **P.270-C1**

住所 Jl. Raya Sayan, Br. Emas, Gg. Emas Sayan
TEL (0361) 908-7788　URL www.manaubud.com
税&サ 込み　カード MV　Wi-Fi OK
料金 AC Mini TV ドミトリー Rp.53万〜
　　 AC Mini TV シングルヴィラⒹ Rp.208万〜
　　 AC Mini TV ファミリーヴィラ Rp.353万〜

オーガニック菜園が広がる敷地にヴィラが点在

オーガニックガーデンが広がる敷地内には 6 棟のヴィラが点在。土嚢を建材として利用するアースバッグ工法で建てられ、ゆったりしたドミトリーは 4 名まで同一料金で宿泊できる。POOL レストラン 朝食

田んぼの中に建つ癒やしの宿
トゥガル・サリ
Tegal Sari　MAP **P.270-C2**

住所 Jl. Hanoman, Pengosekan, Ubud
TEL (0361)973-318　FAX (0361)970-701
URL www.tegalsari-ubud.com
税&サ +10%　カード JMV　Wi-Fi OK
料金 AC Mini TV スーペリアⓈⒹ Rp.35万〜
　　 AC Mini TV デラックスⓈⒹ Rp.55万〜
　　 AC Mini TV スーパーデラックスⓈⒹ Rp.75万〜
　　 AC Mini TV ヴィラ Rp.115万〜

ほとんどの部屋から田園風景が広がる

プラマ社バスターミナルの南側にある全 40 室のホテル。デラックス以上の凝ったインテリアは料金以上の内容。客室からの田園ビューやスタッフのホスピタリティの高さにも定評がある。POOL レストラン 朝食

昔ながらのウブド情緒に包まれる
ビヤサ・ウブド
Byasa Ubud　MAP **P.270-C2**

住所 Jl. Made Lebah No.12, Peliatan
TEL 0821-4431-1500 携帯
税&サ 込み　カード AMV　Wi-Fi OK
料金 AC Mini TV デラックスⒹ Rp.80万〜

田園風景が望める全 9 室のホテル。客室棟は 3 階建てなので、バルコニーがある上階の部

プライバシーが保たれる上階の部屋がおすすめ

屋をリクエストすれば緑の景観が楽しめる。客室は 43m² と料金以上のゆったりサイズ。清潔に保たれておりバスルームも広くて使いやすい。POOL レストラン 朝食

アットホームな雰囲気が◎
プリ・コボツ
Puri Kobot　MAP **P.270-C2**

住所 Jl. Raya Pengosekan No.2013, Ubud　TEL (0361) 978-551
税&サ 込み　カード AMV　Wi-Fi OK
料金 AC Mini TV スーペリアⓈⒹ Rp.45万〜
　　 AC Mini TV デラックスⓈⒹ Rp.60万〜

有名画家コボツ氏の家族が経営しており、ロビーや客室にはコボツ氏の絵画が飾られている。2 階のデラックスルームはテラスから田園風景が望める。全 13 室。POOL レストラン 朝食

バリ情緒たっぷりの宿
トゥガ・ゲストハウス
Tuga Guesthouse　MAP **P.270-A2**

住所 Jl. Sriwedari No.42, Ubud
TEL 0819-9931-5285 携帯
税&サ 込み　カード 不可　Wi-Fi OK
料金 AC Mini TV スタンダード AC Ⓓ Rp.45万〜

村の暮らしを体感できる全 4 室のゲストハウス。オーナーはベテランの日本語ガイドなので、ウブドの最新情報などもいろいろ教えてもらえるはず。POOL レストラン 朝食

洞窟内に安置された三大神のリンガ

ゴア・ガジャ
　ウブド、ブリアタンから3〜4km南東。島内ツアーで立ち寄ることも多い。
入場 毎日 8:00〜17:00
料金 Rp.5万
　短パンの人は、入口でサロン（無料）を借りて着用する。

滝を眺める人気カフェ
　渓谷をバックに流れる滝を望める写真映えカフェが2017年にオープン。古代遺跡ゴア・ガジャの北側、街道から谷へ階段を降りた先にある。メニューは軽食&ドリンクが中心。
Ⓡ ラヤナ・ワルン
Layana Warung
MAP P.271-C4
住所 Jl. Raya Goa Gajah, Ubud
TEL 0852-3928-4447 携帯
営業 毎日 10:00〜20:00

インスタグラマーに大評判！

イエ・プル
　ゴア・ガジャから約1km南東に入口がある。あぜ道を5分ほど歩いていくと到達する。
入場 毎日 8:00〜17:00
料金 Rp.3万

考古学博物館
　ウブド中心部の東4km。
入場 月〜金 8:00〜16:00
料金 Rp.1万ほどのお布施

カメをかたどったユニークな石棺

謎に包まれた古代遺跡 ★★
ゴア・ガジャ
Goa Gajah
MAP P.271-C4

　11世紀頃のペジェン王朝時代に造られたと推察されている石窟寺院。ゴア・ガジャとは「ゾウの洞窟」という意味で、14世紀にオランダ人が発見したとき、半壊していたボマ像（ラクササ）がゾウのように見えたた

ミステリアスな石窟寺院ゴア・ガジャ

めに名づけられたという。洞窟の入口には魔女ランダを模したとされる迫力あるレリーフが彫られている。その口の部分から暗い洞窟を入っていくと右側奥にはシヴァ、ヴィシュヌ、ブラフマ神を表すリンガ（男根）、左側奥にはゾウの頭をもつガネーシャ像が祀られている。また、洞窟前の広場には6体の女神像が彫られた沐浴場が残っている。

のどかな田園の中にある古代神話のレリーフ ★
イエ・プル
Yeh Pulu
MAP P.271-C4

　14世紀後半に造られた、横幅約25mにわたる岩壁の彫刻群。レリーフにはヒンドゥーの神クリシュナや、狩りをしたり獲物を運ぶ男たちの姿など、5つの場面で構成されている。管理人ともいえるお婆さんが笑顔で迎えてくれ、参拝の仕方を教えてくれるが、お布施も期待されている。

古代神話の世界が描かれたレリーフ

ミステリアスな出土品が展示されている ★
考古学博物館
Museum Arkeologi
MAP P.271-C4

　ペジェン、ブドゥルを都にして11世紀から14世紀半ばに栄えた、バリ初期の王国の出土品を中心に展示してある。王族が使用していたと推定される品々、サンスクリット語で書かれた石碑、ヒンドゥー教による火葬をする以前の土葬用の石製の柩などをじっくり見ることができる。

中庭の展示が必見

ハミダシ　ゴア・ガジャの洞窟内には横穴が15あるが、これらはかつて僧侶が瞑想したり、睡眠を取った場所だという。洞窟手前の沐浴場とその壁面の女神像は1954年に発掘されたもの。

「踊るビマ像」が祀られた寺院
クボ・エダン寺院
Pura Kubo Edan ★

MAP P.271-C4

"ペジェンの巨人"という愛称で知られる、高さ3.6mの『踊るビマ像 Dancing Bima』が祀られているヒンドゥー寺院。4本の男根をもち、人を踏みつけて死の舞を踊る大男ビマの像は13～14世紀に、マハーバーラタの1場面を模して造られたものだ。クボ・エダン（＝狂った水牛）という名称とも相まって、どことなく浮世離れした雰囲気が漂う。

4つの男根をもつ踊るビマ像

クボ・エダン寺院
考古学博物館から300mほど北上し、左側の小道へ入っていく。
入場 毎日9:00～17:00
料金 Rp.1万ほどのお布施

月の伝説が残る重要な寺院
プナタラン・サシ寺院
Pura Penataran Sasih ★

MAP P.271-C4

「ペジェンの月」と呼ばれる巨大な銅鼓で有名な、バリ王国時代の国寺だった寺院。祠の上に祀られた青銅製では世界最大の銅鼓（160cm×186cm）は、バリ島にヒンドゥー教が伝わるはるか以前、紀元前3世紀頃に造られたと推測される。

　伝説によると、この銅鼓はかつてバリの空に輝いていた月が地上に落下したものだという。

プナタラン・サシ寺院のオダラン風景

プナタラン・サシ寺院
考古学博物館から800mほど北上し、右側。
入場 毎日8:00～17:00
料金 Rp.1万ほどのお布施

伝説の銅鼓が置かれている

サギが舞い飛ぶ小さな村
プトゥル
Petulu ★

MAP P.271-A3

ウブドから3kmほど北東にあるプトゥル村には、夕方になると無数のサギが集まってくる。ピークは16:00～18:30。サギはこの村で夜を明かし、翌朝また飛び立っていくのだが、どうしてこの村なのかは不明。村の南には田んぼの中に見学用の場所が設けられている。

　また、村では210日に一度、「神の使者」といわれるこのサギのための祭りも開かれる。

プトゥル
料金 村の入口で寄進（Rp.1万ほど）を求められる

無数のサギが舞い降りるプトゥル

Column
ペジェンの伝説

　ペジェンやブドゥルは今では小さな村にすぎないが、11～14世紀頃栄えたバリ初期王国のペジェン王朝 Pejeng の中心だった場所だ。この王朝は14世紀半ば、ジャワのマジャパイト王朝に滅ぼされたが、最後の王ダレム・ベダウルは英雄として今も語り継がれている。

　ダレム・ベダウル王は、とても不思議な力をもっていた。この王様は自分の首を切ってはもとに戻すことができるという魔力をもっていた

という。首を切っては部下にひろわせ、それをくっつけさせていたのだが、あるとき、切った首が転がり、それを部下が見失ってしまった。

　早くつけないとマズイと思った部下は、そばにいたブタの首を切り、とりあえず王の首にくっつけてしまったのだ。その姿を見られて、王は「頭をすり替えたベダウル」と呼ばれた。ブドゥルという村名の由来はここからきているという。

ウブド郊外で田園散歩を楽しもう！

Mari kita berjalan-jalan sekitar Ubud

散歩は最も手軽で、お金がいらず、しかも思う存分にバリの景観と雰囲気を楽しむ方法だ。特にリゾートエリアとして人気の高いウブドは、路地の奥へ一歩足を延ばせば、そこには素朴な村の光景が広がっている。生活の匂いがする村やゆったりとした田園風景、そして大いなる自然。ここでは2〜3時間で簡単に楽しむことができる、ウブド周辺エリアのおすすめ散歩コースを紹介しよう。

※3つの散歩コースの所要時間は、大人がゆっくりと歩いた場合の目安。→ **MAP** P.270

チャンプアン発〜スバリ村行き

2時間コース

ジャラン・ラヤ・ウブドにあるプチリゾート「Ibah」の看板を目印にリゾート方面へ足を進めよう。すぐ左にウブド発祥の地、グヌン・ルバ寺院へ続く階段があるので、そこを下りていく。うっそうとしたジャングルの中、東ウォス川と西ウォス川が合流する様を眺めながら、寺院の右側に沿って続く小道を行けば、やがて小高い丘の上に出る。広い空の下360度開けた視界に、風にそよぐアランアラン草や緑いっぱいの渓谷の風景が飛び込んでくる。

心弾むような爽快感を感じつつ尾根道を進めば、やがてバンキアンシダム村にたどり着く。左側には休憩にもちょうどいい町スパ「カルサ・スパ」がある。そのままライスフィールドを左側に眺めながら北上すると、目的地のスバリ村へ到着。伝統的な家々が並ぶ素朴な村を散策しよう。すれ違う人と笑顔を交わしたり、小さなワルンでコーヒーでも飲みながら休憩したりすれば、村の住人になったような気分。帰りは来た道を戻ろう。夕暮れ時なら、美しいサンセットも楽しめる。

左／田園で季節ごとの農作業をのんびり眺めるのも楽しい
右／丘の上の尾根道を北上してスバリ村へと向かう

ハミダシ グヌン・ルバ寺院 Pura Gunung Lebah（**MAP** P.270-B2）はチュリッ川とウォス川が合流する谷間にたたずむ古刹。伝承によるとウブド発祥の地とされ、寺院祭礼では参拝者であふれかえる。

ジャラン・カジェン発〜田園地帯行き

1.5時間コース

村人やツーリストたちによって1枚1枚作られた石畳の道も楽しい、ジャラン・カジェン（ウブド王宮から100mほど西）を北へ。途中で石畳はなくなり、道も狭くなるが迷わずそのまま進もう。ゲストハウスを左に眺めながら坂を上りきると、目に飛び込んでくるのは一面の田園風景。農作業をする農民の姿や、あぜ道に整列して休憩しているアヒルたち、道のかたわらではキャラメル色の牛が1枚草をはんでいる。

昔からずっと続いてきただろう素朴な光景を眺めながら、農道を進む。途中で水路の脇を通り抜け、さらに北に小さな橋を見つけた

ら、そこが折り返し地点。橋を渡って道を南下すればジャラン・ラヤ・ウブドへと戻ることができる。

道沿いにはカフェも点在している

ジャラン・カジェンから坂の先にはのどかな田園風景が広がる

ただし、ときには橋に鍵がかかっていて渡れないこともある。その場合は来た道を戻ろう。

モンキー・フォレスト発〜絵画の村プヌスタナン行き

2時間コース

サルたちがすむ森、モンキー・フォレスト。奥へと足を進めると、うっそうとしたバンヤン樹の奥に忽然と現れるのは静かな泉。ここは地元の人たちもマンディに訪れる沐浴場で、朝と昼間にはのどかな光景も垣間見られる。ダラム寺院を左に、南の出口から森を抜ければ、その先は彫刻で知られるニュー・クニン村。右側にサッカー場を見つつ南下するとT字路にぶつかるので、右に曲がろう。大きな橋を渡り、やがて右側に見えてくる集会所を目印に左折すると、カティッ・ランタン村。のどかな村落をずっと直進する

と、竹林を抜け、やがて緑の田園地帯へと出る。どこにこんな風景が隠れていたのかと驚くほど雄大な景色だ。そのままあぜ道を歩き、西側の舗装道路へ。アップ＆ダウンの坂道を越えると、そこからはヤング・アーティスト・スタイルの絵画で有名なプヌスタナン村だ。小さなギャラリーが軒を連ねているので、ぶらりとのぞいてみるのもいい。道はそのまま、ジャラン・ラヤ・ウブドへと続いている。

モンキー・フォレストにはサルもたくさんすんでいる

緑の風景が広がるカティッ・ランタン村

子供たちとの出会いも楽しい

バリ伝統文化をスパで体験

プヌスタナン村にある**R**アユシャ・ウエルネス・スパ Ayusha Wellness Spa（**MAP** P.270-B2 TEL 0361-975-454 営業 毎日9:00〜21:00）では浄化儀式ムルカッを体験できる。聖なる湧き水で全身を浄めてから、シンギングボウル＆マントラ体験、ボレースクラブなどバリの伝統を体感するパッケージだ。

トリートメントルームからはチャンプアン渓谷が望める

ハミダシ **R**マナ・キッチン Mana Kitchen（**MAP** P.270-C1 URL www.manaubud.com/mana-kitchen 営業 毎日7:30〜21:00）では地場産の野菜や酵素玄米を使ったメニューが味わえる。 **289**

歴史的な寺院や美しい田園風景が点在する

バリ中部

Central Bali

バンリ／タンパシリン ★

デンパサール●

バンリへのアクセス
空港からエアポートタクシーで1.5時間（Rp.50万～）。ツアーやチャーター車でのアクセスが一般的。

バンリ Bangli

MAP P.263-A4

伝統文化が色濃く残る山あいの町

　ヒンドゥー王国マジャパイトの人々は、イスラム勢力に追われてジャワ島からバリ島へ移り、まずスマラプラにゲルゲル王朝を築いた。やがて8つの王国に分裂したが、そのなかのひとつのバンリ王国の都があったのがここだ。国寺だったクヘン寺院も残っており、古都の趣が感じられる。

クヘン寺院
入場 毎日 8:00～18:00
料金 Rp.5万
　島内ツアーにクヘン寺院に立ち寄るものがある。ベモではバトゥブラン～ウブド間にあるサカからシダンで乗り換えて行くことができる。寺院はバンリの中心部から1kmほど北にある。

美しい伝統的な村落
　バンリから約5km北の**プンリ プランPenglipuran**（MAP P.263-A4）は昔ながらの伝統と習慣を守る村。バリの伝統的方位観に基づいてレイアウトされており、典型的なバリ集落の原形をとどめている。村人の案内で家の中や生活を自由に見学することも可能だ。見学は 毎日8:00～17:00で、入村料Rp.3万。

樹齢600年を超えるバンヤン樹がそびえる　★★
クヘン寺院
Pura Kehen

MAP P.263-A4

　クルンクン王朝から独立したバンリ王国の国寺。山の魂を受けるためのメルと呼ばれる11層の塔がある。寺院自体は13世紀に建てられたものといわれ、1204年の祭りのとき、この寺で黒い牛が殺されたという古い記録が残っている。

境内には11層のメルが建つ

　神殿に入ると向かって右側のほうに、ヒンドゥー教の3大神、ブラフマ、シヴァ、ヴィシュヌを祀った3つの塔（メル）がある。第1の門にたどり着くまでには、階段の両側にさまざまな格好をした石の彫像を見ることができる。また、この第1の門には悪魔カラ・マカラが6層にも重なった彫刻が施してある。外壁には中国陶器も埋め込まれ、古くて趣のあるバリ・ヒンドゥー教の代表的な寺院だ。

Information
最古のスバック景観が残る「パクリサン川流域」

　伝説の泉ティルタ・ウンプルと、バトゥール山からの湧き水による川が合流してできたのが**パクリサン川 Sungai Pakerisan**（MAP P.263-A4）。この流域にはスバック（水利組合）が育んだバリ最古の景観が残り、2012年には世界遺産にも登録されている。川の要所にはスバックが管理する水門が設置され灌漑用水として恵みをもたらしている。

水門で水量を調整している

　川はタンパシリンの東側を流れているが、水門は深い渓谷にあって観光には不便。このバリ原風景を見学するには、ウブドの観光案内所などでチャーター車を手配し、土地勘のあるドライバーに案内してもらおう。パクリサン川沿いにあるティルタ・ウンプルやグヌン・カウイならば、行程に含まれている島内ツアーも多い。

川で水浴する子供たち

　ハミダシ　グヌン・カウィやゴア・ガジャなどバリ各地の神秘的な岩窟遺跡の多くには、巨人クボ・イワが造ったという言い伝えが残っている。伝説の巨人はバリ最高の建築家なのかもしれない。

タンパシリン　Tampaksiring

MAP P.263-A4

田園風景のなかに遺跡や寺院がたたずむ

　タンパシリンは周辺にはティルタ・ウンプル寺院とグヌン・カウィなど観光スポットが点在している。

聖なる泉が湧き出る美しい寺院　★★★
ティルタ・ウンプル寺院
Pura Tirta Empul　　　**MAP** P.263-A4

　タンパシリンの北外れにある泉の湧く寺院。伝説では魔王マヤ・ダナワと戦ったインドラ神が、大地を杖でたたき不老不死の水アメルタを湧き出させた神聖な場所とされている。

　寺院の外側にある聖なる泉を引いた沐浴場は、バリ有数のパワースポットとして知られ、各地からムルカッ（聖なる沐浴）のために多くの人々が訪れる。特に地元の祭礼時や満月・新月の日には周辺の道路が渋滞するほど。また、ガルンガンの日には、泉を使ってバロンの仮面の清めの儀式も行われる。

ムルカッを体験する旅行者も多い

歴史を感じるバリ最大の石窟遺跡　★★★
グヌン・カウィ
Gunung Kawi　　　**MAP** P.263-A4

　グヌン・カウィはバリ・ヒンドゥーの聖域。ひとつの岩から彫り上げられた墓碑がダイナミックに並んでいる。この遺跡は11世紀頃ノミを使って彫られたものといわれており、ウダヤナ王とその家族のための墓碑群とされている。伝説によると、クボ・イワという巨人が爪で引っかいてひと晩で彫ったものだという。高さ約7mにも及ぶ巨大な神殿は、保存状態も極めてよい。全部で10基あり、王国を出てここで一生を終えたというウダヤナ王の王子アナッ・ウンクの墓碑もある。

美しいライステラスで有名な木彫りの村　★★
テガララン
Tegallalang　　　**MAP** P.263-A3

　バリ島でも有数の美しい棚田で有名なスポット。周囲には展望カフェや木彫りなどの民芸品店が並び、島内ツアーで見学に訪れることも多い。現在のバリ島では純粋に米を作るだけでは棚田の維持が難しいため、観光促進のために政府の補助金によってこの美観が維持されている。

写真映えする滝での沐浴

　スバトゥ村の渓谷に湧き出す**スバトゥの滝 Air Terjung Sebatu**（**MAP** P.263-A3）は、スピリチュアル系ツーリストに人気の沐浴スポット。とても浄化する力が強いとされ、儀礼に訪れる人々でにぎわっている。入場時間は日の出～日没で、入場料は寄進のみ。

頭上から水を浴びて心と体を浄化

ティルタ・ウンプル寺院
入場 毎日 8:00 ～ 18:00
料金 大人 Rp.5 万
　　　子供 Rp.2 万 5000
　島内ツアーやチャーター車でのアクセスが一般的。

ムルカッの体験方法
　浄化儀式「ムルカッ」は聖水が湧き出る寺院の沐浴場や、神聖な滝で体験できる。決まった作法があるので必ずバリ人と一緒に赴くこと。バリ島の各旅行会社（→ P.201）では、ガイド同行のプライベートツアーや参加しやすいプログラムを用意している。

グヌン・カウィ
入場 毎日 8:00 ～ 18:00
料金 大人 Rp.5 万
　　　子供 Rp.2 万 5000
　島内ツアーで行くことができる。ウブドからは約 10km 北東にある。

壮大なグヌン・カウィの遺跡

テガララン
　ウブドから約 5km 北にある。

ウブド近郊で最も有名なビューポイント

 Rテラス・パディ・カフェ Teras Padi Cafe（**MAP** P.263-A3　TEL 0361-283-308　営業 毎日 10:00 ～ 18:00）は、テガラランの美しい棚田が目前に広がる人気カフェ。東屋の席でのんびりできる。　　**291**

ライステラスが広がる一大稲作地帯

タバナン

Tabanan

タバナン ★
デンパサール ●

高　　度	200m 未満
市外局番	0361

タバナンへのアクセス

グラライ空港からタクシーで所要 50 分、Rp.45 万〜。南部リゾートエリアやウブドなどからツアー参加やチャーター車でのアクセスが一般的。

バトゥボロン寺院での夕日観賞

タナロット寺院の敷地には、4 つの寺院が隣接している。特にバトゥボロン寺院の手前は広大な海が広がる撮影ポイント。バトゥは「岩」、ボロンは「穴」という名前の通り、寺院は大きな穴の開いた岩の上に建っている。タナロット寺院の敷地内を横切って、徒歩10分ほど。

タナロット寺院

グラライ空港からタクシーで所要 1 時間、Rp.45 万〜。
各エリアから島内ツアーも毎日催行されている。
入場 毎日 6:00 〜 19:00
料金 大人 Rp.6 万
　　　子供 Rp.3 万

インド洋に面したタナロット寺院はバリ随一の観光スポット

デンパサールから車で西へ向かうと、バリ最大の米作地帯に入る。斜面を生かしたライステラスは、まるで美術品のように美しい。このエリアを訪ねたら、気に入った風景で足を止め、のんびりと緑の景観を満喫したい。

また、タバナンは舞踊とガムランの地でもある。「クビャール・トロンポン」に代表されるクビャール様式の舞踊を創り出した天才舞踊家マリオは、タバナンの出身だ。

エクスカーション

夕暮れには息をのむような風景となる ★★★
タナロット寺院
Pura Tanah Lot

MAP P.262-C1

タナロット寺院には海の神が祀られており、今でも神の化身である蛇がすみ着いているという。この寺院の歴史は古い。16 世紀にジャワから渡ってきた高僧ニラルタがこの地を訪れた。彼は、小島の景観のあまりの美しさに目を奪われ、「これこそ神々が降臨するにふさわしい場所だ」と村人に寺院の建立を強くすすめた。そのおかげで今のタナロット寺院があるのだといわれている。夕日に包まれた寺院を見れば、どんな俗人も"神に選ばれた土地"であると思わずにはいられない。近年インド洋の荒波により、寺院の台座部分が浸食されていたため、日本からの ODA により岩礁が補強された。

夕日観賞にはバトゥボロン寺院も人気

 ハミダシ　バリ・バタフライ・パーク（MAP P.262-B2　営業 毎日 8:00 〜 17:00）では、約 15 種 700 匹の蝶が観察できる。空飛ぶ宝石と呼ばれるトリバネアゲハや、巨大な蛾ヨナグニサンなど。入場料は Rp.8 万。

バリ有数の美しい寺院 ★★★
タマン・アユン寺院
Pura Taman Ayun

MAP P.262-B2

10 基のメルが並んでいる

　かつて王国ムングウィの国寺として 1634 年に建てられ、1937 年に改修された美しい大寺院。境内を取り囲むように掘割が巡らされて、さながら庭園寺院といった風情だ。境内には 10 基のメルが建っているが、観光客は立ち入ることができない。メルはアグン山を模した塔で、通常屋根は 3 ～ 11 の奇数層となっている。ここには最高 11 層のメルが 4 基もあるほか、珍しい 2 層のメルも 1 基ある。寺院を囲む掘割の水は周囲の村々へと供給され、2012 年には「バリ州の文化的景観」のひとつとして世界文化遺産に登録されている。

タマン・アユン寺院
　デンパサールから約 16km 北西にあり、島内ツアーで立ち寄るものがある。
入場 毎日 8:00 ～ 18:00
料金 大人 Rp.3 万
　　　子供 Rp.1 万 5000

バリで最も美しいライステラスが広がる ★★★
ジャティルウィ
Jatiluwih

MAP 折込裏① -A2

バリを象徴する棚田の景観が広がる

　2012 年に世界遺産にも登録された「バトゥカル山保護区スバックの景観」を代表するビューポイント。まるで芸術作品のような美しい棚田が広がっており、この村のレストランで景観を楽しみながらランチタイムを過ごすツアーも多い。

　バリでは 1 年を通じて稲が育つため、2 ～ 3 期作が行われており、田植えや収穫の時期もバラバラ。同じ村でもスバック（水利組合）が異なることが多く、田植えと稲刈りが同時に見られることもある。

ジャティルウィへのアクセス
　南部エリアやウブドなどからツアー参加やチャーター車でのアクセスが一般的。ジャティルウィの棚田エリアを疾走するサイクリングツアーもある。
● **Bali Green Tour**
WA 0859-3322-2239
URL baligreentour.com/jatiluwih-cycling-tour/
料金 ジャティルウィ・サイクリング Rp.75 万～（2 ～ 3 名催行）
　ジャティルウィ周辺を自転車で巡るプログラム。約 4km のコースはなだらかな下りもあるが、登り坂も多いのでかなりハード。ランチ付き。

サイクリングで世界遺産エリアへ

高原にたたずむ神秘的な寺院 ★★
バトゥカル寺院
Pura Luhur Batukaru

MAP 折込裏① -A2

　海抜 2276m の聖なる山バトゥカルの麓にある寺院。地元のすべてのお寺にはバトゥカル山に向けられたメルがあり、地元の人の信仰に大きな影響をもっている。ここを起点としてバトゥカル山へのトレッキングも可能だ。

バトゥカル寺院の境内

バトゥカル寺院
入場 毎日 8:00 ～ 17:00
料金 お布施のみ（Rp.1 万ほど）

バトゥカル山への登山
　タバナンで入山許可証を入手すれば登山することもできるが、ルートがわかりにくいためガイドが必要となる。往復 10 時間程度で、ガイド料は 1 日 US$100 程度。

ハミダシ スバック博物館 Subak Museum（MAP P.262-B2　入場 毎日 8:00 ～ 15:30 料金 Rp.1 万 5000）はタバナン中心部にありバリ農村文化の展示が豊富。世界遺産を観光する前に訪れたい（金～ 12:30）。

293

バリ古代王朝の歴史を感じる伝統文化エリア

バリ東部

East of Bali

アンラプラ★
スマラプラ★
デンパサール●

スマラプラ
　グラライ空港からタクシーで
1時間、Rp.50万〜。
　島内ツアーでクルタ・ゴサに
立ち寄るものがある。

裁判所クルタ・ゴサの天井画

クルタ・ゴサ
入場　毎日 8:00 〜 17:00
料金　大人 Rp.5万
　　　子供 Rp.2万 5000
※ププタン記念碑の入場料も
含む

洞窟内にたくさんのコウモリがす
んでいる

ゴア・ラワ寺院
　ツアーのコースによく入って
いる。パダンバイやスマラプラ
からベモで行くこともできる。
入場　毎日 8:00 〜 18:00
料金　大人 Rp.2万 5000
　　　子供 Rp.1万 5000

スマラプラ周辺 Semarapura

MAP 折込裏① -B3

ゲルゲル王朝が栄えた東部の古都

　スマラプラはゲルゲル王
朝の都だった場所で、16世
紀初めから19世紀にかけ
てバリ島全体に影響力をも
っていた。スマラプラ宮廷
は文化の中心となり、音楽、
美術、踊りなど現在のよう
な多様なバリ文化の基盤が

スマラプラ中心部に建つププタン記念碑

ここで生まれ、その様式が確立された。

　オランダの植民地時代になって**クルンクン Klungkung** と
いう地名になったが、近年になってスマラプラという旧名に
戻されている。

かつての王宮文化を垣間見ることができる ★★
クルタ・ゴサ(スマラプラ王宮跡)
Kertha Gosa (Puri Semarapura)　　　MAP 折込裏① -B3

　旧王宮跡に残る水に浮かぶ宮殿(バレ・カンバン)と旧裁判
所(クルタ・ゴサ)、そしてその脇にある博物館の3つの建物か
らなる。池の中に浮かぶように建てられたバレ・カンバンは、ゲル
ゲル王朝時代に王家の人々の休息所として使われた建物。
1940年代に復元され、柱に施された木彫りやラーマヤナなど
の神話を題材にしたカマサン・スタイルの天井画が見事だ。

　入口左側に建つ小さな棟クルタ・ゴサは、サンスクリット語で
裁判所の意味。実際に1942年までここで裁判が行われて
いた。天井には姦通罪を犯した人間は性器を切られたりすると
いった道徳的な絵が描かれている。また、博物館にはゲルゲ
ル王朝時代の玉座や槍、剣、金銀の器などが展示されている。

無数のコウモリがすみ着く不思議な洞窟 ★
ゴア・ラワ寺院
Pura Goa Lawah　　　MAP 折込裏① -B3

　スマラプラから10km東、パダンバイへ向かう道沿いに「コ
ウモリの洞穴」ゴア・ラワがある。寺院に守られるようにして、
洞穴がポッカリと穴を開けている。名前のとおり、洞穴内はコ
ウモリだらけ。暗闇の中に何千匹もがひしめきあっている。

ハミダシ　クルタ・ゴサの東側にはスマラプラ市場 Pasar Seni Semarapura がある(市場がにぎわうのは早朝
から昼ぐらいまで)。イカットやソンケットなど布地専門(パサール・カイン)の市場は必見だ。

珊瑚礁に囲まれた静かな漁村 ★★

パダンバイ
Padangbai
MAP 折込裏① -B3

スマラプラとチャンディダサの間にある漁村。古くから天然の良港として知られ、ロンボク島へのフェリーも発着している。アムック湾に面したビーチは白砂で、静かな海は透明度が高くダイビングスポットとしても有名。ビーチ沿いのジャラン・シラユッティ Jl. Silayukti 沿いに、バンガローやレストランが並んでいる。

穏やかな海で水中世界が楽しめる

ダイバーに人気のビーチエリア ★

チャンディダサ
Candidasa
MAP 折込裏① -B3

1980年代後半から観光開発が進められたバリ東部のホテルエリア。長さ1kmほどのジャラン・ラヤ・チャンディダサ Jl. Raya Candidasa 沿いに、ホテル、レストラン、ダイブショップなどが点在している。沖合にはギリ・ミンパンと呼ばれる3つの岩礁と、やや大きめのテペコン島が浮かんでおり、スノーケリングやダイビングに絶好のポイントとなっている。

中心部の東に広がるホワイト・サンド・ビーチ

昔ながらのバリが感じられる里山 ★★

シドゥメン
Sidemen
MAP 折込裏① -A3

スマラプラから15kmほど北東、アグン山の麓にたたずむ風光明媚な農村。周囲には癒やしの田園風景が広がっており、ソンケットと呼ばれる伝統的な織物の特産地としても有名。ヨガ目的で滞在する欧米からの旅行者も多く、ヨガ教室は専用スタジオをもつホテルなどで開催されている。バンガローやヴィラは田園地帯に点在しているので、のんびり滞在して豊かな自然がもたらす心地いいエネルギーを体感しよう。

バリ在住の芸術家からも愛されてきた絶景が広がる

パダンバイへのアクセス
　空港からエアポートタクシーで1時間20分（Rp.55万）。

ギリへのスピードボート
　パダンバイからロンボク島のギリ・トゥラワガンまでは数社がスピードボートを運航。所要1.5時間ほどだが、かなり揺れるので注意。
●**ギリギリ Giligili**
TEL 0818-0858-8777（携帯）
URL www.giligilifastboat.com
　パダンバイ発 8:30、ギリ・トゥラワガン発 10:30。片道 Rp.55万、往復 Rp.79万。

チャンディダサへのアクセス
　空港からエアポートタクシーで1時間30分（Rp.70万〜）。

バッグで有名な伝統村
　トゥガナン Tenganan（**MAP** 折込裏① -B3）はバリ島の先住民「バリ・アガ」が住む村。11世紀初頭に始まるジャワ島のアイルランガ王朝の影響を受けたバリ初期のペジェン王朝時代のヒンドゥー教を守っている。
　アタの編みカゴは「トゥガナンバッグ」と称されているようにカゴの産地としても有名。建ち並ぶ民家の多くは工房兼ショップになっている。

祭礼のタイミングで訪問したい

シドゥメンへのアクセス
　空港からエアポートタクシーで2時間（Rp.65万〜）。

伝統村のテキスタイルを入手
　シドゥメン村はソンケットやウンダックなど手織り布が特産。**S プランギ Pelangi**（TEL 0813-3773-7555 携帯 営業 毎日 8:00〜18:00）など、地場産の布地を扱う専門店もある。絣（かすり）織りのウンダック（Rp.50万〜）やソンケット（Rp.140万〜）など豊富に展示されている。

水の離宮や棚田が点在する観光エリア

ゲルゲル王朝が分裂し、16世紀初めからバリ島は8つの王国が治めるようになった。アンラプラにはそのひとつカランアサム王国の都があった。1963年のアグン山の噴火により大きな被害を受けたため、アンラプラと改名されたが、今でもカランアサムのほうが通りがいい。

バリ王朝時代に思いをはせる ★
アグン・カランアサム王宮
Puri Agung Karangasem

MAP 折込裏① -A3

アンラプラ中心部にあるアグン・カランアサム王宮は、かつてロンボク島まで支配下においたカランアサムの代々の王たちの住居。建築様式は伝統的なカランアサム様式で、3層に重なった門に今でも当時の面影をしのぶことができる。この建物を造ったアナッ・アグン・アングラ・クトゥッ王は水を特に好み、いろいろな場所に堀や小池がデザインされている。

王国の往時をしのばせる王宮

清らかな水をたたえる涼しげな離宮 ★★
ティルタガンガ
Tirtagangga

MAP 折込裏① -A3

アンラプラから15kmほど北、美しいライステラスが広がる丘陵地帯には、アンラプラと同様にアナッ・アグン・アングラ・クトゥッ王の水の離宮がある。1947年に建立された後、1963年にアグン山の大噴火などによって被害を受けたが、今は修復されてバリ島東部の観光スポットとなっている。

よみがえった麗しいもうひとつの離宮 ★★
タマン・スカサダ・ウジュン
Taman Soekasada Ujung

MAP 折込裏① -B3

アンラプラから8km南にあるウジュンには、アングラ王が住んだ離宮がある。1921年の建造当時は、満々と水をたたえた美しい「水の宮殿」だったが、1979年の地震により廃墟となった。現在は史跡公園として整備され、美しい景観を取り戻している。

離宮を見下ろす丘にも遺跡が残っている

アンラプラへのアクセス
グララィ空港からタクシーで2時間、Rp.70万〜。
アグン・カランアサム王宮に立ち寄る島内ツアーもある。

アグン・カランアサム王宮
入場 毎日 8:00〜17:00
料金 Rp.3万

ティルタガンガへのアクセス
島内ツアーやチャーター車でのアクセスが一般的。プラマ社のシャトルバスは各地から1日1便運行（Rp.7万5000〜15万）。最少催行2名以上なので要事前予約。

水の離宮ティルタガンガ

ティルタガンガ
入場 毎日 6:00〜19:00
料金 入場料 Rp.5万
　　　プール利用料 Rp.1万

ホテル事情
アンラプラよりも、ロケーションのいいティルタガンガに快適なホテルが多い。
H Tirta Ayu
住所 Tirtagangga, Amlapura
TEL 0815-5800-1934 携帯
URL www.hoteltirtagangga.com
ティルタガンガ内にある5室のバンガロー。ホットシャワー、朝食付きⓈⒹ Rp.150万〜。
H Good Karma
住所 Tirtagangga
TEL (0363) 22-445
ティルタガンガの駐車場の北側にある4室の宿。朝食付きでⓈⒹ Rp.25万〜。

タマン・スカサダ・ウジュン
入場 毎日 8:00〜17:00
料金 Rp.7万5000

ハミダシ　トゥランベンは小さな漁村で、1km足らずのエリアにホテルやレストランが集まっている。ダイバーに有名なリバティ号沈船ポイントへは各ホテルから浜辺を歩けばそのままビーチエントリーできる。

写真映えする「天空の寺院」 ★★★
ランプヤン寺院
Pura Lempuyang **MAP** 折込裏① -A3

　ランプヤン山（標高1175 m）の麓から頂上にかけて点在する寺院の総称。バリ・ヒンドゥーを代表する寺院であり、神秘的なパワースポットとして世界各国からの旅行者が訪れている。麓から頂上までは約1700段の階段が連なり、徒歩で2時間ほど。晴れていれば、寺院の正面（西方向）にアグン山も望める。

バリ島随一のインスタスポットとして人気

塩田が広がるのどかな漁村 ★★
アメッド
Amed **MAP** 折込裏① -A3

　海中散歩に適した珊瑚礁が広がるダイバーに人気の宿泊エリア。静かで素朴な「昔ながらのバリの村」という風情にひかれ、長期滞在するバックパッカーも多い。早朝には帆を張ったジュクンが漁に出ていく光景が広がり、昔ながらのバリ島の素顔を体感できる。ホテルやレストランはアメッド村のほか、東にあるジュムルッ Jemeluk、ブヌタン Bunutan、リパ Lipah に多い。

早朝のジュクン漁は旅情たっぷり

珊瑚礁に囲まれたダイバーポイント ★
トゥランベン
Tulamben **MAP** 折込裏① -A3

　ダイビング目的で各国からの旅行者が立ち寄る小さな村。ビーチエントリーして30mほどで着く「リバティ号」の沈潜ポイントは、船にビッシリとソフトコーラルが付き、ギンガメアジの群れやイソマグロも出没して圧巻。黒砂のビーチもきれいなので、バリ北東部を周遊するなら中心部のホテルやバンガローに滞在しよう。ヤシの実や米などを原料とする蒸留酒アラックは、トゥランベンのあるカランアサム地方が特産地として知られている。

世界的に有名な沈潜ポイント

ランプヤン寺院
入場 随時
料金 寄進のみ（Rp.1 万ほど）

ランプヤン寺院へのアクセス
　ツアーやチャーター車の利用が一般的。アメッドからは宿泊ホテルなどで車を手配できる。往復 Rp.30 万〜、ガイド付きで Rp.40 万〜（1 台 4 名まで）。

アメッドへのアクセス
　空港からエアポートタクシーで 3 時間（Rp.95 万〜）。
　プラマ社のシャトルバスは、クタ（7:00 発）、サヌール（7:30 発）、ウブド（8:30 発）から毎日各 1 本（所要 3 〜 3.5 時間、Rp.20 万）。復路はアメッド 11:30 発。

アメッドのダイブセンター
　ダイブセンターはホテルに併設されている。ガラン・カンギン内にある **Ma Ma Dive**（URL galangkangin-mamadive. jimdofree.com）は 2 ダイブ US$60 〜。

トゥランベンへのアクセス
　空港からエアポートタクシーで約 3 時間（Rp.95 万〜）。
　プラマ社のシャトルバスは、クタ（7:00 発）、サヌール（7:30 発）、ウブド（8:30 発）から毎日各 1 本（所要 3 〜 3.5 時間、Rp.20 万）。復路はトゥランベン 12:00 発。

ハミダシ　インスタ効果でランプヤン寺院の割れ門での撮影は、2 時間以上の順番待ちとなるケースも多い。南部エリアからツアーで訪問するなら、朝 7 時までに到着すると昼過ぎよりは混雑が避けられる。

人気急上昇中の写真映えスポット

レンボガン島&ペニダ島

Nusa Lembongan & Nusa Penida

デンパサール・ レンボガン島
ペニダ島

高 度	50m 未満
市外局番	0366

バリの東沖に浮かぶ素朴な漁村が点在するナチュラルアイランド。レンボガン島周辺にはダイビングやサーフィンのポイントが多く、アクティビティを存分に満喫できる。ペニダ島はダイナミックな自然が残り、島内各所の絶景ビューで人気を集めている。ク

透明度の高い海が広がっている

ルンクン王朝時代には、魔物がすむペニダ島は流刑地として使われた。

サヌール・ポートから

MAP P.254-A2
住所 Jl. Pantai Matahari Terbit
URL www.sanurport.co.id

2022年にサヌール北部に開港し、レンボガン島やペニダ島への各社ボートが発着している。
● Marlin 社（サヌール）
TEL 0831-1930-9982(携帯)
URL marlinfastboat.com

レンボガン島へ 9:15、10:00、13:00、16:00 発（所要 30 ～ 40 分）、ペニダ島へ 8:00、9:00、10:00、11:00、13:00、15:00、16:00、17:30 発（所要 40 ～ 50 分）。各島へ片道 Rp.30 万、往復 Rp.55 万。
● Maruti 社（サヌール）
TEL 0812-4689-2524(携帯)
URL marutigroupfastboat.com

レンボガン島へ 8:30、11:00、14:00 発（所要 30 ～ 40 分）、ペニダ島へ 7:30、9:00、15:00 発（所要 40 ～ 50 分）。各島へ片道 Rp.22 万 5000、往復 Rp.45 万。

クサンバ港から

● Gangga Express 社

MAP 折込裏① -B3
TEL 0819-3626-1294 携帯
URL gangga-nusapenida.com

ペニダ島(Sampalan)行きは 6:30〜17:00 まで 1 日 9 便が運航。片道 Rp.15 万(子供 Rp.10 万)。

ツアーでの訪問も便利

バリ倶楽部（→ P.201）ではレンボガン島やペニダ島を満喫する各種ツアーを催行している。マングローブの森を小舟で遊覧し、珊瑚礁の海でスノーケリングを楽しむツアーはランチ付きで大人 US$115（時間 8:00〜17:00）。

アクセス

サヌールの港からレンボガン島やペニダ島へ Marlin 社や Maruti 社など約 15 社がスピードボートを運航している（各社ともホテルまでの送迎シャトルを追加料金で用意している）。ペニダ島にはトヤパケ Toya Pakeh、バンジャール・ニュー Banjar Nyuh、ブユ Buyuk、サンパラン Sampalan の 4 港があるので目的地に合わせて選ぼう。

各社のスピードボートはウェブ予約で 15 ～ 20％の割引あり

また、クサンバの Tri Bhuwana 港からも Gangga Express 社がペニダ島へのボートを運航。こちらの船旅は 15 ～ 20 分ほど。

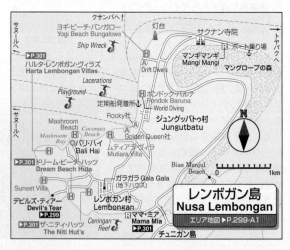

レンボガン島
Nusa Lembongan
エリア地図 ▶P.299-A1

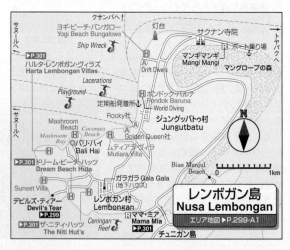

クサンバへ
灯台
ヨギ・ビーチ・バンガロー
Yogi Beach Bungalows
サクナン寺院
Ship Wreck
ボート乗り場
トパケへ
マンギマンギ Mangi Mangi
マングローブの森
ハルタ・レンボガン・ヴィラズ ▶P.301
Harta Lembongan Villas
Drift Divers
Lacerations
Playground
ポンドック・バルナ
Pondok Baruna World Diving
定期船発着所
ジュングッバトゥ村 Jungutbatu
Rocky社
Mashroom Beach
Coconuts Beach
Mashroom Bay
Golden Queen社
バリ・ハイ Bali Hai
ミュティアラ・ヴィラ Mutiara Villa
Bias Munjul Beach
▶P.301 ドリーム・ビーチ・ハッツ
Dream Beach Huts
ガラガラ Gala Gala
(地下ハウス)
Sunset Villa
デビルズ・ティアー
Devil's Tear
レンボガン村 Lembongan
▶P.299
R ママ・ミア Mama Mia
▶P.301
Ceningan Reef
▶P.301 ザ・ニティ・ハッツ
The Niti Hut's
チュニガン島

0 1km

ハミダシ　レンボガン島やペニダ島へのスピードボートは検索エンジン（URLwww.baliferries.com）からも予約可能。夕方は波が荒れるのでなるべく16時までの船を利用しよう。

歩き方

サーファーやダイバーに人気のレンボガン島

　レンボガン島は3時間あれば徒歩で一周できる小さな島。島のほぼ中央部にある**ジュングッバトゥ村** Jungutbatu は、サーファーの滞在も多い。沖合に難破船の残骸があり、その周辺は絶好のサーフポイントとして知られている。ジュングッバトゥ村とその北にはバンガローや格安宿も多く、長期滞在するバックパッカーの姿も目につく。

　島西部の**マッシュルーム・ベイ** Mashroom Bay には、美しい白砂のビーチが広がり快適なリゾートも並んでいる。バリ島からのデイクルーズが、ランチやアクティビティのために立ち寄るビーチクラブが、この湾周辺に集中している。潮の流れがそれほどきつくないので、スノーケリングやバナナボートなど各種マリンアクティビティを楽しむのにも最適だ。

マングローブの森をボートで周遊できる

レンボガン島内の移動
　島内観光用のチャーター車（ピックアップトラックの荷台に乗車）がホテルやボート会社で手配できる。1日 Rp.40万～で定員10名ほど。レンタバイクも1日 Rp.7万5000～で利用できる。

レンボガン島でのアクティビティ
　北部に広がるマングローブの森がアクティビティ基地となっており、森にあるワルンで申し込める。
●スノーケリング Rp.10万～
●カヌー Rp.15万
●サップ Rp.15万
●マングローブツアー Rp.15万

レンボガン島でのダイビング
　レンボガン島の周りは珊瑚礁に囲まれており、バリ本島から日帰りのダイビングツアー、スノーケリングツアーも多い。
　ジュングッバトゥには Drift Divers や、ポンドック・バルナ内の World Diving がある。料金目安は1ダイブ Rp.60万～、2ダイブ Rp.100万～（器材レンタル込み）。

レンボガン島＆ペニダ島

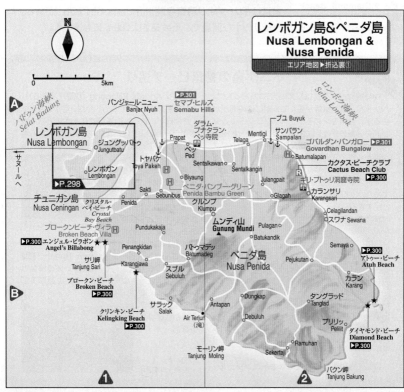

レンボガン島＆ペニダ島
Nusa Lembongan &
Nusa Penida
エリア地図▶折込裏①

0 ─── 5km

N

バドゥン海峡
Selat Badung

ロンボク海峡
Selat Lombok

A

レンボガン島
Nusa Lembongan

ジュングッバトゥ
Jungutbatu

▶P.298

レンボガン
Lembongan

←サヌールへ

チュニガン島
Nusa Ceningan

クリスタル・ベイ・ビーチ
Crystal Bay Beach

ブロークンビーチ・ヴィラ
Broken Beach Villa

▶P.300 エンジェル・ビラボン★★
Angel's Billabong

サリ岬
Tanjung Sari

ブロークン・ビーチ
Broken Beach
▶P.300

クリンキン・ビーチ
Kelingking Beach
▶P.300

B

バンジャール・ニュー
Banjar Nyuh

セマブ・ヒルズ ▶P.301
Semabu Hills

ブユ Buyuk

ダラム・プナタラン・ペッ寺院

プラパッ
Prapat

トヤパケ
Toya Pakeh

ペッ
Ped

Sentalkawan

Biyaung

Sakti

ペニダ・バンブー・グリーン
Penida Bambu Green

Sebunibus

Penida

Sentalkangin

Mentigi

Telaga

サンパラン
Sampalan

Batumalapan

Julangpait

クルンプ
Klumpu

Glagah

ゴバルダン・バンガロー ▶P.301
Govardhan Bungalow

カクタス・ビーチクラブ
Cactus Beach Club
▶P.300

ギリ・ブトゥリ洞窟寺院

カランサリ
Karangsari

Celagilandan

スワナ Sewana

Pundukakaja

Penangkidan

Karangjawa

ムンディ山
Gunung Mundi

Pulagan

Batukandik

バトゥマデッ
Batumadeg

スブル
Sebuluh

サラック
Salak

Antapan

Air Terjun
(滝)

ペニダ島
Nusa Penida

Pejukutan

Dungkap

Debuluh

タングラッド
Tanglad

Semaya

▶P.300
アトゥー・ビーチ
Atuh Beach

カラン
Karang

プリリッ
Pelilit

ダイヤモンド・ビーチ
Diamond Beach
▶P.300

モーリン岬
Tanjung Moling

Ramuhan

Sekertaji

バクン岬
Tanjung Bakung

①　　　　　　**②**

2島間のボート利用

レンボガン島（マングローブの森にある船着き場）からペニダ島（トヤパク港）まで、ジュクンと呼ばれる小舟で移動できる。1艘Rp.27万5000（定員は7名）。マングローブツアーの船のあたりや、ワルンで予約できる。所要30分ほど。

ペニダ島内の移動手段

ドライバー付きの車チャーターは1日Rp.70万ほど。ホテルやレストランで手配が可能だ。レンタバイクは1日Rp.8万〜だが道路の整備状況が悪いのでおすすめできない。

南東部の隠れ家ビーチ

島の南東側にあるアトゥー・ビーチ Atuh Beach（MAP P.299-B2）は、トヤパク港から車で2.5時間ほど。まだ旅行者が少ない秘境エリアだが、美しいビーチから小島が広がる絶景が楽しめる（断崖の階段を約20分かけて下りる）。

その南側に広がるダイヤモンド・ビーチ Diamond Beach（MAP P.299-B2）は手つかずの浜辺で、こちらも階段で降りられる。

絶景ポイントで人気急上昇中のペニダ島

ペニダ島は約200km²と大きく、しかも起伏に富んでいる。ビーチは少なく、海岸線はほとんど切り立った崖になっているが、そのワイルドな景観が撮影スポットとして

絶景ビューのリゾートも急増している

人気を集めている。島の中心はレンボガン島との間にジュクンが出ているトヤパケ Toya Pakeh。毎日マーケットが開かれる町で、町外れには静かなビーチもある。

ペニダ島の見どころは、トヤパクから約4kmのペッ村 Ped にあるダラム・プナタラン・ペッ寺院 Pura Dalem Penataran Ped。ここはジェロ・グデ・ムチャリンを祀る寺院で、オダランの日にはわざわざバリ島から大勢の参拝客が訪れるほど。また、サンパランの6km南、カランサリ村 Karangsari の手前にはギリ・プトゥリ洞窟寺院 Pura Goa Giri Putri がある。コウモリのすむ洞窟で、その長さは200mにも達する。

Information

ペニダ島の絶景ビーチ巡り

神秘的なペニダ島は写真映えスポットのオンパレード。道路事情が悪くて移動には時間がかかるが、絶景を求めるインスタグラマーに人気が高い。島の南西部にあるクリンキン・ビーチ Kelingking Beach（MAP P.299-B1）はトヤパク港から車で1時間ほど。白砂ビーチの先にある緑の岬がイルカやクジラの形に見える話題のフォトスポットだ。岩壁に沿って階段が作られており、30分ほどで美しいビーチまで降りることができる。

ビラボン Angel's Billabong（MAP P.299-B1）。クリンキン・ビーチからもトヤパク港からも車で1時間ほど。ここは荒波が削り上げた凹みに海水がプールのようにたまり、天使が沐浴する場所と呼ばれている。満潮時に天然のプールに浮かぶとSNS映えする写真が撮れる。実際に挑戦するツーリストも多いが、突然高波が押し寄せてあっという間に波にのまれる危険がある。安全のために上から見るだけのほうが無難だ。

エンジェル・ビラボンは天然のプール

ブロークン・ビーチ Broken Beach（MAP P.299-B1）も壮大な奇観スポット。波の浸食で岸壁と浜辺に大きな穴が開き、自然の造形美が堪能できる。エンジェル・ビラボンから徒歩7分ほど。

撮影スポットとして人気のクリンキン・ビーチ

同じく島の西海岸で人気なのがエンジェル・

ブロークン・ビーチは島随一の景勝地

ハミダシ Rカクタス・ビーチクラブCactus Beach Club（MAP P.299-A2 URL cactusnusapenida.com 営業 毎日11:00〜22:00)は大型ビーチクラブ。ジャック・フルーツナゲットRp.4万5000〜。

ホテル　Hotel

観光開発が進行中でレンボガン島には約300軒、ペニダ島には約100軒の宿泊施設があり、タイプもいろいろ選べる。船着き場から遠いホテルを利用する場合は予約時に送迎を依頼しておこう。

レンボガン島

ビーチに面した人気ホテル
ドリーム・ビーチ・ハッツ
Dream Beach Huts　MAP P.298

住所 Dream Beach, Nusa Lembongan
TEL 0821-2122-7151 携帯
URL dreambeachlembongan.com　税&サ 込み
カード MV　Wi-Fi OK
料金 AC Mini TV スタンダードD Rp.95万〜
　　 AC Mini TV デラックスD Rp.110万〜

絶景スポットのデビルズ・ティアーへも歩いて行ける全33室のバンガロー。バリ本島から

プールから美しい夕日が堪能できる

のファストボートを所有し、アクセス込みのパッケージも用意している。朝食ビュッフェも評判がいい。POOL レストラン 朝食

価格以上の値打ちがあると評判
ザ・ニティ・ハッツ
The Niti Hut's　MAP P.298

住所 Dream Beach, Jungutbatu, Nusa Lembongan
TEL (021) 8062-9666(予約)
税&サ 込み　カード MV　Wi-Fi OK
料金 AC TV デラックスD Rp.63万〜

ドリームビーチの近くにある全9室のホテル。客室はバルコニー付きで32m²と広く、設備も充実している。アクティビティなどの手配もスタッフが親切に対応。広々した庭に囲まれた部屋で静かに過ごせる。POOL レストラン 朝食

バリ情緒たっぷりの寝室

静かなガーデンで快適に過ごせる
ハルタ・レンボガン・ヴィラズ
Harta Lembongan Villas　MAP P.298

住所 Jungutbatu, Nusa Lembongan
TEL (0821)4627-7640(携帯)　URL www.bonghostel.com
税&サ 込み　カード MV　Wi-Fi OK
料金 AC Mini TV ヴィラD Rp.472万〜
　　 AC Mini TV スタンダードD Rp.472万〜

大阪でシェフとして働いていたクトゥさんが経営する全6室の宿。独立形式の客室は広々とし、半屋外のバスルームを完備している。近道を歩けばマッシュルーム・ベイ・ビーチへ徒歩5分ほど。POOL レストラン 朝食

伝統的なバンガローが並ぶ

ペニダ島

美しい景色を堪能できる4つ星ホテル
セマブ・ヒルズ
Semabu Hills　MAP P.299-A1

住所 Jl. Raya Toya Pakeh-Ped, Nusa Penida
TEL (0361) 620-4400　URL semabuhills.com
税&サ +21%　カード JMV　Wi-Fi OK
料金 AC Mini TV デラックスD Rp.151万〜
　　 AC Mini TV スイート・オーシャンビューD Rp.187万〜

海を眼下に望むプールとレストランが魅力的な全50室のホテル。客室もオールスイートで60〜100m²の贅沢なスペースが自慢。レストランはバリ島からのツアーでも利用される。POOL レストラン 朝食

プールに面して客室棟が並ぶ

ホスピタリティと清潔さがピカイチ
ゴバルダン・バンガロー
Govardhan Bungalow　MAP P.299-A2

住所 Jl. Batumulapan, Batununggul, Nusa Penida
TEL (0361)335-4689　URL govardhanbungalow.com
税&サ 込み　カード MV　Wi-Fi OK
料金 AC Mini TV スーペリアD Rp.57万
　　 AC Mini TV デラックスD Rp.65万

サンパラン港から2kmほど東にある全14室のプチホテル。部屋は広々としていて清潔。スタッフの対応もすばらしく、ゲストの体調不良に備えて薬も常備している。サンパラン港への送迎はRp.10万。POOL レストラン 朝食

屋上からは海を見渡せる

外輪山と湖の雄大なパノラマが広がる景勝地

バトゥール山周辺とキンタマーニ

Around Gunung Batur & Kintamani

キンタマーニ★

デンパサール●

高　度	1500m
市外局番	0366

キンタマーニへのアクセス

　ツアーやチャーター車でのアクセスが一般的。島内ツアーは各社が催行しており、レストランで昼食を取りながらカルデラ湖の眺めを楽しめる内容だ。
　グラライ空港からタクシーで所要3時間、Rp.70万～。

プラマ社のシャトルバス

　プラマ社のシャトルバスは、クタ（10:00発）、サヌール（10:30発）、ウブド（11:30発）から毎日各1本（所要3.5～4時間、Rp.15万）。復路は13:30発。最少催行2名以上なので要事前予約。

世界遺産のバトゥール山でトレッキングも楽しめる

　ウブドから車で1時間半ほど、曲がりくねった山道に入って少し肌寒く感じられるようになった頃、いきなり視界が開け、バトゥール湖が見える。ここはカルデラの斜面の上にあるペネロカンという村。右にはバトゥール湖畔へと下るうねり道があり、真っすぐ進むとシガラジャに向かう道が続いている。

　バトゥール山、アバン山が霧のなかにそびえ立つこの高原地帯は、「キンタマーニ」と呼ばれている。足元には「バリ島の水がめ」と形容されるバトゥール湖が、バリの人々の生活を潤す水を満々とたたえている。この火山湖は「バリ州の文化的景観」の象徴的な存在として、2012年に世界文化遺産に登録されている。

バトゥール山周辺の絶景カフェ

　北部ツアーのランチ場所として郷土料理ビュッフェの店が多かったキンタマーニだが、近年は絶景ビューのカフェに業態を転換して人気を集めている。
　ウルン・ダヌ・バトゥール寺院の南に建つ Ⓡリタカラ・カフェ Ritatkala Cafe（MAP P.303-B1 WA 0819-9943-7179 営業 毎日6:00～18:00）はバトゥール山を間近に眺められるロケーションが評判。早朝から撮影スポットとして賑わっている。コーヒーや紅茶はRp.2万～。

バトゥールの山と湖が織りなす絶景を楽しめる

　Ⓡアカサ・コーヒー Akasa Coffee（MAP P.303-B1 URL akasacoffee.com 営業 毎日5:30～19:00）は本格的なキンタマーニ・アラビカ・コーヒーを提供する展望カフェ。バトゥール山と湖が織りなす眺望を楽しみながらコーヒー（Rp.2万～4万1000）が味わえる。クロワッサン（Rp.2万5000～）やアカサ・バーガー（Rp.5万5000）など食事メニューも豊富。屋外テラスやブランコなど映える撮影ポイントも多い。

早朝に訪れると雲海が広がっていることも！

ハミダシ　Ⓡスターバックス・キンタマーニStarbucks Kintamani（MAP P.303-B1 TEL 0857-9222-5077 携帯　営業 毎日6:00～19:00）は2023年オープン。絶景が望めるスタバとして人気。

歩き方

● キンタマーニ観光の起点ペネロカン

バトゥール山周辺の観光起点となるのは、レストランなど観光施設が整っている**ペネロカン** Penelokan。ウブドやデンパサール方面からやってくると、最初に雄大なパノラマが眺められる外輪山の上にある。ペネロカンの村には、外輪山の崖っぷち沿いに展望用遊歩道が造られている。ベンチもあり、座ってゆっくり景色でも……といきたいところだが、実際のところ、あっという間に物売りたちに取り囲まれて景色を楽しんでいる余裕はない。ペネロカンでゆっくり景色を楽しみたかったら、外輪山上のメインロード沿いに建てられた展望レストランに立ち寄ってみるといいだろう。

● バトゥール湖畔の村

ペネロカンから道を下ると、湖畔の**クディサン** Kedisan 村に出る。ここはバトゥール湖遊覧船の発着場所となっている。宿泊施設が充実しているのは、さらに 3km 北にある温泉の村**トヤ・ブンカ** Toya Bungkah だ。湖の対岸には、風葬の風習で知られるバリ・アガの村**トルニャン** Trunyan もある。

トヤ・ブンカの温泉プール

バリ島

バトゥール山周辺とキンタマーニ

単独トレッキングは危険!

バトゥール山へのトレッキング（→ P.305）は、必ず現地でガイドを雇って行くこと。道に迷って遭難寸前になったり、有毒ガスの発生する地域に間違って足を踏み入れた旅行者のケースなどが報告されている。早朝にガイドなしで登ろうとした旅行者が、地元民に暴行を受けた事件も過去にあった。ルートは難しくないため、山歩きに慣れた人なら単独トレッキングも可能だが、安全のためのお金は惜しまないこと。

キンタマーニの火山博物館

バトゥール火山に関する博物館。火山の仕組みや模型などが展示されている。

● バトゥール・ジオパーク博物館
Museum Geopark Batur
MAP P.303-B1
TEL (0366) 51-088
URL ppsdm-geominerba.esdm.go.id/home/museum_gunung_api_batur
営業 毎日 8:00 ～ 16:00
料金 無料

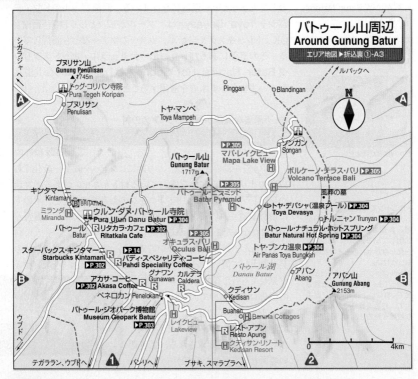

バトゥール山周辺
Around Gunung Batur
エリア地図→折込裏①-A3

プヌリサン山 Gunung Penulisan ▲745m
トゥグ・コリパン寺院 Pura Tegeh Koripan
プヌリサン Penulisan
シガラジャへ
Pinggan　Blandingan
ルバックへ
トヤ・マンペ Toya Mampeh
ソンガン Songan
バトゥール山 Gunung Batur 1717m
マパ・レイクビュー Mapa Lake View P.305
ボルケーノ・テラス・バリ Volcano Terrace Bali P.305
風葬の墓
キンタマーニ Kintamani
バトゥール・ピラミッド Batur Pyramid
トヤ・デバシャ（温泉プール）Toya Devasya P.304
トルニャン Trunyan P.304
ミランダ Miranda
ウルン・ダヌ・バトゥール寺院 Pura Ulun Danu Batur P.304
バトゥール Batur
リタカラ・カフェ Ritatkala Cafe P.302
オキュラス・バリ Qculus Bali P.305
バトゥール・ナチュラル・ホットスプリング Batur Natural Hot Spring P.304
トヤ・ブンカ温泉 Air Panas Toya Bungkah
スターバックス・キンタマーニ Starbucks Kintamani P.14
パディ・スペシャリティ・コーヒー Pahdi Speciality Coffee
アバン Abang
アカサ・コーヒー Akasa Coffee P.302
グナワン Gunawan
カルデラ Caldera
バトゥール湖 Danau Batur
アバン山 Gunung Abang ▲2153m
ペネロカン Penelokan
クディサン Kedisan
バトゥール・ジオパーク博物館 Museum Geopark Batur P.303
ブアハン Buahan
Baruna Cottages
レイクビュー Lakeview
レスト・アプン Resto Apung
クディサン・リゾート Kedisan Resort
テガララン、ウブドへ　バンリへ　プサキ、スマラプラへ
ウブドへ
0　　4km

ハミダシ　外輪山からの眺めやトレッキング目的で訪れる旅行者が多いが、日程に余裕があればカルデラ内の村落に宿泊するのもおすすめ。静かな山々に囲まれ、夜には満天の星空が広がって感動間違いなしだ。

303

左サイドバー

ウルン・ダヌ・バトゥール寺院
　ペネロカンからシガラジャ方面のべモですぐ。
入場　毎日 9:00 〜 17:00
料金　Rp.5 万

キンタマーニの夜
　キンタマーニの夜は昼とは違う魅力をもっている。日本では見ることのできない南半球の星々が、手が届くところにばらまかれているように見える。ミルキーウエイ（天の川）やサザンクロス（南十字星）などを眺めながら、更けていく夜を楽しみ、会話に花を咲かせるなんていうのはいかが？　ただし、朝夕は冷え込むので上着を忘れないこと。

トヤ・ブンカ温泉プール
●トヤ・デバシャ
Toya Devasya
　温泉プール入浴料は大人Rp.30 万、子供 Rp.20 万。
TEL (0366) 51-205
URL www.toyadevasya.com
入場　毎日 7:00 〜 22:00
●バトゥール・ナチュラル・ホットスプリング Batur Natural Hot Spring
　入浴料 Rp.19 万、ランチ込みのパッケージ Rp.24 万。
TEL 0821-4468-1554 携帯
入場　毎日 7:00 〜 19:00

湖から温泉が湧き出している

トルニャンでの注意
　トルニャンは非常に閉鎖的な村。外部の人間に強い警戒心を抱いているようで、ヒンドゥー化しなかったのもそのためかもしれない。
　トルニャンへはガイドとともに行っても、旅行者しか上陸させてくれない。地元の人に囲まれて、お金を脅し取られるような被害も報告されている。

右メインカラム

おもな見どころ

世界文化遺産にも登録されている聖なる寺院 ★★
ウルン・ダヌ・バトゥール寺院
Pura Ulun Danu Batur　　MAP P.303-B1

　高原の中ほどのバトゥール村にある寺院は、もともとはバトゥール湖のほとりにあった。しかし、6 万軒の家と 2500 もの寺院を破壊した 1917 年のバトゥール山の噴火と、それに続いた 1926 年の再噴火によって、溶岩と火山灰の下に埋もれてしまった。「山の上に造り直せ」という神のお告げにより、1927 年から塔（メル）や社が現在の場所に再建された。

荘厳な雰囲気が漂うウルン・ダヌ・バトゥール寺院

　バトゥール湖の女神「デウィ・ダヌ」を祀っているバリ有数のパワースポットで、2012 年には世界文化遺産にも登録されている。

涼しい山麓で湯治を楽しむ ★★
トヤ・ブンカ温泉
Air Panas Toya Bungkah　　MAP P.303-B2

　トヤ・ブンカはバトゥール湖の湖畔に湧く温泉で、湖水と混合してちょうどいい温度になっている。温泉プールの**トヤ・デバシャ Toya Devasya** は、プールが広々としており、宿泊もOK。トレッキングや自転車、カヌーのツアーなども催行している。その裏側にある**バトゥール・ナチュラル・ホットスプリング Batur Natural Hot Spring** も旅行者に人気の公共温泉だ。いずれも必ず水着を着用すること。

不思議な風習が残るバリ・アガの村 ★
トルニャン
Trunyan　　MAP P.303-B2

　バトゥール湖の湖畔には、バリ島にヒンドゥー教が一般化する以前のオリジナル文化を残している村トルニャンがある。対岸からバトゥール湖を横切りトルニャンのお墓まで行くと、木の下に遺骨が置かれ、ヒンドゥー教が広まる以前は火葬する風習がバリになかったことがわかる。

　もちろん、風葬はトルニャンの人にとっては、観光客のための見せ物として置いているのではない。お金を払えばやっとイヤイヤ見せてもらえるが、トルニャンの人の信仰は深いもので、それに関するルールを破れば大変なことになるので注意。ルールを破らなくても「カネ、カネ」としつこく要求される、悪名高い場所として有名なのだが……。

トルニャンに残る風葬

ハミダシ　トヤ・ブンカからトルニャンへはカルデラ湖トレッキングツアーでも行ける。早朝 5:00 発で、道中には壮麗な日の出も見られる。所要 4 〜 5 時間、1 名 US$40 〜（2 名以上で催行）。

ホテル Hotel

バトゥール湖畔のクディサンにもホテルがあるが、同じ湖畔でもトレッキングに便利で温泉地でもあるトヤ・ブンカに宿泊するのがおすすめ。外輪山の上にあるペネロカンにも、眺めのいいホテルが点在している。

美しい景観に包まれる
ボルケーノ・テラス・バリ
Volcano Terrace Bali [MAP] P.303-A2

住所 Toya Bungkah, Kintamani
TEL 0813-3332-5150 携帯
税&サ 込み カード [M][V] [Wi-Fi] OK
料金 [AC] [Mini] [TV] ガーデンビューⒹ Rp.90万～
[AC] [Mini] [TV] レイクビューⒹ Rp.150万～

バトゥール湖に面したロケーションが評判

バトゥール湖畔に建つ全8室のホテル。緑の敷地に客室が点在し、ヴィラ風の天井が高いデザインでサイズも25m²と広々している。朝食やレストランの食事もおいしい。[POOL] [レストラン] [朝食]

キンタマーニ高原のランドマーク
オキュラス・バリ
Oculus Bali [MAP] P.303-B2

住所 Jl. Windu Sara, Kedisan, Kintamani
TEL 0821-4511-2983 携帯 URL oculusbali.com
税&サ 込み カード [J][M][V] [Wi-Fi] OK
料金 [AC] [Mini] [TV] デラックス・スイート Rp.180万～
[AC] [Mini] [TV] スイート・マウンテンビュー Rp.260万～

湖の景観が広がるデラックス・スイートの室内

バトゥール湖を見下ろす全12室のマウンテンリゾート。神々しい高原の風景からインスピレーションを得てデザインされ、温水プールや3つのレストランを完備している。[POOL] [レストラン] [朝食]

アットホームな雰囲気が評判
マパ・レイクビュー
Mapa Lake View [MAP] P.303-A2

住所 Toya Bungkah, Desa Songan, Kintamani
TEL 0813-3838-2096 携帯
税&サ 込み カード 不可 [Wi-Fi] OK
料金 [AC] [Mini] [TV] スタンダードⒹ Rp.50万

自然を満喫できるロケーションがいい

トヤ・ブンカ温泉の北、ソンガン村の入口にある全8室のバンガロー。目の前に湖、後ろにはバトゥール山が望めるロケーションがうれしい。スタッフの対応に定評があり、トレッキングガイドの手配もOK。トヤ・デバシャ温泉まで徒歩5分ほど。[POOL] [レストラン] [朝食]

Information
バトゥール山へのトレッキング

バトゥール山(標高1717m)への一般的なトレッキングルートは、クディサンからとトヤ・ブンカから。コースは、上りも比較的緩やかなので、体力に自信のない人でも楽しめる。特に山頂から美しい朝景を眺める日の出トレッキングは、体験する価値あり。朝日を浴びてきらめく湖の先に、アバン山とアグン山が重なるように連なる光景は、とても神秘的だ。また、湖沿いの外輪山へ登り、刻々と色づくバトゥール山を眺めるのもいい。バトゥール山の山頂は、トヤ・ブンカからのルートが一番わかりやすく、距離も短い。往復に4～6時間。日の出を山頂で見るためには、トヤ・ブンカのホテルを早朝4時には出発しよう。

湖畔の村では旅行者を見ると「トレッキングに行こう」としつこく声をかけられるが、ガイド料金でのトラブルも多いので注意。トヤ・ブンカ村などの各ホテルで公認ガイドを手配できる。また南部リゾートエリアやウブドから、深夜に出発するトレッキングツアーもある。

湖に沿ってのトレッキングが楽しめる

ハミダシ [H]バトゥール・ピラミッドBatur Pyramid ([MAP] P.303-B2 TEL 0819-9957-2511 携帯)はバトゥール湖を見下ろす全2室のゲストハウス。温泉プール付き。ⒹRp.50万～。

聖なるバリの寺院がたたずむ高原地帯

バリ北部

North of Bali

バリ西部国立公園 ★　　★ブドゥグル
ブサキ寺院 ★
デンパサール●

高度	900m
市外局番（ブサキ寺院）0366	
（ブドゥグル）0368	

アクセス
　ツアーやチャーター車で訪れるのが一般的。南部リゾートエリアから2〜2.5時間、ウブドから1.5時間。

ブサキ寺院
入場 毎日8:00〜18:00
料金 Rp.6万
※チケット代にはガイド料、サロン貸し出し、入口までのバイク移動が含まれる。

田園を望むレストラン
　ブサキ寺院から10km南のルンダン Rendang には、雄大な景観を満喫できるビュッフェレストランが点在している。
　特に **R マハギリ Mahagiri**
(MAP 折込裏①-A3 TEL 081-2381-4775 携帯 営業 毎日9:00〜20:00) は、風光明媚な丘の上に建ち、緑の山々やライステラスが楽しめる人気カフェ。ホテルも併設されている。D Rp.40万〜。

眺望が広がるマハギリ

ブサキ寺院　Pura Besakih

MAP 折込裏①-A3

聖なる山アグン山麓に建つバリ・ヒンドゥーの総本山

　大小30もの寺が集まる複合寺院で、それぞれのカーストによって参拝する寺院も異なる。16世紀にゲルゲル王朝の王家の葬儀寺院としてその地位を確立し、以後ブラフマ、シヴァ、ヴィシュヌの3大神を祀る寺院を中心に、バリ島各地の寺院を包括するようになった。階段を上がっていくとすぐ中央に目に入るのが、風の神シヴァを祀るプナタラン・アグン寺院。その右側にあるのが火の神ブラフマを祀ったキドゥリン・クレテッ寺院、左側が水の神ヴィシュヌを祀ったバトッ・マデッ寺院だ。

　それぞれの寺の門から先は、基本的にバリの正装姿でないと立ち入ることはできない。入場チケットを購入した際に、現地ガイドが割り当てられ寺院内はそのガイドが同行してくれる（観光が終わるとチップを請求される）。ツアー会社などのガイドは同行が禁じられているので注意。

バリ・ヒンドゥー教の総本山ブサキ

アグン山とブサキ寺院

　バリの人々はアグン山を「聖なる山」と呼び、長い間世界の中心と考えてきた。伝説では、山は神々が自らの王座としてバリ島のあちこちに造ったものというが、その最高峰をバリ東部のアグン山においたという。バリ・ヒンドゥー教の総本山であるブサキ寺院は、その聖なる山の麓にある。多くの寺院が集まる複合寺院のため、サコ暦（1年が210日）によって行われる祭礼（オダラン）が、年間55回も行われている。
　アグン山は1963年3月に大噴火を起こして

いる。この噴火のときには100年に1回行われるブサキ寺院での「エカ・ダサ・ルードラ」祭礼を、政治的な理由で日取りを変更していたため、人々はアグン山の怒りとして受け止めたという。

年間を通じてバリ島中から多くの参拝者が訪れている

ハミダシ　ブサキ寺院は山中にあるため、午前中は比較的天気がよい（乾季には背後にアグン山の勇姿が見られることもある）。午後には曇ることが多いので、なるべく早朝に訪れるといい。

ブドゥグル周辺 Around Bedugul

美しい湖が点在する高原地帯

ブラタン湖などの景勝地が点在する起伏に富んだ高原地帯にあるブドゥグル。周囲には素朴な村がいくつかあるだけだが、ダイナミックな眺望が開け、地元の人たちの休日の行楽地として人気。美しい自然と涼しい気候を楽しめる穴場的な避暑地だ。

湖畔に建つ美しい寺院 ★★
ウルン・ダヌ・ブラタン寺院
Pura Ulun Danu Bratan MAP 折込裏① -A2

ブラタン湖の岸辺、チャンディクニン公園内にあるフォトジェニックな寺院。水の女神デウィ・ダヌが祀られているこの寺院のたたずまいは美しく、湖の聖なる雰囲気が感じられる。

ブラタン湖は周囲の農地の水源として敬われてきた。特に、ブドゥグルだけにかぎったことではなく、バリの人々は水を大切にする。ヒンドゥー教ではヴィシュヌ神が水を代表するが、まさに"生命を生み出す水"なのである。

バリ北部を代表する名刹

広大な敷地をもつ由緒ある植物園 ★★
バリ植物園
Kebun Raya Bali MAP 折込裏① -A2

ブドゥグルの西側には、バリ島最大の植物園がある。1559年にジャワ島のボゴール植物園の分園として造られ、山の中腹をまるごと使った敷地は129ヘクタールにも及ぶ。園内は自動車で回れるほど広大で、450種を超えるランなども見られる。

高台に広がるバリ植物園

バリで最も迫力のある森の中の滝 ★
ギギッの滝
Air Terjun Gitgit MAP 折込裏① -A2

バリ島で一番落差のある滝として有名な北部の景勝地で、ブラタン湖とシガラジャのほぼ中間にある。安ホテルやレストランのある駐車場から滝までは片道徒歩20分。滝の周囲では水着を着て泳ぐこともできる。

ブドゥグルへのアクセス
グラライ空港からタクシーで3時間、Rp.60万〜。
島内ツアーやチャーター車でのアクセスが一般的。
プラマ社のシャトルバスは、クタ（7:00発）、サヌール（7:30発）、ウブド（8:30発）から毎日各1本（所要1.5〜3時間、Rp.15万）。復路はブドゥグル14:00発。

ウルン・ダヌ・ブラタン寺院
入場 毎日 6:00 〜 17:00
料金 Rp.7万5000
※寺院を含むチャンディクニン公園の入場料として支払う

ブラタン湖の水位
高地にあるブラタン湖も、近年は水位が下がり気味。昔から「湖上に浮かぶ寺院」として絵葉書でもおなじみだったが、水の多い雨季でも湖岸とつながっている場合が多い。

バリ植物園
ブドゥグルから約5km西。
入場 毎日 8:00 〜 16:00
料金 Rp.2万（土・日・祝 Rp.3万）
※自動車の園内乗り入れは土・日・祝のみ可（1台 Rp.2万）

雄大なギギッの滝

ギギッの滝
入場 毎日 8:00 〜 17:00
料金 Rp.2万

バリ西部国立公園へのアクセス

エアポートタクシーで約3.5時間(Rp.150万〜)。デンパサール郊外のムングウィ・バスステーションからはギリマヌッ行きのバスを利用(所要3.5時間)。

現地では足がないとどうにもならないので、できればチャーター車かレンタカー利用がいい。ギリマヌッで車のチャーターも可能(1日約Rp.60万〜)。

バリ西部国立公園

管理事務所 MAP 折込裏① -A1
TEL (0365) 61-060
営業 毎日 8:00 〜 18:00
料金 入域料 ひとり Rp.20 万
　　　(土・日・祝は Rp.30 万)

ムンジャガン島

ボートのチャーター代はRp.67万〜(スノーケリングの場合8人まで、ダイビングの場合6人まで乗れる)。

スノーケリング器材のレンタルはRp.5万〜。ダイビングは南部リゾートエリアやロビナの各ダイブショップが行っているツアーに参加することになる。

ジャワ島へのフェリー

ギリマヌッ〜ジャワ島クタパン間をフェリーが60分間隔で運航。料金は大人Rp.9650。

ロビナへのアクセス

空港からエアポートタクシーで約3時間30分(Rp.98万〜)。

プラマ社のシャトルバスはクタ(7:00発)、サヌール(7:30発)、ウブド(8:30発)から毎日各1本(所要3.5 〜 4時間、Rp.25万)。復路はロビナ12:00発。最少催行2名以上なので要事前予約。

イルカ・ウオッチング・ツアー

前日にホテルに申し込むか、ビーチで直接船頭に申し込む。料金の目安はRp.10万〜。

2 〜 3月の雨季は波が高く、イルカの姿も見つけにくい。

ボートで沖合に出てイルカを観察！

バリ西部国立公園 Taman Nasional Bali Barat

MAP 折込裏① -A1

エコツアーで注目される自然の宝庫

広さ7万6312ヘクタールにも及ぶ1984年に指定された国立公園。そのほとんどが1500m級の山々の裾野に広がる熱帯雨林で、バリ島にだけ生息するカンムリシロムクドリのジャラッ・プティ(英名:Bali Starling)など約200種類の鳥が飛び交い、シカ、サル、ジャコウ猫など、さまざまな動物がすんでいる。

散策用のトレイルを歩いて動物と出合おう

ギリマヌッ港の4km南にあるチェキッ Cekik がトレッキングの起点。ここに西部国立公園の管理事務所がある。国立公園内を歩くにはガイドの同行が必須で、ガイド料金は所要時間と参加人数で異なる(1〜2名参加は割高。1名のガイドで最大5名まで参加可)。1日 Rp.90 万ほどが目安。

珊瑚礁に囲まれたダイバーの聖地　★★
ムンジャガン島
Pulau Menjangan

MAP 折込裏① -A1

ムンジャガン島はスノーケリングやダイビングスポットとして有名。無人島だが、多数のシカが生息している(ムンジャガンとはシカという意味)。ラブハン・ララン Labuhan Lalang とバニュウェダンに船着場がムンジャガン島への玄関口となり、それぞれ管理事務所やレストランがある。船着場ではジュクンもチャーターできる。

バリ有数のダイビングスポット

島のあちらこちらには真っ白なビーチがあり、周辺には珊瑚礁が広がっている。スノーケリングの器材は船着場でレンタルも可能。ロビナなどからツアーも出ている。

イルカウオッチングで有名なビーチエリア　★★
ロビナ
Lovina

MAP 折込裏① -A2

北部ブレレン県の県庁所在地シガラジャからおよそ8km 西。黒砂のビーチ沿いにホテルやバンガローが建ち並ぶ、北部最大のホテルエリア。地名はブレレン最後の王がキリスト教改宗を記念し、カリアスムの小道に「人の心の中 (in) にある愛 (love)」という意味を込めて "Lovina" と名づけたことに由来する。そして 1960 年代には王族の末裔が、この小道にタシッ・マドゥ・ホテル Tasik Madu Hotel(蜜の海のホテルという意味)を建てたことが、ロビナ開発の糸口となった。のんびり滞在して早朝にはイルカ・ウオッチング・ツアーに参加してみよう。

ハミダシ　バリ西部国立公園でのバードウォッチングは早朝6:00 〜 8:00頃か午後17:00 〜 19:00頃がベストタイム。ジャラッ・プティの保護する繁殖センター Jalak Putih Breeding Centerへ車で行くこともできる。

ロンボク島
Lombok

バリ島から約50km東に浮かぶロンボク島は、真珠のように輝く海に囲まれた素朴な楽園。白砂の美しいビーチを数多くもち、ダイビングも楽しめる。また、内陸部には3000m級の山が裾野を広げ、その雄大な自然はトレッキングで満喫することができる。そのほか、バリ・カランガスム王朝時代の遺跡や、先住民ササッ人の伝統村も興味深い。「第2のバリ島」としてリゾート開発が進められているが、島本来の素朴な雰囲気はいまだ健在だ。

ロンボク島基本データ

地理 & 人口▶バリ島から約50km東、西ヌサ・トゥンガラ諸島の州都マタラムがある同州の中心地。バリ島との間を隔てている海峡には、ウォーレス線が通っており、乾燥した風土はバリ島などと印象が大きく異なる。また動植物や地質には、オーストラリア大陸との共通性が多く見られる。

総面積は4739km²。島の北部のほぼ中心に標高3726mの火山リンジャニ山がそびえ、ここから海岸へ向けてなだらかに傾斜が続く。中南部の一帯は平地や丘陵が多く、リンジャニ山を水源とする川を有することから豊かな農業地帯となっている。

人口は390万人を超えており、西ヌサ・トゥンガラ州全体の約70%を占め、都市部を中心にかなり人口密度が高くなっている。

民族 & 宗教▶古くからこの島に住むササッ人が、島全人口の約90%を占める。現在彼らの多くは、16世紀に西方から伝わったイスラム教を信仰しているが、アニミズムやヒンドゥー教などを混合したウェットゥ・テル WektuTelu という独特の信仰をもつ人も多い。

17世紀以降に移住してきたバリ人は人口のおよそ10%程度で、マタラムなど島西部に居住している。そのほか、カトリック教徒や仏教徒もマタラムなどに居住している。

文化 & 歴史▶16世紀にイスラム教がジャワ島からもたらされる以前の歴史はほとんどわかっていないが、古代にササッ人がミャンマー周辺から移住し、各地にそれぞれ首長をもつ集落が多数あったと考えられている。

17世紀初頭にはバリ人が島に進出し、西部一帯を支配下においた。一方、同じ頃島の東部では、スンバワを植民地にしていたスラウェシ島のマカッサル人が上陸し、やはり東部一帯を支配下においた。しかし、それも長くは続かず、18世紀中頃にはバリ人が勢力を伸ばし、ロンボク島全域を治めることになった。

バリ人の統治下では、西側ではバリ人はササッ人に比較的友好的に受け入れられ、その一端として水田耕作が始まったというが、東側ではバリ人の横暴な統治に対するササッ人の蜂起も少なくなかった。

ロンボク島
Lombok

ロンボク海峡
Selat Lombok

ギリ・アイル
Gili Air

ギリ・トラワンガン
Gili Trawangan

ギリ・メノ
Gili Meno

▶P.315

Sorongjukung　バン　Bar

マリンブ Malimbu
マンシッ Mangsit　クンチ・ヴィ
Qunci Villas

▶P.324 スンギギ Senggigi

▶P.325 ササク Sasaku

Montong　Sayar
Saya

Ampenan

▶P.328 マタラム
Mataram

チャクラヌガラ
Cakranegara　Prampuan

▶P.331 バニュムレッ
Banyumule

バリ島へ →

ギリ・ナング・バンガロー
Gili Nanggu Bunglows

レンバ
Lemb

Bangko
Bangko

Labuhan Poh

Pelangan
Barat

Sekotong

スコトン・バラッ
Sekotong Barat

Blongas　Sepi

Peng

N

0　　　　　20km

1

310

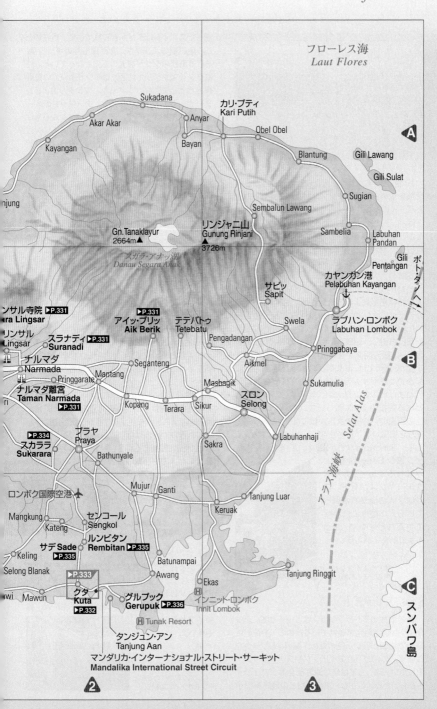

フローレス海
Laut Flores

Sukadana
Akar Akar
Anyar
Kayangan
カリ・プティ
Kari Putih
Bayan
Obel Obel
Blantung
Gili Lawang
Gili Sulat
Sugian
njung
Sembalun Lawang
Sambelia
Labuhan
Pandan
Gili
Pentangan
リンジャニ山
Gn.Tanaklayur
2664m▲
Gunung Rinjani
▲3726m
スガラ・アナッ湖
Danau Segara Anak
サピッ
Sapit
カヤンガン港
Pelabuhan Kayangan
⚓
ンサル寺院 ▶P.331
▶P.331
テテバトゥ
Tetebatu
Swela
ラブハン・ロンボク
Labuhan Lombok
リンサル
Lingsar
アイッ・ブリッ
Aik Berik
スラナディ ▶P.331
Suranadi
Pengadangan
Pringgabaya
ナルマダ
Narmada
Seganteng
Aikmel
Pringgarate
Mantang
Masbagik
Sukamulia
ナルマダ離宮
Taman Narmada
▶P.331
Kopang
Terara
Sikur
スロン
Selong
ri
プラヤ
▶P.334
Praya
Sakra
Labuhanhaji
スカララ
Sukarara
Bathunyale
ロンボク国際空港 ✈
Mujur
Ganti
Tanjung Luar
Mangkung
Kateng
センコール
Sengkol
Keruak
サデ Sade
▶P.335
ルンビタン
Rembitan ▶P.335
Keling
▶P.335
Batunampai
Selong Blanak
Awang
Ⓗ Ekas
▶P.333
イニット・ロンボク
Innit Lombok
wi
Mawun
クタ
Kuta
▶P.332
グルブック
Gerupuk ▶P.336
Tanjung Ringgit
Ⓗ Tunak Resort
タンジュン・アン
Tanjung Aan
マンダリカ・インターナショナル・ストリート・サーキット
Mandalika International Street Circuit

Selat Alas
アラス海峡
ポートタノへ
スンバワ島

Ⓐ
Ⓑ
Ⓒ
❷
❸

ギリ3島はスノーケリングスポットとして人気

19世紀後半、ササッ人によってバリ人からの解放を求められたオランダ人が上陸し、争いの末にバリ人の支配に終止符を打った。そして、名目上はバリ人とササッ人の特権階級が統治してはいたが、実際はオランダが陰で実権を握り、重税、重労働、土地の没収により民衆は窮乏を極めた。また、第2次世界大戦時には日本軍の支配下にあった。

インドネシアが独立してからもバリ人とササッ人の特権階級によって統治され、西ヌサ・トゥンガラ州が成立してからも依然として最貧状態が続いた。1970年代になってようやく政府が救援政策を打ち出し、1980年代から「第2のバリ」を目指して観光開発が進められている。

文化・芸術では、特に舞踊の種類が豊富にある。なかでもササッ人の伝統文化にイスラム芸術が合わさったルダッ Rudat、青年や少年だけで舞われる闘技のように激しいオンセル Oncer、男性の観衆のいる前で女性が輪になり、ひとりずつ踊りを披露しながら男性パートナーを選ぶガンドゥルン Gandrung などが知られている。音楽では、ゲンゴン Geng-Gong と呼ばれるミュージカルパフォーマンスが有名。これは7人の演奏者が踊っている人の動きに合わせて竹笛などを奏で、自らも手で動きを添えるもの。

ササッ人が昔ながらの生活を送る伝統村サデ

ハイライト

島の最大のアトラクションはビーチと海。バリ島よりも観光開発が遅れているために、全体的に静かで物価が安い。そのため、贅沢なリゾートを望まず、のんびりとダイビングやスノーケリングをしたい人にとっては島の海岸部全体がハイライトともいえる。しかし、ホテルなどの観光施設が揃ったスポットはまだかぎられていて、現在のところ島西部のスンギギ、北西部沿岸のギリ3島、そして南部のクタが観光の起点となっている。特にクタ（マンダリカ地区）はインドネシアの重要観光地として開発が進められ、マンダリカ・インターナショナル・ストリート・サーキットのオープンで世界中のモータースポーツファンからも注目されている。

また、ササッ人の文化に触れたいならば、サデやルンビタンなど中部から南部一帯にある村落を訪ね、伝統家屋や野外市場などをのぞいてみよう。

MotoGPも開催されるクタのサーキット

旅のヒント

両替と物価▶主要な観光地では米ドルや日本円の現金の両替が可能。銀行やコンビニには、クレジットカードでのキャッシングが可能なATMが設置してある。またクレジットカードは、各地の中級以上のホテルなどで利用可。物価はバリ島と比較すると概して安い。宿泊代や食事代なども格安のため、ロングステイする旅行者が多い。

旅の難易度▶マタラム、スンギギ、ギリ3島がある島の西側は、ホテルの建設など観光開発が進み、ファストボートがバリ島から定期的に運航しているので問題はない。しかし、リンジャニ山などから東を旅する場合、公共交通の便が悪く、旅慣れた人でも移動に苦労する。特に短期滞在は、ツアー参加や車のチャーターで回るほうがいい。

リンジャニ山の麓には緑豊かな景観が広がっている

おみやげ▶スカララをはじめとする各地で行われている織物や淡水パール、木彫り製品やバスケットなどの竹細工が人気。制作している村でも町のみやげ物店でも購入できるが、値段は交渉しだい。ギリ・トゥラワガンやスンギギには、雑貨やファッション店も多い。

ロンボクみやげの定番となるカラフルな織物

安全情報

観光客にとって治安の悪い場所はないが、観光地では盗難が発生している。特にビーチリゾートでマリンスポーツをする場合には、貴重品の管理に注意を払おう。近年の観光化にともなって、バリ島同様のトラブルが増加傾向にある。「僕の土地で一緒にホテルを経営しよう」と誘う不動産詐欺や、ジゴロには注意しよう。

スンギギでは、暗がりなどで自転車やバイクを運転中に、ひったくりの被害に遭う事例も報告されている。ふたり乗りのバイクがぴったりと速度を合わせてついてきたり、かばんのほうをうかがい見るなどのしぐさをしたら要注意。ギリ3島ではボート利用時で船賃をふっかけられるケースが多い。事前にスケジュールや金額を確認しておくこと。

またロンボクの習慣を尊重することも重要だ。マタラムのイスラミック・センター（→P.330）を内部見学する場合、女性は全身が隠れる衣服の着用が求められる。

女性用の衣服を受付で貸してもらえるイスラミック・センター

気候とシーズナリティ

インドネシアのほかの地域同様に熱帯に属するが、降水量はほかの地域に比べて少ない。一般に雨季は10〜4月で、乾季は5〜9月。最多降水量を記録するのは1〜4月で、2月には強風が吹くことで知られる。気温は21〜33℃で、リンジャニ山などの高地では、夜はかなり冷え込む。

旅をするには乾季のほうが天候が安定し、海や山も荒れず好ましいが、雨季であってもタイミングさえよければ晴天に恵まれるので必ずしも避ける必要はない。

ロンボク島南部のクタで毎年2〜3月頃に行われるベウ・ニャレ祭でのスティック・ファイト

島内の交通

島内の公共交通はあまり発達していない。短期間で島内の見どころを回るなら、タクシーや車のチャーター、または現地発ツアーへの参加が便利だ。スンギギやマタラムならばGrabやGojekの配車サービス（→P.478）も利用できる（クタは降車のみでピックアップは現状NGとなっている）。バリ島と比較するとロンボク島ではマッチングする車の数が少ないので、移動時は早めの行動を心がけよう。

ロンボクの中心部マタラムでは、メーター制のタクシーが走っている。また、チドモと呼ばれる馬車がギリ3島などで走っているので、のんびりと観光がてら乗ってみるのもいいかもしれない。

ギリではチドモも利用できる

ロンボク島へのアクセス

空路▶国内線はジャカルタ、スラバヤ、バリ島からロンボク島への便がある。国際線はエアアジアやスーパーエアジェットがクアラルンプールから毎日各1〜2便（所要3時間、片道US$44〜104）、スクート航空がシンガポールから毎週4便（所要3時間、片道US$89〜424）。

ロンボク国際空港では数十mほど運んで法外なチップを請求するポーターに注意

航路▶バリ島のパダンバイ港からロンボク島のレンバル港へ（所要5〜6時間、Rp.6万5300）、スンバワ島のポト・タノ港からカヤンガン港へ（所要1〜2時間、Rp.1万8800）、各定期フェリーが毎日頻繁に運航している。チケットは各港でも購入できるが、運賃込みでのバス利用が一般的。近年はバリ島各地〜ギリ・トラワンガン間を約1.5〜2時間で結ぶファストボートの利用が一般的だ（→P.314）。

バリ島のサヌール港からはヌサ・ペニダ経由でギリへ向かう船が運航している

マタラムの年間気候表

月別	1月	2月	3月	4月	5月	6月	7月	8月	9月	10月	11月	12月	年間
平均気温（℃）	26.3	26.5	26.9	27.5	27.7	27.3	25.8	26.0	27.5	27.7	27.4	27.5	27.1
相対湿度（%）	84	87	83	81	77	76	76	78	80	69	76	85	79.3
降水量（mm）	237.0	291.3	292.7	293.0	11.3	12.1	12.8	6.0	60.0	121.3	175.7	182.6	1695.8

美しい珊瑚礁に囲まれた楽園のような島々

ギ リ

Gili

ギリ★

● マタラム

人　口	4000人
高　度	10m 未満
市外局番	0370

Karya Bahari 社のファストボート
◆バンサル～アイル
所要 10 分、Rp.8 万 5000
◆バンサル～メノ
所要 25 分、Rp.8 万 5000
◆バンサル～トラワンガン
所要 30 分、Rp.8 万 5000

✉ バンサルの手前にも船着場があります
スンギギから北上しバンサル港の 3km 手前にあるテルッ・ナレ港 PelabuhanTeluk Nare（MAP P.315　WA 0819-3315-3111）からもギリへ渡れます。バンサル港よりも落ち着いた雰囲気で、チャーター船でギリを目指すグループにおすすめ。ギリ各島まで片道 Rp.35 万、往復 Rp.70万（8 人まで乗船可）。3 島めぐりは Rp.120 万～。事前の予約も可能です。
（バリ島在住　JOY '24）

小型スピードボートが係留されているテルッ・ナレ港

ギリとは現地のササッ人の言葉で「小島」の意味。ロンボク島周辺には多数のギリがあるが、ビーチリゾートとしては、北西部の沖合に浮かぶアイル、メノ、トラワンガンの3つのギリのことを指

ロンボク本島の北西に 3 つのギリが浮かぶ

す。白砂のビーチと美しい珊瑚礁に囲まれた、手つかずの自然が残る島々だ。

スノーケリングで鮮やかな熱帯魚と遊び、純白のビーチに寝転んで肌を焼き、ときに現れるイルカの群れを眺め、南国の自然のなかに溶け込んでみたい。

アクセス

バ　ス▶ツアー会社のシャトルバスがスンギギからバンサル港経由でギリ各島へ 8:30 出発（Rp.10 万、最少催行 2 名）。バンサル港からギリ各島へはファストボートなどを利用する。

船　舶▶スンギギからはツアー会社やダイブショップでボートをアレンジ（2 名で Rp.75 万～）してもらうことができる。
　ギリの対岸にあるバンサル港からは、Karya Bahari 社のファストボートが 9:00 ～ 16:30 まで 1 日 8 便ほど運航している。同社では乗客が 40 人集まると出航するパブリックボートも催行し、運賃は Rp.1 万 8000 ～ 2 万 3000 と割安。いずれのチケットも各島のボートが発着する Karya Bahari 社のカウンターで購入できる。

Information　バリ島からギリ・トラワンガンへのファストボート

ギリ・トラワンガン～バリ島各地の区間を、数社のファストボートが毎日各 1 ～ 2 便ほど運航している。特に利用者の多い**ギリ・ギリ Gili Gili**（URL giligilifastboat.com）や、**ブルーウオーターエクスプレス Blue Water Express**（URL www.bluewater-express.com）はバリ島パダンバイ～ギリ・トラワンガン間を約 90 分で結ぶ（片道 Rp.30 万前後～）。
　また、サヌール港からは**ワンダーラスト Wonderlust**（URL wanderlustcruise.id）などがギリ・トラワンガンへのファストボートを毎日 1 便ほど運航している。サヌール港から発着するボートはペニダ島経由となり所要 4 時間ほど（片道 Rp.45 万前後～）。

 ハミダシ　ギリ～バリ島間を結ぶ各社のファストボートは、海上を高速で飛ばすためかなり揺れる。上下振動が激しいので、腰や足に問題がある場合は避けたほうが無難。ハイシーズンは早目に予約を！

ロンボク島

ギ
リ

歩き方

3島の西端にある**ギリ・トラワンガン** Gili Trawangan は、バンガローやレストランが多く、最もにぎやかな島。レストランでは毎夜のようにパーティが行われている。ダイブショップも充実し、格安料金で海中散歩も楽しめる。

ファストボートは各島の桟橋から発着

ギリ・メノ Gili Meno は、のんびりしたい人におすすめ。白いビーチにたたずんでいると聞こえてくるのは波の音だけだ。バンガローの数こそ少ないが、近年は島へ立ち寄るボートも増えている。混雑を避け静かに滞在したい人向きだ。

ギリ・アイル Gili Air はエメラルドグリーンの海に囲まれて、大人っぽく洗練された休日を楽しめる。ナイトスポットやアクティビティ会社も近年増加傾向にある。

3島間の交通

アイランドホッピングと呼ばれる Karya Bahari 社のスローボートが、トラワンガンとアイル間(メノ経由)を毎日2往復している。トラワンガンからアイルまで所要30分。また、ボートのチャーターでも移動できる。

アイランドホッピングのスローボートはギリ・トラワンガンの桟橋脇の浜辺から発着する

スピードボート

バンサル港では小型スピードボートの利用も可能。料金相場はギリ・アイルまで Rp.30万、ギリ・メノまで Rp.35万、ギリ・トラワンガンまで Rp.40万。定員6名なので4〜5人以上集まればファストボートより割安になる。

島内の交通

いずれの島も散策手段は徒歩、レンタサイクル(1日 Rp.5万〜6万)、チドモ(馬車)など。チドモは3人まで乗れて、港からホテルまで Rp.5万〜10万、島内を1周して Rp.25万ほど。

アイランドホッピング

トラワンガンから9:30と16:00発、アイルから8:30と15:00発。スケジュールは多少前後するので注意。料金は各 Rp.4万〜4万5000。

バンサル港での注意

マタラム方面からのベモやタクシーは、バンサル港1km手前のプムナン Pemenang に着く。チケットは海沿いにある"Terminal Penumpang"と書かれたボート発着所の建物内で購入できるが、途中の路上で割高なチケットを売ろうとする輩が多いので注意。

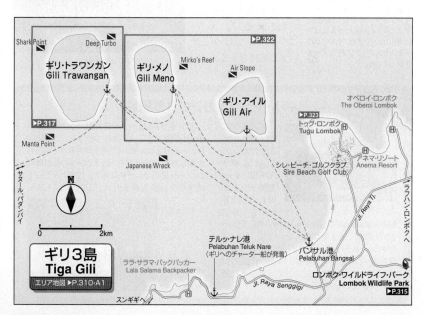

シャーク・ポイント
Shark Point

ディープ・タービン
Deep Turbo

ギリ・トラワンガン
Gili Trawangan

▶P.317

マンタ・ポイント
Manta Point

▶P.322

Mirko's Reef

ギリ・メノ
Gili Meno

エア・スロープ
Air Slope

ギリ・アイル
Gili Air

ジャパニーズ・レック
Japanese Wreck

オベロイ・ロンボク
The Oberoi Lombok

トゥグ・ロンボク
Tugu Lombok ▶P.323

アネマ・リゾート
Anema Resort

シレ・ビーチ・ゴルフクラブ
Sire Beach Golf Club

ラブハン・ロンボクへ

Jl. Raya Tj.

0   2km

ギリ3島
Tiga Gili
エリア地図 ▶P.310-A1

ララ・サラマ・バックパッカー
Lala Salama Backpacker

テルッ・ナレ港
Pelabuhan Teluk Nare
(ギリへのチャーター船が発着)

バンサル港
Pelabuhan Bangsal

ロンボク・ワイルドライフ・パーク
Lombok Wildlife Park ▶P.315

Jl. Raya Senggigi

スンギギへ

トラワンガンでのダイビング料金の目安

体験ダイブはタンク、器材、ボート、ガイド代込みで1ダイブ Rp.59万〜。2ダイブ目からは割安になる。PADIのオープンウオーター・コースは3日間Rp.640万〜、アドバンス・ウオーター・コースは2日間Rp.540万〜。

トラワンガンのダイビングショップ

● **Blue Marlin Dive**
WA 0821-4785-0413
URL www.bluemarlindive.com
● **Dream Divers**
WA 0812-3754-583
URL dreamdivers.com
● **Manta Dive**
WA 0812-3788-9378
URL www.manta-dive.com

スノーケリングツアー

ギリ・トラワンガンの桟橋の横にある **Sea Star Tour & Travel** ではギリ3島のスノーケリングツアーの手配が頼める。マスク&フィンのレンタル料は別で Rp.10万。また、たいていのホテルでスノーケリングツアーを手配している。

●スクーバダイビング　Scuba Diving

ダイビングスポットの中に3つのギリが浮かんでいるといえるほど、ポイントがたくさんあることで知られている。サメやスティングレイなどの大物が多いシャーク・ポイント、カラフルな熱帯魚やソフトコーラルが美しいメノ・ウオールなどが有名。透明度はさほど高くないが、カレントが緩やかなので初心者でも安心して楽しむことができる。

ベストシーズンは4〜12月頃だが、1年中潜れる。特にギリ・トラワンガンはダイビングセンターが多く、しかもバリ島に比べて安い料金設定になっている。

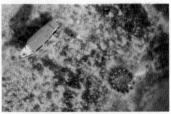
ダイビングスポットが広がるギリの海

●スノーケリングツアー　Snorkeling Tour

ビーチ周辺の海にも珊瑚礁が広がっているので、スノーケリングでもカラフルな魚たちを心ゆくまで観賞できる。船底がガラス張りになったグラスボトム・ボートで、3島周辺のポイントを回る。青い海で心ゆくまで熱帯魚たちと遊び、メノ・ウオールではウミガメにも出合える。

スノーケリングでウミガメと遭遇！

おもな見どころ

ロンボク海峡を望むビューポイント ★

トラワンガンの丘
Trawangan Hill Top

MAP P.317-B1

朝には東側にロンボクの聖峰リンジャニが望める

ギリ・トラワンガン南側の小高い丘には、ロンボク本島や、バリ島が望めるビュースポットが点在している。朝日が彩るリンジャニ山や夕日が映えるアグン山の姿は感動的だ。この丘は第2次世界大戦中には旧日本軍がロンボク海峡を監視する拠点ともなり、日本人洞窟 Goa Jepang と呼ばれる洞窟トンネルや砲台跡が今も残されている。頂上のビューポイントまでは船着場から Jl.Sunset Road を南下して20分ほど。

ビューポイントの散策情報

頂上まではサンセット・ビーチからも上れます。東側と西側を望めるポイントは別なのでのんびり探してみましょう。夕日観賞のあとは真っ暗になるので懐中電灯も忘れずに。ゴア・ジュパンと呼ばれる洞窟トンネルは2018年の地震で塞がっていて見つけられませんでした。高射砲の砲塔部分も地震で落ち、今は近くのモスクに保管されているそうです。
（バリ島在住 JOY '24）

急な坂もあるのでスニーカーが推奨

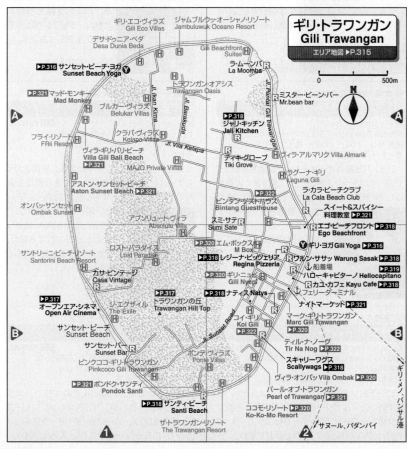

ギリ・トラワンガン
Gili Trawangan

エリア地図 ▶P.315

0   500m

ギリ・エコ・ヴィラズ
Gili Eco Villas

ジャムブルウッ・オーシャノ・リゾート
Jambuluwuk Oceano Resort

デサ・ドゥニア・ベダ
Desa Dunia Beda

Gili Beachfront Suites

ラ・ムーンバ
La Moomba

▶P.316 サンセット・ビーチ・ヨガ
Sunset Beach Yoga

ミスター・ビーン・バー
Mr.bean bar

▶P.321 マッド・モンキー
Mad Monkey

トラワンガン・オアシス
Trawangan Oasis

ブルカー・ヴィラズ
Belukar Villas

フライ・リゾート
FRii Resort

クラバ・ヴィラズ
Kelapa Villas

Jl. Vila Kelapa

▶P.318
ジャリ・キッチン
Jali Kitchen

ヴィラ・ギリ・バリ・ビーチ
Villa Gili Bali Beach
▶P.321

MAJO Private Villas

ディキ・グローブ
Tiki Grove

ヴィラ・アルマリク Villa Almarik

アストン・サンセット・ビーチ
Aston Sunset Beach ▶P.321

ラグーナ・ギリ
Laguna Gili

オンバッ・サンセット
Ombak Sunset

ビンタン・ゲストハウス
Bintang Guesthouse

▶P.322

ラ・カラ・ビーチクラブ
La Cala Beach Club

アブソリュート・ヴィラ
Absolute Villa

スミ・サテ
Sumi Sate

スイート&スパイシー
料理教室 ▶P.321

サントリーニ・ビーチ・リゾート
Santorini Beach Resort

ロスト・パラダイス
Lost Paradise

▶P.320 エム・ボックス
M Box

エゴ・ビーチフロント ▶P.318
Ego Beachfront

ギリ・ヨガ Gili Yoga ▶P.316

カサ・ビンテージ
Casa Vintage

▶P.318 レジーナ・ピッツェリア
Regina Pizzeria

ワルン・ササッ Warung Sasak ▶P.318
▶船着場

▶P.320 ギリ・ニェピ
Gili Nyepi

ハローキャピターノ Hellocapitano ▶P.319

▶P.317
オープンエア・シネマ
Open Air Cinema

▶P.317
トラワンガンの丘
Trawangan Hill Top

▶P.318 ナティス Natys

カユ・カフェ Kayu Cafe ▶P.318
フェリーターミナル

ジ・エグザイル
The Exile

ナイトマーケット ▶P.321

サンセット・ビーチ
Sunset Beach

コイ・ギリ
Koi Gili
▶P.322

マーク・ギリ・トラワンガン
Marc Gili Trawangan
▶P.320

サンセット・バー
Sunset Bar

ティル・ナ・ノーグ
Tir Na Nog ▶P.322

ピンクココ・ギリ・トラワンガン
Pinkcoco Gili Trawangan

ポンテ・ヴィラズ
Ponte Villas

スキャリーワグス
Scallywags ▶P.318

▶P.321 ポンドク・サンティ
Pondok Santi

ヴィラ・オンバッ Vila Ombak ▶P.320

パール・オブ・トラワンガン
Pearl of Trawangan ▶P.321

▶P.318 サンティ・ビーチ
Santi Beach

ココモ・リゾート ▶P.320
Ko-Ko-Mo Resort

ザ・トラワンガン・リゾート
The Trawangan Resort

サヌール、パダンバイ

ギリ・メノ、バンサル港

ハミダシ オープンエア・シネマ Open Air Cinema（**MAP** P.317-B1）ではビーチにある大型スクリーンで映画（英語版）が鑑賞できる。上映は夕方から2回あり、料金は無料（飲食を別途オーダーする）。

レストラン
Restaurant

ギリ・トラワンガンにはビーチ沿いに開放的なレストランがたくさん並んでいる。東屋やクッションベッドでのんびりできるスポットも多く、インターナショナルからヘルシー料理までメニューも豊富だ。ギリ・アイルやギリ・メノにも開放的なレストランやローカル食堂が点在している。

ギリ・トラワンガン

海を眺めながら食事ができる
ナティス
Natys　　　MAP P.317-B2

住所 Gili Trawangan　WA 0853-3380-8306
URL www.natysrestaurant.com
営業 毎日 7:00 ～ 23:30
税&サ 込み　カード J M V　Wi-Fi OK

ビーチ沿いにある人気のレストラン。ツナステーキ(Rp.10万5000)、シーフードスパゲッティ(Rp.9万)、チキンサンドイッチ(Rp.9万5000)など旅行者好みのメニューが充実。カクテルは Rp.8万5000 ～、ハッピーアワーには4杯がRp.20万で楽しめる。

オンザビーチの開放的な雰囲気が評判

本場の味で激ウマなイタリアン
レジーナ・ピッツェリア
Regina Pizzeria　　　MAP P.317-B2

住所 Gili Trawangan　TEL0877-6506-6255 携帯
営業 毎日 17:00 ～ 23:00　税&サ +10%
カード 不可　Wi-Fi OK

ジェノバ出身のオーナーシェフが腕を振るうイタリアンレストラン。各国からの旅行者に人気が高く、半屋外の大きな建物は毎晩のように満席になる。窯焼きピザはサクサクの食感で、オリーブやサラミなど4種類のトッピングで味わうクワトロ・スタジオーニ(Rp.9万)がおすすめ。

店頭でオーナー自ら料理を提供している

洗練されたビーチダイニング
サンティ・ビーチ
Santi Beach　　　MAP P.317-B1

住所 Gili Trawangan　TEL 0812-3700-3051 携帯
営業 毎日7:30～23:00
税&サ +21%　カード A M V　Wi-Fi OK

ビーチ沿いの開放的なバー&レストラン。石窯で焼いたマルガリータ・ピザ(9万)、新鮮な魚介のシーフードプラッター(Rp.20万～)、フィッシュタコス(Rp.10万)などがおすすめ。

昼も夜も大人気スポット
エゴ・ビーチフロント
Ego Beachfront　　　MAP P.317-B2

住所 Gili Trawangan　WA 0877-6595-3052
URL egoisterestaurant.wixsite.com/menu
営業 毎日 7:00 ～ 23:00　税&サ 込み
カード M V　Wi-Fi OK

ガラス張りのオープンキッチンをもつレストラン。名物のシーフードプラッター(1～2人前 Rp.35万、ロブスター付きの2～3人前 Rp.85万～)をはじめ、シーフードケバブ(Rp.10万5000)やカルボナーラ(Rp.9万～)がおすすめ。ロンボク郷土料理のアヤム・タリワン(Rp.9万5000)も試してみよう。

各国からの旅行者でいつもにぎわっている

地元ササッ料理に大満足
ワルン・ササッ
Warung Sasak　　　MAP P.317-B2

住所 Gili Trawangan　WA 0819-1632-9072
営業 毎日8:00～21:00(土日～22:00)
税&サ 込み　カード 不可

絶品ナシチャンプルが味わえる人気店。ガラスケースに並ぶ郷土料理から好きな総菜を選んでご飯とともに盛ってもらう。1皿 Rp.3万～。味わい深いロンボク島のスパイスを使ったサンバル(薬味ソース)はピリ辛でハマる味だ。オーナーであるお母さんもとても感じがいい。

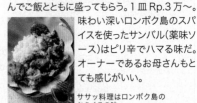
ササッ料理はロンボク島のおふくろの味

コーヒーやヨーグルトも美味
カユ・カフェ
Kayu Cafe　　　MAP P.317-B2

住所 Gili Trawangan　WA 0818-0349-0572
営業 毎日 7:00 ～ 21:00　税&サ 込み
カード M V　Wi-Fi OK

オープンカフェがほとんどのギリで、エアコン完備がうれしい。100%オレンジジュース(Rp.4万2000)、ハーバル・チャイ・ラテ(Rp.4万～)、スムージーボウル(Rp.7万2000)。

ハミダシ　Rジャリ・キッチン Jali Kitchen MAP P.317-A2　TEL 0811-1015-254 携帯　営業 毎日12:00～22:00)はアジア料理の穴場レストラン。トムヤムクン Rp.7万5000、タイグリーンカレー Rp.6万5000～。

新鮮なシーフードを味わうなら
スキャリーワグス
Scallywags **MAP P.317-B2**

住所	Gili Trawangan　WA 0819-1743-2086
営業	毎日 9:00 〜 22:00　税&サ +16%
カード	J M V　Wi-Fi OK

シーフードBBQ店が多いギリで、一番人気がここ。魚介類が並ぶコーナーで、食べたい魚を選んでオーダーできる。ロブスター（100gでRp.10万）、ツナ（Rp.15万〜）、ポークチョップ（Rp.10万）。BBQの提供は18:00〜。

魚やグリル料理には
値段が付いている

居心地のいいライフスタイルカフェ
ハローキャピターノ
Hellocapitano **MAP P.317-B2**

住所	Gili Trawangan　WA 0853-3930-7648
営業	毎日 6:00 〜 17:00　税&サ 込み
カード	M V　Wi-Fi OK

スムージーボウル（Rp.9万〜）やサラダボウル（Rp.8万5000〜）などヘルシーフードを提供しており、朝食メニュー（Rp.7万5000〜）は閉店時間までオーダー OK。パンケーキ（Rp.4万5000〜）などのスイーツもおすすめだ。

1階はエアコンを完備
し、2階席からは海が
望める

ギリ・メノ

ロケーションも味も GOOD
カフェ・ギリ・メノ
Cafe Gili Meno **MAP P.322-A1**

住所	Gili Meno　WA 0878-6185-4989
営業	毎日 7:00 〜 21:00
税&サ	+15.5%　カード M V　Wi-Fi OK

ホームメイドにこだわったフランス人が経営するレストラン。野菜やフルーツと和えたツナ・

スモークド・ビーフ・カル
ボナーラ Rp.10 万 5000

タルタル（Rp.8万）やツナステーキ（200gで Rp.21万）など新鮮な魚介を使った料理がおいしい。グラスワインは Rp.8万5000〜、カクテルは Rp.9万〜。

船を待つのにも便利な立地
ブロンズ
Bronze **MAP P.322-A1**

住所	Gili Meno　WA 0819-0785-5755
営業	毎日 8:00 〜 23:00　税&サ +10%　カード M V

5種類用意されたカレー（Rp.5万〜）や10種類あるピザ（Rp.5万〜）などメニュー豊富。

海を眺めながらガゼ
ボでランチタイム

店のおすすめは不定期提供のホームメイド・ラビオリ（Rp.5万5000〜）。ギリ・メノの船着場の真横にある。

ギリ・アイル

メニュー豊富なグルメスポット
スキャリーワグス・ビーチクラブ
Scallywags Beach Club **MAP P.322-A2**

住所	Gili Air　WA 0818-0520-8807
営業	毎日 7:00〜23:00　税&サ +16%　カード M V　Wi-Fi OK

船着場の横にあるレストラン。 冷蔵庫のディスプレイから魚介や肉など自分で選ぶシス

シーフードや肉類などの
バーベキューが楽しめる

テム。マヒマヒ Rp.14万、イカ Rp.10万、シーフード・ケバブは Rp.13万。ケサディージャ（Rp.6万5000〜）など各国メニューも豊富。

メニュー豊富な隠れ家ワルン
グリーン・チリ
Green Chili **MAP P.322-A2**

住所	Gili Air　TEL なし
営業	毎日 12:00 〜 21:00　税&サ 込み　カード 不可

鮮やかなグリーンで彩られた小さな食堂。陽気なスタッフが切り盛りし、夕方から各国

ビーフン・シーフード
Rp.4 万 5000

からの旅行者でにぎわっている。チャプチャイ（Rp.3万5000〜）、ナシゴレン（Rp.4万〜）、イエローカレー（Rp.4万5000）。

投稿 R パ・マン・ワルン・ブアティ Pak Man Warung Buati（MAP P.322-A1　営業 毎日 8:00 〜 22:00）
はギリ・メノ随一の人気ワルン。ナシゴレン（Rp.2 万 5000〜）など安くておいしい。

ホテル

ギリのほとんどの宿泊施設はバンガローが中心だが、近年はヴィラや中規模リゾートも増えている。どの島も旅行者に人気が高いわりに、宿泊施設の数は不足気味。ハイシーズンの7〜9月と年末年始には、事前に予約するか早めにチェックインしよう（ハイシーズンは料金も1.5〜3倍に値上がりする）。安宿はシャワーが塩水。真水が使えるところはそれなりに高い。

ギリ・トラワンガン

居住性の高い優雅なプチリゾート
ココモ・リゾート
Ko-Ko-Mo Resort　　　　MAP P.317-B2
住所 Gili Trawangan　TEL (0370) 613-4920
WA 0812-3931-5616　URL www.kokomogilit.com
税&サ +21%　カード AMV　Wi-Fi OK
料金 AC Mini TV 1ベッドヴィラ Rp.240万〜
　　 AC Mini TV 2ベッドヴィラ Rp.344万〜

塀で囲まれた完全プライベート仕様の高級リゾート。全11室のヴィラはシンプルモダン

各ヴィラにはリビングとプランジプール（またはジャクージ）を完備

のデザインも落ち着いた雰囲気。シャワーはもちろん、プールにも真水を使用している。ビーチ沿いにはシックな雰囲気のレストランも併設。POOL レストラン 朝食

ササッ風のすてきなバンガロー
ヴィラ・オンバッ
Vila Ombak　　　　MAP P.317-B2
住所 Gili Trawangan　TEL (0370) 614-2336
URL www.vilaombak.com
税&サ +21%　カード AMV　Wi-Fi OK
料金 AC Mini TV テラスSD Rp.90万〜
　　 AC Mini TV ハットSD Rp.145万〜

ルンブンと呼ばれるササッ様式で造られた全149室の老舗ホテル。ハットは1階がバスルーム、2階がベッドルームとテラスになり、はしごで上り下りするユニークな造り。テラスは1階と2階がそれぞれ別の客室になっている。レストランとバーが各ふたつある。POOL レストラン 朝食

ロンボク風情を味わうならテラスの2階の部屋がいい

今風の快適ホテル
マーク・ギリ・トゥラワガン
Marc Giri Trawanagan　　MAP P.317-B2
住所 Giri Trawanagan　TEL (0370) 619-8555
URL www.marchotelgilitrawangan.com
税&サ +21%　カード AJMV　Wi-Fi OK
料金 AC Mini TV チャンバーSD Rp.110万〜
　　 AC Mini TV チャンバレンSD Rp.120万〜

ギリ・トラワンガンでは珍しいモダンデザインのホテル。間接照明で落ち着ける客室にはミニバーやティーサーバーを完備し、バスルームにはレインシャワーも設置されている。全52室。POOL レストラン 朝食

モダンで機能的なベッドルーム

バーやジムが白人ツーリストに好評
エム・ボックス
M Box　　　　MAP P.317-B2
住所 Gili Trawangan　TEL 0813-5333-7351 携帯
URL mboxgili.com　税&サ込み　カード MV
料金 AC Mini TV ドミトリー Rp.12万5000
　　 AC Mini TV プライベートルームSD Rp.70万〜

欧米人でにぎわう明るく活気のある39室の宿。ジムやプール、サンデッキ、ロッカーを完備し、プール前のレストランも和気あいあいとした雰囲気。POOL レストラン 朝食

各国からの旅行者が集う

ハートフルな格安ホテル
ギリ・ニュピ
Gili Nyepi　　　　MAP P.317-B2
住所 Gili Trawangan　WA 0853-3749-1996
URL gilinyepi.com　税&サ込み　カード MV　Wi-Fi OK
料金 AC Mini TV SD Rp.50万〜

ナイトマーケットから200mほど西の路地に建つ、全4室のアットホームな宿。緑あふれる敷地内は、ヨガ施設もありゲストは自由に利用できる。POOL レストラン 朝食

独立型バンガローはシンプルで居心地がいい

投稿 ギリ・トラワンガンの船着場から西側のサンセットビーチまでは徒歩30分ほど。東側は店が多く海の透明度も抜群ですが、閑静な西側に滞在して夕日を眺める休日もおすすめです。（大阪府 GI '24）

カップル向きの人気ホテル

ヴィラ・ギリ・バリ・ビーチ

Villa Gili Bali Beach [MAP] P.317-A1

住所 Gili Trawangan　WA 0877-6238-0805
URL www.villa-gili-bali-beach.com
税&サ 込み　カード [A][J][M][V]　[Wi-Fi] OK
料金 [AC][Mini][TV] シービュースイートⓈⒹ Rp.140 万～
[AC][Mini][TV] ビーチバンガローⓈⒹ Rp.180 万～
[AC][Mini][TV] サンセットⓈⒹ Rp.180 万～

島いちばんのサンセットポイントに建つ、全5部屋のプライベートヴィラ。シービュースイートとビーチバンガローの客室はこぢんまりとした造り。建物の上階にあるサンセットは、広々としたレイアウトで、プライベート感もたっぷりだ。

[POOL][レストラン][朝食]

涼しげなプールを囲むように建物が並ぶ

緑の園に広がる高級コテージ

ポンドク・サンティ

Pondok Santi [MAP] P.317-B2

住所 Gili Trawangan　WA 0819-0705-7504
URL www.pondoksanti.com
税&サ 込み　カード [A][J][M][V]　[Wi-Fi] OK
料金 [AC][Mini][TV] ヒルビューⓈⒹ Rp.140 万～
[AC][Mini][TV] パームビューⓈⒹ Rp.230 万～
[AC][Mini][TV] ガーデンビューⓈⒹ Rp.560 万～

8 ヘクタールの広大な敷地内に、22 棟のコテージが点在。木々や小鳥の居場所を残したいというオーナーの思いが感じられる、癒やしの空間で静かに過ごせる。木造のコテージはぬくもりに満ちたインテリアで、小さなプライベートビーチもある。

[POOL][レストラン][朝食]

82 ㎡の広々としたバンガローが点在

ファミリー向けの快適リゾート

アストン・サンセットビーチ

Aston Sunset Beach [MAP] P.317-A1

住所 Gili Trawangan　TEL (0370) 633-686(予約)
URL www.astoninternational.com
税&サ +21%　カード [J][M][V]　[Wi-Fi] OK
料金 [AC][Mini][TV] ガーデンビューⓈⒹ Rp.75 万～
[AC][Mini][TV] プールビューⓈⒹ Rp.85 万～
[AC][Mini][TV] 1 ベッドルームヴィラ Rp.140 万～

ビーチ沿いのレストランから雄大な夕日が望める全 125 室のホテル。メインプールを囲むビルディング棟の客室は、広々としており使い勝手のいいモダンデザイン。小道沿いに並ぶデラックスルームやヴィラは、ハネムーナーにもおすすめ。

[POOL][レストラン][朝食]

緑の樹木におおわれたラグーンプール

バラエティ豊かな客室タイプがウリ

パール・オブ・トラワンガン

Pearl of Trawangan [MAP] P.317-B2

住所 Gili Trawangan　TEL (0370) 619-4884
URL www.pearloftrawangan.com
税&サ 込み　カード [J][M][V]　[Wi-Fi] OK
料金 [AC][Mini][TV] チークコテージⓈⒹ Rp.140 万～
[AC][Mini][TV] スーペリアⓈⒹ Rp.160 万～
[AC][Mini][TV] デラックスⓈⒹ Rp.180 万～
[AC][Mini][TV] スイート Rp.220 万～

さまざまなタイプの部屋が点在している、全 91 室のリゾート。スーペリアとデラックスはビルディングタイプ、コテージとスイートは独立型で、スイートには宿泊者専用プールも完備。ビーチ沿いにあるレストランも評判がいい。

[POOL][レストラン][朝食]

ロンボクの伝統家屋をイメージしたコテージが並ぶ

ローカル料理体験スポット

●ナイトマーケットを体験！

ギリ・トラワンガンのフェリー乗り場の西側には、夕方 17:00 頃から深夜にかけてたくさんの屋台が並ぶ**ナイトマーケット**([MAP] P.317-B2) がある。新鮮な魚介類にサンバルソースを塗って炭火焼きにするイカン・バカールは絶品。ナシチャンプルやミー（麺）の屋台も多く、いつも活気にあふれている。

ナイトマーケットでローカル料理を体験しよう

●欧米人が集うクッキングクラス

スイート&スパイシー料理教室 ([MAP] P.317-B2 TEL 0878-8453-2947 携帯) は旅行者に人気のプログラム。インドネシア料理に欠かせない 2 種類のソース、ロンボク料理のアヤム・タリワンや魚のバナナリーフ包み蒸し、デザートなど 6 品を 4 時間で習得できる。参加 1 名(Rp.38 万 5000)でも開催され、要予約。毎日 12:00 ～ 20:00。

船着場の北側にあるクッキングクラス

ハミダシ [H] マッド・モンキー Mad Monkey ([MAP] P.317-A1　URL madmonkeyhostels.com/gili-t) はギリ・トラワンガンの北西にある全 30 室のホステル。ドミトリー Rp.10 万～、ⒹRp.45 万～。

各国からの旅行者が集う
ティル・ナ・ノーグ
Tir Na Nog　　MAP P.317-B2

住所 Gili Trawangan　TEL (0370)819-5461
URL www.tirnanogbar.com
税&サ 込み　カード MV　Wi-Fi OK

料金 AC Mini TV スタンダードⓈⒹ US$35 ～
AC Mini TV デラックスⓈⒹ US$50 ～
AC Mini TV 2ベッドヴィラ US$100 ～

船着き場から徒歩5分ほどにある、全21室のカジュアルなホテル。スタンダードでも部屋の前に広いテラスがあり、ゆったり滞在できる。併設のレストラン&バーは夜遅くまで旅行者でにぎわっている。

POOL レストラン 朝食

ベッドルームは清潔でインテリアもかわいい

ギリ随一のアットホームな宿
ビンタン・ゲストハウス
Bintang Guesthouse　MAP P.317-A2

住所 Gili Trawangan　WA 0878-6273-1889
税&サ 込み　カード 不可　Wi-Fi OK
料金 AC スタンダードⓈⒹ Rp.30万～

ホテルが密集する東側エリアにある各国からのリピーターが多い宿。部屋はいたって簡素だが「見知らぬ人として来て、家族として去る」をモットーとする若きオーナーたちのホスピタリティは特筆もの。おすすめの観光地やグルメ情報を気軽に教えてもらえる。船着場まで徒歩10分ほど。POOL レストラン 朝食

昔ながらのギリの雰囲気が漂っている

日本人オーナーのアットホームな宿
コイ・ギリ
Koi Gili　　MAP P.317-B2

住所 Gili Trawangan　TEL 0819-0728-4665 携帯
税&サ 込み　カード 不可　Wi-Fi OK
料金 ⓈRp.20万、ⒹRp.25万～
AC Mini TV ⓈRp.25万、ⒹRp.30万～

通りから200mほど路地に入った、全5室の小さなゲストハウス。緑の木々に囲まれた中

寝転んで本を読んでのんびりしたい

庭には東屋もあり、静かにくつろげる。自転車がレンタルでき、スノーケリングツアーの手配もOK。
POOL レストラン 朝食

1
Turtle Heaven
Simon Reef

▶P.323
メノ・ハウス
Meno House

Meno Wall

Ana Warung & Bungalows
セリ・リゾート ▶P.323
Seri Resort

マハマヤ
Mahamaya
Les Villas
Ottalia

ディアナ・カフェ
Diana Cafe

メノ・モジョ
Meno Mojo

ヤ・ヤ・ワルン
Ya Ya Warung

Bask Nest

Le Pirate

パーマン・ワルン・ブアティ ▶P.319
Pak Man Warung Buati

ツーブラザーズ・カフェ
Two Brothers Cafe
船着場
ブロンズ ▶P.319
Bronze

▶P.323
オラ・リゾート
Ora Resort

ビル・メノ
Biru Meno

Bounty Wreck

カフェ・ギリ・メノ
Cafe Gili Meno
▶P.319

サンセット・ハウス
Sunset House
▶P.323

ギリ・メノ
Gili Meno

ギリ・トラワンガン

2
N
0　　　1km

ギリ・メノ&ギリ・アイル
Gili Meno & Gili Air
エリア地図 ▶P.315

Frogfish Point

レジェンド・バー
Legend Bar

カメリア・ビーチクラブ
Camilla Beach Club

サンディ・ビーチ
Sandy Beach

ピトゥ・カフェ
Pituq Cafe

Air Wall

ワルン・サニー
Warung Sunny

フラワー&ファイア・ヨガ・ガーデン
Flowers & Fire
Yoga Garden ▶P.323

ピンクココ・ギリ・アイル
PinkCoco Gili Air

ギリ・アイル
Gili Air

ギリ・アイル・ラグーン
Gili Air Lagoon

▶P.319
スキャリーワグス・ビーチクラブ
Scallywag
Beach Club

グリーン・チリ
Green Chili
▶P.319

ママ・ピザ
Mama Pizza

船着場

サンライズ・リゾート
Sunrise Resort
▶P.323

バンサル港

ロンボク島

ギリ・メノ

目の前にスノーケリングスポットが広がる
セリ・リゾート
Seri Resort　　　MAP P.322-A1

住所 Gili Meno　WA 0822-3759-6677
URL seriresortgilimeno.com/
税&サ +10%　カード MV　Wi-Fi OK
料金 AC Mini TV スタンダードⓈⒹ Rp.87万～
　　 AC Mini TV ビーチバンガローⓈⒹ Rp.150万～

ホワイトビーチに面した全54室のリゾート
ホテル。客室はスタンダード
でも42m²のゆったりサイズ
で、バンガローやプール付き
のヴィラも用意されている。

POOL レストラン 朝食

レストランや客室から楽園の景色が広がる

ギリ

目の前は静かなビーチ
サンセット・ハウス
Sunset House　　　MAP P.322-A1

住所 Gili Meno　TEL (0370) 619-7878
税&サ 込み　カード JMV　Wi-Fi OK
料金 AC Mini TV ⓈⒹ Rp.60万～

閑静な立地にある全10室のビーチフロント
ホテル。スノーケリングスポットに近く、プー
ルからは海も見渡せて雰囲気がいい。

POOL レストラン 朝食

西向きの客室からも夕景が楽しめる

バックパッカーに大人気
メノ・ハウス
Meno House　　　MAP P.322-A1

住所 Gili Meno　TEL なし
URL www.menohousegili.com　税&サ +21%
カード MV　Wi-Fi OK
料金 AC Mini TV プール・ヴィラ Rp.260万～
　　 AC Mini TV ビーチフロント・ヴィラ Rp.300万～

目の前に広がる海とプールでのんびり過ご
せる、全15棟のヴィラリゾート。島の北端
にあり、朝日も夕日も楽しめる。ヴィラはす
べて56m²とゆったりし、ロ
ケーションにより客室のカテ
ゴリが分かれている。

POOL レストラン 朝食

アースカラーの上品な
インテリア

ヴィラはお値段以上に内容充実！
オラ・リゾート
Ora Resort　　　MAP P.322-A1

住所 Gili Meno　TEL 0812-2881-1909 携帯
URL www.oraresorts.com
税&サ +21%　カード MV　Wi-Fi OK
料金 AC Mini TV 1ベッドルームヴィラ Rp.170万～

洗練された全33棟のプチリゾート。客室は
バンブー素材や茅葺き屋根で南国情緒たっぷ
り。45m²と広くプランジプールが付くヴィラ
は料金以上のバリューを感じ
るはず。併設レストランの料
理もおいしく、おこもり滞在に
もぴったりだ。POOL レストラン 朝食

カップルで静かに過ご
したいヴィラ

ギリ・アイル

南国ならではの開放感たっぷり
サンライズ・リゾート
Sunrise Resort　　　MAP P.322 A2

住所 Gili Air　TEL 0819-1601-0360 携帯
URL www.sunrisegiliair.com　税&サ 込み
カード MV　Wi-Fi OK
料金 AC Mini TV デラックスⓈⒹ Rp.180万～
　　 AC Mini TV スイート Rp.230万～

緑豊かな敷地内に全15室の2階建てバンガ

女性受けするパステ
ルカラーのインテリア

ローが点在。上階がベッドルー
ムになっており、オープンリビ
ングからは海も見渡せる。イン
テリアは自然志向だが、ライト
やコンセントも多く使い勝手がいい。

POOL レストラン 朝食

ヨガ三昧の休日を過ごすなら
フラワー&ファイア・ヨガ・ガーデン
Flowers & Fire Yoga Garden　　　MAP P.322-A2

住所 Gili Air　WA 0813-3943-8293
URL flowersandfire.yoga
税&サ +21%　カード MV　Wi-Fi OK
料金 AC Mini TV バンガローⓈⒹ Rp.86万～

伝統家屋を模したバンガローが並ぶ

開放的なパビリオンでヨガが体験
できる宿泊施設。1回のレッスンは
60～75分で参加料はRp.14万。
朝食&ランチとヨガ教室のパッケージ
(Rp.30万)も用意されている。POOL レストラン 朝食

 ハミダシ Hトゥグ・ロンボク Tugu Lombok (MAP P.315　URL tuguhotels.com/hotels/lombok) はギリ
3島の対岸にある高級リゾート。Rp.265万～。レストランで提供する料理も地場産にこだわっている。

ロンボクを代表する老舗のビーチリゾート

スンギギ

Senggigi

スンギギ
●マタラム

高度	10m 未満
市外局番	0370

空港へのアクセス
ダムリ社の空港シャトルバスが3:00～17:00まで毎時1本運行。所要2時間、Rp.5万。タクシーはRp.25万ほど。

バリ島からの直行ボート
バリ島パダンバイ～スンギギ間のスピードボートを Eka Jaya 社が運航（所要90分、片道Rp.38万～）。パダンバイから毎日14:00発、スンギギから毎日16:00発。
● Eka Jaya 社
WA 0877-0003-7888
URL baliekajaya.com

スンギギ発の車&ボート移動
スンギギから各地へ車&ボートの手配も可能（車の定員は2～4名）。ギリ各島まで8:30発（1名Rp.10万、ボート代込み）。クタやロンボク国際空港へは1名20万～。
● Kotasi Tour
MAP P.325-A1
WA 0818-0362-0770

スンギギはロンボク島で最初に観光開発が進められたビーチエリアで、島の観光拠点になっている。高級ホテルなど宿泊設備が整い、短期旅行者にも人気が高いが、周囲には手つかずの自然が残り、まだまだほのぼのとした雰囲気

静かなビーチにボートの桟橋が延びる

が漂っている。青い海に突き出た白砂のビーチを歩けば、ヤシの木が整然と並ぶ絵はがきのような風景があふれている。海ではウインドサーフィンやスノーケリング、カヌーが楽しめ、夕暮れ時には海峡の向こう側のアグン山と夕日のハーモニーが美しい。

アクセス

バ　ス▶ロンボク国際空港からダムリ社のシャトルバスが運行。毎日6:00～21:00まで乗客が集まりしだい出発する。

船　舶▶ギリ3島からスンギギへ向かう場合、Karya Bahari社のファストボートでバンサル港へ（1日約8便、所要10～30分、Rp.8万5000）。バンサル港に到着したら500mほど南にあるロンボク・タクシーの待機場へ（運賃はメーター制でスンギギまでRp.12万～）。港周辺には強引な客引きが多いので注意すること。

Column

スンギギ港でまったりローカル体験

スンギギ港は美しいコーラルビーチ沿いにあり、バリ島からファストボートで到着すると昔ながらのアジアの島に来たなあと実感します。まずは海岸線に沿って並ぶローカルなワルンでひと休み。砂浜の上にゴザを敷いた簡素な

素朴な伝統玩具がビーチで売られている

ワルンは、最近バリ島ではまったく見かけず懐かしい雰囲気。串焼き料理のサテも細い棒状のパラムの葉で包んだブラヤと呼ばれるロンボク色が強いもの。バナナの葉で包んだロントンと同じですが、葉っぱが違うので風味もバリ島とは少し異なるようです。食事を味わっていると伝統玩具のコマ（ガシン・ガンシン）やアクセサリーの売り子もワイワイと集まってきて、何気ないやり取りにも「20年前のバリみたいだなあ」と感じました。
（石川県　テンジン　'24）

投稿　グループ旅行の場合、スンギギからギリまでアウトリガーボートで移動するなら、1日チャーター（一般Rp.150万～）でスノーケリングしながら移動するのもおすすめです。（東京都　Yoiko　'24）

歩き方

　マタラムとロンボク北西部を結ぶ道路が海岸沿いを走り、これがスンギギの目抜き通りとなっている。高級ホテルの並ぶ中心部に、レストランやショップなどが集まっているので、基本的にぶらぶら歩くだけで事が足りる。また、**H**シェラトン・スンギギの北にある小高い丘の上は、絶好のビューポイント。特に雲のない夕刻には、ロンボク海峡の向こうにバリ島のアグン山がそびえ、そこに夕日が沈む壮大な景色が広がる。夕方にはサテの屋台も出てローカルな食事が楽しめる。

交通案内

　スンギギ中心部は徒歩での移動が基本。郊外にはブルーバード・グループのロンボク・タクシーの利用が便利。運賃はメーター制で、レンバル港まで Rp.17 万～、バンサル港まで Rp.20 万～。ドライバーの待機場は **H**シェラトン・スンギギの向かいや **R**テンプテーションズの脇にある。マタラム方面にはベモで移動することも可能（Rp.5000 ～）。

島内移動のタクシー

　空港をはじめ、スンギギの旅行会社やホテルではチャータータクシーの手配もできる。標準料金は 1 日 Rp.65 万～。24 時間呼べるブルーバード・タクシー（TEL 0370-627-000）はスンギギ周辺で Rp.1 万 5000 ～、バンサルへは Rp.12 万～（所要約40 分）。

ロンボク・タクシー
TEL (0370)627-000(24 時間)

配車サービスの利用状況

　Grab や Gojek の配車サービス（→ P.478）が利用できる（マッチングする車は多くはないので注意）。

両替事情

　BMC（**MAP** P.325-B2　営業毎日 8:00 ～ 22:00）は評判のいいマネーチェンジャー。基本的に週末はレートが下がるので、平日に両替しておこう。

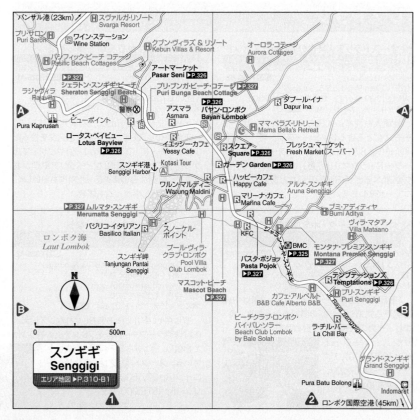

バンサル港(23km)
スヴァルガ・リゾート
Svarga Resort
プリ・サロン **H**
Puri Saron
ワイン・ステーション
Wine Station
クブン・ヴィラズ & リゾート
Kebun Villas & Resort
パシフィック・ビーチ コテージ
Pasific Beach Cottages
オーロラ・コテージ
Aurora Cottages
アートマーケット
Pasar Seni ▶P.326
シェラトン・スンギギビーチ ▶P.327
Sheraton Senggigi Beach
ラジャヴィラ
Rajavila
プリ・ブンガ・ビーチ・コテージ ▶P.327
Puri Bunga Beach Cottage ▶P.326
警察署 **H**
アスマラ
Asmara
バヤン・ロンボク
Bayan Lombok
ダプール・イナ
Dapur Ina
A
Pura Kaprusan
ビューポイント
ママ・ベラズ・リトリート
Mama Bella's Retreat
A
ロータス・ベイビュー
Lotus Bayview ▶P.326
イェッシー・カフェ
Yessy Cafe
スクエア
Square ▶P.326
フレッシュ・マーケット
Fresh Market (スーパー)
スンギギ港
Senggigi Harbor
Kotasi Tour
ガーデン Garden ▶P.326
ハッピーカフェ
Happy Cafe
アルナ・スンギギ
Aruna Senggigi
ワルン・マルディニ ▶P.327
Warung Maldini
マリーナ・カフェ
Marina Cafe
ブミ・アディティヤ
Bumi Aditya
ロンボク海
Laut Lombok
ムルマタ・スンギギ ▶P.327
Merumatta Senggigi
バジリコ・イタリアン **R**
Basilico Italian
スノーケル・ポイント
KFC
ヴィラ・マタアノ
Villa Mataano
モンタナ・プレミア スンギギ
Montana Premier Senggigi ▶P.327
スンギギ岬
Tanjungan Pantai Senggigi
プール・ヴィラ・クラブ・ロンボク
Pool Villa Club Lombok
BMC ▶P.325
パスタ・ポジョッ
Pasta Pojok ▶P.327
テンプテーションズ
Temptations ▶P.326
マスコット・ビーチ
Mascot Beach ▶P.327
カフェ・アルベルト
B&B Cafe Alberto B&B
プリ・スンギギ
Puri Senggigi
N
ビーチクラブ・ロンボク・バイ・バレ・ソラー
Beach Club Lombok by Bale Solah
ラ・チル・バー
La Chill Bar
0　　500m
グランド・スンギギ
Grand Senggigi
スンギギ
Senggigi
エリア地図 ▶P.310-B1
1
Pura Batu Bolong
Indomaret
2 ロンボク国際空港(45km)
B

ハミダシ　**S**ササク Sasaku（**MAP** P.310-B1　URL sasakulombok.com　営業 毎日 8:00 ～ 22:00）はスンギギから 3km ほど南にある大型ショップ。オリジナル T シャツ Rp.9 万 5000 ～、淡水パールのリング Rp.20 万～。

スンギギのダイビングショップ

● Scuba Froggy
WA 0878-6551-1090
URL www.scubafroggy.com
　スンギギ中心部から4kmほど北にプール付きの実店舗がありライセンス取得の講習も受けられる。2ダイブRp.55万～、オープンウォーター取得Rp.600万～。

● Bagus Divers
TEL 0819-0735-5541 携帯
URL bagusdivers.com/jp
　スンギギのプリマス・ホテル内にショップをもっている。ウェブサイトから日本語での予約や問い合わせができる。

スンギギでおみゃげ購入

　広々とした店内に工芸品やアクセサリーが並んでいる。

S バヤン・ロンボク
Bayan Lombok
　　　　　　　MAP P.325-A1
住所 Jl. Raya Senggigi KM8
TEL (0370)693-784
営業 毎日 10:00 ～ 21:00

アクティビティ

● スクーバダイビング　Scuba Diving

　ロンボク島周辺での1日2ダイブはRp.55万～。初心者用の体験ツアー（Rp.180万～）もあるので、ライセンスがなくても水中世界が楽しめる。スンギギにはダイブショップが多いので信頼できる店を選ぼう。

ボートエントリーでギリ周辺の美しい海へ

● フィッシングトリップ　Fishing Trip

スンギギ～バンサル間のビーチ

　チャーター船で沖合まで出てトローリング（Rp.180万～）や小船でのフィッシング（Rp.60万～）が楽しめる。半日ツアーから参加可能で、料金には釣り用具が含まれる。ホテルや旅行会社で申し込める。

レストラン　Restaurant

■ オーストラリア人経営のおしゃれスポット
テンプテーションズ
Temptations　　　　MAP P.325-B2
住所 Jl. Palm Raja No.3-5, Senggigi
WA 0813-3990-6799　営業 毎日 8:00 ～ 20:00
税&サ +15%　カード JMV　Wi-Fi OK

　外国人在住者に人気のカフェ＆ベーカリー。チーズがとろけるフィリー・ステーキ・サンドイッチ（Rp.8万6000）やカレーヌードル風のシーフード・ラクサ（Rp.7万）、お好みのトッピングが選べるピザ（Rp.6万～）など豊富な食事メニューが楽しめる。

■ 海を眺めながら食事を楽しめる
ロータス・ベイビュー
Lotus Bayview　　　MAP P.325-A1
住所 Jl. Raya Senggigi, Senggigi
TEL (0370)693-758　営業 毎日 8:00 ～ 23:00
税&サ +15%　カード MV　Wi-Fi OK

　アートマーケットPasar Seniの中にある、ビーチ沿いのレストラン。自家製パスタを使ったフェットチーネ・フンギ（Rp.11万）やピザ・マルゲリータ（Rp.9万5000）などイタリア料理がおすすめ。新鮮な海の幸を使った料理もおいしく、夕方のサンセットタイムも評判。

■ タマン・ユニーク・ホテル内の人気店
ガーデン
Garden　　　　　　MAP P.325-A2
住所 Jl. Raya Senggigi, Senggigi
TEL (0370)693-842　営業 毎日 7:00 ～ 23:00
税&サ +16%　カード JMV　Wi-Fi OK

　1階席は中庭のオープンテラス、2階は中庭を見下ろす造りで、席の間隔もゆったり。魚・エビ・イカのBBQを盛り合わせたガーデン・ミックス・シーフード（Rp.16万5000）、チキン・ステーキ（Rp.9万）がおすすめ。

開放的なレイアウト

■ ちょっとリッチなディナーなら
スクエア
Square　　　　　　MAP P.325-A2
住所 Senggigi Square Blok B-10, Senggigi
TEL 0877-6529-4866 携帯
URL www.squarelombok.com
営業 毎日 11:00 ～ 22:00
税&サ +15%　カード JMV　Wi-Fi OK

　夜はキャンドルがともるおしゃれなレストラン。肉料理やシーフード料理をフレンチ風の盛りつけで提供し、インドネシア料理も充実している。オーストラリアン・テンダーロイン（Rp.27万5000～）、エビのリゾット（Rp.15万5000）など。

グリルドツナ Rp.11万

ハミダシ　スンギギでおみゃげを探すなら S アートマーケット Pasar Seni（MAP P.325-A1）へ行ってみよう。木彫りの民芸品、サロン、Tシャツなどの露店が並んでいて、見て回るだけでも楽しい。

ホテル Hotel

ロンボク島随一のリゾートエリアだけに、ビーチ沿いに高級ホテル、メインストリート沿いに中級や格安ホテルが並んでいる。近年はスンギギから北の郊外エリアに高級ヴィラが増加中。高級～中級ホテルは空室状況やシーズンによりお得なプロモーション価格で泊まれることもある。

スンギギを代表する高級ホテル

シェラトン・スンギギ・ビーチ

Sheraton Senggigi Beach [MAP] P.325-A1

住所 Jl. Raya Senggigi km 8, Senggigi
TEL (0370) 693-333 WA 0895-2169-3333
URL www.marriott.com 税&サ +21%
カード [A][J][M][V] [Wi-Fi] OK
料金 [AC][Mini][TV] スーペリアⓈⒹ Rp.150 万～
[AC][Mini][TV] デラックスⓈⒹ Rp.160 万～

ビーチの北端にある、全 154 室のモダンなリゾートホテル。ビーチと緑豊かなガーデンを囲むように 6 つの建物棟があり、3 つのレストラン、ツアーデスク、プール、スパ、ジムなど、優雅なバカンスを満喫できる施設が整っている。室内のバルコニーからはビーチか中庭の景観を楽しめる。[POOL][レストラン][朝食]

1991 年に開業した格式あるリゾート

波の音に包まれるロケーション

ムルマタ・スンギギ

Merumatta Senggigi [MAP] P.325-B1

住所 Jl. Pantai Senggigi TEL (0370) 693-210
URL www.merumattasenggigi.com
税&サ +21% カード [A][J][M][V] [Wi-Fi] OK
料金 [AC][Mini][TV] スーペリアⓈⒹ Rp.90 万～
[AC][Mini][TV] デラックスⓈⒹ Rp.100 万～
[AC][Mini][TV] バンガロー Rp.110 万～

白砂のビーチ沿いに建つ全 150 室の大型ホテル(旧称キラ・スンギギ・ビーチ)。岬の先端にある 12 ヘクタールの広大な敷地に、2 階建てのホテル棟とコテージがゆったりと配置されている。客室は大人っぽくクラシックな雰囲気で、バルコニーも広々としている。[POOL][レストラン][朝食]

南国の花々や緑が敷地に広がっている

設備の整ったリゾートホテル

モンタナ・プレミア・スンギギ

Montana Premier Senggigi [MAP] P.325-B2

住所 Jl. Raya Senggigi Km 12
TEL (0370) 619-8899 WA 0815-2900-0417
URL montanapremiersenggigi.com
税&サ +21% カード [J][M][V] [Wi-Fi] OK
料金 [AC][Mini][TV] スーペリアⓈⒹ Rp.65 万～
[AC][Mini][TV] ジュニアスイート Rp.120 万～

スンギギ・ビーチ中心部の便利なロケーションにある全 92 室のホテル。館内はコンパクトにまとまっており、客室はモダンスタイルで、シンプルだが落ち着ける。[POOL][レストラン][朝食]

上階の部屋からは海が望める

海を遠望できる穴場ホテル

プリ・ブンガ・ビーチ・コテージ

Puri Bunga Beach Cottage [MAP] P.325-A1

住所 Jl. Raya Senggigi WA 081-1386-1975
URL www.puribungalombok.com
税&サ 込み カード [M][V] [Wi-Fi] OK
料金 [AC][Mini][TV] デラックスⓈⒹ Rp.25 万～

小高い丘の上に建つ46室のコテージ。客室は35㎡とカップルで利用してもゆったり。フロントからの坂の多さが気にならなければコスパは抜群だ。

アンティーク調のベッドや家具が使われている

静かに滞在できる穴場

マスコット・ビーチ

Mascot Beach [MAP] P.325-A2

住所 Jl. Raya Senggigi TEL 0823-4017-3527 携帯
税&サ 込み カード [M][V] [Wi-Fi] OK
料金 [AC][Mini][TV] スーペリアⓈⒹ Rp.50 万～
[AC][Mini][TV] デラックスⓈⒹ Rp.70 万～

スンギギ港へ入る脇道にあり、緑豊かな敷地には全28室のバンガローが並んでいる。ビーチフロントの部屋はとても広々としていて快適、ウッディな内装も味わいがある。[POOL][レストラン][朝食]

ビーチに面した絶好のロケーション

ハミダシ [R]パスタ・ポジョ Pasta Pojok ([MAP] P.325-B2 WA 0877-6180-0773 営業 毎日 11:00 ～ 22:00) は手打ちの生パスタがおいしいイタリアン。パンナ・フンギのニョッキは Rp.8 万 9000。

多彩な顔をもつ西ヌサ・トゥンガラ州の州都

マタラム

Mataram

★マタラム

人　口	45万人
高　度	26m
市外局番	0370
空港コード	LOP

空港から市内へ

　ロンボク国際空港は島南部のプラヤにある。チケット制タクシーは空港内カウンターで手配OK。マタラムへRp.20万〜、スンギギへRp.35万〜、クタへRp.20万〜。ギリ3島への起点となるバンサルへはRp.55万〜。

　またダムリ社が島内各地へシャトルバスを運行している。マタラムへRp.3万5000、スンギギへRp.5万、バンサル港へRp.5万。

空港での車チャーター

　空港内にあるツアーデスクやゴールデンバード社のタクシーカウンターで車の手配ができる。ドライバー付きのチャーターで3時間Rp.39万〜、6時間Rp.78万〜。行き先や車種で料金設定されているので交渉もスムーズ。

マタラムのローカル食堂

　マタラム中心部には安くておいしいローカル食堂が多い。R イラマ3 Irama 3（MAP P.329-A2 TEL 0370-623-163 営業 毎日8:00〜21:00）はロンボク郷土料理の店。名物のアヤム・タリワンはRp.5万5000。2名用セット（Rp.12万〜16万）は焼き魚も付いてお得。R ソブ・ブントゥッ・イブ・ホンSop Buntut Ibu Hong（ MAP P.329-A2 WA 0878-6408-5255 営業 毎日7:30〜21:00）は地元民の社交場。ソトアヤム（Rp.2万）やラウオン（Rp.3万）などスープ料理がおすすめ。

牛の尾の肉を使ったソブ・ブントゥッはRp.8万

　西ヌサ・トゥンガラの州都であるマタラムの周辺にはアンペナン、チャクラヌガラ、スウェタという大きな町が集まっている。西端から順に、植民地時代に栄えた古い港

壮麗な外観のイスラミック・センター

町アンペナン、官庁街マタラム、中国人系商店が多く活気のある町チャクラヌガラ、そして大きな市場があるスウェタと続き、さながら4つの町で東西10kmに及ぶひとつの都市を形成している。

　旅行者には空港やバスターミナルを利用した場合のアクセスポイントとして立ち寄られているが、チャクラヌガラなどにはバリ王朝の統治時代に建造された寺院など、いくつかの見どころもある。また、かつて栄えた頃の名残を残す港町アンペナンや、チャクラヌガラの市場などを散策してみるのも楽しい。旅の途中に時間があれば、ぜひ立ち寄ってみよう。

アクセス

飛行機▶バリ島のデンパサール空港乗り換えで、インドネシア各地からアクセスできる。デンパサール〜ロンボク間はウイングス航空（1日4便）やシティリンク（1日2便）が運航して

島の南部にあるロンボク国際空港

いる。また、ジャカルタやスラバヤなどジャワ島各地からはガルーダ航空、ライオン航空、シティリンクなどが運航している。

ロンボクへの飛行機（ロンボク発→P.475、国際線→P.313）

ジャカルタから	ガルーダ航空、スーパーエアジェット、ライオン航空、バティック航空などが1日計9〜11便、所要2時間、Rp.133万〜169万
スラバヤから	ライオン航空、スーパーエアジェット、シティリンクが1日計4〜5便、所要1時間、Rp.68万〜95万
デンパサールから	ウイングス航空、シティリンクが1日計6便、所要40〜50分、Rp.107万〜111万

ハミダシ　ロンボク空港の到着ロビーには6軒ほどタクシー＆トランスポート会社のカウンターがある。会社や車種によって料金が異なるので、何軒かで値段を比較してみよう。SIMカードのキオスクもある。

バス▶マタラム中心部から5kmほど東にある**マンダリカ・ターミ
ナル** Mandalika Terminal に各地からのバスが発着する。バ
リ島のムングウィ・バスターミナル(所要8時間、片道Rp.30万
〜)やスンバワ島のスンバワ・ブサール(所要4〜8時間、片道
Rp.9万5000〜)からの運賃はフ
ェリー代も含まれる。

　ロンボク国際空港からはダム
リ社のシャトルバスが運行。毎
日8:00〜20:00まで乗客が集ま
り次第出発する。

空港から発着するダムリ社のシャトル
バス

船　舶▶マタラムから約30km南にあるレンバル港へ、バ
リ島パダンバイからのフェリーが3時間に1便の割合で24
時間運航(所要5〜6時間、Rp.6万5000)している。

歩き方

　東西に約10km延びている
市街地は、目的に応じて歩き
方を選ぶ必要がある。宿泊施
設はマタラムの中心部にあり、
周囲にはレストランなども並んで
いる。マユラ水の宮殿とメル寺
院のあるチャクラヌガラや、国

マタラム中心部には大型ホテルが点
在している

立博物館や観光案内所のあるアンペナンへは、タクシー(メ
ーター制で初乗り料金Rp.5500)や配車サービスで移動で
きる。中心部では黄色い車体のベモも見かけるが、旅行
者には利用しずらい。

**西ヌサ・トゥンガラ州政府観
光案内所**　MAP P.329-A1
住所 Jl. Langko No.70, Mataram
TEL (0370) 640-471
営業　月〜金 8:00〜16:00
　英語の無料地図を配布。観光
や交通の相談に親切に応じてく
れる。

ロンボク・タクシー
TEL (0370)627-000(24時間)

配車サービスの利用状況
　GrabやGojekの配車サービス
(→ P.478)が利用できる。市内各
所からの呼び出しで、車やバイク
がスムーズにマッチングされる。

**Gojek アプリでタクシーがお
得に使えます**
　雨が降るとマタラム市内では
配車サービスがまったくマッチン
グしませんでした。そんな時は
Gojek アプリから「Go Bluebird」
でブルーバード系列のロンボクタ
クシーを呼び出しましょう。正式
アプリである「My Bluebird」よ
りもなぜか3割ほど安い運賃で
利用できます。
(愛知県　信長 '24)

ハミダシ　Rサテ・ルンビガ・イブ・シナセ Sate Rembiga Ibu Sinnaseh (MAP P.329-A1 TEL 0819-
1799-1747 携帯　営業 毎日 9:00〜22:00) は牛肉サテが名物の食堂。10本でRp.2万5000。

おもな見どころ

かつての栄華の名残が感じられる ★

マユラ水の宮殿

Mayura Water Palace [MAP] P.329-A2

1744年にバリ8王国のひとつカラガスン王朝が建てた宮殿。建築様式はバリ島スマラプラのクルタ・ゴサ裁判所と似ている。バレ・カンブン（村の集会所の意）と呼ばれる人工湖に浮かぶ宮殿は、王族の会議場や裁判所としても使われていた。ロンボク島を占領しようとして捕らえられた、オランダ東インド会社のバン・ハムもここで処刑されている。

人工湖にひっそりと浮かぶ水の宮殿

島ならではのローカルな展示品が楽しい ★

西ヌサ・トゥンガラ博物館

Museum Negeri Nusa Tenggara Barat [MAP] P.329-A1

ロンボク島とスンバワ島の民族文化を紹介。民族衣装や装身具、農具など伝統的な生活用品、サンスクリット語で書かれた聖典などを展示している。

割礼の道具なども展示されている

マユラ水の宮殿
入場 月～金 7:00～19:00（土日はイベント時のみ）
料金 Rp.2万

巨大モスクから市内を一望

西ヌサ・トゥンガラ州最大のモスク。高さ114mの塔からはマタラム市内が一望できる。（※2018年のロンボク地震以降、塔へ上ることは不可）。

●イスラミック・センター NTB
Islamic Centre NTB
[MAP] P.329-A1
URL islamiccenter.ntbprov.go.id
入場 毎日 8:00～20:00
料金 寄付のみ

礼拝場が見学できる

西ヌサ・トゥンガラ博物館
TEL (0370)632-159
入場 月～木 8:00～16:00
土・日 8:00～13:00
料金 Rp.7000

ホテル Hotel

新館もオープンした大型ホテル

ロンボク・ラヤ

Lombok Raya [MAP] P.329-A2

住所 Jl. Panca Usaha No.11, Mataram
TEL (0370) 632-305
URL www.lombokrayahotel.com　税&サ 込み
カード [A][J][M][V]　[Wi-Fi] OK
料金 [AC][Mini][TV] スーペリアⓈⒹ Rp.50万
[AC][Mini][TV] デラックス ⓈⒹ Rp.65万
[AC][Mini][TV] ジュニアスイート Rp.180万

吹き抜けのフロントロビーでチェックイン

マタラム中心部にある全264室の大型ホテル。部屋は広くて重厚な造り。レストラン、スパ、フィットネスセンターなどの施設も揃っている。

[POOL][レストラン][朝食]

ホテル施設とサービスがハイレベル

ロンボク・アストリア

Lombok Astoria [MAP] P.329-A2

住所 Jl. Jend. Sudirman No.40
TEL (0370)617-0999　URL lombokastoriahotel.com
税&サ +21%　カード [A][J][M][V]　[Wi-Fi] OK
料金 [AC][Mini][TV] デラックスⓈⒹ Rp.70万～
[AC][Mini][TV] ジュニアスイート Rp.150万～

マタラム市街地にある全165室のホテル。客室は洗練されたインテリアで、スパやジムも完備している。

[POOL][レストラン][朝食]

メインプールも広い

機能性の高いシティホテル

アストン・イン・マタラム

Aston Inn Mataram [MAP] P.329-A2

住所 Jl. Panca Usaha No.1, Mataram　TEL (0370)750-5000
URL www.astonhotelsinternational.com
税&サ +21%　カード [A][J][M][V]　[Wi-Fi] OK
料金 [AC][Mini][TV] スーペリアⓈⒹ Rp.57万～
[AC][Mini][TV] デラックスⓈⒹ Rp.88万～

マタラム中心部にある全130室のホテル。周囲にはモールやレストランが多く便利。客室はモダンで使いやすい。

[POOL][レストラン][朝食]

ビジネス旅行にもおすすめ

[投稿] メル寺院 Pura Meru（[MAP] P.329-A2）は1720年に建立されたロンボク島ヒンドゥー教の総本山です。日中は境内の見学も可能ですが鍵が閉まっていることも多いのが残念。（ロンボク在住　PK　'24）

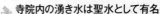

エクスカーション

地元の人々の憩いの場 ★
ナルマダ離宮
▶ Taman Narmada　　MAP P.311-B2

　1805年に、この地を統治していたバリ・カラガスン王朝によって建てられた離宮。高齢のため自らリンジャニ山へ詣でることができなかった王が、山とスガラ・アナッ湖を模した広大な庭園をここに造らせたという。涼しげな園内は地元の人の憩いの場として人気。また、ここの水を浴びると若返るといわれ、ティガラ・アグン・プールでは泳ぐこともできる。

寺院内の湧き水は聖水として有名 ★
スラナディ
▶ Suranadi　　MAP P.311-B2

　リンジャニ山の裾野にある静かな避暑地。かつてカラガスンの王がここで祈りをささげてから泉が湧き出したという伝説が残っている。木立の間にはロンボク島で最も古いヒンドゥー寺院と、湧き水を利用したプール(利用料Rp.1万)がひっそりとたたずんでいる。

儀式のときには立ち寄ってみよう ★★
リンサル寺院
▶ Pura Lingsar　　MAP P.311-B2

　1714年に建立されたこの寺院群では、バリ人のヒンドゥー教とササッ人のイスラム教という、異なる宗教が同時に信仰されている。また、ふたつの宗教と自然崇拝が混じったウェットゥ・テル信仰の聖地でもある。毎年11月上旬〜12月中旬頃、雨季の始まる前に各信徒が集まり、五穀豊穣を祈ってクトゥパッ(米をココナッツの葉に包んだもの)を投げ合う儀式が行われている。

表門はバリ寺院のよう

水をたたえたナルマダ離宮

ナルマダ離宮
　マタラムから約12km東にあり、マンダリカ・バスターミナルからベモ(Rp.5000)が頻繁に出ている。マタラムからタクシー利用でRp.6万〜8万ほど。
入場　毎日7:30〜18:00
　　(プールは金曜休)
料金　入場料Rp.2万5000、プール利用は別途Rp.7000

スラナディへのアクセス
　ナルマダでベモを乗り換えて、北東に6kmほど。タクシー利用が便利(Rp.6万ほど)。

神秘的な泉が残るスラナディ

リンサル寺院
　ナルマダから5km北西。ナルマダでベモを乗り換えて近くまで行ける。タクシー利用が便利(Rp.5万ほど)。
入場　随時
料金　寄進(Rp.5万ほど)

美しい滝でリフレッシュ

　マタラムから車で約1時間のアイッ・ブリッ Aik Berik(MAP P.311-B2)には、ブナン・ストケルと呼ばれる滝がある。ここは地元の人たちに人気のスポットで、休日には滝つぼで水浴びに興じる家族連れでにぎわっている。リンジャニ山の麓に湧き出た水がとうとうと流れる滝は、見ているだけでも涼しくなる。簡素だが着替えるための小屋もあるので、水着やサロンを持っていけば、滝つぼで水浴びを楽しめる。ひんやりとした水は気持ちよいし、ダイナミックな自然のパワーも感じられる。入場時間は朝から日没まで、入場料はRp.1万(車の駐車料金はRp.2000)。

ダイナミックなふたつの滝が見られる

リゾート開発が進む素朴な村

クタ

Kuta

● マタラム
クタ★

高度	10m 未満
市外局番	0370

イベント情報
●毎年 2 ～ 3 月
　豊穣・大漁を祈願するバウ・ニャレ祭Bau Nyaleが行われる。ビーチで夜には歌をうたい、朝にはニャレ(釣り餌に使われるイソメ)をつかまえる儀式がある。

クタへのシャトルバス
◆ギリから
　1日3本、所要3時間、Rp.25万(ボート代を含む。スピードボート利用はRp.30万)
◆スンギギから
　1日1本、所要2時間、Rp.20万(最少催行2～4名)

空港へのアクセス
　旅行会社や各ホテルで車の手配がRp.15万ほどで頼める。

ロンボク島の南部にあるクタは、サーファーやバックパッカーに人気のビーチエリア。2016年にクタ東部のマンダリカ地区が観光開発の優先地域

2021 年にオープンしたマンダリカサーキット

に指定されてからは、大規模なリゾート開発も進行中だ。大型ホテルのプロジェクトなど、バリ島に次ぐ国際的な観光地として注目されている。

アクセス

シャトルバス▶スンギギやギリからはシャトルバスが運行。バリ島のシャトルバスとは異なり、実際は乗合のミニバンでの移動で、各地からの片道運行となる。クタからもホテルや旅行会社でシャトルが手配できる。

タクシー▶メーター式のロンボク・タクシー(ブルーバード社)でスンギギからRp.30万～、マタラムからRp.20万～。ロンボク国際空港は Rp.20万～ 25 万(車種により異なる)。

Column

MotoGP も開催される国際サーキット

　バイクレース好きが多いインドネシアに誕生したマンダリカ・インターナショナル・ストリート・サーキットMandalika International Street Circuit (MAP P.333-B2)は国際基準のレース場。インド洋を望む全長4310mのサーキットはロンボク島の新たな観光スポットとしても期待されている。2022年度からはバイクレース界のF1と称されるMotoGPが開催され、10万人以上の観戦客が訪れてにぎわいを見せた(2024年度は9月に開催予定)。

　2022年のMotoGP初開催では、レース直前に大雨に見舞われてコース上に雷まで落ちるハプニングが起き、祈祷師の女性がコース上で儀式を行っている。パワン・ウジャンと呼ばれる祈祷師が金色のシンギングボウルを持ちながら

ピットロードを歩き、大声で呪文を唱える姿が世界中に放映された。その後、雨は小降りになりレースは無事開催。思い出に残る初開催としてレーサーたちの記憶にも残っている。また15～16コーナーの路面などにササッ民族の象徴である織り模様スバナレが描かれるなど、ロンボクの文化が随所で感じられる。

サーキットへの入場はレース開催時のみ可。バイクファンは入口で記念撮影をしている

ハミダシ　アシュタリAshtari (MAP P.333-A1 URL www.ashtarilombok.com)はクタ中心部から車で10分ほど北の高台にあるヨガスタジオ。レッスンは朝9:00から1日3回。1回Rp.12万で参加できる。

歩き方

素朴な漁村の雰囲気で愛されてきたクタは「マンダリカ地区」として開発が進んでいる。国際的なサーキットが誘致され、空港とバイパスで結ばれたビーチエリアに世界中から旅行者が訪れている。観光化にともなって写

撮影スポットとしても人気のマンダリカ・ビーチ・パーク

真映えするグルメスポットやブティックホテルも増加中だ。

ビーチに沿って遊歩道が続く**マンダリカ・ビーチ・パーク**Mandalika Beach Park（MAP P.333-B1）は、潮風に吹かれながらのウオーキングに最適。ロンボク海峡に沈む夕日を楽しみたいなら、クタ中心部から1時間ほど歩いて**ブキッ・セガール Bukit Segar**（MAP P.333-B2）の丘に上ってみよう。東側にはマンダリカ・サーキットも望むことができる。

軒先でコーヒー豆を焙煎するお母さん。クタ周辺ではのどかな生活風景も垣間見られる

配車サービスの利用状況
Grab や Gojek の配車サービス（→ P.478）は現状ピックアップ不可となっている。他エリアから利用しての降車は可。

✉ **クタの配車事情**
地元意識が高いクタでは今も配車サービスの利用は NG。アプリでマッチングはしますがピックアップには対応しません。かつて利用不可だったバリ島のチャングーやウブドのようにいずれは使えるようになるのかもしれませんが…。
（埼玉県　オラ '24）

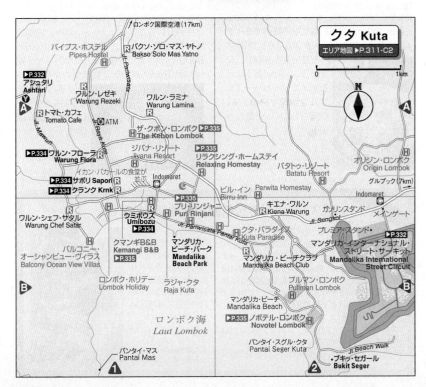

クタ Kuta
エリア地図▶P.311-C2

0　　　　1km
N

ロンボク国際空港（17km）

パイプス・ホステル Pipes Hostel

バクソ・ソロ・マス・ヤトノ Bakso Solo Mas Yatno

▶P.332 アシュタリ Ashtari

ワルン・レゼキ Warung Rezeki

トマト・カフェ Tomato Cafe　ATM

ワルン・ラミナ Warung Lamina

ザ・クボン・ロンボク ▶P.335 The Kebon Lombok

▶P.334 ワルン・フローラ Warung Flora

ジバナ・リゾート Jivana Resort

リラクシング・ホームステイ Relaxing Homestay

バタトゥ・リゾート Batatu Resort

オリジン・ロンボク Origin Lombok

グルブック（7km）

イカン・バカールの食堂が並ぶ Indomaret

▶P.334 サポリ Sapori
▶P.334 クランク Krnk

ビル・イン Birru Inn

プルウィタ・ホームステイ Perwita Homestay

Indomaret

▶P.335 プリ・リンジャニ Puri Rinjani

キエナ・ワルン Kiena Warung

ガソリンスタンド

メーンゲート

ワルン・シェフ・サタル Warung Chef Satar

ウミボウズ Umibozu ▶P.334

クマンギB&B Kemangi B&B ▶P.335

マンダリカ・ビーチ・パーク Mandalika Beach Park

クタ・パラダイス Kuta Paradise

マンダリカ・ビーチクラブ Mandalika Beach Club

プレミア・スタンド

マンダリカ・インターナショナル・ストリート・サーキット Mandalika International Street Circuit ▶P.332

バルコニー・オーシャンビュー・ヴィラス Balcony Ocean View Villas

ロンボク・ホリデー Lombok Holiday

ラジャ・クタ Raja Kuta

マンダリカ・ビーチ Mandalika Beach

プルマン・ロンボク Pullman Lombok

ロンボク海 Laut Lombok

▶P.335 ノボテル・ロンボク Novotel Lombok

バンタイ・スグル・クタ Pantai Seger Kuta

バンタイ・マス Pantai Mas

ブキッ・セガール Bukit Seger

Jl.Beach Walk

レストラン

Restaurant

シーフードがおいしい
ワルン・フローラ
Warung Flora　MAP P.333-A1

住所 Jl. Raya Kuta, Kuta
TEL 0878-6530-0009 携帯
営業 毎日 17:00 ～ 20:00　税&サ 込み　カード 不可

口コミで人気のワルン。エビやイカなど魚介のミーゴレン・シーフード(Rp.5万)、ナシゴレン・チキンカツ(Rp.3万)など、日本人好みの味付け。おすすめはバナナの葉で蒸した魚料理のイカン・ペペス(Rp.5万5000)。

郷土料理も味わえる
ローカル食堂

本格的なハンバーガーが評判
クランク
Krnk　MAP P.333-A1

住所 Jl. Raya Kuta No.5, Kuta
TEL 0853-3761-5945 携帯　URL krnk-lombok.com
営業 毎日 11:00 ～ 22:00　税&サ +10%
カード J M V　Wi-Fi OK

1日中にぎわっているおすすめのレストラン。人気のダーティバーガー(Rp.10万5000)は厚みのあるジューシーなパティと、とろけるチーズでボリューム満点。ウオールアートやミシン台のテーブルなどアンティーク家具もおしゃれだ。

店頭のグリルで焼きたてを
提供するダーティバーガー

ピザとパスタが絶品！
サポリ
Sapori　MAP P.333-A1

住所 Jl. Raya Kuta No.5
TEL 0878-6164-5830 携帯
営業 毎日 10:00 ～ 23:00　税&サ +15%　カード J M V

薪窯で焼いた本格的なピザを提供するイタリア料理店。マルゲリータ(Rp.7万)、ボロネーゼ(Rp.9万5000)、ティラミス(Rp.6万)など看板メニューもリーズナブルな値段で味わえる。見晴らしのいい2階席もある。

ロンボク島でいちばんの
おいしいピザを味わおう

日本の味が恋しくなったら
ウミボウズ
Umibozu　MAP P.333-B1

住所 Jl. Pariwisata Pantai Kuta
TEL 0877-7888-8575 携帯
営業 毎日 12:00 ～ 21:30　税&サ +15%　カード 不可

手作りにこだわったラーメンバー。濃厚なスープを使ったしょうゆラーメン(Rp.6万8000)、カツカレー(Rp.6万8000)、ツナ稲荷寿司(Rp.5万8000)。場所がわかりにくいので事前に確認しておくとベター(店長は日本語OK)。

麺とスープが絶妙に
絡み合う

Information
スカララ村で伝統的な機織りに触れる

クタから 30km ほど北のスカララ Sukarara (MAP P.311-B2) は織物の特産地。ササン人の間ではソンケット Songket は未婚の女性、イカット Ikat は男性に、機織りの仕事が代々受け継がれている。ソンケットは赤や紫など鮮やかな地色に金銀の糸を使って模様を織り込んだもので結婚式や宗教儀礼で着用されている。またイカットは縦糸か横糸のどちらかに模様を染め込み、その糸を織り込むかすり織だ。スカララ村には機織りの様子が見学できる店もある。品質によるがソンケットは Rp.40 万～、イカットは Rp.20 万～で売られている。ロンボク国際空港からは車で 20 分ほどで、島内ツアーやチャーター車での訪問が一般的。民族的なテキスタイルに興味があれば訪ねてみよう。

工房で機織りをする女性
たちが見られる

投稿　クマンギ B&B (→ P.335) には天井の高い広々としたダイニングが併設されています。地元産の食材を使ったインドネシア料理がおいしい穴場スポットです。(ロンボク在住　しかお '24)

ホテル Hotel

アクティビティも充実している

ノボテル・ロンボク

Novotel Lombok [MAP] P.333-B2

住所 Mandalika Resort, Pantai Putri Nyale
TEL (0370)615-3333　URL all.accor.com
税&サ +21%　カード [A][D][J][M][V]　[Wi-Fi] OK
料金 [AC][Mini][TV] スーペリアⓈⒹ Rp.95 万～
[AC][Mini][TV] 1 ベッドルームヴィラ Rp.166 万～

マンダリカ・サーキットの西側にある 4 つ星ホテル。ササッ文化の織物などを使った客室は広々として使い勝手がいい。無料のホテル内プログラムも用意されている。

[POOL][レストラン][朝食]

プールから青い海が広がる

お手頃プライスでヴィラ滞在

ザ・クボン・ロンボク

The Kebon Lombok [MAP] P.333-A1

住所 Jl. Pariwisata　WA 0853-3752-7721
税&サ 込み　カード [J][M][V]　[Wi-Fi] OK
料金 [AC][Mini][TV] ガーデンビューⓈⒹ Rp.55 万～
[AC][Mini][TV] プールビューⓈⒹ Rp.80 万～

クタのビーチから 2km ほど北にある全 18 室の快適ホテル。42 ㎡の独立タイプの客室にはオークウッドの家具が配置されて上品な雰囲気。空港やビーチへの送迎は各 Rp.20 万。

[POOL][レストラン][朝食]

2024 年内に施設を拡張する予定

同名のレストランが経営する

クマンギ B&B

Kemangi B&B [MAP] P.333-B1

住所 Jl. Pariwisata Pantai Kuta, Kuta
TEL (0370) 756-1777　URL kemangilombok.com
税&サ 込み　カード [M][V]　[Wi-Fi] OK
料金 [AC][Mini][TV] スーペリアⓈⒹ Rp.65 万～
[AC][Mini][TV] デラックスⓈⒹ Rp.85 万～

全 4 室のブティックホテル。高級感のあるインテリアで快適に過ごせる。併設レストランでの朝食も評判。

[POOL][レストラン][朝食]

入口にあるレストランも人気

長期滞在者に人気の宿

プリ・リンジャニ

Puri Rinjani [MAP] P.333-B1

住所 Jl. Pantai Kuta, Kuta　TEL (0370) 615-4849
税&サ 込み　カード [J][M][V]　[Wi-Fi] OK
料金 [AC][Mini][TV] スーペリアⓈⒹ Rp.60 万～
[AC][Mini][TV] ルンブンⓈⒹ Rp.80 万～

中庭のプールを囲むように独立したバンガローが、広々とした敷地に点在している。スタッフも親切で居心地がよく、値段以上の価値がある。全 31 室。

[POOL][レストラン][朝食]

ルンブンのベッドルーム

エクスカーション

ササッ人の伝統的な暮らしを肌で感じる ★★

サデ&ルンビタン

Sade & Rembitan [MAP] P.311-C2

クタ北部のふたつの村には、ササッ人の伝統的な家屋が残っている。かまぼこ形の高床式住居が何十軒も並び、入口の土間は蚊よけのため牛の糞で造られたり、穀倉の柱にはネズミが登れないように木輪がはめてあったりと、昔からの生活の知恵が建築に息づいている。ササッ人はこの独特な集落の中で、ヒンドゥー教、イスラム教、アニミズムをミックスした独自の宗教と、厳格な決まりのもとで暮らしている。まるで歴史と文化があふれる生きた博物館のようだ。

鉄などの金属を使わずに造られた家屋は 10 年ごとに建て直される

サデ&ルンビタンへのアクセス
クタから約 7km。スンギギやマタラムからはツアーが催行されている。

入村料
寄進として Rp.5 万ほど求められる（ガイド付き）。英語をしゃべる青年や子供たちが案内を買って出て、家の中などを説明してくれる。

昔ながらの糸車を使ってイカットが制作されている

ハミダシ [H]リラクシング・ホームステイ Relaxing Homestay（[MAP] P.333-A1　WA 0878-6488-1160）はクタビーチまで徒歩 10 分ほどの快適な格安ホテル。スタンダードⒹ Rp.18 万～。

Gerupuk

サーファーを魅了する
波乗り天国へ！

ロンボク島のサーファーズパラダイス
グルプック

MAP P.311-C2

上質な波を求めて世界中からサーファーが集まるグルプック。素朴な漁村の雰囲気たっぷりだが、宿泊施設やレストランは充実している。ポイントはバラエティに富んでおり、1年を通してさまざまな波を楽しめる。

アクセス ロンボク空港からタクシーで所要約30分、Rp.30万～32万5000。宿泊ホテルに送迎を頼むとRp.20万程度。

歩き方 グルプックは小さな漁村なので、徒歩移動が基本（レンタバイクやレンタサイクルもある）。海辺のホテルやカフェなど船をもっている店も多く、サーフポイントへの送迎（往復Rp.15万）、サーフガイド（Rp.35万）、ボードレンタル（1日Rp.10万～）にも対応している。

ショップが充実し現地の
サーフガイドも多い

レストラン

R グルプック・サーフカフェ Gerupuk Surf Cafe（MAP P.336 営業 毎日7:00～22:00）は海を望めるグルプックのランドマーク的なレストラン。マヒマヒやタコなどのグリル料理（Rp.6万～）、アヤム・タリワン（Rp.6万5000）。

R フィン Fin MAP P.336 WA 0823-3956-4781 営業 毎日7:00～23:00）はアサイーボウル（Rp5万5000～）などヘルシーフードを中心に、インドネシア料理やイタリア料理など多種多様なメニューがある。スムージーも人気。

R オージーカフェ Aussy Cafe MAP P.336 TEL 0878-4040-0212 携帯 営業 毎日8:00～22:30）はビーチ沿いにあり料理の味も評判。おすすめはロンボク料理のアヤム・タリワン（Rp.7万）やフィッシュ＆チップス（Rp.7万5000）など。ロブスター料理もある。

グルプック・サーフカフェ
はメニューが多彩

地元料理が味わえる
オージーカフェ

ホテル

H スピア・ビーチハウス Spear Beach House（MAP P.336 TEL 0818-0371-0521 携帯 URL idn.s-pear.com）は全室シービューの8室の快適ホテル。SDRp.50万～。

H スピア・ヴィラ Spear Villa（MAP P.336 TEL 0818-0371-0521 携帯）はビーチまで徒歩3分の立地にありサーファーに人気。1階にプールあり。DRp.35万～。全4室。

H ドーム・ロンボク Dome Lombok（MAP P.336 TEL 0817-7500-9892 携帯 URL www.dome-lombok.com）は丘の上の見晴らしのよい全9室のホテル。中心部から離れているので静かに過ごすことができる。空港・サーフィンボート乗り場まで送迎あり。SDRp.75万～。

高台からビーチを望むドーム・ロンボク

グルプック
Gerupuk

エリア地図 ▶P.311-C2

P.336 グルプック・サーフカフェ
Gerupuk Surf Cafe
P.336 スピア・ヴィラ
Spear Villa
P.336 フィン
Fin
Jl. Mandalika Resort
Alfamaret
スピア・
ビーチハウス
Spear
Beach House
P.336
オージーカフェ
Aussy Cafe
P.336
Jl. Gerupuk
オンバッ・ホームスティ
Ombak Homestay
Villa Strata
Inaka Villa
ドーム・ロンボク
Dome Lombok ▶P.336
グルプック・ビーチ
Gerupuk Beach
Sea Side Bar
クタへ10km、ロンボク国際空港（22km）
0 200m
N

投稿 サーフポイントはドンドン、インサイド、アウトサイドの3ヵ所がメイン。メローな波で初心者向けのレッスンも行われるインサイドが一番人気で、シーズン中は混雑します。（神奈川県 ハリー '24）

▶▶ ユニークな織物や風習が残る未知なる島々

ヌサ・トゥンガラ諸島
Nusa Tenggara

バリ島以東の大小1000もの島々が首飾りのように連なっている
この地域は、サーファーの聖地スンバワ島、コモドオオトカゲが
生息するコモド島、勇壮な騎馬戦で知られるスンバ島、豊かな自
然や民族文化に彩られたフローレス島など、各島が際立った個性
を放っている。また、この地域は独自のモチーフで描かれた織物
イカット作りでも有名だ。まだ訪れる旅行者は少なく不便なこと
も多いが、そのぶん素朴な人々に出会うことができるだろう。

ヌサ・トゥンガラ諸島 エリアインフォメーション

ヌサ・トゥンガラ諸島基本データ

地理 & 人口 ▶ ヌサ・トゥンガラとは「南東の島々」を意味し、西端のロンボク島から東端のティモール島まで、大小約1000の島々を指す。かつてはスマトラ島やジャワ島などの大スンダ列島に対して、「小スンダ列島」という名称でも呼ばれていた。

　行政的には、ロンボク島とスンバワ島からなる西ヌサ・トゥンガラ州（人口450万）、コモド島からティモール島西部までの東ヌサ・トゥンガラ州（人口468万）に区分される（※バリ島からの周遊旅行者が多いロンボク島は前章で扱っている）。

　この地域の生態系はオーストラリア圏に属し、バリ島などのアジア圏とは違った動植物がすんでいる。また、熱帯モンスーンの影響で、各島とも東へ行くほど乾燥している。

島々で出会う子供たちの表情も印象的

民族 & 宗教 ▶ ヌサ・トゥンガラ諸島ではそれぞれの島の中に、文化や言語が異なる多様な民族が住んでいる。特にフローレス島周辺は民族のるつぼ。もともとは中国南部、ベトナム北部、ミャンマー海岸部などから南下してきたと考えられている人々がひしめいている。各文化や言語からそのルーツを探っても、南下した経路や混血による人種の混合の仕方はとても複雑だ。しかし身体的特徴によって、ジャワ島から東に向かうほどメラネシア系の血が強くなることがわかる。

　宗教を大まかに分けると、スンバワ島がイスラム教徒、それ以外の島がカトリックやプロテスタントのキリスト教徒という分布になる。各民族固有の自然崇拝（アニミズム）や精霊信仰なども根強く、キリスト教などと混合されて敬われている。

スンバ島各地で見られる巨石墳墓

文化 & 歴史 ▶ 14世紀にスンバ島がジャワの王朝の影響下に入り、16世紀頃にはスンバワ島やフローレス島などが南スラウェシのマカッサル人やブギス人との交流を深めた。その間に小さな王国が戦闘を繰り返し、スンバ島では首狩りなども行われていたが、記録がほとんどないため詳しくは解明されていない。

Column　スンバ島のイカットは歴史絵巻

　東ヌサ・トゥンガラ諸島名産のイカットは、身分の高い女性たちの手で引き継がれてきた伝統的な絣（かすり）織物だ。

　イカットとはインドネシア語で「結ぶ」という意味。その名のとおり、古くはヤシの葉、現在ではナイロンのひもをデザインに合わせて木綿の縦糸に結び、藍などの天然染料に浸け込む。すると結んだ部分が白く染め残って模様ができあがる。乾かしたあと、さらに葉を結び直して別の色に染めていくといった工程を繰り返す。そしてついに染め上がった縦糸に、昔ながらの織り機を使ってていねいに横糸を織り込んでいくという、非常に複雑な工程と時間がかけられてできあがるものだ。

スンバ島レンデ村のイカット

　特にスンバ島東部、ワインガプ周辺のイカットはモチーフのユニークさで多くの人を魅了している。王の象徴であるワニ、長寿を意味するヘビ、戦士に見立てられた犬、生命を示す龍は、この島が古来中国と交易があったことも教えてくれる。そして最も有名なのは、勝利のシンボルであるドクロの木（アンドゥン）。20世紀になってオランダ人がこの島を統治するまでは、村落同士での戦闘で殺した敵の首を木にさらしていたのだ。素朴で、写実的なモチーフには伝承や歴史が数々織り込まれている。これらのモチーフは村ごとに異なり、例えばアンドゥンの首の数が違ったり、オランダの影響を受けた兵士やライオンの柄があったりとたいへん興味深い。なかには特定の王族にのみ伝わる葬式の手順を描いた特別なものもある。村々を巡ってイカット比べをするのも、旅の楽しさを増してくれるだろう。

16世紀以降にはポルトガルやオランダが進出し、徐々に西洋文化が広まり奇習もなくなっていった。

マウメレ近郊に残るポルトガル教会

しかし伝統的な墓や家屋など、その島独自の土着文化は今も残されている。

1974年までポルトガルに支配されていた東ティモールは、インドネシア政府軍の弾圧で20万人もの犠牲者が出たと推察される1975年の内乱を経て、1976年にインドネシアに併合された。しかし、独立を求める東ティモール独立革命戦線FRETILINと政府軍との対立は続き、1989年までは軍の許可なしにこの地域に立ち入ることもできなかった。スハルト政権崩壊後に事態は急転し、閣議で独立が容認された。そして、独立の是非を問う住民投票が1999年夏に実施され、独立支持が78.5%を占めたため、一気に独立への道が開けた。2002年には東ティモール民主共和国としてインドネシアから独立し、政情も徐々に落ち着きだしている。

ハイライト

ダイビングやサーフィンに適した美しい自然環境が最大の魅力。特にフローレス島はダイバーに、スンバワ島

コモド島やリンチャ島に生息しているコモドオオトカゲ

はサーファーに人気がある。また、巨大なコモドオオトカゲがすむコモド島周辺やクジラ漁が行われるレンバタ島（クジラ漁は5〜7月が盛ん）など、独特の生き物や生活も見られる。

文化面ではスンバ島に残る巨石墳墓や、フローレス島各地の伝統村などを見学したい。

旅のヒント

両替と物価▶主要な町の銀行には、クレジットカードでキャッシングできるATMがある。米ドルの両替も銀行でできるがレートはあまりよくない。特に日本円は換金できても、レートが悪いので、複数のクレジットカードを用意してATM利用を基本にするといい。

宿泊費や食費などの物価は、バリ島よりも割安。しかし交通事情がよくないため、短期旅行者は郊外の見どころへの車チャーターや、各島間の飛行機移動などで出費がかさむ。

旅の難易度▶ヌサ・トゥンガラ諸島は素朴な魅力があふれている島々だが、高級ホテルと呼べるようなものは少なく、バリ島から気軽にやってくるとすべての点において不便さを感じる。東に向かうほど、移動も不便になっていく。特にバスでの移動は、各島がかなり大きく、山地が多いため道のりが長くて疲れる。コモド島だけの観光やダイビングが主目的の人には、現地発ツアーで訪れることをおすすめしたい。

フローレス島は幹線道路も細く、舗装の途切れる区間もある

ヌサ・トゥンガラ諸島
Nusa Tenggara

各島の市場でもイカットが購入できる

おみやげ▶スンバ島やフローレス島、ティモール島などは織物で有名だが、特にスンバ島のイカットと呼ばれる絣（かすり）の織物は、染め込む前にヤシの葉を糸に巻き、その染め残りで模様を作り、織り込んでいくという高度な技術と長い時間をかけて仕上がっていく。大きな作品はかなり高価なので、買わないまでも機会があればぜひ観賞してみたい。

安全情報

コモドオオトカゲが住民や旅行者を襲うトラブルがときどき起きているので、見学時には十分に注意すること。

西ティモール地区に居住していた東ティモール難民の多くは、2002年の独立後に自国へと戻っている。近年は大きな紛争もなく、テロリストの活動なども報告されていない。

気候とシーズナリティ

熱帯モンスーンの影響で、このエリアの島々は東へ行くほど乾燥している。特にフローレス島東部は年間降水量が700mmしかない。11〜4月の雨季には道路事情が悪くなるため、それ以外の乾季が旅行シーズン。ただし、フローレス島西部は標高が高く、特に乾季の朝晩は冷え込むので、長袖トレーナーなどの防寒具が必要。

島内の交通

飛行機▶ティモール島クパンを起点にウイングス航空がワインガブ、バハワ、マウメレへの便を持っている。近距離の繋がりはほとんどないため、乗り継ぎの場合にはクパンやデンパサールを経由するケースが多い。

バス▶ロンボク島からフローレス島東端まで幹線道路があり、各区間をバスが定期的に運行している。道路事情は悪く、雨季には通行不能になることもある。

船舶▶スンバワ島サペ〜フローレス島ラブアンバジョー間を、定期船が毎週3〜5便ほど運航している（所要8時間、Rp.9万5600）。コモド島には飛行場がなく、ラブアンバジョーからチャーターボートやツアーに参加してアクセスする方法が一般的（バリ島の旅行会社からもツアー形式の手配旅行がアレンジ可能）。

サペ〜ラブアンバジョー間のフェリー船内

ヌサ・トゥンガラ諸島へのアクセス

空路▶ウイングス航空、バティック航空、ガルーダ航空、シティリンクがバリ島などの主要都市から、フローレス島、スンバ島、ティモール島などへ運航。ただし、区間によっては週数便のみの運航だったり、ほかの島にも立ち寄る経由便だったりもする。日程に余裕をもつことが大事。特にこの区間の運航はキャンセルが多いので注意しよう。

バリ島からの小型機が運航しているラブアンバジョーの空港

航路▶ロンボク島ラブハン・ロンボク港（カヤンガン）とスンバワ島ポト・タノ港の間をフェリーが毎時1便運航、所要70分。毎日ほぼ24時間体制で運航しており、運賃は片道Rp.1万8800。ロンボク島からスンバワ島ビマなどへは、フェリー代込みのシャトルバスも利用できる。

クパンの年間気候表

月別	1月	2月	3月	4月	5月	6月	7月	8月	9月	10月	11月	12月	年間
平均気温（℃）	27.0	26.5	26.9	27.3	27.7	27.0	26.6	26.8	27.2	28.8	28.4	27.6	27.3
相対湿度（%）	83	87	84	78	74	69	73	67	65	63	69	79	72.6
降水量（㎜）	324	291.3	697.5	141.7	19.9	10	0	1	20	40	87.6	205.8	1751.6

＼日本のよさを再発見！／
地球の歩き方 国内版シリーズ

ヒットの秘密

1979年創刊、海外旅行のバイブル「地球の歩き方」。2020年に初の国内版「東京」を創刊。これまでの海外取材で培った細かな取材力、その土地の歴史や文化、雑学などの情報を盛り込むことで、地元在住者に支持され大ヒット。次の新刊もお楽しみに！

世界自然遺産に登録されたオオトカゲが生息する

コモド国立公園
Taman Nasional Komodo

コモド国立公園 ★
●スンバ島

高度	10m未満

コモド島方面への飛行機
◆デンパサール
バティック航空やエアアジアなどが1日計6～7便運航（所要1～1.5時間、Rp.76万～125万）。

◆ジャカルタ～ラブアンバジョー
ガルーダ航空やバティック航空などが1日計3～7便運航（所要2.5時間、Rp.164万～215万）。

KOMODOの名称が冠せられたラブアンバジョー空港

ラブアンバジョーでのツアーやチャーター船の手配
フローレス島ラブアンバジョーでのツアー参加や船のチャーターは、宿泊ホテル、旅行会社などで手配できる。

コモド島へ行く場合、コモドオオトカゲを見たあと、ピンクビーチの名称で知られるパンタイ・メラ Pantai Merah でスノーケリングなどの時間を取ることも可能（同料金）。リンチャ島への場合も、途中でスノーケリングポイントに1～2時間ほど寄るぶんも料金に含まれていることが多い。ただし、木造のスローボートでコモド島とリンチャ島を1日で回るのは時間的に不可。ツアー代金はアップするが、スピードボートを利用すると効率的に周遊できる。

●プラマ社
URL www.peramatour.com
ラブアンバジョーを起点にコモド島やリンチャ島を訪問する1日ツアー（Rp.135万）や1泊2日ツアー（Rp.600万）を催行している。最少催行2名。

世界最大のトカゲ、コモドオオトカゲ（別称コモドドラゴン）の生息地として知られるコモド島。周囲に浮かぶリンチャ島 Rinca、パダール島 Padar とともに国立公園に指定され、1991年には世界自然遺産にも

世界的に有名なコモドオオトカゲに出会える！

登録されている自然の楽園だ。

観光の目玉となっているコモドオオトカゲ（現地名オラ）は、現在約2700頭が生息している。誕生が白亜紀にまで遡るこの古代生物が生き残ったのは、周囲の自然環境にある。スンバワ島とフローレス島など大きな島に挟まれているものの、コモド島の周辺は潮流が非常に激しく、生態系も外界から隔絶されてきた。珊瑚礁が広がる周囲の海も海洋生物保護区に指定され、大物と出合えるダイバーズパラダイスとして人気が高い。

アクセス

飛行機＆船舶▶バリ島デンパサールやジャカルタからフローレス島のラブアンバジョーの空港（通称コモド空港）へ行き、そこからボートツアーや船をチャーターしてコモド島やリンチャ島などを訪れるのが一般的。

ツアー▶バリ島からパックツアー（→ P.344 側注）が出ている。コロナ禍の影響でバリ発やロンボク発のコモドへのツアーは減少傾向にある（コモド島1泊2日ツアーはベルトラなどの旅行予約サイトもチェック）。プラマ社（→ P.342 側注）ではロンボク島からボートを利用したツアーはなくなり、ラブアンバジョーを起点にするツアーのみを催行している。

バックパッカー向けのスローボート

スピードボートなら1日で多くの島を訪問できる

  ラブアンバジョーには旅行会社が多いので、コモド島へのツアーに現地で参加することも可能。事前に予約しておいて空港でピックアップしてもらい、そのままツアー参加もできる。

ヌサ・トゥンガラ諸島

コモド国立公園

歩き方

コモド島は面積390km²、リンチャ島は198km²と大きな島だが、旅行者が自由に歩けるのは船着場と公園管理事務所の周辺のみ。管理事務所周辺以外は、レンジャーの同行がないかぎり許可されない。野生のコモドオオトカゲが活発に動くのは朝と夕方なので、確実に観察するにはラブアンバジョーを早朝に出発するツアーを利用しよう。多い日には数十頭ものオオトカゲに遭遇できる。カフェや売店も管理事務所近くにある。

海峡にある島々はダイビングスポットとしても人気が高い

コモドオオトカゲは各島で自由に生息し、柵などは設置されていない。日中は動作が鈍く見えるが、相手を餌と判断すると猛ダッシュで襲いかかってくるので近づき過ぎないよう注意。

またこの周辺の海は透明度が高く、さまざまな水中生物の楽園となっていて、ダイビングやスノーケリングも楽しめる。水着を持参しよう。

コモド国立公園
URL komodonationalpark.org
　国立公園入域料Rp.15万(日・祝はRp.25万)、入島料Rp.12万(島ごとにかかる)。スノーケリング許可料は1日Rp.5万、ダイビング許可料は1日Rp.10万。
　島内のガイド料はコモド、リンチャ島とも1グループRp.8万(約2〜3時間)。

リンチャ島のトレッキングルートは起伏がある

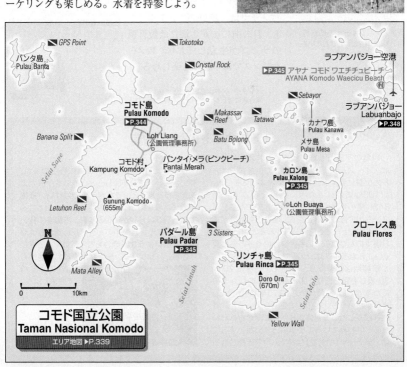

コモド島
Pulau Komodo
▶P.344

パンタ島
Pulau Banta

GPS Point

Tokotoko

Crystal Rock

ラブアンバジョー空港
▶P.345 アヤナ コモド ワエチュビーチ
AYANA Komodo Waecicu Beach

Sebayor

ラブアンバジョー
Labuanbajo
▶P.348

Banana Split

Makassar Reef

Tatawa

Batu Bolong

カナワ島
Pulau Kanawa

メサ島
Pulau Mesa

Loh Liang
(公園管理事務所)

コモド村
Kampung Komodo

パンタイ・メラ(ピンクビーチ)
Pantai Merah

カロン島
Pulau Kalong
▶P.345

Letuhon Reef

Gunung Komodo
(655m)

Loh Buaya
(公園管理事務所)

フローレス島
Pulau Flores

パダール島
Pulau Padar
▶P.345

3 Sisters

リンチャ島
Pulau Rinca ▶P.345

Mata Alley

Doro Ora
(670m)

Selat Sape

Selat Linnah

Selat Molo

N

0　　　10km

Yellow Wall

コモド国立公園
Taman Nasional Komodo
エリア地図 ▶P.339

コモド国立公園の周遊方法

島々を巡るツアーはラブハンバジョーにある旅行会社で申し込める。

ラブアンバジョー発のツアー選びで注意したいのはボートの種類。スピードボートならばコモド島まで片道1時間ほどだが、木造のスローボートでは片道3時間以上かかる（ただし料金はスピードボートの半分程度）。

ラブアンバジョーのツアー会社
● Alba Cruise
WA 0812-8939-9188
URL albacruise.co

スピードボートを使ったコモド島やリンチャ島への1日ツアー（1名Rp.100万〜）を催行している。

コモド国立公園の観光シーズン

コモド島エリアの観光シーズンは4〜11月の乾季。天候が安定し、現地発ツアーの催行も多い。ただし7〜8月は海が荒れることもあるので注意。

バリ島からのパックツアー

バリ・ツアーズ.com（URL www.bali-tours.com）では、バリ島から1泊2日のツアー（US$1280〜）を催行している。料金には現地でのスピードボートやガイド代のほか、バリ島からラブアンバジョーへの航空券、ホテル、食事などが含まれている。

おもな見どころ

オオトカゲが生態系の頂点に君臨する ★★★
コモド島
Pulau Komodo

`MAP` P.343

大小147の島々を有するコモド国立公園の中心となる島で、約1700頭のコモドオオトカゲが生息している。島内のジャングルを歩くにはレンジャーの同行が必須で、公園管理事務所のある Loh Liang を起点に3つのトレッキングコースが用意されている（ショートで約1時間、ロングで約3時間）。世界最大のオオトカゲは300m先の獲物を識別し、時速20kmほどで走る（1回の摂食で自身の体重80%を食べることができるという）。

レンジャーの指示に従って安全に観察しよう

コモド島の写真映えビーチ

コモド島の船着場の周辺には、**パンタイ・メラ Pantai Merah** と呼ばれるピンク色のビーチが数ヵ所ある。砂浜がピンク色なのは白サンゴと赤サンゴの破片が混じっているため。

青空とのコントラストが映えるパノラマは、絶好のフォトポイント。目の前に広がる海には数百種のサンゴが生息しており、スノーケリングで海中散歩も楽しめる。

パンタイ・メラは直訳すると「赤いビーチ」。旅行者にはピンクビーチの名称で知られる

Column コモドオオトカゲの生態

恐竜の子孫とも称されるコモドオオトカゲは、オーストラリア、アフリカに生息するオオトカゲ群に属する。成長したオスは体長3m、約100kgの巨体となり、世界に現存する約3400種のトカゲのなかで最大。朝になると巣穴から出てきて、餌を探す。朝は最も食欲があり、人間にとっても危険。日が昇ると暑いので、日陰でのんびりしている。夕方になると巣に戻る。こんなライフサイクルで生きている。

産卵期は乾季の8〜9月で、一度に20〜30個もの卵を産む。卵からかえるのは雨季の終わる4月頃で、卵がかえるまで半年もかかる。まだ小さいうちは木の上で生活しているが、これは成長したコモドオオトカゲに食べられないためといわれている。子供のときに餌とするのは、チチャッ（ヤモリ）などで、コワイ感じはし

ない。

成長したコモドの餌は、おもに野生のシカ、豚、水牛、馬になる。じっとしているから大丈夫だろうと思うと、それがそうではない。獲物が近づくのを待っているのだ。近づいたところで横っ飛びにおなかにかみつき、内臓まで食い破ってしまう。普段ののんびりした姿からは想像できないような瞬発力をもっている。ときどき住民、レンジャー、旅行者が襲われる事件も

起きているので注意しよう。

巨大な「ドラゴン」が島に生息している

投稿 1日でいろいろ島を巡りたいならスピードボートのツアーがおすすめ。港からコモド島まで1時間で到着し、ランチではタカマカサという白砂の無人島にも立ち寄りました。（神奈川県 Asuna）['24]

起伏に富んだワイルドな森を歩く ★★★
リンチャ島
Pulau Rinca

MAP P.343

約1000頭のコモドオオトカゲがすむもうひとつの観察スポット。コモド島に比べると開発が進んでおらず、秘境感たっぷりの雰囲気が楽しめる。船着場に降りて、公園管理事務所のある Loh Buaya まで歩けば、コモドドラゴンが出迎えてくれる。島内をレンジャーと一緒に散策するトレッキングは、ショートからロングまで基本3コース（所要30分〜2時間ほど）。密集した熱帯雨林や草原地帯を歩けば、野生の水牛、鹿、鳥などに出合え、運がよければオオトカゲが獲物を狩る場面も目撃できる。

公園管理事務所の近くを住み家とするオオトカゲ

丘の上へ絶景ハイキング ★★
パダール島
Pulau Padar

MAP P.343

息をのむほど美しい景色がインスタグラマーに人気。サバンナの草原を歩いて丘に上ると、広がっているのは不思議な景観。岬が恐竜の首のように青い海に突き出し、どこか地球創生の原風景をイメージさせる。船着場から眺望ポイントまでは約30分で、歩きやすい靴や日焼け止めは必須。ちなみにパダール島のオオトカゲは餌となる動物を食べ尽くして絶滅したと言われている。

眺望ポイントからの絶景をSNSにアップしたい

コモド国立公園でのダイビング
コモド諸島は世界有数のダイナミックな海洋環境にある。インド洋の深い海から豊かな栄養素が流れ込み、何千種もの熱帯魚やサンゴが生息している。およそ100のダイブスポットが点在する、世界中のダイバー憧れの地だ。ただし、この海域は流れが非常に強いので、安全のために評判のいいダイビング会社を選ぼう。

観察時の注意事項
1. オオトカゲを見ても騒がない
2. 禁煙
3. 血の匂いに敏感なので、生理中の女性やけがをしている人はオオトカゲに近づかない

無数のコウモリが住む島
カロン島 Pulau Kalong（MAP P.343）とは現地の言葉で巨大なコウモリの意味。夕暮れどきになると、何千ものコウモリが夕日をバックに島から飛び立つ光景が見られる。1日ツアーの帰りがけに立ち寄ることが多い（島への上陸は不可）。

船上から幻想的な光景を体感！

コモド国立公園での休日を彩る絶景リゾート

コモド国立公園の玄関口となるフローレス島ラブアンバジョにある5つ星ホテル。目の前には世界自然遺産に登録された美しい海が広がり、コモド島へもスピードボートで1時間ほど。アクティビティも観光も思いっきり楽しめる立地にある。

リゾートの目の前には白砂のワエチチュビーチが広がり、全205室のゲストルームからは青い海や感動的な夕景が望める。敷地内には7つの個性的なレストラン&バーを完備し、プライベートビーチではカヤックやスノーケリングも体験OK。コモド旅行を優雅に楽しむなら最初にチェックしたいリゾートだ。

🏨 アヤナ コモド ワエチチュ ビーチ
AYANA Komodo Waecicu Beach
MAP P.343
住所 Labuan Bajo, Flores, Nusa Tenggara Timur
TEL (0385) 244-1000
URL www.ayana.com/ja/
料金 フルオーシャンビュールーム⒟ US$500〜、デラックス⒟ US$520〜、スイート US$750〜

ドラマチックな夕景ディナーも評判

客室の窓からパノラマが堪能できる

フローレス島
Pulau Flores

フローレス島
★
●スンバ島

人　口	150万人
市外局番 (ラブアンバジョー)	0385
(ルーテン)	0385
(バジャワ)	0384
(マウメレ)	0382
空港コード (ラブアンバジョー)	LBJ

イベント情報
● 12～2月
　バジャワ近郊の伝統村では、年末頃からレバ Reba と呼ばれる感謝祭を開く。伝統衣装をまとった人々が輪になり歌い踊る。

ASDP 社フェリー
URL www.asdp.id

フローレスへの飛行機
◆デンパサール～ラブアンバジョー
　バティック航空（ライオン航空）とエアアジアが1日各3便運航（所要1～1.5時間、Rp.76万～125万）。ガルーダ航空も週2便（日・火）運航している。
◆クパン～マウメレ
　ウイングス航空が1日2便運航（所要1時間、Rp.99万～122万）。ナム航空は週4便（日月水金）のみ運航している。

「コモド空港」はラブアンバジョーにあるので注意しよう

クリ・ムトゥ山でご来光を拝んでみよう

　フローレスとは「花」という意味。16世紀にヨーロッパ人として初めてこの島に着いたポルトガル人が、母国語のフローラからつけた名前だ。彼らの影響で、今も人口の85％は熱心なカトリック信者であり、小さな村にまで設置された教会と学校のおかげで、教育水準も高い。

　東西500kmにも及ぶこの島の地形は山がちで、オーストラリア大陸の高気圧の影響で乾季も長い。年間降水量が少なく、ジャワ島やバリ島では年3回も稲作ができるのに、この島では1毛作しかできず生活は決して楽ではない。

　観光化も進んでおらず旅行は簡単ではないが、そのぶんだけ豊かな自然や素朴な人々と出会うことができる。また、地域ごとに民族・言語が異なり、それぞれの文化をもっているところも興味深い。

アクセス

飛行機▶フローレス島へのゲートウエイは「コモド空港」と称されるラブアンバジョーの空港。デンパサールやジャカルタからの直行便が就航し、バジャワ、エンデ、マウメレなど島内各地との区間もウイングス航空が運航している。

　フローレス島内のフライトは1日各1便ほど。小型プロペラ機が使用される場合もあり、早い時点で満席になりやすい。スケジュールの変更やフライトキャンセルも少なくないので注意が必要だ（乗客のチェックインが早く済むと、定刻より早く飛ぶこともある）。

船　舶▶ ASDP 社のフェリーがスンバワ島のサペ～ラブアンバジョー間を週3～5便ほど運航している（所要約8時間、片道 Rp.9万5600）。サペからラブアンバジョーへ週3便（水・金・日 10:00 発）、ラブアンバジョーからサペへ週5便（月・水・金・土・日 10:00 発）。

ハミダシ　フローレス島は9つの県に分かれており、大きく分けて8つの民族で構成されている。島をバスで横断しながら各文化や人種、言葉の違いを感じるのも楽しい経験になるだろう。

ヌサ・トゥンガラ諸島　フローレス島

歩き方

道路の状態はよくないためパンクでバスが止まることもしばしば

フローレス島を東端のララントゥカから西端のラブアンバジョーまで東西に貫く幹線道路は全線舗装されており、バスも頻繁に走っている。ただし曲がりくねった山道が多く、距離のわりには時間がかかる。かなり揺れる場所もあり、車に乗り慣れない地元の人が車酔いしている姿もよく見かける。また、雨季には道路状態が悪くなり、道が寸断されることもある。

バスターミナルはたいてい町外れにあり、町の中心部までベモが結んでいる。あらかじめホテルの名前を告げておけば、そこで降ろしてくれる。またベモは近郊の村へ行くときの足にもなる。タクシーは流しはいないので、ホテルで呼んでもらうか、ベモと交渉してチャーターする方法がある。

沿岸部のラブアンバジョー、エンデ、マウメレなどは日中はかなり気温が上がり、町を歩く人の姿も少なくなる。その一方で、フローレス島中央部にある町や村は、山あいにあり標高が高い。朝晩は吐く息が白く見えるほど冷え込むことがあるので、長袖などは必携。クリ・ムトゥ山やルーテン、バジャワに宿泊する際は、長袖で上に羽織るものが必要だ。

バジャワ近郊のベナ村。素朴な集落が今も島に点在している

マウメレ近郊のシッカ村に残るポルトガル教会

両替事情

クレジットカードでキャッシングできるATMは、主要都市の銀行にある。米ドルの現金が両替できる銀行もあるが、両替レートはバリやロンボクに比べると悪いので、あらかじめ必要なぶんを両替してから行ったほうがいい。ほとんどのホテルでクレジットカードは利用不可。

フローレス島のバス事情

ローカルバス（ビスと呼ばれる）は定時の出発時間がなく、定員となるまで出発しない（数時間も中心部や周囲の村を回ることもある）。近年はバス利用者が減り、運賃もアップ傾向にある。

旅行者には定時に出発するミニバス「トラベル」が一般的。バスに比べて多少割高だが、ホテルで予約を頼めて便利。特に旅行者におすすめなのがGunung Masというバス会社。他社より少し高いが安全運転で、車内があまり混んでいない。

配車サービスの利用状況

GrabやGojekの配車サービス（→ P.478）がラブアンバジョー中心部で利用できる。ルーテンなど小さな村は対象外エリア。

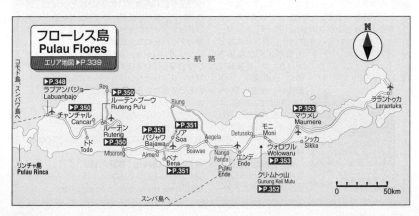

フローレス島
Pulau Flores

エリア地図 ▶P.339

航路

コモド島、スンバワ島へ

▶P.348
ラブアンバジョー
Labuanbajo

Reo

▶P.350
ルーテン・プーウ
Ruteng Pu'u

チャンチャル
Cancar

Riung

ルーテン
Ruteng

トド
Todo

▶P.350
ルーテン
Ruteng

▶P.351
バジャワ
Bajawa

▶P.351
ソア
Soa

Aegela

リンチャ島
Pulau Rinca

Mborong

Aimere

ベナ
Bena

▶P.351

Boawae

Nanga Panda

Detusoko

モニ
Moni

エンデ
Ende

▶P.353

ウォロワル
Wolowaru

▶P.353

▶P.353
マウメレ
Maumere

シッカ
Sikka

ララントゥカ
Larantuka

クリ・ムトゥ山
Gunung Keli Mutu
▶P.352

エンデ
Ende

スンバ島へ

N

0　　　　50km

ハミダシ　ライオン航空は、特別に機長にリクエストをすればクリ・ムトゥ山上空を飛んでくれる場合がある。南側の窓側の席を取っておきたい。

空港から市内へ

ラブアンバジョーの空港は町の中心部から2km東にあり、タクシー（Rp.7万5000）か、歩いて表通りを走るベモ（Rp.5000）をつかまえる。中心部から空港へは、Jl. Soekarno Hattaを南へ向かうベモを停め、行き先が合っていれば乗り込む。

ラブアンバジョーからのバス

ルーテンへのトラベルは7:00～17:00まで、約1時間ごとに運行（所要4～5時間、Rp.12万～）、バジャワへのトラベルは6:00～8:00発（所要8～9時間、Rp.15万～）。トラベルの予約は前日までに宿泊ホテルか旅行会社で。

ツアーで立ち寄る鍾乳洞

バトゥ・チェルミン Batu Cermin（**MAP** P.349 外）はラブアンバジョー近郊にある鍾乳洞。内部には聖母マリア像のように見える鍾乳石もあり、人気の観光スポットとなっている。中心部から車で15分ほど東。入場料はRp.5万。

内部は真っ暗なのでライトが必要。ガイドと一緒に訪問しよう

ラブアンバジョー　Labuanbajo

MAP P.347

美しい海をもつ西の玄関口

フローレス島の西端にある漁村で、スンバワ島へのフェリーやコモド島ツアーの起点となっている。周辺には小さな島が多く、海辺を荒波から保護しており、波は穏やか。海の美しさもフローレス島ではトップクラス。スノーケリングやダイビングも人気が高い。

町の中心は、サペ行きフェリーが発着する港から、海沿いに南下するジャラン・スカルノ・ハッタの道沿い1kmほど。この通りの海側には漁村が、反対側は小高い丘になっており、斜面の中腹にあるレストランからは美しい海が眺望できる。道沿いにはホテルやレストラン、ダイビングショップ、旅行会社が並んでいる。ビーチは町の1～2kmほど南にあり、歩いてもオジェッでも行ける。バスターミナルはなく、ミニバスが港付近を出発し、客をひろいながらルーテン方面への道を南下している。ルーテンやバジャワなど長距離ミニバスは、ほとんど朝出発だが、ホテルで前日までに申し込んでおくと迎えにきてくれるところもある。飛行機や船の予約、コモド島やリンチャ島へのツアーやその送迎は、宿泊先のホテル、あるいは旅行会社で可能だ。

ラブアンバジョーの北側に建つアヤナコモド ワエチチュ ビーチからは絶景が広がっている

ラブアンバジョーがコモド島周辺へのダイビングの起点となる

ラブアンバジョーから世界遺産の海へ

ラブアンバジョーの西に広がるコモド島やリンチャ島を中心にした海は、インドネシアでも有数のダイビングスポット。マンタ、ハンマーヘッド、ジンベエなど大物がよく登場するが、カレントが複雑で強く、上級者ポイントが多い。水温は20～28℃程度で、時期によっては肌寒く感じられるので、5mm程度のウエットスーツを用意したい。

美しい珊瑚礁が広がるパンタイ・メラ（通称ピンクビーチ）はスノーケリングにも最適で、クマザサ、ウメイロ、ロウニンアジなどが優雅に泳ぎ回っている。ゼブラバットフィッシュやピグミーも多く、マクロ派のダイバーにも人気が高い。

ラブアンバジョー市内に数軒のダイブショップが営業しているほか、コモド島のオオトカゲ見学とスノーケリングをセットにしたツアーもいろいろ出ている。バリ島を起点としたダイビングサファリも催行されている。

ラブアンバジョーのダイブショップ

● **Dive Komodo**　**MAP** P.349
TEL (0385)41-862　WA 0822-3535-0996
URL divekomodo.com

● **Neren Diving**　**MAP** P.349
WA 0878-4927-0160
URL www.nerendivingkomodo.net

　ラブアンバジョーの中心部にはコモド島へ格安ツアーを出す旅行会社が並んでいる。スローボートでの1日ツアーは1名Rp.50万ほどだが、ボートの定員に満たないと催行されないので注意。

ホテル Hotel

ラブアンバジョー

美しいビーチに面した
ラプリマ
Laprima [MAP] P.349外

住所 Pantai Pede No.8　TEL (0385) 244-3700
WA 0813-3822-8886　URL laprimahotel.id
税&サ 込み　カード [M][V]　[Wi-Fi] OK
料金 [AC][Mini][TV] スーペリアⓈⒹ Rp.120 万
[AC][Mini][TV] デラックスⓈⒹ Rp.250 万

目の前にプライベートビーチが広がる、中心部から 1km ほど南にある全 88 室のホテル。年末年始を除く 12 ～ 3 月は、宿泊料金は 50%オフになる。空港への無料送迎サービスあり。[POOL][レストラン][朝食]

港町の小さなオアシス
ワエ・モラス
Wae Molas [MAP] P.349

住所 Jl. Soekarno Hatta　WA 0811-3822-248
税&サ 込み　カード [M][V]　[Wi-Fi] OK
料金 [AC][Mini][TV] コンフォートⓈⒹ Rp.63 万～
[AC][Mini][TV] テラスⓈⒹ Rp.77 万～

食事や散歩に便利な中心部にある全 4 室のブティックホテル。プールやスパを完備し、家族経営ならではのアットホームな雰囲気も漂う。2 室のテラスは夕日を楽しめるバルコニー付きでおすすめ。ボリュームたっぷりの朝食も評判だ。[POOL][レストラン][朝食]

丘の上から海を見下ろす
グリーン・ヒル
Green Hill [MAP] P.349

住所 Jl. Soekarno Hatta
WA 0813-3826-2247
税&サ 込み　カード [J][M][V]　[Wi-Fi] OK
料金 [AC][Mini][TV] ドミトリー Rp.12 万～
[AC][Mini][TV] ⓈⒹ Rp.36 万～

港から徒歩 5 分。観光にぴったりの立地にある全 13 室のホテル。モダンな客室はゆったりしておりテラスからは夕日も望める。ドミトリー (12 ベッド) も併設されている。[POOL][レストラン][朝食]

各国からの若い旅行者が集う
シーエスタ・コモド
Seaesta Komodo [MAP] P.349

住所 Jl. Soekarno Hatta　WA 0811-395-1005
URL seaestakomodo.com
税&サ 込み　カード [M][V]　[Wi-Fi] OK
料金 [AC][Mini][TV] ドミトリー Rp.17 万
[AC][Mini][TV] プライベートルームⓈⒹ Rp.90 万

コモド空港から車で 5 分。海を遠望できる高台にあるホステル (個室 17 室、ドミトリー 8 室)。生演奏もあるカフェは人気スポットとなっている。[POOL][レストラン][朝食]

ラブアンバジョーのレストラン

各ホテルにレストランが併設されているほか、眺めのいい高台にも人気スポットがある。

[R] ハッピーバナナ Happy Banana ([MAP] P.349　WA 0812-3877-0093　営業 毎日 9:00 ～ 22:30) は各国からの旅行者でにぎわう日本食レストラン。マグロ寿司 (Rp.6 万 9000 ～)、サーモン・アボカド巻 (Rp.5 万 4000)、ポーク丼 (Rp.9 万 9000) など。

[R] マタハリ Matahari ([MAP] P.349　WA 0812-3702-5248　営業 毎日 14:00 ～ 22:00) は港から南へ徒歩 10 分。道路がカーブする海側にあり、青い海に広がる島々の眺めがとてもすばらしい。焼き魚のイカン・バカール (Rp.7 万 5000)、イカ料理のチュミ・ゴレン (Rp.6 万 5000 ～) など。

シービューを満喫できるマタハリ

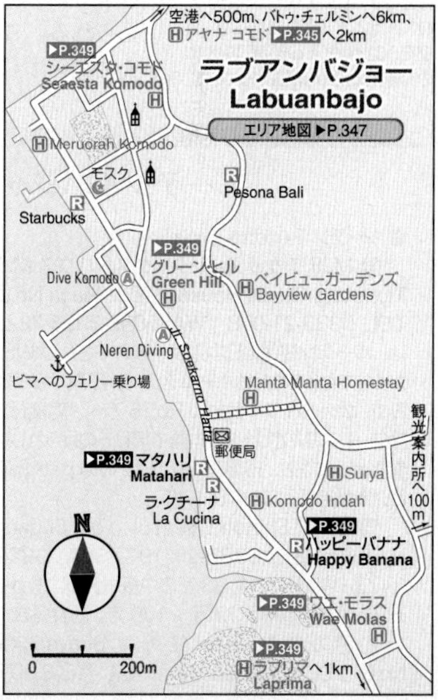

空港へ500m、バトゥ・チェルミンへ6km、
[H]アヤナ コモド ▶P.345へ2km
ラブアンバジョー
Labuanbajo
エリア地図 ▶P.347
▶P.349
シーエスタ・コモド
Seaesta Komodo
[H]Meruorah Komodo
モスク
Pesona Bali
Starbucks
▶P.349
グリーン・ヒル
Green Hill
Dive Komodo
ベイビューガーデンズ
Bayview Gardens
Neren Diving
Jl. Soekarno Hatta
ビマへのフェリー乗り場
Manta Manta Homestay
観光案内所へ100m
郵便局
▶P.349 マタハリ
Matahari
ラ・クチーナ
La Cucina
[H]Surya
[H]Komodo Indah
▶P.349
ハッピーバナナ
Happy Banana
▶P.349 ワエ・モラス
Wae Molas
▶P.349
[H]ラプリマへ1km
Laprima
N
0
200m

ハミダシ 現地ツアー会社 Lumba-Lumba ではスピードボートを所有しており、コモド島観光やフィッシングツアーの手配も可能。詳細はワッツアップ (WA 081-23947-5009 丸山さん) に問い合わせを。

伝統家屋が残るチョンパン・ルーテン村

ルーテン Ruteng

MAP P.347

島内随一の豊かな自然をもつ山あいの町

マンガライ県の中心地ルーテンは山あいにある、気候に恵まれた一大耕作地帯。緑の田園が広がる眺望が美しく、自然レクリエーションパークに指定されている。町は南側が高く北側に低く緩やかに傾斜しており、1km四方の中に収まる広さ。道に迷ったときは、南端にあるカテドラルがランドマークとなる。ホテルは町のあちこちに点在しているので、あらかじめバスの運転手にホテル名を告げておけば、そこで降ろしてくれる。町自体に見どころはないが、涼しく快適な気候なので旅の疲れを取るのにいいだろう。

チャンチャルのチャラ村にあるクモの巣状の田園。丘の上にビューポイントがある

ルーテン中心部から2kmほど西にある**ルーテン・プーウ村** Ruteng Pu'u では、先祖を祀る墓石が祭壇として広場に並び、それを囲むように民家が建っている。奥にあるふたつの伝統家屋 Rumah Adat は、向かって右側が集会場、左側が首長の自宅。英語は通じないが、訪ねると家の中に案内してくれ、民族衣装などを見せてくれる。

またルーテンからラブアンバジョー方面に車で40分ほど行った**チャンチャル** Cancar には、珍しいクモの巣模様の田園が見られる。このようなデザインはマンガライ県のみに残り、村人に聞いても「昔からだ」というだけで理由はわかっていない。

ルーテンからのバス

バジャワへのトラベルは市内から7:00と14:00発(所要4時間、Rp.12万〜)、ローカルバスは3.5km東のバスターミナルから7:00〜14:00過ぎまで数本(所要Rp.15万〜)。

ラブアンバジョーへはトラベルが市内から7:00〜17:00まで約1時間ごとに運行(所要4時間、Rp.9万〜)、ローカルバスは7:00〜17:00に数本(所要5時間、Rp.10万)。

ルーテン・プーウ村 MAP P.347

ルーテン中心部から徒歩20〜30分、オジェッ(所要5分、Rp.2万5000)。入口の建物で記帳し、入村料Rp.2万5000を支払う。

チャンチャル MAP P.347

ルーテンからベモ(Rp.2万)、またはオジェッ(Rp.6万)で所要40分。田んぼが見たいと言うと、丘に上る道の入口を教えてくれる。入村料Rp.2万5000を支払い、坂道を10分ほど上ると、眼下にクモの巣模様の田んぼが広がっている。

ルーテン&バジャワのホテル&レストラン

●ルーテン Ruteng

Ⓗ **MJR チケッティング・ゲストハウス MJR Ticketing Guest House**(住所 Jl. Niaga No.23 TEL 0385-21-078 WA 0852-3923-7227)は、ルーテン在住の日本人女性まみーさんがあたたかくもてなしてくれるホームステイ。部屋は7室のみで、ホットシャワー共同でRp.15万〜。朝食付き。フローレス島の情報を日本語で聞けるのはうれしい。看板が出ており、市場近くの Toko Merpati Jaya という商店が入口となっている。

Ⓗ **シンダ Shindha**(住所 Jl. Yos Sudarso No.26 TEL 0385-21-197 WA 0822-3473-9493)は、全23室の中級ホテル。ホットシャワー付きⓈⒹ Rp.30万〜100万。朝食付き。

Ⓡ **アガペ Agapae**(住所 Jl. Bhayangkari No.8 TEL 0385-22-100 営業 毎日8:00〜21:00)は旅行者が集うレストランで、木造伝統家屋風の造り。ナシゴレン(Rp.4万〜)、ミーホットプレート(Rp.5万)。

●バジャワ Bajawa

Ⓗ **ハッピーハッピー Happy Happy**(住所 Jl. Sudirman WA 0821-4490-7665)は、オランダ人夫婦が経営する清潔なゲストハウス。ホットシャワー付きⓈⒹ Rp.30万〜。朝食付き。

Ⓡ **ルーカス Lucas**(住所 Jl. Ahmed Yani No.6 TEL 0813-5390-7073 携帯 営業 毎日9:00〜21:00)は山小屋風のレストラン。ナシゴレン(Rp.3万7000〜)、サテ・アヤム(Rp.6万5000)。ロッジも併設している。

バジャワで食事をとるならルーカスへ

  コンピアンと呼ばれる丸くて硬い小さなパンはルーテンの名物。ルーテンに住むマンガライ人たちはこのコンピアンが大好きで、甘いコーヒーや紅茶に浸して食べるのが通だとのこと。

バジャワ　Bajawa

MAP P.347

ガダ人の伝統村を訪れる拠点

イネリネ山の美しいシルエット

　イネリネ山 Inerine やウォロボボル山 Wolobobor に囲まれた高原の村で、この地方に住むガダ人 Ngada の中心地。旅行者向けのホテルやレストランも多い。村の中央にある市場は、日曜の朝になると近郊の村々からやってきた売り子と買い手で活気づく。女性が好む嗜好品シリーや、遠く海辺の村から運ばれてきた塩、ひと山いくらで並べられた野菜や果物など、目を楽しませてくれる。

　近郊に点在するガダ人の伝統的な村は、フローレス島の観光の目玉のひとつ。バジャワ近郊の伝統村では、年末から年始にかけてレバ Reba と呼ばれる感謝祭のセレモニーを開く。伝統衣装をまとった人々が輪になり歌い踊り、先祖の神々に感謝をささげる。この儀式は旅行者も参加できるので、この時期にバジャワを訪れてみよう。

✈️バジャワ近郊の見どころ

●ソア村　Soa

MAP P.347

　バジャワの 25km ほど北東、ソア村近郊の飛行場近くにあるムンゲルダ Mengeruda は温泉場で、旅の疲れを癒やすのにぴったり。木立に囲まれた源泉は天然のプールのようになっていて、熱いお湯が湧き出ている。温泉の流れは川へと向かい、温度は川へ向かうに従って低くなるので、好きな温度で入浴できる。平日の午前中に訪れるとほとんど人がいないので、自然に囲まれた広い温泉をひとり占めにできる。

●ベナ村　Bena

MAP P.347

　バジャワから 20km 南には、ガダ Ngada 人の伝統村ベナがある。伝統家屋に囲まれた広場には、男性の祖先を象徴するガッフ Ngadhu と女性の先祖の象徴バーガ Bhaga という祭壇があり、とても興味深い。祖先の墓だといわれている石のモニュメントもあちこちにある。村のいちばん奥の小さな丘からは村全体が見下ろせる。

山あいの隠れ里といった雰囲気のベナ村

観光案内所
住所 Jl. Ahmad Yani
WA 0812-3901-5137
URL welcome2flores.com
営業 月〜金 8:00 〜 18:00
　パンフレットや地図が入手可。

バジャワからのバス
　東方面へ向かうトラベルは 6:30 発で、モニへ所要 6 時間（Rp.15 万〜）、マウメレへ所要 8.5 時間（Rp.20 万〜）。午前中に数本出るローカルバスは 3km 南のバスターミナルから町なかを巡回後、モニ、マウメレ方面へ向かう。
　ルーテンへのトラベルは 1 日 3 本（所要 4 〜 5 時間、Rp.15 万〜）、ローカルバスは午前中に数本運行。ラブアンバジョーへのトラベルは 7:30 発（所要 8 〜 9 時間、Rp.30 万〜）、ローカルバスは 8:00 〜 9:00 頃発（Rp.30 万）。

バジャワ近郊へ
　周辺の伝統村やイネリネ火山（標高 2245m）のトレッキングにはガイドを雇うこともできる。ホテルや長距離バスターミナルで簡単に見つけることができ、効率よく回りたい旅行者には便利。入村料、チャーター車込みで半日 Rp.40 万〜、1 日 Rp.70 万〜が目安だ。

ソア村へのアクセス
　ベモは 1 日 2 本しかないので、車をチャーター（所要 40 分、半日で Rp.40 万〜）するか、オジェッ（所要 1 時間、Rp.5 万〜）で行くのが一般的だ。

ムンゲルダ
料金 入湯料 Rp.2 万

皮膚炎や関節炎に効能があるという温泉場

ベナ村へのアクセス
　バジャワからの道路の状態は悪い。村へのベモも運行しているが本数が 1 日 1 〜 2 本と少なく、村には宿泊施設もない。入村料 Rp.2 万の寄付。

ハミダシ　■エーデルワイス Edelwise（住所 Jl. Ahmad Yani No.76　WA 0812-3779-5490）は、バジャワ村にある格安ホテル。シャワー付き Ⓢ Rp.15 万〜、Ⓓ Rp.20 万〜。

351

クリ・ムトゥ山 Gunung Keli Mutu

MAP P.347

モニ村を起点に聖なる火口湖へ

湖の色は年ごとに変わっている

展望台から眺める3つのカルデラ湖が幻想的なフローレスの名所で、山麓に住むクリ人は死後の魂はすべてこの山に登ると信じている。火口にできた湖は鉱物の含有量の違いから乳白がかった青など、それぞれの色が異なる（湖の色は一定ではなく、数年ごとに色が変わっている）。各湖には、青年、老人、祈祷師の死後の魂が住むという言い伝えがある。

クリ・ムトゥ山は日の出時に見ることをすすめる。山と湖が刻々と色づく様はとても壮麗だし、日中には雲が周辺を覆ってしまうことが多いからだ。麓の村**モニ** Moniでは公共のベモや車のチャーターが手配できる。

▶クリ・ムトゥ山周辺のトレッキング

クリ・ムトゥ山での日の出を満喫したあとに下山するが、途中のPHKAオフィスで降ろしてもらい、森林地帯を抜ける山道を歩いてモニに戻るのもいい。

山頂でご来光を拝んだら滝を目指して歩くのもいい

オフィスからバスが走る道を右側に折れて、Manukako、Koposiliと小さな村落を下り、三差路を左に曲がって温泉と滝のある渓谷へ出る。滝を過ぎてから渓谷を登れば幹線道路に戻る。のんびりと歩いても90分程度、村人に聞きながら行けば迷うこともないだろう。

モニへのアクセス

クリ・ムトゥ登山の起点となるのは、幹線道路沿いにある村モニ Moni。モニへはエンデ〜マウメレ間を走るトラベルやローカルバスに乗り、途中下車する。ローカルバスは不定期なので利用しづらい。

エンデ市内にあるH. Hasan Aroeboesman空港からモニまでは車で約1.5時間（片道Rp.50万〜）。

クリ・ムトゥ山への交通

7〜8月のハイシーズンのみ毎朝4時頃に乗り合いのベモ（往復Rp.6万〜）が頂上まで運行している。各ロスメンを回ってから、途中でPHKAのオフィス（国立公園入園料は月〜土Rp.15万、日・祝Rp.22万5000）に寄り、山頂の手前には45分で着く。さらに10分ほど階段を上り詰めるとひとつ目の展望台に。開けた道をさらに10分上るとふたつ目の展望台があり、ここで日の出を観る。復路モニへは7:30発。ベモは前日までにホテルで予約を。

ハイシーズン以外にクリ・ムトゥ山へ行く場合は、バイクタクシーのオジェッ（往復Rp.10万〜）やベモ（往復Rp.35万〜）をモニ村でチャーターしよう。

モニ（クリ・ムトゥ山）のホテル

クリ・ムトゥ山の麓のモニ村には宿泊施設が数軒ある。ほとんどが2〜5部屋のみのホームステイだが、料金は割高感がある。

[H]**ヒダヤ Hidayah**（住所Moni　WA 0812-4621-9155）は、全4室のゲストハウス。エンデ寄りにあり部屋はゆったり。景色を見ながらのんびりできる。マンディ、朝食付きでⓈⒹ Rp.30万。

[H]**ビンタン Bintang**（住所Moni　WA 0812-3761-6940）は、モニ村のほぼ中央にある。マンディ、朝食付きでⓈ Rp.25万〜、Ⓓ Rp.35万〜。小さな食堂を併設している。

[H]**クリ・ムトゥ・エコロッジ Kelimutu Ecolodge**（住所Moni　WA 0853-3871-1555　URL www.ecolodgesindonesia.com）は、クリ・ムトゥ山への分岐近くにあるロッジ。ホットシャワー、朝食付きでⓈⒹ Rp.100万〜。

美しい自然に囲まれている

ハミダシ　クリ・ムトゥ山はもちろんのこと、モニ自体も朝夕はかなり冷え込む。フリースやジャンパー、ショールなどを忘れずに持ち込もう。村での防寒具の入手はほとんど不可。

ウォロワル Wolowaru

MAP P.347

織物を作る村々への拠点ともなる素朴な村

　モニからマウメレ方面に12kmほど離れた大きな村で、高い傾斜屋根の伝統家屋も5軒ほどある。幹線道路沿いにあるので交通も比較的便利だ。この村を拠点として、伝統的な天然染料を用いた織物作りで有名なジョプ Jopu、ウォロンジタ Wolonjita、ナゲラ Naggela など南部の村々を訪れることができる。行く道では山がちの景色と素朴な伝統家屋が散見できる。村では女性が機を織る姿を見られ、サロンやショールなども購入可。

マウメレ Maumere

MAP P.347

フローレス東部の交通起点

　人口7万人を超えるフローレス島最大の町。町なかに見どころはないので、多くの旅行者にとっては、1泊で移動するケースが多い。町の中心は市場があるパサール付近。おもなレス

マウメレ市内のイカットショップ

トランやホテルもこの周辺にある。全体的に街灯が少なく、夜は早い時間に町は暗くなってしまう。

マウメレ近郊の見どころ

　マウメレから20kmほど南のサブ海沿岸にあるシッカ Sikka 村は、イカットの名産地。村では観光客が訪れると気配を感じるのか、どこからともなく村人たちが自分のイカットを片手に集まってくる。首長（デポット）の家では、イカットの制作過程なども見学できる。

織物村へのアクセス

　ウォロワルからジョプまで西に4km、ジョプからウォロンジタまで南に4km、さらに5kmほど南下するとサブ海に面したナゲラ村に出る。
　ウォロワルからナゲラまでは、ベモで Rp.2 万程度。

マウメレ空港から市内へ

　中心部までは約3km。チケットタクシーは Rp.7 万。空港を出て800mほど歩き、マウメレとラントゥカを結ぶ幹線道路に出れば、ベモで市内へ行くことも可。

マウメレからのバス

　西方面へのトラベルはモニに所要2.5時間（Rp.8 万〜）、バジャワへ所要8時間（Rp.15 万〜）、ルーテンへ所要12時間（Rp.25 万〜）。エンデ方面へのローカルバスは1.5km 南西のバスターミナルから不定期に発着。

シッカ村へのアクセス

　マウメレ中心部からチャーター車（往復 Rp.30 万）やオジェッ（往復 Rp.15 万）で行くのが一般的。所要40分。

シッカ村のイカット作り

マウメレのホテル＆レストラン

Hシルビア Sylvia（住所 Jl. Gajah Mada No.88 TEL(0382) 21-780　WA 0812-1617-2984)は、モニ方面へのベモターミナルの隣にある清潔な中級ホテル。プールもある。客室での Wi-Fi 利用もOK。エアコン付きⓈⒹ Rp.36 万〜。

Hガルデナ Gardena（住所 Jl. Patirangga No.28　TEL (0382)22-644)は、各国からのバックパッカーが集う格安ホテルの代表格。部屋はシンプルだが情報収集にはおすすめ。ファン付きⒹ Rp.15 万、エアコン付きⒹ Rp.20 万。空港に近いが清潔度はイマイチ。

Hマーリン Merlin（住所 Jl. Gajah Mada　WA 0813-3805-1458)は手頃な格安ホテル。西方面ベモターミナルを出て町の中心部へ徒歩10分ほど。ⓈⒹ Rp.20 万〜33 万。

客室はサイズにより3タイプ

Rレスト78 Rest 78（住所 Jl. Melati 6/1 TEL 0813-3806-6678 携帯　営業 毎日 8:00〜21:00)は、町の広場の裏にある人気の食堂。各種ナシ・ゴレン（Rp.2 万〜）、オックステールスープのソプ・ブントゥッ(Rp.3 万)など。

フローレス島の東に浮かぶレンバタ島（MAP P.339）にあるラマレラ Lamalera はマッコウクジラの捕獲が認められている漁村。5〜8月にはプレダンと呼ばれる小舟で沖に出て、銛で捕鯨を行っている。

353

力強く素朴な文化が息づく魅力あふれる

スンバ島

Pulau Sumba

★スンバ島

人　口	40万人
市外局番	0387

イベント情報

●2～3月

騎馬戦パソーラ Pasola は2月にランボヤ Lamboya とコディ Kodi、3月にワノカカ Wanokaka などワイカブバッ周辺で催される。例年、満月の7～10日後ぐらいに行われる。

ワインガプへの飛行機

◆バリ島から

ウイングス航空が1日1便運航（デンパサール発14:40、所要2時間、Rp.246万～）。

◆ティモール島クパンから

ウイングス航空が1日1便運航（クパン発15:10、所要1時間、Rp.170万～）。

タンボラカへの飛行機

◆バリ島から

ウイングス航空、シティリンク、スリウィジャ航空、ナム航空が1日計6便運航（所要1～1.5時間、Rp.112万～209万）。

◆ティモール島クパンから

ウイングス航空やナム航空が1日各1便運航（所要1～1.5時間、Rp.113万～212万）。

独特のモチーフで彩られた織物イカットや壮大な宗教行事パソーラなど、伝統的な文化が脈々と息づいている島。プロテスタントやイスラム教などの宗教も入ってきているが、依然大多数の人々がマラプという

ワノカカ地方の伝統舞踊パフォーマンス

精霊信仰に基づく習慣を保っている。島西部は雨も多く耕作に適しているが、東に行くにつれ乾燥し痩せた土地となり、馬・水牛の牧畜がおもな産業となる。この地理的な条件などから、1913年オランダに統治されるまでどこにも制圧されることがなかった。歴史的には14世紀にジャワ島のマジャパイト王朝、その後スンバワ島ビマやスラウェシ島ゴワ王国の影響下に入った。しかし島内は地方の王族による支配が長く続き、小王国間の戦闘が絶えなかった。そして奴隷売買や、首狩りなど奇怪な風習も20世紀に入るまで行われていた。

アクセス

飛行機▶ 各島からの飛行機はワインガプとタンボラカ（ワイカブバッ郊外）のふたつの空港へ就航。東部のワインガプ空港から市内へは約6km。タクシー利用で Rp.6万～。

西部のタンボラカ Tambolaka 空港からワイカブバッ市内は42kmほど離れている。タクシー利用で Rp.40万～。

Column

槍と血の雨が降る騎馬戦パソーラ

パソーラ Pasola とは荒々しくも勇壮なスンバ島独特の祭祀行事。毎年雨季が終わり田植えの季節を迎えると、男たちがふた組に分かれ、馬にまたがって木の槍を投げ合って1日戦うというものだ。

島ではマラプ Marapu という精霊信仰が今も生活に浸透しているが、このパソーラも稲の豊作を願い行われる一連の儀式のひとつで、まず最初に稲の精霊ニャレ Nyale（釣り餌に使われるイソメ）を迎える儀式が行われる。明け方、

この時期になると浜辺に出てくるニャレを、ラト Rato と呼ばれるマラプの司祭が調べ、稲の収穫を予想する。ニャレがたくさん見つかれば、その年は豊作になるという。

そしてパソーラが始められる。騎士たちはスカーフとバンダナを巻き、馬も飾りたてられて登場。海側と陸側のふた組に分かれ、木の槍を力いっぱい投げ合い敵をたたき落とす。当然、けが人も（ときには死人も）出るが、戦士たちの血は大地の精霊を慰め、豊作をもたらすという。

  ハミダシ　伝統村で高くそびえる木の柱を見つけたら、それはアンドゥンと呼ばれるもの。他村との戦争に勝って切り取った領主の首を高々と掲げたのだという（現代ではただのシンボルだが）。

歩き方

西スンバに広がる静かなビーチ

スンバ島東部の中心地が**ワインガプ** Waingapu、西部の中心地が**ワイカブバッ** Waikabubak で、旅行する際の起点となる。この2都市間を結ぶ幹線道路に、1日3本のバスが走っている。これ以外の道路にもバス、ベモ、トラック、馬車などが運行しているが数は少なく、旅行者にとっては車のチャーターが便利だ。都市部ではオジェッが足となる。

●伝統村でのマナー

イカット（→ P.338）作りや巨石墳墓など興味深いものが多いスンバ島の伝統村。しかしこれらは観光地ではなく、村人が素朴な生活を営む普通の村だ。なるべく地元の言葉がわかるガイドとともに行って、独自の習慣などを教えてもらおう。村では名前や出身国などを書き込む簡単な名簿が用意されていて、Rp.2万ほどの寄付を求められる。寄付ではなく、村で作られた品物を買ってほしいと言われることもあるが、欲しいものがなければはっきりと断って差し支えない。

●スンバ島のビーチ情報

スンバ島には美しいビーチも各地にある。ワイカブバッから南へ車で約40分。伝統村や舞踊で有名なランボヤ地方には、木立に囲まれた**パンタイ・マロシ** Pantai Marosi がある。ベージュ色の丸い粒状の砂に、打ち寄せられた貝殻が散らばる海岸は散策も楽しい（波は荒いので注意）。

また、ワインガプの町から20kmほど北西にある**プラウ・カンベラ** Purau Kambera は、サラサラの砂が裸足に心地よいロングビーチ。波も静かだから遊泳にも向いている。どちらのビーチも物売りは皆無。周辺には店すらもなく、手つかずの自然な浜辺でリラックスできる。

ワインガプ～ワイカブバッ間の移動

バスは両都市から11:00頃に出発（所要5時間、Rp.8万〜）。車をチャーターすると所要3.5時間でRp.80万〜。

またトラベルと呼ばれるドア・トゥ・ドアのワゴン車も両都市から朝夕に各1本（所要4時間、Rp.7万〜）。

● Sinar Lombok 社
（トラベルの予約）

ワインガプ
TEL (0387) 61-555
WA 0852-3900-6666
ワイカブバッ
TEL (0387) 22-222
WA 0852-3900-3333

バスターミナル

ワインガプのバスターミナルは、町から4km南にあるカンバジャワ・ターミナル。ワインガプ市内のターミナル・アンクタン・コタまではベモでRp.5000。

ワイカブバッのバスターミナルは中心部の市場沿いにある。

屋根の形が独特な伝統家屋。先端の部分にはその家の精霊がすんでいるという

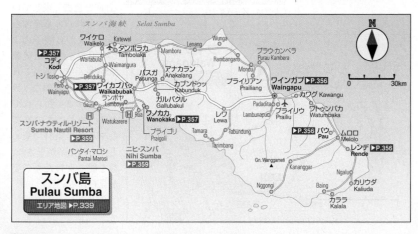

スンバ海峡 Selat Sumba

ワイケロ Waikelo
Katewel
▶P.357 コディ Kodi
トシ Tosi
Waitabula
Benduka
ペロ Pero
Wainyapu
▶P.357 ワイカブバッ Waikabubak
ランボヤ Lamboya
Waimangura
タンボラカ Tambolaka
Waimangura
バスガ Pasunga
アナカラン Anakalang
カブンドゥッ Kabunduk
ガルバクル Gallubakul
ワノカカ Wanokaka **▶P.357**
Gaura
Watukarere
プライゴリ Praigoli
ニヒ・スンバ Nihi Sumba **▶P.359**
スンバ・ナウティル・リゾート Sumba Nautil Resort **▶P.359**
パンタイ・マロシ Pantai Marosi **▶P.359**
Mamboru
Lenang
Wunga
Rambangaru
Mondu
プライリアン Prailiang
Padaditao
ランブナプ Lambunapu
レワ Lewa
Tamara
Tabundung
Tarimbang
Gn. Wanggameti
Nggongi
Kananggar
Baing
Ngaluc
プラウ・カンベラ Purau Kambera
ワインガプ Waingapu **▶P.356**
カワング Kawangu
プライリウ Prailiu
ワトゥンバカ Watumbaka
▶P.356 パウ Pau
Melolo
レンデ Rende **▶P.356**
カリウダ Kaliuda
カララ Kalala

スンバ島 Pulau Sumba
エリア地図 **▶P.339**

N

0　　　30km

ワインガプ　Waingapu

MAP P.355

活気あるスンバ随一の商業地

島内最大の人口5万人を抱える、旅行者が東部の村々を訪れるための起点。町は港のある旧市街と、バスターミナルやマーケットのある新市街に分かれ、ジャラン・アーマッ・ヤニ Jl. Ahmad Yani で結ばれている。新市街にホテルが多い。

◆ワインガプ近郊の見どころ

●レンデ村&プライヤワン村　Rende & Praiyawang MAP P.355

かつてスンバ島東部には、村単位の小王国が数多く存在していた。インドネシア独立時にすべ

ワインガプ近郊の村々ではイカット作りが盛ん

ての王国は廃絶されたが、レンデ村 Rende &プライヤワン村 Praiyawang など、ワインガプ周辺の伝統村には王族の末裔が暮らし、いまだ奴隷制度も続いている。

伝統村の中心には先祖の王を祀った巨石墳墓が立つ。4本の支石の上に巨大な1枚の天井石が載る構造は、ドル

伝統家屋と巨石墳墓が残るプライヤワン村

メンという新石器時代の墳墓と同じ形で、日本の古墳のようでもある。表面には王家の象徴のワニや水牛などの動物が彫り込まれ、当時の信仰を色濃く表している。それらの墓を囲むように麦わら帽子のような屋根をもつ伝統家屋が並んでいる。これらの村は伝統的なイカット作りでも知られており、あちこちの家で藍や赤色の染料で染め上げられた糸が干され、機を織る女性たちの姿が見られる。

ワインガプ周辺へのアクセス

レンデ村&プライヤワン村に行くにはワインガプからムロロ村 Melolo までバス（毎時約1本運行、所要1.5時間、Rp.3万）を利用し、ムロロからはベモに乗り換えて行く（ワインガプからレンデ村まで乗り換えなしのバスもある）。15:00頃にはバスは終わってしまうので、早めに行動しよう。タクシーや車をチャーターすると1日おおむね Rp.60万～だが、英語を話せるガイド（1日 Rp.40万ほど）も付けて地元の文化・習慣を詳しく教えてもらうといいだろう。この方法なら一度にいろいろ回れるので便利だ。

マラリア対策は万全に

スンバ島ではマラリアに注意が必要。媒介するハマダラ蚊は特に夕方から夜に活動する。虫よけスプレー、蚊取り線香などを用意するほか、黒っぽい服装は蚊が好むので避ける、肌の露出を少なくするなどの予防対策を行おう。

ワインガプ
Waingapu
エリア地図 ▶P.355

ベルンゴ
Jl. Sutomo
Jl. Yos Sudarso
バッソ・アレマ
Bakso Arema

Primadona

カルニア
Karunia

旧日本軍の大砲

ワインガプ湾
Teluk Waingapu

空港へ6km
レンデ村へ70km

エルビン
Jl. Ahmad Yani
Elvin
メルリン
Merlin
▶P.358
ミスター・カフェ
Mr.Cafe

Jl. W.J. Lalamentik
Sinar Lombok
トラベル
Jl. Ampera

BRI

Jl. KH Dewantoro

▶P.358
エルカフェ・スンバ
Elcafe Sumba

バス&ベモ・ターミナル
マタワイ市場

▶P.359 ジャミー
Jemmy
サンダルウッド
Sandle Wood
▶P.359

0　　　500m

カンバジャワ・バスターミナルへ4km

ハミダシ　伝統村へ行くときにはたばこなどの手みやげを携えていくと、村人とのコミュニケーションに役立つ。墓などの写真を撮るときは、近くにいる村人にひと声かけてからにしよう。

ワイカブバッ Waikabubak

MAP P.355

伝統行事パソーラで有名な島西部の中心地

標高600mの高地にある西スンバ島の中心部。ジャラン・アーマッ・ヤニ沿いに市場やバスターミナルが集まっている。中心にほど近い小さな丘の上には**ワイタバル村** Waitabar などの伝統村もあり、伝統家屋や巨石墳墓も見られる。また、2〜3月には周辺の地域で雄大なパソーラ祭が行われる。

ワイカブバッ近郊で行われるパソーラ祭

◆ ワイカブバッ周辺の見どころ

●コディ＆ワノカカ Kodi & Wanokaka

MAP P.355

島の西部コディ Kodi 地方はパソーラの発祥地でもあり、最も伝統的な地域として有名。海にほど近い**トシ村** Tosi や**ワイニャプ村** Wainyapu などで、スンバ

伝統的な暮らしぶりが見られるプライゴリ村

島で最も高い屋根をもつ伝統家屋や巨石墳墓が見られる。これらの伝統村では民家に宿泊することもできるので、興味があるなら前もってガイドに伝えておこう。ワイカブバッから約20km南の**ワノカカ** Wanokaka 地方にも多くの伝統村が点在し、伝統芸能の公演チャーターも可能。**プライゴリ村** Praigoli 周辺には3つの伝統村が並んでいる。また、ワイカブバッから約20km東のアナカラン地方にある**パスガ村** Pasunga や**ガルバクル村** Gallubakul は、見事な彫刻が施された巨石墳墓で有名だ。

ワイカブバッ周辺へのアクセス

ベモやミニバスを使う場合、コディ地方へはまずワイカブバッからワイタブラまで行くことになる（Rp.1万）。トシ村へはボンドコディ行きベモ（Rp.1万2000）、ワイニャプ村へはペロ行きベモ（Rp.4万）に乗り換える。プライゴリ村へはワイカブバッからワノカカ行きベモで Rp.1万〜。どれも村までは行きつかないので、1〜3kmほど歩くかオジェッなどをつかまえるしかない。車のチャーターが便利（1日 Rp.60万〜）。

スンバ島のガイド事情

パソーラ祭などで地方エリアの伝統村を訪ねるには、ホテルでガイドや車の手配を頼むのがおすすめ。ドライバーは1日 Rp.60万、英語ガイドは1日 Rp.40万が相場。ガイドだけ雇って公共交通で移動することもOK。

パンタイ・マロシ

島の南西部にあるパンタイ・マロシ Pantai Marosi はマングローブの緑と白砂が美しいビーチで、快適なホテルもある。ワイカブバッからガウラ行きベモで Rp.1万。

ルマ・マカン・ファニー
Rumah Makan Fanny

ガソリンスタンド

ワイタバル村
Kampung Waitabar

タルン村
Kampung Tarung

Kampung
Prai Klembung

BRI

Sinar Lombok社
(トラベル)

市場

ターミナル

ディース・ンバ・アテ
D'Sumba Ate

ワイタブラ、タンボラカへ

Jl. Bhayangkara

Jl. Supirman

Jl. Mehda Eni

Jl. Ahmad Yani

Jl. Gajah Mada

Jl. Pemuda

Jl. Pisang

Jl. Cucak Rawa

サッカー場

Kampung
Tambelar

Kampung
Tambela

BNI

ペリタ
Pelita P.359

アロハ
Aloha

Jl. Veteran

アルダ
Artha

Jl. Malada

(ガルーダ航空代理店)

BRI

Ande Ate

Manandang P.358 / P.359

観光案内所
300m先へ

Jl. Terata

ワインガプへ

マナンダン

ワイカブバッ
Waikabubak

エリア地図 ▶P.355

R P.358

0 — 300m

レストラン

Restaurant

ワインガプとワイカブバッの中心部には、レストランが多い。ワインガプ旧市街の港には、夜のみイカン・バカールの屋台が出て、新鮮な魚をその場で焼いてくれる。値段は魚の大きさによって異なる(Rp.3万5000〜)。ご飯と野菜のつけ合わせ付き。

ワインガプ

■ 各国料理を提供している
エルカフェ・スンバ
Elcafe Sumba　**MAP** P.356

住所 Jl. Pemuda No.10, Matawal
WA 0812-3824-6474
営業 毎日 8:30〜21:00（日 12:30〜）
税&サ 込み　カード MV　Wi-Fi OK

マタワイ市場の東隣にあるレストラン。イカット織や絵画が展示された店内はエアコン完備で居心地も◎　ナシチャンプル・エルカフェ(Rp.4万5000)やチキンカツカレー(Rp.5万)など値段も手頃だ。

アヤム・グブルッ Rp.3万5000

■ チキン料理がおいしい
ミスター・カフェ
Mr. Cafe　**MAP** P.356

住所 Jl.Umbu Tipuk Marisi No.1　TEL (0387) 61-605
WA 0852-5341-0000　営業 毎日 7:00〜21:30
税&サ 込み　カード 不可

現地の人にも評判が高い人気レストラン。ジャワ人が経営しており、チキン料理がおすすめ。アヤム・ゴレン(Rp.2万〜)、ソト・アヤム(Rp.1万5000)、フレッシュジュース(Rp.1万5000〜)など。

アヤム・バカールが人気メニュー

ワイカブバッ

■ 快適なおすすめレストラン
ディースンバ・アテ
D' Sumba Ate　**MAP** P.357

住所 Jl. Ahmad Yani No.148 A, Waikabubak
WA 0821-4632-5612　営業 毎日 11:00〜23:00
税&サ +10%　カード 不可

中庭に東屋が点在するガーデンレストラン。郷土料理からインターナショナル料理までメニュー多彩。ピザ(Rp.7万〜)やスパゲティ・ボロネーゼ(Rp.4万)は本格的な味わい。イカのグリル料理は Rp.6万〜。

■ 郷土料理が多彩
マナンダン
Manandang　**MAP** P.357

住所 Jl. Pemuda No.4, Waikabubak
TEL (0387) 21-197　WA 0812-3620-5222
営業 毎日 6:00〜22:00　税&サ +15%　カード 不可

同名ホテルに併設されている、地元料理が楽しめるレストラン。鶏料理のアヤム・ゴレン・アラ・マナンダン(Rp.3万7000)、パパイヤの花を炒めたチャ・ブンガ・ププャ(Rp.2万3000)などが人気メニュー。

Column スンバの特産品をおみやげに

スンバ島のイカット（→ P.338）は有名だが、そのほかにも興味深いアイテムが多い。銀や真鍮で作られた「マモリ」は伝統的な女性用の耳飾りであり、僧侶の神秘的な力を表すシンボルでもあったもの。現在はペンダントヘッドとして使っているのを見かけることがある。また、「マモリ」を入れるための木製の印籠形入れ物も、まるで平たいナスのような形をしていてユニーク。スンバ独特のプリミティブな彫刻を施したものもあり、大きさも多彩だ。

かみたばこ（シリ・ピナン）入れとして使われている、パンダンの葉で細かく編み上げたポーチ風のかばんは、よく村や市場で作っているのを目にする。糸で刺繍が施されたものもある。

イカットなど特産品を買うなら、市場に行くのがおすすめ。訪れた伝統村で買うのもよいが、なぜか市場や行商人から買うほうが同じものでも安くなる。また、西スンバよりも東スンバのほうが安い傾向にあるようで、物によっては半分以下の値段まで下がる。ただ、訪れる人の少ない村で村人から直接買うことは、彼らにとっての貴重な現金収入にもなるということは頭に入れておきたい。

ワイカブバッ市内では街頭でイカットも売られている

ハミダシ ヌサ・トゥンガラ諸島の旅には日程と予算に余裕が必要。フライトキャンセルなどで思うように移動できないこともある。島内交通も不便なので、車チャーターもおすすめ。

ホテル　　Hotel

ワインガプ

快適に過ごせる
ジェミー
Jemmy　**MAP P.356**

住所 Jl. Umbu Marahongu Matawai, Waingapu
TEL (0387) 62-747　WA 0812-3977-8339
税&サ 込み　カード 不可　Wi-Fi OK
料金 AC Mini TV スタンダードⒹ Rp.15 万～
　　 AC Mini TV デラックスⒹ Rp.27 万 5000 ～

ワインガプ中心部にある全 10 室のゲストハウス。室内は白いタイル張りで清潔。スタンダード（12㎡）は手狭なので、デラックス（20㎡）の利用がおすすめ。空港からピックアップサービス（Rp.2 万）もある。
POOL レストラン 朝食

便利な立地が魅力なホテル
サンダル・ウッド
Sandle Wood　**MAP P.356**

住所 Jl. Panjaitan No.23, Waingapu
WA 0838-7291-8141
税&サ 込み　カード 不可　Wi-Fi OK
料金 AC Mini TV エコノミーⓈ Rp.20 万～
　　 AC Mini TV スタンダードⒹ Rp.25 万～

全 25 室の建物は
2 階建て

バスターミナルの 1 ブロック東にあり、移動にも便利な立地。人気宿で、客室は満室のことが多い。周辺の村への車やガイドの手配も OK。POOL レストラン 朝食

ワイカブバッ

快適に滞在できる中級ホテル
マナンダン
Manandang　**MAP P.357**

住所 Jl. Pemuda No.4, Waikabubak
TEL (0387) 21-197　税&サ 込み　カード 不可
料金 AC Mini TV ⓈⒹ Rp.47 万
　　 AC Mini TV ⒹRp.54 万

バスターミナルから 300m 東にある、ワイカブバッではいちばん大きく設備も整ったホテル。部屋も清潔。全 50 室。POOL レストラン 朝食

便利なロケーションに建つ安宿
ペリタ
Pelita　**MAP P.357**

住所 Jl. Ahmad Yani No.2, Waikabubak
WA 0812-3703-2182　税&サ 込み　カード 不可
料金 AC Mini TV ⓈⒹ Rp.35 万～

メインストリート沿い、郵便局の隣にある全 16 室の安宿。素朴なスタッフたちは親切で、頼めばマンディ用のお湯をバケツに入れて持ってきてくれる。POOL レストラン 朝食

ビーチエリア

究極の次世代型エコリゾート
ニヒ・スンバ
Nihi Sumba　**MAP P.355**

住所 Desa Hobawawi, Kecamatan Wanukaka
WA 0811-3978-550　URL nihi.com
税&サ +21%　カード A M V　Wi-Fi OK
料金 AC Mini TV 1 ベッドルームヴィラ US$1795 ～
　　 AC Mini TV 2 ベッドルームヴィラ US$4495 ～

島の南西部、2.5km のプライベートビーチに面したセレブ御用達の隠れ家リゾート。すべてデザインが異なる1～ 5 ベッドルームのヴィラが 27 棟あり、滞在は 3 泊から（ハイシーズンは 5 泊以上）。料金には 1 日 3 回の食事が含まれ、日替わりの無料アクティビティも充実している。POOL レストラン 朝食

マロシ海岸まで徒歩 10 分
スンバ・ナウティル・リゾート
Sumba Nautil Resort　**MAP P.355**

住所 Jl. Kartini No.16, Lamboya
TEL 081-3395-58652 携帯
URL www.sumbanautilresort.com
税&サ 込み　カード 不可
料金 AC Mini TV スーペリアⓈⒹ Rp.195 万～
　　 AC Mini TV コテージⓈⒹ Rp.215 万～

海を望む丘に建つ全 7 室のリゾート。部屋は雰囲気のいいデザインで、客室にはミニバーやコーヒーメーカーを完備している。伝統を色濃く残すランボヤ地方にあるので、ここを起点に伝統村を巡るのもいい。ツアーもアレンジ可（要予約）。朝食のみ～ 3 食付きまで、食事条件によって料金が変わる。POOL レストラン 朝食

投稿 🄷 ニヒ・スンバはアメリカの旅行雑誌で世界のベストリゾートに輝いたハイエンドなホテルです。5kmほどトレッキングして受けるスパ・サファリなどプログラムもとてもユニーク！（東京都　T.T.）['24]

素朴な島々が周辺に浮かぶ東ヌサ・トゥンガラ州の要衝

ティモール島
Pulau Timor

●スンバ島
ティモール島

人　口	200万人
高　度	10m 未満
市外局番（クパン）	0380
（アタンブア）	0389

東西500kmにも及ぶティモール島は、ヌサ・トゥンガラ諸島最大の島。島の東半分を占める東ティモールは2002年にインドネシアから独立した新国家だ。西ティモールのクパン Kupang は東ヌサ・トゥンガラ州の州都で、周辺にはダイビングやサーフィンに適した島も浮かんでいる。

クパン周辺には豊かな自然が広がっている

クパンへの飛行機
◆ジャカルタから
バティック航空、ライオン航空、シティリンクが1日計4便運航（所要3〜4.5時間、Rp.247万〜304万）。
◆デンパサールから
ガルーダ航空とライオン航空が1日計3便運航（所要1.5〜3.5時間、Rp.157万〜178万）。

空港から市内へ
エルタリ空港は中心部から約15km東。空港から市内へはタクシーで約30分、Rp.70万。

●東ティモールからのアクセス
→ P.463

アクセス

飛行機▶クパンへはガルーダ航空やライオン航空がデンパサールから毎日運航している。スンバ島のワインガプやタンボラカ、フローレス島のマウメレ、エンデ、バハワからもウイングス航空が毎日運航（早朝発など不便なフライトもある）。ヌサ・トゥンガラ諸島の交通ハブとなっている。

船　舶▶テナウ港 Tenau（クパンから7km西）からインドネシア最南端のロテ島 Pulau Rote への高速船（毎日9:00発、所要約90分、Rp.50万〜）が運航している。

歩き方

クパン市内はベモが頻繁に運行している。周辺の見どころであるラシアナ・ビーチ Lasiana やバウン Baun（織物の村）などへはベモでも行けるが、スノーケリングで有名なスマウ島 Semau と同様にツアーもいろいろ出ている。

クパンの宿泊施設

クパン市内には中級から格安までホテルが点在している。

Ⓗアストン・クパン Aston Kupang（住所 Jl. Timor Raya No.142　TEL 0380-858-6333　URL www.astonhotelsinternational.com）はクラパ・リマ・ビーチに面した全179室のホテル。観光にもビジネスにも使い勝手がいい。エアコン付きⓈⒹRp.74万〜。

ビーチを望める部屋もあるアストン・クパン

Ⓗオリーブ Olive（住所 Jl. Dua Lontar No.04, Kayu Putih　TEL 0380-855-3926　WA 0819-7709-67786）はクパンの空港からタクシーで10分ほど郊外にありトランジット利用に便利。ファン付きⓈRp.15万〜、ⓄRp.20万〜。

Ⓗラバロン・シービュー・ホステル Lavalon Seaview Hostel（住所 Jl. Sumatera No.44 A　WA 0812-3770-533　URL lavalontouristinfo.com）は、ロテ島やアロール島などティモール島周辺の旅行情報が得られる人気ホステル。ドミトリー Rp.7万、エアコン付きⓈⒹ Rp.20万〜。

ハミダシ ティモール島の西に浮かぶロテ島（MAP P.339）はサーフスポットとして有名な島。ウミガメが産卵に訪れる豊かな自然が残り、独自のモチーフが描かれたイカット作りも盛んだ。

雄大な自然と素朴な魅力にあふれた

スマトラ島
Sumatera

インドネシアの西端にあるスマトラ島では、ミナンカバウ人をはじめとする特徴ある民族文化に随所で触れることができる。景観のよいトバ湖周辺やブキティンギなどは、高原の避暑地としても人気。また、島の西に浮かぶシベル島やニアス島には、土着的な風習も色濃く残っている。オランウータンが生息することで有名なブキッ・ラワンに隣接するグヌン・ルセル国立公園など、島内3ヵ所の国立公園が世界自然遺産に登録されている。

スマトラ島基本データ

地理 & 人口 ▶ マラッカ海峡を隔ててマレーシアとシンガポールに隣接するスマトラは、インドネシアの西端に位置する島。南北に約2000kmで、そのほぼ中央を赤道が貫き、総面積は約47万3600km²、日本の約1.25倍もある巨大な島だ。島全体の人口は5800万人を超え、インドネシア全体のほぼ20%を占めている。

ヒマラヤ造山帯に連なる山系に属し、活火山を含む多くの火山がある。そのため平野部の面積が狭く、海岸からいきなり断崖がそびえ、2000～3000m級の山の連なる間に盆地や高原地帯がある。島は北からアチェ Aceh、北スマトラ Sumatera Utara、西スマトラ Sumatera Barat、リアウ Riau、リアウ諸島 Kepulauan Riau、ジャンビ Jambi、ブンクル Bengkulu、南スマトラ Sumatera Selatan、ランプン Lampung、バンカ・ブリトゥン Bangka Belitung の10州から構成されている。

自然保護区にさまざまな
動物が生息している

民族 & 宗教 ▶ 島内各地域にさまざまな民族が居住しており、他島と同様に多様な文化・社会が見られる。主要な民族としては人口の多い順に、東部と南部に住むマライ人、西スマトラのミナンカバウ人、北部のアチェ人、そしてトバ湖を中心とする一帯に暮らすバタッ人などだ。各民族にはそれぞれ特徴ある歴史や文化があり、さらに同じ民族のなかで複数の支族に分かれ、性格や文化・習慣にも差異がある。

現在では大多数がイスラム教徒であるが、もともと各民族はアニミズム信仰や5世紀以降に伝わった仏教の信仰ももっていた。13世紀にイスラム教が、インド南部からスマトラ島北部のバンダ・アチェに伝えられると、インドネシア各地にイスラム教が広まっていった。このため、アチェはインドネシア・イスラム原理主義者の聖地とされている。トバ湖周辺のバタッ人にはキリスト教徒も多い。

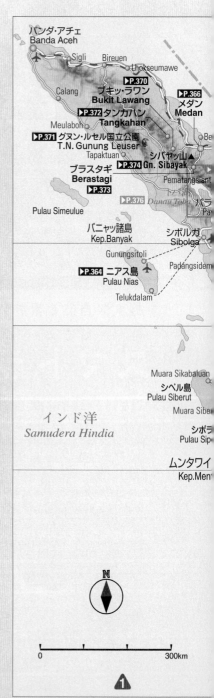

バンダ・アチェ
Banda Aceh
Sigli　Bireuen
Lhokseumawe
Calang
ブキッ・ラワン ▶P.370
Bukit Lawang ▶P.366
メダン
Medan
タンカハン ▶P.372
Tangkahan
Meulaboh
グヌン・ルセル国立公園 ▶P.371
T.N. Gunung Leuser
Tapaktuan
シバヤッ山▲
Gn. Sibayak ▶P.374
ブラスタギ
Berastagi ▶P.373
Pematangsiant
Pulau Simeulue
Danau Toba ▶P.376
バラ
Pa
バニャッ諸島
Kep.Banyak
シボルガ
Sibolga
Gunungsitoli
Padangsidem
ニアス島 ▶P.364
Pulau Nias
Telukdalam

Muara Sikabaluan
シベル島
Pulau Siberut
Muara Sibe

インド洋
Samudera Hindia
シボラ
Pulau Sip

ムンタワイ
Kep.Men

N

0　　　　　　300km

362

スマトラ島
Sumatera

ペナン島
Penang

マレーシア

南シナ海
Laut Cina Selatan

Ⓐ

マラッカ海峡
elat Malacca

Port Klang

クアラルンプール
Kuala Lumpur

Tanjung Balai

Port Dickson

マラッカ
Malacca(Melaka)

Rantauprapat

ドゥマイ
Dumai

シンガポール

Tanjung Butun

バタム島
Pulau Batam

ビンタン島 ▶P.364
Pulau Bintan

ナトゥナ海
Laut Natuna

プカンバル
Pekanbaru

キジャン
Kijang

リアウ諸島
Kep.Riau

赤道
Equator

▶P.389

ブキティンギ ▶P.382
Bukittinggi

サワルント ▶P.13
Sawahlunto

Rengat

Pulau Singkep

Ⓑ

Solok

Sungaidareh

Kuala Tungkal

バンカ島 ▶P.92
Pulau Bangka

パダン ▶P.390
Padang

Muara Bungo

Belinyu

Painan

クリンチ山
▲Gn.Kerinci

ジャンビ
Jambi

Bangko

Muntok

Pangkal Pinang

Pejat

Sungai Penuh

クリンチ・スブラト国立公園
T.N. Kerici Seblat

▶P.93
ブリトゥン島
Pulau Belitung

Sikakap

Tanjungpandan

パレンバン
Palembang

ガイ・ウタラ島
ulau Pagai Utara

Lubuklinggau

ジャワ海
Laut Jawa

ブンクル
Bengkulu

Muaraenim

ワイ・カンバス国立公園
T.N. Way Kambas

Baturaja

Kotabumi

ブキッ・バリサン・スラタン国立公園
T.N. Bukit Barisan Selatan

Metro

Ⓒ

バンダル・ランプン
Bandar Lampung

Bakauheni

ムラッ
Merak

ジャカルタ
Jakarta

ジャワ島

Ⓐ2

Ⓐ3

文化 & 歴史▶ 7世紀には島内にいくつかの王国が築かれ、中国との交流もあった。特に、現在のパレンバンに近い場所に首都があったとされるスリウィジャヤン Sriwijayan 王国は、マラッカ海峡一帯で勢力を拡大し、貿易の中心地として栄えていた。その後、王国同士の対立で、13世紀にイスラム勢力が台頭するまで政治的混乱が続いた。

16世紀にはポルトガル人がスマトラ島にも勢力を伸ばし、当時スマトラ全域を支配していたイスラム教徒をアチェに追いやった。その後、アチェでは新たにイスラム教の王国が興ったが、1629年にポルトガルとの戦いに敗れ衰退する。18世紀にオランダの東インド会社はパダンを拠点に貿易を開始し、コショウやコーヒーの輸出を開始して経済力は回復したが、1942～1945年は日本が占領するなど、1949年のインドネシア独立まで他国の支配下におかれた。

この島には13世紀以降の西アジア音楽文化の影響が顕著で、器楽よりも声楽にその特徴が見られる。イスラム社会では詩の朗誦が重要視されるが、ここでもマレー語の韻文による年代記ヒカヤットや四行詩パントゥンが、サルアンと呼ばれる笛やルバーブという弦楽器の伴奏で舞踊をともないながら歌われる。楽器では、東南アジアに共通の竹製の打楽器のほか、ルバナという太鼓などが使われる。舞踊はミナンカバウを中心に各種あるが、なかでもルバナとスルナイの合奏を伴奏とし、格闘技のように男性が組み合う踊りはとてもユニークだ。

ムンタワイ諸島には太古からの風習も残っている

☾ ハイライト

オランウータン、ゾウ、トラの生息地スマトラは、緑豊かな自然の宝庫。特に北部のグヌン・ルセル国立公園から南部のブキッ・バリサン・スラタン国立公園にかけて広がる熱帯雨林は、2004年に「スマトラの熱帯雨林遺産」として世界自然遺産にも登録されている。メダン近郊のブキッ・ラワンなどからジャングルツアーに参加し自然に触れたい。

神秘的な景観で知られるトバ湖やミナンカバウ文化の中心地ブキティンギは、ホテルも多く観光の起点と

スマトラ島の西岸部には世界的なサーフスポットも点在している

しても最適。どちらからも周辺の熱帯雨林を訪ねるツアーが催行されている。

☾ 旅のヒント

両替と物価▶ メダンやパダンなどの大都市では銀行、ATM、両替所もあり、日本円を含む外貨の両替がスムーズ。しかし、小さな町ではドルの現金以外は通用しないことも多いので、地方へ向かう前には十分な両替をしておいたほうがいい。島内各地に ATM は設置されているが、小さな村の唯一の ATM が故障中という場合もあるので注意すること。

宿泊、移動、食事などの料金はジャワ島やバリ島と比べると全体的に安い。大衆的な食堂での食事は Rp.2万前後～、市内交通はベモ Rp.4000～が相場。

市場や屋台を利用すれば予算も抑えられる

スマトラ周辺の島々

ニアス島 Pulau Nias　　`MAP` P.362-B1
スマトラ本島の西125kmに浮かぶ島。サーフィンに最適の波が立つため、長期滞在するサーファーが多い。大きな石をくり抜いて造った住居など、興味深い文化が今も残っている。

メダンからニアス島のグヌンシトリ（GNS）へ、ウイングス航空とシティリンクが1日計6便（所要1時間、Rp.130万～154万）。

ビンタン島 Pulau Bintan　　`MAP` P.363-B3
シンガポールから手軽にアクセスできるリゾートとして人気。ビーチサイドにはリゾートホテルが建ち並ぶが、美しい自然も残っている。

シンガポールからは高速船 Bintan Resort Ferries（**URL** www.brf.com.sq）がラゴイ Lagoi の Bandar Benten Telani へ毎日3～5便運航（所要1時間、往復 S$90～154）。

旅の難易度 ▶ 南北に長い島なので、移動に時間と体力が必要となる。見どころを細かく回る場合にはバスでの移動が基本だが、山道が多く、雨季には道も損壊してしまうので、スケジュールにはゆとりも必要だ。また、大都市と観光地以外では、言葉や習慣のギャップが問題にもなる。地方では、食堂やバスターミナルでも、ほとんど英語は通じないものと覚悟しておくこと。

おみやげ ▶ アチェの刺繍（帽子やクッションカバーから財布などの小物まで）、トバ湖の木彫り人形や綿織物、ミナンカバウの楽器などがスマトラ島の名産品。また、国内各地のスーパーでも売られている香辛料やコーヒー、菓子は、スマトラ産のものが多く、リーズナブルなみやげ物になる。

🔰 安全情報

　大都市メダンでは路上でのひったくりや強盗の被害に注意。特にバイクに乗った2人組によるひったくりが横行しているので、歩きながらスマホや携帯電話を操作しないこと。被害に遭った場合は、犯人が刃物を所持しているケースも考慮し、無理な抵抗はしないことが重要だ。
　また、スマトラ島各地では森林火災による煙害の影響が出ている。大気汚染指数が上昇すると、咳や目の違和感などの症状が発生することもある。移動時にはマスクを用意しよう。

🔰 気候とシーズナリティ

　島全体に年間をとおして雨量が多く、特に西部スマトラではほとんどの地域で年間総降水量が4000mmを超える。最も乾燥しているのは、東岸部と中央部の断層谷だが、それでも年間2000mmを超える雨量がある。
　通常、乾季は5～9月で、最も雨の確率が少ない6～7月が旅のベストシーズンといわれている。雨季は場所により異なるが、概して12～3月。海岸部では最高気温が30℃を超えることも多く、高温多湿の熱帯雨林気候であるが、観光スポットはたいてい高原地帯にある。朝夕や日中でも日差しがないとかなり涼しいため、防寒の用意も必要だ。

🔰 島内の交通

飛行機 ▶ メダン～パダン、メダン～プカンバル、パダン～バタム間をライオン航空、ウイングス航空、シティリンク、スーパーエアジェットなどが運航している。

バス ▶ おもに旅行者が訪れる北西部は道もよくなり、ANS社など座席のゆったりした新型バスを導入している会社もある。長距離の移動には、エアコンやトイレが装備されたグレードの高いバスを選ぼう。

ツーリストバス ▶ メダン～パダンの主要路線には通年でツーリストバス（7～9人乗りのミニバン）も利用できる。各社とも定員に満たないと運行しないが、定員分の運賃を支払ってチャーター利用も可。旅行者向きの便利な移動手段で、各町にオフィスをもつツアー会社が催行している。

船舶 ▶ ムンタワイ諸島のシベル島へは、パダンやパダン郊外のブングス港から週数便のボートが運航している。

配車サービス ▶ メダンやパダンなどの都市部ではGrabやGojekなどの配車サービス（→ P.478）の利用が便利。空港からのピックアップ利用も可能。メダンではロシア系の配車サービス（inDrive、Maxim）も見かける。

🔰 スマトラ島へのアクセス

空路 ▶ メダンとパダンの2都市が国際線空路の起点になる。メダン（KNO）へはシンガポールからシンガポール航空とバティック航空が1日4便（US$111～149）、クアラルンプールからエアアジアやマレーシア航空などが1日9便（US$49～307）、ペナンからエアアジアやライオン航空などが1日7便（US$26～43）運航している。パダン（PDG）へはエアアジアなどが1日4便（US$58～80）運航。国内線はガルーダ航空、ライオン航空、シティリンク、スーパーエアジェットなどが、ジャカルタからメダンやパダンへ運航している。

パダンの年間気候表

月別	1月	2月	3月	4月	5月	6月	7月	8月	9月	10月	11月	12月	年間
平均気温 (℃)	26.2	26.4	26.6	26.5	26.7	26.4	25.8	25.7	25.9	25.7	25.8	26.0	26.1
相対湿度 (%)	78	77	77	78	76	75	74	75	76	78	79	79	77
降水量 (㎜)	315.3	243.8	327.7	352.0	277.3	204.1	360.6	217.1	358.5	515.5	521.0	315.1	4008.0

スマトラ島北部の観光拠点となる州都

メダン

Medan

★ メダン

人　口	約237万人
高　度	15m
市外局番	061
空港コード	KNO

空港から市内へ

クアラ・ナム国際空港 Kuala Namu は、メダン中心部から30kmほど東。タクシーや配車サービスで市内まで所要1時間30分〜、Rp.20万〜。

鉄道レイルリンク (URL www.railink.co.id) が空港の直結駅からメダン中央駅へ1日12本運行、所要30〜47分、Rp.4万〜6万5000。

ダムリDamriのエアポートバスは毎時2〜4本運行。アンプラス・バスターミナルへ所要70分〜、Rp.4万。メダン中心部へ所要90分〜、Rp.2万5000。ピナン・バリス・バスターミナルへ所要100分〜、Rp.4万。

メダンからのツーリストバス

ブキッ・ラワンやパラパット（トバ湖）などへドア・トゥ・ドアのツーリストバスが1日数本運行。申し込みは下記の旅行会社や各ホテルで。

● Bagus Holiday's

MAP P.367-B2
WA 0813-9638-0170

マレー半島の南に位置する、インドネシア第4の都市。地理的な条件から古くより民族の交流が盛んで、16〜17世紀にはアチェ人とデリ人が交戦を繰り広げていた。19世紀にオランダ人が上陸した際には、小さな村に過ぎなかったが、肥沃な土壌を利用してたばこのプランテーションが始められてから、急速な人口増加と都市建設が進んだ。1886年に北スマトラ州の州都となり、周辺の豊かな資源(石油、ゴム、たばこ、パーム油、コーヒー)が集散する商都に発展している。

中華食堂が並ぶスラット・パンジャン通り

アクセス

飛行機▶ライオン航空、ガルーダ航空、シティリンクなどがジャカルタやパダンから運航。

メダンへの飛行機 （メダン発→ P.475、国際線→ P.365）	
ジャカルタから	ガルーダ航空、スーパーエアジェット、ライオン航空などが1日計37〜39便、所要2.5時間、Rp.132万〜216万
パダンから	ウイングス航空が1日1便（パダン8:30発）、所要1.5時間、Rp.222万〜224万

バ　ス▶メインバスターミナルはふたつある。中心部から7km南のアンプラス・バスターミナル Amplas Bus Terminal には、トバ湖のパラパッやブキティンギなど南部からのバスが発着。10km西のピナン・バリス・バスターミナル Pinang Baris Bus Terminal には、ブキッ・ラワンなど北西部からのバスが発着。

メダンへのバス	
ブラスタギから	毎時約2本、所要2〜4時間、Rp.3万〜 ツーリストバスは所要2〜3時間、Rp.18万〜
トバ湖から	1日10本、所要4〜5時間、Rp.4万〜9万 ツーリストバスは1日数本、所要4時間、Rp.15万〜

Column
メダンで中華飯を食べ歩き！

古くから華人が住むメダンには中華レストランも多く、特にメダン中央駅から1.5kmほど南にあるスラット・パンジャン通り Jl. Selat Panjang には中華系の食堂や屋台が軒を連ねている。地元で愛されるハイナン・チキンライスは、蒸し鶏ではなくローストチキンをのせるのがメダン流だ。

Ⓡ ナシ・アヤム・ハイナン10 SP
Nasi Ayam Hainam 10 SP

MAP P.367-A2

TEL (061) 456-7965
営業 毎日 8:00 〜 20:00

ハイナン・チキンライス Rp.5万 5000

  ハミダシ　空港内の観光案内所やタクシー乗り場では、周辺エリアへのチャーター車も手配できる。ブラスタギへ所要3時間、Rp.55万。ブキッ・ラワンやパラパッへ所要4時間、Rp.60万〜70万。

歩き方

メダンは交通の起点として旅行者も立ち寄るが、インドネシア有数の危険な町という悪評もあるので、注意して歩こう。中心部はオランダ統治時代のコロニアル建築が多く、町並みは整然としている。中級ホテルは、ジャラン・シシガマガラジャ Jl. Sisingamangaraja 沿いに集まっており、この周辺は夜には屋台も出て庶民的な雰囲気がある。

市内には黄色のミニバスが頻繁に走り、中心部とアンプラス Amplas やピナン・バリス Pinang Baris などふたつのバスターミナル間を結んでいる。また、バイクの横に座席を付けたベチャ・マシーンもメダンの名物だ。

コロニアル様式の建物が並ぶメダン中心部

市内交通

タクシーはメーター制ではあるが近距離移動でもRp.3万〜。旅行者がよく利用するピナン・バリス・バスターミナルへは、マスジッ・ラヤの300mほど南からミニバス（No.64）で所要40分（メダン中央駅経由）、Rp.1万。ベチャ・マシーンでRp.5万、タクシーRp.15万〜。

ベチャ・マシーンの料金は交渉次第だが、1kmでRp.1万が目安。

配車サービスの利用状況

GrabやGojekの配車サービス（→P.478）が利用できる。市内各所からの呼び出しで、車やバイクがスムーズにマッチングされる。中心部から空港への利用も可能。

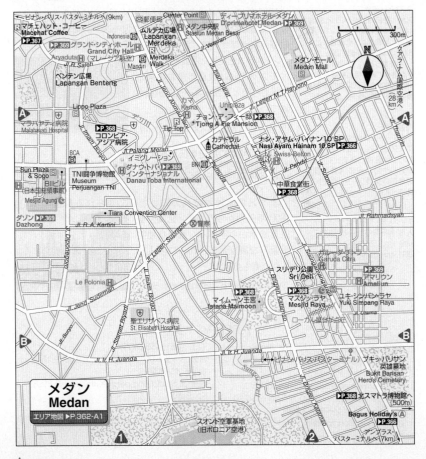

メダン
Medan
エリア地図▶P.362-A1

左カラム（サイドバー）

マイムーン王宮
入場 土〜木 8:00 〜 17:00
（金 11:00 〜 14:00 は閉館）
料金 Rp.2 万
※建物の入口では伝統音楽の演奏も行われる。土〜木 11:00 〜 14:00。写真撮影用のスルタン衣装レンタルは1着 Rp.2 万。

コロンビア・アジア病院
Rumah Sakit Columbia Asia
MAP P.367-A1
住所 Jl. Listrik No. 2A, Medan
TEL（061）456-6368（オペレータ）、453-3636（24時間対応）
URL www.columbiaasia.com/medan/
営業 24 時間対応可
英語で診療を受けることができる。

マスジッ・ラヤ
入場 毎日 8:00 〜 12:30、16:00 〜 21:00
料金 入場および靴保管などに Rp.1 万ほどの寄進が必要
入場するとき、女性はスカーフを借りて頭を覆わねばならない。男性でも短パン姿の場合は腰に巻くサロンを貸してもらう。

両替事情
カテドラルの南側、ジャラン・プムダ Jl. Pemuda に主要な銀行や両替所が集まっていて、米ドルや日本円の両替可能。両替所の交換レートはスマトラ島でベスト。

チョン・ア・フィー邸
入場 毎日 9:00 〜 17:00
料金 Rp.3 万 5000
URL tjongafiemansion.org

メインカラム

おもな見どころ

スルタンの栄華を感じさせる美しい王宮 ★★
マイムーン王宮
Istana Maimoon　　MAP P.367-B2

19 世紀にこの地を統治していたデリ王族（スルタン）、マクムン・アルラシッによって 1888 年に建てられた王宮。建物の外観は、白壁と王朝を象徴する黄色の縁飾りで彩られている。内部も公開されており、玉座や寝具などスルタンの愛用した家具と、往時の写真や絵画などの展示を見ることができる。

今もスルタンの末裔が住むマイムーン王宮

荘厳な存在感を放つモスク ★
マスジッ・ラヤ
Mesjid Raya　　MAP P.367-B2

1906 年に、マイムーン王宮と同じくデリ人のスルタンによって建てられた、メダン中心部にある大モスク。モロッコ様式の角張ったデザインは、オランダ人建築家の手によるもので、ステンドグラスを使った内装も美しい。
モスク内には数百年前に中東から伝わったとされるコーランが残されている。

イスラム教色が強いメダンの町のシンボル

メダン繁栄の歴史を伝える華人の家 ★
チョン・ア・フィー邸
Tjong A Fie Mansion　　MAP P.367-A1

オランダ植民地時代の政商として知られる華僑の邸宅。1800 年後期からのメダン発展の歴史を展示から学べる。重厚な建物や豪華な調度品、きれいに手入れされた庭も必見だ。

希望すればスタッフが英語で案内してくれる

イエローページ

Yellow Page

イエローページ

●日本国総領事館　　MAP P.367-A1
住所 Jl. Diponegoro No.18, Wisma BII 5F
TEL（061）457-5193
URL www.medan.id.emb-japan.go.jp
営業 月〜金 8:30 〜 12:00、13:30 〜 16:30
●ガルーダ・インドネシア航空
住所 Jl. Dr. Monginsidi No.34
TEL（061）455-6777
営業 月〜金 8:00 〜 17:00、土・日 9:00 〜 15:00
●ライオン航空
住所 Jl. Sultan Brig. Jend. Katamso No.809E, Kp. Baru
TEL（061）788-2371
営業 月〜金 7:00 〜 19:00、土・日〜 16:00

ハミダシ　北スマトラ博物館 Museum Sumatera Utara（MAP P.367-B2 外　住所 Jl. HM Joni No.51　TEL（061）736-6792 入場 火〜日 8:00 〜 16:00）は写真やジオラマを展示。スマトラの歴史や文化の理解に最適。料金 Rp.1 万。

ホテル Hotel

マスジッ・ラヤが面しているジャラン・シシガマガラジャ Jl.Sisingamangaraja がホテルエリア。メダンにはバックパッカー向けの安宿は少ないが、手頃な中級ホテルは充実している。市内には高級ホテルも過剰気味のため、時期により 20 ～ 50%程度の割引可。

歴史的なコロニアル建造物にステイ

グランド・シティ・ホール

Grand City Hall [MAP] P.367-A1

住所 Jl. Balai Kota No.1　TEL（061）455-7000
URL grandcityhallhotel.com/home
税&サ 込み　カード [A][M][V]　[Wi-Fi] OK
料金 [AC] [Mini] [TV] デラックスⓈⒹ Rp.126 万～
[AC] [Mini] [TV] プレミアデラックスⓈⒹ Rp.151 万～
[AC] [Mini] [TV] アパートメント Rp.188 万～

1906 年に建てられた旧市庁舎を利用した 5 つ星ホテル。新館にある客室はデラックスでも 30㎡と広く設備も整っている。屋外プールやジャクージ、ジムは無料で利用可。全 209 室。
[POOL] [レストラン] [朝食]

ムルデカ広場の西側に面している

老舗大型ホテル

ダナウ・トバ・インターナショナル

Danau Toba International [MAP] P.367-A1

住所 Jl. Imam Bonjol No.17　TEL（061）415-7000
URL hoteldanautoba.com
税&サ 込み　カード [J][M][V]　[Wi-Fi] OK
料金 [AC] [Mini] [TV] スタンダードⓈⒹ Rp.39 万～
[AC] [Mini] [TV] デラックスⒹ Rp.45 万～
[AC] [Mini] [TV] スイート Rp.101 万～

町の中心部にある全 311 室の5つ星ホテル。近代的な外観はランドマークにもなっている。24 時間オープンのカフェ、プール、ジム、ビジネスセンターを完備。夜にはジャズピアノやロック、ダンドゥッなどのライブがレストランで楽しめる。[POOL] [レストラン] [朝食]

ビル屋上は伝統様式のデザイン

駅舎の上階にある中級ホテル

ディープリマホテル・メダン

D'primahotel Medan [MAP] P.367-A1

住所 Jl. Stasiun Kerta Api No.1　WA 0838-7291-3748
URL www.dprimahotel.com
税&サ 込み　カード [J][M][V]　[Wi-Fi] OK
料金 [AC] [Mini] [TV] スーペリアⒹ Rp.45 万～
[AC] [Mini] [TV] デラックスⒹ Rp.55 万～
[AC] [Mini] [TV] エグゼクティブⒹ Rp.70 万～

メダン中央駅の 3 ～ 4 階にあり、移動には便利な立地。室内はコンパクトだが不自由はない。朝食は 2 階駅ロビーのスターバックスで軽食が取れる。全 52 室。
[POOL] [レストラン] [朝食]

メダン中央駅に宿泊できる

情報収集にぴったり

ダゾン

Dazhong [MAP] P.367-A1

住所 Jl. Muara Takus No.28
TEL 0822-7309-3888 携帯
税＆サ 込み　カード [M][V]　[Wi-Fi] OK
料金 [AC] [Mini] [TV] ドミトリー Rp.7 万 5000
[AC] [Mini] [TV] 個室Ⓢ Rp.12 万 5000

メダンで最安のバックパッカーホステル。スタッフはスマトラ島の情報に精通しており、世界中からの旅行者が集まっている。バスルームは共用。[POOL] [レストラン] [朝食]

入口の竹が目印

町歩きに便利なロケーション

アマリウン

Amaliun [MAP] P.367-B2

住所 Jl. Amaliun No.21　WA 0811-632-4222
URL amaliunhotel.com
税&サ 込み　カード [M][V]　[Wi-Fi] OK
料金 [AC] [Mini] [TV] スーペリアⓈⒹ Rp.21 万～
[AC] [Mini] [TV] デラックスⓈⒹ Rp.24 万～

マスジッ・ラヤから 300m 東にある全 34 室の格安ホテル。観光スポットや中華食堂街も徒歩圏にあり便利。空港送迎にも対応している。
[POOL] [レストラン] [朝食]

デラックスは 20㎡のサイズ

[投稿] メダン中心部は本当に渋滞が凄まじく、時間帯や天候によっては自動車がまったく動かず歩いたほうが早いこともありました。空港へのアクセスなどは時間に余裕をもって行動を。（沖縄県　ぷよ　'24）

オランウータンのすむ森を訪ねる

ブキッ・ラワン

Bukit Lawang

★ メダン
ブキッ・ラワン

人 口	約2000人
高 度	約200 m
市外局番	061

ブキッ・ラワンへのバス

◆メダンから

ピナン・バリス・バスターミナルからミニバスが6:00～17:00頃まで毎時2本運行。所要4～5時間、Rp.4万5000。ピナン・バリスはターミナルの場所がわかりづらい（治安も悪くしつこい客引きも常駐している）。

メダン空港からビンジャイBinjaiまで行き（所要1.5～2時間、Rp.6万）、乗り換えてブキッ・ラワン（所要2.5～3時間、Rp.4万）へ行くルートもある。

ブキッ・ラワンのバスターミナルは村から1kmほど離れており、中心部まではベチャでRp.1万5000ほど。

ブキッ・ラワンへのツーリストバス

各社のツーリストバスは、メダン15:00発（所要3時間、Rp.12万）、トバ湖パラパッ10:00発（所要7～9時間、Rp.25万）。ブキッ・ラワン発は各地へ毎日8:30発（乗客が集まれば13:00発もある）。いずれの運行も要事前確認。

●バグース・ホリデイズ Bagus Holiday's
WA 0813-7678-8570

ブキッ・ラワンへの車チャーター

タクシーや車チャーターはメダン中心部からRp.60万～、メダン空港からRp.60万～、ブラスタギからRp.85万、パラパッからRp.120万～。

両替情報

村に銀行やATMはない。みやげ物屋やホテルで米ドル現金の両替は可能だがレートは悪いので、事前に両替して訪れよう。

メダンから90kmほど西にあり、グヌン・ルセル国立公園 Gunung Leuser に隣接する小さな村。世界自然遺産にも登録されている国立公園は、オランウータンの生息地として有名。この村を起点として、豊かな自然をジャングルトレッキングで満喫できる。

国立公園の脇を流れる川沿いには、眺めのいいバンガローが並んでいる。

バホロク川に沿ってバンガローや店が並ぶ

アクセス

メダンからツーリストバスかミニバスでのアクセスが一般的（道路の状態はあまりよくない）。ブキッ・ラワンのバスターミナルから村の入口までは1kmほど離れており、ビジターズセンターまでベチャ・マシーンでRp.1万5000ほど。メダンやトバ湖のパラパッからは Bagus Holiday's などの旅行会社がツーリストバスも運行している。

歩き方

村の入口にあるビジターズセンターの対岸（南側）にバンガローが数軒ある。荷物を持ってあまり歩きたくなければ、このエリアの宿泊が便利。ビジターズセンターには国立公園の説明やオランウータンなどの写真も展示されている。そこから川に沿って進んでいくと、小さな食堂やみやげ物屋が並んでいる。途中、階段を上り下りし、キャンプ場を過ぎた周辺にもゲストハウスが建っている。

国立公園内のトレッキングはガイドの同行が義務づけられているので、旅行者はホテルなどからのツアーに参加するのが一般的。ホテル予約時に参加希望のツアーを伝え、到着時に再確認すること。

国立公園の管理事務所に併設されたビジターズセンター

ハミダシ ブキッ・ラワン発トレッキングでオランウータンと出合える確率は、6～9月の乾季はほぼ100％。それ以外の時期は50～70％程度とされる（森の中でガイド同士が連絡を取合い出没情報を共有している）。

トレッキング

多様な生態系をもつ自然保護区域

★★★

グヌン・ルセル国立公園
Taman Nasional Gunung Leuser

MAP P.362-A1

約1.1万km²の広大な森が広がる世界自然遺産エリアには、ブキッ・ラワンのホテル発ツアーに参加したり、ガイドを雇ってジャングルトレッキングに出かけよう。自然のなかで暮らすオランウータンの姿を間近に見ることができる。また、ラフティング付きの1泊2日ツアーや、3〜5日かけてジャングルを移動するツアーもある。広大な国立公園内には、希少動物のスマトラトラ、スマトラサイ、スマトラゾウ、マレーバク、ヒ

ョウなどが生息する（鳥類350種、哺乳類129種、両生類35種など）。また、薬草を含む3500種の植物が生い茂り、ほぼ通年で「世界最大の花」ラフレシアも見られる（要確認）。

森から姿を現したオランウータンの親子

グヌン・ルセル国立公園
料金 国立公園のジャングルトレッキングは3時間Rp.60万5000、1日Rp.78万、1泊2日でRp.137万（3人以上で催行）。
※国立公園入域料、英語ガイド、1日以上なら食事代、1泊2日はテント代込み。支払いはトレッキングを申し込むホテルなどで。
※週末や休日はインドネシア人観光客で混み合う。

ビジターズセンター
TEL (061) 787-2919
WA 0823-6915-7723
営業 月〜金7:30〜15:30
料金 無料

現地発ツアーで野生動物を間近に観察できる

チューブでの川下り
川下り用のタイヤチューブが1日Rp.2万で借りられる。浮き輪のように使って川を下るのは楽しいが、時期によっては水量も多く、流れも激しいので注意すること。

ブキッ・ラワンの宿泊事情

ビジターズセンターから細いつり橋を渡った南岸に中規模なロッジ、徒歩20分ほどの川沿いにゲストハウスが20軒ほどある。どこもレストランを併設しており、Wi-Fi環境も整ってきている。各ホテルでジャングルトレッキングの手配ができる。

🄷エコ・ロッジ Eco Lodge（**MAP** P.371 WA 0812-607-9983 **URL** ecolodges.id）は村の入口近くにある設備の整った全32室のバンガロー。バホロク川を見下ろす好ロケーションにあり、レストランでは無農薬野菜を使った料理なども食べられる。朝食付きⓈⒹ Rp.48万。

🄷ウィスマ・ルセル・シバヤッ Wisma Leuser Sibayak（**MAP** P.371 WA 0813-6101-0736 **URL** wismaleusersibayak.com）はつり橋を渡ってすぐ。全32室の部屋は簡素。川を見下ろすレストランがある。朝食別でⓈⒹ Rp.26万〜50万。

🄷ウスティン・ナゴヤ Ustin Nagoya（**MAP** P.371 WA 0813-8950-1450 **e-mail:** faustina.benedicta@yahoo.com）は日本在住経験のある夫妻が経営する全14室のゲストハウス。情報ノートがあり、ツアーガイドも日本語で紹介してくれる。朝食別でⓈⒹ Rp.15万〜。WAのチャットやメール連絡も日本語でOK！

投稿 トレッキング料金を村で聞いてみましたが、どこも川下りが付いてビジターセンターとほぼ同価格。一律価格が村のルールだそうなので、事前にホテル経由で予約するのが効率的です。（沖縄県 ぷよ '24）

エクスカーション

ゾウに乗って大自然を体感できる ★★
タンカハン
Tangkahan

MAP P.362-A1

広大なグヌン・ルセル国立公園の東側に接している集落。世界自然遺産の熱帯雨林で、ゾウと触れ合うプログラムが体験できるので、国内外からの旅行者に人気が高い。

ゾウの沐浴を手伝うエレファント・ウオッシング

1980 〜 90 年代には違法伐採や密猟が問題になっていたが、海外からの生態学者とともに、エコツーリズムでの村起こしを目指し、タンカハン観光協会を 2001 年に設立。それまではジャングルのパトロールに村人が使っていたゾウを、2004年からは観光用のアクティビティとして売り出している。

チューブに乗ってのリバークルーズや、ラフレシアを探すトレッキング（9 〜 10 月がシーズン）など、自然に親しむ各種プログラムが用意されている。

森や河川をゾウに乗って巡るエレファント・ライディング（2024 年 1 月現在休止中）

タンカハンへのバス

◆メダンから
ピナンバリス・バスターミナルからの直通バスは 13:00 発、所要 4 時間、Rp.7 万。タンカハンからのバスは 5:00 発。

◆ブキッ・ラワンから
直通バスはない。メダン方面のビンジャイ Binjai へ所要 1.5 時間、Rp.4 万、そこから毎日 14:00 頃出発のバスで所要 3 時間、Rp.5 万。

タンカハンへのチャーター車

◆メダンから
メダン中心部から所要 3 時間、片道Rp.85 万〜。メダン空港から所要 6 時間、片道Rp.90 万〜。

◆ブキッ・ラワンから
所要 2.5 時間、片道 Rp.60 万〜（1 日往復 Rp.70 万〜）。

トレッキングでは植物のレクチャーも受けられる

CTO ビジターセンター
WA 0852-7560-5865
URL tangkahan.id/en/
営業 毎日 7:30 〜 17:00
村のアクティビティ基地となっており各料金もここで払う。エレファント・ライディングは 1.5km ほど川上にある CRU を 10:00 発、CTO の対岸 H メガ・イン下のブルー川岸を11:00と14:00発、所要 1 時間〜、Rp.100 万〜。ゾウに関するアクティビティは、金曜は休みなので要注意。

タンカハンの宿泊事情

ビジターセンターの近くや、バタン川をつり橋で渡った対岸に 10 軒ほどゲストハウスがある。いずれもレストランを併設している。ホットシャワーや Wi-Fi はなく、クレジットカード決済も不可。ツアー予約や車の手配は、ホテルに直接リクエストできる。

シーズン中は満室のことも多いメガ・イン

H メガ・イン Mega Inn（WA 082-3703-04774 URL www.megainn-tangkahan.com）はビジターセンターからバタン川をつり橋で渡ってすぐ。中庭を囲むようにコテージとレストランが建っている。予約は早めに入れよう。全 23 室。朝食別でSD Rp.17 万〜 25 万。

H ジャングル・ロッジ Jungle Lodge（WA 0813-7633-4787）は、つり橋を渡り 300m ほど西へ。オーナーの奥さんはドイツ人のため、欧米からの旅行者が多い。全 11 室。朝食別でSD Rp.20 万〜 35 万。

ハミダシ タンカハンでのプログラムは多彩。エレファント・ウオッシングは 9:00 と 16:00 から所要 40 〜 50 分、Rp.60 万〜。チューブでのリバークルーズは所要 3 〜 4 時間、Rp.28 万。

カロ文化の中心地として栄えた快適な高原エリア

ブラスタギ

Berastagi

メダンから約70km南にある、ふたつの火山に挟まれた高原リゾート。オランダ統治時代にメダンの暑さから逃れるための避暑地として開発され、今

温泉場も点在しているブラスタギ周辺

もコロニアル調の建物が町並みに独特の風情を与えている。周辺へのトレッキングや、カロ・バタッ人の伝統村など見どころも点在している。

アクセス

バス▶ メダンのピナン・バリス・バスターミナルやシナブン・バスターミナルから運行している。トバ湖西岸のパングルーランからは直行バスで、パラパッからはプマタン・シアンタール Pematang Siantar、カバンジャヘ Kabanjahe と乗り継いで行ける。所要5～6時間。ブラスタギ近郊のシナブン山の噴火情況（→側注参照）により、バスの運行が激減することもあるので注意。

歩き方

町を南北に貫くジャラン・フェテラン Jl. Veteran に沿って、安宿やレストラン、銀行、旅行会社、観光案内所などが軒を並べている。町はそんなに大きくないので、用はすべて歩いて足せる。名産のマルキッサなどが積まれている市場は、カロ人の食生活などもうかがい知ることができておもしろい。中級以上のリゾートホテルは中心部から離れ、静かでロケーションのいい丘の上にある。

Raja Berneh 村の温泉場など、周辺の村へはジャラン・フェテランからのミニバスが利用できる。ホテルやツアー会社では、1日Rp.50万ほどで車のチャーターも手配できる。

色とりどりの野菜やフルーツが並ぶ市場

★メダン
ブラスタギ

人　口	4万7000人
高　度	1400m
市外局番	0628

イベント情報

カロ・バタッ人は結婚式の際、何百人という大勢の客を招く。参列者の民族衣装は色とりどりで美しい。通常2日間行われるが、歌や踊りが観られるのは初日のみ。旅行者のためにツアーバスも出るので、町の観光案内所で予定を聞いてみよう。

ブラスタギへのバス

◆メダンから
1日数本、所要2～4時間、Rp.3万～

◆パラパッから
1日数本、所要4時間、Rp.20万～

観光案内所
住所 Jl. Gundaling No.1
TEL (0628) 91-084
営業 毎日8:00 ～ 17:00
ツアーのアレンジも頼める。

シナブン山の噴火に注意
ブラスタギから10kmほど西にあるシナブン山の状況に注意すること。2010年から噴火活動が活発化し、2014年には火砕流により、観光客など16人が死亡している。2021年以降も噴火が発生しており、メダンなどからのバスが運休してしまう場合もある。

ハミダシ ブラスタギの中心部では戦闘記念碑 Tugu Perjuangan（**MAP** P.374）が目を引く。この戦士たちの像は、19世紀にオランダ軍に立ち向かったバタッ人の闘争をたたえたものだ。

373

現地発ツアー

ツアー会社や H ロスメン・シバヤッ（→P.375）などからシバヤッ山トレッキングツアー（1グループRp.50万〜、交通費別途）が催行されている。

また、1日のジャングルツアー（US$70）をはじめ、3日間でジャングル歩きとアラス川でのラフティングを組み合わせたツアー（US$150）などプログラムは豊富（催行人数は3名以上）。特に6〜8月頃は天候もよく、ツアーに参加する旅行者も多い。

ブラスタギでの食事

中心部にレストランが点在している。クリスチャンが多いので、スマトラでは珍しくバビ・パンガン Babi Panggang という豚を使った郷土料理も食べられる（市場の前にある店でRp.3万）。また、マルキッサ（パッションフルーツ）も名産なので、ジュースやお湯割りで楽しもう。

△△ トレッキング

のんびりと登山を楽しもう ★★

シバヤッ山
Gunung Sibayak

MAP P.362-A1

ブラスタギ周辺には美しい山が多い。特に標高2095mのシバヤッ山は格好のトレッキングコースで、1日あればのんびり大自然が楽しめる。なるべく午前中早く出発して、帰りに露天風呂でゆっくりするといい。出発前には食料や水のほか、ホテルや観光案内所で地図や情報を仕入れておこう。山中に道標はなく、強盗が出没することがあるので、ガイドを雇おう。

のどかな山道を進んで2時間半ほどで山頂へ

シバヤッ山山頂部のクレーター

Information シバヤッ山へのルート

ジャラン・フェテランから歩き始め、フルーツマーケットや H シバヤッ・インターナショナル（→ P.375）を左に見ながら舗装路を進む。ずっとなだらかな上りが続き、周辺にはネギやトマト畑の緑が広がっている。30分ほど歩いて小さな標識を過ぎたら左側の山道に曲がる。すぐに山小屋があり、入山料Rp.5000を払う。ここから1時間ほどは緩やかな上り下り。緑のなかの一本道を、テナガザル Gibbon やオナガザル Baboon の鳴き声を聞きながら歩いていこう。山の外輪にたどり着くと、上りが30分、道が階段に変わってさらに30分ほど歩き続けると、ついにシバヤッ山の火口に到着する。活火山なのであちこちから白い蒸気が立ち上り、硫黄の臭いが充満している。火口の中を横断し渇水湖を過ぎたら、細い階段があるので見晴らし台へ上ってみよう。カロ高原の雄大な景色が一望のもと。そして麓に見える小さな集落が、温泉場のあるRaja Berneh村である。そこまで下りるには約2時間半かかってしまう。2000段以上ある階段が続く急な下りなので、雨の降ったあとは滑りやすくて危険。トレッキングシューズを履いていないなら、来た道を引き返すほうが無難。温泉場からブラスタギまではミニバスが出ている。

シバヤッ山頂上の光景

↑シバヤッ山へ

タフラ国立公園、メダンへ

H Rudang

Dien Korona

シナス・ヒルズ Sinabung Hills ▶P.375

サッカー場

教会

メダン行きミニバス

H ▶P.375 シバヤッ・インターナショナル Sibayak International

マーケット

ギルサタ・ロスメン Girisata Losmen

郵便局

Indomaret

H ▶P.373 Wisma Sunrise View ▶P.374

▶P.373 戦闘記念碑 Tugu Perjuangan

Asia R

H R ▶

R Pasar Kaget

医院 ✚

▶P.375 メキシコ・ブラスタギ Mexico Berastagi

▶P.375 A H ロスメン・シバヤッ Losmen Sibayak B BNI

Jl. Veteran

(← 温泉村 Raja Berneh)

N

Budi Aman

Indomaret

0 — 200m

バスターミナル

ブラスタギ市場

Kade Kopi Idaman

カバンジャ

キャベツの畑

ウィスマ・シバヤッ Wisma Sibayak

ブラスタギ
Berastagi

エリア地図 ▶P.362-A1

Raymond Cafe

↓シナブン山へ

ホテル Hotel

涼しいのでエアコン付きのホテルはほとんどない（必要もない）。逆に朝夕は冷えるので、ホットシャワーの有無はチェック。各ホテルでは各種ツアーの手配も扱っている。

のんびり休日が楽しめる大型リゾート

シナブン・ヒルズ
Sinabung Hills [MAP] P.374

住所 Jl. Kolam Renang　TEL (0628) 91-400
WA 0852-7533-1103　URL www.sinabunghills.com
税&サ 込み　カード [J][M][V]　[Wi-Fi] OK
料金 [AC][Mini][TV] スーペリアⓈⒹ Rp.89 万～
[AC][Mini][TV] コテージ Rp.120 万～

中央部の北西にある全106室の高級ホテル。花々が咲き、広く気持ちのいい中庭にはプールもある。レストラン、カラオケなども完備。TV、ホットシャワー付き。[POOL][レストラン][朝食]

ブラスタギ随一のリゾートホテル

高台にある快適ホテル

シバヤッ・インターナショナル
Sibayak International [MAP] P.374

住所 Jl. Merdeka　TEL (0628) 91-301
WA 0852-0777-0017　URL www.hotelsibayak.com
税&サ 込み　カード [M][V]　[Wi-Fi] OK
料金 [AC][Mini][TV] スーペリアⓈⒹ Rp.72 万～
[AC][Mini][TV] デラックスⓈⒹ Rp.75 万～
[AC][Mini][TV] コテージ Rp.87 万～

観光案内所から徒歩 5 分、北西の高台にある全 103 室の大型ホテル。レストランやプールなど施設が整っている。全室に TV やバスタブ完備。平日の宿泊は 40%割引き。[POOL][レストラン][朝食]

雰囲気のいいエントランス

食事にも移動にも便利

メキシコ・ブラスタギ
Mexico Berastagi [MAP] P.374

住所 Jl. Veteran No.18　WA 0821-7831-3407
URL www.hotelmexico-berastagi.com
税&サ 込み　カード 不可　[Wi-Fi] OK
料金 [AC][Mini][TV] スーペリアⓈⒹ Rp.25 万～
[AC][Mini][TV] デラックスⓈⒹ Rp.40 万～

ファストフード店の地階にある全 12 室の格安ホテル。部屋は暗いが清潔。中心部にあり市場にも近くて便利だ。Tobali Tour の予約窓口にもなっている。[POOL][レストラン][朝食]

地階のベッドルーム

バックパッカーに人気の安宿

ロスメン・シバヤッ
Losmen Sibayak [MAP] P.374

住所 Jl. Veteran No.119　WA 0822-2863-2376
税&サ 込み　カード 不可　[Wi-Fi] OK
料金 [AC][Mini][TV] シングルルームⓈ Rp.10 万～
[AC][Mini][TV] エコノミーⒹ Rp.13 万～
[AC][Mini][TV] スタンダードⒹ Rp.17 万～
[AC][Mini][TV] スタンダードプラスⒹ Rp.24 万～

各国からの旅行者が集い、ツアー手配やスマトラの情報収集に最適。リビングには情報ノートも置かれており、車のチャーターの手配もできる。全 20 室でスタンダードプラス以外は共同シャワーとなる。[POOL][レストラン][朝食]

また、ジャラン・フェテランを約 500m 南下した三差路には、同系列の安宿 [H] Wisma Sibayak もある。

ジャラン・フェテラン沿いの旅行会社奥にある

Column

ブラスタギ周辺の伝統村を訪ねる

リンガ Lingga（[MAP] P.377）はブラスタギ郊外にあるカロ・バタッ人の村のひとつで、牛の角のようにとがった屋根と彫刻が施された柱で飾られた伝統家屋が数軒残っている。大部分は 100 ～ 200 年以上前に建造され、建物には釘が 1 本も使用されていない。ガイド（Rp.5 万～）に首長の家屋内などを案内してもらおう。入村料は Rp.5000。

ブラスタギから 15km 南西にあり、カバンジャヘ Kabanjahe のバスターミナルまでミニバスで行き（所要 30 分、Rp.5000）、50m ほど南にある停留所からリンガ行きのミニバス（所要 15 分、Rp.5000）に乗り換える。リンガへ直行するミニバスもある。

ハミダシ　シバヤッ山へのトレッキングはツアー参加が基本。ルートには標識がないので山歩きに慣れていないと遭難する危険がある。ガイドなしに歩く場合には同行する旅行者を探して一緒に行動しよう。

サモシール島が浮かぶ、東南アジア最大の湖

トバ湖

Danau Toba

●メダン
★
トバ湖

人 口	約13万人
高 度	900m
市外局番	0625
（パングルーランのみ）	0626
空港コード	DTB

イベント情報
●6〜9月の1週間
　トバ湖フェスティバル Danau Toba Festival は、毎年トバ湖一帯で祝われる。北スマトラの各民族の伝統芸能や、カヌー競技などが見られる。

パラパッへのバス

◆メダンから
　1日10本、所要4〜5時間、Rp.4万〜9万
◆ブキティンギから
　1日数本、所要15〜16時間、Rp.18万〜35万
　バスチケットは旅行シーズンになると10〜30%ほど割高になる。

パラパッへのツーリストバス

◆メダンから
　1日数本、所要5時間、Rp.12万
◆ブラスタギから
　1日数本、所要2〜4時間、Rp.20万〜
◆ブキティンギから
　1日2本、所要15時間、Rp.28万〜
　乗客が定員に満たないとキャンセルされるので注意しよう。パラパッからは、Bagus Holiday's（WA　0813-6113-5704）などの旅行会社から運行している。

のどかな雰囲気に満ちたホテルが点在するサモシール島

　トバ湖は周囲が100kmと東南アジア最大の湖。10万年以上前に火山の噴火によって形成され、水深が500mを超えるところもある。湖に浮かぶサモシール島は見どころも多いが、美しい湖畔をただのんびりと眺めて過ごすのもいいだろう。1970年代にヒッピーが好んだこの地は、今も時間がゆっくりと流れている。

　北スマトラは多数の民族から構成されているが、この地域はトバ・バタッ文化の中心地。古くから農業や漁業が盛んで伝統文化を尊重し、水への自然信仰もいまだ根強く残っている。船の形をした伝統家屋は今も湖岸に並び、聖なる湖を見つめ続けている。

アクセス

飛行機▶ シボロンボロンにあるシランギッ Silangit空港は、トバ湖東岸のパラパッから80kmほど南。ジャカルタ路線は人気が高いので早めに予約を入れること。空港からパラパッへはタクシーを利用して1.5〜2時間。

トバ湖への飛行機 （国内線→ P.365）

ジャカルタから	バティック航空、スーパーエアジェット、エアアジアが1日計4便、所要2時間、Rp.154万〜182万

バ　ス▶ パラパッのフェリー発着所から約2km東のバスターミナルへ、各地から長距離バスやミニバスが発着している。

島内各地をバスが結ぶ

  トバ湖周辺の伝統的なおみやげ物は、カラフルで細かな模様のガヨ刺繍が入ったバッグやクッションカバー、木彫りの置物や仮面、Porhalaan と呼ばれるバタッのカレンダーなど。

歩き方

滞在の拠点は、交通の要所である**パラパッ**か、湖に浮かぶ**サモシール島**。インドネシア人観光客は大型ホテルもあるパラパッを好み、外国人旅行者は静かにのんびりで

パラパッからサモシール島各地への連絡船が行き交う

きるサモシール島を好む傾向がある。パラパッからサモシール島へは、トゥットゥッとトモッの2ヵ所へフェリーが出ている。ホテルが多いトゥットゥッ周辺は本土への便もいいが、島内を運行するミニバスは、トモッとアンバリータを直線で結びトゥットゥッは通らないため利用しづらい。

トゥットゥッを起点にした島内観光なら、オジェッ(バイクタクシー)をチャーター利用するか、バイクか自転車をレンタルしよう。300年前の遺跡が残るアンバリータや、古代の王墓があるトモッまでは、トゥットゥッからそれぞれ約3kmの道のりだ。アンバリータから約10km北西にあるシマニンドは、博物館や市場(毎週土曜)が見どころ。さらに南へ道を走ると、島西部のパングルーランに出る。島内最大の町で、近郊には温泉郷もある。

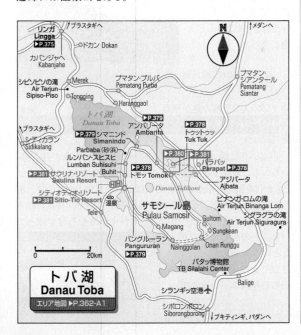

サモシール島への連絡船
トゥットゥッへの連絡船は各ホテルの渡し場まで利用できる。乗船時にホテル名を告げておくこと。

●パラパッ~トゥットゥッ
8:30~19:30まで毎時約1便、所要40分、Rp.2万5000

●パラパッ~トモッ
8:30~21:00まで1日5便、所要40分、Rp.1万5000

●アジバータ~トモッ
8:00~17:00まで1日4便、所要40分、Rp.1万5000
※アジバータはパラパッの南にある港で、カーフェリーも1日5往復している。

島内交通
サモシール島内は、ミニバスがトモッからシマニンドを経由してパングルーランまで走っている。1時間に1~4本程度運行し、料金はRp.5000~2万。トゥットゥッは主道から外れているのでミニバス利用には不便。

レンタルの標準料金
自転車　1日Rp.3万~
バイク　1日Rp.15万~
オジェッ(バイクタクシー)
　　　　1日Rp.30万~

両替事情
ATMはパラパッとアンバリータにある。サモシール島のホテルでも両替は可能だが、パラパッにある銀行のほうが、比較的レートがいい。

安全情報
就寝時や外出中に、部屋から荷物が紛失する被害報告がある。小さなホテルは管理も甘い面があるので、鍵はきちんとかけておこう。

またパラパッの船着場周辺には、ホテルやバスの客引きが多いが、ついていくと高い料金を支払うことになる場合も多い。

観光開発が進むトバ湖エリア
2016年からジャカルタ~シランギッ間の空路が開設され、観光スポットとしてトバ湖が脚光を浴びている。長く伝統を保ってきたエリアに、新たなホテル建設の計画が進行中。大型旅客機が乗り入れられるよう、空港拡張も検討されている。

サモシール島はトレッキングで横断できる(アンバリータからパングルーランへは1日でも歩ける)。ただし、12~3月の雨季には道が悪くなり危険。信頼できるガイドと行くことが基本となる。

サモシール島への玄関口 ★
パラパッ
Parapat

MAP P.377

毎週土曜に立つパラパッの市

サモシール島へのアクセスポイントとなる湖畔の町。船着場周辺にはバタックの民芸品を売る店が並んでいる。音楽好きのバタック人だけあって、楽器の種類もさまざま。菩提樹で作った2弦ギターや、水牛の角でできた古い笛もあり、値段は交渉しだい。またパラパッの港では毎週土曜に市が開かれており、周辺やサモシール島から人々が集まってくる。野菜、果物、魚が並び、昔ながらの風情が楽しい。

サモシール島の観光拠点 ★★
トゥットゥッ
Tuk Tuk

MAP P.377

トバ湖に浮かぶサモシール島は、沖縄本島の半分くらいの大きさ。島全体は樹木の少ない草原台地のようで、湖畔に集落がポツリポツリとある。このサモシール島の観光の拠点が、ホテルや安宿が多いトゥットゥッ。湖のある風景は雄大で美しく、落ち着いた雰囲気でのんびり過ごせる。

湖畔に快適なバンガローが並ぶ宿泊エリア

バタック人の王家の墓が残る ★★
トモッ
Tomok

MAP P.377

小高い丘に約400～500年前に栄えた王家の墓が残る村。いろいろな石棺があるが、その中に高さ1.5m、長さ3mのひときわ目を引く石棺がある。これはシダブダル王のもので、前面に大きな王の顔、その下には護衛司令官サイド将軍の浮き彫りがあり、後部には王が愛した女性セナガの石像が載っている。王の死を悼んで植えたという大樹の陰で、コケむした女性像を載せて眠る王の石棺はユーモラスだ。

シダブダル王の石棺

パラパッ

サモシール島への船着場や、スマトラ島各地からのバスが発着するバスターミナルがあり、交通の起点となっている。

客引きに注意

パラパッの船着場にいる客引きはかなりガラが悪く、ホテルの従業員ではないので手数料稼ぎのためにうそをつく。強引な客引きがすすめる宿は立地条件の悪い場合が多いので注意。

トゥットゥッ

島内のベモ運行ルートまでは、Hバグース・ベイ(→P.380)からトモッ方面に1.5km、徒歩25分。帰りもここで降ろしてもらうか、トモッからオジェッを利用する。

トモッ

トバ湖に浮かぶサモシール島への入口となる町のひとつで、カーフェリーも運航している。

王の石棺と博物館

船着場近くの大通りから、みやげ物屋が並ぶ小道に向かって右側の階段を上ると3代目の王の石棺がある。そこから小道を100mほど進むと、右側に初代の王と2代目のシダブダル王の石棺が並んでいる。さらに50mほど先には伝統家屋を使った**バタック博物館**(入場 8:00～20:00 料金 Rp.5000程度の寄付のみ)もあり、地元の伝統工芸品が陳列されている。

ハミダシ Rジュウィタ・カフェ Juwita Cafe (MAP P.380 WA 0821-7992-3438)では、スマトラ料理のレシピをオーナーから習える。2時間でRp.35万～。レンタバイクの手配などもここで頼める。

石の文化が残る伝統村 ★
アンバリータ
Ambarita
MAP P.377

昔ながらのバタッ人の民家が並ぶ集落の中央広場には、300年以上前に造られた石造りの会議場(Batu Kursi)や裁判所跡がある。コケむした石のテーブルや椅子が円形に並び、昔ここで王を中心に会議や裁判が行われたという。

1816 年まで罪人の首を載せていた石の処刑台も残る

アンバリータ
トモッから 3km 北西、トゥットゥッから 3km 西。

毎週火曜には市場も開かれている。石造りの会議場は、メインロードから湖のほうへ徒歩400m。入場料は Rp.5000。

バタッ人の伝統舞踊が観られる ★★
シマニンド
Simanindo
MAP P.377

かつての村の中心に王の住居跡があり、中庭では観光客向けに伝統舞踊を披露している。村の入口手前には王たちの墓と、仮面や楽器を展示する**フタ・ボロン博物館** Huta Bolon Museum もある。

バタッ舞踊は牛の露払いから始まり、民族衣装を着けた男女が横一列に突っ立ったまま手だけを動かす。最後にシ・ガレガレという人形踊りで終わる。この操り人形は、生命の樹・菩提樹で作られ、死者の魂を呼び寄せるという。

のどかなテンポで繰り広げられるバタッ舞踊

シマニンド
アンバリータから 15km 北西。毎週土曜に市場が開かれる。

フタ・ボロン博物館
入場 毎日 8:00 ～ 17:00
料金 Rp. 2 万
バタッ舞踊の上演は 2024 年1 月の時点で休止中。

ルンバン・スヒスヒ村の織物
シマニンドから 8km ほど南西にある、**ルンバン・スヒスヒ村** Lumban Suhisuhi では、バタッ人の伝統的なデザインの織物が盛んだ。バタッ建築に囲まれた庭で綿を紡いで手で織る様子を見学したり、作品を購入したりできる。

伝統としてカシの木から採取した赤を多用する。大きさ2m × 50cm のサロン 1 枚を織るには約 2 週間かかるという。

湖を眺めながら温泉でリラックス ★
パングルーラン
Pangururan
MAP P.377

パングルーランの村に見るものはないが、近郊には温泉郷がある。温泉場には、岩山の上のほうからトバ湖へ注ぐ川があり、その途中に源泉が湧いている。地元の人はサロンなどを巻きつけて入っている。一応、男湯と女湯に分かれているが、上の安宿からは見えてしまう。

湖を望むパングルーランの温泉郷

パングルーラン
トモッからミニバスで 1.5 時間。毎時 1 ～ 4 本運行しているが、パングルーランから戻る最終は 17:00 発。

パングルーランの温泉郷
中心部から 4km 北西。島内ではなく、その西側の山麓にあるが、道でつながっているのでミニバスかオジェッで所要 15 分。温泉で 1 時間ほど待ってもらって、往復 Rp.4 万～。小さな温泉宿が何軒かある。

ハミダシ バタッ地方の郷土料理は特製スパイスソースを使った味つけが基本。コイ料理 Ikan Mas Arsik やチキン料理 Napinador などが有名だ。トバ湖ならではの焼き魚 Ikan Panggang も滞在中に試してみよう。

ホテル Hotel

パラパッとサモシール島のトゥットゥッには快適なホテルもあるが、全体的には手頃な安宿がほとんど。休日にはメダンから観光客が押し寄せるので、早めに宿を確保しよう。トバ湖では、サモシール島に滞在するのがおすすめ。すべて湖畔に位置し、場所によってはフェリーが直接立ち寄ってくれるので、航行中に目的のホテル名を告げるといい。

トゥットゥッ

小さな楽園ホテル

ゾエズ・パラダイス
Zoe's Paradise [MAP] P.380

住所 Tuktuk　WA 0813-6297-6002
URL www.zoesparadise.com
税&サ 込み　カード [MV]　[Wi-Fi] OK
料金 [AC] [Mini] [TV] スタンダードⓈⒹ Rp.55 万～
[AC] [Mini] [TV] コンフォートⓈⒹ Rp.65 万～
[AC] [Mini] [TV] スーペリアⓈⒹ Rp.89 万～

伝統建築を模したカラフルな外観

サモシール湖に面した全 14 室のブティックホテル。敷地からは湖や緑の山々の美しい景観が楽しめる。オーナーやスタッフもフレンドリーで観光情報にも詳しい。空港送迎は Rp.70 万で可。[POOL] [レストラン] [朝食]

人気が高いおすすめホテル

カロリーナ
Carolina [MAP] P.380

住所 Tuk Tuk　TEL (0625) 451-210
WA 0812-6500-0422　URL www.carolina-cottages.com
税&サ 込み　カード [MV]　[Wi-Fi] OK
料金 [AC] [Mini] [TV] スタンダードⓈⒹ Rp.42 万～
[AC] [Mini] [TV] デラックスⓈⒹ Rp.47 万～

バタッ建築のコテージが全 53 室、緑豊かな敷地に並んでいる。レストランからは湖を見渡せ、のんびりくつろげる。部屋はバスタブのあるなし、お湯か水のシャワー、広さやロケーションにより、数種類のカテゴリに分かれている。[POOL] [レストラン] [朝食]

ベッドルームも広々

湖に面して落ち着いた雰囲気

タボ・コテージ
Tabo Cottages [MAP] P.380

住所 Tuk Tuk　WA 0812-6042-9452
URL www.tabocottages.com　税&サ 込み
カード [MV]　[Wi-Fi] OK
料金 [AC] [Mini] [TV] デラックスⓈⒹ Rp.65 万～
[AC] [Mini] [TV] バタック・ヴィラ Rp.93 万～
[AC] [Mini] [TV] スイート Rp.120 万～

湖畔を望むレストラン

地元出身のご主人とドイツ人奥さんの経営する全 30 室のホテル。敷地内のレストランやベーカリーは外国人旅行者に人気が高い。コーヒーツアー(3～4 時間、Rp.100 万)も催行している。
[POOL] [レストラン] [朝食]

いろいろな催し物も魅力

バグース・ベイ
Bagus Bay [MAP] P.380

住所 Tuk Tuk　TEL (0625) 451-287
WA 0819-9006-6034　税 & サ 込み
カード [MV]　[Wi-Fi] OK
料金 [AC] [Mini] [TV] デラックスⓈⒹ Rp.42 万～

全 22 室のコテージタイプのホテルで、湖に面した水浴場もある。併設のレストランでは毎週水・土曜の 20:00 ～ 22:00 には伝統舞踊も披露される(送迎無料)。[POOL] [レストラン] [朝食]

伝統色たっぷりのインテリア

トゥットゥッ
Tuk Tuk
エリア地図 ▶P.377
0
400m
N
トバ湖
Danau Toba
Toledo Inn
Reggae
Samosir Cottage
アンバリータへ 2km
Sibayak Guest House
▶P.381 ポピーズ Popys
Ambaroba
Pandu Lakeside
▶P.380 ゾエズ・パラダイス Zoe's Paradise
▶P.380 タボ・コテージ Tabo Cottages
Hot Chilli
教会
▶P.381 ホラス Horas
▶P.381 ルンバ Rumba
シリントン Silintong
Roy's Pub
▶P.380 バグース・ベイ Bagus Bay
カロリーナ Carolina ▶P.380
ジュウィタ・カフェ Juwita Cafe ▶P.378
Toba Village Inn
トモッへ3km
パラパッへ8km

ハミダシ [H] タボ・コテージ(→ P.380)では、伝統村や農園を巡るトレッキングツアー (3 時間 Rp.30 万、5 時間 Rp.80 万) や、湖畔の滝へのボートクルーズ(所要 5 ～ 6 時間、Rp.120 万)なども主催している。

パングルーラン

温泉付きの中級ホテル
シティオティオ・リゾート
Sitio-Tio Resort [MAP] P.377

住所 Jl. Aek Rangat, Pangururan　TEL (0626) 20-036
税&サ 込み　カード 不可　[Wi-Fi] OK
料金 [AC][Mini][TV] スタンダードⓈⒹ Rp.40 万〜
[AC][Mini][TV] デラックスⓈⒹ Rp.50 万〜

パングルーラン中心部から 3km 西、湖畔にある全 22 室のホテル。客室のテラスからは湖畔とサモシール島が見渡せる。外観は見映えもするが、温泉浴場は簡素なローカルレベル。
[POOL][レストラン][朝食]

レストランからの眺めもいい
サウリナ・リゾート
Saulina Resort [MAP] P.377

住所 Jl. Aek Rangat, Pangururan
WA 0811-655-5150　税&サ 込み
カード [M][V]　[Wi-Fi] OK
料金 [AC][Mini][TV] スタンダードⓈⒹ Rp.40 万〜
[AC][Mini][TV] スーペリアⓈⒹ Rp.55 万〜
[AC][Mini][TV] デラックスⓈⒹ Rp.67 万〜

パングルーラン中心部から 3km 西の湖畔に建つ、全 21 室の手頃なホテル。温泉へは徒歩 5 分ほど。[POOL][レストラン][朝食]

パラパッ

湖畔に建つ近代的リゾート
カース・パラパッ
Khas Parapat [MAP] P.381

住所 Jl. Marihat No.1, Parapat　TEL (0625) 41-012
WA 0811-6565-926　URL khashotels.com
税&サ 込み　カード [J][M][V]　[Wi-Fi] OK
料金 [AC][Mini][TV] スーペリアⓈⒹ Rp.94 万〜
[AC][Mini][TV] スイートⓈⒹ Rp.170 万〜

パラパッ中心部の湖畔にある、全 102 室のリゾートホテル。各部屋にはテラス、TV など設備も充実している。専用ボートを所有しており、サモシール島へチャーターして行くことも可。[POOL][レストラン][朝食]

湖畔に面して美しい庭園も広がる

早朝のバス利用にも便利
ダナウ・トバ・インターナショナル
Danau Toba International [MAP] P.381

住所 Jl. Talun Sungkit, Parapat
TEL (0625) 41-583　税&サ 込み　カード 不可
料金 [AC][Mini][TV] スタンダードⓈⒹ Rp.19 万〜
[AC][Mini][TV] スーペリアⓈⒹ Rp.27 万〜

道路を挟んで湖を望み、サモシール島への港やバスターミナルへは 1.5km ほどの立地。客室は 15 ㎡とコンパクトだが、スーペリアにはトバ湖を望める部屋もある。
[POOL][レストラン][朝食]

スーペリアのベッドルーム

トバ湖のレストラン

ポピーズのコイ料理

パラパッやサモシール島のホテルには、ほとんどレストランが併設されている。

バタッ地方の郷土料理なら [R] **ポピーズ Popys**（[MAP] P.380　WA 0822-7361-4074　営業 毎日 8:00 〜 23:00）へ。コイ料理 Ikan Mas Arsik（Rp.8 万）、鶏肉料理 Napinador（Rp.15 万）。高台にある [R] **ホラス Horas**（[MAP] P.380　WA 0821-6487-6475　営業 毎日 9:00 〜 22:00）ではビーガン料理を提供している。

[R] **ルンバ Rumba**（[MAP] P.380　WA 0813-9633-5694 営業 毎日 8:00 〜 24:00）もトゥットゥッにあるレストランで、サモシール島で最も本格的なピザが味わえると評判だ。マルガリータ・ピザ（Rp.5万2000）、スパゲティ・ツナ（Rp.6万）。

ルンバは気軽なピッツァリア

ハミダシ　トバ湖は、面積 1130km² と世界最大級のカルデラ湖。中央に浮かぶサモシール島は火山性のドームとなっており、その特殊な地質から 2020 年にはユネスコ世界ジオパークに指定されている。

ミナンカバウ文化を色濃く残す高原の町

ブキティンギ

Bukittinggi

人　口	約11万人
高　度	930m
市外局番	0752

ブキティンギへのバス

◆パダンから
　1日中頻繁に運行、所要2〜3時間、Rp.5万〜
◆パラパッから
　1日数本、所要15〜16時間、Rp.18万〜35万
◆メダンから
　1日数本、所要20時間、Rp.18万〜35万

ブキティンギへのツーリストバス

◆パラパッから
　1日1〜4本、所要14〜16時間、Rp.25万〜

パダンの空港からタクシー

　パダンのミナンカバウ空港からチケット制タクシーで所要1.5〜2時間、Rp.30万。ブキティンギ市内からミナンカバウ空港へはAWR社のツーリストバス（WA 0852-6318-6707）も日中は毎時1本運行している（Rp.10万〜）。

バスターミナルから市内へ

　バスターミナルはブキティンギ中心部から約3km南東にあり、タクシー（約Rp.5万）か赤色のベモ（Rp.3000）が利用できる。

バスターミナルからのベモ

　ブキティンギ中心部へ運行するベモはJl. Jend Sudirmanを北上し、ホテルの集まっているジャラン・アーマッ・ヤニ Jl. Ahmad Yaniへ。さらにキナンタン公園北側を回り、バスターミナルへと戻る。

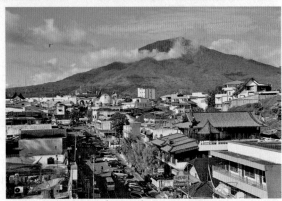

シンガラン山を望む高原都市ブキティンギ

　サゴ、シンガラン、メラティの3つの火山に囲まれた高原の町。赤道の約50km南に位置するが気候は過ごしやすく、静かな町並みの周辺には豊かな自然が広がっている。この地は古くからミナンカバウ文化の中心として栄え、19世紀のオランダ統治下に築かれた軍事要塞にちなんで、コック要塞という堅苦しい名称で呼ばれていたこともあった。

　ミナンカバウの名前の由来でもある牛は、この地方の文化をも象徴している。農業主体のこの地方の人々にとって、牛は水田耕作の重要な働き手であった。また、人々はイスラム教徒であるため、伝統的ミナンカバウ料理の食肉としても貴重だった。伝統家屋の屋根は、牛の角がかたどられ、民族衣装の頭巾も角状に形作られ、各地で牛レースなどの伝統行事が今も伝承されている。

アクセス

バ　ス▶パダンからのバスが頻繁に出ているほか、メダン、ジャカルタなどへの各種長距離バスも発着。特にANS社のバスは料金は高いが席も広く快適。クラスによっても、エアコンやトイレなど装備が異なる。

パダンからのツーリストバス

　パダン〜空港〜ブキティンギ間には、出発地のホテルから目的地のホテルへ直接運んでくれるAWR社のツーリストバスも運行している。大きな荷物を持った旅行者には便利。料金はRp.5万〜。各ホテルで手配できる（要前日予約）。

投稿　バトゥ・サンカル村の牛レース（→ P.384）はミナンカバウ文化を象徴するイベントで必見です。頼めば旅行者でも参加できますよ（もちろん自己責任ですが）。（大樹★27　東京都）['24]

スマトラ島

ブキティンギ

歩き方

ブキティンギの中心部は1km四方内にあり、徒歩でも十分に見て回れる。ただし、町全体が丘の上に位置するため坂道や階段が多く、短い距離の移動でも時間がかかる。

郷愁ある町並みを馬車が走り抜ける

町の中心を貫いているのがジャラン・アーマッ・ヤニ Jl. A. Yani とジャラン・アーマッ・カリム Jl. A. Karim で、沿道には観光客が出入りする安宿やカフェ、旅行会社などが並んでいる。通りの途中頭上に見える白い建築物は、オランダが建設したコック要塞の一部（現在は公園）だ。この一帯には郷土料理の大衆食堂が集まっており、時計塔の北側にはアタス市場 Pasar Atas もあって、いつも活気にあふれている。

観光案内所 **MAP** P.383-B2 外
住所 Jl. Perwira No.54
TEL (0752) 21-300
営業 月～金 8:00 ～ 16:00

配車サービスの利用状況
Grab や Gojek の配車サービス（→ P.478）が利用できる。市内各所からの呼び出しで、車やバイクがスムーズにマッチングされる。

レンタバイク
市内の旅行会社やゲストハウスなどでバイクをレンタルできる。場所によって料金は異なるが、相場は1日 Rp.6 万～。

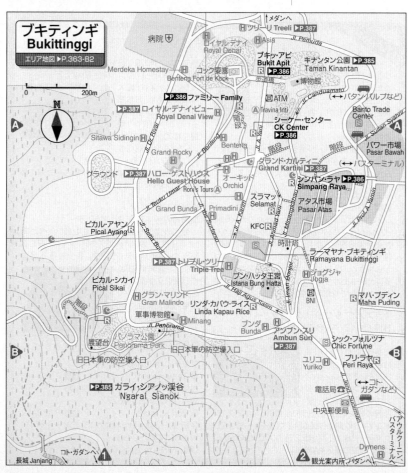

ブキティンギ
Bukittinggi
エリア地図 ▶P.363-B2
0 200m
N

メダンへ
病院
ツリーリ Treeli ▶P.387
ロイヤル・デナイ Royal Denai
Asia
ブキッ・アピ Bukit Apit ▶P.386
キナンタン公園 Taman Kinantan ▶P.385
Merdeka Homestay
コック要塞 Benteng Fort de Kock
博物館
▶P.386 ファミリー Family
ATM
▶P.387 ロイヤル・デナイ・ビュー Royal Denai View
Travina Inti
シーゲー・センター CK Center ▶P.386
バタンパルプなど
Banto Trade Center
Sitawa Sidingin
Benteng
パワー市場 Pasar Bawah
Grand Rocky
バスターミナルへ
グラウンド
▶P.387 ハロー・ゲストハウス Hello Guest House
グランド・カルティニ Grand Kartini ▶P.387
Roni's Tours
オーキット Orchid
シンパン・ラヤ Simpang Raya ▶P.386
スラマッ Selamat
Grand Bunda
Primadini
アタス市場 Pasar Atas
ピカル・アヤン Pical Ayang
KFC
時計塔
ラーマヤナ・ブキティンギ Ramayana Bukittinggi
▶P.387 トリプル・ツリー Triple Tree
ジョグジャ Jogja
BNI
ピカル・シカイ Pical Sikai
ブン・ハッタ王宮 Istana Bung Hatta
グラン・マリンド Gran Malindo
リンダ・カバウ・ライス Linda Kapau Rice
マハ・ブディン Maha Puding
軍事博物館 Minang
ブンダ Bunda
アンブン・スリ Ambun Suri ▶P.387
シック・フォルツナ Chic Fortune
パノラマ公園 Panorama Park
展望台
旧日本軍の防空壕入口
ユリコ Yuriko
プリ・ラヤ Peri Raya
旧日本軍の防空壕入口
電話局
コト・ガダンなど
▶P.385 ガライ・シアノッ渓谷 Ngarai Sianok
中央郵便局
Dymens
アウルクーニン/バスターミナルへ
長城 Janjang
コト・ガダンへ
観光案内所、パダンへ

ハミダシ　赤と金のミナンカバウ刺繍製品や真鍮や銀の小箱、骨董品などを売るみやげ物屋が並ぶのは、中心部のアタス市場西側の Jl. Minangkabau と、時計塔近くの Jl. Ahmad Yani など。

383

❄❄❄ エンターテインメント

❄ 迫力満点の伝統パフォーマンス ★★
バトゥ・サンカル村の牛レース
Pacu Jawi at Batu Sangkar `MAP P.389`

バトゥ・サンカル村の牛レース
開催 土曜 10:00 ～ 16:00
料金 Rp.5万

　バトゥ・サンカルはブキティンギから40km南東にあり、現地発ツアー（Rp.20万～）や車をチャーター（Rp.80万～）して訪問するのが一般的。開催予定は事前に確認すること（ラマダンやレバランの時期は休止となる）。
※バトゥ・サンカル以外では、Tanah Datar地区などで6、7、10月の年3回開催される。

　ブキティンギ郊外にあるバトゥ・サンカル村では、伝統的な**牛レース**Pacu Jawiが見られる。レースといっても速さを競うわけではなく、牛2頭に木製のハーネス（引き具）を付けた騎手の乗りっぷりを見学する。牛の尾を引いたり噛んだりしながら水田を50～100mを駆け抜けるが、途中で振り払われてしまったりコースアウトする者も多い。収穫を祝う余暇行事として始まったミナンカバウの牛レースは数百年の伝統をもつ。

見事に走り切れば牛の売値は2倍にもなるという

🔷Information ブキティンギ発ツアー

　ブキティンギの見どころは、町から遠く離れた所に散在している。見て回るにはツアーが料金も安くて便利。各ホテルや旅行会社で予約できる。

ブキティンギ近郊は見どころが多い

　すべて英語ガイドが付き、最少催行人数は3～5名。人数が集まらなければ、チャーター車（1日Rp.80万～）で回るようにすすめられる。

◆ミナンカバウ・ツアー
時間 8:30～17:30　料金 Rp.27万～
　パガルユン、リマ・カウン、バトゥ・サンカル、パリンビン、パンダイ・シカッなどのミナンカバウ文化発祥の村々を訪れる。各村では伝統的な家屋や工芸の見学ができる。美しい棚田を楽しみながら移動し、昼食はシンカラッ湖を眺めながら取る。土曜午後は牛レースKarapan Sapiの見学も追加料金で対応可（要相談）。

◆ラフレシア＆コピ・ルアク・ツアー
時間 日中（3～4時間）　料金 Rp.20万～
　町から十数km北にあるバタン・パルプ自然保護区では、片道60分ほどのトレッキングで、ラフレシアを見られる可能性が高い。ま

世界最大の花ラフレシア

た麓の村では西スマトラの名産コピ・ルアク（ジャコウネコの糞から採る希少なコーヒー豆）をレクチャー付きで1杯Rp.2万5000で味わえる。コーヒー豆の購入もできる。

◆マニンジャウ湖1日ツアー
時間 9:00～17:00　料金 Rp.27万～
　シアノッ渓谷（雄大な風景を見て、日本軍の残した防空壕に入る）→コト・ガダン（銀細工の町）→ラワン・トップ（湖全体を見渡す）→ラワン村（サトウキビ農園）→ウンブン・パギ村（湖をしばし眺める）→マニンジャウ湖（水泳可だが寒い。昼食もここ）。

のどかなマニンジャウ湖の湖畔

◆シベル島ツアー
期間 5日～　料金 Rp.1450万～
　独自の生活を送る裸族が住む島、シベル島（→P.392）へのツアーがブキティンギから週に3回出ている（火・木・土曜発。最少催行4名なので、1週間前には旅行会社に参加希望を出しておこう）。シベル島の奥地にはホテルはなく、期間中はムンタワイ人の高床式住居に泊まる。

ムンタワイ人の島を訪ねてみよう

ブキティンギの旅行会社
● **Travina Inti** `MAP P.383-A2`
住所 Jl. Ahmed Yani No.95-105
WA 0812-4053-6677
● **Roni's Tours** `MAP P.383-A2`
住所 Jl. Teuke Umar No.11, 🅗オーキッド内
WA 0812-6750-688
URL ronis-tours.com

---

384 🏔ハミダシ ラフレシアで有名な**バタン・パルプ自然保護区**（`MAP P.389`）へは、パワー市場北側から1～2時間に1本ミニバス（所要30分、Rp.7000）が運行。英語ガイドのJoniさん（WA 0813-7436-0439）もいる。

スマトラ島

ブキティンギ

おもな見どころ

博物館や動物園もあるテーマパーク ★★
キナンタン公園
Taman Kinantan

MAP P.383-A2

博物館や動物園のほか、小さな遊園地もある市民の憩いの場。**博物館**はミナンカバウ様式の建物を使い、婚礼衣装、金の冠などの装飾具、楽器、生活用具、考古学的な発掘品などを展示している。博物館に隣接する**動物園**も丘にあり、トラ、ゾウ、鳥類などを見ることができる。

博物館にはミナンカバウ文化の衣装や家具が展示されている

歩道橋を渡って西の丘には、オランダが1825年にパドリ戦争と呼ばれる周辺一帯の独立戦争に対抗する基地として築いた**コック要塞** Benteng Fort de Kock の跡が残っている。今はポツンと置かれた大砲がその名残をとどめるだけだが、丘に建つ給水塔の屋上は火山を眺めるビューポイントになっている。

壮大な眺めがすばらしい大峡谷 ★★
ガライ・シアノッ渓谷
Ngarai Sianok

MAP P.383-B1

ブキティンギの南西に広がる峡谷。インドネシアのグランドキャニオンともいわれ、**パノラマ公園**の展望台から全長4km、落差約100mの谷を見下ろすと、吸い込まれそうになる。対岸には銀細工で有名な**コト・ガダン**（→ P.389）があり、つり橋と万里の長城を模した階段を通って徒歩20〜30分。渓谷に沿ってのトレッキングも楽しめる（下記コラム参照）。

キナンタン公園
入場 毎日 8:00 〜 18:00
料金 入園料 Rp.2万5000（博物館の入場は別途 Rp.1万）

パノラマ公園
入場 毎日 8:00 〜 16:00
料金 入園料 Rp.2万5000
　園内には第2次世界大戦時、旧日本軍が掘った全長1.5kmに及ぶ防空壕 Lobang Jepang も残っている。英語ガイドは20分 Rp.10万。

旧日本軍が掘ったトンネルが公園内に残っている

ガライ・シアノッへのトレッキング
　バックパッカーの宿泊が多いホテルでガイドを手配してくれる。ブキティンギから川沿いを歩きコト・ガダンまでの半日コースでRp.30万、1日コースでRp.50万〜。

パノラマ公園から眺めたガライ・シアノッの景観。護岸工事も行われている

Column
ガライ・シアノッの渓谷トレッキング

パノラマ公園から見渡せる大渓谷を、銀細工で有名な**コト・ガダン**（→ P.389）まで歩く半日〜1日のトレッキングが催行されている。宿泊先でガイドを頼み、朝市や伝統家屋を横目に、坂道を下り、田んぼや畑を抜け、植物の説明などを聞きながらジャングルを進む。時期によりランの花、オオトカゲなども見られる。川原へ下りると急に視界は開け、荒涼とした風景となる。両側に切り立った断崖の間を流れる川を、靴を脱いで何度か横切る（サンダルも用意したい）。サルもすむ森の坂道を上ると、ひと息つける食堂もあるコト・ガダン。ここまで約2.5時間。大木の枝先で昼寝をする無数のフルーツ・バット（コウモリ）や銀細工店を見たあとに「長城 Janjang」と呼ばれる階段やつり橋を歩いて帰る。1日ツアーならば、さらに周囲の村に立ち寄りながら歩いて戻る。

植物に関するガイドのレクチャーも楽しい

レストラン

Restaurant

　ココナッツミルクの柔らかさと数々の香辛料のバランスを絶妙に保ちながら煮込んだパダン料理。本場のブキティンギでは、辛いものが苦手でもぜひパダン料理を食べてみよう。

景色も楽しめるパダン料理店
ファミリー
Family　　　MAP P.383-A2

住所 Jl. Benteng No.4　TEL (0752) 21-102
営業 毎日 9:00 ～ 21:00　カード 不可

　コック要塞南側の高台にあり、町とムラピ山を見渡す眺望がとてもいい。メニューは一般的

眺めのいい立地にあるおすすめレストラン

なパダン料理でルンダン（Rp.2万）、野菜（サユール）料理ひと皿（Rp.1万～）、ライス（Rp.1万）など。

活気あふれる大衆食堂
シンパン・ラヤ
Simpang Raya　　　MAP P.383-A2

住所 Jl. Minangkabau No.77　TEL (0752) 21-910
営業 毎日 6:00 ～ 20:30　カード 不可

　アタス市場の北西にあるパダン料理店。肉料理（Rp.2万5000～）、野菜類（Rp.6000）

地元の人御用達の人気レストラン

など地元の人たちが出入りする店だけあって、値段は安い。アタス市場の南側にも、同名のレストランがもう1軒営業している。パダンにも支店がある。

朝食にもぴったりのローカル食堂
ブキッ・アピ
Bukit Apit　　　MAP P.383-A2

住所 Jl. Ahmad Yani No.105B　WA 0812-6719-6541
営業 毎日 7:00 ～ 12:00　税&サ 込み　カード 不可

　リンパペ歩道橋の下にある麺料理の人気店。看板メニューの鶏肉がのったミーパンシッは Rp.1万5000で、肉団子バッソのスープも付けて Rp.1万8000。鶏粥のブブール・アヤム Rp.1万2000も朝食におすすめ。営業は昼まで。

味付け卵のトッピングはRp.3000

地元の若者たちでにぎわう
シーケー・センター
CK Center　　　MAP P.383-A2

住所 Jl. Ahmad Yani No.85　TEL (0752) 624-230
営業 毎日 11:00 ～ 23:00
税&サ +10%　カード MV　Wi-Fi OK

　ビリヤード場やフィットネスも併設された、目抜き通りにあるレストラン。ビーフバーガー（Rp.2万3000）、チキンステーキ（Rp.4万）、グリル＆しゃぶしゃぶ（2人前 Rp.13万2000）などメニュー豊富。

流行に敏感なZ世代のたまり場

Column

ブキティンギでパダン料理を味わおう

　インドネシア全土に店があるパダン料理の発祥の地が、西スマトラのミナンカバウ地方だ。パダン料理店では、入口脇のショーケースに野菜や肉料理が盛られたボウルが積み上げられている。そして客がテーブルに着くと、小皿に取り分けた数十種類もの料理が運ばれてくる。並べられた料理は、好きな物だけを食べて、そのぶんのみの勘定となる。味つけはかなりスパイシー。干し牛肉を煮たデュデンのほか、ブキティンギではルンダンと呼ばれる牛肉を煮込んだ料理が名物。通常、野菜類はひと皿Rp.6000、肉類や魚はひと皿Rp.2万前後だ。

本場のパダン料理を味わってみよう

ホテル　Hotel

ブキティンギはホテルが豊富で、料金もリーズナブル。中心部西側の丘に、中級から格安のホテルが集まっている。高地にあるため、降水量が少ない時期には丘の上のほうに位置しているホテルほど水不足になりやすいので注意。

高級感漂うリゾートホテル
トリプル・ツリー
♥ Triple Tree　MAP P.383-B2
住所 Jl. Laras Datuk Bandaro　TEL (0752) 35-000
WA 0823-8529-3324
URL www.tripletree-bukittinggi.com
税&サ 込み　カード JMV　Wi-Fi OK
料金 AC Mini TV スーペリアSD Rp.95万〜
AC Mini TV デラックスSD Rp.105万〜
AC Mini TV スイート Rp.250万〜

中庭には細長いプールもある

時計塔の1ブロック西に建つ、白亜の城のような全101室のホテル。緑の樹木が植えられた敷地内にはカラフルな花々が咲き誇り、プールやバーなどを完備している。27㎡の客室はパステルカラーの内装でさわやかな印象。POOL レストラン 朝食

明るくサービスのいいお値打ちホテル
アンブン・スリ
♥ Ambun Suri　MAP P.383-B2
住所 Jl. Panorama No.2　TEL (0752) 34-406
税&サ 込み　カード 不可　Wi-Fi OK
料金 AC Mini TV スタンダードSD Rp.30万〜
AC Mini TV スーペリアSD Rp.40万〜

室内はコンパクトにまとまっている

パノラマ公園の300mほど東にある、外国人旅行者に人気の高い全35室のホテル。明るい造りと、料金のわりに室内設備は充実している。TV、ホットシャワー、電話付き。ハイシーズン以外には25%程度の割引も可能。POOL レストラン 朝食

快適に滞在できる人気ホテル
ロイヤル・デナイ・ビュー
♥ Royal Denai View　MAP P.383-A2
住所 Jl. Yos Sudarso No.7A　TEL (0752) 22-953
WA 0822-6899-7772
税&サ 込み　カード 不可　Wi-Fi OK
料金 AC Mini TV スーペリアSD Rp.45万〜
AC Mini TV デラックスSD Rp.55万〜

コック要塞の南側にある全52室の中級ホテル。旅行者にも地元ビジネスマンにも人気がある。全室にTV、電話などを完備。POOL レストラン 朝食

オープンレストランも完備している

家庭的な雰囲気の宿
ハロー・ゲストハウス
♥ Hello Guest House　MAP P.383-A2
住所 Jl. Teuku Umar No.6b　WA 0817-811-900
URL helloguesthouse.net
税&サ 込み　カード JMV　Wi-Fi OK
料金 AC Mini TV カプセルS Rp.13万〜
AC Mini TV スタンダードS Rp.16万〜、D Rp.19万〜

中心部にある全10室の格安ホテル。3階にあるカプセルでもホットシャワーが使え、料金的にもリーズナブル。部屋には清潔感があり、スタッフもフレンドリーだ。POOL レストラン 朝食

近未来的なカプセル

レストランからの見晴らしもいい
ツリーリ
♥ Treeli　MAP P.383-A2
住所 Jl. Kesehatan No.36A
TEL (0752) 625-350
税&サ 込み　カード AJMV　Wi-Fi OK
料金 AC Mini TV SD Rp.35万〜65万

コック要塞の北側にある、全8室のホテル。2014年オープンで、外観や内装はモダンなデザイン。シーズン中は満室のこともあるので、予約は早めに。POOL レストラン 朝食

スタッフの対応もいい
グランド・カルティニ
♥ Grand Kartini　MAP P.383-A2
住所 Jl. Teuku Umar No.5　WA 0812-6763-5572
税&サ 込み　カード 不可　Wi-Fi OK
料金 AC Mini TV ファンSD Rp.35万〜
AC Mini TV エアコンSD Rp.42万〜

格安ホテルが多い通り沿いにある全20室のリーズナブル宿。部屋はコンパクトだが料金のわりに快適に過ごせる。周辺にレストランが多くて便利。POOL レストラン 朝食

ハミダシ ブキティンギ郊外を車チャーターでめぐる場合には融通が利くので、ツアープランにのっていなくても行きたい場所があればリクエストしてみるといい。快く対応してもらえたらチップを忘れずに。

湖へと下る道中ではサルも見かける

マニンジャウ湖へのアクセス
ブキティンギから西へ25km。ブキティンギのバスターミナルからミニバスで約1時間30分(Rp.2万〜)。
ブキティンギから向かうバスは、マニンジャウが終点ではないので注意(運転手にマニンジャウで降りることを伝えておくこと)。つづら折りを下りると正面がマニンジャウ湖。

マニンジャウ湖のホテル
H **Beach Guest House**
住所 Jl. Raya Maninjau, Lubuk Basung KM1
WA 0813-6379-7005
湖畔にありツアー手配などを英語で頼める。全11室。料金はⓈⒹ Rp.25万〜。

湖のビューポイント
湖東側にあるビューポイント Lawang Top(Puncak Lawang)へは、Matur行きバスに乗り、そこからバイクタクシーと徒歩で行ける。すばらしい眺めを堪能したら、復路はBayurまで歩いて下るのもいい(約2時間)。ガイドの同行が必要。

パガルユンへのアクセス
ブキティンギからバスで41km南東のバトゥ・サンカル Batu Sangkar まで行き、そこから4kmはオジェッに乗り換えて行く。

ハラウ渓谷へのアクセス
ブキティンギからのツアーは8:30〜18:00で料金 Rp.60万〜。

雄大な景観が広がっている

エクスカーション

美しい湖が広がる閑静な避暑地 ★★
マニンジャウ湖
Danau Maninjau
MAP P.389

ブキティンギからベモに揺られて、最後に44のつづら折りの道を下れば、美しいマニンジャウ湖が目の前に広がっている。湖の周りには手頃な安宿が多く、バックパッカーが静かに過ごすには最適。周辺の村では朝市もあり、手作りの郷土菓子やフルーツも売られている。レンタル自転車で湖を1周(約52km)したり、カヌーで湖上を散策したり、湖北側のビューポイントを訪ねたりと、どっぷり自然に浸って過ごすことができる。

緑に囲まれたマニンジャウ湖

王宮跡でかつての栄華をしのぶ ★
パガルユン
Pagaruyung
MAP P.389

ミナンカバウ最後の王アラムの王宮を復元した、王族の隆盛がしのばれる伝統的なデザインの建築物。19世紀に入るとスマトラ島では、バンダ・アチェを中心にイスラム原理主義の嵐が吹き荒れた。しかし、当時ミナンカバウでは、イスラム化以前の土着の宗教が信仰され、飲酒や賭博、さらに女性家長の慣習が根強かった。そのため原理主義者の反感を買い、1815年に伝統的文化の象徴である王族は虐殺され、その系譜に終止符が打たれた。王宮は焼失と再建を繰り返しており、2007年に落雷で燃えた建物も2012年に再建された。

復元されたパガルユン王宮

1日ツアーで訪れてみたい ★
ハラウ渓谷
Lembah Harau (Harau Valley)
MAP P.389

ブキティンギから50km北東にある、高さ100mほどの巨大な岩壁からなる渓谷エリア。自然保護区内にはいくつかの滝があり、トレッキングや滝つぼでの水浴びも楽しめる。途中の村では伝統的な建築物や、タピオカチップス作りの見学もできる。

投稿 マニンジャウ湖やハラウ渓谷などブキティンギ周辺の見どころへは現地発ツアーが便利です。欧米人のバックパッカーの参加が多く、和気あいあいとした雰囲気も楽しめました。(アウトレイジ 宮城県)['24]

生きている伝統家屋を見学できる ★★
バリンビン
Balimbing [MAP] P.389

バリンビンの伝統家屋

　小さな村だが 350 年以上前に建てられたミナンカバウ様式の伝統家屋が残っている。特にバリンビンの家屋は釘が1本も使用されていないことで有名。現在は住居としては使われていないが、結婚式やお葬式など式典の会場となり、内部見学も可能。

手工芸村で職人芸に出合う ★
パンダイ・シカッ
Pandai Sikat [MAP] P.389

　パンダイ・シカッは、織物や木彫りで有名な村。特に木工のデザインは、かなり装飾的なことで知られている。村の名前も「上手に磨く」、つまり熟達した職人という意味をもっている。

渓谷沿いにある銀細工の町 ★
コト・ガダン
Koto Gadang [MAP] P.389

　銀細工の町として有名。ブキティンギの南に広がる雄大なガライ・シアノッ渓谷の先にあって、ハイキングがてら歩いていくこともできる。

ブキティンギ周辺
Around Bukittinggi
エリア地図 ▶P.363-B2

バリンビンへのアクセス
　バトゥ・サンカルから南へ12km。ツアーでの訪問が一般的。

パンダイ・シカッへのアクセス
　ブキティンギから南へ13km。バスターミナルからベモで行ける。

工房ではショッピングもOK

コト・ガダン
　ブキティンギから南西へ2km。

コト・ガダンでは繊細な作業工程も見学できる

ミナンカバウの母系社会
　ミナンカバウ人は世界でも珍しい母系社会の民族だ。「自然こそが最大の教師だ」というのが彼らの哲学で、いかなる動物も母親から生まれ、母親に育てられるというこの世の事実から母系社会を今でも守っている。ミナンカバウは西スマトラのほぼ全域を指しているが、ブキティンギはもちろんのこと、人口100万を抱える大都市パダンも、母系社会制が存続している。
　家族における主導権も財産も母親が握り、多くの場合、父親は単なる労働力か氏族保存のための役割を担っていたりする。今でも家屋や田畑などの所有権は母系に属し、男は仕事のために田畑などを貸し与えられることはあっても決して所有することはないという（会社経営をしている男は、自分が運営はしても所有権は妻がもっている場合が多い）。

ハミダシ　銀細工で有名なコト・ガダン（→ P.389）では、無数のフルーツ・バット（コウモリ Kelelawar）が日中は大きな木にぶら下がり昼寝をし、夕刻には渓谷へと飛び立つ姿が見られる。

389

伝統文化と現代が融合した都市はパダン料理の発祥地

パダン

Padang

人 口	100万人
高 度	10m未満
市外局番	0751
空港コード	PDG

インド洋に面する西スマトラ州の州都で、都市生活のなかにミナンカバウ文化を併せもっている地方都市パダン。この地域一帯は農業が盛んだが、その産物の売買

ビーチ沿いには夕景スポットも多い

取引や国内外に出荷するための各種工場も多く、商業の町として発展している。有名な「パダン料理」発祥の地としても知られるが、観光スポットは少なく、旅行者は交通の起点として訪れることが多い。

空港から市内へ

ミナンカバウ国際空港は中心部から28km北。空港から市内へはチケット制のタクシーで40分〜、Rp.15万〜。市内へのエアポートバスはDamri社(Rp.2万3000)が毎時約1本運行。

エアポートリンク鉄道が空港の直結駅からパダン駅へ毎時約2本運行、所要40分、Rp.1万。

ガルーダ・インドネシア航空

MAP P.391-A1
住所 Jl. Sudirman No.2
TEL (0751) 30-137

バスターミナルから市内へ

中心部へはミニバスで所要15分、Rp.5000。タクシーでRp.5万〜。パダンでは会社ごとに発着所が異なっている。各地からエコノミーバスを運行するALS社のターミナルは中心部から5km東にある。

シベル島への船

チケットは町の南端にあるフェリー乗り場 Muara Port や下記の旅行会社などで購入可。
● Regina Adventures
住所 Jl. Pampangan No.54
WA 0822-8490-2884
URL www.reginaadventures.com
● Mentawai Fast
MAP P.391-B1
TEL (0751) 893-489
● ASDP社(Gambolo号)
MAP P.391-A2
TEL (021) 191(コールセンター)
WA 0822-8490-2884
URL asdp.id

アクセス

飛行機▶ ガルーダ航空、スーパーエアジェット、ウイングス航空などが、ジャカルタやメダンなどから運航。

パダンへの飛行機 (国際線→P.365)	
ジャカルタから	ガルーダ航空、スーパーエアジェット、シティリンクなどが1日計15便、所要2時間、Rp.138万〜187万
メダンから	ウイングス航空が1日1便(メダン6:30発)、所要1.5時間、Rp.224万〜227万

バ ス▶ 各社のバスやミニバスは中心部から6km北にある、**S** Basko Grand Mall 前から発着する。ブキティンギへのミニバス(Tranex 社)はそこから500mほど南にあるショッピングセンターの **S** Simpang Indah 前から発着。ジャカルタやメダンから急行バスを運行するNPM社のターミナルは **H** パンゲラン・ビーチの南隣にある。

パダンへのバス	
ブキティンギから	1日3本 (1:00、15:00、19:00発)、所要3時間、Rp.3万。ツーリストバスはRp.25万〜
メダンから	1日1本 (9:00発)、所要24〜26時間、Rp.30万〜
ジャカルタから	1日数本、所要27〜30時間、Rp.30万〜46万

船 舶▶ ムンタワイ諸島のシベル島へ、高速フェリー Mentawai Fast 号が町の南側を流れる川沿いのムアラ(バタン・アラウ)港から、ASDP社のフェリー Gambolo 号が20km南のブングス(Teluk Kabang)港から運航。

パダン(ムアラ&ブングス港)への船舶	
シベル島から	Gambolo号(水・日17:00発、所要10〜12時間、Rp.11万〜)、Mentawai Fast号(水・木・土14:30発、所要3〜6時間、Rp.35万〜)

  パダンからシベル島へのフェリーの運航時間は、Gambolo号が金曜の17:00発。Mentawai Fast号が火・木・土曜の7:00発。

町の西側にはビーチが広がる

歩き方

パダンの中心部はモスクを起点としておおむね半径 1km 以内の範囲にあり、ジャラン・モハメッ・ヤミン Jl. Mohamed Yamin が商業のメインストリートになっている。特に、モスクの北側一帯にある市場周辺は日中相当に混雑していて、活気がある。郵便局や銀行は東側にあり、航空会社や旅行会社なども多くはこの付近に集まっている。中心部にある**アディッヤワルマン博物館** Adityawarman Museum は、西スマトラの文化を紹介しているので訪れてみよう。

パダン南部にはにぎやかな中華街や植民地時代の倉庫なども残る旧市街があり、バタン・アラウ川沿いの遊歩道を歩くのも気持ちいい。

パダンの日差しはかなり厳しい。散策にはタクシー（市内で Rp.7000〜3万）やミニバス（Rp.3000〜）も利用しよう。

伝統的な装飾が施されたアディッヤワルマン博物館

パダン観光案内所
MAP P.391-A1 外
住所 Jl. Khatib Sulaiman No.7
TEL (0751)7055-183
営業 月〜金 7:30〜16:00

配車サービスの利用状況
Grab や Gojek の配車サービス（→ P.478）が利用できる。市内各所からの呼び出しで、車やバイクがスムーズにマッチングされる。中心部から空港への利用も可能。

アディッヤワルマン博物館
MAP P.391-B1
TEL (0751)31-523
入場 火〜日 9:00〜16:00
料金 Rp.5000

スマトラ島

パダン

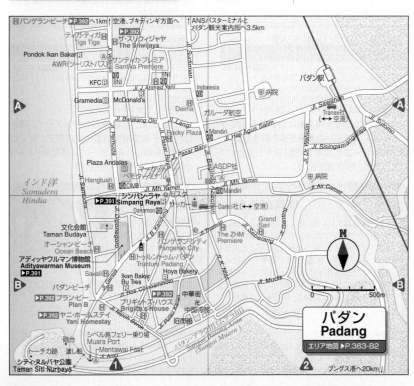

パダン
Padang
エリア地図▶P.363-B2

ハミダシ パダン料理発祥の地には、Rシンパン・ラヤ Simpang Raya（MAP P.391-B1）など気軽に郷土料理を楽しめるレストランが中心部に点在。夕日が美しい海岸沿いにはシーフードレストランが軒を連ね、屋台も出る。

ビーチで静かな滞在を！
パンゲラン・ビーチ
Pangeran Beach　　MAP P.391-A1 外

住所 Jl. Ir. H. Juanda No.79　TEL (0751) 705-1333
WA 0811-7081-333
税&サ込み　カード JMV　Wi-Fi OK
料金 AC Mini TV SD Rp.75 万〜

中心部から数 km 北に離れた、ビーチ沿い
にある全 181 室のホテル。落ち着いて滞在で
きる立地にあり、満室
になることも多いので、
予約をしておいたほう
が安心。POOL レストラン 朝食

広々としたプールを完備

コストパフォーマンスのよいホテル
ザ・スリウィジャヤ
The Sriwijaya　　MAP P.391-A1

住所 Jl. Veteran No.26　WA 0811-6662-626
URL thesriwijayahotel.co.id
税&サ込み　カード JMV　Wi-Fi OK
料金 AC Mini TV スーペリア SD Rp.35 万〜
　　 AC Mini TV デラックス SD Rp.40 万〜

パダン中心部にある全 29 室のおすすめホ

低料金でバックパッカーに人気
ヤニ・ホームステイ
Yani Homestay　　MAP P.391-B1

住所 Jl. Nipah No.1　WA 0852-6380-1686
税&サ込み　カード不可　Wi-Fi OK
料金 AC TV バス共用 SD Rp.20 万〜
　　 AC Mini TV バス付き SD Rp.25 万〜

シベル島フェリー乗り場に近い全 5 室のゲ
ストハウス。パダンでは最安値の料金設定で、
周囲にはローカル食堂や SIM カードショップ
もあり便利。POOL レストラン 朝食

若いスタッフがテキパキと働く
プラン・ビー
Plan B　　MAP P.391-B1

住所 Jl. Hayam Wuruk No.28　TEL (0751) 892-100
WA 0812-6012-100　URL www.planb-hotel.com
税&サ込み　カード JMV　Wi-Fi OK
料金 AC Mini TV スーペリア SD Rp.60 万〜
　　 AC Mini TV デラックス SD Rp.75 万〜

ビーチや観光案内所にも近い 39 室の快適
ホテル。安い部屋はコンパクトな造りだが、必
要十分な広さ。1 階には
レストラン＆バーがある。
POOL レストラン 朝食

モダンな外観が目印

スーペリアの室内

テル。敷地はさほ
ど広くないが、白
を基調とした館内
は明るく清潔。部
屋の設備も整っており、快適に過ごせる。
POOL レストラン 朝食

旧市街に近い住宅地にある
ブリギッツ・ハウス
Brigitte's House　　MAP P.391-B1

住所 Jl. Kampung Sebelah I No.14D　WA 0821-7776-4433
税&サ込み　カード MV　Wi-Fi OK
料金 AC TV SD Rp.25 万〜
　　 AC Mini TV SD Rp.35 万〜

旅行者が集う全 11 室のホームステイ。陽気
なオーナーは英語も達者で、各種アクティビ
ティ情報も得られる。3 〜 4 人部屋のドミトリ
ーは Rp.12 万。POOL レストラン 朝食

Column
裸族が住むシベル島へのツアー

シベル島はスマトラの西に浮かぶ小さな島。住
民のムンタワイ人はフンドシ一丁で、精悍な全身を
刺青で飾る裸族で、今も石器時代のような生活を
送っている。電気・水道どころか貨幣さえほとんど
流通しておらず、宿泊するのもムンタワイ人の高床
式住居（床下には豚がすみ、部屋には犬や鶏が走
り回っているが風通しがよく、高温多湿の密林の中
とは思えないほど心地いい。主食はサゴヤシの幹
を粉にし、棒状にして焼いたものだが、これがゴム
をかんでいるようでまずい。

シベル島の文化は、すべてが素っ気ないほどシ
ンプル。島奥地のトレッキングツアーも、毎日ジャ

全身に刺青を彫っている
ムンタワイの人々

ングル内をひたすら歩く
という単純な内容。夜は
ムンタワイ人の家を泊ま
り歩くので、剥き出しの
人間たちの姿と常に対
峙することになる。誰もが、現代にこんな場所が残
っていたことに驚くはずだ。

パダンの船着場からシベル島まで片道 3 〜 12
時間の船旅。混み合った船はかなり揺れる。スマ
トラの旅行者が多いハイシーズンには、ブキティン
ギやパダンから 5 〜 10 日間程度のシベル島ジャ
ングルツアー（→ P.384）が催行されている。

ハミダシ　パダン料理の食堂では多くの名物料理を味わえるが代表格は「ルンダン」。牛肉をスパイスとココナッ
ツミルクで煮込んだもので、米国の CNN で「世界で最も美味しい料理」に選ばれたこともある。

スラウェシ島
Sulawesi

インドネシアのほぼ中央、赤道直下に浮かぶこの島は、大海原に咲いた蘭の花のような形をしている。州都であるマカッサルは、大航海時代から重要な貿易港として栄えてきた歴史をもち、今もスパイスなどの集積地としてにぎわう。また、秘境ムードが漂うタナ・トラジャは独特の山岳文化が残り、舟形の伝統家屋や岩窟葬が今も残っている。マナド周辺を筆頭に、スラウェシ島南部に浮かぶ島々なども、ダイビングスポットとして注目を集める。

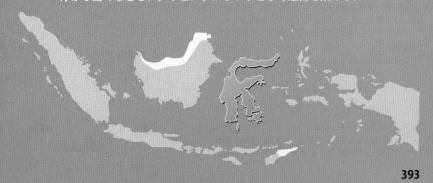

スラウェシ島 エリアインフォメーション

スラウェシ島
Sulawesi

0　　　　　　　200km

スラウェシ島基本データ

地理＆人口▶赤道直下に位置する約19万km²の島。東西南北に4つの半島が細長く延び、「蘭の花」のような形と表現されている。博物学者ウォーレスの研究により、この島はアジア側とオセアニア側両方の生態系や地質をもつことが判明し、島の西側はカリマンタン、東側はオーストラリア大陸の一部だったと推察されている。

　全体の人口は約1980万人で、南スラウェシ、南東スラウェシ、中央スラウェシ、西スラウェシ、ゴロンタロ、北スラウェシの全6州に区分。

民族＆宗教▶南スラウェシ州のマカッサル人 Makassarese、ブギス人 Bugis、トラジャ人 Toraja、北スラウェシのミナハサ人 Minahasa、ゴロンタロ人 Gorontalo などが主要民族。宗教は各州ごとに偏りがあるが、全体としてはイスラム教徒、プロテスタント、ヒンドゥー教徒、仏教徒の順に多い。特にマナドやタナ・トラジャ周辺では、オランダ植民地時代に布教されたプロテスタントの信者が目立つ。

文化＆歴史▶紀元前2500〜1500年頃に、中国南西部から海を渡って南下した渡来人が、スラウェシ島に上陸したと推察されている。タナ・トラジャではその民を自分たちの先祖であると信じ、だから「伝統家屋は北を向いて建ち、屋根が舟の形をしている」と考えている。その後、各地域ごとに別の土着民族が定着し、独自の慣習や信仰をもつようになった。

　16世紀には海洋交易が盛んになり、ブギス人とともに南部で勢力をもっていたマカッサル人が王国ゴワ Gowa を創建した。しかし、ゴワ王国の首都マカッサルは香辛料の生産地であるマルク諸島への拠点として重要だったため、1667年にオランダがゴワ王国を倒してこの地方を支配下に治めた。一方北部でも、16世紀に交易の中継地としてマナドに寄港していたポルトガルが、ミナハサ人と交流を深めていたが、17世紀半ばにはオランダが実質上の支配者となった。以後300年もの間、この島の主要な地域はオランダの植民地下におかれた。マナドのミナハサ人はオランダに従属し、キリスト教の浸透やオランダ語教育の定着など、現在でもその影響が強く残っている。

Pantoloan
ドンガラ
Donggala

マカッサル海峡
Selat Makassar

Pasangkayu

パル
Palu

Karosa

Lore Li

マムジュ
Mamuju

バ
P.

▶P.408

ママサ タナ・トラ
Mamasa Tana Tor

▶P.409

Lakawan

Polewali

エンレ
Enreka

パレパレ
Parepare

▶P.420

▶P.420
バンティムルン
Bantimurung

リアン・リアン観光公園
Taman Wisata Liang Liang

マロス
Maros

▶P.416 マカッサル
Makassar
（ウジュン・パンダン）

Bulukur

Pulau Tanekeke

バッラ・ロンポア博物館
Balla Lompoa Museum
▶P.420

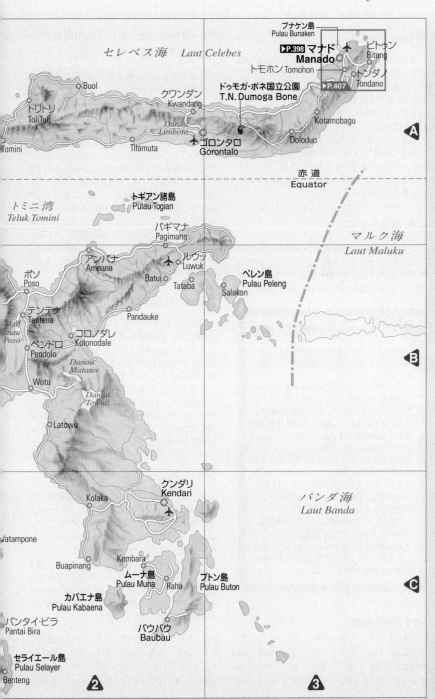

セレベス海 *Laut Celebes*

ブナケン島
Pulau Bunaken

▶P.398 マナド
Manado

ビトゥン
Bitung

トモホン Tomohon

▶P.407

トンダノ
Tondano

Buol

トリトリ
ToliToli

クワンダン
Kwandang

ドゥモガ・ボネ国立公園
T.N. Dumoga Bone

Kotamobagu

Danau
Limboto

ゴロンタロ
Gorontalo

Doloduo

Tomini

Tilamuta

赤 道
Equator

トミニ湾
Teluk Tomini

トギアン諸島
Pulau Togian

パギマナ
Pagimana

マルク海
Laut Maluku

アンパナ
Ampana

ルウッ
Luwuk

ポソ
Poso

Batui

Tataba

ペレン島
Pulau Peleng

Salakan

テンテナ
Tentena

コロノダレ
Kolonodale

Pandauke

anau
Poso

ペンドロ
Pendolo

Danau
Matano

Wotu

Danau
Towuti

Latowu

クンダリ
Kendari

バンダ海
Laut Banda

Kolaka

Watampone

Kembara

Buapinang

ムーナ島
Pulau Muna

Raha

ブトン島
Pulau Buton

カバエナ島
Pulau Kabaena

パンタイ・ビラ
Pantai Bira

バウバウ
Baubau

セライエール島
Pulau Selayer

Benteng

A

B

C

2

3

ハイライト

ダイブスポットとして人気を集めている水中楽園マナド。豪快なドロップオフとエメラルドグリーンの海は、世界中のダイバーの憧れの地だ。独自の山岳文化を維持しているタナ・トラジャでは舟形の家や岩窟の墓、そして盛大な葬式と見どころが多い。

スラウェシ島とカリマンタンとの間にはウォーレス線（アジアとオセアニアの動植物境界線）が引かれ、珍しい動植物の宝庫でもある。特にマナド周辺には自然保護区も多く、自然に興味のある人は見逃せない。

旅のヒント

両替と物価▶マカッサルやマナドのホテルやダイビングセンターでは主要クレジットカードが利用OK。日本円が両替できる両替所もあるが、市内のATMで現金を引き出すほうがレートがいい。

ランテパオなどの地方エリアにもATMは増えてきており、両替は便利になっている。

旅の難易度▶人気の観光地では開発が進み、宿泊先や交通手段を探すにあたり問題はない。しかし、地方の町村部では英語を話す人もごくまれで、まだ開発されていない地域に個人で足を延ばす際には、ある程度のインドネシア語を話せないと旅が困難になる。

おみやげ▶各地で伝統的な手工芸品が入手できる。タナ・トラジャやブギスの織物や木彫りが有名。タナ・トラジャは高級コーヒーの産地としても知られているが、木彫りの箱に入れられたおみやげ用のコーヒーは、あまりおいしくない。包装は味気なくても、商店などで箱で売られているもののほうがマシ。どちらにしても、品質のいいコーヒーはそのまま輸出されてしまうので、あまり期待はしないように。

安全情報

日本人ダイバーが滞在するマナド郊外やブナケン島などは、治安状況もよく、のんびりとしている。マカッサルでは、引ったくりやスリのトラブルに注意。マナドも含め都市部では、夜の外出の際に周囲に気を配ろう（特に女性のひとり歩きは注意）。

中部スラウェシ州ポソ県の山岳地帯ではイスラム過激派が、住民を襲撃する事件も起きている。2015年以降は治安当局が対テロ作戦を実施し情勢は沈静化しているが、このエリアを訪問前に最新情報を入手すること。

気候とシーズナリティ

島全体として雨季と乾季の変わり目は曖昧だが、おおむね11～3月頃に降雨が多い。マナドなど平野部では年間気温が25℃前後、ダイビングには5～10月の乾季がベターだが、雨季でも3～4日周期でいいコンディションにあたる。

タナ・トラジャなどの山岳高原地帯では年間をとおして天候が不安定で、1日のうちで気温が大きく変化する。タナ・トラジャを訪れるならば全体に雨量が少なく、葬式などのイベントが盛りだくさんの6～10月がベスト。

マナドの年間気候表

月別	1月	2月	3月	4月	5月	6月	7月	8月	9月	10月	11月	12月	年間
平均気温（℃）	25.4	25.4	25.5	25.8	26.2	26.0	26.1	26.4	26.4	26.2	26.1	25.6	25.9
相対湿度（%）	84	83	83	83	81	80	75	72	75	77	82	83	80
降水量（㎜）	377.2	340.6	269.7	229.1	221.6	182.7	116.4	131.1	121.8	127.3	216.0	318.3	2651.8

🧭 島内の交通

飛行機▶マナド〜マカッサル間をライオン航空が1日計3便運航している。またマカッサルからパロポのラガリゴ空港へライオン（ウイングス）航空が1日1便運航している。パロポからランテパオへは車で2時間ほどで、タナ・トラジャ訪問に便利。

バ ス▶マナドやマカッサルから周辺エリアには、バスやベモが運行。マカッサル〜タナ・トラジャ間は運行本数も多く、グレードの高いバスを選べば長時間の移動もかなり楽になる。

配車サービス▶スラウェシ島の主要な都市ではGrab や Gojek の配車サービス（→ P.478）の利用が便利。タナ・トラジャなどの地方部では実質的な利用がまだ難しい状況だ。

　Grab ではマカッサルやマナド周辺の観光地への車チャーターも可能だが、郊外は12時間Rp.80万〜の設定なので、旅行会社やホテルで車を手配（12時間 Rp.50万〜）したほうが割安。

🧭 スラウェシ島へのアクセス

空 路▶マナド（MDC）への国際線はシンガポールからスクート航空（シンガポール航空）が週4便（所要4時間）、成田からもガルーダ航空が週1便（火曜発、所要6時間）運航。

　国内線は各航空会社が、ジャカルタ、スラバヤ、デンパサール、バリクパパンなどからマカッサルへ運航。マカッサルの空港はかつての都市名だったウジュン・パンダン（UPG）と表示されているので注意（チケットや時刻表にも旧名で記されている）。マナドへも各地から直行便（マカッサル経由が多い）が運航している。

マカッサルの国際空港

Column

ダイバーの楽園、ブナケン島の過ごし方

祭壇を飾るキリスト像

　マナド沖にある**ブナケン島**（→ P.401）は、世界有数のダイビング＆スノーケリングスポット。数千人が暮らす8km²ほどの小さな島へ、ほとんどの旅行者は美しい水中世界を目的に訪れるが、のんびり過ごす隠れ家としてもおすすめだ。

　ブナケン村の南西側にある教会には、キリストが舟の舵を握るステンドグラスが飾られ、祭壇も舟の形で南国的なデザインが楽しい。干潮時にはビーチ沿いを歩いても行けるが、満潮時には陸側の道を通って訪問しよう。ホテルスタッフや通りがかりの島民に頼めば、バイクでのアクセスも可能（送迎の謝礼はRp.5万〜）。日曜にはミサも見学できる。

　ブナケン村にはバンガローが兼業するレストラン＆バーが十数軒並んでいる。どこも食事メニューは焼き魚やナシゴレンなどが定番メニュー。焼き魚を味わうならダブダブというマナド特有の辛いソースを試してみよう。冷蔵庫の電源がオフになっている店も多いが、桟橋前にある🅷**アルト・モロ・ブナケン**（→ P.405）のレストランなら冷えたビールやドリンクが楽しめる。

感動的な夕景に包まれる

　ブナケン村の桟橋付近には、簡素なバーも数軒オープンしており、旅行シーズン中は若いバックパッカーたちが陽気に飲んだくれている。ただし週末の夜ともなれば、地元の男性たちも同様に酔っ払ってしまうので、ドライバーが見つからず宿へは歩いて帰るしかない。なお、島の中央部にある**リアン・ビーチ**にも海を望めるローカル食堂や、おみやげ店が10軒ほど並んでいる。

　普段はのんびりしたこの島も、7〜9月の時期に行われる**ブナケン・フェスティバル** Bunaken Festival では、伝統舞踊のチャカレレダンスや漁師たちの釣り船レースで盛り上がるので、宿泊場所を早めに確保しておこう。水中写真のコンテストが開催され、ローカル料理も振る舞われる。

木陰でのんびり過ごせるリアン・ビーチ

豪快なドロップオフで名高いダイバーズパラダイス

マナド

Manado

★マナド

マカッサル

人口	43万人
高度	10m未満
市外局番	0431
空港コード	MDC

イベント情報

●7〜9月
ブナケン・フェスティバル
Bunaken Festival では4民族
（ミナハサ、ゴロンタロ、サンギ・
タラウド、ボラン・モンゴンドウ）
の伝統文化や芸術が披露される。

●11月
トンダノ湖フェスティバル
Danau Tondano Festival は
ミナハサ人の中心地であるトン
ダノで開催され、バンブー音
楽や伝統舞踊が披露される。

マナドの表記について

現地では Manado と表記し
「マナド」と発音されるが、イン
ドネシアでは Menado と表記す
ることも多く、マナドともメナド
とも発音される。日本のダイビング
雑誌などでは「メナド」と表記さ
れることも多いが、本書では現
地の表記と読み方に従っている。

ダイバーに人気が高いマナド沖に浮かぶブナケン島

　世界最大級のドロップオフと魚影の濃さで、マナドは世界
中のダイバーの憧れの地。スノーケリングでも色鮮やかな熱
帯魚と海面下で揺らめく光を楽しむことができ、その美しさは
まるで夢のようだ。近郊には珍しい動物と出合える自然保護
区も広がっている。

　古くから交易の盛んな港町として知られていたマナドは、
香辛料貿易の拠点としてオランダの植民地にもなった。その
ため、オランダ人など他民族との混血が多く、目が大きく色
白な美人が多い地としても知られている。キリスト教徒が半
数以上を占め、町では宗派もさまざまな教会が目を引く。ま
た、市の中心部から東へ約47kmほどにあるビトゥン港は、
第2次世界大戦終結時に、帰国する船を待つ日本兵であふ
れかえったといい、日本人の血を引く市民もいる。

　インドネシアで使われる「マナド人」は、この周辺に住む
多くの民族の総称。「ミナハサ人」とすると範囲は狭まり、マ
ナドの町とその近郊に住む7民族を意味する。ミナハサとは
7民族を統合する必要のあった時代にできた言葉で「ひとつ」
という意味をもっている。

巨大なキリストのモニュメント

Information

　マナド中心部から6km 南の丘に、高さ50m
の**イエス祝福像**Monumen Yesus Memberkati
（**MAP** P.399-B1 外）が建っている。モニュメント
の足元まで行くこともできるが、街道沿いに撮
影場所があるので、多くの旅行者はそこから記
念写真を撮っている。横から見ると20度傾斜し、
着衣を翻しながら飛び上がっていくように見え
る造形は、どことなくユーモラス。夜には幻想

的にライトアップされる。
丘の下の遊園地にはビッ
グ・ベンのミニチュアなど
もあり、摩訶不思議な光景
が広がっている。タクシー
で所要15分、往復 Rp.10
万ほど。

2007年に建てられたイエス像

  マナドの地元スイーツ「クラッパータルト Klappertaart」はココナッツの果肉入りカスタードクリー
ムケーキ。町のケーキ屋や空港出発ロビーのコーヒーショップで味わえる。

アクセス

飛行機▶サム・ラトゥランギ空港 Sam Ratulangi へ、ガルーダ航空、ライオン航空、バティック航空などが、ジャカルタやデンパサール(マカッサル経由)から運航。

マナドへの飛行機（マナド発→ P.475、国際線→ P.397）

ジャカルタから	ガルーダ航空、バティック航空、ライオン航空、シティリンクが1日計 8 〜 10 便、所要 3.5 時間、Rp.248 万〜 330 万
スラバヤから	ライオン航空が 1日 2 便（スラバヤ 7:45、18:00 発）所要 2.5 〜 3 時間、Rp.197 万〜 218 万
デンパサールから	ライオン航空が 1日 2 便（マカッサル経由）、所要 4 時間、Rp.210 万〜 213 万
マカッサルから	ライオン航空が 1日 3 便（マカッサル 9:05、12:25、20:55 発）、所要 2 時間、Rp.153 万〜 155 万
バリクパパンから	スーパーエアジェットが 1日 1 便（バリクパパン 11:45 発）、所要 1.5 時間、Rp.155 万〜 157 万

バ　ス▶ゴロンタロ、パル、ポソ、マカッサル方面へ南郊外のマラヤン・バスターミナルから発着。道の状態が悪く時間がかかるため、旅行者の利用は少ない。

空港から市内へ

空港から中心部までタクシーで所要 30 分、Rp.12 万（マナド市内から空港へのタクシーはRp.10 万〜）。

市内〜空港間は配車サービス（→ P.400 側注）も利用できる。

ガルーダ・インドネシア航空

住所Jl. Sam Ratulangi No.212
TEL (0431) 877-737、877-747
WA 0811-8614-614
営業 月〜金 8:00 〜 17:00
　　　土・日 9:00 〜 15:00

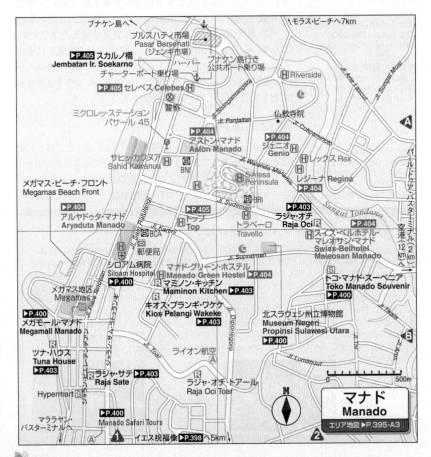

マナド
Manado
エリア地図 ▶P.395-A3

イミグレーション・オフィス
住所 Jl. 17 Agustus
WA 0811-4326-010
営業 月～金 7:30 ～ 12:00、
13:00 ～ 16:00

北スラウェシ州立博物館
MAP P.399-B2
住所 Jl. Supratman No.72
入場 月～金 8:00 ～ 16:00
料金 寄付のみ

王家の収蔵品も展示している

シロアム病院
Siloam Hospital
MAP P.399-B1
住所 Jl. Sam Ratulangi No.22
TEL (0431)729-0900
URL www.siloamhospitals.
com
営業 24 時間対応
Ⓗ アルヤドゥタ・マナドに直結しており、旅行者やダイバーへの対応にも慣れている。

配車サービスの利用状況
　GrabやGojekの配車サービス（→ P.478）が市内で利用 OK（ブナケン島は利用不可）。
　空港からも呼び出しできる。

マナドの目抜き通りは海岸に沿って南北に延びるジャラン・ピエレ・テンデアンJl. Piere Tendeanの周辺。湾に面した**メガマス・ビーチ・フロント**Megamas Beach Frontのプロムナード

メガマス・ビーチ・フロントからブナケン島を望む

は夕景観賞スポットで、日が傾くとフードトラックが夜市のように並び、地元の人たちに混ざって食事も楽しめる（毎日16:00～翌1:00）。このショッピングモールや大型スーパーが並ぶ一帯は**メガマス地区** Megamas と呼ばれており、新しいレストランはこの繁華街に集中している。この中心部エリアから2km東には、この地方の文化や歴史を紹介する**北スラウェシ州立博物館** Museum Negeri Propinsi Sulawesi Utara がある。

　町の北側にある港周辺は古くから貿易で栄えたエリアで、**スカルノ橋** Jembatan Ir. Soekarno を見上げる沿道には安宿や食堂が建ち並んでいる。また、橋の北東にある**ブルスハティ市場** Pasar Bersehati （旧称ジェンキ市場）はさまざまな海産物を売る市場で、いつも活気がみなぎっている。

交通案内

　タクシー（メーター制。市内移動で Rp.2 万～ 5 万ほど）はほとんど町を流しておらず、ホテルで呼んでもらうか、ショッピングモールで客待ちのタクシーをつかまえる。目的地へのルート番号がわかればミクロレッ（Rp.4000 ～）も利用できる。

ハミダシ Manado Safari Tours（MAP P.399-B1 TEL 0431-857-637 URL www.manadosafaris.com）はタンココ自然保護区（US$187 ～）や、トンダノ湖（US$120 ～）へのツアーを催行している。

レクアン3でのウオールダイブ（撮影ブナケン・チャチャ）

アクティビティ

●ブナケン島周辺でのダイビング

　マナドから7km北西に浮かぶ**ブナケン島**周辺で、ドリフトダイブが楽しめる。1000m以上も落ち込む世界有数のドロップオフをはじめ、ポイントはそれぞれ個性的。壁に沿ってドリフトしていくと、サンゴや腔腸類が色鮮やかに咲き誇り、マダラトビエイやカンムリブダイが舞う、感動的な美しさだ。さらにキハダマグロやカメのほか、マンタ、ジュゴン、マンボウ、ジンベエザメなどの大物が出没することもある。

　ブナケン島周辺は海洋国立公園に指定され、リーフの浅瀬で巨大なテーブルサンゴが見られるシラデン島、バラクーダポイントで有名なモンテハゲ島、美しい珊瑚礁が広がるマナド・トゥア島などのスポットが点在している。

コンディション&シーズナリティ

　潮流は方向が変わりやすくカレントが強い場所もあるが、流れても浅瀬に逃げれば大丈夫。透明度は平均で15～25m、水温は年間を通じて25～29℃程度。4～10月の乾季がダイビングシーズンだが、乾季でも午前中は晴れて昼から雷雨になることもしばしば。逆に雨季でも3日ぐらいの周期で晴れ渡ることもある。

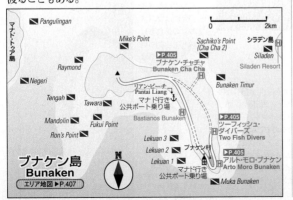

ウミシダにひそむバサラカクレエビ

ブナケン国立公園入園料
料金　Rp.15万（1回の滞在中に有効）

ダイビングの標準料金
2ダイブ　　　　　Rp.80万～
ナイトダイブ　　　Rp.60万～
（いずれも器材込み）
　オープンウオーターのコースは講習期間の食事や宿泊費込みでRp.525万～。

器材レンタル料金
　ダイビング用セット（ウエットスーツ・レギュレータ・BCD・マスク・フィン）は1日Rp.25万～、スノーケリング用セット（マスク・フィン）は1日Rp.17万～。

ダイビングの手配
　P.405に掲載されているブナケン島やモラス・ビーチの宿泊施設が、ダイビングセンターも併設している。

ブナケン島へ
　公共のボートは、マナドのハーバーとブルスハティ市場北側（MAP P.399-A1）から、ブナケン村へ月～土曜の14:00～15:00に1日2～3便運航（リアン・ビーチへは月・木・土の14:00～15:00に1便）。ブナケン島からは8:00～9:00発（曜日や出発時間は要事前確認）。所要45～60分、片道Rp.5万。

チャーターボート乗り場
　ブナケン島に宿泊する場合にはホテルの船での送迎が一般的。多くは H セレベス（→P.405）北側の船着場から発着する。ブナケン島へは片道30～50分（宿泊予約なしでも船着場で交渉してボートに便乗することも可能）。
　この船着場ではボートをチャーターすることも可能で、ブナケン島までRp.70万～100万程度（1日チャーターしてもRp.100万～160万）。

ブナケン島のドルフィンツアー
　ボートの横をイルカが並走するツアー（1名Rp.100万～）が人気。復路にシラデン島でのスノーケリングも組み込める。申し込みは宿泊先のホテルでOK。

ブナケン島
Bunaken
エリア地図 ▶P.407

Pangulingan
Mike's Point
Sachiko's Point
(Cha Cha 2)
シラデン島
▶P.405
ブナケン・チャチャ
Bunaken Cha Cha
Siladen
Raymond
Siladen Resort
Negeri
リアン・ビーチ
Pantai Liang
マナド行き
公共ボート乗り場
Bunaken Timur
Tengah
Tawara
Bastianos Bunaken
Mandolin
Fukui Point
▶P.405
ツーフィッシュ・ダイバーズ
Two Fish Divers
Ron's Point
Lekuan 3
Lekuan 2
ブナケン村
Lekuan 1
▶P.405
アルト・モロ・ブナケン
Arto Moro Bunaken
マナド行き
公共ボート乗り場
Muka Bunaken
マナド・トゥア島
2km

ブナケン島周辺の**ダイビングスポット**

Muka Kampung
ムカ・カンプン

　ムカ・カンプンとは「村の前」の意味。その名のとおりブナケン村の目の前を潜るスポット。ここでの見ものはニシキテグリで、壊れたエダサンゴが積もった場所を探すと、サンゴの間から何匹も顔をのぞかせている。また、ドロップオフの壁のくぼみにはオドリハゼやニチリンダテハゼも多い。マクロ派ダイバーにおすすめ。

ドロップオフで見かけるニチリンダテハゼ

Lekuan 2
レクアン2

　ブナケン島の南側のスポットで、ドロップオフの醍醐味を満喫できる。壁に沿って進むとカスミチョウチョウウオ、ムレハタタテ、ウメイロモドキ、クマザサハナムロの大群。まるでシャワーを浴びているようだ。また、そんな小魚を狙ってカスミアジ、ロウニンアジがアタックしてくるので、魚たちの動きは要チェック。ツバメウオの群れを見ることもしばしばだが、かなり深い場所に現れるので、水深には十分に注意したい。

サンゴの花も美しいレクアン2

Lekuan 3
レクアン3

　レクアン1、2、3のスポットは位置的には同じ並びだが、レクアン3はどちらかというとマクロ派のスポット。壁のくぼみにはニチリンダテハゼやオドリハゼが、砂地に開いた直径3cmほどの穴をのぞけばジョーフィッシュが見られる。もちろん、1、2と同様にカスミチョウチョウウオ、クマザサハナムロ、ムレハタタテ、ウメイロモドキの乱舞も見事。ナイトダイビングでも潜れるスポットなので、機会があればぜひ挑戦したい（ただし、ナイトダイブもドリフト）。

Sachiko's Point (cha cha 2)
サチコズ・ポイント（チャ チャ2）

　ブナケン島の北東側にあるダイナミックなドロップオフのスポット。壁にはウミウチワが並び、天気のいい日は太陽に照らされて、幻想的な景色となる。カスミチョウチョウウオ、ムレハタタテの群れに、ロウニンアジ、バラクーダ、ナポレオンフィッシュ。そのうえ壁のサンゴやウミウチワの間にはクダゴンベ、スミレナガハナダイも見られる。また、イルカに会えることもあるので、水中だけでなく船上でも周囲は要チェック。

サチコズ・ポイントではムレハタタテも常連だ

Pangulingan
パングリンガン

　ブナケン島の西に浮かぶ、マナド・トゥア島の上級者向けスポット。深さ7〜40m近くまで、大きなサンゴの一枚棚が突き出している。ヨコシマサクラ、イソマグロ、アケボノハゼ、アオマスクなどが見られるほか、カスミチョウチョウウオ、ムレハタタテ、クマザサハナムロの群れも常連。さらに、ロウニンアジ、ギンガメアジ、バラクーダなど登場する（時にはツバメウオの群れも）。大物も小物も見られる欲張りな人気ダイブスポットだ。

ギンガメアジが群遊するパングリンガン

マナド周辺には500種を超えるサンゴが生息し、新種発見や研究のために世界中から海洋生物学者も訪れている。ジュゴンやカメはスノーケリングでも見られることがある。

レストラン

Restaurant

　スパイシーなトマトソースで鶏肉を煮込むアヤム・リチャリチャや、チャカラン(=カツオ)料理など味わってみたい郷土メニューが多い。ジャラン・ワケケ Jl. Wakeke には、ティヌトゥアン(カボチャベースの野菜粥)を出す食堂が軒を連ねている。

　また、ブナケン島の宿泊施設は、どこもレストランを併設している。

野菜粥のティヌトゥアンが名物

サテとシーフードが味わえる
ラジャ・サテ
Raja Sate　MAP P.399-B1

住所 Jl. Piere Tendean No.39
WA 0852-9806-5388
営業 毎日 11:00 ～ 15:00、17:00 ～ 22:00 (日曜はディナーのみ)　税&サ 込み　カード JMV　Wi-Fi OK

　串焼き料理のサテで人気のレストラン。ランチタイム(11:00～15:00)には、いろいろなセットメニュー(Rp.2万5000～)が用意されている。特にサテ・

繁華街の近くにあり夜遅くまでにぎわう

アヤム(Rp.3万7000)、サテ・カンビン(Rp.10万)、サテ・ウダン(Rp.5万)などがおすすめ。

ティヌトゥアン店が並ぶ通りの名店
キオス・プランギ・ワケケ
Kios Pelangi Wakeke　MAP P.399-B1

住所 Jl. Wakeke　TEL (0431)861-194
営業 毎日 7:00 ～ 14:00　税&サ 込み　カード 不可

　「ティヌトゥアン(野菜粥)の町」とも呼ばれるマナドで名物料理を味わうなら、ジャラン・ワケケにある質素な安食堂へ。カツオを揚げたチャカラン・ゴレン(Rp.1万2000)などをおかずに、マナド料理の野菜粥ティヌトゥアン

ティヌトゥアンとチャカラン・ゴレンの組み合わせが人気

(Rp.1万7000～)を食べに来るローカルや旅行者で、朝から昼過ぎまでにぎわっている。

手頃な値段の大衆食堂
ラジャ・オチ
Raja Oci　MAP P.399-A2

住所 Jl. Sudirman No.85　WA 0811-4386-464
営業 毎日 11:00 ～ 22:00
税&サ 込み　カード 不可

　スイス・ベルホテルの斜め向かいにあるローカル食堂。メニューは魚の種類ごとにバカル(焼く)、ゴレン(炒める)などに分かれており、写真が付いているので参考に。「オチ」というアジ

焼き魚定食のラジャ・オチは Rp.3万5000～

のような魚料理(Rp.2万～)、ウダン・ゴレン(Rp.11万)など。

ミナハサの伝統料理レストラン
マミノン・キッチン
Maminon Kitchen　MAP P.399-B1

住所 Jl. Sarapung No.38　TEL (0431)880-5777
WA 0813-4081-3772　営業 月～土 10:00 ～ 22:00
税&サ 込み　カード JMV　Wi-Fi OK

　ガラス張りの明るい雰囲気で、エアコン完備の室内席と、通りに面したオープン席を好みで選べる。おすすめはカツオを竹筒の中で燻したチャカラン・フーフー(Rp.5万4000～)や、野

菜粥ティヌトゥアン(Rp.2万5000)などの家庭的な料理。若いスタッフがフレンドリーにもてなしてくれ居心地もいい。

カツオを燻したチャカラン・フーフー

ハミダシ **R** ツナ・ハウス Tuna House (MAP P.399-B1　WA 0852-9999-0112　営業 毎日 10:00 ～ 22:00)は海沿いにあるマグロ料理のレストラン。刺身 Rp.7万～、ナシゴレン・ツナ Rp.2万5000。

ホテル　Hotel

マナド中心部には高級ホテルから安宿まで各クラスの宿泊施設が揃っているが、老朽化しているホテルも多い。ダイビングが主目的ならばブナケン島や市内から7km北にあるモラス・ビーチに宿泊して、思いっきりダイビングを楽しむといい。

マナド市内

買い物にも観光にも便利な立地
アルヤドゥタ・マナド
Aryaduta Manado　[MAP] P.399-B1

住所 Jl. Piere Tendean　TEL (0431) 855-555
WA 0811-4385-554　URL www.aryaduta.com
税&サ 込み　カード [M][V]　[Wi-Fi] OK
料金 [AC][Mini][TV] デラックスⓈⒹ Rp.50 万〜
[AC][Mini][TV] オーシャンビューⓈⒹ Rp.63 万〜
[AC][Mini][TV] スイート Rp.120 万〜

海沿いの商業エリアにある、全199室の大型ホテル。入口は海岸通りにあり、雰囲気のいいレストランを完備している。部屋の窓外に広がる山や海の景観も美しい。ドライヤー、TV、電話、ミニバー付き。
[POOL][レストラン][朝食]

中心部にある大型ホテル

クオリティの高いおすすめホテル
スイス・ベルホテル・マレオサン・マナド
Swiss-Belhotel Maleosan Manado　[MAP] P.399-B2

住所 Jl. Sudirman No.85-87
TEL (0431) 861-000　WA 0811-4551-488
URL www.swiss-belhotel.com　税&サ 込み
カード [A][J][M][V]　[Wi-Fi] OK
料金 [AC][Mini][TV] スーペリアⓈⒹ Rp.56 万〜
[AC][Mini][TV] デラックスⓈⒹ Rp.62 万〜
[AC][Mini][TV] エグゼクティブⓈⒹRp.100 万〜

マナド市街の北東側、ジャラン・スディルマンに面した全170室の4つ星ホテル。周囲には宿泊施設やレストランも多く、ビジネス利用にも便利。デラックス以上の客室はバスタブ付きで、上階からは周辺の海や山が見渡せる。[POOL][レストラン][朝食]

客室は明るい色調でまとめられている

人気のチェーンホテル
アストン・マナド
Aston Manado　[MAP] P.399-A1

住所 Jl.Sudirman No.128
TEL (0431) 888-8989　WA 0811-4360-9888
URL www.astoninternational.com
税&サ 込み　カード [A][J][M][V]　[Wi-Fi] OK
料金 [AC][Mini][TV] スーペリアⓈⒹ Rp.52 万〜
[AC][Mini][TV] デラックスⓈⒹ Rp.60 万〜

ジュニアスイートは Rp.150 万〜

町の中心部にある全106室の中級ホテル。客室はモダンで機能的なレイアウト。施設も充実している。[POOL][レストラン][朝食]

---

44 のベッドが並ぶドミトリー
マナド・グリーン・ホステル
Manado Green Hostel　[MAP] P.399-B1

住所 Jl. Sarapung No.38　TEL (0431) 880-2967
税&サ 込み　カード [M][V]　[Wi-Fi] OK
料金 [AC][Mini][TV] ドミトリー Rp.15 万

全9室のドミトリールーム。トイレとシャワー共同。共同キッチンでは冷蔵庫や電子レンジも利用できる。ホットシャワーは温度を調節するのにコツがいる。[POOL][レストラン][朝食]

2段ベッドが2〜3台ずつ並ぶ

エアコン完備で割安
レジーナ
Regina　[MAP] P.399-A2

住所 Jl. Sugiono No.1　TEL (0431) 850-090
税&サ 込み　カード [M][V]　[Wi-Fi] OK
料金 [AC][Mini][TV] ⓈⒹ Rp.25 万〜

中心部から1km東にある5階建てのホテル。全33室は清潔で外国人旅行者の利用も多い。ブルスハティ市場へも徒歩10分ほど。[POOL][レストラン][朝食]

フロントの対応もフレンドリー

ハミダシ [H]ジェニオ Genio（[MAP] P.399-A2　TEL 0431-858-888）はタナコタ地区の快適ホテル。8階建ての上階の部屋からは町を一望でき、客室での Wi-Fi も良好。ⓈⒹ Rp.32 万〜。全 75 室。

カラフルな外観が目を引く
トップ
Top　　　MAP P.399-A1

住所 Jl. Diponegoro No.1
TEL (0431)849-888
税&サ 込み　カード JMV　Wi-Fi OK
料金 AC Mini TV スタンダードSD Rp.75万〜

　海岸通りから300mほど東、ショッピング
ビルのような外観の中級ホテル。海をイメー
ジした室内も明るくモダンで、使い勝手もいい。
テレビではYouTubeの視聴も可能。町の中心
部にも徒歩圏内。全105室。

POOL レストラン 朝食

ポップアートのよう
な外観が目印

港やマーケットに近い
セレベス
Celebes　　　MAP P.399-A1

住所 Jl. Rumambi No.8A　TEL (0431)870-425
WA 0811-4325-001
税&サ 込み　カード JMV　Wi-Fi OK
料金 AC Mini TV スタンダードSD Rp.23万〜
　　 AC Mini TV グランドルームSD Rp.45万〜

　マナド中心街の北側、ブナケン島に向かうボ
ート乗り場がある港に面したホテル。便利なロ
ケーションにあり、各種ツアーや車のチャーター
も格安料金で手配できる。全70室。

POOL レストラン 朝食

シンプルで清潔な
ベッドルーム

ブナケン島

日本人インストラクターが経営する
ブナケン・チャチャ
Bunaken Cha Cha　　　MAP P.401

住所 Bunaken　WA 0823-4749-8238
URL www.bunakenchacha.com/jp　税&サ 込み
カード JMV　Wi-Fi OK
料金 AC Mini TV ビューヴィラ1名 US$125〜
　　 AC Mini TV ビーチヴィラ1名 US$135〜

　ブナケン島の東側、イルカやジュゴンも現
れるハウスリーフが目の前にある全4室のネ
イチャーリゾート。宿泊は最低2泊からで、料

海を眺めながら
食事も楽しめる

金には1日3回の食事が含まれている（税込
みだがサービスチャージは含まれていない）。

POOL レストラン 朝食

島で心ゆくまでリラックス
ツーフィッシュ・ダイバーズ
Two Fish Divers　　　MAP P.401

住所 Bunaken　WA 0811-432-805
URL www.twofishdivers.com　税&サ 込み
カード MV　Wi-Fi OK
料金 AC Mini TV 1名 Rp.37万〜

　マナドの海に魅せられたイギリス人カップル
が経営するダイバーズロッジ。もちろんダイビ
ングショップも併設しており、2ダイブの料金

プールでダイビング
の講習も受けられる

はRp.152万。ダイビングと宿泊がセットにな
ったパッケージの設定も。POOL レストラン 朝食

桟橋まで徒歩1分の好立地！
アルト・モロ・ブナケン
Arto Moro Bunaken　　　MAP P.401

住所 Jl. Lingkungan 1 No.37, Bunaken
WA 0822-3663-6021　URL ambunaken.com
税&サ 込み　カード JM　Wi-Fi OK
料金 AC Mini TV デラックスSD Rp.95万〜

　船着場の西側にある3つ星のゲストハウス。
宿泊料金にはオランダ人オーナーのベラさん
が作るおいしい3度の食事（朝・昼・夕）込み。

東向きのバルコニ
ーから日の出も楽し
める

客室（21㎡）からも青い海を存分に望むことが
できる。POOL レストラン 朝食

ハミダシ　スカルノ橋 Jembatan Ir. Soekarno（MAP P.399-A1）は地元で人気のビュースポット。2015年完成。
セレベス海に沈む夕日や夜景などが望め、旅行者でにぎわっている。

謎に満ちた動物の宝庫 ★★★
タンココ自然保護区
Tangkoko Nature Reserve MAP P.407

タンココ自然保護区
TEL 0853-4016-7411(携帯)
料金 1日Rp.10万(日・祝Rp.15万)

タンココ自然保護区へのアクセス&宿泊
　マナドのパール・ドゥア・バスターミナル（MAP P.399-B2外）から、ビトゥンBitung行きのバス（毎時数本）に乗り、途中のギリアンGirianで下車する（50分、Rp.1万）。さらにバトゥプティ村への乗合トラック（1時間、Rp.2万）に乗り換えるが、本数は少なく、ギュウギュウ詰めとなる

　H Ranger Homestay（WA 0813-1198-3561）や H Tangkoko Lodge（WA 0821-8765-5658）など、バトゥプティ村には5軒ほど宿泊所がある。どれも設備はシンプル。3食込みひとり Rp.20万〜40万。

Tangkoko Lodge の室内

森でよく見かけるクロザル

　正式の名称は Tangkoko-Batuangas Dua Saudara Nature Reserve で、海岸線に沿った8800ヘクタールの広大な自然保護区。森にはタルシウスやクスクスなど摩訶不思議な動物たちがすんでいる。自然保護区への起点となるのは、マルク海沿いの小さな漁村バトゥプティ。簡素な宿泊施設のほか、雑貨屋と民家しかない集落で、生活は素朴そのもの。男たちは朝からアウトリガー付きの小舟で荒海へ漁に出て、昼には女たちがのんびり網の繕いをしている。

　タンココ自然保護区のゲートは、バトゥプティ村の入口から分岐道に入ってすぐ。動物が活動するのは早朝か夜なので、タルシウスなどを必ず見たい人は村で1泊するのもいい。自然保護区内は現地ガイドとともに歩く。タルシウスに出合うには、16時に出発しよう（タルシウスが巣から出てくるのは日没の17時半頃）。早朝にジャングルを歩けばクロザルやサイチョウ、クスクスなども比較的見やすい。

愛くるしいタルシウスにも出合える

Column
スラウェシの不思議な生態系

大木にまとわりつくように着生性の樹木が寄生している

　19世紀にマレーシア、インドネシア諸島で採取旅行をしたイギリスの博物学者アルフレッド・ウォーレスは、動植物の境界線を発見した。バリ島とロンボク島間、さらに北のボルネオ島とスラウェシ島間の海峡上に、アジア区とオーストラリア区の生態系の分かれ目があるというのだ。しかしスラウェシはそのウォーレスを悩ませた。最初にオーストラリア区に分けたものの、タルシウスなどアジア区の動物、さらにアフリカのヒヒを連想させるクロザルなどがすんでいたためだ。タンココの森には、さらにクスクスなどの有袋類もいて、世界的にも非常に特殊な生態系となっている。

世界最小級のサル、タルシウス
　タルシウス Tarsius は、別名スラウェシ・メガネザル。アジア区の動物なのに、この地に4000万年もすんでいる世界最小級のサルだ（体長10cm、体重100〜300g）。大きな目玉と柔らかく動く耳、指はまるでアマガエルのように細い。うれしそうに木々の間を飛びまくり、小さくて愛くるしい。タルシウスは夜行性なので、巣から出て活動する夕暮れに訪ねてみよう（やぶ蚊やハチが多いので防虫スプレーは必携。暗がりを歩くので懐中電灯も持参しよう）。タルシウス見学のベストシーズンは6〜9月。

ハミダシ 現地ガイドはバトゥプティ村におり、自然保護区内の散策のほか、海へボートでイルカ見物、釣り、バードウオッチングなどもアレンジしてくれる。ガイド料は半日でRp.40万〜、1日でRp.70万〜。

火山を望む美しい高原 ★

トモホン
Tomohon

MAP P.407

ミナハサ人が住む火山に囲まれた町。馬車が走るのどかな田舎の高原地帯で、トロピカルフラワーの産地としても知られている。宿泊施設があり、周囲には彫刻の村がある。

ネズミや犬の肉を売る市場も立つ

湖沿いに栄えたミナハサの中心地 ★

トンダノ
Tondano

MAP P.407

4278ヘクタールの広大なカルデラ湖が広がる、美しい農村風景に囲まれた町。湖畔では淡水魚の養殖が行われ、コイ料理が味わえるレストランも点在している。その10kmほど西にあるリノウ湖 Danau Linow は、光や時間帯によって湖水の色が変わり、撮影スポットとして人気が高い。

周辺には温泉もあるトンダノ湖

石の棺に施された独特のモチーフが楽しい ★

サワガン
Sawangan

MAP P.407

キリスト教化する以前の11〜17世紀にかけて、マナド周辺では石の棺に埋葬する習慣があった。石の棺はワルガ Warga と呼ばれ、すべて北を向いている。マナドの郊外に多く見られるが、数が多く保存の状態がいいのはサワガンのワルガで、石の棺に関する博物館もある。

ブナケン・マナド海洋国立公園
Bunaken Manado
Tua Marine National Park

Pulau Talise
Pulau Mantehage
Pulau Bnagka

リクパン
Likupang

P.401
ブナケン島
Pulau Bunaken

タラサ・ダイブ・リゾート
Thalassa Dive Resort
NDCリゾート NDC Resort

モラス・ビーチ
Molas Beach

バトゥプティ
Batuputih

P.406
タンココ自然保護区
Tangkoko-
Batuangas
Dua Saudara
Nature Reserve

マナド
Manado

Gunung
Klabat
(2022m)▲

マララヤン Malalayang

Airmadidi

ギリアン
Girian

ビトゥン
Bitung

Pulau Lembeh

Gunung Lokon
(1580m)▲
ウォロアン Woloan

P.407
トモホン
Tomohon

サワガン P.407
Sawangan

ビヌス・ラヘンドン(源泉湖)●

トンダノ P.407
Tondano

マナド周辺
Around Manado

Danau
Linow
リノウ湖

トンダノ湖
Danau Tondano

エリア地図▶P.395-A3

Kawangkoan

ゴア・ジュパン
Goa Jepang ▶P.407

0   20km

トモホンへのアクセス
マナドから約25km南。マナドのカロンバサン・バスターミナルからバスが運行。マナド発のツアーも催行されている。

トンダノへのアクセス
マナドの約36km南東。カロンバサン・バスターミナルからトモホン乗り換えでトンダノに着く。トンダノのバスターミナルからは馬車またはミクロレッをチャーターしてトンダノ湖、ラノパスの温泉に行くことができる。マナド発のツアーも催行されている。

サワガンへのアクセス
パール・ドゥア・バスターミナル(MAP P.399-B2 外)からアルマディディ Airmadidi へミクロレッで45分。アルマディディで乗り換えて、さらに10分。マナド発のツアーも催行されている。

土着文化を色濃く反映したサワガンのワルガ

旧日本軍の防空壕跡
MAP P.407

マナドから約45km南、キアワ Kiawa からの道路脇に、全長400mに及ぶ旧日本軍の防空壕ゴア・ジュパン Goa Jepang が残っている。マナドは第2次世界大戦には連合軍の進行を食い止めるための海峡をにらむ重要な戦略地点だったという歴史的事実を、ここでも知ることができる。同様の防空壕はトンダノから数km北へ向かう道中でもいくつか見かけられる。

 ハミダシ タンココ自然保護区での動物が見られる時間帯は異なる。クロザル、クスクス、サイチョウは6:00〜17:00頃。夜行性のタルシウスは17:30〜翌5:00頃となっている。

407

棚田の景観に伝統家屋が並ぶスラウェシの桃源郷

タナ・トラジャ
Tana Toraja

★タナ・トラジャ
マカッサル

人 口	約50万人
高 度	700m
市外局番	0423

イベント情報
●6〜12月
　この地方の最大のイベントは葬式儀礼。不定期だが6〜12月に行われる頻度が高い（日曜祝日は行われない）。また、葬式のための儀式として闘牛が行われることもある。

パロポのラガリゴ空港からランテパオへ
　空港タクシーや公共交通はないので、ランテパオの旅行会社やホテルに送迎を依頼しておくこと。ランテパオへは所要2時間、片道Rp.7万。1日チャーターの料金と変わらないので、そのまま観光利用するといい。

タナ・トラジャへのバス
◆マカッサルから
　リタ社（WA 0822-3399-9963）のACバスは21:00発（Rp.22万〜30万）。
　ビンタン・プリマ社（WA 085-3990-68947）のACバスは20:30発（Rp.22万）。

マカッサルからのバス利用術
　マカッサルのダヤ・バスターミナルはマカッサル空港から町へ向かう途中にあるので、最初に寄ってトラジャ行きのチケットを買っておくと便利。マカッサルに滞在せず、すぐにトラジャへ向かいたいのなら、到着日に夜行バスも利用できる。

快適なバスを選ぼう

舟形の伝統家屋が並ぶ北部のパラワ村

　トンコナンと呼ばれる伝統家屋や岩窟墓が残り、盛大な葬式などの伝統文化が今も生活に根づいているタナ・トラジャ地方。標高1000m前後にある内陸の高原地帯にあり、コーヒー栽培など、おもに農業が営まれている。「タナ」は土地、「トラジャ」はトラジャ人のことを意味する。この地方の中心地はマカレMakaleだが、観光の起点となるのはさらに18km北にあるランテパオRantepao。ここから村を散策すると、山に囲まれた棚田の間に伝統家屋が並ぶ光景や、農閑期には葬式をはじめとするさまざまな祭式に出合える。時間をかけてユニークな文化や雄大な自然と触れ合おう。

アクセス

飛行機▶ランテパオから約70km東にあるパロポのラガリゴ空港（LLO）へ、マカッサルからウイングス航空が1日1便運航（マカッサル8:15発）、所要55分、Rp.125万〜135万。タナ・トラジャ飛行場はチャーター機専用で定期便の運航はない。

バ　ス▶マカッサルからは約10社がバスを運行。所要8〜10時間で、午前発と夜発（夜行）便がある。バスは全席指定で、週末やハイシーズンは前日までに確保したい。マカッサル発の便は各社ともそれぞれのバスターミナル始発。ダヤ・バスターミナル経由でランテパオに入る。

チャータータクシー▶マカッサルで車をチャーターして、タナ・トラジャまで行くのも便利。市内の旅行会社、または空港到着出口にあるカウンターで申し込める。マカッサル市内や空港から8〜9時間ほど。片道で1台US$120〜150程度。

ハミダシ　トラベロカ（URL www.traveloka.com）では、マカッサル〜ランテパオ間を運行するリタ社のバス乗車券をネット予約・購入できる。日本発行のクレジットカードにも対応している。ネット割引あり。

歩き方

タナ・トラジャ観光の起点は**ランテパオ** Rantepao。小さな町だが、ホテルや食堂が中心部に集まり、各種ツアーやガイドの手配もできる。ペテペテ（ワゴン車のミニバス）やアンコタウムン（4WD のミニバン）で周辺の村を散策してみるのもいい。例えば、ロンダやレモへ向かう場合、ランテパオとマカレを結ぶ道路をペテペテで移動し、下車後は各村までの脇道を歩く。水牛が水浴びする水田の景観を眺めたり、行き交う村人とコミュニケーションを取ってみたりと、さまざまな出会

いがある。日差しは強いが高地なので湿気はない。ランテパオから南の見どころへは道もわりに平坦で、逆に北方面はきつい坂道が多い。

近郊へはペテペテで移動できる

タナ・トラジャ観光案内所
MAP P.415
葬式などイベント情報の提供や、ガイドの紹介もしてくれる。各ホテルでも同様のサービスをしているが、情報網が異なり、観光案内所よりも正確に把握していることもある。
住所 Jl. A. Yani No.62 A
TEL (0423)21-277
営業 月〜土 8:00 〜 16:00

配車サービスの利用状況
Grab や Gojek の配車サービス（→ P.478）が利用できる。マッチングする台数が少ないので早めに手配しよう。

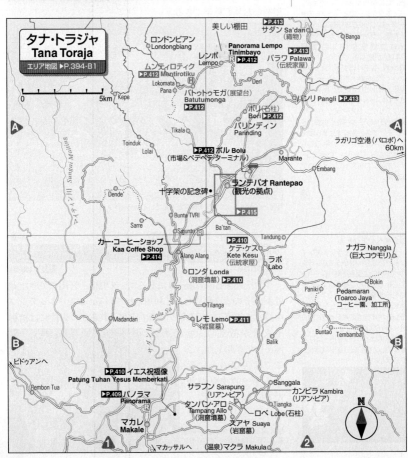

南方面への交通事情

ランテパオから南部の見どころへのペテペテ（ミニバス）はいずれも毎報数本運行（Rp.5000均一）。北方面に比べると本数は多いが、効率よく巡るなら車チャーターが便利。

ケテ・ケスへのアクセス

ランテパオのジャラン・アフマッ・ヤニを南へ向かうラボ行きのペテペテに乗り、所要15〜25分（Rp.5000）。

タナ・トラジャ内の交通

ランテパオ郊外の見どころへはペテペテ（ミニバス）を利用するか、車をチャーターするのが一般的。ほとんどの村にペテペテが走っているが、行き先表示はないので、とりあえず止めて行き先を聞くしかない。どの方面も18時頃までには運行が終わるので注意。バイクタクシーのオジェッをチャーターして行く方法もある。

なお、ランテパオからのペテペテは方面別に乗り場（**MAP** P.415）が異なる。ケテ・ケスやロンダ、レモへはジャラン・アフマッ・ヤニを南へ下るペテペテに乗る。ランテパオの北方面の見どころ（バトゥトゥモガ、パンリ、パラワ、サダンなど）へは、一度ボルのペテペテ・ターミナルまで行き、そこで各方面行きに乗り換える。ボルへはランテパオ中心部の交差点から、ジャラン・パンゲラン・ディポネゴロを東へ行くペテペテに乗る。

ロンダへのアクセス

ランテパオのジャラン・アフマッ・ヤニを南へ向かうマカレ行きのペテペテに乗り所要10〜15分（Rp.5000）。左側にロンダ入口を示す看板が見えたら下車し、それから徒歩25分。レモからはランテパオ行きのペテペテで10分、Rp.5000。

洞窟内は、ランプを持った村人が案内してくれる。ガイド料はRp.5万ほど。

人骨が無造作に置かれた洞窟内部

ランテパオから南方向へ

トンコナン・ハウスが並ぶ伝統村 ★★
ケテ・ケス
Kete Kesu
MAP P.409-B2

舟形家屋「トンコナン」が残る集落のひとつで、村全体が見事な芸術品のよう。住居は太い木柱に支えられた高床式で、両棟は舟のへさきのように天空にそり上がっている。羽目板は白、黒、朱、黄の彩色模様で埋まり、正面上部には太陽の上で時を告げる雄鶏、その上には水牛の文様が左右対称に描かれている。壮大な棟を支える正面の柱には十数本の水牛の角を飾ってあるものもある。トラジャ建築の屋根部分はふたつ割りにした竹を幾層にも組み合わせてあり重厚だ。裏側の山へ行く小道に入ると、死者人形や山に開いた洞穴などトラジャの典型的なお墓も見学できる。

住居と向かい合って同形の穀倉が並んでいるケテ・ケス村

人骨が納められた洞窟墳墓 ★★
ロンダ
Londa
MAP P.409-B1

ランテパオから7km南にあるロンダでは、岩山にできた鍾乳洞がそのまま墓穴として利用されている。アセチレンランプを持って迷路のような洞窟を案内してくれるが、岩陰には棺桶や人骨が散乱し、荒涼とした雰囲気だ。ここでは入口の上に死者人形タウタウが並んでいる。

鍾乳洞に造られたロンダの墳墓。岩壁には棺桶もつるされているのが興味深い

岩壁に死者人形が並ぶ ★★★
レモ
Lemo
MAP P.409-B1

故人の身代わり人形タウタウが岩窟墓に並ぶレモ。「タウ」とはトラジャの言葉で「人」という意味で「タウタウ」で「人形」という意味になる

ランテパオから約12km南にあるレモは、タナ・トラジャを代表する立派な岩窟墓で知られている。高い切り立った岩山の中腹にいくつもの横穴があり、ベランダのように手すりを付けた四角い横穴には、頭にターバンを巻き白衣をまとった数百もの人形タウタウが並んでいる。

遺体は板でフタをした小さな横穴に納めてあるが、魂が天国に昇るように高所に葬る習慣ができたのだという。このような岩壁高くにお墓を構えているのは王族やお金持ちが多い。タウタウが並ぶ岩壁墓に向かって左側の小道を上ると、今度はタウタウがない横穴だけの岩壁墓に出る。こちらは庶民の墓だという。

タウタウ作りの技術も脈々と引き継がれている

レモへのアクセス
ランテパオのジャラン・アフマッ・ヤニを南へ向かうマカレ行きのペテペテで20分（Rp.5000）。左側にあるレモ入口を示す看板（あらかじめ運転手に告げておこう）を目印に下車し、徒歩10分ほど。

入村料について
墳墓やトンコナン・ハウスなどのある各観光スポットでは、Rp.2万～3万の入村料を徴収される。これは村まで敷設されている道の整備などに使われるとのことなので、気持ちよく払ってあげよう。

タナ・トラジャのおみやげ品
タナ・トラジャでは伝統的な手工芸品が多数売られている。特に手軽に買える織物や木彫りの人形などが人気アイテム。
おみやげ用にタウタウ人形をオーダーメイドで作ってもらうことも可能。値段は材質やサイズによってさまざまで、Rp.5万～200万。レモには人形作りの名人がいて、写真持ち込みで注文も可。サイズによるが、数日～数週間で完成する。

赤道直下の墓巡り マカレ～スアヤ～マクラ

 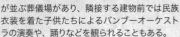

トラジャではのんびり歩いて、田舎の散策も楽しめる。トラジャの7王国のひとつだったサガラ Sangalla 王家の墓地は**スアヤ Suaya**（**MAP** P.409-B2）周辺にあるが、直接行くペテペテは1日2～3本しかないので、マカレよりハイキング気分で1時間半ほど東へと歩く。ここで岩窟に納められたタウタウとつり下げ式の棺が見学できる。

さらに北に歩くと、川辺の洞窟に舟形の棺と人骨が安置された**タンパン・アロ Tampang Allo** 村。そして、乳児が木の幹に埋葬されたリアン・ピアが見られる**サラブン Sarapung** 村へと続く。リアン・ピアに使う木は白い樹液

が豊富なので、死んだ赤ん坊がいつでもミルクが飲めるようにとの願いが込められている。その先の**ロベ Lobe** 村にも石柱

乳歯の生えていない赤ん坊が埋葬されているリアン・ピア

が並ぶ葬儀場があり、隣接する建物前では民族衣装を着た子供たちによるバンブーオーケストラの演奏や、踊りを観られることもある。

美しい棚田で働く人たちをのんびり眺めながら、マカレから3時間も歩くと**マクラ Makula** に出る。ここには温泉プール付きのマクラ温泉場があるので、ひと風呂浴びてからペテペテ（マカレ乗り換えで所要60分、計Rp.1万7000～）で帰るのもいい。入湯料 Rp.1万。

マクラでゆっくり温泉に浸かって帰ろう

ランテパオから北へ

雲海を赤く染める壮大な日の出を望める ★★

バトゥトゥモガ
Batutumonga

MAP P.409-A1

ランテパオから北西へ車で約1時間。標高2150mのセセアン山中腹にあるパノラマ展望台で、ランテパオの町を見渡すことができる(特に日の出がすばらしい)。朝晩は冷え込むが、ここにも安いロッジが建っている。

この村から南下し、ティカラを経由してランテパオに戻るトレッキングコースもある。全行程を歩くと3時間程度だが、ティカラからランテパオまではペテペテも利用できる。

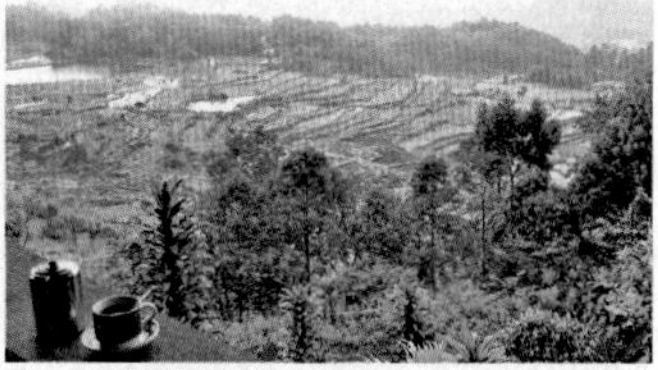

雄大な田園風景が楽しめる

葬祭広場の石柱が見どころ ★★

ボリ
Bori

MAP P.409-A2

ランテパオから7km北にある村で、5m近くもある石柱がニョキニョキと立つ広場が見られる。これは葬儀を行うための場所で、中央は生け贄をささげるための台座、周囲の石柱は死者を悼むシンボルだ。石柱は身分が高い故人ほど、大きなものが使われている。

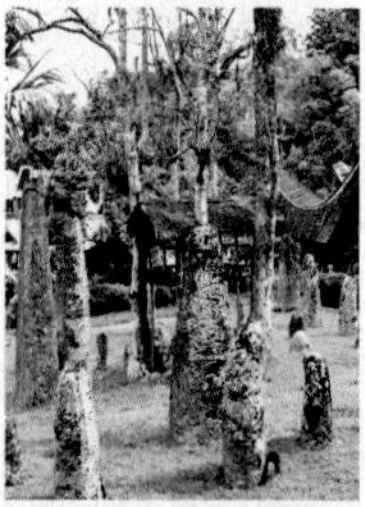

石柱が並ぶ葬祭広場

北方面への交通事情

ランテパオの北東にあるボルがペテペテの起点。運行は1日数本と不便。ハイキング気分で歩いても回れるが、車チャーターで村々を巡るのが一般的。

バトゥトゥモガへのアクセス

ボルのペテペテ・ターミナルから1日2本、所要1時間、Rp.2万。レンポ村 Lempo までは、ペテペテが1～2時間に1本運行している。Rp.2万。レンポからバトゥトゥモガまでは徒歩30分。ヒッチハイクも可能。

バトゥトゥモガの宿

[H] ムンティロティク Mentirotiku

MAP P.409-A1

WA 0813-4206-6620

展望レストランの裏側にある全12室の宿。ベッド代わりにマットを敷いたマンディ共同のトンコナン部屋はⓈRp.15万。水シャワー付きⒹRp.25万～。お湯はバケツに入れて持ってきてくれる。夜はかなり寒い。

レンポ村で棚田を眺める

パンリとバトゥトゥモガの間にあるレンポ村 Lempo では美しいライステラスが見渡せる。崖っぷちの観賞ポイントには峠の茶屋的な [R] Panorama Lempo Tinimbayo（MAP P.409-A2 営業 毎日8:00～18:00)があるので、立ち寄ってみたい。

ボリへのアクセス

ランテパオからのペテペテは1日2～3便、Rp.5000。オジェッで30分、Rp.5万～。徒歩で平坦な道を1時間40分ほど。

Information

タナ・トラジャの観光ノウハウ

おもな観光プログラム

交通が不便なため周辺の散策には、車やガイドを手配しての観光が一般的。ケテ・ケスやレモなどを回るトラジャ村ツアー Toraja Village Tour は1日ふたりでRp.80万～(入場料含む)。マイティン川 Sungai Maiting でラフティングを楽しむラフティングツアー Rafting Tour(ひとりRp.65万)なども手配できる。

車&ガイドの手配方法

ランテパオには自称ガイドが多く、旅行者を見つけるとしつこく葬式見学などに誘ってくる。ガイドは旅行会社に頼むか、なるべく身元のしっかりした人(ホテルなどで紹介を受ける)を選び、路上での勧誘は避けたほうがいい。1日の英語ガイドRp.75万～、日本語ガイドRp.100万、トレッキングもする場合は+Rp.90万～。

車のチャーターは目的地や車種によって異なるが、タナ・トラジャ地域なら1日Rp.95万で、ドライバー&ガソリン代込み。

タナ・トラジャのツアー会社

● Panorama Indah Tour & Travel

MAP P.415

住所 Jl. Pembangunan No.29, Rantepao
TEL 0813-4238-4455 携帯
URL www.panorama-sulawesi.com
営業 月～土 8:00～18:00

● Kampung Expeditions → P.420
※日本語対応OK。マカッサルにオフィスがある。

ハミダシ ボル Bolu（MAP P.409-A2）のペテペテ・ターミナルの隣には大きな市場がある。毎週火曜と土曜には水牛の市が立ちにぎわう（土曜のほうが大きい)。水牛の相場はRp.2000万～。

スラウェシ島

タナ・トラジャ

石造りのタウタウがユニーク ★

パンリ
Pangli
MAP P.409-A2

　ランテパオの7km北東にあるパンリでは、通常の岩窟墓とは構造が違い、木造のトンコナン・ハウスをかたどったものに棺が納められている。この村には、墓地を造れるような断崖や洞窟がないためだ。家の前には石造りのタウタウ人形が椅子に腰かけている。

情緒漂うトラジャの景勝地 ★★

パラワ
Palawa
MAP P.409-A2

伝統家屋の保存状態がいいパラワ

　パンリから3km北、民家が点在する脇道を10分ほど歩いていくと、行き止まりにたくさんのトンコナン・ハウスが見えてくる。その模様と装飾の美しさは、タナ・トラジャでも有数だ。

イカットの制作風景も見学できる ★★

サダン
Sa'dan
MAP P.409-A2

　ランテパオの12km北にある、機織りで知られる村。トンコナン・ハウスの床下で女性たちが織物を仕上げていく姿が見学できるほか、イカットを直接交渉して購入することもできる。周囲はのどかな田園風景が広がっている。

パンリへのアクセス
　ボルのペテペテ・ターミナルからサダン行きのペテペテで15分、Rp.8000。1日3～4本。

パンリに残る石彫りのタウタウ

パラワへのアクセス
　ボルのペテペテ・ターミナルから9km北東。サダン行きのペテペテで20分、Rp.1万。1日3～4本。

サダンへのアクセス
　ボルのペテペテ・ターミナルからサダン行きのペテペテで30分、Rp.2万。1日3～4本。

伝統家屋の軒下で布を織るサダンの女性

Column
トラジャの葬式儀礼

葬式は人生最大のイベント

　トラジャでは「生きるよりも死ぬほうがお金がかかる」といわれるほど、お葬式に莫大なお金が必要となる。葬式儀礼 Rambu Solo は遺体処理、通夜、副葬人形作成、お墓構築など何段階にも分かれ、そのたびに水牛や豚を殺して村人や参会者に大盤振る舞いをするが、貴族の葬式となると何ヵ月にも及び、1回の葬式で生け贄にされた水牛が150頭、豚1000頭という例も残っている。水牛は農耕用よりも祭礼用として飼育されており、農作業に汗する村人たちをしり目に、まるまると太った水牛がのんびりと草をはむ風景をよく見かける。

　葬祭は6月から12月にかけて多く、この時期に訪れると水牛が生け贄になる場面に出くわすことがある。屈強な男が左手で水牛の角を握り、右手で腰のバラン（山刀）を抜くが早いか、ノド元を一撃、一瞬鮮血がほとばしり巨体はもんどりうって横倒しとなる。今まで柔和な目つきをしていた水牛が殺される光景には、思わず目をそむけてしまう。

　トラジャ人の70～80％はキリスト教徒でほかは古くからの宗教 Aluk Todolo を信仰する人やイスラム教徒だが、葬式儀礼は宗派に関係なく昔ながらの風習を受け継いでいる。葬式費用ができるまでは、遺体はミイラにして何年でも家の中に安置されるということだ。

何頭もの牛が生け贄になるタナ・トラジャの葬儀祭礼

葬式儀礼の見学方法

　お葬式の日程はインフォメーションなどで得られる。寒村で行われたりもするが、お葬式があればゾロゾロ歩いていく人々がいるので、意外に見つけやすい。遺族には礼儀として、砂糖（1袋）やたばこ（1カートン）程度は持っていく習わしになっているから、ガイドを付けない人は買ってから行こう。ガイドを付けた人は、ガイドが自分用の品をあまり大量に買い込まないようチェック。

ホテル Hotel

ランテパオ中心部にはトンコナン・ハウス風の高級ロッジから安宿まで各種ホテルが集まっている。トラジャ地方は涼しいので基本的にエアコンはない。県都のおかれたマカレにも宿泊施設があるが、観光客の多くはランテパオに泊まっている。

トラジャ随一の高級コテージが並ぶ
ヘリテージ・トラジャ
Heritage Toraja MAP P.415
住所 Rantepao　TEL (0423) 21-192
WA 0852-9988-8979　URL www.torajaheritage.com
税&サ 込み　カード JMV　Wi-Fi OK
料金 AC Mini TV スタンダードSD Rp.90 万～
AC Mini TV スーペリアSD Rp.100 万～

ケテ・ケスへの分岐点から 800m ほど登った丘にある、眺望のいい全 134 室のホテル。

本格的な伝統建築が再現されている

64 棟のコテージはトンコナン建築で造られ、伝統的な凝った内装が魅力。スパやプールなど施設も充実している。電話、TV、ミニバー付き。POOL レストラン 朝食

全室バスタブ付きの中級ホテル
ルタ・リゾート
Luta Resort MAP P.415
住所 Jl. Ratulangi No.26, Rantepao
TEL (0423) 21-060　WA 0823-9816-3707
税&サ 込み　カード JMV　Wi-Fi OK
料金 AC Mini TV スタンダードSD Rp.55 万～
AC Mini TV スーペリアSD Rp.75 万～

町の中心部から 200m 西の川沿いにある全 36 室のホテル。レストラン＆バーは眺めもよく、プールも完備している。POOL レストラン 朝食

中庭のプールでくつろげる
トラジャ・トルシナ
Toraja Torsina MAP P.415
住所 Jl. Paorura No.26, Rantepao
TEL (0423) 21-293　WA 0813-5512-5635
税&サ 込み　カード 不可　Wi-Fi OK
料金 AC Mini TV SD Rp.60 万

町の中心から 1km ほど南。全 18 室は中庭を囲むように配置されている。部屋はいたってシンプルだが、掃除は行き届いている。
POOL レストラン 朝食

中心部にある手頃なホテル
インドラ・トラジャ
Indra Toraja MAP P.415
住所 Jl. Landorundun No.63, Rantepao
WA 0852-4081-2288　URL indratoraja.com
税&サ 込み　カード MV　Wi-Fi OK
料金 AC Mini TV デラックスSD Rp.48 万～

サッカー場の 1 ブロック北にある全 29 室のホテル。中庭を取り囲むように 2 階建ての客室棟が建ち、木々や花々も美しい。ツアー参加者の利用も多い。POOL レストラン 朝食

静かなロケーション
ピソン
Pison MAP P.415
住所 Jl. Pongtiku No.8, Rantepao
TEL (0423) 21-344　WA 0812-4332-9949
税&サ 込み　カード MV
料金 AC Mini TV SD Rp.25 万～
AC Mini TV SD Rp.35 万～

ランテパオの南端にある全 32 室のホテル。部屋やバスルームは清潔で、バルコニーからは緑の景観も望める。POOL レストラン 朝食

本場でトラジャ・コーヒーを味わおう！

Information

タナ・トラジャは世界的に有名なコーヒー産地。R トリ・コーヒー Tori Coffee（MAP P.415 WA 0812-1451-0226　営業 毎日 11:00 ～ 22:00）は香り高いアラビカ種 100％のコーヒーを提供している。エスプレッソ Rp.1 万 5000 ～、ロングブラック Rp.2 万 2000 ～、日本風ドリップ Rp.2 万 8000。

トリ・コーヒーで至福の一杯が楽しめる

コーヒー豆の購入ならばランテパオ中心部から 3km ほど南の S カー・コーヒーショップ Kaa Coffee Shop（MAP P.409-A1　WA 0821-9923-9414　営業 月～土 7:00 ～ 19:00、日 10:00 ～）へ。値段は 200g で Rp.8 万 ～ 17 万。試飲で味もチェックできる。

包装もかわいいカー・コーヒーショップ

ハミダシ 黒いスパイスとともに豚や牛や魚を煮込んだ料理パマラッサン Pamarrasan は、パピオンと並んで有名なタナ・トラジャの郷土料理。たいていのレストランで食べられる。

上階から眺望が楽しめる
ウィスマ・モントン
Wisma Monton [MAP] P.415

住所 Jl. Abd. Gani No.14A, Rantepao
WA 0813-4267-6465 税&サ 込み カード 不可
料金 [AC] [Mini] [TV] エコノミーⓈⒹ Rp.20 万～
[AC] [Mini] [TV] デラックスⓈⒹ Rp.35 万～

中心部の北側、静かなロケーションにある全 14 室のホテル。庭や山並みを眺められるテラスや食堂がすてき。トラジャの旅行情報も教えてもらえる。[POOL] [レストラン] [朝食]

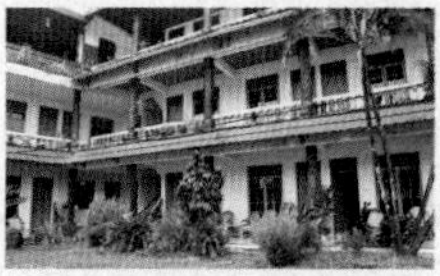
緑の中庭に面した
ウィスマ・モントン

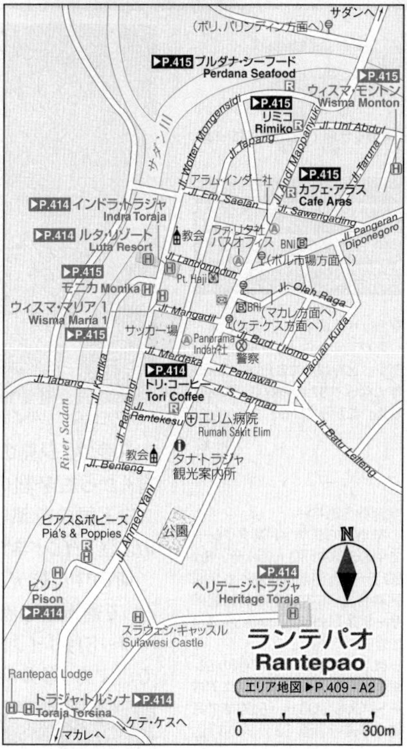

手頃な格安ホテル
ウィスマ・マリア 1
Wisma Maria 1 [MAP] P.415

住所 Jl. Ratulangi No.23, Rantepao
TEL 0813-5548-2055 (携帯) 税&サ 込み カード 不可
料金 [AC] [Mini] [TV] ⓈⒹ Rp.13 万～

サッカー場の北側にある全 13 室のゲストハウス。ランテパオ中心部では最安クラスだが、シャワーは水のみで若いバックパッカー向け。レンタバイクもある。[POOL] [レストラン] [朝食]

エアコン付きの客室もある
モニカ
Monika [MAP] P.415

住所 Jl. Ratulangi No.36, Rantepao
TEL (0423) 21-216
税&サ 込み カード 不可 [Wi-Fi] OK
料金 [AC] [Mini] [TV] スーペリアⓈⒹ Rp.28 万～
[AC] [Mini] [TV] デラックスⓈⒹ Rp.32 万～

[H] ウィスマ・マリア1の向かいにある、設備の整ったゲストハウス。全 16 室は改装されていて清潔。[POOL] [レストラン] [朝食]

タナ・トラジャのレストラン

タナ・トラジャの名物料理はパピオン。竹筒の中に鶏肉(または魚か牛肉)を入れ、野菜やココナッツにハーブなどを混ぜて薪火で蒸し焼きにする料理だ。調理に時間がかかるため、食べたい人は2 時間前にはレストランに注文しておこう。

ランテパオはタナ・トラジャのなかでは最も観光基盤がしっかりしているが、それでも食事スポットはホテル数に比べると少ない。昼間は小さな食堂が店を開いているが、夕方以降は閉まってしまうところがほとんど。そのため数少ないレストランに外国人旅行者が集中することになる。以下、紹介するレストランは Wi-Fi 利用も OK。

[R] **カフェ・アラス Cafe Aras**([MAP] P.415 住所 Jl. Mappanyuki No.64 WA 0853-4198-3748 営業 毎日 8:00 ～ 22:00)はランテパオ中心部にある旅行者向けレストラン。トラジャ郷土料理のパラマッサン(Rp.7 万)、パピオン(要事前予約 Rp.9 万)のほかに、トラジャ・コーヒーも味わえる。

[R] **リミコ Rimiko**([MAP] P.415 住所 Jl. Mappanyuki No.115 TEL 0813-5339-2779 携帯 営業 毎日 7:00 ～ 23:00)は、地元で愛される老舗のレストラン。タナ・トラジャ郷土料理のパラマッサン(Rp.5 万)、ステーキ(Rp.5 万～)のほか、一般的なインドネシア料理もある。

[R] **プルダナ・シーフード Perdana Seafood**([MAP] P.415 住所 Jl. Wolter Monginsidi No. 16b WA 0853-4141-0628 営業 毎日 10:00 ～ 21:45)は川沿いにあるローカル食堂。山地タナ・トラジャにありながら、イカ(Rp.4 万～)やエビ(Rp.5 万)などの魚介を BBQ で楽しむことができる。

ハミダシ バトゥトゥモガ (→ P.412) やティニンバヨ付近では、美しい田園地帯のトレッキングを楽しむ外国人旅行者が多い。山の天候が変わりやすいので、歩く場合には雨具を用意しよう。

スパイスの交易地として栄えた南スラウェシ州の州都

マカッサル (ウジュン・パンダン)
Makassar (Ujung Pandang)

マカッサル (ウジュン・パンダン)

人　口	150万人
高　度	10m未満
市外局番	0411
空港コード	UPG

マカッサルの名称について
　1971年から「ウジュン・パンダン」と呼ばれてきたが、1999年になってもとの呼び名「マカッサル」に戻っている。

空港から市内へ
　空港からチケット制タクシーで中心部まで30～50分、Rp.20万～(市内から空港へもほぼ同料金)。市内～空港間は配車サービス(→ P.417側注)も利用できる。
　また、空港と市内中心部のカレボシ広場を結ぶダムリ社のエアポートバスも7:00～18:30まで毎時2本運行(所要30分,Rp.4万)。

市内にあるエアポートバス乗り場

マカッサルへのバス
◆タナ・トラジャから
　リタ社(WA 0813-5583-6854)のACバスは19:00発(Rp.22万～30万)。所要8時間ほど。
　ビンタン・プリマ社(WA 0852-4287-8266)のACバスは22:00発(Rp.22万)。

パンタイ・ロサリの遊歩道は絶好のフォトスポット

　スラウェシ島の南西に位置する、南スラウェシ州の州都。古くから香辛料の集積地として栄え、マカッサル人が造ったゴワ王国の首都となった。現在にいたるまで、その立地条件のよさでインドネシアの重要な貿易港として発展している。
　町の中に観光スポットは少なく、タナ・トラジャへの玄関口として通過する旅行者も多い。しかし、この沿岸で取れるシーフードは「インドネシアで最もおいしい」ともいわれているので、マカッサル料理とともに味わってみよう。

アクセス

飛行機▶マカッサル市内から20km 東に離れたスルタン・ハサヌディン空港 Sultan Hasanuddin へ、各社の便が運航。

マカッサルへの飛行機 (マカッサル発→ P.475、国際線→ P.397)	
ジャカルタから	ガルーダ航空、バティック航空、ライオン航空、シティリンクなどが1日計 35 ～ 39 便、所要 2.5 時間、Rp.158 万～ 227 万
スラバヤから	ライオン航空、スーパーエアジェット、シティリンクなどが1日計 16 便、所要 1.5 時間、Rp.125 万～ 151 万
デンパサールから	ガルーダ航空、ライオン航空、バティック航空、シティリンクなどが1日計 6 ～ 7 便、所要 1.5 時間、Rp.107 万～ 149 万
マナドから	ライオン航空が 1 日 3 便 (マナド 6:00、11:45、15:05 発)、所要 2 時間、Rp.152 万～ 155 万
パロポ (タナ・トラジャ方面) から	ウイングス航空が 1 日 1 便 (パロポ 9:30 発)、所要 55 分、Rp.115 万～ 124 万
バリクパパンから	ライオン航空、スーパーエアジェット、シティリンクが1日計 5 便、所要 1 時間、Rp.100 万～ 115 万

　バ　ス▶中心部から 15km 東(空港からは 9km 西)のダヤ・バスターミナル Daya Terminal から、タナ・トラジャ行きの各社バスが運行。市内中心部のニューマカッサル・モールやパンティムルンへの乗り継ぎの町となるマロス Maros 行きのペテペテ(ミニバス)も発着している。

ハミダシ　マカッサル空港のターミナルビル内には Ⓗ Ibis Budget Makassar Airport (TEL 0411-365-6156 WA 0811-4388-998 URL allaccor.com)がありトランジットに便利。Ⓢ Rp.44万～。

歩き方

マカッサルの中心部はロッテルダム要塞から海沿いに南へ続くエリア。ホテルやレストランもこのあたりに多い。中心部は2〜3km四方なので、徒歩でも移動できる。

パンタイ・ロサリ Pantai Losari は夕景観賞スポットとして人気。海を望む遊歩道となっており、夜には屋台も並ぶ。対岸にそびえる**マスジッ99クバ** Masjid 99 Kubah は1万人収容の巨大モスクで、町のランドマークとなっている。

2020年から国営の路線バス「Teman Bus」の運行が始まっている。4つの路線があるがバス停やルートが煩雑で旅行者には利用しにくい。運賃は一律Rp.4600(支払いは電子マネーかQRコード決済のみで現金払いは不可)。

夜は屋台街となるパンタイ・ロサリ

スラウェシ観光案内所

MAP P.417-B2

住所 Jl. Dr. Sam Ratulangi No.23
TEL (0411)878-912
営業 月〜金 9:00〜17:30

配車サービスの利用状況

GrabやGojekの配車サービス(→P.478)が市内各所で利用OK。中心部から空港へはRp.8万〜と割安だが、空港からのピックアップ利用ではタクシーとほとんど運賃は同じ。

空港内のGrab乗り場

スラウェシ島

マカッサル (ウジュン・パンダン)

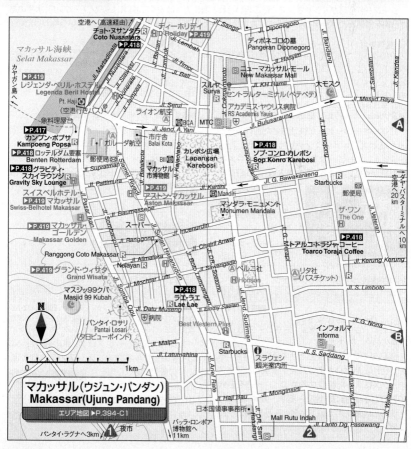

マカッサル (ウジュン・パンダン)
Makassar(Ujung Pandang)

エリア地図 ▶P.394-C1

ハミダシ ロッテルダム要塞の向かいにある R カンプン・ポプサ Kampoeng Popsa (MAP P.417-A1)は、旅行者でにぎわうフードコート。湾に面したオープンデッキでビールも飲める。営業は7:00〜22:00。

417

入口は海沿いのジャラン・パサール・イカンにある

ロッテルダム要塞
TEL (0411) 362-1305
入場 毎日 9:00 〜 18:00
料金 寄付のみ(Rp.1 万ほど)
　要塞内にある博物館は、別途入館料(Rp.5000)が必要。
※英語ガイドは 30 分で Rp.1 万。

マカッサルの歴史の舞台となってきた砦 ★★
ロッテルダム要塞
Benten Rotterdam　　MAP P.417-A1

オランダ様式の建築物が並ぶ要塞

　ゴワ王国のスルタンが海岸沿いに築いた砦を、オランダが要塞として造り替えたもの。高い石垣の内側には赤い屋根、白壁のオランダ商館や教会などが並ぶ。建物内部は南スラウェシのブギス人、マカッサル人、トラジャ人などの民族博物館や、陶器・考古学博物館として公開されている。

レストラン　Restaurant

　シーフード全般がインドネシアで最高といわれ、特にカニは安くておいしい。ソプ・コンロ(水牛のあばら肉を煮込んだスープ)やチョト・マカッサル(牛モツのスープ)など郷土料理もいろいろ味わいたい。

食事もおいしいコーヒーショップ
トアルコ・トラジャ・コーヒー
Toarco Toraja Coffee　　MAP P.417-B2
住所 Jl. Gunung Latimojong No.105
WA 0813-4161-2401　URL toarco.com
営業 毎日 9:00 〜 22:00
税&サ 込み　カード MV　Wi-Fi OK

　日本のキーコーヒーが復活させた幻のコーヒーが味わえるトアルコジャヤ社の直営カフェ。トラジャ・コーヒーは Rp.4 万で収穫地や入れ方も細かく指定できる(豆の購入は 100g Rp.7 万〜)。オムライスやドリアなどの料理は Rp.5 万 5000 〜。

ニトロ・コーヒーなどメニュー豊富

町を見渡せる展望レストラン & バー
グラビティ・スカイラウンジ
Gravity Sky Lounge　　MAP P.417-A1
住所 Jl. Ujung Pandang No.8
TEL (0411) 369-0000　WA 0811-444-6325
営業 毎日 15:00 〜翌 1:00
税&サ 込み　カード AJMV　Wi-Fi OK

　H スイスベルホテル・マカッサルの 20 階にあるバーラウンジ。人気メニューはジントニックのグラビティ・カクテル(Rp.15 万 5000)やチキンウイング(Rp.12 万 6000)。毎晩 21:00 から音楽ライブがある。

18 歳以上が利用できる大人向けスポット

大衆的なシーフードレストラン
ラエ・ラエ
Lae Lae　　MAP P.417-B1
住所 Jl. Datu Museng No.8-10
TEL (0411) 363-4326　営業 毎日 9:00 〜 23:00
税&サ 込み　カード 不可

　入口でモクモクと煙を上げて魚を焼いているのが目印。店はいかにも大衆食堂風で、アイスボックスに入った新鮮な魚やエビ、イカを自分で選び、料理方法(焼く、蒸す、炒めるなど)を決める。魚のグリル(1 尾 Rp.6 万 5000 〜)、エビのグリル(6 尾 Rp.6 万 5000 〜)。

郷土料理がおいしい大衆食堂
ソプ・コンロ・カレボシ
Sop Konro Karebosi　　MAP P.417-A2
住所 Jl. G. Lompobattang No.41　WA 0813-5511-6300
営業 毎日 11:00 〜 23:00　税&サ 込み　カード 不可

　カレボシ広場から 1 ブロック東の通り沿いにあるマカッサル名物のソプ・コンロの人気店。水牛の骨付きあばら肉を煮込んだスープのソプ・コンロ(Rp.6 万 5000)やコンロ・バカール(Rp.6 万 7000)。

ソプ・コンロを味わうならここ！

ハミダシ R チョト・ヌサンタラ Coto Nusantara (MAP P.417-A1　WA 0821-5887-0122　営業 毎日 7:00 〜 17:00) はチョト・マカッサル(濃厚な牛肉のモツスープ)の有名店。Rp.2 万 5000。

ホテル Hotel

ビジネス客が急速に増えているマカッサルでは、中級以上のホテルが不足し、どこも満室気味。また、客室料金もほかのインドネシアの地域に比べても、急速に値上がりしている。事前に予約して行くことをすすめる。

夕日も望める４つ星ホテル
スイスベルホテル・マカッサル
Swiss-Belhotel Makassar [MAP] P.417-A1

住所 Jl. Ujung Pandang No.8　TEL (0411)369-0000
WA 0811-444-6325　URL www.swiss-belhotel.com
税&サ 込み　カード [A][J][M][V]　[Wi-Fi] OK
料金 [AC][Mini][TV] スーペリアⓈⒹ Rp.72 万～
[AC][Mini][TV] デラックスⓈⒹ Rp.79 万～

道を挟んでロッテルダム要塞の南西側にある全 296 室の大型ホテル。客室のカテゴリが細かく設定されており、シービューを指定すれば部屋からマカッサル海峡の眺望も楽しめる（シティビューよりも 2000 円ほど料金アップ）。[POOL][レストラン][朝食]

ルーフトッププールからの夕景が圧巻

ビジネスでもバカンスでも利用価値が高い
マカッサル・ゴールデン
Makassar Golden [MAP] P.417-A1

住所 Jl. Pasar Ikan No.52　TEL (0411) 363-3000
URL www.makassargolden.com
税&サ 込み　カード [J][M][V]　[Wi-Fi] OK
料金 [AC][Mini][TV] スーペリアⓈⒹ Rp.33 万～
[AC][Mini][TV] コテージⓈⒹ Rp.76 万～

ロッテルダム要塞から 500m ほど南のビーチ沿いに建つ高級ホテル。59 の客室（スーペリア）と 10 棟のシーサイド・コテージがあり、部屋によっては眺めもいい。[POOL][レストラン][朝食]

ロケーションのいい人気ホテル

レストランも充実している
アストン・マカッサル
Aston Makassar [MAP] P.417-A1

住所 Jl. Sultan Hasanuddin No.10　TEL (0411)362-3222
URL astonhotelsinternational.com　税&サ 込み
カード [A][D][J][M][V]　[Wi-Fi] OK
料金 [AC][Mini][TV] デラックスⓈⒹ Rp.68 万～
[AC][Mini][TV] スイートⓈⒹ Rp.126 万～

中心部にある全 177 室の中級ホテル。スパやフィットネスセンターも併設している。[POOL][レストラン][朝食]

モダンなデラックスの室内

コスパのいい格安の宿
レジェンダ・ベリル・ホステル
Legenda Beril Hostel [MAP] P.417-A1

住所 Jl. Serui No.2
WA 0821-9292-8167
税&サ 込み　カード 不可　[Wi-Fi] OK
料金 [AC][Mini][TV] ⓈⒹ Rp.20 万～

ホテル入口のテラス席に並ぶパラソルが目印。全 15 室は清潔で、フレンドリーなスタッフは英語が上手な人も多い。ツアーガイドや車のチャーター、バイクのレンタル、ランドリーサービスなども頼める。[POOL][レストラン][朝食]

町の中心部にあり便利
グランド・ウィサタ
Grand Wisata [MAP] P.417-B1

住所 Jl. Sultan Hasanuddin No.36-38
TEL (0411) 362-4344　WA 0852-5504-4973
税&サ 込み　カード [M][V]　[Wi-Fi] OK
料金 [AC][Mini][TV] スタンダードⓈⒹ Rp.30 万～

ホテルが多いエリアにある全 25 室のホテル。スタッフの対応もよく、室内もゆったりしている。夕日ポイントのパンタイ・ロサリまで徒歩 10 分ほど。[POOL][レストラン][朝食]

低予算で滞在するなら
ディーホリデイ
D'Holiday [MAP] P.417-A1

住所 Jl. Lembeh No.16　TEL (0411) 361-1222
WA 0813-5457-1130
税&サ 込み　カード 不可　[Wi-Fi] OK
料金 [AC][Mini][TV] スーペリアⓈⒹ Rp.19 万～
[AC][Mini][TV] デラックスⓈⒹ Rp.22 万～

ロッテルダム要塞から 1km ほど北にある格安ホテル。周辺にはローカル食堂やショッピングモールもあり、バックパッカーに人気。ホットシャワーも使えてテレビは 60 チャンネルに対応。[POOL][レストラン][朝食]

ツインベッドもあるので友達同士での利用にもいい

ハミダシ　マカッサルでは名物のスープ、チョト・マカッサル Coto Makassar を食べてみよう。これは牛肉やその内臓を長時間煮込み、スパイスで味つけしたスープ。屋台料理の定番だ。

エクスカーション

ウォーレスも採集に訪れた蝶の谷 ★★
バンティムルン
Bantimurung `MAP` P.394-C1

マカッサル近郊の、美しい滝や洞窟がある自然保護区。19世紀半ばに博物学者ウォーレスが採集に来た「蝶の谷」としても知られ、無数の珍しい蝶が生息している。滝の周辺では、リン分を吸うために地面に蝶が密集している。

滝が流れる自然スポット

古代の動物壁画が残る洞窟は必見 ★★
リアン・リアン観光公園
Taman Wisata Liang Liang `MAP` P.394-C1

石灰質の洞穴に、3万5000年以上前に古代人によって描かれたと推定される動物壁画がある。

洞窟に残る古代人の手形

天井部分には豚のような動物像が褐色で描かれ、側壁面にはいくつもの手形が残っている。スラウェシの先史文化に興味があれば訪れてみよう。

ゴワ王朝の歴史をたどる ★
バッラ・ロンポア博物館
Balla Lompoa Museum `MAP` P.394-C1

13世紀から17世紀にかけ強大な勢力を誇ったゴワ王朝の宮殿が復元され、バッラ・ロンポア博物館として公開されている。衣装、武器、祭礼道具などの展示が往時をしのばせる。

宮殿を復元した歴史博物館

バンティムルン自然保護区
TEL (0411)388-0252
入場 毎日8:00〜16:00
料金 Rp.25万5000
　マカッサルの42km北東。ダヤ・ターミナルからマロス行きのペテペテに乗り(所要1時間、Rp.5000)、バンティムルン行きのペテペテ(40分、Rp.5000)に乗り換える。

リアン・リアン観光公園
入場 毎日7:30〜17:00
料金 Rp.1万5000(別途ガイドチップRp.2万5000程度)
　バンティムルン行きのペテペテに乗り、終点の2〜3km手前にあるバサールで下車。そこからオジェックで5km(待ち時間入れてRp.6万5000ほど)。

近郊観光はタクシーで!
　マカッサル市内からバンティムルン自然保護区とリアン・リアンを往復し、Rp.50万ほど。何ヵ所も巡るならば、交渉して半日チャーターにすれば割安。

バッラ・ロンポア博物館
WA 0856-5741-9071
入場 毎日8:00〜16:00
料金 寄進のみ(Rp.2000程度)
　マカッサルから11km南東。タクシーを利用すれば往復Rp.15万ほど。民族衣装をレンタルして記念撮影(Rp.1万)もできる。

Yellow Page
イエローページ

●**日本国領事事務所** `MAP` P.417-B2
住所 Gedung Wisma Kalla Lt.7,
　　Jl. Dr. Sam Ratulangi No. 8-10
TEL (0411)871-030
URL www.surabaya.id.emb-japan.go.jp/itpr_ja/makassar.html
営業 月〜金 8:30〜11:30、13:00〜16:30

●**イミグレーション・オフィス**
住所 Jl. Perintis Kemerdekaan No.KM.13
TEL (0411)898-0424　WA 0811-4603-77
URL makassar.imigrasi.go.id/
営業 月〜金 7:30〜16:00(12:00〜13:00は休憩)

●**ガルーダ・インドネシア航空** `MAP` P.417-A1
住所 Jl.Slamet Riyadi No.6
TEL (0411) 365-4747　WA 081-1441-4747

営業 月〜金 8:00〜17:00、土 9:00〜15:00

●**ライオン航空** `MAP` P.417-A1
住所 Jl. Ahmad Yani B22-24
TEL (0411)368-0777　営業 月〜土 8:00〜16:30、日 10:00〜14:00

マカッサルのツアー会社
● **Kampung Expeditions**
住所 Taman Telkommas, Jl. Palapa VI, No.129
WA 0813-4236-7322
URL www.kampungx.com
　マカッサルを拠点にタナ・トラジャ、パプア、カリマンタンなどに精通した日本語専門のツアー会社。個人や団体旅行者へのガイドや交通手配などいろいろアレンジしてくれる。マカッサルでは日本語ガイド歴25年以上というベテランのMarselさんが対応している。

 ハミダシ　バンティムルンがある一帯は、スラウェシ有数のカルスト地形。石灰岩の山の間を流れる川をボートで遊覧する、ラマン・ラマン Rammang Rammang 村が人気だ。

野生動物の多いネイチャーアイランド

カリマンタン
Kalimantan

世界で3番目に大きい島ボルネオの約70%が、インドネシア領カリマンタン。世界有数の石油産地であり、熱帯雨林から産出される木材などの天然資源が豊富なこの島には、オランウータンなどの野生動物たちが生息している。特に島南西部に広がるタンジュン・プティン国立公園はネイチャーツアーにおすすめ。また、川を遡って奥地へと足を延ばせば、ダヤッ人などの先住民たちが暮らす集落があり、伝統的な生活を垣間見ることができるだろう。

カリマンタン基本データ

地理 & 人口 ▶ 世界で 3 番目に大きい島ボルネオの、南部約 72% を占めるカリマンタン（ボルネオ島北部にはマレーシアのサバ州・サラワク州とブルネイ王国がある）。東西に広がるインドネシアの中央部、ジャワ島の北に浮かぶ赤道直下の広大な地域だ。総面積は 55 万 km² で、行政的には西・中部・南・東・北カリマンタンの 5 つの州からなる。人口は約 1630 万人。海沿いの河口付近にポンティアナッやバンジャルマシン、バリクパパンといった大都市があるが、島全体の人口密度は低い。

　東岸の油田からくみ上げられる原油をはじめ、天然ガス、鉄鉱、ボーキサイト、金などの地下資源が開発され、ラワン材などの輸出も盛んで、商用で訪れる日本人も多い。奥地には耕作可能な地域もあり、米やゴム、スパイス、ココヤシなども作られている。しかし開発が進む一方で、かつて島の 75% を占めたジャングルや湿地帯は伐採により急速に減少しており、環境への影響が懸念されている。

民族 & 宗教 ▶ 都市として開けた沿岸部一帯にはマレー系ジャワ人が多い。また、西岸部には華人、東岸部にはブギス人なども目立つ。先住民のダヤッ人は島の内陸部で暮らしている。

　宗教はイスラム教徒がほとんどだが、先住民は独自の自然崇拝も保持し、それぞれの部族語を話している。

文化 & 歴史 ▶ 海岸部や河川沿いでは、古くから中国やインドの文化に触れ、スマトラ島やジャワ島の影響を受けながらいくつかの王国が誕生した。5 世紀頃からはムラワルマン仏教王朝が、マハカム川流域テンガロンの近郊にあるムアラ・カマンに栄えた。その東ではクルタネガラ王国も 12 世紀頃から台頭した。諸王国は 15 世紀以降にイスラム化し、交易が経済基盤となる。オランダによる支配は 16 世紀から始まり、19 ～ 20 世紀になってカリマンタン全域へと広がった。

　戦後のスハルト政権時は、30 年にわたって半ば一方的な国内移民同化政策が推進され、ジャワ島などから数万規模の移住民が送り込まれた。先住民との間には感情的な軋轢や衝突もあり、今後の動向が注目されている。

ブルネイ
Brunei

シナ 海
ut Cina Selatan

マレーシア
Malaysia

ボルネオ島

Longnawang

Malinau

スブカ・スンバクン国立公園
T.N. Sebuku Sembakung

タワウ
Tawau

Nunukan

タラカン
Tarakan

カヤン・ムンタラン国立公園
T.N. Kayan Mentarang

Tanjung Selor

Tanjung
Batu

デラワン島 Derawan

ベラウ Berau
(Tanjungredeb)

サンガラキ島
Sangalaki

プントゥアン・カリムン国立公園
T.N. Bentuang Karimum

Gn.Menyapa
▲2000m

Putussibau

Sangkulirang

ムアラ・ムンタイ
Muara Muntai

Bukit Raya
▲2278m

ロン・イラン Long Iram

Danau
Jempang

コタ・バグン
Kota Bangun

Sengata

クタイ国立公園 T.N. Kutai

Bontang

トゥンガロン Tenggarong

赤 道
Equator

ムラッ Melak
ブキッ・バカー・ブキッ・
ラヤ国立公園
T.N. Bukit
Baka-Bukit Raya

タンジュン・イスイー
Tanjung Isuy

Muara Tewah

サマリンダ
Samarinda ▶P.438

ブキッ・バンキライ Bukit Bangkirai ▶P.433

サンボジャ・レスタリ
Samboja Lestari ▶P.433

ヌサンタラ国家首都(予定地)
▶P.438 IKN Nusantara

バリクパパン
Balikpapan ▶P.434

Kuala Kurun

Tanahagrogot

Palu

Kosongan
Tangkiling

Tanjung

Belang-Belang

Kota Besi

バランカラヤ
Palangkaraya
▶P.432

Amuntai

Gn.Besar
▲1892m

マカッサル海峡
Selat Makassar

Sampit

カンダガン
Kandangan

ロクサド
Loksado

Pulang Pisau

バンジャルマシン
Banjarmasin
▶P.426

Martapura

Pagatan

Pare-Pare

ジャワ海
Laut Jawa

Pelaihari

P.Laut

② ③

423

オランウータンがすむ自然保護区が島内各地にある

ハイライト

　水上マーケットでにぎわうバンジャルマシンは「東洋のベニス」と称されており、のどかな古都の雰囲気が味わえる。また、島内には多種多様な熱帯動植物が生息しており、南西岸のタンジュン・プティン国立公園や南部のパランカラヤではオランウータンも見られる。そのほかボルネオ島の東沖に浮かぶ、デラワン島やサンガラキ島でのダイビングが脚光を浴びている。

水上マーケットではフルーツは買う前に味見もOK

旅のヒント

両替と物価▶米ドルや日本円の現金はバンジャルマシン、バリクパパン、サマリンダなどの主要銀行やマネーチェンジャーで両替可能。近年はATMが増えており、クレジットカードのキャッシングによるルピア入手が便利。各主要空港でもマネーチェンジャーが営業している。

　物価は安宿が都市部では1泊Rp.20万前後。その他の物価は他島とあまり変わりはない。

旅の難易度▶都市に滞在するだけなら、ほかのインドネシアの島と同様に難しいことはない。国立公園や自然保護区はアクセスが不便なので、スケジュールに余裕をもたせる必要がある。

　タンジュン・プティン国立公園やパランカラヤでのリバークルーズは、事前予約が必要。現地の旅行会社やガイドへ英語メールで直接予約できる（料金は事前の振り込みを請求されるが交渉すれば現地払いも可）。夏季のハイシーズンには出発の1ヵ月前を目処に予約を入れておこう(オフシーズンならば、現地で参加できる場合もある)。

　また条例により南カリマンタン州は、アルコールの販売が禁止されているので、冷たいビールは期待できない（それでも飲みたい方は、ホテルのフロントで聞けば、こっそり教えてくれることもある）。

リバークルーズで出会ったダヤッ人の子供たち

カリマンタンへの首都移転▶ジャカルタへの一極集中を是正するため、東カリマンタン州の主要都市バリクパパン〜サマリンダ近郊へ遷都するプロジェクトが進んでいる。2019年に行われたジョコ・ウィドド大統領の会見では、この地が新首都に選定された理由として、地震、津波、火山噴火など自然災害のリスクが少なく、インドネシア全体の中央に位置することなどが挙げられている。2023年には新首都の名称が「ヌサンタラ（＝群島の意味）」になると政府発表された。約25万ヘクタールの森林を切り開いて、2024年から2045年に移転を完了させる壮大な国家プロジェクトとなっている。すでに首都の建設予定地では道路やダムの整備が進んでおり、周辺の土地は高騰している。

ポンティアナッの年間気候表

月別	1月	2月	3月	4月	5月	6月	7月	8月	9月	10月	11月	12月	年間
平均気温 (℃)	25.7	26.2	25.7	26.6	26.8	26.6	26.3	26.5	26.5	26.3	25.9	25.8	26.2
相対湿度 (%)	80	79	79	80	80	80	78	78	78	79	81	81	79
降水量 (mm)	249.5	235.0	371.0	290.2	273.3	229.4	229.0	189.1	228.4	332.1	407.6	320.1	3354.7

おみやげ▶内陸部では先住民のカラフルな衣装や金銀のアクセサリー、ラタン（籐）のつるで作られたバッグ（＝通称ボルネオ・バッグ）など。海岸部では宝石やビーズ、中国製やオランダ製の陶磁器、ガラス製品といった骨董品が有名。

メノウや貴石を扱う店も各地にある

安全情報

　都市部でも奥地でも犯罪に遭うケースは少ない。かつては中部カリマンタン州のサンピッで、先住のダヤッ人と移民のマドゥーラ島系島民の抗争もあったが、観光客が巻き込まれたという報告はない。

気候とシーズナリティ

　カリマンタンを含むボルネオ島は典型的な熱帯雨林気候。7〜9月の乾季は観光シーズンとなる。10〜3月が雨季となっているが、それ以外の時期にも降雨が多いのが特徴だ。

島内の交通

飛行機▶バンジャルマシンやバリクパパンなど主要都市間は定期便が運航している。道路事情の悪い区間もあるので、飛行機での移動は便利。

バ　ス▶沿岸部の都市周辺はバス網も発達し、バンジャルマシン〜バリクパパン間には長距離バスも運行している。

ツアー▶カリマンタンで近年注目を集めているのが、タンジュン・プティン国立公園やパランカラヤを起点

リバークルーズの快適なボート

としたリバークルーズ。現地ツアー会社に手配を頼んで中型ボートで川を下れば、オランウータンなどさまざまな野生動物に出合うこともできる。ボートは快適で、ダイニングスペースやトイレなどもきちんと完備。パランカラヤは、ジャカルタやスラバヤからの飛行機が運航しアクセスが便利だ。

配車サービス▶カリマンタンの主要な都市ではGrabやGojekの配車サービス（→P.478）の利用が便利。Grabではバリクパパンやサマリンダで車チャーターも可能だが、郊外は12時間Rp.58万〜の設定なので、旅行会社やホテルで車を手配したほうが割安なケースもある。

カリマンタンへのアクセス

空　路▶ジャカルタ、スラバヤ、マナド、マカッサルなど国内主要都市から、バリクパパンやバンジャルマシンへ、ガルーダ航空やライオン航空などが運航している。

　国際線はシンガポールからバリクパパンへ、スクート航空（シンガポール航空）が週3便運航している。

Column バリクパパン郊外の訪問スポット

　バリクパパン中心部から2km西にある**クマラ海岸** Pantai Kemala（MAP P.435-B1）では、マカッサル海峡を望むビーチでのんびり過ごせる。その隣には砂浜が美しい**アディ・プラダナ・ビーチ** Adhi Pradana Beach も広がっている。

　中心部から3kmほど西の**ムラワイ海岸** Pantai Melawai（MAP P.435-B1）は木陰に屋台や売店（営業は毎日17:00〜23:00頃）が並んでローカル情緒たっぷり。ゴザの上に並

大型タンカーも行き交うムラワイ海岸

ぶ食卓で、夕日を見ながら過ごすのが地元っ子のお気に入りだ。

　また、中心部から7km北西の、石油コンビナートを見降ろす丘の上には、**旧日本軍の大砲** Meriam Jepang（MAP P.435-A1 入場 毎日7:00〜17:00）が残っている。これは第2次世界大戦中に旧日本軍がバリクパパンの製油施設を占拠する際に、オランダ軍に対して使われ、敗戦間際に連合軍の上陸時にも使用された歴史的遺物だ。

撮影スポットとして人気の旧日本軍の大砲

バリト川沿いに栄えたカリマンタンののどかな古都

バンジャルマシン
Banjarmasin

バンジャルマシン　バリクパパン

人口	70万人
高度	10m未満
市外局番	0511
空港コード	BDJ

✉ 川辺の撮影ポイント

　水上市場の行き帰りにボートから眺める、川と一体化した人々の暮らしぶりもとても興味深いです。川辺の水上家屋での歯磨きや洗濯、水浴びの光景…。カメラを向けても嫌な顔をせず、笑顔で手を振ってくれる人が多いのも印象的でした。
（横道世之介　神奈川県）['24]

空港から市内へ

　チケット制タクシーで40分。運賃はRp.12万で、市内から空港へのタクシーも同料金。
　市内〜空港間は配車サービス（→P.427側注）も利用できる。

ガルーダ航空 MAP P.427-B2
住所 Jl. Hasanuddin No.31
WA 0811-500-807

市内〜バスターミナルの移動

　中心部のジャラン・ハサヌッディンのロータリーから黄色のミニバスで15分、Rp.5000。長距離バスのチケットは、あらかじめバスターミナル前にあるバス会社のカウンターで購入しておいたほうがいい。

バス会社
● Pulau Indah Jaya 社
住所 Jl. Ahmad Yani
WA 0813-3447-8400
URL pulauindahjaya.com
　サマリンダやバリクパパン方面へのバスを運行している。

キロメートル・ウナム・バスターミナルの長距離バス乗り場

　雄大なバリト川Sungai Baritoの沿岸に開けた南カリマンタンの州都バンジャルマシン。町の中は、バリト川に流れ込むたくさんの支流が通り、その姿は「東洋のベニス」とも呼ばれている。かつてはここ

バンジャルマシンならではの情緒と活気が感じられる早朝の水上市場

にバンジャル人たちの王国が栄え、19世紀にはオランダの統治下におかれた歴史をもっている。支流のひとつマルタプラ川沿いはマスジッ・ラヤを中心とする町並みで、ホテルやレストランなどが建ち並び活気がある。

アクセス

飛行機▶市内から26km南東にあるシャムスディン・ヌール空港 Syamsuddin Noor へ、各社の便が運航している。

バンジャルマシンへの飛行機	
ジャカルタから	ガルーダ航空、ライオン航空、バティック航空、シティリンクなどが1日計14〜15便、所要2時間、Rp.116万〜179万
ジョグジャカルタから	ライオン航空が1日2便（ジョグジャカルタ 6:30、8:05発）、所要1.5時間、Rp.137万〜141万
スラバヤから	ライオン航空、スーパーエアジェット、シティリンクが1日計10〜11便、所要1時間、Rp.102万〜119万
デンパサールから	ライオン航空（1日1便）、エアアジア（日水金の週3便）、所要1.5時間、Rp.127万〜131万
バリクパパンから	ウイングス航空とシティリンクが1日計4〜6便、所要1時間、Rp.124万〜148万

バ　ス▶バスターミナルは方別別にいくつかあるが、旅行者がよく使うのはキロメートル・ウナム・バスターミナル（Km 6）。その名のとおり、バンジャルマシン中心部から6km南東にあり、バリクパパンやサマリンダ行きの大型バスが発着している。

バンジャルマシンへのバス	
バリクパパンから	13:30〜20:00まで1日5本、所要11〜13時間、AC・トイレ付き Rp.30万
サマリンダから	9:05〜16:30まで1日5本、所要13〜16時間、AC・トイレ付き Rp.30万

ハミダシ 空港やバンジャルマシン中心部の Jl.Sudimampir に面してみやげ物屋が並び、名産の絞り染めバティック Kain Sasirangan や、ダヤッ人の民芸品などが売られている。

歩き方

　町はマルタプラ川に沿って広がっているが、中心部は川がカーブする内側、ジャラン・パングラン・サムドゥラ Jl. Pangeran Samudra とランブン・マンクラッ通りの交差する周辺。ホテルやレストランもこのあたりに多い。川沿いには、パサール・ブサールなど市場がいくつもあり、日中はにぎわいを見せている。町のマスコットであるテングザル像 Maskot Bakantan や展望台 Menara Pandang も中心部の川沿いにあり、夕涼みがてら遊歩道を歩くのが楽しい。

テングザルの巨大なモニュメントがランドマーク

交通案内

　市内の旅行者が立ち寄るエリアはほぼ徒歩圏内。2020 年から新バス路線の「Trans Banjarmasin」が 4 路線で運行を開始している（2024 年 1 月の時点で運賃は無料）。ルートがわかりにくいので事前に宿泊ホテルなどで確認してから利用しよう。

配車サービスの利用状況

　GrabやGojekの配車サービス（→P.478）が市内で利用OK。空港からも呼び出しできるが空港敷地の外で乗車する（運賃Rp.11万〜）。市内から空港へのドロップ利用は問題ない。

評判のいい両替所

● PT.Haji　MAP P.427-B1
WA 0813-4933-2245
営業 月〜土 8:00 〜 17:00

現地の英語ガイド

　Joe Yassさん（WA 0812-5182-8311　E-mail joyas64@gmail.com）、Mulyadi Yasinさん（WA 0813-5193-6200　E-mail yadi_yasin@yahoo.co.id）、Tailahさん（WA 0858-2103-5791　E-mail tailahguide@yahoo.com）は、近郊のトレッキング事情に詳しい。早朝の水上マーケットツアーもアレンジしてくれる。

バンジャルマシン
Banjarmasin
エリア地図 ▶P.423-C2

ハミダシ　⊟ 中村整体 Nakamura（MAP P.427-B2　WA 0811-5111-779　営業 毎日 10:00 〜 22:00）は人気のマッサージ店。料金は 1 時間 Rp.10 万〜。

427

水上市場へのアクセス

ホテルで申し込めるツアーか、ボートチャーター（Rp.50万～）で。人でにぎわうのは6:00～7:00の間なので、市内を5:30頃には出たほうがいい。

バンジャルマシン発ツアー

ツアーは各ホテルで申し込むことができる。料金には10～15人乗りの船のチャーターと英語ガイドが含まれている。

●ロクバインタン水上市場
6:00～9:00、Rp.35万～、クンバン島とのセットはRp.40万～

●クイン水上市場とクンバン島
5:00～9:00、Rp.30万～（水上カフェでの朝食付き）

●運河ツアー
17:00～18:30、Rp.20万

クンバン島

営業 毎日7:00～17:00
料金 月～土Rp.15万、日Rp.20万

ツアーの場合、クイン水上市場とセットになっていることが多い。中心部でボートをチャーターして行く場合は片道約40分（往復Rp.40万～）。

ダイヤモンドの採掘坑

MAP P.428

郊外のチュンパカ村には**ダイヤモンド採掘坑**Pendulangan Intan Cenpaka（入場 土～木8:00～17:00、金休）がある。川のそばに大きな穴を掘り、そこから出た土砂を水で流し、ほとんど人力でダイヤモンドの原石や金を探している。過去には100カラット以上の原石も発見されており、大勢の人が作業している。見学には案内係へのチップが必要（Rp.2万～）。

バンジャルマシンから車チャーターのほか、ミニバスを乗り継いでも行ける。チュンパカの道沿いに、採掘坑への小さな看板があり、そこから未舗装道を500mほど歩く。

地に原石を探す採掘現場

おもな見どころ

生活に根ざした水辺の生活が見られる ★★
ロクバインタン＆クイン水上市場
Pasar Lokbaintan & Pasar Kuin
MAP P.428

バンジャルマシンの西を流れる大河バリト川に沿って、昔ながらの水上マーケットPasar Terapungが見られる。有名なのはロクバインタン水上市場Pasar Lokbaintanで、中心部から片道1時間ほど。100艘の小舟が集まり、各村で取れた野菜や果物、魚などが売買されている。中心部から片道40分ほどの場所には**クイン水上市場**Pasar Kuinもある。こちらは近年縮小傾向で、30程度の小舟が散見されるのみ。ともに夜明けから8時頃にかけてがにぎやか。

早朝ににぎわうロクバインタン水上市場

水の都で豊かな自然を実感する ★
クンバン島
Pulau Kembang
MAP P.428

クイン水上市場近く、バリト川の中央にあるマングローブに覆われた無人島。300頭近くのサルがすんでいる。船着場付近には、サルの神（ハヌマーン）を祀った小さな社があり、日曜には市民がお参りにやってくる。入口の売店で、ピーナッツをサル用に売っているが、サルが飛びかかってくることもあるので注意。寺院の裏には1周5分ほどの、マングローブの林を巡る遊歩道がある。

多くのサルがすむ

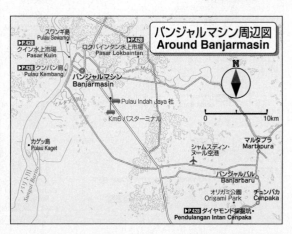

バンジャルマシン周辺図
Around Banjarmasin

スワンギ島
Pulau Sewangi
▶P.428 クイン水上市場
Pasar Kuin
▶P.428 ロクバインタン水上市場
Pasar Lokbaintan
▶P.428 クンバン島
Pulau Kembang
バンジャルマシン
Banjarmasin
Pulau Indah Jaya社
Km6バスターミナル
カゲッ島
Pulau Kaget
シャムスディン・ヌール空港
マルタプラ
Martapura
バンジャルバル
Banjarbaru
オリガミ公園
Origami Park
チュンパカ
Cenpaka
▶P.428 ダイヤモンド採掘坑
Pendulangan Intan Cenpaka
0　　　　10km

投稿 水上市場ツアーは早朝出発なので肌寒く感じます。ウインドブレーカーを用意しましょう。果物や菓子パンなどを買い、川を漂いながら味わう朝食はとても楽しいです。（横道世之介　神奈川県）['24]

カリマンタン

バンジャルマシン

ホテル　Hotel

リバービューで人気が高い
スイス・ベルホテル・バンジャルマシン
Swiss-Belhotel Banjarmasin **MAP P.427-B2**

住所 Jl.Pangeran Antasari No.86A
TEL (0511)327-1111　URL www.swiss-belhotel.com
税&サ込み　カード J M V　Wi-Fi OK
料金 AC Mini TV デラックスS D Rp.58万〜
AC Mini TV エグゼクティブS D Rp.145万〜

ゆったりとして快適な室内

グループツアーでも利用される全 127 室の人気ホテル。川沿いにあるので中心部の散策にも便利なロケーション。部屋は設備が整っていて使い勝手がいい。併設のレストランでは、ライブ演奏が金〜水 20:00 〜 23:00 に開かれており、朝食ビュッフェの種類も豊富だ。宿泊者は水上市場へのボートツアーが無料になる（ひと部屋につき 2 名分のみ。1 名追加ごとに Rp.7万5000 加算）。

POOL レストラン 朝食

最上階の展望レストランが気持ちいい
サマー B&B
Summer B&B **MAP P.427-A2**

住所 Jl. Veteran No.3　TEL (0511) 327-7007
WA 0856-5496-0889
税&サ込み　カード A J M V　Wi-Fi OK
料金 AC TV スーペリアS D Rp.35万〜
AC Mini TV デラックスS D Rp.51万〜

最上階のレストランは町並みを見渡せ、地元の若者に人気のスポットとなっている。室内はこぢんまりしているが清潔。各種ツアーもフロントで申し込める。全 52 室。 POOL レストラン 朝食

最上階のピープルズ・プレイスからモスクが望める

水上市場へのツアーにも便利
ビクトリア・リバービュー
Victoria River View **MAP P.427-B1**

住所 Jl. Lambung Mangkurat No.48
WA 0851-7431-7178
税&サ込み　カード M V　Wi-Fi OK
料金 AC Mini TV スタジオS D Rp.34万〜
AC Mini TV クラシックバルコニーS D Rp.53万〜

道路を挟んで市庁舎の南側、マルタプラ川のほとりにある白亜のクラシックホテル。スタジオ（20㎡）など客室は 8 タイプあり、クラシックバルコニー（28㎡）には川面の夕景が楽しめる部屋もある。

POOL レストラン 朝食

ホテルに専用の桟橋があるのでボートが利用しやすい

バンジャルマシンのレストラン

ローカル御用達のワルンをはじめ、旅行者向きのレストランやファストフード店なども中心部に点在している。

R サラバ・ニャマン Saraba Nyaman（MAP P.427-B1　WA 0813-4758-2883　営業 毎日9:00〜22:00）はマルタプラ川に浮かぶ水上レストラン。景色を楽しみながら郷土料理が味わえる。川魚のニラを使ったプレート（Rp.3万〜）、エビ料理（Rp.4万5000〜）、牛肉のホットプレート（Rp.5万5000）など料金設定も良心的だ。

川沿いの観光レストランとして人気が高い

R レザッ・バル Lezat Baru（MAP P.427-B1　住所 Jl. Pangeran Samudra No.22　TEL 0851-0053-3191 携帯　営業 毎日11:00〜13:00、17:00〜21:00）は、見かけは食堂風だが、バンジャルマシンでは高級な部類の中華系レストラン。火鍋（Rp.14万〜）、エビのバター炒め（Rp.18万）、カンクン炒め（Rp.2万5000）など。

R アーバン・モンキー Urban Monkey（MAP P.427-A2　営業 24時間　税&サ +21%）は H サマー B&B の最上階にある展望レストラン&バー。カクテルのフルーツ・サマー・パンチ（Rp.3万2000）のほか、ケイジャン・チキンウイング（Rp.3万2000）やパスタ（Rp.3万8000〜）など料理メニューも豊富。金曜以外の 21:00 〜はライブ演奏で盛り上がっている。

ハミダシ バンジャルマシンからバスで 4 時間ほど北東にある Kandangan、さらにバスで 1.5 時間の Loksado を拠点に、温泉や滝を目指すトレッキングも楽しめる。ガイドとともに行くといい。

オランウータンの森を訪ねる

野生動物と出合える熱帯雨林へ

Nature Travel in Kalimantan

タンジュン・プティン国立公園には約6000頭のオランウータンが暮らしてるよ

マレーシアやブルネイとともにボルネオ島を分かつ
インドネシア領カリマンタンには、
多くのオランウータンが生息している。
また、豊かな川を遡れば、
ダヤッ人など先住民が暮らす集落があり、
伝統的な生活を垣間見ることもできる。
悠久の時の流れを感じさせる野生の島は、
旅行者の冒険心をかきたててくれるはずだ。

森の人オランウータン

ボルネオとスマトラの2島でのみ暮らす、人に最も近い類人猿オランウータン（マレー語で「森の人」の意味）。寿命は野生下で35～50歳とされる。生活の場はおもに木の上、主食はドリアンなどの果実で、葉や樹皮、昆虫なども食べる。数頭の雄を中心としながらも群れをつくらず、雌雄とも基本的に単独で生活する（高い木の枝に1頭ずつ巣をつくる）。古くから食肉などのため狩猟の対象となり、20世紀になると珍獣として動物園やサーカスからの需要が高まり個体数は減り続けた。近年は農地拡大のための熱帯林の伐採や密猟などにより、急速に生息数を減少させている（全生息数は6万～7万頭、あるいはそれ以下とも推測されている）。

秘境エリアへのアドベンチャー旅行

タンジュン・プティン国立公園
Taman Nasional Tanjung Puting

MAP P.422-C1

オランウータンの森を訪ねる

> 乗客3〜4名のクロトッでの移動が一般的。食事や宿泊も船上で！

ボルネオ島南西部に広がる41万5040ヘクタールの森は、まさに「秘境」。オランウータン観察起点への船でのアクセスも、冒険気分にさせられる。ジャングルでの起点となるのは約200〜300頭のオランウータンがすむ研究基地キャンプ・リーキー Camp Leakey。毎日14:00からはレンジャーによる餌づけを見学できる。大声でオランウータンの鳴きまねをしながら歩くレンジャーとともに森の奥へ。森のあちこちから現れるオランウータンは、あまり人なれしておらず攻撃的なので、近づくのは危険だという。それ以外の時間帯の公園内の散策については、レンジャーに相談してみるといいだろう。

スコニェル川の船旅も楽しい。クマイからクロトッと呼ばれる宿泊可能な中型船をチャーターし片道4時間。甲板上のマットレスに座り、コーヒーを飲み、お菓子をつまみ、ワニやサルを探して周りを眺めながら川を上る。日が暮れてからも、星空の下、ライトで進行方向を照らしながら船は進む。ホタルの群生地 Nipa Palm での停泊もおすすめ。船は少人数で借り切ったほうが快適で、寝袋もあればベター。

盛りだくさんのランチ。調理担当のスタッフも乗船している

テングザルはボルネオ島の固有種

川沿いにある給餌場所でオランウータンの親子に遭遇

●アクセス
飛行機はシティリンク、バティック航空、スリウィジャヤ（ナム）航空が、ジャカルタからパンカランブンPangkalanbunへ毎日計3〜4便（所要1.5時間、Rp.126万〜179万）運航。現地旅行会社は空港からクマイまでの車移動も手配してくれる。

バンジャルマシンからは、バスが午前中に2本（10:00、11:30発、所要16時間、AC付きRp.50万）運行している。

●宿泊施設
リバークルーズではボート内での食事や宿泊が基本（ただしベッドやシャワーはとても簡素）。国立公園内のタンジュン・ハラパンには **H リンバ・エコロッジ Rimba Ecolodge**（WA 0822-8830-5717 **URL** rimba-ecoproject.com **料金** ⒟US$100〜）などの宿泊施設もある。

空港のあるパンカランブンには高級ホテルから安宿まで揃っており、ボートが発着するクマイにも安宿がある。

●川旅のノウハウ
タンジュン・プティン国立公園への川旅は、パンカランブンにある旅行会社に手配を頼むのが一般的。

各ホームページから英語でやり取りができ、現地での支払いもOK。国立公園の訪問には、パンカランブン警察での登録と管理事務所PHKAでの入山許可証の取得が必要（登録や許可証取得は旅行会社が代行してくれる）。

●パンカランブンの旅行会社
■Orangutan Exotic Tours
TEL 0813-4902-1411（携帯）
URL www.orangutanexotictours.com

■Jenie Subaru
TEL 0857-6422-0991（携帯）
URL www.jeniesubaru.blogspot.com

クマイからキャンプ・リーキーへの2泊3日ツアーは1名Rp.700万〜、2名Rp.800万〜（6〜9月の繁忙期は10〜30%ほど料金が上がる）。国立公園の入域料（1名Rp.15万〜22万5000/日）が含まれているかなどは要事前確認。

●NGOのおすすめHP（マニスファンクラブ）
URL www.mandilaut.com

訪問前にHPをチェックしよう

現地でも人気のエコツアーを体験しよう

パランカラヤからリバークルーズ
River Cruise from Palangkaraya
MAP P.423-C2

中部カリマンタンの州都パランカラヤを起点として、オランウータンやテングザルのすむ湿地ジャングルへリバークルーズが楽しめる。ランゲン川の赤茶色の川面を進むと、カワセミやチョウが舞い飛び、川からの涼しい風も爽快。パラス島 Pulau Pallas の川岸には、リハビリを終えて森へ戻る過程のオランウータンもすんでいる（リハビリセンターからの小型ボートで間近に観察できる）。黄昏時に船で大きく蛇行する川を遊覧すると、ジャングルの地平線を染めるドラマチックな夕焼けも堪能できる。

タンキリン村で宿泊したら、翌日には上流へ30分のカジャ島 Pulau Kaja でもオランウータンを観察しよう。さらに2時間ほど船で進んだカナラカンはダヤッ人の村で、ラミン（ロングハウス）と呼ばれる長屋状の高床式の集合住宅が残っている。

パラス島の川岸にすむオランウータン。人からの病気感染予防などのために10m以内には近づけない

船で巡ると水上家屋での生活風景も見られる

小舟に乗り換えてジャングルの奥地へ

キャビン付きの中型船で優雅に食事も満喫できる

●アクセスと宿泊施設

観光起点となるパランカラヤへは、ジャカルタからガルーダ航空、バティック航空、シティリンク、ライオン航空などが毎日計6便（所要1.5〜2時間、Rp.132万〜179万）、スラバヤからライオン航空が毎日4便（所要1〜1.5時間、Rp.109万〜202万）運航。バンジャルマシンからはバスも1日数便（所要6時間、Rp.25万〜）出ている。

パランカラヤの中級ホテルは **H Bukit Raya Guesthouse**（住所 Gg. Bersama No.2　WA 0811-528-400　URL www.bukit-raya.com　料金 Ⓓ Rp.40万〜100万）、**H Mahkota**（住所 Jl.Nias No.5　TEL 0536-322-1672　WA 0813-4588-7990　料金 Ⓓ Rp.22万5000〜）など。

川沿いのタンキリン村には **H Rungan Sari Meeting Center & Resort**（住所 Jl.Tijlik Riwut Km.36　WA 0811-520-8801　URL rungansariresort.com　料金 Ⓓ Rp.70万〜）と、**H Rungan Sari Ecovillage**（住所 Jl.Tijlik Riwut Km.36　WA 0813-1648-6559　URL www.rungansari.co.id　料金 Ⓓ Rp.66万〜）がある。

●現地ツアー会社
■Kalimantan Tour Destinations
WA 0811-520-648
URL www.wowborneo.com
中型船のリバークルーズ（飲食付き2泊3日Rp.1031万〜）を催行している。

■Blue Betang
WA 0821-5839-9916
E-mail bluebetang_eventorganizer@yahoo.co.id
オランウータン見学やダヤック村へのアドベンチャーツアーをアレンジしてくれる。料金は英語ガイド1日Rp.45万〜、車のチャーター1日Rp.75万〜。

水路に囲まれた島でリハビリ中のオランウータンが暮らしている

バリクパパンから気軽に訪問できる

サンボジャ・レスタリ
Samboja Lestari
MAP P.423-B3

カリマンタン

オランウータンの森を訪ねる

バリクパパンから約40km北東にあるサンボジャ・レスタリは、約2000ヘクタールのリハビリセンター。十数頭のオランウータンが水路で囲まれた9つの島で暮らしている。水路を挟んで間近に見られる。治療中の子供オランウータンは、手足も細く痛々しくもあるが、母親と戯れる姿はかわいらしい。森に囲まれた丘の上にある展望台（半分はホテルの客室）に上ると、施設全体が見渡せる。植林により再生され、もはや原生林と見分けのつかない敷地内の森を片道2km歩くネイチャートレイル（宿泊者は無料）では、野鳥、鹿、野ブタなども出没する。また、敷地内の一角にはすみかを追われたマレーグマの収容施設なども見学できる。

自然に近い状態でオランウータンが暮らす。9:00と15:00の給餌時間には水路を挟んで見学も可能

テングザルの親子。周囲の森にもオプショナルツアーで訪問できる

サンボジャ・レスタリからのエクスカーション

ホテルから車で1時間ほど南西にある**ブキッ・バンキライ** Bukit Bangkirai。ここでは原生林の中を散策でき、地上40mの大木の上につながれたつり橋を歩く「キャノピー・ハイウオーク」も体験できる。テナガザルやサイチョウなどもすんでいるが、見られるかどうかは運しだい。平日は修学旅行の団体などと出くわさなければ、閑散とし静かに過ごせるが、週末は地元の家族連れなどでにぎわう。

原生林の空中散歩を楽しめる

■ブキッ・バンキライ
Bukit Bangkirai **MAP P.423-B3**
料金 入場料 Rp.3万5000、キャノピー・ハイウオーク Rp.2万5000
※サンボジャ・レスタリからのツアーは所要半日で、料金は人数によりRp.35万〜70万（入場料などは含まれている）。

●アクセスと宿泊施設
バリクパパンの空港からタクシーで1時間、片道Rp.28万（Grab利用で19万〜）。ただし、メインロードからホテルまでの3kmは未舗装の荒れた山道。ホテルに事前連絡しておけばメインロードまで4WD車で迎えにきてくれる（乾季は一般車でもアクセス可能）。ホテルに迎えを頼むと、空港からRp.60万、バリクパパンからRp.65万、サマリンダからRp.90万。

H Samboja Lodge（住所 Jl. Balikpapan-Handil, km.44 Margomulyo WA 0811-5440-505 URL www.sambojalodge.com 料金 D Rp.180万〜）での宿泊は、園内ツアーや朝食代が含まれている（フルボード設定も可能）。

ベッドルームも自然志向なのがうれしい

●サンボジャ・ロッジのビジター利用
サンボジャ・レスタリ（URL orangutan.or.id/samboja-lestari）の施設は日帰り訪問（Day Visit）も可能。保護されているオランウータンやマレーグマの給餌風景を眺める園内ツアーは、8:00〜12:00と13:00〜17:00に催行されており、食事付きでRp.50万〜（宿泊者は無料）。

周辺エリアへのオプショナルツアーも用意されている（園外ツアーは宿泊者もビジターも同料金）。樹上のテングザルをボートから観察するヒタム川ツアー（6:00〜8:30か16:00〜18:30、1名Rp.75万〜）や、美しい白砂のビーチやワニ園を訪れるラマル・ビーチ・ツアー（8:00〜12:00か13:00〜17:00、1名Rp.85万〜）などが人気。

展望ホテルからの眺望

大型石油コンビナートをもつ一大工業都市

バリクパパン
Balikpapan

●バリクパパン

人口	82万人
高度	10m未満
市外局番	0542
空港コード	BPN

空港から市内へ
空港から市内へはチケット制タクシーで20分、Rp.7万。市内から空港へのタクシーはRp.6万～。
市内～空港間は配車サービス（→P.436側注）も利用できる。

空港からのミニバス
空港から市内へはミニバスが安い。空港から一般道に出て、空港を背にして左方向へ向かう道路を走る7番（緑色）のミニバスで終点（ダマイ・ミニバスターミナル）まで行き、6番（青色）のミニバスに乗り換える。このミニバスは S バリクパパン・プラザを通り、海岸沿いをカンポン・バル近くのマーケットまで行く。料金は7番がRp.5000、6番が S バリクパパン・プラザまででRp.5000程度。

ガルーダ航空
住所 Jl. Jend.Sudirman, Kompleks Balikpapan Permai Blok H1 No.23-24
WA 0811-8614-614（総合案内）

サマリンダへのシャトルバス
● Kangaroo
WA 0812-555-1199
URL www.kangaroo.co.id
バリクパパン中心部から2km東にある S Ace Hardware の北側より空港経由でサマリンダへ。毎日5:00～20:30まで毎時2本運行、所要4時間、Rp.23万～。

石油コンビナートと水上家屋が共存する港町

バリクパパンは人口80万人を抱えるインドネシアの石油基地。1897年から油田の発掘が始まり、小さな漁村は大規模な製油所と港湾都市として開発が進められた。戦時中の日本軍はこの油田をめぐって、オランダ軍や連合軍と激戦となり、石油コンビナートを望む丘の上には、今も旧日本軍の大砲が残されている。

近代的な国際空港や町の中心部は、「秘境ボルネオ」のイメージからかけ離れているが、一歩郊外に出るとのんびりとしたローカルの生活がある。水上家屋の並ぶ海岸から工業地帯を眺めると、石油ガスの炎が高く燃え上がる、近代産業と伝統文化のコントラスト。世界経済のステージに上がりながらも、そこに住む人たちは昔からの生活を送り、エネルギッシュな雰囲気があふれている。

アクセス

飛行機▶バリクパパンの中心部から8km東にあるスピンガン空港Sepinggan へ各地から運航がある。カリマンタン内のバンジャルマシンからもウイングス航空とシティリンクが毎日運航している。

スピンガン空港のターミナル

バリクパパンへの飛行機 （バリクパパン発→P.475）

ジャカルタから	ガルーダ航空、ライオン航空、バティック航空、シティリンクなどが1日計18便、所要2～2.5時間、Rp.120万～204万
ジョグジャカルタから	ライオン航空、スーパーエアジェット、シティリンクが1日4便、所要2時間、Rp.150万～154万
デンパサールから	ライオン航空、シティリンク、エアアジアが1日計1～3便、所要1.5時間、Rp.115万～149万
マカッサルから	ライオン航空、スーパーエアジェット、シティリンクが1日計5便、所要1時間、Rp.100万～115万
バンジャルマシンから	ウイングス航空とシティリンクが1日計4～6便、所要1時間、Rp.124万～148万

ハミダシ バリクパパンの町は海の背後にすぐ高台が迫り、その周囲や尾根を道が走っているので坂道が多い。おもな道路にはミニバスが頻繁に走っているので、利用すると便利だ。

バス▶バリクパパンにバスターミナルは3つある。サマリンダ方面へのバスが発着するのは、5kmほど北郊外にあるバトゥ・アンパル・バスターミナル Batu Ampar。バンジャルマシン方面へは、プラウ・インダー・ジャヤ Pulau Indah Jaya とゲローラ Gelora のバスターミナルから発着している。

バスターミナルと市内を結ぶミニバス（アンコタ）

バス会社
● Pulau Indah Jaya 社
住所 Jl. Soekarno Hatta KM 2,5
TEL (0542) 420-289
URL pulauindahjaya.com
　バンジャルマシンへのバスを運行している。

市内～バスターミナル
　中心部からバトゥ・アンパル、プラウ・インダー、ゲローラの各バスターミナルへはミニバスの3番で行ける。所要20～30分、Rp.1万。

バリクパパンへのバス

サマリンダから	6:00～19:30頃まで毎時1～4本運行(人が集まりしだい)、所要2.5時間、AC付き Rp.5万5000
バンジャルマシンから	12:00～17:30まで1日9本、所要11～13時間、AC・トイレ付き Rp.30万

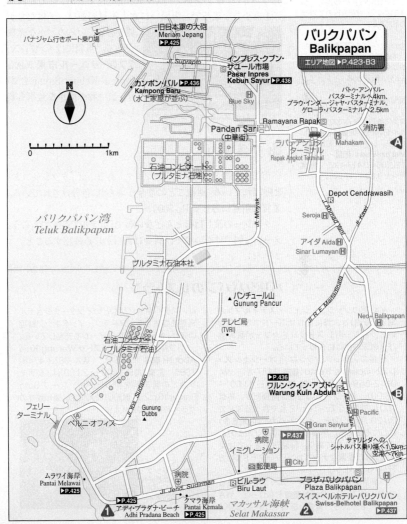

バリクパパン
Balikpapan
エリア地図 ▶P.423-B3

投稿 カンポン・バル（→P.436）はローカル情緒漂う水上家屋の集落です。駄菓子屋ワルンのみでカフェなどはありません。ドリンク休憩には入口脇の市場へ行きましょう。（東京都 プギー）['24]

　バリクパパンの中心部は、Ｓプラザ・バリクパパンというショッピングセンターがある周辺。特にジャラン・アーマッ・ヤニとジャラン・ジェン・スディルマンはこの町の動脈で、通りの両側は商店でズラリと埋め尽くされている。

目抜き通りのジャラン・ジェン・スディルマン

　取り立てて見るものがない町では、ローカルの生活を垣間見るのもいい。**カンポン・バル** Kampong Baru は町の北西部にある小さな集落で、海沿いに水上家屋が並び、子供たちが

アクセサリーも買えるインプレス・クブン・サユール市場

釣りをしているのどかな光景がある。東側には**インプレス・クブン・サユール市場** Pasar Inpres Kebun Sayur もあり、買い物や簡単な食事も楽しめる。

🚌 交通案内

　市街を走るミニバスは「アンコタ」あるいは「タクシーコタ」と呼ばれている。路線ごとに番号がふられ、色分けされている。運賃は距離に応じて Rp.5000 〜。

　タクシーの流しはほとんどないので、ホテルで呼んでもらう。メーター制ではないので、料金はあらかじめ確認すること。

バリクパパンのレストラン

　中心部のジャラン・ジェン・スディルマンの南側（海側）は、海に面したボードウオーク沿いにシーフードレストランやカフェが数軒並び、週末の夜はにぎわっている。
　一番の人気レストランは R **オーシャンズ・レスト Ocean's Resto**（MAP P.437-A1　WA 0812-5594-1188　営業 毎日 11:00 〜 23:00）。シーフードの値段は時価だが、魚は 100 g で Rp.5 万〜（1 〜 2 名で食べるぶんで Rp.20 万ほど）ほど。イカン・バカール（焼き魚）にしてもらおう。店頭にカニやエビ、ヤシガニなども並べられており、料理法を言って注文する。具が豊富なナシゴレン・シーフード（Rp.5 万〜）もおいしい。
　ジャラン・ジェン・スディルマン沿いにある R **デ・カフェ De Cafe**（MAP P.437-A1　WA 0811-599-209　営業 毎日 7:00 〜 23:00）

は、ステーキやピザなどのインターナショナル料理を提供するレストラン。インドネシア料理のほか、ケーキなどのスイーツも充実している。
　R **ワルン・クイン・アブドゥ Warung Kuin Abduh**（MAP P.435-B2　WA 0813-4748-7895　営業 毎日 11:00 〜 23:00）は、シナモンなどの香辛料を使ったチキンスープ Soto Banjar（Rp.2 万 5000）の人気店。鶏串焼きのサテ・アヤムもおいしい。

オーシャンズ・レストなど海沿いにはシーフードレストランが並んでいる

ハミダシ　Ｓ**インプレス・クブン・サユール市場**（MAP P.435-A2　営業 毎日 9:00 〜 18:00）では、カリマンタン産のアメジストを使ったアクセサリーや、民族衣装などのおみやげ品が購入できる。

カリマンタン

バリクパパン

ホテル
Hotel

中心部の海岸にある4つ星ホテル
スイス・ベルホテル・バリクパパン
Swiss-Belhotel Balikpapan　**MAP P.435-B2**

海を望む絶好のロケーション

住所 Ocean Square, Jl. Jend. Sudirman
TEL (0542) 758-2800　WA 0811-5928-889
URL www.swiss-belhotel.com　税&サ込み
カード JMV　Wi-Fi OK
料金 AC Mini TV デラックスSD Rp.82万〜
　　 AC Mini TV スーペリアSD Rp.91万〜

マカッサル海峡を望むショッピングモールに

併設された全235室の大型ホテル。スパやジムと同じ階にある半屋外プールからは海が見渡せる。全室とも落ち着いた雰囲気で、バルコニー、金庫、ミニバー、電気ポットなどを完備している。POOL レストラン 朝食

海岸まで徒歩5分
ノボテル・バリクパパン
Novotel Balikpapan　**MAP P.437-A1**

市内で最高レベルのホテル

住所 Jl. Brigjen Ery Suparjan No.2
TEL (0542) 820-820　URL all.accor.com
税&サ込み　カード AJMV　Wi-Fi OK
料金 AC Mini TV スーペリアSD Rp.84万〜
　　 AC Mini TV デラックスSD Rp.146万〜

ビジネス街の中心部にある全198室の大型

ホテル。スーペリア(32㎡)やデラックス(56㎡)など客室はゆったりした作りで、スパやツアーデスクなど設備も充実している。POOL レストラン 朝食

快適なビジネスホテル
アイコ
Aiqo　**MAP P.437-A2**

住所 Jl. Apt Pranoto No. 9
WA 0813-4448-5008
税&サ込み　カード JMV　Wi-Fi OK
料金 AC Mini TV スタンダードSD Rp.20万〜
　　 AC Mini TV スーペリアSD Rp.25万〜

S プラザ・バリクパパンから徒歩5分ほどの全41室の中級ホテル。入口にコーヒーショップがある。料金のわりにきれいで、ビジネス客が多く満室気味。POOL レストラン 朝食

バリクパパン中心部では最安値
フォルツナ・ゲストハウス
Fortuna Guest House　**MAP P.437-A1**

住所 JJl. Jenderal Sudirman No.43
WA 0896-9033-0598
税&サ込み　カード 不可　Wi-Fi OK
料金 AC Mini TV エコノミーD Rp.16万〜
　　 AC Mini TV スタンダードD Rp.20万〜

屋台も並ぶカランダサン市場から徒歩5分ほど（路地の奥で場所がややわかりにくい）。客室は8〜12㎡と手狭で、施設に古さを感じるが値段相応だ。POOL レストラン 朝食

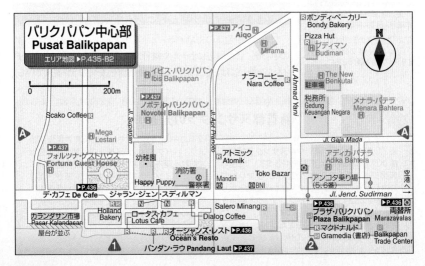

ハミダシ R パンダン・ラウ Pandang Laut（MAP P.437-A1　URL pandanglaut.com　営業 日〜木 7:00 〜22:00、金土 7:00〜23:00）はマカッサル海峡を望むレストラン。夕日観賞スポットとしても人気。

雄大なマハカム川が流れ込む東カリマンタン州の州都

サマリンダ

Samarinda

サマリンダ
バリクパパン

人 口	104万人
高 度	10m未満
市外局番	0541
空港コード	AAP

サマリンダへの飛行機
　ジャカルタからバティック航空とシティリンクが1日計4便（所要2.5時間、Rp.166万〜188万）。

サマリンダへのバス
◆バリクパパンから
　6:00〜19:00頃まで毎時1〜4本、所要2.5時間、AC付きRp.5万5000
◆バンジャルマシンから
　12:00〜17:00まで1日9本、所要13〜16時間、AC・トイレ付きRp.30万

バリクパパンへのシャトルバス
● Kangaroo
住所 Jl. W.R. Supratman No.7A
WA 0812-555-1199
URL www.kangaroo.co.id
　毎日3:30〜19:15まで毎時2本運行、所要4時間、Rp.23万。

配車サービスの利用状況
　Grab や Gojek の配車サービス（→ P.478）が利用できる。

マハカム川に面したサマリンダは人口100万人を超える東カリマンタン州の州都。南洋材の輸出基地として知られ、毎日のように奥地から丸太を引いた船がこの町の港へ横づけされる。郊外には合板工場が建ち並んでいるため、木材の町 Kota Tepian という別名ももっている。

マハカム川沿いに広がる中心部

アクセス

飛行機▶サマリンダ中心部から25km北東にある APT プラノト国際空港 APT Pranoto へ、ジャカルタからバティック航空やシティリンクが運航している。

バ　ス▶長距離バスターミナルはふたつあり、中心部から6km西にあるスンガイ・クンジャン・バスターミナル Sungai Kunjang からは、バリクパパンからのバスが発着。サマリンダの中心部へはミニバスで20分、Rp.5000。オジェッでRp.3万〜、タクシーでRp.5万。

　中心部からマハカム川を越えた対岸のスブラン・バスターミナル Seberang からはバンジャルマシンへのバスが発着する。

歩き方

　マハカム川北岸の市場パサール・パギ Pasar Pagi がサマリンダの中心部。この周辺にホテルや銀行が集まっている。ジャラン・スディルマン沿いには、BCA銀行など両替業務を扱う銀行が並んでいる。

Column 新首都ヌサンタラの光と影

　ジャカルタに代わるインドネシア行政の中心地として移転計画が進行中のヌサンタラ国家首都 IKN Nusantara（MAP P.423-B3）。現在の首都ジャカルタから約2000km、サマリンダに州都がある東カリマンタン州が予定地となっており、2024年から移転プロジェクトがスタートしている。

　移転完了は2045年の予定だが、インドネシア政府が「ゼロポイント Titik Nol」と呼ぶ新首都の中心（予定地）では大統領府の建設が始まり、バリクパパンから車で3時間かけて見物に訪れる国内旅行者もいる。周辺でも道路やダムなどのインフラ工事が始まっているが、新首都エリアはオランウータンなど絶滅が危惧されている希少動物の生息地でもある。政府は新首都への移転完了と同時期に先進国入りを目論んでいるが、森林伐採による環境破壊や巨額の費用調達など不安材料も山積されている。

ハミダシ 東カリマンタン州政府観光局（MAP P.439-A1 住所 Jl.Sudirman No.22 TEL 0541-736-850 営業 月〜金 8:00〜17:00）では観光マップやパンフレットなどを入手可。

ホテル Hotel

上階からはマハカム川も望める
スイス・ベルホテル・サマリンダ
Swiss-Belhotel Samarinda [MAP] P.439-A2

住所 Jl. Mulawarman No.6
TEL (0541) 200-888 WA 0853-8633-3822
URL www.swiss-belhotel.com
税&サ 込み カード [J][M][V] [Wi-Fi] OK
料金 [AC] [Mini] [TV] スーペリアⓈⒹ Rp.58 万～
[AC] [Mini] [TV] デラックスⓈⒹ Rp.65 万～
[AC] [Mini] [TV] スイート Rp.168 万～

大型ショッピングモールと同じ並びにある、全 184 室の 4 つ星ホテル。屋内は静かで、上階からの眺めはよく、船の行き交うマハカム川が町越しに見渡せる。屋外プールやスパ、サウナ、ジムなども完備し、室内は清潔。朝食ビュッフェのメニューも豊富。

上階からはマハカム川も見渡すことができる

[POOL] [レストラン] [朝食]

設備の充実した老舗ホテル
ブミ・セニュール
Bumi Senyiur [MAP] P.439-A1

住所 Jl. Pangeran Diponegoro No.17-19
TEL (0541) 735-101 URL hotelbumisenyiur.com
税&サ 込み カード [A][D][J][M][V] [Wi-Fi] OK
料金 [AC] [Mini] [TV] デラックスⓈⒹ Rp.60 万～
[AC] [Mini] [TV] グランドデラックスⓈⒹ Rp.88 万～

サマリンダで最初の 5 つ星ホテル。全 142 室はゆったり落ち着ける雰囲気でビジネス利用にも人気。デラックスルームはバスタブ付きの部屋をリクエストできる。和食や中華のレストラン、スパも完備。[POOL] [レストラン] [朝食]

格安で人気の安宿
ゲストハウス・サマリンダ
Guest House Samarinda [MAP] P.439-A2

住所 Jl. Pangeran Hidayatullah, Gg. Batu No.6
TEL (0541) 734-337
税&サ 込み カード不可 [Wi-Fi] OK
料金 [AC] [Mini] [TV] Ⓢ Rp.13 万、Ⓓ Rp.15 万

サマリンダ中心部にある全 20 室の格安ホテル。1 階のラウンジには共同キッチンがあり、客室は手狭ながら掃除が行き届いている。未婚のカップルは宿泊不可となっている。

[POOL] [レストラン] [朝食]

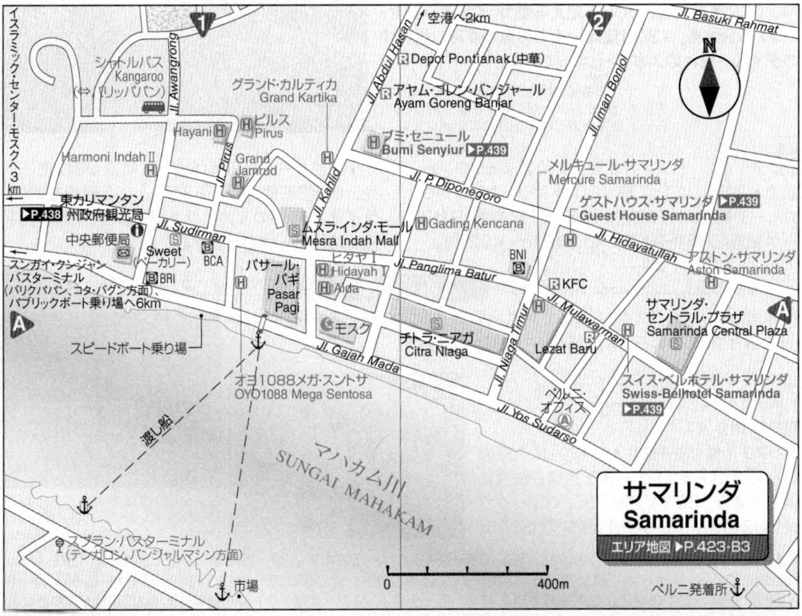

ハミダシ イスラミック・センター・モスク Islamic Center Mosque（[MAP] P.439-A1 外）は壮麗なモスク。展望タワーからはマハカム川を見下ろせる。入場は毎日 10:00 ～ 12:00、13:30 ～ 17:30、Rp.1 万。

ダイバーが注目する奇跡の海　[MAP] P.442-A1

ラジャ・アンパット諸島

大型のマンタたちが群れをなして登場！
Raja Ampat

パプア本島の西に、600を超える島が浮かぶラジャ・アンパット諸島。1300種類以上もの魚がすみ、世界中のダイバー憧れのスポットとなっている。

左／サンゴの種類は550で世界一といわれる
中／カーペットシャークなど珍種もめじろ押し
右／小島で外海と隔てられたロケーション

アクセス　パプアの北西部に位置するソロンが起点となる。ソロン空港(SOQ)へはジャカルタからガルーダ航空、プリタ航空、バティック航空が1日計3～4便運航(所要4時間、Rp.348万～402万)。

デンパサールからはガルーダ航空が週2便(日・金、所要3時間、Rp.263万～)の直行便を就航。ライオン航空のマカッサル経由便(所要6時間、Rp.359万～)は毎日運航。

ホテル

世界的なダイビングスポットなので宿泊施設は充実している。ラジャ・アンパット・ダイブロッジは日本語も通じるので何かと安心だ。

[H]ラジャ・アンパット・ダイブロッジ
Raja Ampat Dive Lodge

[MAP] P.442-A1

マンスアル島にある日本人ダイバーに人気のロッジ。レストランやプールを完備し快適に滞在できる。2ダイブUS$150、スノーケリングUS$123、バードウオッチングUS$55。

左／全20室は木のぬくもりが感じられるインテリア　右／緑いっぱいのマンスアル島でのんびりステイ

住所 Mansuar Island, Raja Ampat　TEL (0361)842-7072(予約オフィス)　WA 0813-2603-4826　URL www.rajaampat-divelodge.com　料金 デラックスルームⓈ US$220～、Ⓓ US$335～(朝食、ランチ、ディナー込み)　カード [A][M][V]　送迎 ソロンの空港からボートで約2時間。月・金曜イン＆月・金曜アウトの1週間ステイは送迎代が無料となる

パ プ ア
Papua

世界で2番目に大きな島ニューギニアの西半分、インドネシアの東端に位置するパプア。標高5050mもあるインドネシアの最高峰ジャヤ峰などがそびえ、その頂は1年中氷河に覆われている。そんな山あいの秘境の地、バリエム渓谷に住む人々が現代社会と接触したのは1938年のこと。今も裸族は昔からの石器時代的な風習を維持して暮らしている。トレッキングでそんな村々を訪れる経験は、まるでタイムトリップをしているかのようだ。

パプア基本データ

地理 & 人口▶世界で2番目に大きなニューギニア島（77万km²）にあるインドネシア東端の州（旧称イリアン・ジャヤ）で、人口は約290万人。島の西半分の広大な地域（42万km²）を占め、東経141度上に引かれた国境を挟んで、島の東半分はパプア・ニューギニアとなっている。

島の中央にはマウケイ山脈などが東西に走り、標高4000m以上は氷河に覆われている。最高峰のプンチャッ・ジャヤ山 Puncak Jaya は標高5050m。稲作の行われない根菜農耕圏で、州都ジャヤプラをはじめ、町や村は島の北側に多く、南側には湿原が広がり、その中央部には世界自然遺産にも登録されたロレンツ国立公園 T.N.Lorentz もある。北西部のチャンドラワシ半島は、鳥の頭のような形をしているので「鳥頭 Bird's Head」半島と呼ばれている。高山以外は75%がジャングルに覆われているということもあるが、パプア・ニューギニア側と比べても開発は遅れている。しかし、天然ガスや原油、銅、金などの地下資源や森林資源は豊富で、1970年代後半から政府も開発に取り組み始めた。1990年代後半には鳥頭半島の南部で巨大な天然ガスの埋蔵が確認され、2009年からは本格的に操業が始まっている。

バリ島とは1時間、ジャカルタとは2時間の時差がある。

民族 & 宗教▶住民構成は複雑で、ペニスケースや腰ミノだけを身につけるダニ人やラニ人を含む、肌の黒いパプア系の人種が多い。地域によって言語も異なり、多くの集団に細かく分かれている。ジャングルに住む先住民は、今も杭上家屋などに暮らし、狩猟やタロイモ、サツマイモなどを原始的農法で作り、ほとんど自給自足の生活をしている。海岸部では焼き畑や漁業、あるいは外来文化の影響を受けて暮らす人々も多い。

一方、都市部のジャヤプラではジャワ人、ワメナではスラウェシ出身のトラジャ人やブギス人など、インドネシアのほかの民族の移住者が多くなっている。先住民にもキリスト教が浸透しており、山間部の村々にも教会が建っているが、島内の各エリアには独自の自然崇拝も色濃く残っている。

パプア
Papua

442

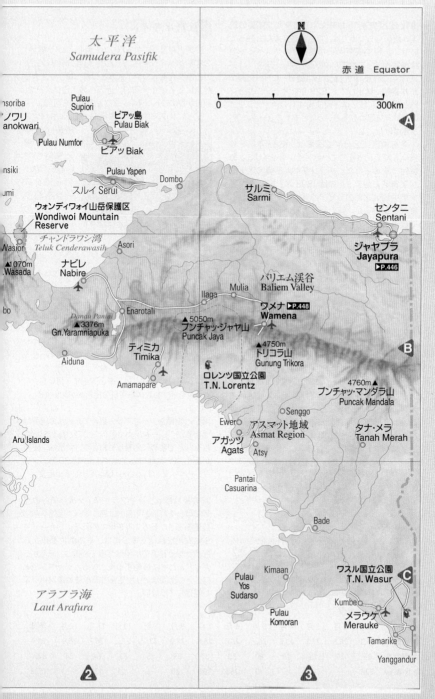

太平洋
Samudera Pasifik

N

赤道 Equator

0　　　　　　　　　　300km

A

Pulau
Supiori

ビアッ島
Pulau Biak

Pulau Numfor

ビアッ Biak

nsoriba
anokwari

ノワリ

nsiki

umi

Pulau Yapen

Dombo

スルイ Serui

サルミ
Sarmi

センタニ
Sentani

ウォンディワォイ山岳保護区
Wondiwoi Mountain
Reserve

ジャヤプラ
Jayapura
▶P.446

チャンドラワシ湾
Teluk Cenderawasih

Nasior

Asori

▲1070m
.Wasada

ナビレ
Nabire

Mulia

バリエム渓谷
Baliem Valley

Ilaga

ワメナ ▶P.448
Wamena

B

Danau Pantai

Enarotali

▲5050m
プンチャッ・ジャヤ山
Puncak Jaya

▲3376m
Gn.Yaramniapuka

ティミカ
Timika

▲4750m
トリコラ山
Gunung Trikora

Aiduna

4760m▲
プンチャッ・マンダラ山
Puncak Mandala

Amamapare

ロレンツ国立公園
T.N. Lorentz

Senggo

Ewer

アスマット地域
Asmat Region

タナ・メラ
Tanah Merah

Aru Islands

アガッツ
Agats

Atsy

Pantai
Casuarina

Bade

Kimaan

ワスル国立公園
T.N. Wasur

C

Pulau
Yos
Sudarso

Kumbe

アラフラ海
Laut Arafura

Pulau
Komoran

メラウケ
Merauke

Tamarike

Yanggandur

2

3

443

文化 & 歴史▶ 15世紀になってマルク諸島の王国と親交をもつまでは、ほとんど文献にも残っていない。16世紀初めにポルトガルやスペインの探検家がやってきて、この島をマレー語で「パプア」と名づける。17世紀からは西ヨーロッパの国々が本格的に進出して、1828年にオランダの領有地となった。彼らは、原住民の肌の色がアフリカのギニアを思わせるということで「ニューギニア」と名づけた。

島を東西に2分する国境は、1885年にその東側を南北に支配していたドイツやイギリスとの協定で決められた。オランダによる植民地支配が実質的に始まったのは1898年。第2次世界大戦中には北部の島ビアッ周辺の海岸部を日本軍が占領するが、連合軍との戦いや飢餓、病気で数千人の死者を出した。

戦後、インドネシア独立後もオランダ領として残るが、1961年の海戦やその後の国連の調停の末、1969年正式にインドネシア領となった。しかし、パプア系住民による独立自治を求める運動も始まり、スハルト政権によるジャワ島などからの移住同化政策が進むなか、独立パプア運動OPMのもとで闘争は続き、インドネシア国軍とたびたび衝突した。

1999年末には当時のワヒド大統領が、インドネシア政府が押しつけた「イリアン・ジャヤ」の州名を「パプア」に変えると発表。しかし2001年11月には独立運動指導者であるテイス・エルアイ「パプア評議会」議長が誘拐・殺害される事件が発生。政府により設置された国家調査委員会は、陸軍特殊部隊が事件に関与した疑いが強いとの調査報告を提出した。2002年に州名は正式にパプアに変更。2003年に州西部を西イリアン・ジャヤ州として分割（2007年には西パプア州へ改名）された。

両手の指がないダニ族の女性。身内に死者が出ると追悼の意を込めて石斧で切り落としてしまう風習が今も残っている

ハイライト

ワメナ周辺に広がるバリエム渓谷（ワメナ盆地）の探訪がハイライト。パプアまたはメラネシア系の伝統文化をもつダニ人などの村へは、ワメナを起点にするのが一般的。近郊への1日ツアーや、数日かけてのトレッキングなどの手配も可能。

ダイビングではビアッ島 Pulau Biak やバンダ諸島が近年になって脚光を浴びているが、パッケージツアーや手配旅行で行くのが一般的。

トレッキングでワメナ周辺を訪ね、昔ながらの文化に触れてみたい

旅のヒント

入域許可証の取得▶ワメナ周辺など内陸部を訪問するには「入域許可証 Surat Jalan」をジャヤプラやワメナなどの警察（→ P.446、P.448）で取る必要がある。入手したら多めにコピーして、所定の警察や軍の事務所で渡す。現地事情は流動的なので、事前に旅行会社などで最新情報の確認を（2014～2017年まで入域許可証が不要な期間もあった）。ジャヤプラ、ビアッ、ソロンなど北岸の開けた地域では許可証は必要ない。※ 2024年1月現在、ワメナ中心部でも入域許可証の所持が求められる。

両替と物価▶ジャヤプラの銀行で米ドルの両替はできるが、レートが少し悪いのでバリ島やジャカルタなどで多めに用意しておこう。物価は、安宿が都市部や奥地の観光地で1泊Rp.30万～、タクシーやベモの料金もバリ島より少し安い程度。

旅の難易度▶ジャヤプラやワメナ周辺のみの旅行では、それほど不自由は感じない。近郊への舗装道もあり、見どころを車で回れる。しかし、さらに奥地を目指す場合には、基本的に都市から起点となる村まで小型飛行機で移動し、そこからガイドとともに移動する旅となる。ジャヤプラとワメナの区間など、主要都市間を結ぶ道路はいまだ開通していない。

ビアッの年間気候表

月別	1月	2月	3月	4月	5月	6月	7月	8月	9月	10月	11月	12月	年間
平均気温（℃）	26.3	26.8	27.8	27.6	26.2	26.6	26.6	27.0	27.1	27.2	26.7	26.9	26.9
相対湿度（%）	85	79	78	79	80	80	87	85	85	83	84	84	82.4
降水量（㎜）	228	—	—	—	70	253	396	230	—	221	130	—	1528

おみやげ▶コテカ（ペニスケース）をはじめとする原住民の装身具や、貝や骨などを使った装飾品などが売られている。また、パプア各地では木彫りも盛んで、マニアには非常に人気が高い。大きな作品は値も張るが、独創的で芸術性も高い。

ユニークなみやげが
市場に並ぶ

安全情報

　旅行者がトラブルに遭うケースはほとんどないが、泊まりがけのトレッキングに出かけるときなどには、身元のきちんとしたガイドを選ぶこと。パプア州などではインドネシアからの分離独立を求める声が強く「独立パプア運動（OPM）」の強硬派と治安当局との衝突が発生している。州都ジャヤプラやバリエム渓谷の中心地ワメナも独立運動が盛んなので、旅行前に最新情報をチェックしよう。

人種差別問題のデモに注意

　2019年8月以降、パプア各地で断続的にデモが行われている。2019年9月にはワメナでデモ隊と治安部隊が衝突し約30人が死亡。暴動の発端がインターネットによる差別的な発言の流布（発言の真偽は不明）だったので、インドネシア政府は扇動目的の情報拡散を防止するために通信を制限した。その後も山岳パプア州や中部

パプア州で同様の状況が発生する可能性があるので注意が必要だ。

気候とシーズナリティ

　ジャヤプラなどの海岸低地は高温多湿の熱帯雨林気候。逆にワメナなどの山間部は高度も高く、夜は冷え込む。泊まりがけのトレッキングには、寝袋か毛布を用意したい。
　南東貿易風の影響で比較的乾燥する5〜9月が観光には適し、7〜8月は特に混み合う。

島内の交通

飛行機▶ジャヤプラ〜ワメナ間には定期便が運航しているほか、空港での交渉しだいで軍用機に同乗することもできる。この区間は慢性的に混んでいるので、信頼できる旅行会社をとおして早めに予約を入れておこう。また、ワメナなどを起点にして、内陸部各地の村へも小型機が運航している（ジャヤプラ〜ワメナ間以外の小村への飛行機は、たびたび墜落事故が起きているので利用はすすめられない）。

船舶▶ペルニ社の定期船などが、ジャヤプラ〜ビアク間などの路線を結んでいる。

パプアへのアクセス

空路▶ジャカルタやマカッサルからガルーダ航空、ライオン航空、バティック航空などが毎日運航している。デンパサールからは、マカッサル経由や乗り換え便が利用できる。

Column
裸族の祭典バリエム渓谷フェスティバル

　毎年8月上旬からワメナや周辺の村で開催されるバリエム渓谷フェスティバル。さまざまな部族のセレモニーがイベント形式で見学でき、1年で最も多くの旅行者が集まる。
　フェスティバルの主会場となるのは緑が生い茂る広大な広場。普段は洋服を着用しつつあるダニ人も、かつての戦闘（モック）の再現パフォーマンスを披露する。襲われた村人がオーバーにのたうち回る姿や性行為を模した伝統ダンスなどに客席が沸き上がる。1970年頃までは氏族間で実際に戦い、首を狩り、人肉を喰らったという歴史を思えば、彼らが一堂に会して盛り上がる姿はほぼ笑ましく感動的でさえある。
　ワッ、ワッと奇声を上げるダニの男たちは、体や顔をペイントし、カラフルな極楽鳥やカソワリの羽、動物の毛皮からなるかぶり物や髪飾

り（スアレ）、腕飾り（ミカッ）、貝殻の首飾り、猪の牙から作った鼻飾りなどで自らを飾り立てている。それ以外の着用品は瓜の一種から作られたペニスケース（インドネシア語でコテカ、ダニ語でホリム）のみ。女たちも歌いながら腰ミノ（サリー）だけの姿で走り回っている。バリエム渓谷フェスティバルは、80年前に探検家に発見された頃に戻る「石器時代の時代祭り」だ。

長槍や弓を手に進む戦闘の儀礼。フェスティバルではさまざまなパフォーマンスが見学できる

エキゾチックな文化への入口となるパプア州の州都

ジャヤプラ

Jayapura

ジャヤプラ ★

人口	39万人
高度	10m未満
市外局番	0967
空港コード	DJJ

ジャヤプラはパプア州の州都で、政治・経済の中心地である。人口は39万人ほどだが政府の同化政策による他島からの移住者が多く、町並みもインドネシアの一地方都市といった風情で、あまり特色はない。旅行者にはワメナなどバリエム渓谷へのゲートウエイとなっている。

センタニ湖周辺には昔ながらの生活風景が残っている

ジャヤプラへの飛行機

◆ジャカルタから
ガルーダ航空やバティック航空などが1日5〜6便(所要5〜7時間、Rp.367万〜Rp.574万)
◆マカッサルから
ライオン航空やバティック航空などが1日計3〜4便(所要3.5〜5時間、Rp.257万〜Rp.345万)
◆ワメナから
トリガナ航空とウイングス航空が1日計3〜4便(所要40〜60分、Rp.96万〜117万)

アクセス

飛行機▶ジャカルタやマカッサルからガルーダ航空、ライオン航空、バティック航空が運航している。ジャヤプラ〜ワメナ間はウイングス航空やトリガナ航空が運航している。

空港から市内へ

ジャヤプラのセンタニ空港から市内へはタクシーで1時間、Rp.30万〜(空港ロビーの外でドライバーと直接交渉すればRp.20万程度まで交渉できる)。ミニバスで市内へ行く場合は乗り換えが2回必要となる(所要2時間)。

両替事情
センタニで外貨両替はできないが、空港や町なかにATMがある。米ドル現金はジャヤプラ市内の **B** Mandiri(US$100の新札のみ)と **B** BII で両替可能。

歩き方

旅行者が降り立つセンタニ空港はジャヤプラ市内の36km西にある。乗り継ぎのみなら空港周辺のホテルに泊まればいい。ジャヤプラ市内に見どころはないので、時間が余れば空

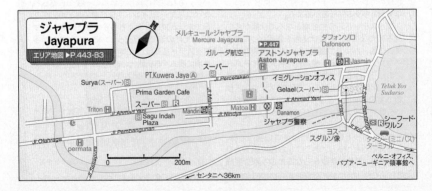

ジャヤプラ
Jayapura
エリア地図 ▶P.443-B3

メルキュール・ジャヤプラ
Mercure Jayapura
ダフォンソロ
Dafonsoro
▶P.447
アストン・ジャヤプラ
Aston Jayapura
ガルーダ航空
スーパー
PT.Kuwera Jaya Ⓐ
Jl.Percetakan
イミグレーションオフィス
Teluk Yos
Sudarso
Surya(スーパー)Ⓢ
Jl.Mataram
Prima Garden Cafe
スーパーⓈ
Gelael(スーパー)Ⓢ
Triton Jl.Ahmad Yani
Mandiri Jl.Nindya
Matoa Ⓗ
Jl.Ahmad Yani
Danamon
Sagu Indah Plaza
ジャヤプラ警察
Jl.Pembangunan
ヨス・スダルソ像
シーフード・ワルン
Ⓗ permata
Jl.Otahraga
Jl.Sumatera
200m
ベルニ・オフィス、
パプア・ニューギニア領事館へ
タクシー(ミニバス)
ターミナル
0
センタニへ36km

ハミダシ ワメナなどの入域許可証は、ジャヤプラ警察(MAP P.446 住所 Jl. Ahmad Yani No.11 TEL 0967-534-161 WA 0812-4800-3572)でも所要30分、手数料Rp.1万で取得可。受付は月〜金8:00〜15:00。

港の南側に広がっている**センタニ湖** Danau Sentani を訪れてみるといい。湖畔や島には水上家屋が建ち、パプアの原住民であるセンタニ人の暮らしぶりが垣間見える。

センタニ湖に浮かぶアセイ島は
樹皮に描かれた絵画で知られる

ホテル　Hotel

ジャヤプラ中心部には高級〜安ホテルが 30 軒ほどあるが、他島からのビジネスマンで常に満室になることもある。ワメナへ乗り継ぐ旅行者は、手頃なホテルが多いセンタニ空港周辺に宿泊するといいだろう。

ジャヤプラ市内の 1 級ホテル
アストン・ジャヤプラ
Aston Jayapura　**MAP P.446**

住所 Jl. Percetakan Negara No.50 - 58
TEL (0967)537-700　WA 0811-488-566
URL www.astonhotelsinternational.com
税&サ 込み　カード MV　Wi-Fi OK
料金 AC Mini TV スーペリアⓈⒹ Rp.67 万〜
　　 AC Mini TV スタジオⓈⒹ Rp.77 万〜

ジャヤプラ中心部の観光にもビジネスにも便利な立地。ボトムカテゴリのスーペリア (23 ㎡) でもアメニティや電気ポットが用意され、周辺には食堂も並んでいる。

POOL レストラン 朝食

モダンなベッドルーム

センタニ空港に近い立地
ラトナ・マヌンガル
Ratna Manunggal　**MAP P.447**

住所 Jl. Penerangan No.2, Sentani
TEL (0967)592-277　WA 0821-9630-8668
税&サ 込み　カード 不可　Wi-Fi OK
料金 AC Mini TV Ⓢ Rp.30 万〜、Ⓓ Rp.36 万〜

空港の約 500m 北側にあり、トランジットに便利な全 25 室のホテル。

POOL レストラン 朝食

青い外観が目印

トランジット利用におすすめ
ホライゾン・エクスプレス・センタニ
Horison Express Sentani　**MAP P.447**

住所 Jl. Raya Kemiri No.79　TEL (0967)519-8888
URL myhorison.com 税&サ 込み　カード MV Wi-Fi OK
料金 AC Mini TV スーペリアⒹ Rp.50 万〜
　　 AC Mini TV デラックスⒹ Rp.80 万〜

空港から 1km ほど北にある全 72 室のビジネスホテル。飛行機の遅延も考慮してフロントデスクは 24 時間対応。空港への無料シャトルサービスもある。

POOL レストラン 朝食
予定外の滞在にもおすすめ

ホライゾン・エクスプレス・センタニ
Horison Express Sentani
センタニ空港周辺
Sentani

P.447
P.447

ハミダシ パプア人に対する差別問題に対して不満が爆発し、2019 年夏からパプア州各地で抗議デモや暴動が起きている。州都ジャヤプラでもデモ隊と治安部隊の衝突が起きているので注意が必要。

秘境が点在するするバリエム渓谷の中心地

ワメナ

Wamena

ジャヤプラ●
ワメナ ★

人 口	3万人
高 度	1554m
市外局番	0969
空港コード	WMX

イベント情報
● 8月上旬〜中旬
　例年8月にワメナを中心にバリエム渓谷エリアの村で、**バリエム渓谷フェスティバル**Baliem Valley Festival というお祭りが開かれる(→ P.445)。戦闘の儀式や伝統舞踊などイベントが多い。日程や会場は2ヵ月ほど前に決まるが変更も多い。

入域許可証の取得
　ワメナ周辺の村を訪問する場合、入域許可証 Surat Jalan を取得すること。パスポートサイズの写真2枚とパスポート(顔写真のページと入国スタンプのあるページ)のコピーと申請書が必要。

ワメナ警察　**MAP** P.449
TEL (0969)31-072
　入域許可証の受付は、月〜金 9:00 〜 12:00、13:00 〜 15:00。所要30分、手数料なしで取得できる。

観光客のリクエストに応じてミイラを見せてくれるジウィカ村

　奥深いジャングルと万年雪を頂く5000m級の山々に囲まれたワメナ盆地(バリエム渓谷)の人々の存在は、その自然条件の厳しさが、他民族の侵入をかたくなに拒み続け、1938年に初めてアメリカ人の探検家アーチボルトが飛行機で発見するまで、外部には知られていなかったインドネシアの秘境だ。

　最近ではスラウェシ島やジャワ島からの入植者によって近代化が図られ、もともとの住人ダニ人、ヤリ人、ラニ人の生活にも徐々に文明の波が押し寄せている。それでも彼らのなかに、昔ながらの石器時代的な生活習慣が占める部分は大きい。コテカと呼ばれるペニスケースを唯一の服装とする男性と、草で編んだ腰ミノ姿の女性の横を、ジープやバイクが走り抜けていくといった「原始」と「近代」が交錯する奇妙で幻想的な場面。バリエム渓谷の奥地へ入っていくと、「人間の始まり」や「太古からの生活風景」などをイメージさせるような場面に出合うはず。ここでは、生活のリズム＝大自然のリズムといった風情だ。

---

for your Safety

ワメナの治安状況に注意

　2023年1月現在、日本の外務省ではワメナがある山岳パプア州や中部パプア州への「不要不急の渡航を止めるよう」に注意勧告している(危険レベル2)。これらの地域では2019年からパプア分離独立運動グループ(OPM)の活動が活発化。組織内の武装勢力(TPNPB)が治安当局を襲撃する事件も散発的に発生し、不安定な治安状況が続いている。

　2023年2月には武装勢力が山岳パプア州でニュージーランド人を拉致する事件も発生しており、旅行者がトラブルに巻き込まれる可能性も否めない。インドネシア政府がしっかり治安を管理できない状況になりつつあり、旅行手配を現在休止している現地のツアー会社も多くなっている。ジャヤプラなど都市部ではあまり危険はないが、中部や山岳への旅行は最新状況の確認を!

　ハミダシ　トリガナ航空の予約は、いつの間にか消えていることも多く、こまめな確認が必要。フライトキャンセルの繰り越しに加え、要人やスタッフの知り合いが優先されるといううわさもある。

アクセス

飛行機▶ジャヤプラからはトリガナ航空やウイングス航空が運航している。出発時間は 8:25 発〜 15:10 発。7 〜 8 月の旅行シーズンには予約が混み合うので注意。予約で満席のことや気象条件によってキャンセルされることが多いので、余裕をもった日程を組むこと。

歩き方

バリエム渓谷を訪ねる際のアクセスポイントとなるワメナ。町自体は小さいが、ジャラン・トゥリコラ Jl. Trikora やジャラン・イリアン Jl. Irian 沿いにホテル、銀行、商店、食堂、屋台などが並んでいる。

半裸の人々が往来する町と聞くと、とんでもなく不便な所と思われがちだが、食事や買い物などは普通にできる。贅沢を求めなければ特に不都合はない。しかし、高地にあるため朝夕はかなり冷え込むので、セーターかトレーナーなどを準備しておこう。

▶交通案内

町なかの移動には、ベチャ（輪タク）も利用できる。ジウィカやアキマなどの周辺の村へは、ミニバス（地元ではタクシーやベモと呼ばれる）がパサール・ジバマ・タクシーターミ

ナルから、乗客が集まりしだい出発している。定員分（20 名）の料金を払えば、ミニバスのチャーターも OK。午後 3 時以降や日曜は便数が減る。

周辺へのミニバスが発着するジバマ市場

ワメナへの飛行機

◆ジャヤプラから
トリガナ航空とウイングス航空が 1 日計 3 〜 4 便（所要 40 〜 50 分、Rp.102 万〜 122 万）

トリガナ航空
住所 Jl. Sudarso
TEL (0969)34-590
営業 毎日 8:00 〜 15:00

ライオン航空
住所 空港内
TEL 0811-420-757 携帯
営業 毎日 8:30 〜 14:00

両替事情
ワメナでは外貨の両替不可。ATM であれば B BRI でビザ Plus とマスター cirrus、B Mandiri でビザ Plus のカードを使ったキャッシングは OK。
ワメナ近郊へ車チャーター
1 日 Rp.70 万〜 100 万ほど。ホテルなどで手配を頼める。

太古からの生活が残る周辺の村も巡ってみよう

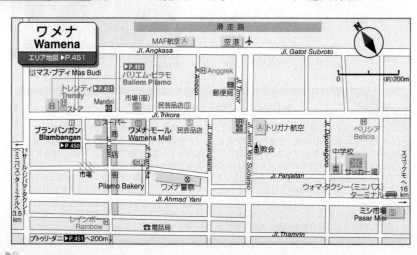

ワメナ
Wamena
エリア地図 ▶P.451

滑走路
MAF航空Ⓐ　空港✈
Jl. Angkasa　　Jl. Gatot Subroto

Ⓡマス・ブディ Mas Budi
トレンディ ▶P.451
Trendy
Mandiri
ブランバンガン
Blambangan ▶P.450

▶P.451
バリエム・ピラモ
Baliem Pilamo
市場(服)
Ⓗ Anggrek
郵便局
民芸品店Ⓢ

Jl. Trikora

Ⓢスーパー
Ⓢ商店
ワメナモール
Wamena Mall
民芸品店Ⓢ

Ⓐトリガナ航空

Ⓗベリシア
Belicia
中学校
サッカー場

市場
Pilamo Bakery
ワメナ警察

教会
Jl. Panjaitan

ウォマ・タクシー（ミニバス）ターミナルへ

Jl. Ahmad Yani

ミシ市場
Pasar Misi

レインボー
Rainbow Ⓗ

☎電話局

ブトゥリ・ダニ ▶P.451 へ200m

Jl. Thamrin

0　　（約）200m

N

投稿　事前予約でワメナのホテルへ電話をしましたが、つながらずに現地で飛び込みとなりました。ホテルの固定電話は誰も出ないことが多く、代用の携帯番号もよく変わるそうです。（おぎー　埼玉県）['24]

塩の池で栄えた伝統的な集落 ★★

ジウィカ
Jiwika
MAP P.451

ワメナ周辺でも、塩は昔から貴重品だった。ジウィカは、塩の交易で早くから栄えた村で、今でも急斜面を約1時間登った山の中腹にある塩の池で作られている。バナナの茎をたたいてほぐし、1日池につけたものを天日で乾かし、燃やした灰から塩を取る。現地の人の話では、精製された白い塩よりも灰の混ざった塩のほうがおいしいとのこと。空路が開けて、白い塩も入るようになっているが、今でも伝統的な塩が好まれている。池の周囲の岩には化石が多い。

また、土色に朽ちた祖先のミイラが公開されているほか、観光用の戦闘の儀式や、豚を生け贄にする儀式を見せてくれる集落がふたつある。

戦闘の儀式などさまざまなパフォーマンスも見学できる

コウモリのすむ大洞窟 ★★

コンティロラ洞窟
Gua Kontilola
MAP P.451

道沿いのゲートから徒歩5分、崖を少し登った所に昼間でも薄暗くひんやりした大洞窟がある。奥からはコウモリの声が不気味にこだまするだけで、真っ暗で何も見えない。奥まで行くには、強力な懐中電灯を用意しておくこと。内部には水が流れていて、洞穴の先は開けている。

鍾乳石の大洞窟

ワメナ近郊へのアクセス

ワメナ近郊にあるジウィカやコンティロラなどを訪れる場合は、徒歩で散策したり、ローカルなミニバスを利用し、旅行者が個人で訪れるのも楽しい。ただし、ワメナ市内を一歩外に出れば英語はほとんど通じないので、固有の文化や生活について説明してくれるガイドがいると、それなりに重宝する。ガイドとともに車もチャーターして、1日でざっと近郊を見て回ることもできる。

ジウィカへのアクセス

ワメナから車で30分。徒歩で約4.5時間。ミニバスでRp.2万5000。

昔ながらの塩作りが行われている

戦闘の儀式

戦闘の儀式はチャーターでRp.60万〜80万。生け贄の子豚はRp.150万〜180万。

村での写真撮影

村人の写真を撮ると Rp.1万ほど請求されることが多い。料金は交渉可能だが、値切ると露骨に嫌がられることもある。

コンティロラへのアクセス

ジウィカから車で10分。徒歩で2時間。
料金 入場料 Rp.2万

ハミダシ R ブランバンガン Blambangan(MAP P.449 TEL 0969-32-170 営業 月〜土 7:00〜21:00)は観光客向けの清潔なレストラン。名物のザリガニ料理を提供している。スタッフは英語 OK。

トレッキング

バリエム渓谷へのトレッキング

バリエム渓谷の奥深くまで訪ねれば、大自然や石器時代のような人々の生活に触れられる。一般的なコースは、ダニ人やラニ人の住む南部のキリセ、北部のウォロやボコンディニ、北西部のカルバガやティオム、西部のアベマ湖などを起点にして、周辺を訪ねるもの。各起点まではミニバスや車のチャーターを利用して時間をセーブしよう。

日程は日帰りから1週間以上まで、コースや体力次第。出発前にガイドと交通手段、見どころ、歩く時間、宿泊設備などについてはよく相談しておこう。

トレッキング中の宿泊施設は、旅行者向けのホナイ（簡素なワラぶきの小屋）も増えているが、奥地では村の教師などの民家に間借りさせてもらう。また、食料も現地調達できるのは蒸しイモぐらいなので、日程分の食料や飲料水などをワメナから運んで行かねばならない。

ガイドやポーターとともに渓谷のトレッキングへ

空港にいるガイドに注意

近年は悪質なガイドにつかまり苦労する旅行者も増えている。ホテルや旅行会社などで身元のしっかりしたガイドを紹介してもらうこと。

トレッキング携帯品

食料や飲料水のほかに、入域許可証、歩きやすい靴、防寒着（トレーナーなど）、毛布（就寝用）、帽子、雨具、懐中電灯、防虫スプレーなどが最低限必要。これらすべては、質を問わなければワメナで入手できるが、快適に歩くためにはトレッキングシューズや寝袋などを事前に用意しておきたい。

トレッキングでの宿泊施設

ホナイや教師の家など、各村落にある宿泊施設には1泊ひとりRp.12万ほど（キリセのみ発電機付きでRp.15万）を謝礼として支払うのが旅行者の慣習。

ワメナの宿泊事情

ワメナ中心部には10軒ほどの宿泊施設がある。近年は政情不安のため旅行者が減少しており、開店休業状態となっているホテルも多い。

Ｈ プトゥリ・ダニ Putri Dani（MAP P.449外 住所 Jl. Irian No.40 TEL 0969-31-223）は空港から1km北西にある全14室のアットホームな宿。海外からのリピーターもいる。客室内でもWi-Fiの利用OK。ホットシャワー付き。Ｓ Ｄ Rp.75万〜。

Ｈ トレンディ Trendy（MAP P.449 住所 Jl. Trikora No.112A WA 0823-9922-0800）は空港から600mほど西にある全21室のホテル。トイレ、水マンディ付きだが、頼めばマンディ（水浴び）用のお湯をバケツで運んできてくれる。Ｓ Rp.30万〜、Ｄ Rp.45万〜。

Ｈ バリエム・ピラモ Baliem Pilamo（MAP P.449 住所 Jl. Trikora No.114 WA 0813-4409-0719）は空港から700mほど西、ジャラン・トゥリコラ沿いにある、ツアー旅行でも利用する全87室のホテル。ホットシャワーやテレビなど設備が整い、客室内でもWi-Fiの利用OK。Ｓ Ｄ Rp.46万〜。

室内設備が充実しているバリエム・ピラモ

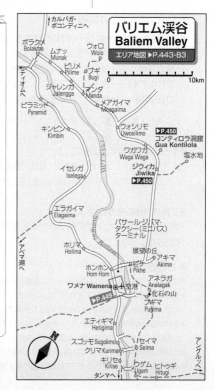

バリエム渓谷
Baliem Valley

エリア地図 ▶P.443-B3

0 10km

カルバガ・ボコンディニへ
ボラクメ Bolakme
ムナツ Munak
ウォロ Wolo
ティオムへ
ピリメ Pilime
ブギ Bugi
ジャレンガ Jalengga
マンダ Manda
ピラミット Pyramid
メアガイマ Meagaima
キンビン Kimbin
ウォシリモ Uwosilimo
▶P.450
コンティロラ洞窟 Gua Kontilola
ワガワガ Waga Waga
ジウィカ Jiwika ▶P.450
塩水地
イセレガ Iselega
エラガイマ Elagaima
バサール・ジバマ・タクシー（ミニバス）ターミナル
アベマ湖へ
ホリマ Holima
展望の丘
アキマ Akima
ピケ Pikhe
ホンホン Hom Hom
アネラガ Analagak
ワメナ Wamena 空港
化石の山
▶P.449
プギマ Pugima
エティギマ Hetigima
スゴッモ Sugokmo
イセイマ Seima
クリマ Kurima
キリセ Kilise
ウゲム Ugem
ヒトゥギ Hitugi
アングルッへ
タンマへ

あなたの**旅の体験談**をお送りください

「地球の歩き方」は、たくさんの旅行者からご協力をいただいて、
改訂版や新刊を制作しています。
あなたの旅の体験や貴重な情報を、これから旅に出る人たちへ分けてあげてください。
なお、お送りいただいたご投稿がガイドブックに掲載された場合は、
初回掲載本を1冊プレゼントします！

ご投稿はインターネットから！

URL www.arukikata.co.jp/guidebook/toukou.html
画像も送れるカンタン「投稿フォーム」
※左記のQRコードをスマートフォンなどで読み取ってアクセス！

または「地球の歩き方　投稿」で検索してもすぐに見つかります

 地球の歩き方　投稿　　　　　　　　 検索

▶投稿にあたってのお願い

★ご投稿は、次のような《テーマ》に分けてお書きください。
　《**新発見**》―――ガイドブック未掲載のレストラン、ホテル、ショップなどの情報
　《**旅の提案**》―――未掲載の町や見どころ、新しいルートや楽しみ方などの情報
　《**アドバイス**》――旅先で工夫したこと、注意したこと、トラブル体験など
　《**訂正・反論**》――掲載されている記事・データの追加修正や更新、異論、反論など

> ※記入例「〇〇編20XX年度版△△ページ掲載の□□ホテルが移転していました……」

★**データはできるだけ正確に。**
　ホテルやレストランなどの情報は、名称、住所、電話番号、アクセスなどを正確にお書きください。
　ウェブサイトのURLや地図などは画像でご投稿いただくのもおすすめです。

★**ご自身の体験をお寄せください。**
　雑誌やインターネット上の情報などの丸写しはせず、実際の体験に基づいた具体的な情報をお
　待ちしています。

▶ご確認ください
※採用されたご投稿は、必ずしも該当タイトルに掲載されるわけではありません。関連他タイトルへの掲載もありえます。
※例えば「新しい市内交通バスが発売されている」など、すでに編集部で取材・調査を終えているものと同内容のご投稿をい
　ただいた場合は、ご投稿を採用したとはみなされず掲載本をプレゼントできないケースがあります。
※当社は個人情報を第三者へ提供いたしません。また、ご記入いただきましたご自身の情報については、ご投稿内容の確認
　や掲載本の送付などの用途以外には使用いたしません。
※ご投稿の採用の可否についてのお問い合わせはご遠慮ください。
※原稿は原文を尊重しますが、スペースなどの関係で編集部でリライトする場合があります。

旅の準備と技術
Travel Preparation & Technique

インドネシア共和国大使館
住所 〒160-0004 東京都新宿区四谷 4-4-1
TEL (03) 3441-4201
URL www.kemlu.go.id/tokyo/ld

インドネシア総領事館
住所 大阪市北区中之島 6-2-40 中之島インテスビル 22F
TEL (06) 6449-9898
URL www.indonesia-osaka.org

インドネシア共和国観光省 ビジットインドネシア ツーリズムオフィス
URL www.visitindonesia.jp
URL www.kemlu.go.id/osaka/id
※ 2023 年 7 月より、問い合わせは E-mail(info@visitindonesia.jp)でのみ対応。

服装の TPO
　南国インドネシアでは気楽な服装で基本 OK。バリ島などのビーチやリゾートホテル内では T シャツ、短パン、サンダルなどの格好でも問題ない。日中は帽子、サングラスを着用しよう（乾季、雨季にかかわらずインドネシアの日差しは思いのほか強い）。しかし、高級ホテル内のレストランでは、襟付きのシャツ、長ズボン、あるいはワンピースかスカート、それに靴を履くくらいの服装が望ましい。
　また、バリヒンドゥーの寺院やイスラム教の礼拝堂では、それぞれの宗教を敬い、現地の人と同様の服装が必要となる。たとえ観光スポットであっても、TPO は考えて行動することだ。

▶インドネシアを深く知るために

インドネシアを旅する前には、やはり現地の最新情報を知っておきたい。旅の情報はスムーズに旅するための実用情報と、その国や地域を理解

お祭りやイベント情報を事前にキャッチして楽しい旅にしたい

し、旅をより充実したものにしてくれる知識情報がある。知識情報はインドネシアに関するさまざまなエッセイや解説書などから得ることができる。そして実用情報は、インドネシアの交流団体に参加したり、インターネットのホームページにアクセスすることによって、最新情報を得ることができる。

▶現地のイベント情報が知りたいときは

　観光国インドネシアでは、毎年日時の確定しているお祭りやパフォーマンス以外にも、特別な催しもよく開かれている。また、バリ島などではヒンドゥーの暦に従ってお祭りの日程が決まるし、断食明けやそのほかインドネシアの祝祭日も、イスラム暦やヒンドゥー暦に従っているので、西暦では毎年月日が移動する。このあたりは出発前にきちんとチェックしておこう。
　バリやインドネシアの芸能に詳しいホームページなどではお祭りや芸能の最新スケジュールもフォローしている。

▶現地での情報収集

　インドネシアを旅行していても、各種情報は入手可能だ。最も一般的な方法は政府観光局や観光案内所を訪ねてみることだ。多くのスタッフは英語を話し、その町や周辺の最新情報や観光マップなどを得られる。
　また、バックパッカーが集う安宿も情報のたまり場。旅行者同士で各地の情報交換をするのは、インドネシアでもおなじみの風景だ。なかには、細かい情報ノートを置いていたり、スタッフが周辺事情に精通している場合もある。

Information
『地球の歩き方』ホームページを活用しよう

　『地球の歩き方』ホームページでは、国別基本情報、海外特派員ブログ、ホテルの予約手配など、便利な情報が満載。「旅の Q&A 掲示板」では旅行に関するさまざまな質問に答えてもらえる。ガイドブックの更新情報も掲載されているのでチェックしてみよう！　URL www.arukikata.co.jp

「地球の歩き方」公式 LINE スタンプが登場！
　旅先で出合うあれこれがスタンプに。旅好き同士のコミュニケーションにおすすめ。LINE STORE で「地球の歩き方」と検索！

 ハミダシ　日本人に向けて発行される『じゃかるた新聞』（URL www.jakartashimbun.com）や、ソーシャルメディア『Plus62』（URL www.plus62.co.id）には、旅行関連の記事もあり参考になる。

旅のプランニング

旅のシーズナリティ

東西5100km、南北1900kmに散らばった国土は、熱帯雨林気候とサバンナ気候に属する。大部分が湿度が高く1年中暑い。

季節は雨季と乾季に分かれているが、その変わり目は、はっきりとしていない。しかし、おおむね10～3月頃が雨季に当たり、4～9月頃が乾季となっている。インドネシア全体の旅行ベストシーズンは、一般的には4～9月頃の乾季とされている。この時期は天候が安定していて、湿度もあまり高くならず過ごしやすい。さらに海の透明度も高く、ダイビングにも最適だ。

雨が多くて湿度が高くなる雨季も、旅行事情が極端に悪くなることはない。スコールがやってきて、大量の雨を降らせて通り過ぎ、あっという間に晴れ間がのぞく。日本の梅雨のようにシトシト1日ずっと雨が降るようなことはあまりない。年末を除いて航空券代やホテル代も割安で、熱帯の果物もおいしいシーズンだ。

旅のヒント

▶文化の息づく地方が楽しい

インドネシア旅行では、多様な文化や雄大な自然と触れ合うのが最大の魅力。だから、文化の生きている様子が見られ、自然の豊かな地方のほうが、旅をしていて楽しい。人々ものんびりしていて親切、安全。物価も安い。大都市は、ビジネス中心に動いていて、さほどおもしろくはない。また、地方からお金をつくる夢をもってやってきたものの、職が得られず悪いことをせざるを得ない人が大勢いて、危険度は地方に比べて格段に高い。基本的に都市は、地方へ向かうトランジットの場所と考えよう。

▶スケジュールは余裕をもって

インドネシアでは、スケジュールはあまり当てにならない。特に船は2～3日遅れても当たり前。バスも安全に着けば誰も文句は言わない。飛行機でもガルーダ・インドネシア航空以外の会社の便は、当日キャンセルなども少なくない。

時間が十分にあることで、普段気がつかないような新たな発見が生まれるし、熱帯で無理な日程で動き回ると体調を悪くしたりもする。元気に楽しく旅するには、のんびり日程がおすすめだ。

▶自分の旅スタイルにとことんこだわる

旅のスタイルは人それぞれ。乗り物、ホテル、レストランなど、自分の嗜好や予算に合ったものを選ぼう。そして、自分のこだわりには時間とお金をあまり惜しまないことも大切だ。たとえかぎ

られた期間でも、「伝統芸能を習いたい」「ダイビング三昧をしたい」「新鮮なシーフードを食べまくりたい」「ひたすらビーチでのんびりしたい」など目的があったら、それを優先して計画を立てよう。

各地のローカルな景色を楽しみたい

乾季には好天が期待できる

旅のベストシーズン

広大で多彩な国土をもっているので、エリアによって旅行シーズンや気候は多少異なる。各目的地のイントロダクションの項も参照。天候の安定する乾季が各種ビーチアクティビティにも最適。雨季はフルーツやシーフードのおいしい時期で、観光地の宿泊料は下がり相対的に旅行経費も安く収まるメリットがある。

注意が必要な祝日

年末年始が旅行者で混み合う事情は世界共通だが、「イドゥル・フィトゥリ」と呼ばれるイスラム教の断食明けの休日は、インドネシア国内の旅行シーズンになっており、その前後約2週間にわたって宿泊施設と交通機関は大混雑が続く。また、ヒンドゥー教のサコ暦新年「ニュピ」当日は、バリ島内では一切の外出が禁止され、飛行機も欠航となるので注意が必要だ。

どちらの祝日も毎年日付が変わるので、事前にチェックしておこう（→ P.10）。

現地情報の入手方法

火山の噴火など緊急時には、SNSで情報収集するのが早くて便利な手段（インドネシアではFacebookやWhatsAppが主流）。現地の日本大使館のサイトのほか、日系ツアー会社でも最新情報を提供するサイトがある。

旅の予算

▶タイプ別旅行予算

インドネシアの旅のスタイルを大きくセレブ派、中流派、エコノミー派の3つの典型的なタイプに分け、それぞれのグレードにおける旅行方法と予算を考えてみよう。

●タイプ1・セレブ派

セレブ派の多くは高級パックツアーの参加者である。ホテルの設備、従業員のマナーやサービスもよく、旅の安全も確保できる。唯一の欠点はちょっとおカネがかかること。自由旅行ならホテル代、食費などで1日4万～5万円くらいは見ておこう。

●タイプ2・中流派

格安パックツアーの参加者などが、このカテゴリに入る。宿泊するのは比較的高めのエコノミーホテルから、安めの中級ホテルといったところ。食事も屋台ではなくレストランで取る。自由旅行なら1日8000～1万5000円の予算が必要。

●タイプ3・エコノミー派

安宿専門に泊まり歩き、屋台のローカルな食事でおなかを満たし、なかなか日本に帰ろうとしない長期滞在型旅行者がこのタイプ。どこまで安く旅ができるかというのも旅の楽しみのひとつにしていたりする。予算は1日3000～5000円くらい。

▶全部でいくら必要か？

上のタイプ1～3の予算の目安のなかに、移動費は入っていない。これは広いインドネシアをどれだけ移動するかでずいぶん変わってくるからだ。移動費については、各交通の項を参照してもらうとして、全体としてはいったいいくら持っていったらいいのか？

タイプ1、2の人は日数×タイプ別予算×1.2＋移動費といったところ。2割の増加分は予備費。ほかに、病気をしたり、自宅へ電話しなければいけなくなったときなどのような、緊急用の費用を持っていったほうがいい。タイプ3の人は日数×タイプ3の予算＋移動費で十分だろう。緊急用の費用が必要になった場合でも、節約すればこの範囲内でまかなえる。

▶バリ滞在で必要な予算

観光地バリはほかの島よりも旅行者物価が高い。外国人旅行者のみが基本的に利用する施設（高級リゾートや高級レストランなど）は日本よりやや安い程度だ。そうはいってもインドネシアの平均的なサラリーマンの大卒初任給は500万～700万ルピア（4万～6万円）くらい。ローカルな交通手段や食堂は、日本の物価の約4分の1。それらを利用すれば、旅の予算は極端に低く抑えられる。

現地で使うお金は人それぞれ。ショッピングや食事代にどのくらいお金を使うか、現地発ツアーやアクティビティなどに参加するかどうかで、大きく異なる。例えば食費の目安だと、ローカルな食堂で1食200～400円、高級ホテルのレストランで1食2000～5000円と、どこを利用するかで大きく異なってしまう。

屋台などで食事を取れば旅費はぐっと抑えられる

持っていくお金

●クレジットカード

中級以上のホテルはもちろん、旅行者向けのレストランやショップでは問題なく使える。安ホテルやローカルな食堂では基本的に利用不可。PlusやCirrusに対応しているカードは、提携銀行ATMでルピアのキャッシングも可能。

なお、インドネシアでの通用度は、ビザとマスターカードが最も高く、そのほかアメリカン・エキスプレス、JCB、ダイナースの順に利用できる場所が限定される傾向にある。

●デビットカード

口座残高分までならば、店頭での支払いやATM引き出しでクレジットカードとほぼ同様に使用可（店頭での支払いは1回払いのみ）。クレジットカードと異なり、ほとんど無審査で発行される。ジャパンネット銀行VISAデビット、イオン銀行デビットカード、りそな銀行VISAデビットなどがある。

●海外専用プリペイドカード

外貨両替の手間や不安を解消してくれる便利なカードのひとつ。各種手数料が別途かかるが、多くの場合で国内の外貨両替よりはレートがいい。アプラス発行の「GAICA ガイカ」やトラベレックスジャパン発行の「Multi Currency Cash Passport マルチカレンシーキャッシュパスポート」などがある。

クレジットカードが利用できなくなったら

近年はセキュリティ規制が強化され、クレジットカード自体に問題がなくても、特定のサイト利用により自動的にロックされたカードが利用できないケースがある。そんな場合はカード会社に問い合わせ、利用日を伝えると、特定日のみ規制を解除や緩和してくれる。

なお、インドネシアの航空会社のホームページでは、インターナショナルカードにはもともと対応していないケースもあるので注意。

 マネーチェンジャーでの両替は11:00～15:00頃がおすすめ（夕方には翌日に備えてレートが下がる）。また金曜夕方から月曜11:00までもレートが悪いので、できれば避けたほうがよい。

インドネシアのATM利用方法

インドネシアではATMの普及が進み、小さな町でも銀行さえあればほとんどATMが設置されている。ATMは銀行以外にも、空港、鉄道駅、バスターミナル、ショッピングセンター、コンビニなどに設置され、ほぼ24時間稼働している。両替所や銀行が閉まっている時間帯でも利用できる。VISA／Plus系や、MASTER／Cirrus系なら、ほとんどのATMで利用可。

クレジットカードによるキャッシング

海外キャッシュサービスの設定があるクレジットカードを持っていれば利用できる。日本出国前に、利用限度額なども確認しておこう。操作画面や手順は **ATM機によって異なる**が、一般的な引き出し方法を紹介する。

日本で口座から引き落とされるのは、おおむね1～2ヵ月後。カード会社が決めたその日のレートに、規定の上乗せ分が加えられ、さらに利息(締め日までの日数により異なる)がかかる。ただしカード会社に支払い金額を確認し、早くそれを指定口座に振り込めば、余分な金利を払わなくて済む。

1 クレジットカードをATMに挿入。最初に言語選択画面が出るので、英語かインドネシア語を選択。ATMによっては言語選択画面が先に出て、英語を選ぶと「**INSERT YOUR CARD(カード挿入)**」と表示が出るものもある。説明内容を確認したら、「**PROCEED(進む)**」ボタンを押す。

2 「**ENTER YOUR PIN(暗証番号入力)**」の表示が出たら、4桁のPINコード(暗証番号)を入力し、「**ENTER(入力)**」または「**OK**」ボタンを押す。ATMによっては、暗証番号入力後に❸の手順を省き、そのまま❹の引き出し金額を指定できるものもある。

3 取引選択画面となる。お金を引き出すには「**WITHDRAWAL(引き出し)**」、または「**CASH ADVANCE(キャッシング)**」を選択。その後「**CREDIT(クレジット)**」や「**CHECKING(当座口座)**」の選択画面が出る。クレジットカード利用なら「**CREDIT**」を選択する。
※「**FAST CASH**」の選択画面は小額の引き出しに対応する

4 引き出し金額を入力する。「Rp.50万」「Rp.100万」など、固定金額が表示されるので、そこから選択。「**OTHER AMOUNT**」を押して、自分で引き出したい金額をテンキー入力できるATMもある。
※1回の引き出し限度額はRp.250万までのところが多い

5 ATMによっては、このあと引き出し金額の確認を求めてくる。金額が正しければ**「CORRECT(またはTRUE)」**、間違っていれば**「INCORRECT(またはFALSE)」**を選択し、金額入力画面に戻る。もしも途中で操作がうまくいかなくなっても、テンキー脇にある「**CANCEL(キャンセル)**」を押せば操作は中止され、カードも出てくるので、慌てないこと。

6 ルピアの現金が出てきて、そのまま操作が終了。さらに「**ANOTHER TRANSACTION?(引き続き操作を続けますか?)**」と聞いてくる場合は、「**NO(またはCLEAR)**」を選択して操作を終了するか、「**YES(またはENTER)**」を選択して、操作を続ける。カードと明細の取り忘れに注意。

デビットカード、海外専用プリペイドカード

ATMの利用方法は、クレジットカードと基本的に同じ(引き出し口座の指定では「**SAVING**」を選択)。自分の口座から利用金額を引き落とすので利息はかからない(口座からの引き落としとは、通常ATM利用から数日以内)。ただし、1回の利用につき所定の手数料がかかるほか、規定の利息を上乗せしたレートが適用される。

ハミダシ｜ATMに貼ってあるRp.5万やRp.10万というシールは、支払い口から出てくるお札の金額を表している。Rp.5万札のほうが町なかでは使いやすいが、かさばる。

クレジットカードの現地事情

インドネシアの都市部や観光地ではクレジットカードの流通度は高い。中級以上のホテルや、旅行者が利用するレストランでは問題なく利用できるケースが多い。

ATMも空港や銀行に設置されているのでキャッシングも簡単。近年はショッピングセンターやコンビニでもATMの設置が増えてきている。デビットカードや海外専用プリペイドカードでも提携のATMであれば、同様に利用可能。

クレジットカードを要確認!

年会費無料のクレジットカードの特典や規約が近年変わりつつあり、以前は付いていた海外旅行保険がなくなったり、キャッシングに手数料がかかるようになってきている。また、旅行保険が付く場合でも、その付帯条件をよく確認しておこう。

ATMの手数料は何がお得?

クレジットカード、デビットカード、海外専用プリペイドカードなどでATMを利用した場合、金利や手数料は会社ごとに異なる。基本的にクレジットカードでのキャッシングがレート的に得するケースが多いが、引き出し方法によってもコストは異なる(利用するカードにより1万円の両替で数百円程度の差額が出る場合もある)。「海外キャッシングの比較サイト」などを参考にして、自分に合うカードを見つけよう(日本国内でのATM利用の不可や、不正使用された場合の補償も要チェック)。

✉ マグボトルが便利!

旅行中に200〜350mℓサイズのマグボトルがあるととても快適です。保冷用ペットボトルホルダーよりも保温・保冷時間が長く、私は2本に温かいコーヒーと冷たい飲み物を入れて持ち歩いていました。コンビニは増えていますが、長時間の移動に重宝するのでオススメです。
(クリリン 神奈川県)[24]

南国でも高原地帯は肌寒い

両替はATM利用が便利!

ATMの普及により、クレジットカードやデビットカードを使ったルピア現金の引き出しが、両替方法として一般的になりつつある。特にバリ島やジャワ島以外の地方都市では、現金の両替よりもカード利用のほうがレート的に得するケースが多い。ただしスキミング被害(→ P.500)も発生しているので、ATMを利用する場所や時間帯には注意すること(銀行の店舗内型ATMを日中に利用するのがおすすめ)。

▶持って行くのは日本円でOK!

日本円や米ドルの現金は、マネーチェンジャーや銀行で簡単に両替できる。カード利用をメインとする人も、カード紛失などに備えて現金を持っていこう(地方では村で1台のATMが故障中というケースもある)。ジャワ島やバリ島の観光エリアを旅行するなら、日本円をそのまま持っていけばOK。日本円からルピアに換金するだけなら、為替差損も1回で済む(米ドルだと、日本円→米ドル→ルピアと2回の為替差損が生じる)。多めに持っていく分の予備費も、同様の理由で日本円がおすすめだ。

▶銀行での両替にメリットはある?

地方都市では外貨両替に対応する銀行が少ないので、現金両替はマネーチェンジャーが基本となる。ジャカルタやバリ島なら両替できる銀行も多いが、平日9〜15時の営業が一般的なので両替商よりも使い勝手が悪い(レートも優良マネーチェンジャーに比べて2%ほど下がる)。ただしセキュリティ万全の店内で銀行員が対応するので安全性が高いのはメリットだ。

▶現地空港の両替はレートが低い

バリ島やジャカルタの空港内にある銀行系のマネーチェンジャーは、市内にあるベストレートで換金できる両替商と比較すると5〜10%ほどレートが低い。そのため到着時には当日必要な額のみ両替するか、空港内のATMでキャッシングするのがおすすめだ(ATM換金はVISAなどの国際ブランドが基準レートを設定している)。地方都市の空港では、市内とほぼ同じか1〜2%低いレートで両替できる銀行や両替商もある。

旅の荷物

▶荷物は軽くが基本

重い荷物を引きずって旅をしていると、動きはどうしても鈍くなり、悪い人のターゲットになりやすい。そして、暑いインドネシアでは暑さによる体力の消耗も想像以上だ。

インドネシアでは、歯ブラシ、タオル、シャンプー、リンス、下着、服など、生活するのに必要なものはすべて売られ、かつ日本よりも値段が安い。自然素材を使った日用品やエスニックっぽい衣服も多いので、荷物を少なくして、現地調達するのもいい。

▶防寒具

赤道直下のインドネシアでは暑いところも多いが、高地やエアコン付きバスではかなり冷えることもある。いろいろな場所を訪問予定ならトレーナーなどを用意していこう。現地でサロンなどの布地を買っておくと防寒着、シーツ、おみやげと大活躍する。

ハミダシ 各社クレジットカードは条件や設定もさまざま。初期設定で海外キャッシング分が2万円程度の低額リボ払いになっているカードを使用すると、高い金利を取られることになるので注意。

旅の荷造りチェックリスト

	品　目	現地入手可	必要度	持ち物チェック	コメント
必須アイテム	パスポート	×	◎		コピーも取っておくといい
	クレジットカード	×	◎		ATM で現地通貨の引き出しができる
	デビットカード	×	○		クレジットカードの予備として重宝する
	海外専用プリペイドカード	×	○		事前の手続きも簡単
	日本円キャッシュ	×	◎		日本での交通費＋現地での両替用
	米ドルキャッシュ	×	○		小額紙幣で US$100 程度あると便利
	航空券（e チケット控え）	○	◎		念のためコピーを取っておく
	ホテルの予約確認書（入国時に提示）	△	◎		プリントと画像で二重に保存しておこう
	海外旅行保険証	×	◎		サービスセンターの連絡先をメモ
	国際学生証	×	○		入場料などが割引される場合がある
	顔写真（縦 45mm ×横 35mm）	○	○		パスポート紛失時には 2 枚必要
	国際運転免許証	×	△		旅行者の運転は原則不可
生活用品	シャンプー	○	○		現地で好みのブランドがあるかどうか……
	石鹸	○	△		バリではナチュラル石鹸も売られている
	タオル	○	○		1～2 枚でOK。乾季ならばすぐに乾く
	化粧品	○	○		必要な人は最低限のものだけ持っていこう
	ひげ剃り	○	△		ひげを伸ばすのもいいが使い捨て型をひとつ
	常備薬	○	◎		消毒液やかゆみ止めが重宝する
	生理用品	○	◎		日本製品も入手できるが持っていくと無難
	日焼け止め	○	◎		南国の日差しは厳しい
	虫よけスプレー (Insect Repellent)	○	◎		安宿に泊まると部屋でも必要になる
	ウエットティッシュ	○	○		ポケットタイプのものが汗拭きに便利
	制汗デオドラント	○	○		無香料や微香性のものは日本で用意
	サングラス	○	○		現地の日差しは強いのでビーチで必要
衣服	T シャツ	○	◎		半袖 3～4 枚。高地に行く人は長袖も 1 枚
	スカート／ズボン	○	◎		コットンパンツなど乾きやすいものを
	下着／靴下	○	◎		洗濯派の人は最低 3 セット
	水着	○	○		ビーチリゾート派はお気に入りを 1 着
	ショートパンツ	○	○		部屋着に使えて便利
	サンダル	○	○		現地で買うのもいい
	帽子	○	○		折りたためるもの。バンダナを巻くのもいい
	防寒着	○	○		機内のエアコンも冷える。フリースを 1 枚
便利グッズ	折りたたみ傘、雨具	○	○		日よけ対策にも重宝する
	サブバッグ	○	○		小さくためるデイパックが町歩きに◎
	ハンカチ、ティッシュ	○	◎		ポケットティッシュとバンダナが便利
	ポリ袋、エコバッグ	○	◎		荷物整理や洗濯物入れに役立つ
	ライター	○	○		機内預け不可。機内持ち込みはひとり 1 点まで
	腕時計	○	○		アラーム付き腕時計が便利
	懐中電灯	○	△		停電のときも活躍する
	デジカメ	○	○		携帯のカメラ機能で代用 OK
	メディア	○	○		カメラ用の SD カードなど
	変換プラグ（C タイプ）	△	◎		日本の電化製品が宿泊先で利用＆充電できる
	双眼鏡	○	△		バードウォッチャーには必需品
	ノートパソコン／タブレット	○	○		Wi-Fi に対応するホテルやカフェも多い
	スマホ	○	◎		今や旅の必需品
	モバイルバッテリー	△	◎		観光や町歩きでバッテリー切れの不安がなくなる
本＆ノート	ガイドブック	×	◎		『地球の歩き方』は忘れないでね
	インドネシア語会話集	×	○		スマホの翻訳アプリで代用 OK
	辞書	×	△		退屈なときは暇つぶしにもなる
	筆記用具／メモ帳	○	◎		ボールペンは日本製がベスト
	文庫本	○	○		お気に入りの本をビーチでのんびりと

MEMO

※「必要度」の◎は絶対に必要、○は持っていくと便利、△は個人の好みで

ハミダシ　バリ島の南部リゾートエリアにはコンビニやスーパーが多く、日用品は日本よりも安い値段で購入できるので現地調達してもいい。中級以上のホテルならばシャンプーや石鹸も用意されている。

旅の準備と技術

旅のプランニング

インドネシアへの道

インドネシアへの航空会社
●ガルーダ・インドネシア航空
URL www.garuda-indonesia.com
●日本航空
URL www.jal.co.jp
●全日空
URL www.ana.co.jp
●シンガポール航空
URL www.singaporeair.com
●大韓航空
URL www.koreanair.com
●タイ国際航空
URL www.thaiairways.co.jp
●キャセイパシフィック航空
URL www.cathaypacific.com
●マレーシア航空
URL www.malaysiaairlines.com
●中国東方航空
URL jp.ceair.com/ja
●チャイナエアライン
URL www.china-airlines.com
●エバー航空
URL www.evaair.com
●スクート
URL www.flyscoot.com/jp
●エアアジア
URL www.airasia.com/jp/ja
●香港航空
URL www.hongkongairlines.com
●フィリピン航空
URL www.philippineairlines.com
●ベトジェットエア
URL www.vietjetair.com

航空券検索＆予約サイト
●スカイスキャナー
URL www.skyscanner.jp
●トラベルコ
URL www.tour.ne.jp
●スカイチケット
URL skyticket.jp
●エアトリ
URL www.airtrip.jp

燃油サーチャージの変動
燃料価格の変動に応じて、航空運賃に加算される燃油サーチャージ。2024年3月時点では、ガルーダ・インドネシア航空の日本発着国際線1区間片道2万4500円となっている。

国際線・国内線のオンライン購入
ガルーダ航空の国際線や国内線のチケットは、ホームページから購入できる。空席状況により運賃が変動し、利用日が1日ずれるだけでも運賃が数万円異なるケースもあるので、細かくチェックしてみよう。
URL www.garuda-indonesia.com

インドネシアへのフライトルート

▶日本からのダイレクト便

楽しい旅立ちのスタート

インドネシアのゲートウエイとなるのは、首都ジャカルタとバリ島のデンパサール。バリ島への直行便はガルーダ・インドネシア航空が成田から運航（各路線で日本航空や全日空とコードシェアしている）。ジャカルタへの直行便はガルーダ・インドネシア航空が羽田から、全日空が成田と羽田から、日本航空が成田から運航している。

▶日本からの乗り継ぎ便
乗り換える手間や時間のロスはあるが、航空券の安さが乗り継ぎ便の魅力。ピークシーズンにはすぐ予約がいっぱいになってしまうバリ島へのフライトだが、比較的予約が入れやすい。シンガポール航空は、シンガポール乗り継ぎで東京（成田と羽田）・名古屋・大阪・福岡などから毎日1～4便運航し、各路線とも同日乗り継ぎ可なので便利。また、地方在住者には、ソウル乗り継ぎの大韓航空や、上海乗り継ぎの中国東方航空、台北乗り継ぎのチャイナエアラインなどの利用が便利で割安な場合も多い。運賃が割安になるにつれて乗り継ぎ時間も不便にはなるが、乗り継ぎ都市をついでに観光するなどして楽しむのもいい。

個人旅行＆パッケージツアー

▶個人旅行で行く
パッケージツアーに比べ個人旅行は、旅行期間から宿泊施設、旅のルートまで、何でも自分で決められるメリットがある。もちろんそのぶん、自分で旅行を組み立てるためのちょっとした努力を必要とする。その最初のステップが、ジャカルタやデンパサールへ行くための飛行機の手配だ。

●航空券の購入方法
航空券の検索＆予約サイトを利用すれば、各航空会社や旅行会社が出している料金をまとめて比較できる。航空会社のサイトより割安な運賃を提示する旅行会社もあるが、料金支払い後のキャンセルや変更が不可（または高額）だったり、予約ホームページは日本語でも、問い合わせ窓口が英語のみのところも多いので注意すること。東京～デンパサール間のエコノミー運賃はオフシーズンで往復12万円～（乗り継ぎ便で5万円～）、夏休みや年末のピークで往復20万円～（乗り継ぎ便で6万円～）。航空会社サイトでの直接予約なら即時チケットの購入が完了し、運賃によってはキャンセル、変更手数料も割安、さらに子供運賃の設定があるなどのメリットが多く、購入の手段としておすすめ。ピークシーズンの予約は早めを心がけよう。ガルーダ・インドネシア航空の場合は、大人と同行する子供は25%割引きとなる。

ハミダシ　ガルーダ・オリエントホリデーズ（URLwww.garudaholidays.jp）はガルーダ・インドネシア航空系列の旅行会社。ツアーや格安航空券のほか、旅の基礎知識など情報も満載。

● LCC でインドネシアへ

インドネシアへの LCC は百花繚乱の状況だが、乗り継ぎが便利なのは**スクート**（シンガポール経由）。バリ島行きは成田 8:15 →デンパサール 18:35、ジャカルタ行きは成田 9:00 →ジャカルタ19:20 で、シンガポールでの乗り継ぎも 2 〜 3 時間ほど。関空から出発する場合はエアアジア X・エアアジア（クアラルンプール経由）を利用すると、バリ島へもジャカルタへも移動がわりとスムーズだ。

LCC は通年で運賃の変動が少なく、ピークシーズンでも割安価格での購入が可能（お盆や年末年始の旅行だと 6 ヵ月前には予約が埋まってしまうケースが多い）。

▶パッケージツアーに参加する

旅行期間が 3 〜 10 日間と短く、高級リゾート滞在を考えているのならパッケージツアーに参加しよう。ホテル側は、多くの観光客を送り込んでいる旅行会社には格安の団体料金で部屋を提供している。そのため、個人手配に比べ安くホテルが利用できる。

●バリ島へのツアー

多くのバリへのパッケージツアーは、エリア＆ホテルチョイスの形を取っている。そして、そのほとんどはジンバラン、ヌサドゥア、サヌール、クタ＆レギャン、スミニャック＆クロボカンからのエリアチョイスが主流。それ以外にも、人気のウブドや静かなチャンディダサに滞在するツアーもある。この選択がパッケージツアーでは最も重要だ。

●ホテルの選択

よほど予算に余裕がない場合を除き、ツアーで行くのなら、できるだけ高級といわれるホテルに滞在したほうがいい。実際、東京発着 5 日間のツアーで、最も安いエコノミークラスのホテル利用と、一般に 4 つ星、5 つ星の評価を得ている高級リゾートホテル利用のツアー代金の差は 2 万〜 4 万円ほど。しかも値段差以上に、ホテルの設備や雰囲気が違うので、よく比較してみよう。

バリ島へのパッケージツアー料金の目安

オフシーズンからピークまでの5 日間パッケージツアーの料金例（燃油サーチャージ込み）。

● エコノミーホテル利用
7 万〜 15 万円

● 高級ホテル利用
15 万〜 25 万円

● 超高級ホテル利用
25 万〜 35 万円

ツアー内容の事前チェック

日本からのツアーは 5 〜 6 日間程度のものが多く、長いものでもせいぜい 10 日間が限度。これ以上の期間は個人旅行となる。

あまり自由行動の少ないツアーは避けるようにしよう。盛りだくさんのツアーだと、あとで不満を感じることも多い。できるなら滞在中すべてが自由時間のツアーを選び、行きたい所があれば、そのつどオプショナルツアーや現地発の観光ツアー、あるいは公共交通機関を利用するなどして出かけるといい。

現地発ツアーの比較サイト

● ベルトラ
URL www.veltra.com

バリ島やジャカルタ、ジョグジャカルタ発などのツアー情報を比較・予約できる。

各地に快適なリゾートがある

日本からの主要フライトスケジュール

	航空会社	出発曜日	出発便名＆時刻 帰国便名＆時刻※1		到着時刻	所要時間※2
◆デンパサール間の主要フライト						
成田発着	ガルーダ・インドネシア航空 TEL(03) 5521-1111	月・水・木・金・土・日 月・火・金・土・日	出発 GA881 帰国 GA880	11：00 00：20	17：25 08：50	7 時間
		火 水	出発 GA885 帰国 GA884	11：00 22：35	19：20 08：50	9 時間
◆ジャカルタ間の主要フライト						
成田発着	日本航空	毎　日 月・水・木・土	出発 JL725 帰国 JL726	11：15 21：55	17：05 07：30	8 時間
	TEL 0570-025-031	毎　日 火・木・金・日	出発 JL729 帰国 JL720	17：50 06：35	23：55 15：50	8 時間
	全日空 TEL 0570-029-333	毎　日 毎　日	出発 NH835 帰国 NH836	17：50 06：10	23：45 15：45	8 時間
羽田発着	ガルーダ・インドネシア航空 TEL(03) 5521-1111	毎　日 毎　日	出発 GA875 帰国 GA874	11：45 23：25	17：35 08：50	8 時間
	全日空 TEL 0570-029-333	毎　日 毎　日	出発 NH855 帰国 NH856	10：20 21：25	16：00 06：50	8 時間
		月・木・金・土・日 月・火・金・土・日	出発 NH871 帰国 NH872	23：30 07：05	05：05 16：30	8 時間

注意 ※1 スケジュールは 2024 年 4 月現在。以降の変更については各航空会社に直接問い合わせを
※2 「所要時間」は時差を差し引いた往路の所要時間

ハミダシ ライターを機内預け荷物へ入れることは禁じられており、手持ちでひとつだけ持ち込める。ナイフ類は機内預け荷物に入れておかないと、手荷物検査で没収される。

オーストラリア移民局の ETA 申請のフォーマット

◆ 周辺国からインドネシアへ

▶ シンガポールから

空路 ガルーダ・インドネシア航空、シンガポール航空、エアアジアなどが、ジャカルタへ1日 26 〜 28 便（片道 US$65 〜 230）、デンパサールへ1日約 16 便（片道 US$83 〜 253）運航。そのほか、スマトラ島のメダンへはシンガポール航空やバティック航空が1日 3 〜 4 便（片道 US$108 〜 144）運航。スラウェシ島へはスクートがマナド（週 4 便）へ運航。カリマンタンのバリクパパンへはスクートが週 3 便運航している。

ビザ シンガポールへのビザなし入国での滞在期間は 14 日もしくは 30 日間（入国審査官の判断による。空路入国での観光目的ならば 30 日間が一般的）。原則としてシンガポール出国のための航空券の提示も必要となる。

▶ マレーシアから

空路 メダン（スマトラ島）へは、エアアジアやバティック航空がクアラルンプールから1日 11 〜 12 便（片道 US$27 〜 55）、ペナンから1日約 7 便（片道 US$21 〜 33）運航。パダンへはエアアジアやシンガポール航空がクアラルンプールから1日 3 〜 4 便（片道 US$22 〜 37）運航。クアラルンプールからジャカルタやデンパサールへも各社が運航しており、エアアジアが各区間で最安運賃を出している。

ビザ マレーシアは 90 日以内の観光滞在にビザは不要（6 ヵ月以上のパスポート残存期間と出国用の航空券が必要）。

▶ オーストラリアから

空路 ガルーダ・インドネシア航空、ジェットスター、エアアジアなどがデンパサールへ、シドニー（1日約 7 便、片道 US$194 〜 490）やパース（1日約 10 便、片道 US$191 〜 322）などの主要都市から運航。

ビザ オーストラリアの入国には "ETA（ETAS）" という電子ビザの取得が必要。登録後 1 年以内に入国すれば、1 回 3 ヵ月までの数次滞在が可能。オーストラリア移民局のサイトからインターネットで申し込める（システム利用手数料 AU$20）。

📧 コロナ後のトラベル事情

Column

　4 年ぶりの訪問となったインドネシア旅行。コロナ禍では入国制限もあったので、現地の空港で少しドキドキでしたが、難しいことは何もありませんでした。コロナ禍で義務付けられていたワクチン接種証明や PCR 検査はとっくに撤廃されており、特別な書類の提出も一切不要。以前は免除されていた VOA（到着ビザ）を空港で取得することになっていただけでした。

　今回ジャワ島やバリ島を旅して驚いたのは、Grab や Gojek など配車サービスの普及です。コロナ禍前のバリ島では乗車制限のあるエリアもありましたが、すでに島中でほぼ呼び出せる状態に！（Wi-Fi への接続環境は必須です）。日本にいる時よりもスマホの出番が多いので、現地 SIM カードやモバイルバッテリーはもはや旅の必需品です。

（うさぎ　神奈川県　'24）

昔からのリピーターには懐かしい空港到着ビザが復活している

▶東ティモールから

空路 シティリンクが東ティモールの首都ディリからバリ島デンパサールへ毎日1便運航（所要約2時間、US$207～220+空港使用料US$10）。

陸路 西ティモールとのバトゥグデ Batugede 国境は開いているが、東ティモールのビザは事前取得する必要がある。

ビザ 東ティモールの入国にはビザが必要。30日間までの滞在でUS$30（30日を超える場合、警察の入国管理部で延長可。30日でUS$35、60日でUS$70）。ビザはディリ到着時に空港にて取得可。また空路での出国には、空港使用料としてUS$10必要。

※東ティモールから、陸路でインドネシア（西ティモール）への入国には、事前にインドネシアのビザを取得しておこう。

東ティモールの情報収集
●東ティモール大使館
住所 千代田区富士見1-8-9
TEL (03) 3238-0210
●在東ティモール日本国大使館
URL www.timor-leste.emb-japan.go.jp

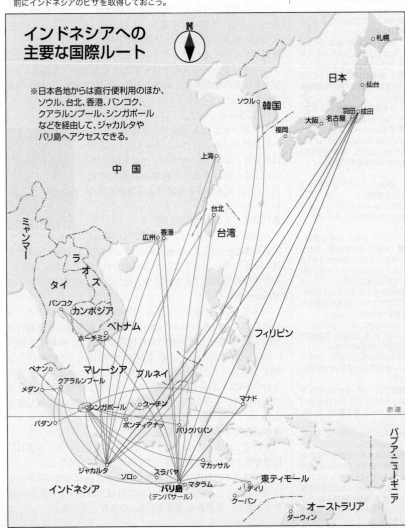

インドネシアへの主要な国際ルート

※日本各地からは直行便利用のほか、ソウル、台北、香港、バンコク、クアラルンプール、シンガポールなどを経由して、ジャカルタやバリ島へアクセスできる。

※2024年1月現在

日本出発までの手続き

E-Visa のオンライン申請

30日以内の滞在は「E-Visa申請専用サイト」でのビザ取得も可能。
→ P.470

ビザの延長手続き

30日以内の短期滞在者に対する到着ビザ（VOA）を取得した旅行者は、現地で1回かぎり（30日）延長申請できる。手続きはジャカルタやデンパサールなど各地の出入国管理局事務所（イミグレーションオフィス）にて。本人が直接オフィスに出向き、なるべく早めに申請すること。

必要書類は「申請書、パスポートのコピー、出国用の航空券のコピー、Rp.1万分の収入証紙」。詳細は申請予定の出入国管理局事務所にて事前に確認すること。

日本人のビザ延長手続きについては、在ジャカルタ日本国総領事館のホームページ（URL www.id.emb-japan.go.jp/itprtop_ja/）内、領事関連情報のページでも確認できる。

外務省ホームページの「パスポート情報」
URL www.mofa.go.jp/mofaj/toko/passport/index.html

パスポート申請に必要な書類
❶一般旅券発給申請書：各都道府県のパスポート申請窓口でもらえる。外務省のサイトからダウンロードすることもできる。
❷戸籍謄本1通：6ヵ月以内に発行されたもの。本籍地の市区町村の役所で発行してくれる。
※現在有効なパスポートをもっている人は、氏名、本籍地（都道府県）に変更がなければ不要。
※住民票の写し1通は、住基ネット運用済みの自治体では原則不要
❸顔写真1枚：6ヵ月以内に撮影したもの。サイズは縦4.5cm×横3.5cm。背景無地、フチなしで頭の上に2〜6mmの空白、無帽正面向き上半身、白黒でもカラーでもよい。
❹申請者の身元を確認するための書類：顔写真付きの公的証明書1通（運転免許証やマイナンバーカードなど）。または公的書類1通（保険証や年金手帳）と写真付きの証明書1通（社員証や学生証）。

インドネシア入国に必要なもの

▶ビ ザ

コロナ禍以降、インドネシアの入国にはビザが必要となっている。日本国籍のパスポート所持者はインドネシア到着後に空港で到着ビザ（VOA）が取得できる（観光や商用等での訪問が対象）。到着ビザの代金はRp.50万（インドネシア・ルピアまたは米ドルや日本円での支払い）で、滞在日数は最長30日以内（到着ビザの延長は1回のみ、30日間の延長を各地の入国管理局で可能）。

入国スタンプの代わりとしてQRコードのシールが貼られる

※到着ビザの代金はクレジットカードでの支払いは不可。またデンパサールからの入国では日本円での支払いで問題ないが、ジャカルタの空港では日本円の支払いを受け付けない場合もあるので注意。

▶パスポート

パスポートは出入国審査、国際線飛行機の搭乗時のほか、ホテルのチェックインの際にも必要となる。インドネシアへの入国には、6ヵ月以上のパスポート有効残存期間が必要。6ヵ月未満の残存期間では入国が許可されないので注意。

10年用のICパスポート

●パスポートの申請について

パスポート（旅券）は、所持者が日本国民であることを証明し、渡航先国に対して安全な通過や保護を要請した公文書。つまり政府から発給された国際身分証明書で、旅行中は必ず携帯するのが基本。海外旅行の準備はパスポート申請から始まる。

パスポートは発給日から5年/10年間有効で、自分でどちらの期間にするか選択することができる（18歳未満は5年間のみ取得可能）。選択した期間内なら何度でも使え、発給手数料は5年間が1万1000円（12歳未満は6000円）、10年間が1万6000円となっている。申請は、自分の住民票のある各都道府県庁の申請窓口（旅券課など）で行う。学生などで現住所と住民票のある場所が違う人は、現住所のある各都道府県に相談してみるといい。申請に必要な書類は欄外を参照すること。

●申請に要する期間と受領日

申請後1週間から10日でパスポートが発給される。受領日には受理票と発給手数料を持って本人が受領に行くこと。

発行後6ヵ月以内に受け取らない場合、発行したパスポートは失効となる。失効後、5年以内に再度パスポートの発行申請をする場合、手数料が通常より高くなるので要注意。

ハミダシ　到着ビザ（VOA）の対象となる入国ポイントはジャカルタやデンパサールなど15の国際空港。入国前にオンラインで取得したe-VOAならば延長手続きもオンラインでできる。

海外旅行保険

保険に加入するしないはすべて任意で、普通のツアーなどには保険はセットされていない。旅先での不慮の事故や病気のことも考えて、必ず加入しておこう。

▶ 保険の種類

海外旅行保険は、まず基本契約として傷害保険（死亡・後遺障害・治療費用）、さらに特約として疾病保険（治療費用、死亡）、賠償責任保険（旅行中他人を傷つけたり、他人の物を破損したときに支払われる）、救援者費用保険（事故に遭った際の救援や家族が日本からかけつける費用）、携帯品保険（旅行用荷物の破損や、盗難に遭ったときに支払われる）がある。

▶ 上手な加入方法

一般に海外旅行保険は、前記の項目がすべてカバーされたセットの形で販売されている。料金は旅行期間、各項目の保険金額によって異なるので、パンフレットを見ながら、自分の家庭内での立場などを考慮して申し込むといい。

アクティビティでも事故には注意

クレジットカードに加入すると海外旅行保険が付帯サービスされるケースも一般的。ただし条件や内容は個々に異なり、すべての項目がカバーされていることは少ないので、別に保険に加入しておくことをすすめる。その場合、旅行会社のカウンターなどで相談すれば、上手な加入の仕方を教えてくれる。

▶ どこの保険に入るか

損保ジャパン、東京海上日動、AIG損保などがポピュラーだ。いろいろな保険会社の海外旅行保険があるなかで、病気やけがをしたとき現地でどれだけスムーズに対応してくれるか、帰国後出したクレーム（補償請求）に、いかによく対応してくれるかが問題となる。加入の際、そのあたりのことをじっくりと聞くといい。なお、保険の加入は各保険会社のほか、旅行会社でも受け付けている。ツアーの申し込みや航空券の手配のときにでも、まとめて済ませておくといい。

クレジットカード

インドネシアでは主要ホテルやツーリスト向けレストラン、店構えのしっかりしたおみやげ屋や免税店などで利用できる。クレジットカードにもいろいろ種類があり、通用度はMaster Card、VISA、AMEX（アメリカン・エキスプレス）、JCB、ダイナースの順。原則として、安定した収入がないと取得できず、所得のない学生の場合、まずは両親にカードを取得してもらい、その家族会員としてカードを発行してもらうといい（親権者直筆の同意があれば、個人会員になれる場合もある）。カード取得には通常1〜3週間かかる（即日発行されるカードもある）ので、早めに申し込みをしよう。

「地球の歩き方」ホームページで海外旅行保険について知ろう

「地球の歩き方」ホームページでは海外旅行保険情報を紹介している。保険のタイプや加入方法の参考にしよう。
URL www.arukikata.co.jp/web/article/item/3000681

パスポート切替の電子申請が可能に

2023年3月より、パスポートの発給申請手続きが一部オンライン化された。残存有効期間が1年未満のパスポートを切り替える場合や、査証欄の余白が見開き3ページ以下になった場合、マイナポータルを通じて電子申請が可能（旅券の記載事項に変更がある場合を除く）。その場合、申請時に旅券事務所へ行く必要がなくなる。
※2023年3月以降、パスポート査証欄の増補も廃止された。査証欄に余白がなくなった際は、低額な費用で新しいパスポートの発給が受けられる。

クレジットカードの暗証番号やパスワードを覚えておこう

海外でICカード（ICチップ付きのクレジットカード）でショッピングする際には、暗証番号（英語でPINあるいはPIN Code）の入力が必要になる場合がある。
またスマホアプリの登録にはパスワード認証の入力を求められるケースもある。日本出発前に事前に確認しておこう。

クレジットカード使用について

最近はクレジットカードをメインに使う旅行スタイルが一般的。しかし、インドネシアの中級以下のホテルやショップでは、客の使用したカードのデータ管理が甘く、偽造カードを作られて被害に遭うケースもある。高級ホテルなど、なるべく管理のしっかりしている場所でのみ、クレジットカードを利用するよう心がけよう。
また、店独自のレート（不利なケースが多い）で日本円に換算し、日本円で請求してくる例も出てきている。サインする際にしっかり確認し、不満があればルピアでの請求に改めてもらおう。

ハミダシ クレジットカードのキャッシングで年利18％と聞くと慣れない人は「大丈夫なの？」と思いがち。ただし通常の翌月返済であれば、その利息は1.5〜3％ほどなので安心料として考えられる額だ。

465

日本出入国

空港での保険加入や両替

空港にはいろいろな保険会社のカウンターがあるので、ここで海外旅行保険に加入手続きをするのも OK。インドネシア・ルピアを売っている銀行もあるが、現地両替よりも 30 〜 40%ほどレートは悪い。

液体物の持ち込み制限

日本発の飛行機同様、インドネシア発の国際線でも客室への液体物（飲料用や化粧品、薬品、ジェルやエアゾールなども含む）の持ち込み制限が実施されている。持ち込むには、それぞれ100 mℓ以下の容器に入れ、それらを容量 1 ℓ以下の透明なビニール袋に入れる（1 名 1 袋まで）。それ以上は、チェックイン時に受託手荷物として航空会社に預けるか、捨てる。機内で必要となる医薬品やベビーミルクなどは申告すれば持ち込める。免税店や機内で購入した液体物の量的制限はないが、透明なビニール袋に入れ領収書とともに提示する。

ガルーダ航空の受託手荷物の許容量

ガルーダ航空の日本発着便はエコノミーで46kgまで、ビジネスとファーストで64kgまでが無料受託となる（荷物 1 個あたりの最大重量は 32kg まで）。

通常の受託手荷物とは別に、サーフボードやゴルフバッグなどのスポーツ用品を 1 セット 23kgまで無料で預かるサービスも実施している（日本発着便以外の国際線や、インドネシア国内線では異なる）。

モバイルバッテリーについて

スマートフォンやタブレットなどに使う高電圧のモバイルバッテリー（リチウムイオン電池）は、電池単体でスーツケースなどに入れた場合、預け入れ不可になるので、手荷物にすること。リチウムイオン電池内蔵の携帯型電子機器を預け入れ荷物に入れる場合は、電源を完全にオフ（スリープモードも不可）にして、偶発的な作動を防止するために厳重に梱包すること。

▌日本出国

空港へは出発の 2 時間前までに到着し、以下の手続きを行おう（ツアー参加者は指定の集合場所へ）。

❶チェックイン

まずは利用する航空会社のチェックインカウンターへ（国際便は出発の 1 時間前に閉まる）。パスポートと航空券（e チケット）を提示して、ボーディングパス（搭乗券）に引き換える。大きな荷物

時間に余裕をもってチェックインしよう

は機内預けにして、クレームタグ（手荷物引換証）をもらう。目的地が合っているか確認し、大切に保管しよう。また、旅行中に米ドルの現金が必要な場合は、両替所で換金しておこう。

❷手荷物検査とボディチェック

ハイジャック防止のためのセキュリティチェック。機内持ち込み手荷物は X 線検査機へ、搭乗者自身も検査ゲートをくぐりチェックを受ける。2007 年より、100 mℓを超える液体物（→側注）は基本的に機内へ持ち込めなくなったので注意。

❸税関申告

高価な外国製品や貴金属所持者は「外国製品持ち出し届」を提出し、確認印をもらう。申告しないと海外で購入したものとみなされて、帰国時に課税される場合がある。

❹出国審査

顔認証ゲートへ進む、または有人ブースで審査官にパスポートと搭乗券を提示する。帽子やサングラスなどは外すこと。出国審査で日本人が質問されることはほとんどない。

❺搭乗ゲートへ

出発時刻の 30 分前から搭乗スタートが一般的。ファーストクラスやビジネスクラス客、身障者、乳幼児連れは一般客より先に機内に入れる。早めに搭乗ゲートに到着しておこう。

▌日本入国（帰国）

❶入国審査

日本人用の顔認証ゲートへ進む、または有人ブースで審査官にパスポートを提示する。質問されることはほとんどない。

❷荷物受け取り

搭乗した便名を確認して、指定のターンテーブルへ移動。機内預けの荷物をピックアップする。もしも荷物が出てこなかったり、破損していたりする場合は、バゲージクレームのカウンターで荷物引換証を提示する。

❸動物・植物検疫

生果実（→ P.467）や切り花、肉製品、一部の畜産物の加工品をおみやげにする場合、動植物検疫所で検疫を受けること。

 2019 年 1 月より、日本からの出国時には 1000 円が徴収される。外国人だけでなく日本人（2 歳以上）も対象となっており、航空運賃などに上乗せして支払うシステムだ。

肉製品は輸出国の政府機関が発行する検査証明書が付いていなければ日本への持ち込みは不可で、ほとんどの肉製品は日本へ持ち込むことができない。

❹税関申告

税関審査では、持ち込み品が免税範囲内の人は緑色ランプの検査台、免税範囲を超える人は赤色ランプがついた検査台に並び、荷物のチェックを受ける。機内で配られる「携帯品・別送品申告書」を提出する(同姓の家族なら1枚でOK)。

●輸入禁制品

偽ブランド品や希少な動植物などは持ち込み禁止。医薬品や化粧品は持ち込める量に制限がある。バリ島などではべっこう製品をおみやげ店で販売しているが、ワシントン条約(野生動植物保護条約)で輸出入が禁止されているので持って帰ることはできない。

違反者は処罰され、品物は没収または廃棄される。手続きや規制品目など詳細は税関に問い合わせを。

❺出口へ

到着ロビーからそれぞれ帰路へ。重い荷物は到着ロビーにある宅配便会社のカウンターから送ることができる。

税関
URL www.customs.go.jp

携帯品・別送品申告書

日本に入国(帰国)するすべての人は「携帯品・別送品申告書」を税関で提出することになっている。帰国便の機内で配布されるので、着陸前に記入しておくこと。

『携帯品・別送品申告書』記入法

日本入国時の免税範囲と禁制品

品物	内容
酒・たばこ・香水	酒3本(1本760㎖のもの) 紙巻き300本または葉巻50本または加熱式たばこ個装等10個またはその他250g 香水2オンス(1オンス=約28㎖) (注1) 免税数量は、それぞれの種類のたばこのみを購入した場合の数量であり、複数の種類のたばこを購入した場合の免税数量ではない。 (注2) 「加熱式たばこ」の免税数量は、紙巻たばこ200本に相当する数量となる。
その他の免税	A 海外購入価格合計が1万円以下の同一品目 B Aを含まず、海外購入価格合計が20万円以内の品 (超えたぶんに課税)
持ち込み禁止	麻薬、大麻、覚醒剤、向精神薬やそれらを含有する医薬品 銃器、弾丸、その部品 わいせつ書籍、写真、映像メディアなど ニセ金貨など、貨幣や有価証券の模造、変造、偽造品 ニセブランドや違法コピー商品、海賊版など 生きた動物や昆虫、根の付いた植物や植物の種子など
持ち込み制限	ワシントン条約の保護対象となる動植物とその製品(漢方薬、毛皮、バッグ、剥製、楽器など) 果物、切り花、野菜、肉製品、肉加工品は動植物検疫が必要 医薬品と医薬部外品は2ヵ月分、化粧品1品目24個、医療器具家庭用1セットが上限 猟銃、空気銃、刀剣(刃渡り15cm以上)は公安委員会の手続きが必要

インドネシアからの生果実の輸入

ココナッツ、パイナップルなどの生果実や成熟していないバナナは輸入可。ただし、日本帰国時に植物検疫をとおし、合格しなくてはならない。また強烈な匂いを放つドリアンは、航空会社が機内持ち込みを断る場合もある。

日本へ持ち込むことができないおもな生果実は、オレンジやライムなどの柑橘類、アボカド、パパイヤ、マンゴー、マンゴスチン、メロン、ランブータン、スイカ、スターアップル、トウガラシ、トマト、ナス、成熟したバナナなど。

到着ビザや税関申告書の詐欺サイトに注意

到着ビザ (VOA) や税関申告書は出発前にオンライン申請も可能になっている。しかし入国手続きに関する「詐欺サイト」も横行しているので、不慣れな人は現地空港での取得が無難だ。

電子税関申告書はインドネシア到着後にスマホや空港設置のPCからも申請できる

✉ **ホテル予約確認書の提示**

ジャカルタの空港での入国手続きで、ホテルの予約表の提示を求められました。同じ時期に成田からデンパサールに入った友人は、ホテル予約表のチェックはなかったです。(東京都　MEW　'24)

免税で持ち込める品物

無税で持ち込み可能な物は、身の回り品以外は、たばこ200本、または葉巻25本、酒類1ℓ、個人使用範囲内の香水。カメラ、ビデオカメラなどの携帯品については、インドネシア国内で販売する意図がなく出国する際必ず携行する場合は無税。

検疫

汚染地区を通過しての入国を除き基本的に不要。

インドネシアへの入国

インドネシア入国前に**電子税関申告書のサイト**(→側注)に、必要事項を記入してQRコードを取得しておくこと。

❶空港に到着

現地の空港に着いたら、機内からボーディングブリッジを通ってターミナル内に入り、順路に従って進む。到着ビザの取得は、"Visa on Arrival" と表示されたブースでビザ代金(Rp.50万)を支払い、2枚綴りのレシートをもらう。インドネシア・ルピアや米ドルでの支払いが可能(デンパサールでは日本円でも支払える)。

❷入国審査

入国審査カウンターでパスポートと到着ビザ(VOA)のレシートを提出する。観光目的ならば、ほとんど質問されることもなく、パスポートに「Stay Permit」のシールを貼って返してくれる。

❸荷物の受け取り

搭乗した便名が表示されているので、預け荷物受取所(Baggage Claim)で自分の荷物をピックアップする。バリ島の空港ではターンテーブル周辺で空港ポーターが待ち構えているが、不要ならば断ろう。

❹税関申告

税関(Custom)では電子税関申告書のサイトで取得したQRコードを提示すればOK。税関申告書に申告なしと書いた人は「グリーンの標識」へ。ほとんど荷物検査されることもなく通過できるはず。

❺出口へ

到着ロビーにはATMや両替商、タクシーカウンターなどがある。個人旅行の場合は、エアポートタクシーや配車サービスなどでホテルへ向かう(事前にホテルやツアー会社に空港送迎も依頼できる)。ツアーの場合は現地係員が待っている。

---

for your Safety

空港到着時の注意

空港からの配車サービス

グラライ空港内からの配車サービスは特別運賃で通常よりも割高。国内線ターミナルからならば徒歩で空港敷地の外に出てマッチングすると通常運賃で呼び出しできる(国際線ターミナルから歩いて敷地を出るのはわかりづらい)。

税関でのクレーム

インドネシアの免税範囲を超過していたり、同種の電化製品や必要以上に高価な物品を持ち込もうとすると、税関で課税や空港保管の対象になることがある。暗にワイロを要求しているときもあるので、自分に非のないときは毅然とした態度で臨もう。英語がわからないふりをするのも効果的。

バリやロンボク島の空港のポーター

デンパサールの**グラライ国際空港**の荷物を受け取るターンテーブル周辺には、空港スタッフのような制服を着た男たちが待ち構えており、旅行者のスーツケースを当然のような顔で税関まで運んでいこうとする。しつこさに負けて彼らに荷物を運ばせてしまうと、わずか数十mほどカートを動かしただけで、「チップ! 500円ね」と法外な要求をされることになるが、利用する場合でも手数料は荷物ひとつRp.5000(40円)ほどで十分。

また、**ロンボク国際空港**でも同様に数十mほど荷物を運んで、高額のチップを要求してくるので注意しよう。傾向さえ把握しておけば大丈夫だ。

投稿　電子税関申告書は空港の荷物受取エリアに掲示されているQRコードから手続きできます(空港内では無料Wi-Fiも利用OK)。荷物を待つ間に登録するとスムーズです。(石川県　テンジン　'24)

インドネシアからの出国

❶チェックイン

搭乗手続きは基本的に2時間前から。出発ロビーに入る前に荷物検査がある。航空会社のチェックインカウンターで、パスポートとeチケットを提示し、ボーディングパス（搭乗券）を受け取り、大きな荷物を預ける。

ジャカルタなどでセルフチェックインも導入されている

❷手荷物検査

出国審査前に、機内持ち込み手荷物のセキュリティチェックがある。VATリファンド（→P.490）のオフィスが検査場の手前にあるので、必要な人は立ち寄っておくこと。

❸出国審査

出国審査（Immigration）のブースで、パスポートとボーディングパスを提出する。パスポートに出国スタンプを受け、ボーディングパスを返してもらう。混み合うこともあるので早めに通過しておこう。

❹出発ゲートへ

出国審査の先にはショッピングゾーンが広がっている。免税店、おみやげショップ、レストラン、カフェ、クイックマッサージなどがあるので、時間調整には最適。両替商もあるので、使い残したルピアはここで両替しよう（日本では換金できてもレートが悪い）。飛行機の搭乗は30分前から。

機内にはペットボトルは持ち込めない

出国時には荷物の重量に注意

ビザ延長手続きでの注意

市内に複数のイミグレーションオフィスがある都市では、原則的に滞在地を管理する事務所で延長手続きを行う。ジャカルタではジャラン・ジャクサ付近のホテル宿泊者は中央ジャカルタ事務所、南部なら南ジャカルタ事務所での受付となる。

バリ島では以下の3つの管轄に分けられている。ジンバラン事務所（クタ&レギャン、スミニャック&クロボカン、ジンバラン、ウンガサン、ヌサドゥアなど）、デンパサール事務所（サヌール、デンパサール、ウブド、パダンバイ、チャンディダサなど）、シガラジャ事務所（ロビナ、トゥランベン、アメッド、ヌガラなど）。

トランジットでのホテル利用術

✉便利な空港カプセルホテル

羽田空港からジャカルタに夕方到着し、翌朝にスマトラ島へ移動だったので、スカルノ・ハッタ空港内のカプセルホテル 🅷 デジタル・エアポート（→P.90）に宿泊しました。天井高めの個室には、清潔なシーツとコンセント、読書灯などが完備されており使い勝手は◎ 何より青やピンクに照明を変えられる宇宙船のようなデザインにテンションが上がりました。食事は空港内のレストランが使えるのでバラエティ豊富。共用のトイレやシャワーも最低限の清潔感は保っていました。私は移動の疲れもあり爆睡でしたが、空港という立地ゆえ深夜や早朝でも人の出入りがあるので、繊細な人は耳栓必須。ジャカルタ中心部まで出るお金や労力を考えると利用価値は高いと思います。（JJ　東京都 '24）

スカルノ・ハッタ空港のターミナル2とターミナル3にある

✉クタのホテルを1泊利用

日本からジャワ島の古都ジョグジャカルタへ行く乗り継ぎで、バリ島のクタで1泊しました。空港から近いカルティカ・プラザ通りの中級ホテルを選びましたが大正解でした。大型ショッピングセンターのディスカバリーモールやローカル食堂が徒歩圏にあって食事や買い物はバッチリ。通り沿いには安心して利用できるマネーチェンジャーも営業しているので、ジョグジャカルタで両替する手間が省けました。翌朝、空港まではホテルの送迎車をお願いしました。トランジット利用のゲストが多いためか、スタッフも手慣れていて、テキパキと手配してくれて時間どおりに出発でき、空港からのタクシーより運賃が安かったのもうれしかったです。
（陽菜　千葉県 '24）

カルティカ・プラザ通りには快適なスパも多い

インドネシアでは旅行客の個人使用目的ならば、電子たばこの持ち込みに制限はない。ただし大量の持ち込み等は、販売目的を疑われるので注意が必要。

「電子税関申告書」記入法

インドネシア税関の入力画面 URL ecd.beacukai.go.id
※入力は到着予定日の2日前からしか行えないので注意

Page 1

Information of Passenger

表示言語は英語orインドネシア語

- ❶ Full Name *
- ❷ Email (optional) *
- ❸ Passport Number *
- ❹ Nationality *
- ❺ Date of Birth (DD-MM-YYYY) *
- ❻ Occupation List *
- ❼ Address in Indonesia - hotel name / residential address *
- ❽ Place of Arrival *
- ❾ Flight / Voyage / Other Carrier Number *
- ❿ Date of Arrival (DD-MM-YYYY) *

❶姓名 ❷メールアドレス ❸パスポート番号 ❹国籍 ❺生年月日(日・月・年) ❻職業 ❼滞在先(ホテル名) ❽インドネシア入国の空港 ❾搭乗便名 ❿入国日(日・月・年)

Page 2

Additional Data

- ❶ Number of accompanied baggage (example: 3 Package) *
- ❷ Number of unaccompanied baggage (example: 3 Package) *
- ❸ Number of family members travelling with you - only for passenger

❶荷物の個数 ❷別送品の個数 ❸同伴者数(本人を除く)

Page 3

Information of Goods

持っていなければ「No」を選択する

a. Animals, fish and plants including their products.

b. Narcotics, psychotropic substances, precursors, drugs, fire arms, air guns, sharp objects, ammunitions, explosives, pornography objects

c. Currency and/or bearer negotiable instrument in Rupiah or other currencies which equal to the amount of 100 million Rupiah or more.

d. Foreign banknotes which equal to the amount of 1 Billion Rupiah or more

e. More than 200 cigarettes or 25 cigars or 100 grams of sliced tobacco, and 1 liter of alcoholic beverages (for Passenger) or more than 40 cigarettes or 10 cigars or 40 grams of sliced tobacco, and 350 mililiter of alcoholic beverages (for Crew)

f. Goods purchased/obtained abroad and will remain in Indonesia with total value USD 500.00 per person (for passenger), or USD 50.00 per person (for crew)

g. Import goods that are not considered as personal effect (unreasonable quantity for personal use or component used for industrial purpose)

h. Carrying goods from Indonesia which declare BC 3.4

ⓐ動物、魚類、植物およびその製品(ナマモノ) ⓑ麻薬、向精神薬、鋭利な刃物、銃器、弾薬、ポルノ等 ⓒ1億ルピア以上の金銭または無記名商品類 ⓓ10億ルピア以上の外貨 ⓔ紙巻きたばこ200本以上、葉巻25本または刻みたばこ100グラム、アルコール飲料1リットル ⓕ海外で購入したもののうち、インドネシア出国時に持ち帰らない品物で1人500米ドルを超える物 ⓖ商業用品、私的利用以上の量の輸入品。工業目的の輸入品 ⓗ以前にインドネシアから持ち出した「BC3.4申告書」の物品

Page 4

IMEI REGISTRATION

Handphone, Handheld Computer, and...

インドネシア滞在が90日を超える長期在住者はスマホやタブレットなど端末の識別番号(IMEI)の申告が必要

- ❶ IMEI 1 *
- ❷ IMEI 2
- ❸ Brand *
- ❹ Type *
- ❺ RAM
- ❻ Storage
- ❼ Currency *
- ❽ Value *
- ❾ Colour *
- ❿ Owner *
- ⓫ Tax Number *

Upload Quarantine Letter if exist. Image only (png, jpg, jpeg)

❶IMEI(端末の個体識別番号) ❷2つ目の端末の個体識別番号(最近の機種は2つある) ❸メーカー名 ❹機種名 ❺RAM数 ❻容量数 ❼端末の金額を記入するための通貨欄(USD、JPY等) ❽端末の金額 ❾端末の色 ❿所有者名(1ページ目に記入した自分の名前となる) ⓫納税者番号(現地の番号がなければ日本人は無記入でも可能)

Page 5

Agreement

登録が完了したら画面に表示されるQRコードをスクショやプリントして保存しよう

❶ The Import of Passenger Goods Regulation

I hereby declare that I have understood the regulation on passenger's goods import and have made a truthful declaration.

❶申告内容に問題がなければ「✓」をクリック ❷内容を見直す場合は「Previous」、税関申告する場合は「Send」を押す ※税関申告書は変更もあるので最新情報を確認すること

「e-VOA(=B1ビザ)」記入法

イミグレーション URL molina.imigrasi.go.id
※申請は90日前から可能

❶イミグレーションの公式サイトにアクセスして「APPLY」をクリック。表記は英文となる。偽サイトも多いのでアクセス時に注意すること

❷国籍、旅行目的(General、Family or Social)、ビザの種類(B1-Visa On Arrival)、滞在期間(30 Days)を選択して進む

ビザ事前申請の注意

申請の書式フォーマットの変更が多く、慣れていないと入力作業にも時間がかかる。偽サイトも横行している現状では、事前のオンライン申請はせずに、空港到着時の申請にメリットがある。

❸パスポートの写真面、申請者の顔画像(最小400x600px、最大2MG、背景は白)、帰国便の予約確認書などをアップロード

❹利用ホテルの名称・住所・ポストコードなど入力し、記入内容に間違いがなければ、クレジットカード情報を入力(JCB、VISA、Master)

❺入力が完了すると登録したメルアドにビザが送付される。必ずA4サイズでプリントアウトし入国時に差し出すこと(画像提示は不可)

スカルノ・ハッタ国際空港 第3ターミナル（ジャカルタ）

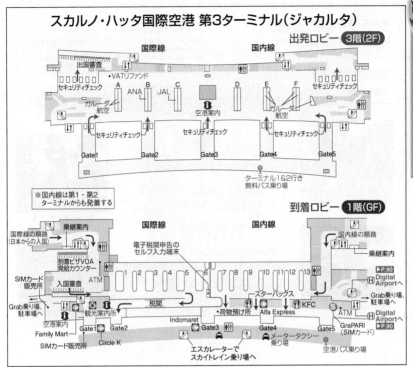

出発ロビー 3階(2F)

国際線　国内線

出国審査
VATリファンド
セキュリティチェック
A　ANA　B　JAL　C　D　E　F
ガルーダ航空
空港案内
セキュリティチェック
ガルーダ航空
セキュリティチェック
セキュリティチェック
セキュリティチェック

Gate1　Gate2　Gate3　Gate4　Gate5

ターミナル1&2行き
無料バス乗り場

※国内線は第1・第2
ターミナルからも発着する

到着ロビー 1階(GF)

乗継案内
国際線　国内線
国際線の順路
（日本からの入国）
電子税関申告の
セルフ入力端末
国内線の順路
乗継案内
到着ビザVOA
発給カウンター
SIMカード
販売所
ATM
入国審査
1 2 3 4 5 6 7 8 9 10 11 12 13
▶P.90
Digital
Airportへ
スターバックス
Grab乗り場、
駐車場へ
空港案内
観光案内所
税関
KFC
ATM
Digital
Airportへ
▶P.90
Grab乗り場、
駐車場へ
荷物預け所
Alfa Express
GraPARI
（SIMカード）
Gate1　Gate2
Family Mart
SIMカード販売所
Circle K
Indomaret
Gate3
Gate4
メーターターシー
乗り場
Gate5
空港バス乗り場
エスカレーターで
スカイトレイン乗り場へ

ジョグジャカルタ国際空港（出発ロビー）

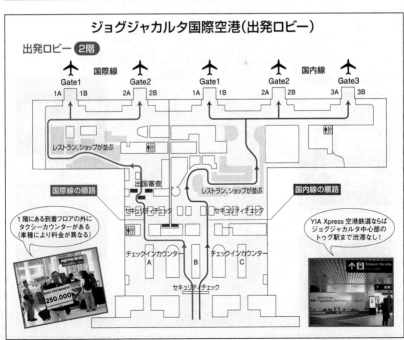

出発ロビー 2階

✈　国際線　✈　　✈　国内線　✈
Gate1　Gate2　　Gate1　Gate2　Gate3
1A 1B　2A 2B　　1A 1B　2A 2B　3A 3B

レストラン、ショップが並ぶ

国際線の順路
出国審査
セキュリティチェック
レストラン、ショップが並ぶ
国内線の順路

チェックインカウンター
A　B　C
チェックインカウンター

セキュリティチェック

1 階にある到着フロアの外に
タクシーカウンターがある
（車種により料金が異なる）

YIA Xpress 空港鉄道ならば
ジョグジャカルタ中心部の
トゥグ駅まで渋滞なし！

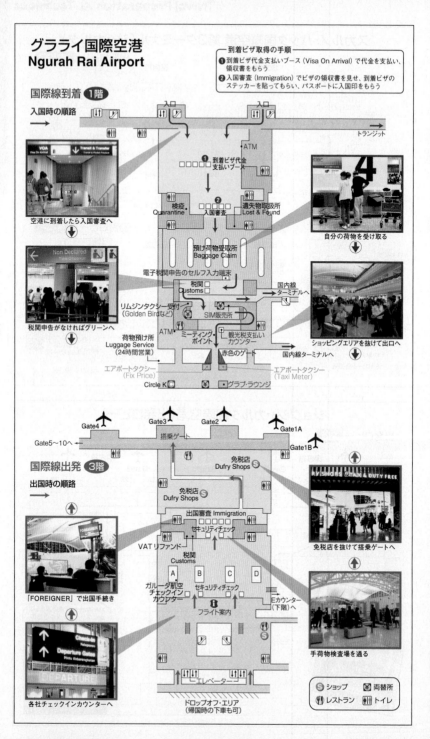

グララ イ国際空港
Ngurah Rai Airport

到着ビザ取得の手順

❶ 到着ビザ代金支払いブース (Visa On Arrival) で代金を支払い、領収書をもらう

❷ 入国審査 (Immigration) でビザの領収書を見せ、到着ビザのステッカーを貼ってもらい、パスポートに入国印をもらう

国際線到着 1階

入国時の順路 →

入口　入口

トランジット

ATM

❶ 到着ビザ代金支払いブース

VOA Visa On Arrival / Transit & Transfer
空港に到着したら入国審査へ ⬇

検疫 Quarantine　❷ 入国審査　遺失物取扱所 Lost & Found

自分の荷物を受け取る

Non Declared
税関申告がなければグリーンへ

預け荷物受取所 Baggage Claim

電子税関申告のセルフ入力端末

税関 Customs

国内線ターミナルへ

リムジンタクシー受付 (Golden Birdなど)　SIM販売所

ショッピングエリアを抜けて出口へ

荷物預け所 Luggage Service (24時間営業)　ATM　ミーティングポイント　観光税支払いカウンター

赤色のゲート　国内線ターミナルへ

エアポートタクシー (Fix Price)　エアポートタクシー (Taxi Meter)

Circle K　グラブ・ラウンジ

国際線出発 3階

Gate4　Gate3　Gate2　Gate1A

Gate5〜10へ←　搭乗ゲート　Gate1B

免税店 Dufry Shops

出国時の順路 →

免税店 Dufry Shops

出国審査 Immigration
セキュリティチェック

免税店を抜けて搭乗ゲートへ

「FOREIGNER」で出国手続き ⬇

VAT リファンドー　税関 Customs

A　B　C　D

ガルーダ航空チェックインカウンター　セキュリティチェック　Eカウンター (下階) へ

フライト案内

手荷物検査場を通る

各社チェックインカウンターへ ⬇

エレベーター

ドロップオフ・エリア (帰国時の下車も可)

Ⓢ ショップ　🔁 両替所
🍴 レストラン　🚻 トイレ

ハミダシ　2024年2月よりバリ島に入る外国人観光客は観光税 (ひとりRp.15万) を支払う。グララ イ空港では国際線ロビーの出口にカウンターがある。アプリ (URL lovebali.baliprov.go.id) からの支払いも可。

インドネシアで役立つおすすめアプリ

地図

Google Map
ルート検索に便利なだけでなく、現在位置もリアルタイムにわかる。バリ島の渋滞情報も随時確認OK。

翻訳

Google翻訳
入力した文章の翻訳のほか、料理メニューや博物館の説明などカメラで読み取った文章も翻訳できる。

通信

WhatsApp
「インドネシア人が200%使っている」ともいわれる通信アプリ。滞在中に重宝する(→P.484)。

配車サービス

Grab
グラブは東南アジアでNo.1のシェアを誇る配車アプリ。簡単に手配できて料金は事前確定制(→P.478)。

Gojek
ジャカルタ発祥の配車アプリ。食事のデリバリや、荷物のお届けなど幅広く展開し生活に根づいている。

My Bluebird
ブルーバード・タクシー(→P.479)の専用アプリ。呼び出しのほかに料金のシミュレーションも可能。

電子マネー

OVO (オフォ)
インドネシアの6万店舗以上で利用できるeウォレット。Grabの支払いにも対応している(→P.473)。

ツアー予約

Klook(クルック)
現地発ツアーやアクティビティがスマホから即時予約できる。空港送迎やSIM手配もOK (→P.473)。

SIMチャージ

MyTelkomsel
インドネシアの最大手キャリアTelkomselではアプリからSIMカードの残高をチャージできる。

取材でアプリを使ったライターの報告

インドネシアを旅行するなら**WhatsApp**は絶対的なマストアイテムです。日本で旅の予定を立てる段階から、現地のホテルやレストランにチャットで問い合わせができてとても便利でした。電子メールだといつまで待っても返信がないケースでもWhatsAppならすぐに既読がつき、たいていは返事がもらえます。ツアー会社やガイドとのやり取りもWhatsAppがほとんど。LINEを使っている人はまずいません。

配車アプリも必要です。私は**Grab**と**Gojek**をダウンロードし、値段を比較しながら利用しました。短距離ではそれほど料金は変わりませんが、長距離だと差が出る場合もありました。タクシーだと目的地を口頭で説明しなくてはならず、土地勘がなくて言葉にも壁があるとトラブルになりがちですが、配車アプリは説明なしで目的地まで連れて行ってくれます。低評価やクレームはドライバーの報酬に影響することもあり、みんなとても親切です(笑)。きちんと乗車履歴が残るので、利用した配車サービスの領収書を帰国後にオンライン発行できるのも便利でした。

また、地元の人におすすめされたキャッシュレス決済アプリ**OVO**もとても便利でした。日本のPayPayや楽天Payと同様、店頭のQRコードを読み込み自分で金額を入力して支払うスタイルです。小銭やおつりがなくて困ることもありませんし、何より、海外で財布を出さなくていいのは思いのほかストレスフリーでした。インドマレットなどのコンビニで気軽にチャージでき、利用履歴もそのつどメールで送られてくるので安心です。

これらのアプリを利用する場合、Wi-Fiへの接続が必要となります。私は現地で使えるSIMカードを**Klook**から事前入手しました。30日間で20GB、1900円ほどと現地の空港購入よりも割安。しかも空港内での引き取りなので、入国直後からスマホが使えて安心でした。ジャカルタでは空港2階の出発ターミナル(到着ターミナルではないので要注意)にある通信会社のブースにバウチャーを持っていけば、あとはスタッフがすべて手続きをしてくれます。アクティベートされて使えるようになるまで、30分ほどの時間の余裕を見ておきましょう。
(土屋朋代　ライター&フォトグラファー)

急速にオンライン化が進むジャカルタでは一部タクシーでQRコード決済も可能に

国内の移動

飛行機

▶国内の航空会社事情

国内線航空会社のなかで、最も信頼度が高いのが、フラッグキャリアの**ガルーダ・インドネシア航空**（本文中では「ガルーダ航空」と表記）で、国内全土の大きな都市を中心に結んでいる。機体が大きくてオーバーブッキングは少なく、スケジュールも守られていてキャンセルが少ない。ただし人気が高いぶん、運賃はほかの航空会社よりもやや高めだ。

そのほか、**ライオン航空、スリウィジャヤ航空、シティリンク**などが独自の路線をもっている。地方都市間を結ぶ路線は、20〜40人乗りの小さな機体の飛行機を利用している。これらの区間は、時刻表上では運航扱いでも、乗客が少ないとキャンセルになったり、ほかの航空会社の便と合わせての運航になることも多いので、スケジュールに余裕をもって利用すること。

▶予約と購入

ガルーダ航空以外のインドネシア航空会社のサイトでは、国際クレジットカードでは予約購入できないことが多い。オンライントラベルエージェント（→ P.475 のハミダシ）で予約購入するのが便利だ。また、現地の航空会社や旅行会社でも購入可能。料金はシーズンや条件によって細かく分かれており、オフシーズンとピークシーズンの料金差は2倍以上もある。また同じ日の便でも、購入するタイミングで料金が変わることもある。

国内線が混み合うピークは、学校が休みになる6月下旬〜7月末の夏休みシーズン、ラマダン明けの休み（1週間ほど）、年末年始。この期間は料金が最も高くなるだけではなく、1週間前でも予約が入らないほど混雑するので、この時期に旅行を計画している人は要注意。逆にローシーズンには、船や列車と同じくらいにまで値下がりするので狙い目だ。

航空会社の URL
●ガルーダ・インドネシア航空
URL www.garuda-indonesia.com
※ホームページでの売買に、日本の支店では原則ノータッチで、予約確認のみ可能。問い合わせや変更・キャンセルは、英語かインドネシア語で本社へ直接行うこと。
●シティリンク
URL www.citilink.co.id
●ライオン航空（ウイングス航空）
URL www.lionair.co.id
●バティック航空
URL www.malindoair.com
●スリウィジャヤ航空
URL www.sriwijayaair.co.id
●ナム航空
URL flynamair.com
●エアアジア
URL www.airasia.com
●トリガナ航空
URL www.trigana-air.com
●トランス・ヌサ航空
URL www.transnusa.co.id
●プリタ航空
URL pelita-air.com

インドネシア LCC の利用状況

インドネシアの小さな都市間を結ぶ LCC は魅力的な移動手段。大手キャリアが就航していない路線をカバーし、バスや船よりも早く移動できる。しかし実際の利用には注意も必要だ。

激安運賃で国内シェアトップを誇るライオン航空（含む系列のウイングス航空）は、7kg までの持ち込み荷物を除き、機内預け荷物のすべてにキロ単位で別チャージがかかる（1kg 当たり Rp.1 万 6000 〜 9 万 3000 と搭乗便により異なる）。出発の6時間前までに荷物のプリペイドチケット（5 〜 30kg までの5kg 単位）を、現地の支店やツアー会社で直接購入するか、ライオン航空の公式サイトでのオンライン決済（国際クレジットカードでは利用できないケースも多い）すると割安になる。同じ路線に荷物代が無料の航空会社が運航していれば、チケット代が高くても荷物代が不要なぶん割安になる可能性もある。

またインドネシアの LCC ではカップ麺やドリンクは別料金で頼める（エアアジアは機内への飲食物持ち込み禁止）。バティック航空やスリウィジャヤ航空は食事付きのフルキャリア（機内預け荷物も 20kg まで無料）ながら、運航路線や空席状況によっては LCC 並みの運賃なので、荷物代や食事の有無も含めて比較してみるといいだろう。

インドネシア国内線の主要スケジュール

目的地	便 数	航空会社	所要時間	運賃
◆ジャワ島ジャカルタ（CGK）から				
ジョグジャカルタ	1日13〜15便	GA/ID/8B/IP/QG	1〜1.5時間	Rp.72万〜116万
ソロ	1日8〜9便	GA/ID/QG	1〜1.5時間	Rp.99万〜123万
スラバヤ	1日36〜37便	GA/ID/JT/IP/QG	1.5時間	Rp.102万〜144万
デンパサール	1日57〜60便	GA/IU/QZ/8B/QG/IP/ID/IN	2時間	Rp.81万〜174万
ロンボク	1日9〜11便	GA/IU/JT/ID/QG	2時間	Rp.133万〜169万
ラブアンバジョー	1日3〜7便	GA/ID/QZ/QG	2時間	Rp.133万〜169万
メダン	1日37〜39便	GA/IU/JT/QG/ID	2.5時間	Rp.132万〜216万
パダン	1日15便	GA/IU/QG/IP	2時間	Rp.138万〜187万
マナド	1日8〜10便	GA/ID/QG	3.5時間	Rp.248万〜330万
マカッサル	1日35〜39便	GA/ID/JT/IU/QG/SJ	2.5時間	Rp.158万〜227万
バンジャルマシン	1日14〜15便	GA/JT/ID/IU/QG/IP	2時間	Rp.116万〜179万
バリクパパン	1日18便	GA/ID/IU/QG/IP	2〜2.5時間	Rp.120万〜204万
ジャヤプラ	1日4便	GA/ID	5〜7時間	Rp.499万〜570万
◆ジャワ島ジョグジャカルタ（YIA）から				
ジャカルタ	1日13〜16便	GA/ID/8B/IP/QG	1〜1.5時間	Rp.62万〜111万
デンパサール	1日4〜5便	GA/JT/QZ	1.5時間	Rp.67万〜132万
バンジャルマシン	1日2便	JT	1.5時間	Rp.137万〜141万
◆ジャワ島スラバヤ（SUB）から				
ジャカルタ	1日35〜37便	GA/ID/JT/IP/QG	1.5時間	Rp.102万〜139万
デンパサール	1日11〜14便	GA/JT/QG/QZ/IU	1時間	Rp.62万〜144万
ロンボク	1日4〜5便	JT/IU/QG	1時間	Rp.68万〜95万
マナド	1日2便	JT	2.5〜3時間	Rp.197万〜218万
マカッサル	1日16便	JT/IU/QG/ID/SJ	1.5時間	Rp.125万〜151万
バンジャルマシン	1日10〜11便	JT/IU/QG	1時間	Rp.102万〜119万
バリクパパン	1日14〜15便	JT/IU/QG	1.5時間	Rp.148万〜151万
◆バリ島デンパサール（DPS）から				
ジャカルタ	1日57〜60便	GA/IU/QZ/8B/QG/IP/ID/IN	2時間	Rp.86万〜170万
ジョグジャカルタ	1日4〜5便	GA/JT/QZ	1.5時間	Rp.62万〜131万
スラバヤ	1日11〜14便	GA/JT/QG/QZ/IU	1時間	Rp.56万〜147万
ロンボク	1日6便	IW/QG	40〜50分	Rp.107万〜111万
ラブアンバジョー	1日6〜7便	GA/ID/QZ	1〜1.5時間	Rp.76万〜125万
マカッサル	1日6〜7便	GA/JT/ID/SJ	1.5時間	Rp.107万〜149万
バンジャルマシン	1日1〜2便	JT/QZ	1.5時間	Rp.127万〜131万
◆ロンボク島（LOP）から				
ジャカルタ	1日9〜11便	GA/IU/JT/ID/QG	2時間	Rp.120万〜166万
スラバヤ	1日4〜5便	JT/IU/QG	1時間	Rp.63万〜93万
デンパサール	1日6便	IW/QG	40〜50分	Rp.107万〜111万
◆フローレス島ラブアンバジョー（LBJ）から				
ジャカルタ	1日3〜7便	GA/ID/QG/QZ	2.5時間	Rp.164万〜215万
デンパサール	1日4〜6便	GA/ID/QZ	1〜1.5時間	Rp.60万〜110万
◆スマトラ島メダン（KNO）から				
ジャカルタ	1日37〜39便	GA/IU/JT/QG/ID	2.5時間	Rp.142万〜222万
パダン	1日1便	IW	1.5時間	Rp.224万〜227万
◆スラウェシ島マナド（MDC）から				
ジャカルタ	1日8〜10便	GA/JT/QG	3.5時間	Rp.250万〜318万
スラバヤ	1日2便	JT	2.5〜3時間	Rp.195万〜216万
デンパサール	週2便（日・月）	JT	4時間	Rp.206万
マカッサル	1日1便	JT	2時間	Rp.152万〜155万
バリクパパン	1日1便	IU	1.5時間	Rp.155万〜157万
◆スラウェシ島マカッサル（UPG）から				
ジャカルタ	1日35〜39便	GA/ID/JT/IU/QG/SJ	2.5時間	Rp.160万〜228万
スラバヤ	1日16便	JT/IU/ID/QG/SJ	1.5時間	Rp.128万〜146万
デンパサール	1日6〜8便	GA/JT/ID/QG/SJ	1.5時間	Rp.107万〜150万
マナド	1日3便	JT	2時間	Rp.153万〜155万
◆カリマンタン・バリクパパン（BPN）から				
ジャカルタ	1日18便	GA/JT/ID/IU/QG/IP	2時間	Rp.100万〜189万
ジョグジャカルタ	1日4便	JT/IU/QG	2時間	Rp.150万〜154万
デンパサール	1日1〜3便	JT/QG/QZ	1.5時間	Rp.115万〜149万
◆パプア・ジャヤプラ（DJJ）から				
ジャカルタ	1日5〜6便	GA/ID/JT	5〜7時間	Rp.367万〜574万
マカッサル	1日3〜4便	ID/JT/QG	3.5〜5時間	Rp.257万〜345万
ワメナ	1日3〜4便	IL/IW	40〜50分	Rp.102万〜122万

※航空会社略記
GA＝ガルーダ・インドネシア航空、JT＝ライオン航空、ID＝バティック航空、IU＝スーパーエアジェット、IW＝ウイングス航空、QG＝シティリンク、QZ＝エアアジア、IP＝プリタ航空、SJ＝スリウィジャヤ航空、IN＝ナム航空、8B＝トランス・ヌサ航空、IL＝トリガナ航空

※スケジュールと運賃は2024年2月時点での情報。利用する航空会社や、予約や搭乗の時期により変動するので注意。インドネシアの国内線はスケジュールの変更や運休、欠航も多いので利用前によく確認すること。

ドライブインの楽しい物売りたち
　バスがドライブインに入ると、いろいろな食べ物を持った少年たちが寄ってくる。窓をたたいてしきりに商品名を連呼する。彼らのなかには、その土地でしか食べられない珍しいものを売る子たちもいる。あらかじめ「名物」がわかっていれば、試してみるのもおもしろい。

バリ島内を細かく結ぶプラマ社のシャトルバス

バスの等級について
　エコノミーとエクセクティフでは料金が倍ほど違うこともあるが、長距離移動ではビジネスクラス以上を選ぼう。通常ビジネスクラス以上は座席分以上は乗せないが、エコノミーではいっぱいになるまで人を乗せ、また乗客がある程度集まるまで出発しなかったりと時間がかかる。体力と時間に余裕のある旅行者以外は、長距離の移動ではなるべくエアコン付きのグレードの高いバス利用をすすめる。

バス

▶バスのメリット＆デメリット

　インドネシアの各島内で最も一般的な交通機関がバス。
　そのメリットは、路線によっては本数が充実している点と、とにかく安いということだ。ジャワ島などでは同じ区間を鉄道も走っているが、バスに比べて本数が少なく、所要時間もかかる。
　ただし、ローカルバスの車内は混雑し、狭苦しい。また、ジャカルタなどの大都市ではバスターミナルは中心部から数十 km も離れた郊外にあり、アクセスが不便なこともある。

さまざまなバスがターミナルに発着する

▶バスの種類

　庶民の足はローカルバスだが、エアコン（AC ＝アーセー）付きで車内も広々としたバスも多くなってきた。長時間の移動では料金の高い Bisnis や VIP、Eksekutif クラスのバスを選択したほうが賢明だろう。長距離区間には夜行バスが運行されていることが多く、昼間より3割程度所要時間が短縮される。途中何度かストップして、食事やトイレの休憩が入る。
　バリ島、ジャワ島、ロンボク島では、プラマ社などがツーリスト用のシャトルバスを運行している。旅行者が滞在する主要観光地だけを結んでいるが、座席の間隔もローカルバスに比べれば、ゆったりしており快適。また、基本的に外国人しか利用していないのでスリに遭う可能性も低い。
　ジャワ島やスマトラ島などでは、シャトルやトラベルと呼ばれるツーリストバスも利用できる。シャトルは自社ターミナルや特定のホテル間などを結び、料金はローカルバスの1.5倍ほど。トラベルは宿泊しているホテルからピックアップして、目的地のホテルへ送り届けてくれるので快適。料金はおおむねローカルバスの2倍程度だが、バスターミナルからホテルへの移動運賃もいらなくなるのでリーズナブルだ。

▶チケット購入方法

　近距離の移動なら当日にチケットを買い、長距離バスはあらかじめ予約を入れておくのが一般的。チケットが買えるのはバスターミナルや市内の旅行会社。バスターミナルでは自分で窓口に行き、料金を確認して買うこと。その辺にいるダフ屋のような人から買うのは、知らないうちに大幅な中間マージンを取られたりするので避けたほうがいい。バリ島などインドネシア各地の観光地では、ホテルのフロントでバスの手配を受け付けている場合もある。

バスターミナルに各社のオフィスが入っている

ハミダシ　バスのグレードは安い順に Ekonomi（NON AC、AC）、急行 Patas（AC、Bisnis、VIP、Eksekutif、Super Eksekutif）となっている。近年はほとんどのバスがエアコン付き。

鉄　道

　ジャワ島内の移動では鉄道も一般的。便利で安いバスや、急増している格安航空会社に押され気味ではあるが、高速鉄道が開通したジャカルタ〜バンドン間など人気の路線もあり、鉄道ならではの独特の楽しさは満喫できる。特に列車名の頭に ARGO がつく優等列車は、日本のJR 並みに正確な運行スケジュールだ。

ジャワ島では鉄道の旅も楽しめる

船　舶

　近距離の島と島の間にはフェリーが運航している。ジャワ島〜バリ島、ジャワ島〜スマトラ島、バリ島〜ロンボク島、スラバヤ〜マドゥーラ島などの区間は、旅行者の利用も多い。

▶ジャワ島〜バリ島のフェリー&バス

　ジャワ東部にあるバニュワンギのクタパン港から、バリ島西部のギリマヌッはフェリーで 30 分〜 1 時間ほど。クタパン港の周辺では、バス&フェリーの通しチケットが購入でき、バリ島のメインバスターミナルであるメングウィ Megwi まで移動できる（所要 6 時間、Rp.20 万）。現地では「バスツアー」と呼ばれ、チケットは旅行予約サイトでも購入 OK。

バスごとフェリーに乗り込む。荷物もそのままなので楽

列車の時刻&運賃
●鉄道公社 Kereta Api
TEL 121
TEL（021）121（国内から）
URL kai.id
　時刻や運賃の確認はできるが、日本発行のクレジットカードでのチケット購入は不可。長距離チケットの予約は電話し 4 番を押すとオペレーターをとおしてできるが、3 時間以内にインドネシアのコンビニや駅へ行き、チケット代金を支払う必要がある。パスポート番号が必要。

✉ 鉄道は安全で快適
　ジャワ島で 6 回ほど鉄道に乗りました。車内や大きな駅にはセキュリティが大勢いて、車内トイレも清潔でした。夜行のビジネスクラスでは、毛布と枕も配られ、夜中でも電灯が明るく見回りも頻繁に行われます。車内では弁当、菓子、ドリンクなどの車内販売もあり、日本の鉄道とかなり似ていました。
　　　（千葉県　サンパウロ）[24]

現地発ツアーのススメ

　スマトラ島のブキッ・ラワンでジャングルトレッキング、ジャワ島ではブロモ山とイジェン火口湖へのツアーに参加しました。いずれも前日までに予約すればいいので、天候や自分の体調に合わせてスケジュールに組み込めて気が楽。すべて宿泊するホテル経由で予約しましたが、どこのホテルも手配に慣れていてやり取りもスムーズ。ホテル発着なら余計な荷物を持たず身軽にトレッキングできるというメリットもあります。登山用の装備の貸し出しは基本していないので、靴や防寒着、リュック、ライトなどは事前に用意しておく必要があります。雨対策にも防寒にもなる上下セパレートタイプのレインウエアがとても重宝しました。
　ほかの観光客との混載ツアーは 1 〜 2 人旅でも参加費が安く抑えられますが、同行者と歩くペースや見るペースが違うとストレスになることも。脚が長く体力がある欧米チームとのトレッキングはついていくのに精一杯で、ガイドにあまり質問できなかったことも心残りでした。一方で、映え写真を撮るのに熱心な地元の学生たちは、私が下山したあともなかなか戻らず、ホテルに戻る予定時刻を 1 時間ほどオーバー。次の予定があったのでハラハラしました。自分のペースで歩きたい人や写真撮影に時間をかけたい人はプライベートツアーがおすすめです。ガイドの話もゆっくり聞けてていねいなサポートが受けられるので、やや値が張ってもコスパが悪いとは感じないはず。
　　　（京都府　絵画四亜　'24）

各国からの旅行者と出会えるのも現地発ツアーの魅力

ブキッ・ラワンの熱帯雨林でランチの用意をするガイドさん

投稿　年末年始は鉄道もかなり混雑するので注意が必要です。1 〜 3 等までの列車がすべて売り切れることもあり、私はジョグジャカルタからサンギランへ行くのを断念しました。（新井鎌俊　島根県）['24]

477

一般人の車で乗車するグラブカー。
配車サービスは「オンラインタクシー」
という呼称が現地で一般的だ

インドネシア各地で呼び出せる
配車サービスを使いこなそう!

スマホを使った配車サービスが世界的に普及
し、インドネシアでもグラブGrabやゴジェック
Gojekの利用が一般的になっている。事前にア
プリをダウンロードして、便利に移動しよう。

グラブのピックアップ場が用意された空港もある

インドネシアの2大配車サービス

インドネシアでGoogleの経路検索をすると、
グラブGrabやゴジェックGojekも交通手段として
明示される。シンガポールに拠点をおくGrab
（URL grab.com）はウーバーから東南アジア事
業を引き継ぎ8ヵ国で展開中。ジャカルタで起
業されたGojek（URL gojek.com）も同様のサー

ビスで国内シェアを競っている。ふたつの配車
サービスを比較すると、チャットで画像や音声メ
ッセージを送れるGrabアプリのほうが使い勝手
がいい。また経由地を1ヵ所追加できる機能や、
車を数時間チャーターするサービスも現時点でゴ
ジェックでは未対応だ。

グラブGrabの利用方法

❶ Car や Bike など
サービスを選択

❷ 現在地を確認し
行き先を入力

❸ 運賃とルートが表
示される

❹ 予約が完了すれば
ドライバーが決定

❺ ドライバーから連
絡が入る

グラブGrabの登録方法

アプリはAndroid/iPhoneともにあり、日本で
もインドネシアでもネット回線と接続していれば
いつでもインストール可。新規登録はFacebook
やGoogleアカウント、電話番号などで登録&ロ
グインできる。実際にグラブを利用するスマホで

登録しよう。電話番号を登録したらSMSによる
コード認証があるので、SMSが受け取れる電話
番号も必要となる。

渡航先で購入した格安SIMの電話番号への設
定変更もできる（メールアドレスも変更可）。

グラブの登録

❶ Android/iPhone
ともにアプリがある

❷ 登録する電話番号
はあとで変更も可能

❸ 次画面で名前とメ
ールアドレスを入力

❹ SMSで6ケタの認
証コードを受け取る

電子マネーでの支払い

インドネシアでは電子マ
ネーもグラブ系列のOVO
（URL ovo.id）とゴジェック系
列 の GoPay（URL gopay.
com）が2大勢力。現地で
使えるスマホにアプリをイン
ストールし、電話番号やメ
ールアドレスなどを入力して
登録する。旅行者に便利
な入金（Top Up）方法は、
Indomaret系のコンビニでの
チャージ。OVOはグラブ運
転手に頼んでも入金でき、
もちろん配車サービスでの
支払いにも利用できる。

電子マネーはコンビニで
チャージ OK

配車サービス利用の注意

●取材者が体験したトラブル事例

❶ グラブはインドネシアの各都市でサービスを提供しているが、タナ・トラジャなど地方都市では実用性が低い。行き先を入力すると「5分で来る」と運賃も表示されるが、実際にはドライバーが見つからなかったりする。

❷ バリ島でバイクの配車依頼をしたら、事前にチャットで「現金で払ってくれ」との打診があり、待ち合わせ場所に到着するとアプリ提示のRp.3万ではなく現金でRp.10万を払ってくれという輩がいた。

❸ 設定の現在地がずれていることもあるのでしっかりチェックしよう。目的地も似たような名称の別の場所になっていないか確認が必要だ。

❹ 一方通行の多い大都市では、乗降場所を建物や通りのどちら側にするかで、走行ルートや所要時間が大きく変わってくる。訪問する場所の順番などもGoogle Mapで調べておこう。

●ジャカルタの渋滞

通勤通学の時間帯は渋滞が激しく、大きな通りでは、平日6:00〜10:00、16:00〜20:00にカーナンバーが奇数か偶数かで交通規制が行われたり、日曜には日中、歩行者天国の区間などもある。

予約した車やバイクが迎えに来られなかったり、相当待たされるケースも想定しておこう。

●バリ島の特殊事情が解消

バリ島はバンジャール（自治体）の発言力が強く、配車サービスや公共タクシーが利用できないエリアもあったが、コロナ禍以降は規制が緩和されている。今まで乗客のピックアップがNGだったチャングー、ジンバラン、ウブドも含めてほとんどのエリアで対応可能となっている。また東部のアメッドなどでも呼び出しは可能だが、やはりマッチングされる車に限りがあるため、事前に配車予約などをしておくと安心だ。

●空港からの利用状況

ジャカルタやマカッサルなどの空港にはGrabドライバーとの待ち合わせ場所があり、専用のサポートスタッフも待機しているのでスムーズ。地方の空港で配車サービスの利用を禁じていることもあるが、その場合は呼び出したドライバーから空港敷地外へ出て来るよう指示を受ける場合もある。

渋滞のひどいジャカルタではバイクが便利

利用方法のQ&A

Q1 運賃は安いの？
A メータータクシーに比べて20〜30％ほど割安になるケースが多い。予約時に運賃が確定するのでぼられる心配が基本なく、使えば使うほど貯まるポイント制度もある。

Q2 使い方は簡単なの？
A 現地でスマホが使える環境にありGoogle Mapを操作できる程度のスキルがあれば問題ない。スマホの位置情報をONにして、乗車場所と降車場所を入力すれば利用できる。

Q3 日本語だけで大丈夫？
A アプリは日本語に対応していないためすべて英語。ドライバーと場所の確認でチャットや電話でコンタクトすることもあるので、最低限のインドネシア語や英語力が必要となる。

Q4 どこでも使えるの？
A インドネシアの主要都市で各社がサービスを提供している。ジャワ島やバリ島の観光地ではほぼ早朝から深夜まで呼び出しに応じる車やバイクが見つかる。

Q5 呼び出してすぐ来る？
A 自分の周辺にマッチングする車やバイクがいれば、呼び出してから数分で来にくる。アプリの地図上でドライバーと自分の位置が示され、到着時間の目安もわかる。

Q6 どんな車が来るの？
A 基本的に白タクなので登録した一般ドライバーが自家用車やバイクでやってくる（車はゆったりサイズの高級車両が多い）。アプリからタクシーを呼ぶことも可能。

Q7 迎車が遅れたら？
A 渋滞でピックアップが遅れたり、待ち合わせ場所で客が見つからない場合はドライバーからチャットや電話が来る。初心者は宿泊ホテルなどで待てばフォローしてもらえて安心。

Q8 支払いはどうするの？
A 降車時に現金で支払えばOK。クレジットカードの登録をすればオンライン決済もできて便利。支払い時にもたつくこともなく余分な現地通貨を用意する必要もなくなる。

Q9 スマホなしでも利用できる？
A スマホがなくても宿泊ホテルや高級レストラン、現地の知人などに手配してもらえば利用可能。運賃は配車時に確定するので、目的地に到着したら所定運賃を支払えばいい。

ハミダシ ブルーバード・タクシーでも専用のアプリ（URL bluebirdgroup.com）でタクシーを呼び出せる。運賃はGrabの白タクよりも割高だが、翌日のピックアップも予約設定できるので早朝利用などに便利。

市内交通

インドネシアの地方は、大幅に自治が認められている。交通のシステムも地方によって彩りが豊かだ。

バリ島では南部エリアのみ、流しのタクシーがある

▶ タクシー

流しのタクシーは、値段交渉で運賃が決まる（バリ島やジャワ島の都市部はメーター制）。乗り込む前に交渉しないと、あとでモメたりする。また、メーター付きタクシーでも、乗るときに運転手がちゃんとメーターを倒したか、基本料金から始まっているか、わざと遠回りしていないかを確認しよう。良心的に対応してくれる人が多いが、旅行者相手にゴマカシをする運転手もいる。

▶ 路線バス

近年になってインドネシア運輸省は新しい路線バスの運行を推し進めている。ジャワ島のジャカルタやジョグジャカルタを皮切りに、スマトラ島のメダン、スラウェシ島のマカッサル、カリマンタンのバンジャルマシンなど、各島の大都市ですでに導入済み（ただし配車サービスのシェア拡大と時期が重なり浸透率がイマイチな都市もある）。支払いは電子マネーカードやスマホ決済コードで、キャッシュ払いは不可。

▶ MRT ジャカルタ、LRT ジャボデベック

「世界一渋滞がひどい」とも言われるジャカルタでは新交通システムが続々と開業している。**MRT ジャカルタ**はジャカルタ特別州が運行する都市高速鉄道（一部区間は地下鉄）。2019 年からジャカルタ中心部を南北に結んでおり、ブンダラン HI からコタまでの延長工事も進められている。

2023 年に開通した **LRT ジャボデベック**はジャカルタ、ブカシ、ボゴール、デポックをつなぐ軽量高架鉄道。ジャカルタ中心部の Dukuh Atas 駅から南方面へ 2 路線運行しており、ジャカルタ〜バンドン高速鉄道にも Halim 駅で乗り換え可。

高速鉄道駅への移動にできる LRT ジャボデベ

つり銭に注意

タクシーやバスに乗って、大きな額のお金を渡すと、よくつり銭がないと言われる。ねばっていると、たいてい返してくれるが、あらかじめ小銭を用意しておこう。

交通移動に使える電子マネーカード

MRT や LRT で使える電子マネーカードは種類いろいろ。旅行者が入手しやすいのは Mandiri 銀行発行の e-Money カード。空港の Mandiri 銀行ブースのほか、各地に店舗があるコンビニ Indomaret で入手が可能（Rp.2 万 7500）。利用額のチャージも Indomaret のレジで OK。

バリ島では 2020 年から 5 路線で路線バスが運行している

✉ 改札でのトラブル

ジャカルタ MRT の自動改札機は Felica 対応ですが、電子マネーがローカル仕様なので反応速度がかなり遅いように感じます（エラーが起きている人をちらほら見かけました）。その対策として自動改札の前にはスタッフが張り付いていて、トラブルに対応してくれます。（宮城県　峰岳 '24）

ハミダシ　ジャカルタには国鉄 KAI が運営する **LRT ジャボデベック**とは別に、ジャカルタ特別州が運営する **LRT ジャカルタ**も運行（北ジャカルタの 6km 区間のみの路線で、現状は他の鉄道路線と接続なし）。

▶さまざまな呼ばれ方をするワゴン車バス

　ベモ、コルッ、ペテペテ、ミクロレッ、オプレッ、アンコタ…地方によって呼び名は変わるが、すべてワゴン車を使った路線バスの呼称。一般的に市内のある一定の路線を走り、そのルート上であれば、どこでも乗り降り自由（乗る場合は空いている席の人数分だけ乗せてくれる）。これだけたくさんの名前があるのは、車種によって呼び名をつけているため。例えばコルッ（Colt)は三菱コルトが昔使われていたから。都市によって走っている種類もまちまちだ。

▶バジャイ

　バジャイはジャカルタの赤い三輪自動車タクシー。小型のため、普通のタクシーよりもやや安い。場所によって走ることができる道が決まっているため、あまり遠くへは行ってくれない。とはいえ、小回りが利き市内観光には便利。

ジャカルタで活躍するバジャイ

▶オジェッ

　オジェッ Ojek はバイクタクシーのこと。インドネシア全土に普及しており、荷物が軽いときや、近距離移動の際に便利だ。

▶ベチャ

　ベチャは輪タクのこと。三輪自転車の前部に座席があり、後部でペダルをこぐ。ジョグジャカルタ、ソロ、スラバヤなどの東ジャワではまだまだ健在。インドネシアらしい風情ある乗り物だ。

市場周辺などで客待ちしている

▶ベチャマシーン／ 　　ベントゥル

　最近では人力ではなく、バイクの前や横に座席を付けたベチャマシーンとか、ベントゥルと呼ばれるものもある。料金はオジェッと同じぐらい（Rp.1万～）。通常のベチャよりも速くメダンなど都市部では便利だが、タナ・トラジャ郊外の急な坂道や道の状態が悪い所には向いていない。

のんびり観光するならベチャもいい

▶馬　車

　地方によってドッカル（バリ島）、アンドン（ジャワ島）、チドモ（ロンボク島）などと呼ばれている。馬車は今でも庶民の足として活躍している。ただ、一部の観光地では、完全に観光客向けの馬車もある。

バイクを使ったベチャマシーン

庶民の足として馬車はまだまだ現役

ワゴン車バスの運賃

　料金は市内均一のところもあるが、郊外に出るものなどは距離に応じて変わるものもある。基本はRp.4000～5000。

各地で市内移動に利用できるワゴン車バス

スマホアプリ Gojek
URL gojek.com

　緑色のヘルメットと上着を着た提携オジェッ・ドライバーを呼び出せる便利なアプリ。ジャカルタ、バンドン、ジョグジャカルタ、スラバヤ、バリ、マカッサル、メダン、バリクパパンなど主要都市で利用できる。

　バイクタクシー（GoRide）のほか、宅配（GoSend）やフードの出前（GoFood）など利用方法もいろいろ。旅行者でもアプリ（iOS/Android対応）をダウンロードすれば利用可（登録には現地の電話番号が必要）。現在地と目的地を入力すれば、近くにいるドライバーへ通知され、数分ほどでピックアップに来てくれる。

バス＆ベモを乗りこなそう

　目的地までのバスやベモ（乗合ミニバス）を探すのは慣れないと大変なので、道で声をかけてくる運転手に聞いてしまおう。たいていは親切に教えてくれる。料金については、あらかじめ現地の人に聞いておいたり、周りの人が払う金額を見るのがいいだろう。少なめに払って、文句を言われたら足していくのもいい。観光客だとわかると料金をふっかけられることもあるが、利用しているうちに相場もわかってくる。

国際運転免許証の取り方

次の書類を持って、運転者本人の住所地がある各都道府県公安委員会へ申請する。ただし申請場所は都道府県によって異なるので、各運転免許センターなどへ問い合わせのこと。交付は申請後数時間で行われる。
[必要な書類]
●日本の運転免許証
●パスポート
●写真1枚(5cm×4cm)
●手数料2650円

国際免許協定について

日本とインドネシアは国際免許の協定を結んでいない。つまり**原則として日本発行の国際免許はインドネシアでは通用しない**ということだ。実際のレンタルには日本の国際免許でほとんど支障がないので、旅行者も利用している。しかし事故や警官に停められたときはトラブルになるケースもあるので十分な注意が必要。

✉ レンタバイクは要注意

インドネシアで日本の国際免許で運転すると「無免許運転」となります。バリ島ではレンタバイクを借りる旅行者も見かけますが、警察の検問で間違いなく停められ、違反金を支払うことになります(当然レンタカーの運転も同様です)。
(神奈川県　サテちゃん)[24]

ガソリンスタンド

大きな町には日本と同じようなガソリンスタンドがある。しかし小さな村や町では、ドラム缶やポリタンクから手押しポンプでガソリンを入れてくれるような「ガソリンショップ」となり、なかなか見つけにくい。ガソリン料金はリッター Rp.1万4000程度で都市により多少異なる。

◆ レンタカー&レンタバイク

▶レンタカー

インドネシアでレンタカーの利用が一般的なのはバリ島とジャワ島のみ。そのほかのエリアではレンタカーでなく、ドライバーごと車をチャーターする方法が一般的となる。バリ島やジャワ島の観光地では、ホテルのツアーデスクや町なかの旅行会社を通じてレンタカーを借りることができる。1リッタークラスの小型車はスズキの Kalimun、中型サイズのミニバンはトヨタの Avansa やダイハツの Senia などが一般的。料金は1日 US$30〜50で保険料込み。1週間単位でレンタルすると、15%程度割安になる。走行距離による課金はなく、満タン返しが原則だ。

▶レンタバイク

レンタバイクはインドネシア各地でわりに一般的。バリ島のウブド周辺、スマトラ島のトバ湖周辺など、地方の観光地はあまり交通の便がよくないため、多くの旅行者が周辺散策の足として利用している。しかし、全般的に道路事情はあまりよくないため、日本でバイクを運転している人以外にはおすすめしない。初心者が転倒による事故でけがをするケースも多いので、安全に留意しよう。

バイクはレンタカー同様、町の旅行会社をとおして借りられる。また宿泊しているホテルやレストランのスタッフに、紹介してもらうのもいい。レンタルできるのは90cc、100cc、125ccといったサイズ。料金はおおむね1日 Rp.5万〜6万。1週間程度のレンタルだと1日 Rp.4万くらいとなる。ただし保険料は含まれていない。保険料はバイクレンタル料と同じくらいかかる場合が多い。

▶バリ島の交通事情

バリ島内の移動手段としてレンタバイクはかなりポピュラーだ。ちょっと遠出の散策やショッピングなど、風を感じながら自由に移動できるのは大きなメリット。特にクタ&レギャン、ウブド、アメッド、ロビナなど、ホテルやレストランが周辺に点在しているエリアではとてもユースフルだ。

交通ルールは日本と同じ左側通行で、感覚的には車もバイクも日本で運転するのと同じ。ただし、だから運転しやすかろう……はちょっと甘い。何しろ人も車も動物も、日本のように交通ルールを守っていない。ルールはルールとして認めてはいるが、ドライバー側、歩行者側、さらに動物側と、自分が安全と思えたら何でもアリなのだ。一見、無理な追い越し、無理な横断は多々見かける。車間距離は無視に等しい。また、道路事情も日本に比べたら決してよくなく、路肩が緩んでいるのは当たり前、山間部では雨のあとの土砂崩れもよく起こる。だからバリでレンタカー、レンタバイクを運転する人は、細心の注意をして利用しよう。

タクシーをチャーターして移動するのもいい

インドネシア個人旅行のノウハウ

旅の情報収集

　トリップアドバイザーなどネット情報のほか、インドネシア在住者のSNSやブログは事前の情報収集に便利。最新のカフェやレストラン、ショッピング情報が手に入る。現地に到着してからは、観光案内所がユースフル。簡単な地図もあるし、知りたいことをいろいろ教えてもらえる。スタッフたちは地元ならではのおいしい食堂や、ショッピングスポットなどにも詳しい。ネット検索では見つからない旬の情報も得られるだろう。

各地の観光案内所でフレンドリーに対応してくれる

旅の便利アイテム

　デング熱など病気を媒介する蚊に刺されないために、虫よけスプレーとワンプッシュ式の蚊取りを持って行こう。現地でも購入できるが、成分含有量などの面で日本で買って行くほうが安心だ。

　また、ジップロックのようなファスナー付きバッグを大小用意しておくと便利。インドネシアでは食べ残しのスナックやパンは放っておくとすぐにアリの餌食になる。わずかな隙間からでも入り込むが、ジップロックで密閉しておけば大丈夫。インドネシアでは菓子や化粧品などの液体物の梱包が日本ほどしっかりしていないので、日本に持ち帰る際に入れるのにも役立つ。

　そのほかローカル食堂ではテーブルが汚れていたりすることがあるので、ウエットティッシュも持っていきたいアイテムだ。

チップは必要？

　もともとチップの習慣がないインドネシアだが、中級以上のホテルやスパではチップが期待されている。スーツケースを部屋まで運んでくれたポーターや部屋を掃除してくれるハウスキーパー、スパでマッサージをしてくれたセラピストなどへのチップは最低額でRp.1万が目安（高級ホテルやスパではRp.2万〜）。特別なサポートをしてもらったら、感謝の気持ちを金額で示してみよう。

　ただし地方のホテルではハウスキーピングに枕銭を置いても部屋に戻ったらきれいにふたつ折りにして机の上に置かれていたり、ポーターにチップを手渡しても普段もらうことが少ない人には驚かれることもある。チップはあくまで自分次第。必ず渡さなければならないといったものではない。

現地のトイレ事情

　トイレはインドネシア語でカマル・クチルKamar KecilまたはトイレッToilet。突然もよおしたら日本ではコンビニを探すが、インドネシアのコンビニにはトイレはないし（あっても従業員用のローカル仕様）、公衆トイレもほとんど見かけない。博物館や遺跡などの観光スポットにはトイレがあるが、トイレットペーパーが用意されていないこともあるので、水溶性のティッシュを持参しよう。

　洋式のきれいなトイレを探すなら、観光客向けのレストランやカフェ、中級以上のホテルやショッピングモールへ。とはいえ、いきなりのトイレ探しは大変なので、できるだけトイレのある場所で済ませておくことが肝心だ。

　ちなみにインドネシアのローカルなトイレは、水桶にためられた水を備え付けの手桶でくんで、左右でお尻を清めたあとに便器に水を注いで流すスタイル。水圧が弱く詰まりやすいのでトイレットペーパーは流さずゴミ箱へ。また便器にホースが取り付けられていたら、それは手動ウォシュレット。レバーをつかむと結構な勢いで水が出てくる。しゃがむ式の便器も多いが、その場合は壁に背を向けるのが正解だ。

スマホは旅を安全にする

　日本国内と同様にスマホなしでも旅行はできる。ただしインドネシア全土でスマホ利用が一般的となり、公衆電話はほとんど見かけない状況。最新情報の入手や移動アプリ利用のほか、安全確保のライフラインとしてスマホを持っていくことをすすめる。SIMロックが解除できないスマホでも、日本でWi-Fiルーターをレンタルしたり、ローミングをオフにしてホテルの共用Wi-Fiのみで使用することもできる。また、Nokiaなどの格安携帯電話なら3000円程度（本体30万ルピア+SIMカード3万ルピア）で入手できるので、通信手段を確保しておくのもいい（現地でスマホを紛失した場合の通信手段としても便利だ）。

空港ロビーにはSIMカードの販売店が並ぶ

電話・インターネット

電話

▶市内通話

インドネシア国内の固定電話からの通話は、市内通話は電話番号のみ、市外通話は 0 から始まる地域番号 + 相手番号となる（ホテルの部屋からかける場合は備え付けの案内に従うこと）。

急速な携帯電話の普及にともなって、公衆電話はほとんど見かけなくなった。宿泊ホテルからの通話は可能だが、手数料がかかり割高。

中級以上のホテルには部屋に電話機がある

▶現地で携帯電話を購入する

各地の携帯ショップなどでスマホの購入も可。例えば、XIAOMI や OPPO などの安めのスマホならば Rp.100 万前後（約 1 万円）で見つかる。なお通話に必要な SIM カードは番号によって値段が異なり Rp.3 万〜（並びが整った番号は値段が高くなる）。通話料はプルサ（プリペイド式の料金クレジット）を別途購入し、国内通話で 1 分 Rp.500 〜 700、日本への国際通話で 1 分 45 円〜。インターネットのパッケージ料金も購入が必要となる。

▶国際電話

電話利用が多い人は旅行中に使える端末を確保しておくと便利。市内通話と同じく、日本への国際電話はホテルの部屋からかけられ、日本語オペレーターを経由したコレクトコールも利用できる。

町中に携帯電話のショップも多い

▶海外で携帯電話を利用するには

SIM フリーのスマホなら現地料金で回線利用も可能。現地で、大手の通信会社テレコムセルの simPATI など SIM カード（Rp.2 万 5000 〜 5 万）を買って差し替え、店員に頼んで使えるようにしてもらう作業が必要。さらに「プルサ Pulsa（＝プリペイド式の通話＆通信料のクレジット）を購入し、店員に入力してもらえば使うことができる。例えば SIM カードとインターネット使用データ 12GB 分、通話料プルサ Rp.1 万分が込みで Rp.19 万〜（使用期限 30 日）という旅行者用パケットを販売している店もある。

▶通信アプリ WhatsApp

日本国内での通信アプリは LINE の利用が一般的だが、インドネシアでは WhatsApp（＝ワッツアップ。略称 WA ＝ウェーアー）が圧倒的なシェアを誇っている。バリ島の多くのホテルやレストランでは WA で顧客対応をしており、アプリを入れた瞬間から日本からでも現地でも、チャットで予約や質問などに対応してもらえるケースが多い。国際通話も無料で音声のクオリティも高い。

現地発ツアーの問い合わせチャットは PC 版の WhatsApp を同期して使用するのも便利

日本での国際電話の問い合わせ先
● NTT コミュニケーションズ
TEL 0120-003300（無料）
● ソフトバンク
TEL 0088-24-0018（無料）
● au（携帯）
TEL 0057（無料）
TEL 157（au の携帯から無料）
● NTT ドコモ（携帯）
TEL 0120-800-8000（無料）
TEL 151（NTT ドコモの携帯から無料）
● ソフトバンク（携帯）
TEL 0800-919-0517
TEL 157（ソフトバンクの携帯から無料）

海外で携帯電話を利用するには

海外で携帯電話を利用するには、日本で使用している携帯電話をそのまま利用する方法やレンタル携帯電話を利用する、モバイル Wi-Fi ルーターを日本の出発空港でレンタルする方法がある。定額料金で利用できるサービスもあるので、現地でのネット利用に便利。詳しい情報は各社に問い合わせてみよう。

インドネシアの SIM カード

2018 年からインドネシアでは「SIM カードへの個人情報の登録」が義務づけられている（要パスポート）。市内の路地裏にあるような小さな店で購入してもテレコムセル運営の GraPARI など同様に番号と利用者の登録をしないと、使えるようにはならない。

テレコムセル Telkomsel はシェア率は 40%の最大手キャリア。インドネシア全土で安定した接続ができるので、地方も巡る旅行者はテレコムセルの simPATI を選ぶのがおすすめだ。

ハミダシ 日本のスマホや携帯から日本の番号へかけるには、「＋」- 国番号 - 相手の電話番号となる。日本の携帯には「＋」のキーがないが、機種により「0」や「#」を長押しすると「＋」となる。

インターネット

▶ネット環境は日本よりも便利！

バックパッカー用の格安ホテルから、中級～高級ホテルまで近年はほとんどの宿泊施設で無線LAN（= Wi-Fi）に対応している。

ただし、ロビーやカフェのみ接続可能で、客室ではアクセス不可というケースも多い。町なかでは「Hot Spot Wi-Fi」などと看板が出ているカフェやレストランで接続可能だ。また、日本で海外用モバイルWi-Fiルーターをレンタルして

空港ロビーにも SIM カード売り場がある

いくという方法もある。

▶アクセスにはパスワードを入力

バリ島の観光エリアにある多くのカフェやレストランでフリーWi-Fiを提供している。ホテルも一部を除いて基本的に無料だ。ホテルの場合は部屋にパスワードが書かれたカードが置いてあったり、カードキーを入れるケースに記されていたりと施設により異なる。レストランやカフェでは店員にWi-Fiを使いたい旨を伝えると、パスワードを口頭で教えてくれる。

Wi-Fi 対応のカフェが多い

旅行前に SIM を入手する

出発前に Amazon などで事前購入すれば、SIM を持って旅行に出発できる。「sim2FLY」は東南アジア各国や日本で共通で使える比較的評判のよいプリペイドSIM カード（通話は不可）。8日間・データ通信量 5GB まで高速接続できるので、現地で SIM を買ったり設定する時間をセーブできる。

インターネットを使うには

「地球の歩き方」ホームページでは各携帯電話会社の「パケット定額」や海外用モバイル Wi-Fiルーターのレンタルなどの情報をまとめた特集ページを公開中。
URL www.arukikata.co.jp/net

携帯電話を紛失したら

● au ※1
国際電話識別番号
+81+3+6670-6944
● NTT ドコモ ※2
国際電話識別番号
+81+3+6832-6600
●ソフトバンク ※3
国際電話識別番号
+81+92+687-0025
※1　au の携帯から無料、一般電話からは有料
※2　NTT ドコモの携帯から無料、一般電話からは有料
※3　ソフトバンクの携帯から無料、一般電話からは有料

INFORMATION

インドネシアでスマホ、ネットを使うには

スマホ利用やインターネットアクセスをするための方法はいろいろあるが、一番手軽なのはホテルなどのネットサービス（有料または無料）、Wi-Fiスポット（インターネットアクセスポイント。無料）を活用することだろう。主要ホテルや町なかにWi-Fiスポットがあるので、宿泊ホテルでの利用可否やどこにWi-Fiスポットがあるかなどの情報を事前にネットなどで調べておくとよい。ただしWi-Fiスポットでは、通信速度が不安定だったり、繋がらない場合があったり、利用できる場所が限定されたりするというデメリットもある。そのほか契約している携帯電話会社の「パケット定額」を利用したり、現地キャリアに対応したSIMカードを使用したりと選択肢は豊富だが、ストレスなく安心してスマホやネットを使うなら、以下の方法も検討したい。

☆ 海外用モバイルWi-Fiルーターをレンタル

インドネシアで利用できる「Wi-Fiルーター」をレンタルする方法がある。定額料金で利用できるもので、「グローバルWiFi（【URL】https://townwifi.com/）」など各社が提供している。Wi-Fiルーターとは、現地でもスマホやタブレット、PCなどネットを利用するための機器のことをいい、事前に予約しておいて、空港などで受け取る。利用料金が安く、ルーター1台で複数の機器と接続できる（同行者とシェアできる）ほか、いつでもどこでも、移動しながらでも快適にネットを利用できるとして、利用者が増えている。

▼グローバルWiFi

海外旅行先のスマホ接続、ネット利用の詳しい情報は「地球の歩き方」ホームページで確認してほしい。
【URL】http://www.arukikata.co.jp/net/

 ハミダシ　インドネシアの SIM カードにはどれも電話番号が付いている。SIM は無料通話が含まれているタイプと無料通話分なしの 2 種類があるが、あとでプルサを購入すればそのぶんの通話は可能となる。

宿泊事情

グレードによるアメニティの充実度

●高級ホテル
　石鹸、シャンプー、コンディショナー、バスフォーム、シャワーキャップ、歯ブラシ、タオル類。

●中級ホテル
　石鹸とタオル。

●ロスメン
　すべて自前。トイレットペーパーは用意してあるところもある。

インドネシア式マンディ

　マンディとはインドネシア語で水浴びのこと。熱帯にあるこの国では、すぐに汗だくになるので、1日数回マンディする習慣がある。

　ロスメンと呼ばれる安宿にはマンディルームがあり、水溜めとトイレが置かれている。水溜めからひしゃくで水をすくって体にかけて使用する。大きい水溜めを見ることもあるが、バスタブではないので、つからないこと。

　安宿のトイレは紙を流すことも不可。紙を流すと詰まってしまうため、インドネシアでは左手を使って水でお尻を洗い流すのが昔からの習慣だ（近年はトイレットペーパーの使用も増えている）。左手が不浄の手とされ、物の受け渡しをしないのもこのためだ。

地方には伝統家屋を模したバンガローも多い

インドネシアには最高級のリゾートホテルから、家族経営の小さな安宿まであり、そのレンジは幅広い。当然ホテルのグレードによって宿泊事情も変わってくるが、ホテルの数が過剰気味のため、たいていのホテルは予約を入れなくともすんなり泊まれる場合が多い。

宿泊施設のタイプ

▶高級ホテル＆リゾート

　インドネシアの観光地や都市部には快適な高級ホテルが多い。特にバリのリゾートエリアには、世界的に見ても高水準のリゾートホテルが多い。宿泊料金は1泊US$200以上。ほとんどはビーチや渓谷など景色のいい場所に建ち、プールやテニスコート、ジム、レストランなどをもち、各種アクティビティの手配を行ってくれる。室内にはエアコン、TV、ミニバー、バスタブ、ホットシャワー、各種アメニティが標準装備。快適なリゾートライフを演出するのに最適。日本からのツアーで使われることも多く、1週間以内の滞在なら、個人で泊まるよりもツアーに入ったほうが安く上がる。

▶中級ホテル＆バンガロー

　バリ島のリゾートエリア内の中級ホテルは、部屋が敷地内に点在する一戸建てバンガロー（コテージ）タイプが多く、宿泊料金は1泊US$25〜150程度とかなり幅広い。インドネシア各地でも、同様のバンガローと中規模のビルディングタイプが営業している。

▶安宿もイロイロ

　インドネシアの民宿タイプの安宿は**ホームステイ** Home Stay や、**ゲストハウス** Guest House と呼ばれる。安宿でもビジネスホテルは**ロスメン** Losmen、または**プギナパン** Penginapan と呼ばれる（そのほか、「家」という意味の**ウィスマ** Wisma や**ポンドック** Pondok の名称をつけた宿もある）。ローカルなエリアの宿泊施設はこれらのタイプの宿が多く、値段は朝食付きで Rp.15万前後〜と非常に安い。特にホームステイなどの民宿はインドネシアの人々の暮らしに触れながら、のんびりと滞在するのに適している。

ホテルの予約

　1週間程度の旅行日程であれば、個人旅行でもホテルは事前に予約を入れて行くのが一般的。特に年末年始、7～8月の旅行シーズンは、内外の旅行者で混み合うので、早めにホテルを確保したい。インターネットを通じてホテル予約サイトを利用すれば、現地ホテルで交渉するよりも安く宿泊できる場合が多い。

　高級リゾートの場合にはオンライン予約を直接入れると、空室状況によっては最も割安になる。ホテル予約サイトに出てこない格安ホテルは、電子メールやWhatsAppで予約を。

　ただし、年末年始や7～8月の旅行シーズンを除くと、現地で直接ホテルを訪ねても必ず空きがある。ホテルの予約は現地で簡単にできるので、長期旅行者は直接ホテルを見て回って宿泊場所を決めるスタイルもいいだろう。初めてのインドネシア旅行で少し不安な人は、到着日だけでも予約を入れておこう。

ハイシーズン以外は現地で探してもOK

注意が必要なインドネシアの旅行シーズン

　現地に住むインドネシア人の旅行シーズンは、年末年始とイスラム教の断食明け。特に、イドゥル・フィトゥリと呼ばれる断食明けの休日は、日本のお正月のようなもので、多くの人が帰郷して親戚中を訪ねて歩く。そのためその後約2週間にわたって宿泊施設と交通機関は大混雑が続くので注意が必要。この期間はできるだけ早めの予約を心がけよう。都市部では交通渋滞がひどくなり、スーパーマーケットや観光地は人でいっぱいとなる。

ホテル料金に加算されるお金
　インドネシアの中級～高級ホテルでは、税金とサービス料の21%が料金に加算される。オフシーズンにはその加算額分を割り引くホテルもある。また中級以下の安ホテルでは、税金分はあらかじめ料金に含まれて、別途請求されないことが多い。

ホテルでの問い合わせ会話例
●空室はありますか？
Apakah ada kamar kosong?
（アパカ アダ カマル コソン？）
●1泊いくらですか？
Berapa satu kamar, semalam?（ブラパ サトゥ カマル スマラム？）
●安くしてください。
Bisakah dikurangkan biayanya?（ビサカ ディクランカン ビアヤニャ？）

✉ 民泊してみました
　エアビーアンドビーで民泊を体験しました。個人宅は中心部から離れた場所に多く、同じ安宿の場合にはBooking.comのほうが少し割安で地図の位置も正確でした。民泊に興味がなく、普通の安ホテルに泊まりたいのならば、利用する意味はあまりないかも。ただし同サイトの「体験」というページでは町歩きツアーや工芸教室などユニークな情報も出ています。（神奈川県　クリリン）['24]

Information

エアビーアンドビーの利用方法

　その土地ならではの生活を体感できる民泊仲介サイトとして広まり、世界中で利用されているエアビーアンドビー（URL www.airbnb.jp）。近年は個人宅のみならず、プール付きマンションや家具付きアパートの空き部屋、経済的な一般ホテルなども登録されている。ホテル検索サイトよりも割安なケースもあるので、サイトをチェックしてみるといいだろう。

　利用方法は通常のホテル予約サイトと同様に、宿泊希望の地名と日付、人数などを入力すると、おすすめ物件の写真と料金が表示される。マップで検索したければ、画面右下のポイントマークを押すと、地図上の掲載物件のある位置に各宿泊料金が表示される（料金のボタンを押すとホストの名前と写真が出てくる）。さらにスクロールしていくと、設備やチェックイン時間、喫煙の可否などの条件やルールが見られる。

　支払いはクレジットカードやデビットカード、一部のプリペイドカードのみ利用可能。到着後に現金払いはできない。予約（リクエスト）送信と同時に決済されるが、チェックインの14日前まではキャンセル無料。以降はチェックインの24時間前までにキャンセルすれば、サービス料を除く全額が返金される。

　個人宅への民泊だと、連絡が多少もたつくこともあるが、現地人の暮らす家やアパートに泊めてもらうのはホテルとは明らかに異なり、新鮮な体験となる。ただし宿泊先が個人宅だと、先方の都合でドタキャンされたり、連絡が取れずに待たされることもあるので、スケジュールに余裕がない短期旅行者は利用は避けたほうが無難だ。

地図からも宿泊先を検索できるエアビーアンドビー

リゾートホテルに格安料金で泊まる

リゾートホテルには公示料金（ラックレート）と割引料金というふたつの料金設定がある。例えばパッケージツアーを利用した場合の宿泊料金は、すでに割引を受けていることになる。また、ツアー会社をとおさずに個人で手配する場合でも、ホテル予約サイトや現地の旅行会社をとおした予約などによって、定価より安く宿泊することが可能だ。

▶大手ホテル予約サイトの利用

海外で高級ホテルだけでなく、安宿に宿泊する場合にもホテル予約サイトの利用が一般的だ。泊まりたいホテルを検索・比較し、クリックひとつで予約が確定する。最低価格を保証している予約サイ

快適なリゾートホテルに泊まってみたい

トが多い。支払い方法はクレジットカード決済が基本で、予約確認書はメールで受け取れる。

▶日本の予約センターで予約する

高級リゾートは世界的な系列であれば日本にも予約センターや総代理店（レップ）をもち、日本国内で予約を入れられるようになっている。これらをとおして予約すると、オフピークや週末の連泊などにキャンペーン料金の適用を受けられる。特にバリの高級ホテルのなかには、予約センターなどをとおすだけでオフシーズンに40～50%近くの割引や、部屋のアップグレード、食事や送迎、ゴルフなどをパッケージして、割安料金で提供するホテルも多い。

▶ホテルの公式サイトで予約する

最新公示料金やキャンペーン料金は、各ホテルのホームページでも知ることができる。また、インターネットをとおしてオンライン予約をするだけで大幅なディスカウント料金を設定しているホテルもある。シーズンによっては50%近くもの割引を行い、朝食と空港送迎もサービスしてくれるホテルもあるので要チェック。

▶現地旅行会社をとおして予約する

現地旅行会社が運営するウェブサイトも利用価値大（最近は日本語対応の現地旅行会社も増えてきている）。大手のホテル予約サイトや日本国内のツアー会社の料金よりさらに割安な料金設定が見つかる場合もある。また、日本から予約を申し込まなくても、インドネシア到着後にホ

主要都市の空港にあるホテル予約所でも割引OK

テルクーポンを扱う現地旅行会社に直接行き、バウチャーをその場で発行してもらうことも可能。あまりプランのない長期旅行で高級リゾートに宿泊する際に、おすすめしたい方法だ。

主要ホテル予約サイト
●エクスペディア
URL www.expedia.co.jp
●Booking.com
URL www.booking.com
●ホテル価格チェッカー
URL ホテル価格.com

エクスペディアやBooking.com、agoda、Hotels.comなど、30もの予約サイトのホテル料金を一度に比較し、最低価格保証付きでオンライン予約が可能。ただし、最安料金での予約は英語サイトでしかできない場合もある。料金は予約日時や両替レートとともに刻々変わっていく。予約時に支払い済みか現地払いかは要確認。

現地でのディスカウント

中級から高級のホテルでは、直接フロントに出向いて交渉するよりも、現地の旅行会社で予約したほうが安くなる。個人客用レート＞旅行業者間レート＋コミッション、という図式だ。

バリをはじめ、ジャワ島の大都市でも高級ホテルは過剰気味で、オフシーズンには50%以上も大幅割引するホテルも多い。もともとインドネシアの中級以上のホテル料金は、どこもオーバープライス気味。ピークシーズンを除くと、ディスカウント料金で泊まれることがほとんどだ。

✉ **予約サイトの地図に注意**

ホテル予約サイトでは、地図の場所が微妙にずれていることも多いです。宿泊候補のホテルが公式サイトをもっていれば、予約前に確認しておきましょう。ホテルに直接問い合わせると、予約サイトよりも割安な料金を提示されることもありました。
（Hero　神奈川県［'24］）

Column ホームステイでバリに溶け込む Menginap di Home Stay

チープに旅をしたいなら、おのずと宿泊先は安宿へ。特にバリ文化を深く知りたい人には、ホームステイやゲストハウスと呼ばれる個人経営の宿がおすすめだ。日本の民宿のようなスタイルで、伝統文化を体験したり、ローカルなイベントに参加する契機ともなる。

ホームステイの間取りはバリの民家とほぼ同じ

バリの家族と楽しく過ごすホームステイ

バリ島のホームステイ Home Stay は、現地の家族が経営するこぢんまりとした民宿。設備は質素だが、ベッドにはマットレスが敷かれ（まれにスプリングベッドも用意されている）、バスルームにはシャワーがあり（基本的にお湯も使える）、簡単な朝食も付く。オーナーの家族が同じ敷地に住んでいればセキュリティ面でも安心だし、バリ人の日常生活を間近で見ることもできる。機会があれば、儀礼のときに食事に招待されたり、寺院祭礼に誘ってもらえたりもする。また、家族の一員が芸能に携わっていれば、舞踊やガムラン、絵画を教えてもらうのもいい。とにかく、興味があることやしたいことをどんどん相談してみよう。きっと親身に対応してくれるはずだ。

かぎりなく質素な安宿ロスメン

ロスメン Losmen とはインドネシアの商人宿で、デンパサールやギャニャールなどの都市部に多い。部屋が長屋風にずらっと並び、室内はベッドと洗面台、小さなタンスがあるのみ。バスルームにはシャワーはなくて、四角い水桶から水をすくって浴びる「マンディ（沐浴）」が一般的だ。朝食が付くところも少なく、コーヒーと軽いお菓子が出るくらい。しかし、とにかく安いのが魅力で、ほかの島から来た人たちと知り合うこともできる。インドネシアのサラリーマンとの交流も、意外に楽しいものだ。

安宿滞在のヒント

旅の経費を切りつめようと思ったら、必然的に洗濯は自分ですることとなる。バリではランドリー料金も安いので、ジーンズなど洗濯しにくいものは町なかのランドリーショップに持っていこう。

自分で洗濯をして干す場合には、備え付けのタオルかけのような物干しを使う。自分でロープを張る場合は、必ず低い位置に。バリ人は頭を神聖な部分と考えているので、不浄な洗濯物が高い位置にあるのは NG。

また、長期滞在していると、どうしても飽きてくるのは朝食のメニュー。パンケーキやジャッフル、トーストといった選択肢があるものの、それをローテーションしたところで、飽きるものは飽きる。そんなときにはスタッフに自分の食べたい朝食メニューを自ら教えてしまうといい。フレンチトーストやポーチドエッグなら朝食用の食材でできてしまうので、台所におじゃまして即席の料理講習会を開いてしまおう。バリ人はマニュアルで動いているわけではないので、フレキシブルに対応してくれる。

最近は沐浴（マンディ）よりもシャワーが一般的

トラブルが起こったら

安宿にはセーフティボックスなどはない。だから貴重品の管理は自分自身でしっかりとしよう。仲よくなったスタッフとも、話をするときは表のテラスを使い、部屋には気軽に入れないこと。しっかりした宿なら、掃除のとき以外はゲストの部屋に立ち入らないのが原則だ。万一盗難などのトラブルが起きたら、まずオーナーに伝えること。それが原因で気まずくなってしまうこともあるかもしれないが、オーナーにしてみればスタッフに注意を払う機会にもなるので、結果としては相手のためになる。安宿でも常識的に過ごしていれば問題が起こることはない。家庭的な安宿暮らしの楽しさを満喫しよう。

宿泊先で伝統芸能を習うのもバリ島のホームステイならではの楽しみ方

バルコニーでのんびり過ごそう

ショッピング事情

買い物前に物価を知ろう

スーパーやデパート、大規模なおみやげ屋はたいてい日本同様「定価」制となっている。特に地元の人も利用するスーパーやデパートは、それほど高い値づけが行われてはいないので、買い物をする前にのぞいて物の価値をある程度知っておくことをすすめる。大規模なおみやげ屋は、観光客相手なので「定価」であってもかなり高めだ。

空港での買い物には注意

インドネシアにかぎったことではないが、空港内にあるショップでの買い物は注意が必要となる。多く報告されるのは、「免税店で商品を購入したら金額が上乗せされたり、個数を多く請求された」というもの。空港内に入っている店は対応も間違いないという先入観のもと、購入後にすぐにレシートを確認しないことから起こりがちなケースだ。特におみやげ物を多数購入したときには、すぐに金額の確認を。

スーパーマーケットではおみやげ品も見つかる

素朴な自然雑貨、バティックやイカットなどの布製品、伝統的な絵画や木彫りなど、バリ島をはじめとするインドネシア各地はエスニックなおみやげの宝庫だ。楽しく買い物をするために、ショップカテゴリーの違いや基本的な技術を知っておこう。

ブランド品から民芸雑貨まで揃う大型免税店

▶旅行者に人気のショップ＆ギャラリー

最近ショッピングの主流になっているのが、旅行者のニーズに合わせた自然雑貨店やブティック。多くは外国人オーナーが経営しており、買い手が求めるものをセンスよく揃えている。商品は定価販売なので、ボラれる心配はほとんどない。一部の個人経営店では、多少の値引きにも応じてくれるので、まとめ買いをする際には一応交渉してみてもいい。

▶要値段交渉のローカルショップ

インドネシア人が利用するショップのなかには、日本の市場と同じように交渉によって値段を決め、同じものを買うのでも交渉しだいで値段は変わる場合もある。品質もまちまちで『安物買いの銭失い』という言葉どおりになってしまうこともあるので注意。

昔ながらの民芸品を並べたみやげ物屋も、基本的に同じシステム。ここでの値札は、初めからディスカウントされることを前提にしている場合も多い。インドネシアでは旅行者も小さな店構えの「市場」で、買い物客という立場でセリに参加しているのだ。

▶物価を知るならまずはスーパーへ

スーパーマーケットやデパートは、雰囲気も品揃えも日本とほとんど同じ。どの階層の人も利用し、定価制で最安値をつけていることが多いので、インドネシアの物価を把握するのにはうってつけ。おみやげ物やTシャツなども置かれているので、インドネシア初心者はとりあえずここで品物の値段を見ておくと、ほかの店でもボラれることが少なくなる。

付加価値税（VAT）還付制度

ジャカルタとバリ島では、付加価値税VATの還付制度（タックスリファンド）が導入されている。対象者は外国のパスポートをもつ個人旅行者のみ（滞在期間は2ヵ月以内）。還付には、対象となる指定ショップ1店で1回の買い物の合計額が、500万ルピア（税抜き）以上であることなどが条件となる。

指定ショップで商品を購入するときパスポートを提示して『タックス支払い証明書』を受け取り、申請はスカルノ・ハッタ空港かグララİ

空港から出国するときにVAT還付カウンターで行う（原則としてチェックイン前に申請する）。これにより、10%が還付される。免税品や飲食品・たばこなどは還付の対象外となる（出国前の1ヵ月間の買い物に有効）。タックスリファンドの制度は流動的なので注意。還付が適用される指定ショップは、現状では少数のみ（バリ島ではディスカバリーモール内の「そごう」など）。

ショッピングの技術　Cara belanja di pasar

旅行者向けのおみやげも多いウブド市場

　自然雑貨を扱う小粋なショップや、ブランド物が充実している大型免税店ばかりに目がいきがちだが、各地のローカルな市場やアートマーケットにも立ち寄ってみよう。ユニークな品揃えと、値段交渉を前提とした店員とのやり取り。ショッピング自体がエンターテインメントだ。

市場で個性的なおみやげ探し

　市場（＝パサール）は早朝から独特の活気に満ちている。食材はもちろん、日用雑貨や衣服、お供え物に欠かせない花々まで市場で揃わないものはない。インドネシア人にとってはごく当たり前の生活用品を売る市場だが、意外に魅力的なものが見つかったりする。例えばバリの市場にある、ヤシの樹液から作られた砂糖グラ・メラ。黒砂糖に近い素朴な甘味があり、100％手作りだから添加物もゼロ。とてもヘルシーな自然食だ。また、お供え物グッズも要チェック。細く割いた竹で編んだカゴなど、おみやげ物屋にあるものより凝った柄が見つかる。祭礼時に使う飾り物のなかにも、インテリアによさそうなものがある。夕方からのナイトマーケットに出る子供の玩具の屋台では、今どき日本では売っていないようなキッチュなお宝も見つかる。

チープな雑貨はアートマーケット

　バリ島のクタ＆レギャンのほか観光客が多い各島には「アートマーケット」と呼ばれるおみやげ市場がある。ビンタンビールのロゴ入りグッズやTシャツ、アクセサリー、木彫り、サロンなど観光客向けに作られた「おみやげ用品」が

骨董品風のアイテムが置かれたソロのアンティーク市場

雑多な感じで売られるスポットだ。決して洗練された品揃えではないが、インドネシア人はコピーの天才。人気ショップで見かけたリゾート服やアクセサリーとほぼ似たようなものが、このアートマーケットで見つかることもある（ブランド物のコピー商品は違法なので買わないこと！）。

値切りのテクニック

　定価の表示がない市場では、当然値切り交渉が必要になってくる。売る側にしてみれば、少しでも利益を得たいのは当たり前。顔なじみなら仕入れ値ぎりぎりで売ってあげることもあるし、高く買ってくれそうな相手には利益を期待する。特にアートマーケットなどで売られている観光客向け商品に関しては、最初の言い値がかなり高い。

　大切なのはまず現地の物価を把握して、さらに自分で買いたい物の価値を決めること。例えば気に入ったデザインのTシャツを2万ルピアで買いたいと決めたとする。相手の言い値が高かったら、まずは「え～っ？高い！」という意思表示をする。そうすると相手は「いくらなら買う？」と聞いてくるが、そのときに「その値段では買えない。下げてくれるなら買ってもいいけど」といった感じで、こちらからは金額を言わないでおくこと。それであらためて値段を聞く。するとさっきよりも下がっているは

売り子との駆け引きも楽しいアートマーケット

ずだ。ほかの商品を見たり世間話をしたりして時間をかけ、値段を切り出すのは最後の段階。「2万でどう？」と伝え、相手がもう少し上げてほしいと言ってくれば少し上乗せする。それでも交渉が成立しなければ、ちょっとほかの店も見てくるから、と言って席を外すと効果的。自分の言い値でOKとなるかもしれないし、相手の素気ない態度から自分の設定値を再考することになるかもしれない。コツはあくまでもゆっくりと、売り子さんと友達になってしまうくらいの感じで、交渉を楽しむこと。

民芸品のホールセラーは激安

インドネシアの食事

食事での基本単語
メニュー＝ menu メニュ
レシート＝ kwitansi クイタンシ
つまようじ＝ tusuk gigi トゥスッ ギギ
皿＝ piring ピリン
スプーン＝ sendok センドッ
フォーク＝ garpu ガルプ
ナイフ＝ pisau ピサウ
箸＝ sumpit スンピッ

インドネシア料理の調味料
ガラム Garam：塩
グラ Gula：砂糖。グラ・パシール Gula Pasir は普通の白砂糖。グラ・メラ Gula Merah はヤシ砂糖のこと
ケチャッ・アシン Kecap Asin：普通の醤油
ケチャッ・マニス Kecap Manis：たれのような甘口醤油
トゥラシ Terasi：小エビから作ったペースト
アサム Asam：タマリンド。酸味づけに使われる
クラパ Kelapa：ココナッツ
サンバル Sambal：チリソース。サンバル・マタは生の赤タマネギを唐辛子・塩・ココナッツオイルなどであえたソース

▶民族の数だけ料理がある

インドネシアには多彩な民族が住んでいるが、料理にも多くのバリエーションがある。味つけは、一般にスマトラ島やスラウェシ島の料理は辛く、ジャワ島では甘くなっている。例えば同じサテ・アヤム（焼き鳥）でも使うたれが違うので、民族の数に近いほど味に違いがある。訪れた各地で、味の差を楽しむことができるのもインドネシアの旅ならではだ。

奥深いインドネシア料理を味わおう

▶食材＋調理方法＝料理メニューの法則

インドネシア料理の名前は材料名の後ろに調理方法を組み合わせたものが多い。例えばナシゴレン Nasi Goreng のナシは「ご飯」そしてゴレンは「炒める、揚げる」の意味。つまり「炒飯」。

インドネシア語しか通じないようなローカルレストランへ行っても、以下の法則で料理名を告げれば、イメージに近い料理にありつけるはずだ。

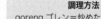

食材
ayam アヤム＝鶏
sapi サピ＝牛
ikan イカン＝魚
udang ウダン＝エビ
nasi ナシ＝ご飯
mie ミー＝麺

＋

調理方法
goreng ゴレン＝炒めた、揚げた
rebus ルブス＝煮た、ゆでた
bakar バカール＝直火で焼いた
panggang パンガン＝オーブンで焼いた
kukus ククス＝蒸した
mentah ムンター＝生の

料理注文のための食材＆味覚ワード集

主食&肉類	ご飯	=	nasi ナシ	魚介類	カニ	=	kepiting クピティン
	パン	=	roti ロティ		イカ	=	cumi-cumi チュミチュミ
	麺	=	mie ミー		マグロ	=	ikan tongkol イカン トンコル
	卵	=	telur トゥルール		タイ	=	ikan kakap イカン カカッ
	肉	=	daging ダギン				
	鶏	=	ayam アヤム	フルーツ	果物	=	buah-buahan ブアブアハン
	牛	=	sapi サピ		バナナ	=	pisang ピサン
	豚	=	babi バビ		オレンジ	=	jeruk ジュルッ
	ヤギ	=	kambing カンビン		レモン	=	jeruk nipis ジュルッ ニピス
	アヒル	=	bebek ベベッ		パパイヤ	=	pepaya プパイヤ
					パイナップル	=	nanas ナナス
野菜	野菜	=	sayuran サユラン		マンゴー	=	mangga マンガ
	タマネギ	=	bawang bombai バワン ボンバイ		スイカ	=	semangka スマンカ
	ジャガイモ	=	kentang クンタン		ドリアン	=	duren ドゥレン
	ニンジン	=	wortel ウォルテル				
	空芯菜	=	kangkung カンクン	味覚表現	甘い	=	manis マニス
	キュウリ	=	ketimun クティムン		塩辛い	=	asin アシン
	トマト	=	tomat トマッ		辛い	=	pedas プダス
	ナス	=	terong テロン		苦い	=	pahit パヒッ
	ニンニク	=	bawang putih バワン プティ		酸っぱい	=	asam アサム
	豆	=	kacang カチャン		熱い	=	panas パナス
	キノコ	=	jamur ジャムール		冷たい	=	dingin ディギン
					柔らかい	=	empuk ウンプッ
魚介類	魚	=	ikan イカン		固い	=	keras クラス
	エビ	=	udang ウダン		味	=	rasa ラサ

レストラン事情

▶ 食事スポットはいろいろある

食事のできるところは、**レストラン** Restoran のほか、**ルマ・マカン** Rumah Makan や、**ワルン** Warung と名のつくところで、どれも食堂を意味する。一般的にレストランは高級なところで、初心者でも普通に利用できる。ルマ・マカンは中級の食堂といった感じで、安くローカルな食事を楽しみたいときにいい。ワルンは安食堂を兼ねる雑貨店のことで、衛生面に少し問題もあるので体調を考えてから利用しよう。ただし、立派なレストランがへりくだってワルンと名をつけていることもある。

▶ テーブルマナー

インドネシアで食事をする際に、これといったマナーはない。ただし、リゾートホテル内のレストランに行く場合は、服装にある程度は気を使うといい。観光客向けのレストランで

高級リゾートも気軽に利用できる

は、食事代金に 10％の税金が加算されたり、サービス料が含まれるケースもある。チップの習慣は一般的ではないが、すばらしい対応を受けたのにサービス料が含まれていなければ、気持ち程度のチップ（コーヒー代～たばこ代程度で十分）をテーブルに置いてもいい。

インドネシアはブンクス文化の国
ブンクス Bungkus とは包むという意味のインドネシア語。お店や屋台で食べ物を持ち帰るときに使う言葉だ。何でもかんでも包むわけではなく、汁物などはビニール袋に入れてくれる。また、それ以外はバナナの葉や紙で包んでくれる。

それにしても、このブンクスというシステム、ありとあらゆる料理が対象になるのには驚かされてしまう。

庶民の味は屋台にあり

アルコール事情

バリ島やジャワ島の観光地などでは、ビール、ワイン、カクテルなどいろいろなアルコールが楽しめる。ただし、イスラム教徒にとって神聖なラマダン（断食月）期間中は、イスラム色の強いエリアではアルコールの販売自体を取りやめる店もあるので注意。

ワルンで食事を楽しむ Cobalah makan di Warung!

おいしいローカルフードを満喫したいなら、地元の食堂「ワルン」へ！ どんなワルンでも、基本的に席に着けばことは進むものだが、初めてのときは戸惑いも多いもの。速い、安い、うまいと3拍子揃ったワルンの利用法をマスターしよう。

ワルンは地元民御用達の食堂

ワルンといってもアヤム・ゴレン（フライドチキン）の専門店から、サテ・カンビン（ヤギの串焼き）などいろいろあるが、最もポピュラーなのは白飯に各種総菜を盛り合わせるナシチャンプルだ。各店で総菜の種類や味に特徴があり、人気店はいつでも混み合っている。とにかく自分の舌でお気に入りを見つけよう。行きつけのワルンができて顔なじみになれれば、旅もひと味違ったものとなるはずだ。

ワルンの利用方法

ショーケースに総菜が並んでいるナシチャンプルのワルンなら、席に着けば自動的に料理が運ばれ

バリで最もポピュラーな食事がナシチャンプル

てくる。総菜を選びたいときは、ショーケースの前で盛ってほしい料理を指さして伝えよう。メニューリストが用意されている店では、紙とペンを渡されることもある。この場合、注文したいものと個数を、その紙に書いて渡せばOK。また、ワ

ルンの飲み物で一般的なものはエス・テ（アイスティー）やコピ（コーヒー）、エス・ジュルッ（みかん水）など。衛生面が心配な人は瓶入りのソフトドリンクやテ・ボトル（甘いお茶）を頼めば安心。

好きな料理を指さして盛ってもらう

とことん節約派の場合は「ミンタ・アイル・プティ」と言えば、一度煮沸した水を持ってきてもらえる。

そのほかのローカルスポット

ローカル料理を現地価格で楽しむスポットは、ワルン以外にもいろいろある。インドネシア初心者にはデパートや大型スーパーマーケット内のフードコートがおすすめ。一度にいろいろな料理を試せる清潔な屋台街のようなもの。インドネシア料理から、各地の郷土料理、中華、デザートなど小さな店がたくさん軒を並べている。店頭には写真付きのメニューが貼ってあるので注文も簡単。

大きな市場で夕方から開かれるナイトマーケットもぜひ訪れてみよう。イカン・バカールやバビ・グリン、マルタバッなどの屋台がところ狭しと並び、その間にはジャムーやおもちゃの屋台も並んでいる。清潔感には欠けるけれど、いろいろな発見があって刺激的。バリ島ではデンパサールのクレネン市場が一番の規模だ。また、ギャニャール市場やバトゥブランなどのナイトマーケットも、とびきりローカルな気分が味わえるスポットだ。

旅の言葉

　バリ島の観光エリアを旅する場合、インドネシア語が話せなくても大きな問題はない。高級ホテルやツアー会社には日本語を喋れるスタッフもいるし、移動・食事・観光・買い物のさまざまな場面でも英語が話せればある程度コミュニケーションはできる。

　ただし、インドネシア各地を細かく回るなら、現地の言葉をある程度は理解しておきたいもの。地方によっては日本語はおろか、英語も通じないケースもある。多民族国家の共通言語であるインドネシア語をカタコトでも覚えれば、現地の人ともより親密になれるし、旅の安全性も増すはずだ。

Google 翻訳アプリ
　レストランのメニューや博物館の展示説明にかざすと画面上で翻訳してくれるなど、海外旅行に翻訳アプリは欠かせない。日本語で話しかけると現地語の音声で返してくれるなど機能は多彩。

インドネシア語の発音
　基本的にはローマ字読みで大丈夫。注意しなくてはいけないのは "e"。これは「エ」と発音する場合と「ウ」(「エ」の口の形で「ウ」)と発音する場合がある。まあ、でもあんまり気にせずしゃべってみることがいちばんだ。

人称代名詞
●一人称
私……………………… saya（サヤ）
あたし・俺………………… aku（アク）
私たち
（相手を含む）…………… kita（キタ）
（相手を含まない）……… kami（カミ）
●二人称
あなた…………………… anda（アンダ）
君……………………… kamu（カム）
目上の男性に対して ……bapak（バパッ）
（呼びかけは pak）
目上の女性に対して ……… ibu（イブ）
（呼びかけは bu）
●三人称
彼（彼女）……………… dia (ia)（ディア イア）
彼ら（彼女ら）………… mereka（ムレカ）

アルファベットの読み方

A（アー）	B（ベー）	C（チェー）	D（デー）	E（エー）
F（エフ）	G（ゲー）	H（ハー）	I（イー）	J（ジェー）
K（カー）	L（エル）	M（エム）	N（エン）	O（オー）
P（ペー）	Q（キュー）	R（エル）	S（エス）	T（テー）
U（ウー）	V（フェー）	W（ウェー）	X（エクス）	Y（イェー）
Z（ゼッ）				

基本のあいさつ

▶ まずはあいさつから覚えよう

Selamat pagi.（スラマッ パギ）　　　　　　　　　おはようございます

　あいさつだけは必ず覚えておこう。あいさつは基本的にSelamat のあとに時間帯を表す言葉をつける。つまり pagi は「朝」を意味している。同じように

Selamat siang.（スラマッ シアン）　　　　　（正午〜16:00）こんにちは
Selamat sore.（スラマッ ソレ）　　　　　　（16:00 〜 18:00）こんにちは
Selamat malam.（スラマッ マラム）　　　　　（18:00 〜）こんばんは

　また tidur（ティドゥール）「寝る」という言葉をつけて Selamat tidur とすると「おやすみなさい」となる。ほかにも Selamat のついた次のような言い方がある。

Selamat jalan.（スラマッ ジャラン）　　　　（残る人が去る人に）さようなら
Selamat tinggal.（スラマッ ティンガル）　　　（去る人が残る人に）さようなら

　こんにちは、こんばんは……ときたら次は常套句。

Apa kabar?（アパ カバール）　　　　　　　　　　お元気ですか？
Kabar baik. ／ Baik-baik saja.（カバール バイッ バイッ バイッ サジャ）　　元気です
Nama saya 〜.（ナマ サヤ）　　　　　　　　　私の名前は〜です
Senang bertemu dengan anda.（スナン ブルトゥムゥ ドゥガン アンダ）　お会いできてうれしいです

▶ 「感謝の気持ち」を伝えよう

Terima kasih (banyak).（トゥリマ カシ バニャッ）　　　（どうも）ありがとう

　banyak は「多い」「たくさん」といった意味。

サマ サマ／クンバリ
Sama-sama / Kembali. — どういたしまして

ティダッ アパ アパ
Tida apa apa. — 気にしないで

マアフ プルミシ
Maaf. / Permisi. — すみません

Maaf は謝るときに使う。一方、Permisi は「ちょっと失礼」といった意味合いで使う。英語の Excuse me と同様の使い方ができる便利な単語だ。

▶ 意思表示はしっかりと

ヤ ティダッ ブカン
Ya. / Tidak. / Bukan. — はい／いいえ／いいえ

Tidak は動詞や形容詞の否定、Bukan は名詞に対する否定。

使って便利な単語と例文

▶ 使用範囲の広い疑問詞

アパ
Apa?：何?
アパ イニ イトゥ
Apa ini (itu)? — これは(あれは)何ですか?

シアパ
Siapa?：誰?
シアパ ナマ アンダ
Siapa nama anda? — あなたのお名前は?

カパン
Kapan?：いつ?
カパン ダタン
Kapan datang? — いつ来ましたか?

マ ナ
Mana?：どこ?(どれ?)
ダリ マ ナ
Dari mana? — どこから?

ク マ ナ
Ke mana? — どこへ?

ディ マ ナ
Di mana? — どこで?

ブラパ
Berapa?：いくら?(いくつ?)
ブラパ ハルガ イニ イトゥ
Berapa harga ini (itu)? — これは(あれは)いくらですか?

ブラパ ウムル アンダ
Berapa umur anda? — あなたは何歳ですか?

ジャム ブラパ
Jam berapa? — 何時ですか?

ボレ
Boleh：〜していいですか?
ボレ チョバ
Boleh coba? — 試してみてもいいですか?

ボレ ティダッ ボレ
Boleh. / Tidak boleh. — いいですよ／いけません

アダ
Ada?：〜ありますか?
アダ ナシ ゴレン
Ada nasi goreng? — ナシゴレンはありますか?

時を表す言葉

朝	pagi
昼	siang
夕	sore
夜	malam
毎日(週)	setiap hari (minggu)
夏	musim panas
冬	musim dingin
雨季	musim hujan

知っておくと便利な形容詞

大きい	besar
小さい	kecil
多い	banyak
少し	sedikit
早い	cepat
近い	dekat
遠い	jauh
清潔な	bersih
汚い	kotor
(値段が)高い	mahal
安い	murah
涼しい	sejuk
寒い・冷たい	dingin
暑い・熱い	panas
新しい	baru
すばらしい	bagus
よい	baik
美しい(風景)	indah
かわいい	cantik
難しい	sulit
やさしい	mudah
忙しい	sibuk
賢い	pintar

知っておくと便利な動詞

行く	pergi
来る	datang
食べる	makan
飲む	minum
起きる	bangun
眠る	tidur
座る	duduk
帰る	pulang
住む	tinggal
泊まる	menginap
話す	bicara
尋ねる	tanya
聞く	mendengar
開ける	membuka
歩く	berjalan
会う	bertemu
書く	menulis
送る	mengirim
洗う	mencuci
見る	melihat
売る	menjual
買う	membeli
疲れる	capek

感情を表す言葉

うれしい	gembira (グンビラ)
楽しい	senang (スナン)
怖い	takut (タクツ)
好き	suka (スカ)
悲しい	sedih (スディヒ)
怒る	marah (マラ)
泣く	menanggis (ムナンギス)
笑う	tertawa (トゥルタワ)
かわいそう	kasihan (カシハン)
恥ずかしい	malu (マルゥ)
おかしい(おもしろい)	lucu (ルチュ)

数詞

0	nol (ノル)
1	satu (サトゥ)
2	dua (ドゥア)
3	tiga (ティガ)
4	empat (ウンパッ)
5	lima (リマ)
6	enam (ウナム)
7	tujuh (トゥジュ)
8	delapan (ドゥラパン)
9	sembilan (スンビラン)
10	sepuluh (スプル)
50	limapuluh (リマプルゥ)
100	seratus (スラトゥス)
200	duaratus (ドゥアラトゥス)
300	tigaratus (ティガラトゥス)
1000	seribu (スリブ)
2000	duaribu (ドゥアリブ)
3000	tigaribu (ティガリブ)
1万	sepuluh ribu (スプルゥ リブ)
1万5000	limabelas ribu (リマブラス リブ)
10万	seratus ribu (スラトゥス リブ)
100万	satujuta (サトゥジュタ)

日・週・月を表す単語

●日 hari

～日前	～ hari yang lalu (ハリ ヤン ラルゥ)
おととい	kemarin dulu (クマリン ドゥルゥ)
昨日	kemarin (クマリン)
今日	hari ini (ハリ イニ)
明日	besok (ベソッ)
あさって	lusa (ルサ)

●週 minggu (ミングー)

先週	minggu lalu (ミングー ラルゥ)
今週	minggu ini (ミグー イニ)
来週	minggu depan (ミングー ドゥパン)

●月 bulan (ブラン) 週に準ずる

▶便利な単語

Mau：～したい (マウ)

サヤ マウ マカン イニ
Saya mau makan ini. — これを食べたい

サヤ マウ プルギ ク
Saya mau pergi ke ～. — ～へ行きたい

Bisa：できる (ビサ)

サヤ ティダッ ビサ ビチャラ バハサ インドネシア
Saya tidak bisa bicara bahasa Indonesia. — 私はインドネシア語が話せません

Sudah：すでに (スダ)

スダ マカン
Sudah makan. — もう食べました

Belum：まだ～していない (ブルム)

ブルム マカン
Belum makan. — まだ食べていません

Akan：～するつもり (アカン)

アカン マカン
Akan makan. — 食べるつもりです

▶ピンチ

サヤ トゥルササール
Saya tersasar. — 道に迷いました

ディ マ ナ トイレット
Di mana toilet? — トイレはどこですか?

パスポル サヤ ヒラン
Paspor saya hilang. — パスポートをなくしました

ドンペッ サヤ ディチュリ オラン
Dompet saya dicuri orang. — 財布を盗まれました

ドンペッ サヤ ジャトゥ ディ ダラム タクシ
Dompet saya jatuh di dalam taxi. — タクシーの車内に財布を落としました

マリン
Maling! — 泥棒!

トロン
Tolong! — 助けて!

トロン パンギル ポリシ
Tolong panggil polisi. — 警察を呼んでください

トロン ブアッカン スラッ クトゥラガン クヒラガン バラン
Tolong buatkan surat keterangan kehilangan barang. — 紛失証明書を発行してください

アダ オラン ヤン ビサ ブルバハサ ジュパン
Ada orang yang bisa berbahasa Jepang? — 日本語のできる人はいますか?

■月						
1月	Januari (ジャヌアリ)	5月	Mei (メイ)	9月	September (セプテンブル)	
2月	Februari (フェブルアリ)	6月	Juni (ジュニ)	10月	Oktober (オットブル)	
3月	Maret (マレッ)	7月	Juli (ジュリ)	11月	November (ノフェンブル)	
4月	April (アプリル)	8月	Agustus (アグストゥス)	12月	Desember (ディセンブル)	

■曜日			
日曜日	Hari Minggu (ハリ ミングー)	木曜日	Hari Kamis (ハリ カミス)
月曜日	Hari Senin (ハリ スニン)	金曜日	Hari Jumat (ハリ ジュマッ)
火曜日	Hari Selasa (ハリ スラサ)	土曜日	Hari Sabtu (ハリ サットゥ)
水曜日	Hari Rabu (ハリ ラブゥ)		

緊急時の医療会話

ホテルで薬をもらう

具合がよくありません。
サ ヤ テ ィ ダッ エナッ バ ダン
Saya tidak enak badan.

下痢止めの薬はありますか？
ア ダ カ オ バッ ウントゥッ メンチュ レッ
Adakah obat untuk menceret?

病院へ行く

いちばん近い病院はどこですか？
ディ マ ナ ル マ サ キッ トゥルドゥ カッ
Di mana rumah sakit terdekat?

日本語が話せるお医者さんはいますか？
ア ダカ ドゥトゥル ヤン ビ サ ブル バ ハ サ ジュバン
Adakah dokter yang bisa berbahasa Jepang?

病院へ連れていってください。
ト ロン アンタル サ ヤ ク ル マ サ キッ
Tolong antar saya ke rumah sakit.

病院での会話

診察をお願いします。
ミンタ ブ ムリクサアン
Minta pemuriksaan.

日本語を通訳できる人はいますか？
ア ダ カ ヤン ビ サ ム ヌル ジュ マ カン
Adakah yang bisa menerjemahkan
バ ハ サ ジュ バ ン
bahasa Jepang?

私の名前が呼ばれたら教えてください。
ト ロン ブ リ タウ ビ ラ サ ヤ ディ バンギル
Tolong beritahu bila saya dipanggil.

診察室にて

入院する必要がありますか？
ア バ カ サ ヤ ハルス ディ オブナム ディ ル マ
Apakah saya harus diopname di rumah
サ キッ
sakit?

私は何の病気ですか？
サ ヤ サ キッ ア バ
Saya sakit apa?

どのくらいで治りますか？
ブ ラ バ ラ マ サ ヤ ビ サ スンブー
Berapa lama saya bisa sembuh?

ここには1週間滞在する予定です。
サ ヤ ティンガル ディ シ ニ ス ラ マ サトゥ ミン グー
Saya tinggal dii sini selama satu minggu.

診察を終えて

診察代はいくらですか？
ブ ラ バ ビ ア ヤ ブ ム リク サ アンニャ
Berapa biaya pemuriksaannya?

保険が使えますか？
ビ サ カ バ カイ ア ス ランシ
Bisakah pakai asuransi?

クレジットカードでの支払いができますか？
ビ サ カ バヤール ドゥ ガン カルトゥ クレディッ
Bisakah bayar dengan kartu kredit?

保険のための書類を作成してください。
ト ロン ブ アッ カン ス ラッ ウントゥッ ア ス ランシ
Tolong buatkan surat untuk asuransi.

※該当する症状があれば、チェックをしてお医者さんに見せよう

☐ 吐き気 ………… mual	☐ 1日に○回 … ○ kali sehari	☐ 難聴 ………… susah dengar
☐ 嘔吐 …………… muntah	☐ ときどき … kadang kadang	☐ 目やに ……… kotoran mata
☐ 悪寒 ………… kedinginan	☐ 頻繁に …… banyak kali	☐ 目の充血 kemerahan mata
☐ 食欲不振 tidak ada nafsu makan	☐ 絶え間なく ………… terus	☐ 見えにくい …… susah lihat
☐ めまい …………… pening	☐ 風邪 …… masuk angin	☐ ぜんそく ………… asma
☐ 痛い …………… sakit	☐ 頭痛 ……… sakit kepala	☐ 発疹 bintik-bintik pada kulit
☐ 熱 …………… demam	☐ 鼻水 …………… piluk	☐ アレルギー ……… alergi
☐ 貧血 ………… anemia	☐ くしゃみ ……… bersin	☐ かゆみ ………… gatal
☐ 下痢 …………… diare	☐ 咳 …………… batuk	☐ 歯痛 ……… sakit gigi
☐ 便秘 susah buang air besar	☐ 痰 …………… dahak	☐ 生理 …… datang bulan
☐ 水様便 air besarnya seperti air	☐ 呼吸困難 …… susah nafas	☐ 妊娠中 …… sedang hamil
☐ 腹痛 ………… sakit pelut	☐ 不眠 …… susah tidur	

※下記の単語を指さしてお医者さんに必要なことを伝えましょう

▶どんな状態のものを

生の ……………… mentah
野生の ……………… liar
油っこい ……… berminyak
冷たい ……………… dingin
腐った ……………… busuk
よく火がとおっていない
…………………… belum matang
時間がたった ……sudah lama

▶けがをした

刺された・かまれた …… digigit
切った ……………… dipotong

転んだ・落ちた ……… jatuh
打った ……………… pukul
出血した ……………… berdarah
ねんざした ………… keseleo
やけどした ………… terbakar

▶痛み

ヒリヒリする ………… pelih
熱をもって …… merasa panas
鋭く ……………… tajam
ひどく ………… sakit sekali

▶原因

蚊 ……………… nyamuk

ハチ ……………… lebah
毛虫 ……………… ulat
毒虫 ……… serangga beracun
ネズミ ……………… tikus
ヘビ ……………… ular
野良犬 ………… anjin liar

▶何をしているときに

道を歩いていた
………… berjalan kali di jalan
車を運転していた
………………… menyetir mobil

旅のトラブルと安全情報

安全情報
●外務省
URL www.mofa.go.jp/mofaj/
●海外安全ホームページ
URL www.anzen.mofa.go.jp

病気になったらとにかく医者に診てもらおう

ほとんどのリゾートホテルでは医者と契約している。病状がひどいと思ったら、ホテルのスタッフに言って医者を呼んでもらおう。また、海外旅行保険に入っている人は、緊急連絡センターに電話して病院を指定してもらえば、キャッシュレス治療が受けられる。

薬局・薬店

島内各地に薬局がたくさんあり、1回に飲むぶんだけをバラ売りしてくれる。ただしインドネシアで売られている薬は非常に効き目が強いものが多いので、内服薬は医者から直接処方してもらおう。

伝染病予防接種について

コレラやウイルス性肝炎は日本出発前に予防接種を受けることもできる。どうしても心配な人は接種を受けていくといいだろう。

個人病歴カード

既往症がある人や、日常的に薬の処方を受けている人、アレルギー体質の人などは、既往症の詳細や処方案の一覧を英語で記入したものを持っていると安心。

鳥インフルエンザについて

インドネシアでも鳥インフルエンザに感染した家禽類が発見され、100人以上の感染患者の死亡も確認されている。日本でも同じだが、外出後にはなるべく手洗いやうがいをすることが予防策となる。

狂犬病に注意！

インドネシアでは狂犬病にも注意が必要。旅行中に特に犬には気をつけ、もしもかまれたら発病しないよう一刻も早く予防接種を受けること。狂犬病は犬、ネコ、コウモリなどにかまれることでかかるウイルス性疾患で、発病した場合にはほぼ100％死にいたる。

インドネシアで気をつけたい病気

バリ島、ジャワ島など開けている地域においては伝染病も比較的少ない。しかし、奥地には流行性肝炎やマラリアなど生命にかかわる病気がまん延している地域もある。マラリアはスマトラ、カリマンタン、パプアなどで気をつける必要があり、これらのエリアを旅する場合は、必ず虫よけスプレー使用のこと。予防の薬もあるが副作用が強く、服用しても100％安全というわけではない。

▶ 風 邪　Cold

暑いからといって夜寝るときにエアコンやファンをつけっぱなしにすると、風邪をひいてしまうこともある。風邪をひいたら安静が第一。無理をすると、ほかの病気を併発してしまう。風邪は万病のもと、時間がもったいないなどと思わずに、じっとベッドに横になっていよう。薬は日本で使い慣れたものを持っていくのがいちばんだ。

▶ 下 痢　Diarrhea

環境が変わると下痢になることが多い。特に旅行者が多いバリ島では通称「バリっ腹」などとも呼ばれるが、あまり心配するには及ばない。常用の整腸薬を用い、ゆっくり休んでいればすぐ治るはずだ。また、生水を飲まない、普段食べ慣れない果物や刺激物を避けるなどの注意も必要だ。

▶ 消化器感染症　Alimentary infection

赤痢やチフスなど消化器感染症は、旅行者の自覚次第で予防できる。まず生水は絶対に飲まないこと。水道水は煮沸していなければ飲用には不向きなので、常にミネラルウオーターを飲むよう心がけよう（町なかの店で一般的に売られている。高級ホテルでは部屋に無料の飲料水ボトルを用意している）。また、刺身や生野菜などは衛生状態に信頼がおけるレストラン以外では食べないほうがいい。下痢の症状が2〜3日で止まらない場合には、早めにクリニックで受診し、適切な検査・治療を受けよう。

▶ デング熱　Dengue Fever

デング熱は蚊により媒介される感染症。東南アジアの急激な都市化が原因のひとつとされ、インドネシアでも突発的に流行することがある。潜伏期間は4日から7日ほどで、突然の発熱、頭痛、関節痛などをともなう。現在のところワクチンはなく、予防は蚊に刺されないよう気をつけること。通常は3〜7日程度で回復する。

▶ 熱中症・日焼け　Sun Stroke/Sunburn

南国の日差しは思いのほか強烈だ。そのため慣れないうちに、極度に強い太陽を長い時間浴びると重度の日焼け（水疱が現れやけどと同じ症状）になる。さらに放っておくと大量の汗をかき、体の水分と塩分が失われ熱中症になってしまうこともある。熱中症はひどくなると命にかかわることもあるほど。安易に体を焼くのは禁物だ。最初の1〜2日は、ほんの何分か肌を焼く程度にし、徐々に体を慣らしていこう。また、日なたを歩く場合は、できるだけ帽子をかぶり、十分に水分補給を行うことだ。

インドネシアの医療事情

　インドネシアの医療機関は、施設や受診レベルの格差がとても大きい。体の不調やけがなどで医師に診察してもらう場合には、ジャカルタやバリ島の設備の整った病院へ行くことをすすめる。近年は日本人医師が指導するクリニック（→ P.91 & P.199）も増えてきているので、言葉の面での不安も少なくなってきている。

　深刻な病気や大けがの場合には、医療水準が高い、日本、オーストラリア、シンガポールでの治療も考慮しよう。

トラブル対策

▶常識は身を助ける

　日本で生活していてあまり危険な目に遭わないのは、危険そうな場所、危険そうな人を避けるという常識を働かせているからだ。日本で変な人たちのグループに混ざると、あとで

繁華街では周囲に注意しながら歩こう

トラブルに巻き込まれることがあるように、インドネシアでもトラブルがついてくる。日本にいるときと同様にインドネシアでも、最も大切なのは常識。現地の常識は、日本の常識から類推できる。

▶日本語で話しかけてくる人

　唐突にニコニコと日本語で話しかけられたら、相手の素性に気を配ろう。もちろん、単に好意で近寄ってくる人もいるが、何か企みをもって話しかけてきた可能性もある。簡単に相手の言うことを信じてついて行くと、危険な目に遭う可能性もある。親しくするのは相手をきちんと理解してからでも遅くはない。

▶周囲に気を配る

　大都市のバス車内に出没する集団スリは、過剰な抵抗をすれば持っているナイフを使用する。いつも周囲の雰囲気の変化に気をつけ、変だと思ったらその場を離れたり、逃げたりすること。万一、強盗に遭ってしまったら、金品は諦め、身の安全を第一としよう。

強い日差しと蚊対策のすすめ

　常夏の国インドネシアでは、日本の夏と同じような対策が必要になる。まず南国の強烈な日差し対策。日焼けしたくない人は、日傘をさすか、日焼け止めクリームをまめに塗ること。

　蚊も多いので、必ず虫よけスプレーを持参すること。スプレーや蚊取り線香は、インドネシア各地の薬局や雑貨店でも購入できる。

トイレ事情

　観光地や寺院にある公衆トイレは、あまり掃除が行き届いていないうえ、チップを請求される場合もある。町なかに公衆トイレがないので、近くのショップやレストランを利用しよう。トイレの清潔度は店のグレードに比例する。

魔の手に注意

　インドネシアも日本と同様に大麻などは禁止されている。不法所持者などに対してインドネシア政府の措置は厳しく、その場で射殺してもよいという法律があるということを耳にするが、そのわりにはこの手の誘いは多く聞かれる。インドネシアの警察はアメリカ同様オトリ捜査を行っている。ひっかからないこと。

エイズに関する注意

　インドネシアにも、他国と同様にエイズ感染者がいる。設備の整った病院は多くないから、政府確認数をはるかに上回るエイズキャリアの存在が推定される。ジゴロなどの比較的性にルーズな人とはもちろんのこと、会ったばかりの他人との性交渉は避けること。

---

for your **Safety**

旅行者の安全対策

　2010年代にシリアでイスラム国（ISIL）の勢力が拡大した際、インドネシア国内でも親ISIL勢力によるテロが発生。2016年〜2018年にはジャカルタやスラバヤで銃撃テロや自爆テロが起き、日本でもニュースとなった。2021年には南スラウェシ州マカッサル、2022年にはバンドンで同様の自爆テロが発生している。近年は減少傾向にあるものの、クリスマス前後や断食の期間は警戒が必要とされるので、事前に最新情報を入手しておくこと。

　テロ以外でも、政治問題が表面化したり、総選挙などが活発化すると、学生や労働組合などのデモ活動がジャカルタやスラバヤなどで断続的に発生する。また、中部パプア州と山岳パプア州では、分離独立を求める武装集団が警察などを襲撃する事件が散発的に発生しているので、特に注意が必要だ。

　とにかく旅行者は自分の安全のために、渡航前には最新情報を集めよう。**外務省の海外安全ホームページ**（URL www.anzen.mofa.go.jp）ではインドネシアの危険情報を提供しているので要チェック。また滞在中の状況によっては、ショッピングモールやディスコなど多くの外国人が集まる場所への出入りや、夜間の外出をなるべく控えること。そのほか、欧米の在外公館や企業関連施設などもテロの標的になりやすいとされているので注意したい。そして、海外で使用できるスマホは、非常時の連絡や情報確認の手段としても有効なので必ず持っていこう。

旅の準備と技術

旅のトラブルと安全情報

クレジットカードの請求通貨を確認しよう

最近、海外でクレジットカードを使った際、カード決済のレシートが現地通貨ではなく、日本円というケースが増えている。日本円換算でのカード決済自体は違法ではないのだが、不利な為替レートが設定されていることもあるので注意しよう。

支払い時に「日本円払いにしますか？」と店から言われる場合もあれば、何も言われず日本円換算になっている場合もあるので、サインをする前に必ず通貨を確認しよう。

置き引き&盗難

現地の人が「大丈夫。置いておけ」と言っても自分の荷物は自分で管理すること。その後、荷物を紛失する例は少なくない。そして、言った人が補償してくれるわけでもない。

バリ島クタ周辺はバイクでのひったくりが多い

貴重品の持ち方

飛行機などでの移動で荷物を預けるときや、町歩きで多額の現金を持ち歩く場合は、ショルダーバッグに入れ、ひったくり防止のため斜めにしっかりと掛けて持ち歩こう。バッグの体側にポケットがあるものだと便利だ。首から下げるタイプの貴重品袋だと「貴重品はここに入っています」とアピールすることになるのでかえって危険。衣類の下につける腹巻タイプは、南国インドネシアでは暑くて不快。汗による湿気で中に入れたものが蒸れてぬれることもある。

▶犯罪のパターン

世界中どこでも犯罪には地域性がある。旅行者が多い観光国インドネシアにも特有の犯罪パターンがあり、それを事前に知ることによってトラブルに遭う確率は激減する。

▶バイクでのひったくり

バリ島のクタ&レギャン、サヌール、ウブド、ジャワ島のジョグジャカルタなど、旅行者がいつも歩いている道路で被害が多い。特にクタ&レギャンでは日常の風景と化している。貴重品は絶対に外に出して持ち歩かないこと。バッグは体の前、路肩側に。

▶市内バス、ベモでのスリ&ドロボー

バリ島のベモ（乗り合いのミニバス）、ジャカルタの市内バスやバス停、ジョグジャカルタの市内バス内には、ナイフを持ったスリ&ドロボーのグループがいる。日本人もよく被害に遭っているので、できれば乗らないほうがいい。1回ずつの運賃は安くても、一度貴重品を盗られてしまえば結局高くつく。

バスの車内ではスリに注意しよう

▶強盗

バリ島では銀行やマネーチェンジャーで大金を換えたあとに、車であとをつけられて強盗に遭うことがある。小額の両替を心がけるか、大金の場合多少レートが悪くても宿泊しているホテルで両替するなどして、他人に多額の現金を見せてはいけない。

ジャカルタでは、夜のブロックMを中心に日本人駐在員を狙ったタクシー強盗が発生している。睡眠薬強盗の被害も報告されているので、見知らぬ人にもらった飲食物は摂取しないこと。盛られた睡眠薬の量が多過ぎて死亡した例もある。

▶麻薬

バリ島のクタ&レギャン、ロンボク島のスンギギでは売人からよく声をかけられる。インドネシアでは日本以上に重大な犯罪行為になるので絶対にかかわらないこと。観光客ばかりが麻薬関係の事件で逮捕されていることの意味も考えてみよう。

▶詐欺

相手のおいしい話を信用し過ぎると、結婚詐欺、不動産詐欺に遭う。「家には土地があるから、ホテルの建物を建ててほしい。共同経営しよう」などという話に注意。インドネシアでは外国人は土地や店舗を所有できないので、お金を出したあとは相手のイ

ニシアティブが強くなり、仲違いをしたら外国人は手ぶらで帰国する羽目になる。

▶ブラックジャック賭博詐欺

日本人観光客に観光地で声をかけ、言葉巧みにデンパサールなどに連れていき、イカサマのカード賭博をするグループの被害報告も多い。相手は犯罪プロのグループで、町で旅行者に声をかける役（通常は女性）、「俺はイカサマでカードに勝てるから、カモから金を巻き上げないか」と誘うディーラー役、そしてカモのはずなのにバカづきしてしまう男など、その配役は漫画のようだ。今やバリ島は一大国際観光地となり、甘い汁を吸おうとプロの犯罪グループが多数やってきている。

クレジットカードの有無をそれとなく事前に確認しているので、被害額は50万円前後に及ぶことが多い。英語を話す見知らぬ人について行かないこと。

▶痴漢&性犯罪

バリ島のクタ&レギャンやサヌールでは、日本人女性が痴漢に遭うことが多い。一部の開放的な日本人女性が男遊び目的にバリ島を訪れていて、「日本人女性はその種の人である」と認識されているためだろう。

夜遊びでハメを外し過ぎないように

また、ディスコやドライブのあとで別の場所に連れていかれ、運動能力を低下させる植物を混入した飲食物を盛られてから強姦されるケースもある。ついて行った相手が実はジゴロで、女性がジゴロに対してカネ払いが悪いときに起こる。

▶両替トラブル

バリ島のクタ&レギャンなど各地のマネーチェンジャーで両替するとき、お金を少なく渡されるケースが頻発している。一度立ち去ってしまうとクレームは受け付けてもらえない。その場でよく確認すること。最近はクタやサヌールで異様にレートのいい看板を出した両替所（通常おみやげ屋が兼業している）は、ほとんどで問題がある。両替にコミッションがかかって結局他店よりレートが悪かったなどというのはまだかわいいほう。計算が合わないように細工された電卓を使ったり、小額紙幣を山のように並べて手品のようにお札を抜き取るなど、手口は悪質化している。

▶SNSを通じた詐欺被害

インスタグラムなどのSNSには詐欺目的の情報も横行しているので注意が必要。インドネシアで開催される人気バンドのコンサートチケット、日本行きの格安航空券、さらにはiPHONEの最新機種をネット詐欺師が「格安で入手可」と謳っている。連絡を入れるとWhatsAppでのチャットに誘導され、指定口座に入金しても、さらに追加の金額を要求されたあとに連絡が取れなくなるのがパターン（当然商品は送られてこない）。「入手困難」や「激レア」などの言葉に惑わされず、身元のわからない人物とのネット売買は避けること。

✉ **貴重品の保管方法**

ホテル滞在時のパスポートや現金などの保管は旅行者の悩むところ。セーフティボックスは万一のときにホテルスタッフが開けられるように作られているので万全とは言えない。フロントに預けるのも信用問題が出てくる。結果、大きな荷物まるごと盗まれてしまうケースはほとんどないので、自分のスーツケースやバックパックの奥に入れてしっかり鍵をかけておくのがいちばんだと思います。

（神奈川県　マダムK）['24]

「たびレジ」で情報収集

現地の日本大使館などから緊急・安全情報が受け取れる外務省の海外旅行登録「たびレジ」。URL www.ezairyu.mofa.go.jp/index.html からメルアドと旅先、旅行期間などを登録すると利用できる。ジャカルタの日本国大使館（→P.91）からのメールマガジンに登録したり、デンパサールやスラバヤ、メダン、マカッサルにある在外公館のホームページから在留届を出しても緊急・安全情報が受け取れる。

ジゴロに注意

バリ島の観光地には日本人専門のジゴロがいる。多くは職業上の必要から日本語を話すが、会話の内容は仲間内の現地語のものとは大きな隔たりがあり、あまり意味をもっていない。目的はカネであり、体ではない。

日本語を話す、おもしろいことを言う、外見ではニコニコしていて善良そうなどの理由で、会ったばかりの人をすぐに信用していって行かないこと。相手はプロなので、実に巧妙に初めは善良な人を装っている。

✉ **都市の渋滞**

インドネシア大都市での平日7:00～10:00、16:00～20:00のラッシュ時や、週末の大型ショッピングセンター周辺などの道路の混みようはウンザリするほど。そのほか道路工事やデモや雨で渋滞することも多々あります。グーグルマップ（URL www.google.co.jp/maps）のルート検索を使うと、渋滞場所や指定場所への所要時間もわかり、おすすめルートを知ることもできます。話しやすいタクシー運転手に当たれば、アプリで状況を教えてあげるのもいい。

（映画青年　神奈川県）['24]

パスポート（旅券）をなくしたら

万一パスポート（以下旅券）をなくしたら、まず現地の警察署へ行き、紛失・盗難届出証明書を発行してもらう。次に日本大使館・領事館で旅券の失効手続きをし、新規旅券の発給または、帰国のための渡航書の発給を申請する。

●必要書類および費用

■失効手続き
・紛失一般旅券等届出書
・写真1枚(*1)

■発給手続き
❶新規旅券：一般旅券発給申請書、手数料（10年用旅券 Rp.176万、5年用旅券 Rp.121万）
❷帰国のための渡航書：渡航書発給申請書、手数料（Rp.27万）
※❶❷共通で、現地警察署の発行した紛失・盗難届出証明書、写真1枚(*1)、戸籍謄本1通（発行から6ヵ月以内）、旅行日程が確認できる書類（旅行会社にもらった日程表または帰りの航空券）
*1：写真（縦45mm×横35mm）は撮影から6ヵ月以内

警察の盗難証明書
Surat Keterangan Kehilangan Barang

被害に遭ったら最寄りの警察に盗難届を出し、作成してもらうこと。

クレジットカードを紛失した場合

JCBカードは、海外専用緊急再発行カードの発給が、インドネシアではバリのJCBプラザでのみ最速5日で受けられる（JCBで自社発行したカードのみ）。また、三井住友VISAカードや楽天カードでは、暫定的な緊急カードや現地通貨を用立てる緊急キャッシュサービスなどがある。

パスポートのコピー携帯

インドネシア人は、KTPという身分証明書を国民全員が所持することを義務づけられている。外国人も、特別な場所へ入れてもらいたいときや、トラブルがあったときは、このKTPに代わるものの提示を求められることがある。パスポートをホテルに預ける人は、パスポートのコピーを携帯するといい。

◆◆◆ トラブルシューティング

▶パスポートの紛失

雑踏では荷物に注意して歩こう

紛失した場合には、まず現地の警察署へ出向き、紛失・盗難届出証明書を発行してもらう。次に各地の日本大使館や領事館（→ P.91、P.172、P.199、P.368、P.420）でパスポートの失効手続きを行い、新規パスポートの発給か、帰国のための渡航証明書の発給を申請する。

新規パスポートの発給には、紛失・盗難届出証明書のほかに、戸籍謄本、顔写真、手数料も必要となる（→欄外参照）。手続きをスムーズに進めるために、パスポートの顔写真があるページと、航空券や旅行日程表のコピーを取り、旅行中は原本とは別の場所に保管しておくといい。

「パスポート紛失＝入国記録の紛失」なのでパスポートの手続きを終えたら、その後すぐに最寄りのイミグレーションオフィスへ行き、出国のための手続きも行う（手続きには半日～1日以上かかることもある）。必要書類は日本領事館で教えてもらえるが、チケットや搭乗券半券の提示を求められることもある。出国の際には空港イミグレーションでも事情を聞かれるので、警察の盗難・紛失証明書のコピーを見せて説明しよう。

▶クレジットカードの紛失

クレジットカードを紛失した場合、日本のサービスセンターに連絡し、まずカード使用を差し止めてもらう。ほとんどのカードは保険機能が付いているが、連絡が遅れると補償が受けられない場合もある。カードの再発行は現地でも可能だが、会社により数日から1週間程度かかる。

▶航空券の紛失

eチケットの普及により、旅行中に航空券を紛失するリスクはほぼなくなった。航空券を提示する必要のないeチケットのサービスを利用した場合、「eチケット控え」を旅行中に携行して、チェックイン時に提示する。この控えを紛失した場合は、身分証明のできるもの（パスポートや購入時に提示したクレジットカードなど）を提示すれば簡単に再発行してもらえる。

▶お金をすべてなくしたら

カードや現金など分けて保管してリスク管理を

クレジットカードを持ってきていれば、たとえそれらをなくした場合でも現地で再発行ができる。何の補償もない現金だけの旅行はなるべくしないこと。

無一文になってもまだ旅行を続ける意思があるならば、日本にいる家族や友人に連絡し、銀行留めで送金してもらおう。ただし、電信扱いでも2～3日はかかる。日本大使館やホテルのスタッフに事情を説明すれば、ポケットマネーでいくらか貸してもらえるかもしれないが、決して歓迎されることはない。

知っておきたい習慣とマナー

●基本的なマナー

怒ることとプライドを傷つけることは、何よりも悪いと考えられている。明らかに相手に非がある場合でも、穏やかに説明して協力を求めるのが普通。

喜捨という発想がある。お金持ちは貧しい人に施しを与えて当然という考えが強い。物乞いなどの貧しい人がかわいそうだと思ったら、地元の人のように施しをしてあげよう。

人の頭は触らないこと。左手は不浄とされているので、物の受け渡し、握手などのときは右手を使うこと。

会話中に腰に手を持ってくると、怒りのしるしとして相手に取られてしまう。

酒、たばこは日本にいるのと同様のエチケットを守ればOK。

インドネシアの政府機関、例えば警察、空港、政府観光局などの入口に貼ってあるマークに注目。○印と×印が書かれた男と女の人のイラストは、服装への注意。「ノースリーブ、ショートパンツ、ビーチサンダルなど着用の人は、建物へは入れません！」ということを意味する。寺院参拝のときも同様の注意が必要。

●宗教に関して

世界最大のイスラム教徒が住んでいるが、キリスト教徒が多いエリアなどでは豚も食べられている

インドネシアは信仰心のあつい国民の住む国だ。習慣には、イスラム教やヒンドゥー教などの宗教に根ざしているものも多い。知らず知らずのうちに不快な思いをさせないようにしたい。何事にしろ現地の人のするようにするのがいい。国民は皆政府公認4大宗教のイスラム教、キリスト教、ヒンドゥー教、仏教のいずれかを信仰しなければいけないことになっている。「共産党を支持する」や「無宗教だ」という発言は、なるべく慎んだほうがいい。

●断食期間

イスラム暦のラマダンからレバランまでの1ヵ月、敬虔なイスラム教徒は朝5時頃までに1食、午後6時半以降1食のみで生活時間帯のほとんどを断食Puasaで過ごす。食べ物はもちろん、たばこも吸わず、水もツバも飲まず13時間半以上を過ごす。ヒンドゥー教徒、クリスチャン、仏教徒は普段どおりだが、イスラム教徒が多い地域では行儀が悪いということで屋外では食事しないようにしている。観光客もお行儀が悪くならないように行動しよう。イスラム暦のラマダン～レバランは、太陽暦とは毎年11日ほどずれていく（※2024年は3月10日～4月9日）。

毎日供物を神にささげるバリの女性たち

●階級社会

日本になくて外国にあって、日本人に理解しづらいのが、階級社会。インドネシアも階級社会で、お金持ちは、日本の中産階級の労働者よりもずっとお金持ちだ。広大な庭に大邸宅をもち、ベンツなどの高級車を乗り回している。その子弟は、欧米で教育を受けていることが多い。その一方で、インドネシア国民の大多数を占める裕福でない層も存在する。どちらも同じインドネシア人であるが、意識には大きな隔たりがある。利用する施設も、着ている服も、階級によって異なるのだ。

旅行会社にしても、建物や服装が立派なら立派なほど料金は高いが、高級で正確なサービスが期待できる。裕福でない層が利用するワルンでは（違う階級の人間として多少余分に取られることも多いけど）安く食事できる。旅人は、お金持ち階級にも裕福でない階級にも移動できる気まぐれな存在。そのときに必要な階級を的確に選ぶことも、楽しい旅をするテクニックのひとつなのだ。

●日本人旅行者観

インドネシアで日本人旅行者は、旅をして散財できるほど裕福と思われることが多い。お互いに不足があれば補うこと、うそも方便は許されていることによって、理由をつけてお金をくれと言われたりボラれたりすることがある。怒ったりせずに冗談で切り抜けるなどの対応が望ましい。

●チップ

基本的にチップの習慣はないが、バリ島などの観光地では一般化しつつあるのが実情。空港のポーター、ホテルのベルボーイに荷物を運んでもらった場合、荷物1個につきRp.1万くらいチップとして渡すといい。空港のポーターは、非常に強引で、トランクやスーツケースを奪うように手から取って運び、ぼやっとしていると法外なチップを要求される。彼らはチップによる収入で生活しているのだから、これも当然なこと。ある程度の相場を知って、あとはチップなのだから自分の気持ちで渡せばいいと思う。

また、インドネシアで一流ホテルに泊まった場合、ルームメイドにベッドメーキングのお礼（ピローマネー）として1泊につきRp.1万を置いている人も多いようだ。

インドネシア 国のあらまし

南洋に浮かぶ島国インドネシア

政治・地理・教育

●サバンからメラウケ

インドネシアの総面積は190万5000km²と、日本の約5倍。東西5100km、南北1900kmに1万数千もの大小の島々が散らばっている。この雄大な広さを表現するのに使われるのが「サバンからメラウケ」。サバンはスマトラ島最北端アチェ特別州のさらに北に位置する小島で、同国の西の最も外れを指す。これに対しメラウケは西イリアン州の東の最も外れを指す。この表現は、広さと同時にインドネシア全体そのものも意味し、スカルノ初代大統領の名演説のなかには必ずといっていいほどこの「サバンからメラウケ Sabang ～ Merauke」の表現が登場、聴衆の祖国愛を駆り立てた。また「サバンからメラウケ」という歌もあり、国の行事などで歌われる。

●主要都市

首都であるジャカルタが飛び抜けて人口が多く、約1056万人(2020年)。続いて東ジャワ州の州都スラバヤ(SURABAYA)、北スマトラ州都メダン(MEDAN)、西ジャワ州都バンドン(BANDUNG)、中部ジャワ州都スマラン(SEMARANG)、南スマトラ州都パレンバン(PALEM BANG)と続いている。これでもわかるように、総人口2億5546万人の約60%がジャワ島に集中している。

インドネシアの首都ジャカルタ

●地方制度

プロビンシ(PROVINSI=1級自治体=州)が38。このなかにはジャカルタ首都特別州ジョグジャカルタ特別州などが含まれる。

州知事は州議会が候補者を選出し、大統領が任命している。州知事の多くは国軍出身者が占めている。州の下部自治体としては

❶ KABUPATEN =カブパテン=県

❷ KOTAMADYA =コタマディヤ=市

❸ KECAMATAN =クチャマタン=郡

❹ KELURAHAN =クルラハン=町がある。

村に相当する DESA(デサ)、KAMPUNG(カンプン)は行政／自治体の正式名称ではない。

●住民と言語

約300の民族集団(細分化すると3000以上とする説もある)が住んでいる。このうち最も人口の多い民族がジャワ人で約9000万人、次いでスンダ人(西ジャワ)約3000万人、バタック人の6民族の合計が(北スマトラ)が約600万人になる。

各民族独自の言語は約250種に上るが、現在の1945年憲法では国語を「インドネシア語」に統一、小学校段階からインドネシア語教育を実施している。また、ラジオとテレビの普及により、ほぼ全国でこの国語が理解されている。この意味でも、インドネシア語は多数の民族をひとつにまとめる大きな役割を果たし、現在の統一を支える重要な要素となっている。インドネシア語の源流はマレー語で、特に会話の場合、ややこしい文法や時制の一致、人称を気にせず使えるなど、日本人にはとても扱いやすい言語だ。

●政治

政体は「共和制」。1945年8月18日発効のいわゆる「45年憲法」が政治の基盤となっている。スハルト元大統領は、この憲法の前文にある「パンチャシラ」(PANCASILA =建国の5原則)の国家理念運動を進め、例えば社会性のある組織や団体は例外なく「パンチャシラ」を設立基盤にすることを義務づけていた。「パンチャシラ」とは、1. 絶対神への信仰 2. 人道主義 3. インドネシアの統一 4. 民主主義 5. 社会正義をいい、スカルノ初代大統領が1945年6月に行った演説のなかで、初めてこの5原則を明らかにした。

国家元首は大統領、任期は5年。国民の直接投票により選出される。1945年8月の独立から2022年まで、スカルノ、スハルト、ハビビ、ワヒド、メガワティ、ユドヨノ、ジョコ・ウィドゥの7人しかその座に就いていない。憲法は大統領に強力かつ広範囲な権限を与えていたが、

1998年からの民主化により、役割は変わりつつある。

国会に当たる国民代表院(DPR)は定数580名で、全国77の選挙区ごとの非拘束名簿式の比例代表制度で選出するシステム。任期は5年。その国民代表院と、やはり直接選挙で選ばれる地方代表院(定数128名)で、国民協議会(MPR)が構成されている。

政党は民主党(Demokrat)、闘争民主党(PDIP)、ゴルカル党(Golkar)をはじめ、グリンドラ党(Grindra)、福祉正義党(PKS)、国民信託党(PAN)、開発統一党(PPP)など。

●国軍

国軍(ABRI アブリ= Angkatan Bersenjata Republik Indonesia)は陸軍、空軍、海軍、警察軍の4軍から構成されている。なかでも実力を誇るのは独立の中心勢力となった陸軍。スハルト元大統領をはじめ閣僚、州知事、公社総裁などの要職には陸軍などからの国軍出身者が多く、政治全般は文民中心ではなく、軍事支配の色合いが極めて強かった。

●教育

日本と同じ6・3・3制の教育システムで、大学のほとんども4年制になっている。

義務教育は9年間で、小学校の就学率は約99%、中学校の就学率は約95%と全国的に高い水準にある。

中央統計庁の発表によると15歳以上の識字率は95%で、ジャカルタ州では99.72%。識字率には地域格差があり、パプア州の農村部は68%。

●全国の学校

小学校、中学校、工業中学校、家政中学校、普通高校、工業高校、商業高校、家政高校、師範／体育教師養成学校、国立大学がある。

このほかジャカルタ、バンドン、ジョグジャカルタ、スラバヤ、メダンなどの都市にはアカデミーと呼ばれる各種学校(2～3年)、私立大学が多数ある。

日本とは異なり、小学校から高校

まですべての段階で毎年4月に統一国家試験が実施され、この試験に合格しなければ進級・卒業をすることができない。

小学校～高校の始業時間は日本に比べ1～1時間半早く、校舎不足から2部授業制を採っている学校もある。私立の学校も多く、そのほとんどがイスラム系で、マドラサ、プサントレンなどと呼ばれている。

社会・生活

●結婚と離婚

2019年の法律改訂により結婚可能年齢は「男女共に19歳以上」となっている。かつては早婚・多産のイメージがあったお国柄だが、就学率の高まりとともに晩婚化が進行している。2023年の中央統計庁データでは、インドネシアの若者(16～30歳)の約68%が結婚しておらず、結婚年齢も上昇傾向にある。ただし農村部では「女性に学歴はいらない」「結婚は若いほどいい」という価値観が残り、10代での結婚も依然として多い。

かつては「離婚は恥ずかしいこと」という社会通念が一般的だったが、経済的に自立した女性が増え離婚率も上昇している。不健全な結婚生活の維持は、インドネシアでも時代遅れになりつつある。

●家族計画

2億7000万以上の人口を抱えるインドネシアでは今、「子供はふたりまで」とする「家族計画」が進められている。出生率が非常に高く、このままでは近い将来に人口問題

が深刻化するからだ。「クルアルガ・プルンチャナ」と呼ばれるこの計画は、全国的に展開されているが、この国でも子供は貴重な労働力となっており、必ずしも計画は十分に実施されていない。

そのなかで、バリ島、西ジャワ州は計画実行率の高さで知られる。計画の基本は、ふたり目の子供を産んだ母親に避妊法を教育することで、リングの使用が圧倒的に多く、次いで経口薬(ピル)。日本政府の援助から作られているコンドームを使用する男性はまだ少ない。

●相互扶助

ゴトン・ロヨン Gotong Royong は、ジャワ語で「一緒に働く」の意味をもつ。この言葉はインドネシアで最も大切とされる社会慣習を表している。

農村部での田植えや刈り入れなどの共同作業、都市部なら防犯や町の清掃を、地域の人々が総出で取り組む。互いに助け合い、社会の秩序と平和をつくるというのだ。ゴトン・ロヨンは家庭レベルでも定着しており、頼ってきた兄弟、親戚の世話を惜しまない。こうした「相互扶助」精神が、この国のおおらかな社会基盤を形成している。

祭礼にも相互扶助の精神が感じられる

スポーツ&音楽

●サッカーが一番人気

スポーツで国民的な人気を誇るのはサッカー。欧州リーグのテレビ放送には大人も子供も見入っている。都市対抗的な国内プロリーグもあり、シーズン中は毎日のように試合が開催されている(平日も数試合行われる)。最上位カテゴリは「リーガ1」で、優勝チームにはAFCチャンピオンズリーグの出場権が与えられる。2015年まではインドネシア・スーパーリーグ(ISL)と称していた。スタジアムに集まるサポーターはとても熱狂的で、日本人プレイヤーも含め世界各地から選手が集まっている。

●多様な音楽文化

インドネシアの国民的音楽ともいえるのがダンドゥッ。太鼓が創り出すうねりのあるビートが特徴的なダンスミュージックだ。ダンドゥッの大スターといえばロマ・イラマ Roma Irama。1969年デビューの古株だが、名曲の数々が若手によりリメイクされている。インドネシアンポップもクオリティが高く、女性シンガーのアグネス・モニカ Agunes Monica やアングン Anggun は国内外で評価を得ている。また、メッセージ性の強い曲で人気のイワン・ファルス Iwan Fals は、インドネシアンロック界の大御所。ジャズ風のアコースティックユニットのエンダ&レサ Endah 'n' Rhesa は音楽通に人気が高い。

Column 多様性のなかの統一

インドネシアの国家標語は「多様性のなかの統一 Bhin-neka Tunggal Ika」。国章に使われている伝説上の鳥「ガルーダ」の足がしっかりとつかんでいるのがこの国家標語だ。

1万数千もの島々からなるインドネシアは日本の約5倍の国土を有し、住む人々を細分化して数え上げると490もの言語と民族に分かれる。そして、山ひとつ越えると同じ島内でも言葉が通じない例もある。

この多数の民族をひとつに結びつけるのが「多様性のなかの統一」という標語。ひとつの言語、ひとつの文化、伝統を強要するのではなく、お互いの相違を理解し、それを基礎に新たな国家、文化を創造していくというのが、この標語の理念だ。

このため、国章ガルーダの胸には、独立時に誓

い合った建国の5原則パンチャシラ(Pancasila)の各理念のシンボルが描かれている。その第1が「絶対神への信仰」、第2「人道主義」、第3「インドネシアの統一」、第4「民主主義」、そして最後の第5「社会正義」。

国家標語に加え、インドネシアの統一にとって大きく貢献しているのがインドネシア語 Bahasa Indonesia だろう。マレー語がその源で、話し言葉としては融通性のある便利な言語だ。

オランダ植民地時代の1928年10月28日にインドネシア青年が誓った3つの誓いのひとつが「インドネシア語を統一言語とする」だった。独立後に国語教育に力が入れられ、今ではほぼ全国でインドネシア語が通じるようになっている。

インドネシア国の紋章

インドネシアの歴史

古来の文化を保っているカリマンタンの伝統村

●ジャワ原人

ジャワ島中部ソロから約18km北にあるサンギラン Sangiran という村は、化石の宝庫として知られている。1936年にオランダ人の古生物学者が、頭蓋骨、2本の歯、左大腿骨の化石を発見した。この化石は、猿人から現代の霊長類ヒト科への進化の途上にある原人のものだの学説がある（近年は人類の直系ではなく、絶滅種であるという説も有力）。年代についての説にはいろいろあるが、100万年くらい前、ジャワ原人（ピテカントロプス）はすでに直立歩行していたと推測されている。現在の人類の遠い祖先は、はるか昔にこの地に生きていたということになる。

●インドネシアへの民族移動

年代についての説は、これもいろいろあるが、紀元前5世紀くらいから中国南部から南への民族大移動があったと考えられている。それより南部に住んでいた民族もそれに押し出される形で、マレー半島を南下したり、ミャンマー、ベトナム、カンボジアの沿岸部から徐々にインドネシアの島々へ移動した。インドネシア人のルーツは多種多様で、オーストロネシア人、モンゴロイド系マレー人、ネグリート人などで、インド経由でコーカソイドの血も入っている。

現在インドネシアには、490もの民族（細分化して大小合わせて数え上げると3000以上の言語と文化）が存在するが、これは民族移動の名残と考えることができる。移住の起源地、年代、経路の違いや混血などによって、現在のような複雑に入り組んだバラエティ豊かな民族分布になったものと考えられる。この頃伝えられた稲作、機織り、青銅鋳造技術は、今でもインドネシア各地に残っている。

ベトナム北部のドンソンに起源をもつ、ガムランの青銅製打楽器があるが、インドネシアはもちろんタイ、マレーシア、フィリピンなどでも見ることができる。音色には各地で相違がある。稲作と密接に関係した水や山への信仰もバリ島をはじめ、各地に残っている。

●インドとの接触

紀元前後くらいからインドや中国との交易があり、文化の影響も受け始めていた。

ギリシア人は、ペルシャまで香辛料を求めてやってきていた。ペルシャはそれより南のインドなどから香辛料を手に入れて、独占貿易に近い形態を取っておおいに栄えていた。金1gと香辛料1gが等価交換されたこともあったほど、香辛料は貴重品だったのだ。そこで香辛料が豊富に産出されるインドネシアが注目され、インド人が命がけの航海をしてインドネシアを訪れるようになっていった。

●インド文化の伝播

インドでは仏教もヒンドゥー教の一宗派と考えているが、インドネシアでは初め、仏教が優勢で、やがてヒンドゥー教が優勢になっていった。5世紀頃、一説にはインドネシア最古の王国ともいわれるムラワルマン仏教王国が、カリマンタンのテンガロン周辺のマハカム川沿いに栄える。現在は、クタイ王朝のあった所に博物館があり、当時のサンスクリット語による石碑、金の仏像、ガネーシャの石彫りなどを見ることができる。

インドの政治形態を模した小国が各地に興隆するなか、7世紀頃からスマトラ島のパレンバンを中心に、強大なスリウィジャヤ仏教王国が起こる。ペルシャ、インドと中国との海のシルクロードの中継地点にあり、貿易とそれを守る海軍力により繁栄した海洋国で、マレー半島南部やジャワ島西部にまで勢力を広げた。結局は独占的な貿易を嫌われてインドの海軍に破壊されることになったが、貿易に使われていた言葉は、マレー語の源流となり、そしてインドネシア語の源流ともなっていた。語彙は、東南アジア各地の有力な港湾都市のあったところに多く残っている。現在でもパレンバン人男子は、成人すると長老から小刀を渡され、出稼ぎに行く習慣が残っている。

●ヒンドゥー、仏教文化の興隆

8世紀頃になると、ジャワ島中部の北岸にスリウィジャヤの流れをくむといわれるシャイレンドラ王国が栄えた。この王国はスリウィジャヤ王国と同じく仏教を信仰する海洋国

で、8世紀半ばから9世紀半ばにかけてボロブドゥールを建設したと考えられている。

プランバナンは、ほぼ同時期にジャワ島中部の南岸に栄えたサンジャヤ王国の支配下にあったマタラム朝によって建設されたと考えられている。プランバナン遺跡はおもにヒンドゥー教のものだが、仏教的要素ももっている。やがてヒンドゥー教の中心地がジャワ島からバリ島へ移っていくが、バリ・ヒンドゥーの仏教との混合の素地が、すでにこの頃から見られるところがとても興味深い。

●ジャワ島の戦国時代

11世紀の初めから16世紀初めまで、ジャワ島東部を勢力の中心地にしてクディリ、アイルランガ、シンゴサリ、マジャパイトなどのヒンドゥー教王国が興亡を繰り返した。11世紀半ばにアイルランガ時代が終わりを告げると、約250年もの間にわたって小国が割拠し、しのぎを削ったが、大勢力にいたるものはなかった。13世紀後半に栄えたシンゴサリ王国や、それを破り13世紀後半から16世紀まで栄えたマジャパイト王国は、海のシルクロードの中継点パレンバンなどを支配下においた。中国からの海軍を退けて、貿易による富を手中にして大勢力となっていった。

●イスラム教の伝播

14世紀後半になると、海のシルクロードの中継点であるマラッカやパレンバンなどの優良港がイスラム商人との貿易で栄え、イスラム教に改宗していった。各地の港にもイスラム教改宗の嵐が吹き荒れ、やがてイスラム教徒が90%程度を占めるようになった。

貿易で栄えていたマジャパイト王国はしだいに弱体化していった。16世紀初めにはイスラム勢力に押し出される形で、ヒンドゥー文化の頂点にあった人たちがジャワ島からバリ島に逃げた。このとき、ジャワ島で育まれた優美で洗練されたヒ

ジャワ島で花開いた仏教王国の忘れ形見
ボロブドゥール

ンドゥー文化もバリ島に持ち込まれた。ヒンドゥー教やイスラム教に改宗してもそれ以前の信仰や文化が消滅するわけではない。文化は重なっていくのだ。ジャワ島のイスラム教徒がラーマヤナ物語を語り継いでいたり、バリ・ヒンドゥー教がかつてからある信仰を取り混ぜていたり、各地でインド文化伝来以前の信仰や感覚をもっていたりする。これが、インドネシア各地の文化を多彩にし、また深みを与えている。

● 大航海時代

直接、香辛料を手中にしたいと考えたヨーロッパの国には、インドネシア地域をたびたび訪れて香辛料を買っていたが、とうとう1602年にオランダが、現在のジャカルタのコタに東インド会社を築いた。これを足がかりに良港のある現在のメダン、マカッサル（ウジュン・パンダン）、マナド、アンボンなどを植民地化していき、しだいにバンドンなどの内陸にも支配の手を伸ばしていった。これらの古くから植民地化された地域では、オランダの血を引いた人が今でも多issいる。

長崎の出島へ貿易に来航していたオランダ船も、現在のジャカルタに本拠をおいていた東インド会社のものだった。第2次世界大戦時の日本軍の進攻までに、ポルトガル領だったティモール島東部を除く、現在のインドネシア領の大部分を植民地にしてしまった。オランダはインドネシアをエリアに分けて支配していた。これは、独立への闘争があっても手に負えない大勢力にならないようにとの配慮だった。実際にジャワ島でディポネゴロ率いる勢力とのジャワ戦争、スマトラ島でイマン・ボンジョル率いる勢力とのパドゥリ戦争やアチェ戦争などがあったが、オランダ支配を揺るがすまでにはならなかった。

● インドネシアの独立

日本の敗戦とともにスカルノ初代大統領は、インドネシアの独立を宣言した。再び植民地化を目指すオランダに対して、アンボンを除くインドネシアの各勢力は各地で闘争に入った。そして、国際的非難などによりオランダは再植民地化を断念し、1949年に「連邦共和国」に、1950年には「共和国」となって完全な独立を果たした。

● スカルノ政権から
　スハルト独裁へ

「建国の父」スカルノは社会主義政策を進めたが国内の経済状態は悪化し、共産党政治に反感をもっていた国軍との対立が深刻化していった。1965年には国連を脱退し、独裁色を強めていったが、同年9月30日に共産党勢力によるクーデター事件で体制は崩壊した。クーデターは国軍によって1日で鎮圧され未遂に終わるが、この事件を契機に軍司令官のスハルトが国の実権を掌握する。1968年から正式に大統領となり、国連復帰も果たす。

スハルトは親米路線に政策を転換し、さまざまな大型プロジェクトを導入して「開発の父」と呼ばれた。しかし、国の利権を自分の一族で独占し、30年以上もの間独裁体制をとった弊害も大きかった。1998年に、またもスハルトが大統領に選出されて7期目の任期に入ると、1997年後半のタイ・バーツの暴落から始まった「アジア通貨危機」で経済事情が悪化していたこともあって、首都ジャカルタを中心に国内各地でスハルト政権に対する暴動が起こった。大都市では学生などによる反政府運動が激化し、スハルト退陣や政治改革を求めてのデモ行進が軍の治安部隊と衝突した。

● スハルト政権崩壊と
　各地の民族対立

さらに一般市民による暴動も起き、この国の経済を牛耳る華人の商店が襲われるようになったため、国内に600万人いた中国系住民のうち、およそ3万人が海外に脱出した。国内の銀行から引き出され、海外に流出した資金は800億ドルにも上り、インドネシア経済はさらに悪化していった。こうした混乱を受けて、スハルト大統領は次期大統領選には出馬しないことを表明した。しかし、民主化勢力は即時辞任を要求し、国会前での座り込みは5万人にも達し、体制内部からもスハルト辞任の要求が出されるようになっていった。

1998年5月にスハルト大統領はようやく辞任を表明し、32年間続いた独裁政権はハビビ副大統領に引き継がれた。しかしハビビ氏自身がスハルトの腹心であったことから、大統領職は譲るものの陰の支配者として影響力をもち続けることも懸念され、与党ゴルカルや軍の内部の権力闘争も激しくなっていく。

こうしたなか、スハルト政権が国家統合のために推進してきた、国内移民政策による軋轢も表面化してくる。ジャワ島などからの移住民と、以前からそこに暮らす先住民との対立が、これまでのように軍と警察では抑えきれなくなってきたのだ。特に長年独立運動が続いてきた、元ポルトガル領でキリスト教徒の多い東ティモールやマルク諸島、ダヤック人とマドゥーラ人移住者が多く住む西カリマンタンなどでは対立が激化していった。一部住民同士の衝突が、民族・宗教対立となって数百人規模の殺し合いへとエスカレートし、多くの難民が発生した。こうした対立の激化は、イスラム教色の強い政治方針で支持を集めるための策略だったともいわれている。

● 新しいインドネシアの模索

国内各地で独立気運が高まるなか、ハビビ政権は1999年の閣議で、東ティモールの独立を容認するという決断を下す。同年8月の住民投票の結果、独立支持は78.5%を占めた。

2001年にはスカルノ大統領を父にもつメガワティが大統領に就任し、国民からは大きな期待を受けた。しかし、逼塞した経済状況の打開や、各地の独立問題の収拾もままならず、支持率は徐々に低下していった。

2004年の大統領選挙（インドネシア初の直接選挙）を制したのは、国軍出身のユドヨノ氏。ユドヨノ政権の景気刺激や金融政策は功を奏し、国内消費も順調に成長した。そして2014年には実業家出身のジョコ・ウィドド氏が大統領に就任。港湾、電力、鉄道など大規模なインフラ整備のために、規制緩和で海外の投資を促す政策を進め、在任中は高い支持率を誇った。2024年からはカリマンタンのヌサンタラへの首都移転プロジェクトも始まり、先進国入りを目指している。

INDEX 地名・見どころ

旅の準備と技術

インデックス

地球の歩き方 シリーズ一覧　2024年4月現在

*地球の歩き方ガイドブックは、改訂時に価格が変わることがあります。 *表示価格は定価(税込)です。 *最新情報は、ホームページをご覧ください。www.arukikata.co.jp/guidebook/

地球の歩き方 ガイドブック

A ヨーロッパ

A01 ヨーロッパ	¥1870
A02 イギリス	¥2530
A03 ロンドン	¥1980
A04 湖水地方&スコットランド	¥1870
A05 アイルランド	¥1980
A06 フランス	¥2420
A07 パリ&近郊の町	¥1980
A08 南仏プロヴァンス コート・ダジュール&モナコ	¥1760
A09 イタリア	¥2530
A10 ローマ	¥1760
A11 ミラノ ヴェネツィアと湖水地方	¥1870
A12 フィレンツェとトスカーナ	¥1870
A13 南イタリアとシチリア	¥1870
A14 ドイツ	¥1980
A15 南ドイツ フランクフルト ミュンヘン ロマンチック街道 古城街道	¥2090
A16 ベルリンと北ドイツ ハンブルク ドレスデン ライプツィヒ	¥1870
A17 ウィーンとオーストリア	¥2090
A18 スイス	¥2200
A19 オランダ ベルギー ルクセンブルク	¥2420
A20 スペイン	¥2420
A21 マドリードとアンダルシア	¥1760
A22 バルセロナ&近郊の町 イビサ島/マヨルカ島	¥1760
A23 ポルトガル	¥2200
A24 ギリシアとエーゲ海の島々&キプロス	¥1870
A25 中欧	¥1980
A26 チェコ ポーランド スロヴァキア	¥1870
A27 ハンガリー	¥1870
A28 ブルガリア ルーマニア	¥1980
A29 北欧 デンマーク ノルウェー スウェーデン フィンランド	¥1870
A30 バルトの国々 エストニア ラトヴィア リトアニア	¥1870
A31 ロシア ベラルーシ ウクライナ モルドヴァ コーカサスの国々	¥2090
A32 極東ロシア シベリア サハリン	¥1980
A34 クロアチア スロヴェニア	¥2200

B 南北アメリカ

B01 アメリカ	¥2090
B02 アメリカ西海岸	¥2200
B03 ロスアンゼルス	¥2090
B04 サンフランシスコとシリコンバレー	¥1870
B05 シアトル ポートランド	¥2420
B06 ニューヨーク マンハッタン&ブルックリン	¥2200
B07 ボストン	¥1980
B08 ワシントンDC	¥2420
B09 ラスベガス セドナ&グランドキャニオンと大西部	¥2090
B10 フロリダ	¥2310
B11 シカゴ	¥1870
B12 アメリカ南部	¥1980
B13 アメリカの国立公園	¥2640
B14 ダラス ヒューストン デンバー グランドサークル フェニックス サンタフェ	¥1980
B15 アラスカ	¥1980
B16 カナダ	¥2420
B17 カナダ西部 カナディアン・ロッキーとバンクーバー	¥2090
B18 カナダ東部 ナイアガラ・フォールズ メープル街道 プリンス・エドワード島 トロント オタワ モントリオール ケベック・シティ	¥2090
B19 メキシコ	¥1980
B20 中米	¥2090
B21 ブラジル ベネズエラ	¥2200
B22 アルゼンチン チリ パラグアイ ウルグアイ	¥2200
B23 ペルー ボリビア エクアドル コロンビア	¥2200
B24 キューバ バハマ ジャマイカ カリブの島々	¥2035
B25 アメリカ・ドライブ	¥1980

C 太平洋/インド洋島々

C01 ハワイ オアフ島&ホノルル	¥2200
C02 ハワイ島	¥2200
C03 サイパン ロタ&テニアン	¥1540
C04 グアム	¥1980
C05 タヒチ イースター島	¥1870
C06 フィジー	¥1650
C07 ニューカレドニア	¥1650
C08 モルディブ	¥1870
C10 ニュージーランド	¥2200
C11 オーストラリア	¥2750
C12 ゴールドコースト&ケアンズ	¥2420
C13 シドニー&メルボルン	¥1760

D アジア

D01 中国	¥2090
D02 上海 杭州 蘇州	¥1870
D03 北京	¥1760
D04 大連 瀋陽 ハルビン 中国東北部の自然と文化	¥1980
D05 広州 アモイ 桂林 珠江デルタと華南地方	¥1980
D06 成都 重慶 九寨溝 麗江 四川 雲南	¥1980
D07 西安 敦煌 ウルムチ シルクロードと中国西部	¥1980
D08 チベット	¥2090
D09 香港 マカオ 深圳	¥2420
D10 台湾	¥2090
D11 台北	¥1980
D13 台南 高雄 屏東&南台湾の町	¥1980
D14 モンゴル	¥2420
D15 中央アジア サマルカンドとシルクロードの国々	¥2090
D16 東南アジア	¥1870
D17 タイ	¥2200
D18 バンコク	¥1980
D19 マレーシア ブルネイ	¥2090
D20 シンガポール	¥1980
D21 ベトナム	¥2090
D22 アンコール・ワットとカンボジア	¥2200
D23 ラオス	¥24…
D24 ミャンマー (ビルマ)	¥2…
D25 インドネシア	¥2…
D26 バリ島	¥22…
D27 フィリピン マニラ セブ ボラカイ ボホール エルニド	¥22…
D28 インド	¥2…
D29 ネパールとヒマラヤトレッキング	¥22…
D30 スリランカ	¥18…
D31 ブータン	¥19…
D33 マカオ	¥17…
D34 釜山 慶州	¥15…
D35 バングラデシュ	¥20…
D37 韓国	¥20…
D38 ソウル	¥18…

E 中近東 アフリカ

E01 ドバイとアラビア半島の国々	¥20…
E02 エジプト	¥19…
E03 イスタンブールとトルコの大地	¥20…
E04 ペトラ遺跡とヨルダン レバノン	¥2…
E05 イスラエル	¥20…
E06 イラン ペルシアの旅	¥22…
E07 モロッコ	¥20…
E08 チュニジア	¥20…
E09 東アフリカ ウガンダ エチオピア ケニア タンザニア ルワンダ	¥20…
E10 南アフリカ	¥2…
E11 リビア	¥…
E12 マダガスカル	¥19…

J 国内版

J00 日本	¥33…
J01 東京 23区	¥22…
J02 東京 多摩地域	¥20…
J03 京都	¥2…
J04 沖縄	¥22…
J05 北海道	¥22…
J06 神奈川	¥24…
J07 埼玉	¥22…
J08 千葉	¥22…
J09 札幌・小樽	¥22…
J10 愛知	¥22…
J11 世田谷区	¥22…
J12 四国	¥24…
J13 北九州市	¥22…
J14 東京の島々	¥26…

地球の歩き方 aruco

●海外

1 パリ	¥1650
2 ソウル	¥1650
3 台北	¥1650
4 トルコ	¥1430
5 インド	¥1540
6 ロンドン	¥1650
7 香港	¥1320
9 ニューヨーク	¥1320
10 ホーチミン ダナン ホイアン	¥1650
11 ホノルル	¥1650
12 バリ島	¥1650
13 上海	¥1320
14 モロッコ	¥1540
15 チェコ	¥1320
16 ベルギー	¥1430
17 ウィーン ブダペスト	¥1320
18 イタリア	¥1760
19 スリランカ	¥1540
20 クロアチア スロヴェニア	¥1430
21 スペイン	¥1320
22 シンガポール	¥1650
23 バンコク	¥1650
24 グアム	¥1320
25 オーストラリア	¥1760
26 フィンランド エストニア	¥1430
27 アンコール・ワット	¥1430
28 ドイツ	¥1430
30 ハノイ	¥1650
31 カナダ	¥1320
33 サイパン テニアン ロタ	¥1320
34 セブ ボホール エルニド	¥1320
35 ロスアンゼルス	¥1320
36 フランス	¥1430
37 ポルトガル	¥1650
38 ダナン ホイアン フエ	¥1430

●国内

北海道	¥1760
京都	¥1760
沖縄	¥1760
東京	¥1540
東京で楽しむフランス	¥1430
東京で楽しむ韓国	¥1430
東京で楽しむ台湾	¥1430
東京の手みやげ	¥1430
東京おやつさんぽ	¥1430
東京のパン屋さん	¥1430
東京で楽しむ北欧	¥1430
東京のカフェめぐり	¥1480
東京で楽しむハワイ	¥1480
nyaruco 東京ねこさんぽ	¥1480
東京で楽しむイタリア&スペイン	¥1480
東京で楽しむアジアの国々	¥1480
東京ひとりさんぽ	¥1480
東京パワースポットさんぽ	¥1599
東京で楽しむ英国	¥1599

地球の歩き方 Plat

1 パリ	¥1320
2 ニューヨーク	¥1320
3 台北	¥1100
4 ロンドン	¥1320
6 ドイツ	¥1320
7 ホーチミン/ハノイ/ダナン/ホイアン	¥1320
8 スペイン	¥1320
10 シンガポール	¥1100
11 アイスランド	¥1540
14 マルタ	¥1540
15 フィンランド	¥1320
16 クアラルンプール マラッカ	¥1650
17 ウラジオストク/ハバロフスク	¥1430
18 サンクトペテルブルク/モスクワ	¥1540
19 エジプト	¥1320
20 香港	¥1100
22 ブルネイ	¥14…
23 ウズベキスタン サマルカンド ブハラ ヒヴァ タシケント	¥16…
24 ドバイ	¥13…
25 サンフランシスコ	¥13…
26 パース/西オーストラリア	¥13…
27 ジョージア	¥15…
28 台南	¥14…

地球の歩き方 リゾートスタイル

R02 ハワイ島	¥16…
R03 マウイ島	¥16…
R04 カウアイ島	¥18…
R05 こどもと行くハワイ	¥15…
R06 ハワイ ドライブ・マップ	¥19…
R07 ハワイ バスの旅	¥13…
R08 グアム	¥14…
R09 こどもと行くグアム	¥16…
R10 パラオ	¥16…
R12 ブーケット サムイ島 ピピ島	¥16…
R13 ペナン ランカウイ クアラルンプール	¥16…
R14 バリ島	¥14…
R15 セブ&ボラカイ ボホール シキホール	¥16…
R16 テーマパークinオーランド	¥16…
R17 カンクン コスメル イスラ・ムヘーレス	¥16…
R20 ダナン ホイアン ホーチミン ハノイ	¥16…

あとがき

　本書はインドネシアを愛する人々によって作られています。本文と写真は、今野雅夫さん、前原利行さん、大塚真美さん、伊藤伸平さん、吉田昌一さん、野矢康弘さん、清島葉子さん、松村珠里さん、有賀正博さん、岩間幸司さん、野村幹太さんほか、たくさんの方々によって執筆・撮影されました。

　2024年度の取材では桑野貴子さん、松下和香子さん、土屋朋代さん、栗原依子さん、大塚恵美さんがインドネシア各地のデータチェックと執筆・撮影を担当しました。そして、貴重な情報を送ってくださった読者の皆様、現地で協力してくださったインドネシアの皆様に、心からお礼申し上げます。

写真提供：ガルーダ・インドネシア航空、中部ジャワ州文化観光局、ジョグジャカルタ観光局、ブナケン・チャチャ、木曽敦子（Deep Paradise Diving）、©iStock

STAFF

制 作：池内宏昭	Producer：Hiroaki Ikeuchi
編 集：小高雅彦（シエスタ）	Editor：Masahiko Odaka (Siesta Co., Ltd.)
デザイン：エメ龍夢	Designers：EMERYUMU
株式会社明昌堂	meisho-do Co., Ltd.
表 紙：日出嶋昭男	Cover Design：Akio Hidejima
地 図：高棟博（ムネプロ）	Maps：Hiroshi Takamune (Mune Pro)
校 正：ひらたちやこ	Proofreading：Chiyako Hirata

本書の内容について、ご意見・ご感想はこちらまで
読者投稿　〒141-8425　東京都品川区西五反田2-11-8
　　　　　　株式会社地球の歩き方
　　　　　　地球の歩き方サービスデスク「インドネシア編」投稿係
　　　　　　https://www.arukikata.co.jp/guidebook/toukou.html
地球の歩き方ホームページ（海外・国内旅行の総合情報）
　　　　　　https://www.arukikata.co.jp/
ガイドブック『地球の歩き方』公式サイト
　　　　　　https://www.arukikata.co.jp/guidebook/

地球の歩き方 D25
インドネシア 2024〜2025年版
2024年5月7日　初版第1刷発行

Published by Arukikata. Co., Ltd.
2-11-8 Nishigotanda, Shinagawa-ku, Tokyo, 141-8425

著作編集　　地球の歩き方編集室
発行人　新井 邦弘
編集人　由良 暁世
発 行 所　　株式会社地球の歩き方
　　　　　〒141-8425　東京都品川区西五反田2-11-8
発 売 元　　株式会社Gakken
　　　　　〒141-8416　東京都品川区西五反田2-11-8
印刷製本　　株式会社ダイヤモンド・グラフィック社

※本書は基本的に2023年12月〜2024年2月の取材データに基づいて作られています。
　発行後に料金、営業時間、定休日などが変更になる場合がありますのでご了承ください。
　更新・訂正情報：https://www.arukikata.co.jp/travel-support/

●この本に関する各種お問い合わせ先
・本の内容については、下記サイトのお問い合わせフォームよりお願いします。
　URL ▶ https://www.arukikata.co.jp/guidebook/contact.html
・広告については、下記サイトのお問い合わせフォームよりお願いします。
　URL ▶ https://www.arukikata.co.jp/ad_contact/
・在庫については　Tel 03-6431-1250（販売部）
・不良品（落丁、乱丁）については　Tel 0570-000577
　学研業務センター　〒354-0045　埼玉県入間郡三芳町上富279-1
・上記以外のお問い合わせは　Tel 0570-056-710（学研グループ総合案内）